Buch-Updates
Registrieren Sie dieses Buch auf unserer Verlagswebsite. Sie erhalten damit Buch-Updates und weitere, exklusive Informationen zum Thema.

Und so geht's
> Einfach www.sap-press.de aufrufen
<<< Auf das Logo **Buch-Updates** klicken
> Unten genannten **Zugangscode** eingeben

Ihr persönlicher Zugang zu den Buch-Updates: 230356031282

Integrierte Werteflüsse mit SAP® ERP

 PRESS

SAP PRESS ist eine gemeinschaftliche Initiative von SAP und Galileo Press. Ziel ist es, Anwendern qualifiziertes SAP-Wissen zur Verfügung zu stellen. SAP PRESS vereint das fachliche Know-how der SAP und die verlegerische Kompetenz von Galileo Press. Die Bücher bieten Expertenwissen zu technischen wie auch zu betriebswirtschaftlichen SAP-Themen.

Torsten Hellberg
Einkauf mit SAP MM
375 S., 2., aktualisierte und erweiterte Auflage 2009, geb.
ISBN 978-3-8362-1394-3

Jochen Scheibler
Praxishandbuch Vertrieb mit SAP
ca. 600 S., 3., aktualisierte und erweiterte Auflage 2009, geb.
mit Referenzkarte
ISBN 978-3-8362-1085-0

Ferenc Gulyássy, Marc Hoppe, Martin Isermann, Oliver Köhler
Disposition mit SAP
608 S., 2009, geb.
ISBN 978-3-8362-1221-2

Evrim Bakir, Bettina Niedermayer-Thomay
Finanz-Reporting mit SAP NetWeaver Portal
220 S., 2009, geb.
ISBN 978-3-89842-996-2

Renata Munzel, Martin Munzel
SAP-Finanzwesen – Customizing
557 S., 2009, geb.
ISBN 978-3-8362-1291-5

Aktuelle Angaben zum gesamten SAP PRESS-Programm finden Sie unter *www.sap-press.de*.

Andrea Hölzlwimmer

Integrierte Werteflüsse mit SAP® ERP

Bonn • Boston

Liebe Leserin, lieber Leser,

vielen Dank, dass Sie sich für ein Buch von SAP PRESS entschieden haben.

»Hier weiß eine Hand nicht, was die andere tut«, ist ein vernichtendes Urteil für jedes Unternehmen. Dieser Satz drückt aus, dass Prozesse nur unvollständig geplant wurden, dass Zuständigkeiten nicht geklärt wurden, dass Ideen nicht vollständig entwickelt und die Dinge schlicht nicht zuende gedacht wurden.

Nun lassen sich diese Herausforderungen – besonders die letzte – nicht immer vermeiden: Die IT eines Unternehmens wächst mit diesem; das SAP-System wird beispielsweise ergänzt, umstrukturiert, in Teilen ausgetauscht etc. So kann es passieren, dass Bezüge verlorengehen bzw. gar nicht erst hergestellt werden und dass das System nicht so integriert arbeitet, wie es arbeiten könnte.

Weil es sich hierbei um ein bekanntes Phänomen handelt, freue ich mich sehr, Ihnen nun ein Buch vorstellen zu können, das Ihnen hilft, die Integration Ihres SAP-Systems zu verbessern. Wir haben mit Andrea Hölzlwimmer eine ausgewiesene SAP-Expertin als Autorin gewinnen können, die Ihnen anschaulich, verständlich und kompetent vor Augen führt, welche Abläufe sich hinter dem Begriff »integrierte Werteflüsse« verbergen und wie diese Abläufe vom SAP-System abgebildet werden – von der Beschaffung über die Produktion und den Vertrieb bis hin zu Abschluss und Reporting. Ich bin sicher, dass dieses Buch Ihnen hilft, Ihre Unternehmensprozesse zu überprüfen und aktiv zu optimieren.

Wir freuen uns stets über Lob, aber auch über kritische Anmerkungen, die uns helfen, unsere Bücher besser zu machen. Am Ende dieses Buches finden Sie daher eine Postkarte, mit der Sie uns Ihre Meinung mitteilen können. Als Dankeschön verlosen wir unter den Einsendern regelmäßig Gutscheine für SAP PRESS-Bücher.

Ihre Patricia Kremer
Lektorat SAP PRESS

Galileo Press
Rheinwerkallee 4
53227 Bonn

patricia.kremer@galileo-press.de
www.sap-press.de

Auf einen Blick

1 Einleitung 17

2 Konzept der »integrierten Werteflüsse« 25

3 Grundlagen der Integration in SAP ERP 41

4 Beschaffungsprozess 89

5 Vertriebsprozess 169

6 Produktionsprozess 251

7 Abschluss und Reporting in SAP ERP 333

8 Reporting mit SAP NetWeaver BW 391

9 Werteflussoptimierung durch Einführung des neuen Hauptbuchs – ein Praxisbeispiel 419

A Beispiel für einen Abschlussplan 443

B Transaktionen und Menüpfade 449

C Die Autorin 469

Der Name Galileo Press geht auf den italienischen Mathematiker und Philosophen Galileo Galilei (1564–1642) zurück. Er gilt als Gründungsfigur der neuzeitlichen Wissenschaft und wurde berühmt als Verfechter des modernen, heliozentrischen Weltbilds. Legendär ist sein Ausspruch *Eppur se muove* (Und sie bewegt sich doch). Das Emblem von Galileo Press ist der Jupiter, umkreist von den vier Galileischen Monden. Galilei entdeckte die nach ihm benannten Monde 1610.

Lektorat Patricia Kremer, Eva Tripp
Korrektorat Angelika Glock, Wuppertal
Einbandgestaltung Daniel Kratzke
Titelbild Getty Images RF/Studio Paggy
Typografie und Layout Vera Brauner
Herstellung Katrin Müller
Satz SatzPro, Krefeld
Druck und Bindung Bercker Graphischer Betrieb, Kevelaer

Gerne stehen wir Ihnen mit Rat und Tat zur Seite:
patricia.kremer@galileo-press.de bei Fragen und Anmerkungen zum Inhalt des Buches
service@galileo-press.de für versandkostenfreie Bestellungen und Reklamationen
thomas.losch@galileo-press.de für Rezensionsexemplare

Bibliografische Information der Deutschen Bibliothek
Die Deutsche Bibliothek verzeichnet diese Publikation in der Deutschen Nationalbibliografie; detaillierte bibliografische Daten sind im Internet über http://dnb.ddb.de abrufbar.

ISBN 978-3-8362-1358-5

© Galileo Press, Bonn 2009
1. Auflage 2009

Das vorliegende Werk ist in all seinen Teilen urheberrechtlich geschützt. Alle Rechte vorbehalten, insbesondere das Recht der Übersetzung, des Vortrags, der Reproduktion, der Vervielfältigung auf fotomechanischen oder anderen Wegen und der Speicherung in elektronischen Medien. Ungeachtet der Sorgfalt, die auf die Erstellung von Text, Abbildungen und Programmen verwendet wurde, können weder Verlag noch Autor, Herausgeber oder Übersetzer für mögliche Fehler und deren Folgen eine juristische Verantwortung oder irgendeine Haftung übernehmen.

Die in diesem Werk wiedergegebenen Gebrauchsnamen, Handelsnamen, Warenbezeichnungen usw. können auch ohne besondere Kennzeichnung Marken sein und als solche den gesetzlichen Bestimmungen unterliegen.
Sämtliche in diesem Werk abgedruckten Bildschirmabzüge unterliegen dem Urheberrecht © der SAP AG, Dietmar-Hopp-Allee 16, D-69190 Walldorf.

SAP, das SAP-Logo, mySAP, mySAP.com, mySAP Business Suite, SAP NetWeaver, SAP R/3, SAP R/2, SAP B2B, SAPtronic, SAPscript, SAP BW, SAP CRM, SAP EarlyWatch, SAP ArchiveLink, SAP GUI, SAP Business Workflow, SAP Business Engineer, SAP Business Navigator, SAP Business Framework, SAP Business Information Warehouse, SAP interenterprise solutions, SAP APO, AcceleratedSAP, InterSAP, SAPoffice, SAPfind, SAPfile, SAPtime, SAPmail, SAPaccess, SAP-EDI, R/3 Retail, Accelerated HR, Accelerated HiTech, Accelerated Consumer Products, ABAP, ABAP/4, ALE/WEB, Alloy, BAPI, Business Framework, BW Explorer, Duet, Enjoy-SAP, mySAP.com e-business platform, mySAP Enterprise Portals, RIVA, SAPPHIRE, TeamSAP, Webflow und SAP PRESS sind Marken oder eingetragene Marken der SAP AG, Walldorf.

Inhalt

Vorwort 13

1 Einleitung 17

1.1 Inhalt und Struktur 18
1.2 Die Lederwaren-Manufaktur Mannheim 20

2 Konzept der »integrierten Werteflüsse« 25

2.1 Begriffsklärung »integrierter Wertefluss« 26
    2.1.1 Wertefluss 26
    2.1.2 Integration 29
2.2 Modelle zur Darstellung von Unternehmensprozessen .. 31
    2.2.1 Porters Value-Chain-Modell 31
    2.2.2 SCOR-Modell 32
2.3 Erweiterung des SCOR-Modells 37
2.4 Wechselwirkung von Prozessgestaltung und Controllingphilosophie 38
2.5 Zusammenfassung 40

3 Grundlagen der Integration in SAP ERP 41

3.1 Aufbau von SAP-Systemen 42
3.2 Entitätenmodell 43
    3.2.1 Organisationselemente im SAP-System 45
    3.2.2 Organisationselemente und Erweiterungen des SAP-Standards 51
    3.2.3 Exkurs: Neues Hauptbuch und Änderung der Organisationsstruktur 53
3.3 Internationale Anforderungen 54
    3.3.1 Parallele Rechnungslegung mit dem klassischen Hauptbuch 55
    3.3.2 Möglichkeiten des neuen Hauptbuchs zur parallelen Rechnungslegung 56
3.4 Werteflussorientiertes Stammdatenkonzept 60
    3.4.1 Sachkonto und Kostenart 60
    3.4.2 Kontenplan 64
    3.4.3 Materialstamm 68
    3.4.4 Bedarfsklasse 73

3.5	CO-PA als zentrales Reportinginstrument		77
	3.5.1	Formen von CO-PA	77
	3.5.2	Struktur des kalkulatorischen CO-PA	78
3.6	Zusammenfassung		87

4 Beschaffungsprozess ... 89

4.1	Beschaffungsprozess im SCOR-Modell		90
4.2	Kreditorenstamm als integratives Element		93
4.3	Bestellung als Basis des Beschaffungsprozesses		96
	4.3.1	Bestellanforderung	96
	4.3.2	Bestellung	97
4.4	Fortschreibung von Obligos		103
4.5	Integration von MM und FI/CO		109
	4.5.1	Grundlegende Einstellungen	111
	4.5.2	Einstellungen zur Bewertungsklasse	116
	4.5.3	Vorgänge finden	121
	4.5.4	Ablauf beim Neuaufbau der Kontenfindung	130
4.6	Wareneingang		136
4.7	Rechnungsprüfung		138
	4.7.1	Vorgang der Rechnungsprüfung	140
	4.7.2	Berücksichtigung von Toleranzen	147
	4.7.3	Automatische Freigabe gesperrter Rechnungen	150
4.8	WE/RE-Konto		151
	4.8.1	Bebuchung des WE/RE-Kontos	151
	4.8.2	Ausgleich des WE/RE-Kontos	153
4.9	Integration der Kreditorenbuchhaltung		157
	4.9.1	Rechnungseingang ohne MM-Integration	157
	4.9.2	Zahlungsausgang	159
4.10	Darstellung der Umsatzsteuer		164
4.11	Zusammenfassung		167

5 Vertriebsprozess ... 169

5.1	Vertriebsprozess im SCOR-Modell		170
5.2	Kundenauftrag als Basis der weiteren Kontierung		173
	5.2.1	Profit-Center-Ableitung	173
	5.2.2	Ableitung des Segments	175
5.3	Preiskalkulation als Basis der Wertermittlung		176
	5.3.1	Konditionen und Kalkulationsschema	177
	5.3.2	Preisbildende Elemente	181

	5.3.3	Kalkulatorische Elemente	184
	5.3.4	Spezielle Geschäftsvorfälle	186
	5.3.5	Überleitung nach CO-PA	189
5.4	Warenausgang		190
5.5	Besteuerung von Verkäufen		194
	5.5.1	Grundlagen der Besteuerung	194
	5.5.2	Steuerfindung/Abbildung des Umsatzsteuerrechts	202
5.6	Darstellung von Forderungen		207
	5.6.1	Debitorenkonto	208
	5.6.2	Abstimmkonto finden	211
	5.6.3	Integration von SD und Debitorenbuchhaltung	218
	5.6.4	Abbildung von Nebengeschäften	220
	5.6.5	Mahnwesen	221
	5.6.6	Zahlungseingang	222
5.7	Abbildung von Umsatzerlösen		231
	5.7.1	Rechtliche Anforderungen	231
	5.7.2	Zeitpunkt der Erlösrealisierung	232
	5.7.3	Darstellung der Umsatzerlöse	234
	5.7.4	Überleitung in die Gemeinkostenrechnung	244
	5.7.5	Fehleranalyse zur Erlöskontenfindung	246
5.8	Zusammenfassung		248

6 Produktionsprozess 251

6.1	Produktionsprozess im SCOR-Modell		253
6.2	Grunddaten der Produktkostenrechnung		255
	6.2.1	Logistische Stammdaten	255
	6.2.2	Voraussetzungen im Controlling	260
	6.2.3	Grundeinstellungen der Produktkostenrechnung	262
6.3	Produktkostenplanung		272
	6.3.1	Arten der Produktkostenplanung	272
	6.3.2	Materialkalkulation mit Mengengerüst	275
	6.3.3	Simulations- und Musterkalkulation	283
6.4	Kostenträgerrechnung		288
	6.4.1	Funktionen der Kostenträgerrechnung in SAP ERP	289
	6.4.2	Periodenabschluss	294
	6.4.3	Periodenbezogenes Produktcontrolling	314
	6.4.4	Auftragsbezogenes Produktcontrolling	320

		6.4.5	Kundenauftragscontrolling	325
	6.5	Zusammenfassung		331

7 Abschluss und Reporting in SAP ERP — 333

	7.1	Innovationen im neuen Hauptbuch		334
		7.1.1	Aktivierung der unterschiedlichen Szenarien	334
		7.1.2	Einfluss der Echtzeitintegration von CO nach FI	336
	7.2	Übernahme der HR-Daten		347
	7.3	Inventur		350
	7.4	Tätigkeiten in der Anlagenbuchhaltung		352
		7.4.1	Abrechnung von Anlagen im Bau	352
		7.4.2	Abschreibungslauf	355
		7.4.3	Periodische Bestandsbuchung	359
		7.4.4	Inventur der Anlagenbuchhaltung	359
		7.4.5	Technische Arbeiten	360
		7.4.6	Erstellung des Anlagengitters	361
	7.5	Periodensteuerung		362
		7.5.1	Periodenverschiebung für den Materialstamm	363
		7.5.2	Öffnen und Schließen der Buchungsperioden	363
	7.6	Fremdwährungsbewertung		365
	7.7	Umgliederung von Forderungen und Verbindlichkeiten		369
	7.8	Wertberichtigung auf Forderungen		371
	7.9	Saldovortrag		372
	7.10	Manuelle Buchungen		373
	7.11	Umlagen und Verteilungen		375
	7.12	Abstimmung		379
		7.12.1	Große Umsatzprobe	379
		7.12.2	Intercompany-Abstimmung	379
		7.12.3	Abstimmung von Buchhaltung und Bestandsführung	381
		7.12.4	Abstimmung von Buchhaltung und Controlling	381
	7.13	Berichtswesen		383
		7.13.1	Berichtswesen der Hauptbuchhaltung	383
		7.13.2	Berichtswesen in den Kontokorrenten	386
		7.13.3	Berichtswesen im Controlling	387
	7.14	Zusammenfassung		389

8 Reporting mit SAP NetWeaver BW ... 391

8.1 Grundlagen von Business Intelligence ... 392
  8.1.1 Business Explorer Suite – Reporting mit SAP NetWeaver BW ... 399
  8.1.2 Business Content ... 403
8.2 Beispiele zur Datenbeschaffung ... 408
  8.2.1 Financial Reporting ... 408
  8.2.2 Markt- und Ergebnisrechnung ... 413
8.3 Zusammenfassung und Ausblick ... 417

9 Werteflussoptimierung durch Einführung des neuen Hauptbuchs – ein Praxisbeispiel ... 419

9.1 Projektauftrag ... 419
  9.1.1 Vorüberlegungen ... 420
  9.1.2 Tatsächlicher Projektumfang ... 425
9.2 Projektplan ... 425
  9.2.1 Projektverlauf ... 427
  9.2.2 Testphasen ... 429
9.3 Neugestaltung der Werteflüsse ... 432
  9.3.1 Konzept zur Ableitung des Segments ... 432
  9.3.2 Werteflüsse im Beschaffungsprozess ... 435
  9.3.3 Werteflüsse im Verkaufsprozess ... 436
  9.3.4 Werteflüsse in Finanzbuchhaltung und Controlling ... 437
9.4 Rückschau auf das Projekt ... 438
9.5 Zusammenfassung ... 439

Anhang ... 441

A Beispiel für einen Abschlussplan ... 443
B Transaktionen und Menüpfade ... 449
  B.1 Controlling ... 449
    B.1.1 Anwendung ... 449
    B.1.2 Customizing ... 452
  B.2 Finanzwesen ... 455
    B.2.1 Anwendung ... 455
    B.2.2 Customizing ... 458
  B.3 Materialwirtschaft ... 461
    B.3.1 Anwendung ... 461
    B.3.2 Customizing ... 462

B.4	Produktion	464
	B.4.1	Anwendung	464
	B.4.2	Customizing	464
B.5	Vertrieb	465
	B.5.1	Anwendung	465
	B.5.2	Customizing	465
B.6	SAP NetWeaver BW – Customizing in SAP ERP	466
B.7	Sonstiges	467
C	Die Autorin	469
Danke		473
Index		475

Vorwort

Als meine Kollegin Andrea Hölzlwimmer zum ersten Mal die Idee aufbrachte, ein Buch über integrierte Werteflüsse und deren Abbildung mit SAP ERP zu schreiben, entstand schnell eine spannende Diskussion um die zentralen Fragen: Warum ein solches Buch schreiben? Gibt es das nicht bereits? Welche Themen müsste es abdecken? Was können Andrea Hölzlwimmer und J&M Management Consulting aus ihrer langjährigen Berufs- und Beratungspraxis einbringen, um mit diesem Buch das Literaturangebot zu Abbildungs- und Implementierungsphilosophien von SAP ERP-Systemen zu bereichern?

Die Antworten waren schnell gefunden: Bereits im Buchtitel »Integrierte Werteflüsse mit SAP ERP« sind die drei Dimensionen, mit denen sich das Werk befasst, enthalten. Dies sind Supply Chain Management und Logistik, deren ganzheitliche Betrachtung aus Sicht des Rechnungswesens sowie alle Fragestellungen, die sich mit der Abbildung in einem ERP-System (*Enterprise Resource Planning*) befassen. Zwar hat sich seit Anfang der 90er-Jahre die Existenz einer soliden ERP-Plattform in mitteleuropäischen Unternehmen zum Industriestandard entwickelt – wofür die Erfolgsgeschichte des Unternehmens SAP ein sichtbarer Beweis ist –, aber nur selten wird in der Praxis die tatsächliche Implementierungsphilosophie allen Ansprüchen gerecht.

Der größte Teil der verfügbaren Literatur zu diesen Themenkomplexen beschränkt sich auf einen, maximal zwei der drei beschriebenen Aspekte: entweder auf die meist theoretische Auseinandersetzung mit den beiden Fachgebieten *Logistik* und *Rechnungswesen* und ihren Abhängigkeiten oder aber auf die praxisorientierte Modellierung einer der Disziplinen mit SAP ERP. Wechselwirkungen zwischen Logistik und Rechnungswesen werden dabei meist eher als »notwendiges Übel« denn als Chance begriffen.

Da keiner der beiden Bereiche ohne den jeweils anderen auskommt, besteht diese Chance darin, die Wettbewerbsfähigkeit des Unternehmens nach außen durch Prozessintegration beider Welten im Inneren zu steigern, gleichzeitig alle Effizienz- und Kostensenkungspotenziale nach innen zu nutzen sowie die notwendige Transparenz für das Topmanagement zu schaffen, um ein Unternehmen auch in schwierigen Zeiten auf dem richtigen Kurs zu halten.

Andrea Hölzlwimmer bringt als Autorin gewissermaßen drei weitere Dimensionen in das Buch ein: eine fundierte betriebswirtschaftliche Ausbildung, Berufserfahrung im Unternehmen sowie umfassende Projekterfahrung aus der Beraterperspektive. Nach ihrer kaufmännischen Ausbildung mit ersten Praxiserfahrungen hat sie sich in ihrem BWL-Studium schwerpunktmäßig mit Wirtschaftsinformatik und Projektmanagement beschäftigt. Auch die SAP-Projektwelt kennt sie sowohl aus der Unternehmens- wie auch aus der Beraterperspektive. Dabei hat sie ihr Know-how durch die langjährige Tätigkeit als Beraterin in unzähligen SAP-Implementierungsprojekten auf fast alle Bereiche in Finanzwesen und Controlling ausgeweitet – und dies sowohl im Mittelstand als auch in international agierenden Konzernen. Mit dem neuen Hauptbuch innerhalb der heutigen SAP ERP-Landschaft inklusive Segmentberichterstattung hat sich ihr Beratungsschwerpunkt in den letzten Jahren vor allem in Richtung der integrierten Betrachtung von Werteflüssen in Unternehmen fokussiert.

Andrea Hölzlwimmer und ihr Team, das sie bei der Erstellung dieses Buches unterstützt hat, sind bei der Erarbeitung der Inhalte ganz bewusst einen Weg gegangen, der mit der theoretischen Auseinandersetzung des Begriffs »integrierter Wertefluss« beginnt. Von der langjährigen Beratungspraxis in SAP ERP-Einführungsprojekten bei J&M ausgehend, die sich fast ausschließlich mit einer integrierten Sicht der beiden Welten Logistik und Finanzwesen befassen, lässt sich jedoch schnell der Praxisbezug herstellen. Daraus ergibt sich auch der Anspruch des Buches. Die aufgezeigten Modellierungsansätze und Betrachtungsweisen basieren einerseits auf einem soliden theoretischen Unterbau, sind dabei andererseits gleichzeitig in der Unternehmens- und Projektpraxis effizient realisierbar. Nur so können durch eine ERP-Einführung bzw. ein Reengineering Optimierungspotenziale ausgeschöpft werden, um die eigene Wettbewerbsposition nachhaltig zu sichern.

Ich bin überzeugt davon, dass dieses Buch Lesern aus allen Unternehmensbereichen wichtige Modellierungsansätze und -philosophien bei ERP-Neuimplementierungen oder -Reengineeringprojekten liefern kann. Neben den persönlichen Erfahrungen der Autorin und ihrer Teammitglieder reflektieren die Inhalte nicht zuletzt auch den integrierten Beratungsansatz von J&M Management Consulting. Ich wünsche Ihnen eine interessante Lektüre und bin schon jetzt auf Ihre Reaktionen zu diesem Buch gespannt!

Lars Eickmann
Partner J&M Management Consulting AG

Hier erfahren Sie, wie dieses Buch aufgebaut ist, was in den einzelnen Kapiteln behandelt wird und was sich hinter der »Lederwaren-Manufaktur Mannheim« verbirgt. Viel Spaß bei der Lektüre dieses Buches.

1 Einleitung

Eine persönliche Handschrift gibt dem Ergebnis einer Arbeit immer eine besondere Note – ob es sich nun um ein Gedicht, ein Musikstück oder auch um die Implementierung eines IT-Systems handelt. Diese persönliche Handschrift ist in den ersten beiden Fällen oft genau das, was das Werk besonders und unverwechselbar macht. Aber wie besonders und unverwechselbar darf ein IT-System sein, um noch reibungslos zu funktionieren?

In meiner Tätigkeit als Beraterin sehe ich viele Systeme, die von Spezialisten aufgebaut wurden, Spezialisten für Vertrieb, Einkauf oder Rechnungswesen. Es wurden fraglos gute Ideen eingebracht und beeindruckende technische Lösungen implementiert. Aber man hat sich dabei nur allzu oft auf einen Themenschwerpunkt, ein Modul konzentriert. So entstanden im Laufe der Jahre SAP-Systeme, die mehr an Insellandschaften als an ein integriertes System erinnern. Und dabei ist gerade die Integration die große Stärke von SAP.

Im Bereich des Materialflusses wurde dieses Problem der fehlenden Integration bereits vor einigen Jahren angegangen. *Supply Chain Management* ist heute ein gängiger Begriff, und in vielen Unternehmen laufen Programme, die die Optimierung der Lieferkette zum Ziel haben. Auch Expertenforen, wie die *Supply Chain Days* in Heidelberg, wurden ins Leben gerufen.

Aber was tut man für den Wertefluss? Er wird als selbstverständlich betrachtet und noch zu selten als Ursache für Probleme im Unternehmen verstanden. Projekte zum Redesign von Werteflüssen beginnen häufig mit Problemen wie »Unser CO-PA-Reporting stimmt nicht«, »FI und CO weichen ständig voneinander ab« oder »Wir können unserem CFO (*Chief Financial Officer*) die Zahlen nicht erklären«. Aus der Suche nach dem Fehler in CO-PA wird nicht selten ein Projekt zur Reorganisation von Werteflüssen. Es wird z. B. festgestellt, dass nicht alle betriebswirtschaftlich relevanten Vorgänge nach CO-PA übergeleitet werden oder die Überleitung mit einem falschen Wertansatz erfolgt.

Um in solchen Situationen eine Lösung zu finden, müssen wir das operative Geschäft des Unternehmens betrachten und uns fragen, was wir am Ende einer Periode berichten wollen. Dies erfordert ein ganzheitliches, modulübergreifendes Verständnis, eben eine prozess- und werteflussorientierte Betrachtung.

1.1 Inhalt und Struktur

Kapitelübersicht

Ziel dieses Buches ist es, Ihnen ein solches übergreifendes Verständnis des Werteflusses zu vermitteln und Sie für die damit verbundenen Optimierungs- und Konfliktpotenziale zu sensibilisieren. Das Buch ist folgendermaßen aufgebaut und gegliedert:

In **Kapitel 2, »Konzept der integrierten Werteflüsse«**, wird zunächst ein gemeinsames Verständnis des Begriffs *integrierte Werteflüsse* geschaffen. Da im weiteren Verlauf immer wieder auf das SCOR-Modell zurückgegriffen wird, erhalten Sie an dieser Stelle u. a. eine Einführung in dieses Modell.

Im Anschluss daran wenden wir uns in **Kapitel 3, »Grundlagen der Integration in SAP ERP«**, dem SAP-System zu. Es gibt einige Objekte – sowohl in der Organisationsstruktur als auch bei den Stammdaten –, die prozessübergreifenden Einfluss haben. Dieser Einfluss wird ebenso dargestellt wie die Auswirkungen auf den Wertefluss. Da ein aussagekräftiges Berichtswesen wesentliches Ziel, aber auch Bestandteil der Werteflüsse ist, analysieren wir zudem das wichtige Modul CO-PA.

Nach diesem allgemeinen Einstieg starten wir mit der Diskussion der wichtigsten Prozesse im Unternehmen: In **Kapitel 4, »Beschaffungsprozess«**, **Kapitel 5, »Vertriebsprozess«** und **Kapitel 6, »Produktionsprozess«**, erfahren Sie detailliert, welche Faktoren die Gestaltung des Prozesses und des Systems beeinflussen. Sie lernen dabei die zentralen Objekte wie die Bestellung in der Beschaffung oder den

Kundenauftrag im Verkauf kennen und werden die wichtigsten Prozessschritte sowohl von fachlicher Seite als auch hinsichtlich der Abbildung im System betrachten.

Ziel des Rechnungswesens ist es, ein effizientes und zielgerichtetes Reporting zu gewährleisten. Der Weg dorthin führt über die Abschlussaktivitäten in Finanzwesen und Controlling. An einem beispielhaften Abschlussplan werden die einzelnen Schritte und Abhängigkeiten beschrieben. In **Kapitel 7, »Abschluss und Reporting in SAP ERP«**, werden wir ebenfalls kurz auf das Berichtswesen in SAP ERP eingehen.

SAP NetWeaver BW bietet darüber hinaus noch viele weitere Reportingmöglichkeiten, mit denen wir uns in **Kapitel 8, »Reporting mit SAP NetWeaver BW«**, befassen werden.

Damit Sie die Ausführungen besser verstehen und leichter auf Ihre Unternehmenspraxis anwenden können, beruhen die Beispiele im Buch auf einem fiktiven Unternehmen, der *Lederwaren-Manufaktur Mannheim*. Damit Sie einen Eindruck von diesem Beispielunternehmen bekommen, werden Produktpalette und Unternehmensorganisation am Ende dieser Einleitung kurz vorgestellt.

Der Praxisbezug dieses Buches wird durch einen Projektbericht unterstrichen, den Sie in **Kapitel 9, »Werteflussoptimierung durch Einführung des neuen Hauptbuchs – ein Praxisbeispiel«**, finden. Ziel des beschriebenen Projekts war zunächst die Einführung des neuen Hauptbuchs. Während der einjährigen Laufzeit des Projekts wurden dann aber die Werteflüsse überarbeitet, und das Reporting wurde neu ausgerichtet.

Wenn Sie gezielt nach einzelnen Themen suchen, wird Ihnen die Themenübersicht über die Kapitel eine hilfreiche Orientierung geben (siehe Abbildung 1.1).

Im ganzen Buch finden Sie Symbole, die Sie auf besondere Tipps, Warnhinweise oder Beispiele aufmerksam machen sollen.

Mit diesem Buch arbeiten

Dieses Symbol warnt Sie vor häufig gemachten Fehlern oder Problemen, die auftreten können. Wenn Sie darauf stoßen, ist es also empfehlenswert, den entsprechenden Absatz besonders gründlich zu lesen.

[!]

[+] Mit diesem Symbol werden Tipps markiert, die Ihnen die Arbeit erleichtern werden. Auch Hinweise, die Ihnen z. B. dabei helfen, weiterführende Informationen zu dem besprochenen Thema zu finden, werden mit diesem Symbol hervorgehoben.

[zB] Wenn das besprochene Thema anhand von praktischen Beispielen erläutert und vertieft wird, machen wir Sie mit diesem Symbol darauf aufmerksam.

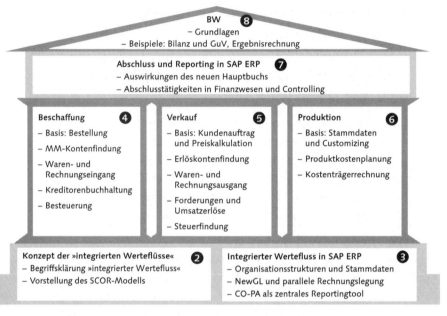

Abbildung 1.1 Themen- und Kapitelübersicht

Als Ergänzung zu den Themen, die dieses Buch abdeckt – Abbildung 1.1 zeigt hierzu eine Übersicht –, bietet Ihnen der Anhang des Buches weitere Informationen. Sie finden dort einen beispielhaften Abschlussplan (siehe Anhang A) und eine Aufstellung von hilfreichen Menüpfaden und Transaktionen (siehe Anhang B).

1.2 Die Lederwaren-Manufaktur Mannheim

Unser Beispielunternehmen

Zur leichteren Nachvollziehbarkeit der Zahlenbeispiele wird über das gesamte Buch hinweg mit einem Modellunternehmen, der Lederwaren-Manufaktur Mannheim, gearbeitet. Die Lederwaren-Manufaktur ist eine Aktiengesellschaft mit Sitz in Mannheim.

Die Lederwaren-Manufaktur Mannheim | **1.2**

Die Fertigung der Lederwaren-Manufaktur Mannheim umfasst drei Produktlinien:

Produktpalette

- **Lederschuhe nach Maßanfertigung**
  Lederschuhe werden in der Lederwaren-Manufaktur ausschließlich in Handfertigung hergestellt. Die Vermessung von Füßen kann in jedem Ladengeschäft in Mannheim, Brüssel, Paris und Mailand stattfinden. Die Fertigung der Leisten und schließlich der Schuhe erfolgt in Form von Einzelfertigung durch ausgebildete Schuhmacher an den Standorten Brüssel und Mannheim.

- **Hochwertige Ledertaschen**
  Handtaschen werden an den Standorten Mailand und Mannheim in Kleinserien produziert. Sie werden sowohl unter der Eigenmarke »Lederwaren-Manufaktur Mannheim« als auch unter den Markennamen unserer Kunden vertrieben. Wichtiger Vertriebsstandort ist hier Paris.

- **Ledergürtel**
  Die *Ledergürtel* werden als Massenprodukt gefertigt. Auftraggeber sind kleine, mittlere und große Modehäuser. Die Produkte werden meist unter der eigenen Marke »Lederwaren-Manufaktur Mannheim« auf dem Markt angeboten, gelegentlich aber auch unter dem Label eines Kunden.

Zur Vervollständigung ihres Produktsortiments vertreibt die Lederwaren-Manufaktur hochwertige *Ledergeldbörsen*. Da die Fertigungsmaschinen aber nicht auf diese Artikel ausgelegt sind, werden alle Geldbörsen als Handelsware eingekauft.

Die Lederwaren-Manufaktur Mannheim konzentriert sich auf den europäischen Markt und bedient hier insbesondere die Märkte in Deutschland, Italien und Frankreich. Um dies realisieren zu können, wurde die in Abbildung 2.2 dargestellte Firmenstruktur etabliert.

Organisation

Alle zentralen Funktionen sowie ein großer Teil der Produktion sitzen nach wie vor am *Gründungsstandort* Mannheim. Im Laufe der Firmengeschichte wurden zwei weitere *Produktionsstandorte* in Brüssel und Mailand gegründet. Der Vertrieb ist in erster Linie nach Regionen organisiert und liegt in der Verantwortung der jeweiligen Landesgesellschaften. Eine Ausnahme sind die internationalen Modelabels und Modehäuser, die *Key-Accounts* (Schlüsselkunden) sind und zentral von Mannheim aus betreut werden.

1 | Einleitung

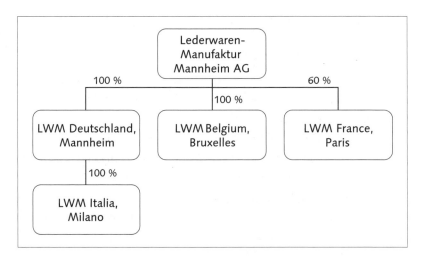

Abbildung 1.2 Organigramm der Lederwaren-Manufaktur Mannheim

Kostenstellenstruktur

Um die Gemeinkosten verursachungsgerecht auf die Kostenträger zu verteilen, wurde eine Kostenstellenstruktur entwickelt (siehe Tabelle 1.1). Diese Struktur ermöglicht auch, die Kosten zu kontrollieren, die aus der Geschäftstätigkeit der Lederwaren-Manufaktur Mannheim erwachsen.

	Kostenstelle		Profit-Center		Segment	
Dienstleistungen	D1000	Dienstleistung IT	M5000	Administration	M_OH	Overhead
	D2000	Dienstleistung HR	M5200	Personalwesen	M_OH	Overhead
	D3000	Dienstleistung Gebäude und Instandhaltung	M5000	Administration	M_OH	Overhead
Material und Lager	M1000	Material Einkauf	M9999	Fertigung sonstiges	MANF	Fertigung
	M2000	Material Lagerhaltung	M9999	Fertigung sonstiges	MANF	Fertigung
Produktion	P1000	Werkstatt Schuhe	M2100	Schuhe Mannheim	M_SHOES	Schuhe
	P1100	Werkstatt Schuhe Hilfskraft	M2100	Schuhe Mannheim	M_SHOES	Schuhe

Tabelle 1.1 Organisation im Rechnungswesen

	Kostenstelle		Profit-Center		Segment	
	P2000	Fertigung Taschen	M1200	Taschen	M_BAGS	Taschen
	P3000	Fertigung Reisegepäck	M1300	Reisegepäck	M_BAGS	Taschen
	P4000	Fertigung Gürtel	M1400	Gürtel	M_BELT	Gürtel
	P9000	Fertigung GK	M9999	Fertigung sonstiges	MANF	Fertigung
	P9500	Endkontrolle	M9000	allgemeine Produktion	MANF	Fertigung
Vertrieb	S1000	Marketing	S1000	Sales	SALES	Sales
	S1000	Vertrieb	S1000	Sales	SALES	Sales
Admin	A0000	Administration	M5000	Admin	M_OH	Overhead
	A1000	Geschäftsführung	M5000	Admin	M_OH	Overhead
	A2000	Finanzen	M5100	Rechnungswesen	M_OH	Overhead
	A3000	Controlling	M5100	Rechnungswesen	M_OH	Overhead

Tabelle 1.1 Organisation im Rechnungswesen (Forts.)

Wie Tabelle 1.1 zeigt, ist die Organisation der Lederwaren-Manufaktur so weit wie möglich nach Produktlinien aufgebaut. Nur dort, wo keine eindeutige Zuordnung möglich ist, wie etwa im Rechnungswesen, werden nicht produktspezifische Kostenstellen verwendet. Mit der Reduzierung des Unternehmens auf die wenigen in Tabelle 1.1 aufgeführten Kostenstellen wird unterstellt, dass die Produktion von Schuhen, Taschen und Gürteln an jeweils einer Fertigungsstätte und durch einen Fertigungstyp stattfindet. Dies ist eine starke Vereinfachung, die in dieser Form bei einem realen Unternehmen wohl nicht zu finden ist. Für unsere Zwecke ist dieses Beispiel aber völlig ausreichend.

Die Profit-Center-Struktur entspricht der klassischen Aufteilung von Unternehmen nach Produktsparten. Erweitert wird diese Spartengliederung um die administrativen Bereiche, denen Kosten und Erträge im Sinne der Profit-Center zugesprochen werden können. Mit dieser Strukturierung können die Tätigkeiten des betreffenden Bereichs besser gesteuert und auf ihre Rentabilität überprüft werden.

Profit-Center-Struktur

Die Profit-Center sind mit *Segmenten* versorgt (siehe Abbildung 1.3), die auch als *Geschäftszweige* bezeichnet werden. Bei der Lederwaren-Manufaktur Mannheim werden maßgeblich zwei Typen von Geschäftszweigen unterschieden. Auf der einen Seite stehen die Segmente für die Produktion der einzelnen Produktgruppen und auf der anderen Seite die Segmente, die funktionale Einheiten der Lederwaren-Manufaktur abbilden, wie Sales oder Retail. Im Allgemeinen stellen Segmente einen Querschnitt über unterschiedliche Profit-Center hinweg dar und beschreiben damit Tätigkeitsbereiche des Unternehmens.

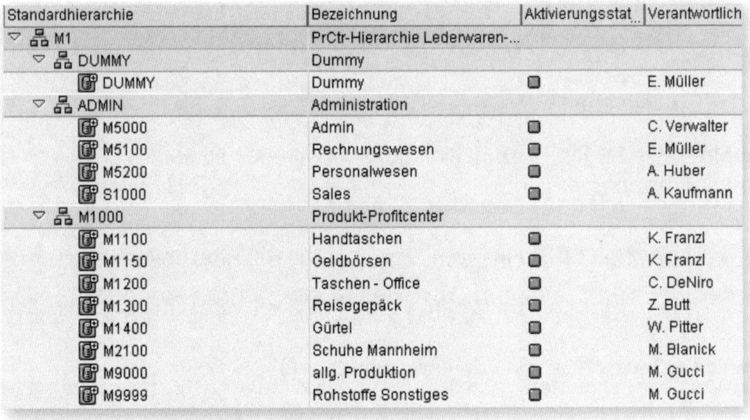

Standardhierarchie	Bezeichnung	Aktivierungsstat...	Verantwortlich
M1	PrCtr-Hierarchie Lederwaren-...		
▽ DUMMY	Dummy		
DUMMY	Dummy	☐	E. Müller
▽ ADMIN	Administration		
M5000	Admin	☐	C. Verwalter
M5100	Rechnungswesen	☐	E. Müller
M5200	Personalwesen	☐	A. Huber
S1000	Sales	☐	A. Kaufmann
▽ M1000	Produkt-Profitcenter		
M1100	Handtaschen	☐	K. Franzl
M1150	Geldbörsen	☐	K. Franzl
M1200	Taschen - Office	☐	C. DeNiro
M1300	Reisegepäck	☐	Z. Butt
M1400	Gürtel	☐	W. Pitter
M2100	Schuhe Mannheim	☐	M. Blanick
M9000	allg. Produktion	☐	M. Gucci
M9999	Rohstoffe Sonstiges	☐	M. Gucci

Abbildung 1.3 Standardhierarchie der Lederwaren-Manufaktur Mannheim

Oft ist es hilfreich, die Dinge zu betrachten, mit denen man sich tagtäglich befasst. Was bedeutet »integrierter Wertefluss«? Gibt es Modelle, die das Verständnis von Unternehmensprozessen erleichtern? Lesen Sie dieses Kapitel, und geben Sie sich selbst die Antwort.

2 Konzept der »integrierten Werteflüsse«

Wie aus der Gliederung des Buches bereits ersichtlich ist, gibt es in Unternehmen drei große, parallel verlaufende Werteflüsse – jeweils in den Bereichen Beschaffung, Verkauf und Produktion. Mit diesem Kapitel schaffen wir ein gemeinsames Verständnis der *integrierten Werteflüsse* und der beeinflussenden Faktoren aus Sicht der Betriebswirtschaftslehre.

Um dies zu erreichen, werden wir zunächst den Begriff *integrierter Wertefluss* als solchen betrachten. Dazu wird geprüft, welche Modelle für die Darstellung von Werteflüssen zur Verfügung stehen und welches dieser Modelle für die Darstellung in diesem Buch am besten geeignet ist.

Ein korrekter Wertefluss ist auf den ersten Blick mindestens für die Buchhaltung und das Controlling wichtig. Aus Sicht der Buchhaltung ist die Zielsetzung klar definiert: Am Ende eines Geschäftsjahres muss ein testierfähiger Jahresabschluss erstellt werden.

Aber worauf arbeitet das Controlling hin? Auch hierauf findet sich recht schnell eine kurze und pragmatische Antwort: Das Controlling hat ein sinnvolles und nachvollziehbares Berichtswesen zum Ziel. Was aber ist sinnvoll und somit passend für das individuelle Unternehmen? Diese Fragen werden im letzten Abschnitt dieses Kapitels gestellt – und natürlich beantwortet.

2.1 Begriffsklärung »integrierter Wertefluss«

Keine verbindliche Definition

Der Begriff *integrierter Wertefluss* fließt allgegenwärtig in unseren Arbeitsalltag ein, dabei ist die Definition des Begriffs weder einheitlich noch allgemein verbindlich. Selbst bei Diskussionen zum Thema Wertefluss wird dessen integrative Dimension mitunter außer Acht gelassen. Wir möchten deshalb versuchen, uns einer gemeinsamen Begriffsbestimmung anzunähern. Trennen wir hierzu den Begriff in seine zwei Bestandteile: Integration und Wertefluss.

2.1.1 Wertefluss

Verwandte Begriffe

Nähern wir uns dem Wertefluss über einen Umweg an: Welche verwandten Begriffe finden Sie in Ihrem Arbeitsalltag? Neben dem Begriff *Wertefluss* treffen wir in Praxis und Theorie auch auf die Begriffe *Materialfluss* und *Informationsfluss*. Wie in Abbildung 2.1 zu sehen, existieren die drei Flüsse nicht parallel und losgelöst voneinander, sondern sind ineinander verwoben.

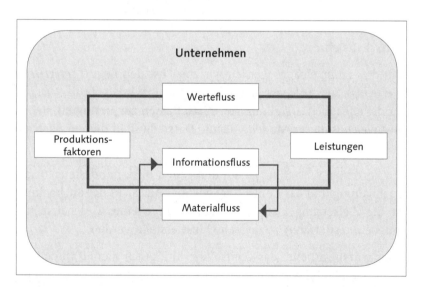

Abbildung 2.1 Zusammenhang von Material-, Informations- und Wertefluss

Materialfluss

Betrachten wir zunächst den *Materialfluss*. Es handelt sich dabei um physische Warenbewegungen aller Art. Der Materialfluss beginnt mit der Beschaffung oder Gewinnung von Materialien. Er beinhaltet aber auch die Lagerhaltung, die Verarbeitung und schließlich die Auslieferung von Erzeugnissen. Die Grenze des Materialflusses wird durch das jeweilige Unternehmen gesteckt und ist somit individuell. Wenn wir diese Grenze überschreiten und auch unsere Lieferanten und/oder Kunden betrachten, würden wir von einer sogenannten *Lieferkette* – auch *Supply Chain* genannt – sprechen. Die Begriffe Materialfluss und Lieferkette beschreiben so das gleiche Prinzip, bilden aber unterschiedliche Umfänge ab.

Einen Materialfluss können Sie in allen produzierenden Unternehmen betrachten, indem Sie die Produktion beobachten: Materialien werden verarbeitet, Produkte werden von Gabelstaplern ins Lager gefahren, Lkws werden in der Auslieferung bestückt. Durch den Einsatz der klassischen Faktoren *Arbeit*, *Boden* und *Kapital* werden also Leistungen erbracht bzw. Produkte erstellt und damit schließlich Werte erzeugt.

Der Begriff *Informationsfluss* bezeichnet den Weg, den Daten nehmen, um als Information bei einem oder mehreren Empfänger anzukommen. Idealerweise führt die Information dann zu einer Reaktion beim Empfänger. Der Informationsfluss korrespondiert dabei mit dem Materialfluss.

Informationsfluss

> **Beispiel zur Integration von Informations- und Materialfluss**
> Die Information, dass ein Sicherheitsbestand im Lager unterschritten wurde, löst im Einkauf den Beschaffungsprozess und als Ergebnis eine Bestellung aus. Das Ergebnis von Qualitätskontrollen kann zur Freigabe oder Sperrung von Materialbeständen im Lager führen.

[zB]

Für die Erhebung, Verteilung und Verarbeitung all dieser Daten und Informationen stehen heute in fast allen Unternehmen mehr oder minder moderne Warenwirtschafts- oder Enterprise Resource Planning-Systeme – ERP-Systeme – zur Verfügung.

In Unternehmen, die SAP-Lösungen einsetzen, fällt häufig auch der Begriff *Belegfluss*. Darunter bezeichnet man die Kette aller zusammengehörigen Belege, die im System zu einem Geschäftsvorgang erstellt wurden. Ein Beispiel ist der Belegfluss im Verkaufsprozess: Im System kann dazu z.B. ein Kundenauftrag, eine Lieferung und eine Faktura erstellt werden. Ein Belegfluss kann Material- und Wertefluss abbilden. So handelt es sich bei der Lieferung um eine Materialbewegung, die im System abgebildet wird. Die Faktura beinhaltet nur die reine Rechnungserstellung an den Kunden und ist somit nicht

Belegfluss

dem Materialfluss, sondern dem Wertefluss zuzurechnen. Der Belegfluss stellt damit den Informationsfluss im System dar.

Wertefluss Kommen wir nach diesem kleinen Exkurs zurück zum Wertefluss. Eine Bedeutung des Werteflusses ist ebenfalls eng mit dem Materialfluss verknüpft: Wertefluss meint zum einen die Darstellung der Wertschöpfung entlang der logistischen Kette, also entlang des Materialflusses.

Der Wertefluss beinhaltet darüber hinaus aber auch rein monetäre Ströme. Es handelt sich dabei um Geldströme, die nicht mehr mit der Bewegung oder Verarbeitung von Waren verknüpft sind. Zu nennen sind hier Finanzanlagen bzw. Geldgeschäfte im Allgemeinen. Wie beispielsweise das Unternehmen Porsche zeigt, können Unternehmen auch außerhalb ihrer betrieblichen Geschäftstätigkeit im rein monetären Bereich nennenswerte Werte schaffen. Da dies aber wohl eher die Ausnahme ist, werden die Themen Finanzgeschäfte und Treasury an dieser Stelle ausgeklammert. In diesem Buch möchten wir jedoch die Zahlungsvorgänge am Ende der logistisch geprägten Prozesse Beschaffung und Verkauf berücksichtigen.

Material-, Informations- und Wertefluss lassen sich nicht nur inhaltlich, sondern auch aufgrund der Sichtweise auf die unternehmerischen Prozesse unterscheiden:

- **Sachbezogene Sichtweise**
  Bei der sachbezogenen Sichtweise steht die Steuerung der Produktionsprozesse während der betrieblichen Leistungserstellung im Mittelpunkt. Unter dem Schlagwort *Supply Chain Management* (SCM) werden die Materialflüsse übergreifend betrachtet und optimiert.

- **Wertorientierte Sichtweise**
  Die Koordination von Informationsflüssen steht bei der wertorientierten Sichtweise im Vordergrund. Ziel ist die Darstellung der Materialflüsse in Form von auswertbaren Informationen bzw. Werten. Aus diesen Werten können wir die strategischen Entscheidungen im Unternehmen ableiten.

Eine integrierte Sichtweise auf die Material- und Informationsflüsse ist mittlerweile selbstverständlich geworden. Auf eine ähnlich integrierte Weise sollten auch die Werteflüsse betrachtet werden. Was aber meinen und erwarten wir, wenn wir das Wort Integration verwenden?

2.1.2 Integration

Das Wort *Integration* leitet sich aus dem lateinischen Wort *integer* (= ganz) ab und meint die »Herstellung eines Ganzen«. Integration bezeichnet also die Zusammenfügung einzelner Teile zu einer Einheit. Wenn wir einen Sachverhalt wie den Wertefluss integriert betrachten, werden demzufolge alle Bestandteile des Werteflusses zusammengeführt und gemeinsam betrachtet. Alternativ – eben nicht integriert – würde man den Wertefluss in seine Bestandteile aufteilen und nur noch die einzelnen Teile jeweils für sich untersuchen.

Wortbedeutung

Im IT-Umfeld bezeichnet Integration die möglichst automatisierte Verknüpfung verschiedener Bereiche wie Produktion, Vertrieb oder Buchhaltung. Ziel ist es, Daten und Informationen aus verschiedenen Quellen miteinander zu verknüpfen und an Interessenten weiterzureichen. Gerade diese Verknüpfung unterschiedlicher Quellen ist entscheidend für das Thema Wertefluss. Besonders in der IT werden große Anstrengungen unternommen, um eine hohe Integration zu erreichen.

Bedeutung im IT-Umfeld

Integration, ein essenzieller Bestandteil des Werteflusses, wird in diesem Zusammenhang häufig als selbstverständlich aufgefasst und genau deshalb mitunter vernachlässigt. Dabei müssen wir im Wertefluss nicht nur unterschiedliche Quellen miteinander verbinden. Auch das »Ziel« des Werteflusses ist nicht eindeutig, da es verschiedenste Interessenten gibt, deren Anforderungen erfüllt werden wollen. In Abbildung 2.2 sehen Sie die unternehmensinternen Interessengruppen und die zur Verfügung stehende systemische Unterstützung.

Interessengruppen

Betrachten wir die verschiedenen Interessengruppen etwas näher. Die Anforderungen der *Logistik* konzentrieren sich auf den Materialfluss. Es werden alle Informationen benötigt, die einen reibungslosen Ablauf der Produktions- und Lieferprozesse gewährleisten. Ursprung von Informationen kann z. B. das Controlling mit seiner Produktkostenrechnung sein. Nur wenn ein Erzeugnis einen aktuellen Preis trägt, kann eine Buchung vom bzw. ins Lager erfolgen.

Logistik

Das *Controlling* wiederum ist angewiesen auf Informationen aus der Logistik, um daraus abgeleitete Erzeugniskalkulationen erstellen zu können. Beispielsweise werden Rezepte oder Stücklisten und Arbeitspläne aus der Produktionsplanung benötigt. Das Controlling orientiert sich außerdem an internen und externen Reportinganfor-

Controlling

derungen. Ziel ist dabei eine umfassende Darstellung der Unternehmenssituation, um bei eventuellen Fehlentwicklungen frühzeitig korrigierend eingreifen zu können.

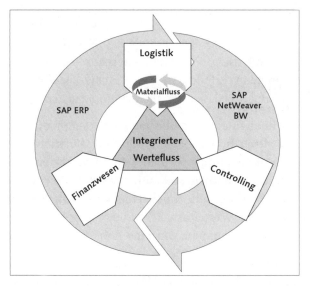

Abbildung 2.2 Systemische Unterstützung interner Interessengruppen

Ausprägung und Blickwinkel des Controllings wirken sich in hohem Maße auf die Gestaltung von Werteflüssen aus. Die Ausprägung des Controllings wird dabei von folgenden Faktoren beeinflusst:

- funktionale Anforderungen (z. B. Blickwinkel Vertrieb oder Produktion)
- regionale Anforderungen (z. B. lokal, national oder global)
- Steuerungsanforderungen (operative, taktische oder strategische Ebene)
- Systemspezifika (z. B. durch CO)

Finanzwesen Die Anforderungen des Finanzwesens hingegen sind wesentlich durch gesetzliche (z. B. steuer- oder handelsrechtliche) Rahmenbedingungen und sonstige externe Anforderungen wie denen der Kapitalmärkte oder Banken motiviert. Daneben spielen weitere Aspekte wie etwa das Liquiditätsmanagement z. B. durch Cashflow-Optimierung eine Rolle.

Unternehmensprozesse darstellen Wie Sie festgestellt haben, muss das Controlling eine Vielzahl von Anforderungen erfüllen. Es wird jedoch auch durch die gewählte

Darstellung der Unternehmensprozesse geprägt. Für die Darstellung dieser Prozesse stellt die Betriebswirtschaftslehre unterschiedliche Modelle bereit. Die Tauglichkeit der jeweiligen Modelle hängt von der individuellen Arbeitsweise und -philosophie ab, die sowohl im Gesamtunternehmen als auch bei den verantwortlichen Personen vorherrscht.

2.2 Modelle zur Darstellung von Unternehmensprozessen

Es gibt eine schier unendliche Anzahl von Modellen zur Abbildung von Unternehmensprozessen. Ein sehr bekanntes, klassisches Modell ist das *Porters Value-Chain-Modell*. Eine aktuell häufig eingesetzte Methode ist das *SCOR-Modell*. Auf diese beiden Modelle wollen wir an dieser Stelle kurz etwas näher eingehen.

2.2.1 Porters Value-Chain-Modell

Wenn allgemein von einem Wertefluss gesprochen wird, ist schnell von *Porters Value-Chain-Modell* die Rede. Wir möchten daher an dieser Stelle eine klare Abgrenzung vornehmen bzw. die Beziehung der Porterschen Value Chain zu unserer Definition eines integrierten Werteflusses erklären.

Das von Michael E. Porter entwickelte *Value-Chain-Modell* ermöglicht eine systematische Erfassung aller strategisch relevanten Tätigkeiten eines Unternehmens. Dabei werden die Daten nach primären und sekundären (unterstützenden) Aktivitäten klassifiziert (siehe Abbildung 2.3). Nach Porter kann aus jeder Aktivität – sowohl primär als auch sekundär – ein Wettbewerbsvorteil erzielt werden. Er sieht die Value Chain sowohl als Werkzeug der Wert- und Unternehmensanalyse als auch der Strategieentwicklung.

Primäre und sekundäre Aktivitäten

Porter geht es bei seiner Theorie vor allem um die Erhöhung der Wertschöpfung produzierender Unternehmen. Die Beziehung zwischen Porters Value-Chain-Modell und einem integrierten Wertefluss ist jedoch eng. Porter stellt in seinem Modell die Wertschöpfungskette dar, die man als Basis integrierten Werteflusses verstehen kann. Der Wertefluss ist somit die bewertete Darstellung der von Porter identifizierten Aktivitäten.

Erhöhung der Wertschöpfung

2 | Konzept der »integrierten Werteflüsse«

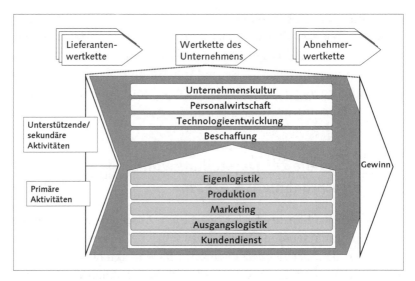

Abbildung 2.3 Porters Value-Chain-Modell

Beschäftigen wir uns aber noch mit einem zweiten Ansatz, der durch die Logistik und damit durch den Materialfluss geprägt ist. Denn wie Sie bereits gesehen haben, kann ein integrierter Wertefluss nur aus einem integrierten Materialfluss im Produktionsprozess entstehen.

2.2.2 SCOR-Modell

Als Modell für die materialbezogenen Prozesse, die sogenannte *Sachebene* eines Unternehmens, können wir das *SCOR-Modell* (SCOR = *Supply Chain Operation Reference*) verwenden. Dieses Modell zeigt eine klare, in Ebenen gegliederte Struktur der Geschäftstätigkeiten eines Unternehmens. Anhand dieser Ebenen ist es möglich, die entstehenden Werte darzustellen.

Geschäftsprozesse analysieren und beschreiben

Das SCOR-Modell wurde von dem *Supply Chain Council* (SCC), einer unabhängigen Non-Profit-Organisation, entworfen. Das Modell ist Teil einer Standardmethode zur Analyse und Beschreibung aller unternehmensinternen und -übergreifenden Geschäftsprozesse einer Supply Chain. Ziel ist dabei immer die Optimierung der Prozesse. Die Methode ist auf einfache, aber auch komplexe Aktivitäten eines Unternehmens anwendbar.

Folgende Aspekte werden vom SCOR-Modell verknüpft und integriert:

- **Business Process Reengineering**
  Istaufnahme und Entwicklung eines Sollzustands wie in Porters Value-Chain-Modell
- **Benchmarking**
  Quantifizierung der operativen Performance und Gegenüberstellung mit vergleichbaren Unternehmen sowie Erarbeitung interner Ziele auf Basis der Best-in-Class-Ergebnisse
- **Best-Practice-Analysen**
  Analyse von Managementpraktiken und IT-Lösungen, die zu einer Best-in-Class-Performance führen

Das SCOR-Modell geht über die eigenen Unternehmensgrenzen hinaus. Lieferanten werden bis zur ersten Produktionsstufe miteinbezogen, und auch die eigenen Kunden sowie deren Kunden finden Beachtung. Durch diesen weitreichenden Ansatz sollen alle Optimierungspotenziale erkannt und umgesetzt werden.

Mit dem SCOR-Modell befinden wir uns also im Grenzbereich zwischen betriebswirtschaftlichen und volkswirtschaftlichen Werteflüssen. Hierzu wollen wir uns in diesem Buch deutlich abgrenzen, da wir ausschließlich die innerbetrieblichen Abläufe betrachten.

Wie Abbildung 2.4 zeigt, basiert das SCOR-Modell auf fünf wesentlichen Geschäftsprozesskategorien.

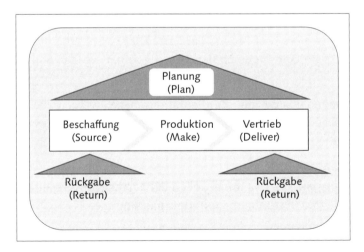

Abbildung 2.4 SCOR-Modell – erste Ebene

2 | Konzept der »integrierten Werteflüsse«

Geschäftsprozess-kategorien der ersten Ebene

Betrachten wir die fünf Geschäftsprozesskategorien des SCOR-Modells etwas genauer:

1. **Planung**
   Die *Planung* (Plan) bringt Angebot und Nachfrage in Einklang und ist als übergreifende Aufgabe zu verstehen.

2. **Beschaffung**
   Die *Beschaffung* (Source) stellt Material und Dienstleistungen zur Verfügung.

3. **Produktion**
   Die *Produktion* (Make) stellt Halbfabrikate und Fertigerzeugnisse her.

4. **Vertrieb**
   Der *Vertrieb* (Deliver) umfasst die Aspekte Lager-, Auftrags- und Transportmanagement in den Kundenbeziehungen eines Unternehmens.

5. **Rückgabe**
   Die *Rückgabe* (Return) umfasst zum einen das Rücksenden von Material an die Lieferanten sowie den Empfang und die Verarbeitung von Rücksendungen durch die Kunden. Ursache von Rücksendungen sind in der Regel Mängel am Material/Produkt.

Diese Geschäftsprozesskategorien sind hilfreich, aber zu groß gefasst, um weiter mit ihnen zu arbeiten. Sie können lediglich einen ersten Einstieg in die Betrachtung eines Unternehmens ermöglichen. Daher bezeichnen wir diese fünf Prozesse als *erste Ebene des SCOR-Modells*. Hier definiert ein Unternehmen den Umfang seiner eigenen Supply Chain.

Prozesstypen der Konfigurations-ebene

Auf der zweiten Ebene, der Konfigurationsebene, werden diesen fünf Prozesskategorien drei Prozesstypen zugeordnet. Die Prozesstypen der Konfigurationsebene sind im Folgenden aufgeführt:

▶ **Planungsprozesse**
   Die *Planungsprozesse* (Planning) sollen der aggregierten Nachfrage innerhalb eines bestimmten Zeitraums nachkommen.

▶ **Ausführungsprozesse**
   Bei den *Ausführungsprozessen* (Execution), die durch die Planungsprozesse ausgelöst werden, wird der Status eines Produkts verändert.

▶ **Unterstützungsprozesse**

Die *Unterstützungsprozesse* (Enable) bereiten Informationen auf und stellen sie zur Verfügung. Die Informationen basieren auf den Planungs- und Ausführungsprozessen.

Die Verknüpfung von Prozesskategorien der ersten Ebene und der Prozesstypen der zweiten Ebene kann in einer Matrix dargestellt werden (siehe Abbildung 2.5).

Verknüpfung der ersten und zweiten Ebene

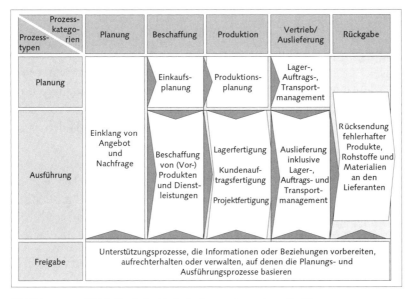

Abbildung 2.5 SCOR-Modell – Verknüpfung erste und zweite Ebene

Sie sehen hier, welche Prozesstypen in den fünf Prozesskategorien möglich sind. Nehmen wir als Beispiel die Kombination der Prozesskategorie *Produktion* mit dem Prozesstyp *Ausführung*. In diesem Fall bietet das SCOR-Modell drei mögliche Ausprägungen an:

▶ Lagerfertigung
▶ Kundenauftragsfertigung
▶ Projektfertigung

Auch ohne Detailwissen zu diesen Prozessausprägungen können Sie sich sicher vorstellen, dass die Produktion bei einer Projektfertigung (z. B. einem Kraftwerk) anders gesteuert wird als bei einer Lagerfertigung, wie sie beispielsweise in der Lederwaren-Manufaktur Mannheim für Taschen durchgeführt wird.

2 | Konzept der »integrierten Werteflüsse«

Gestaltungsebene

Um diese weitere Detaillierung abzubilden, besitzt das SCOR-Modell noch eine dritte Ebene. Diese bezeichnen wir als *Gestaltungsebene*. Sie beinhaltet Teilprozesse zu den Hauptprozessen der zweiten Ebene. Für jede Prozesskategorie (z. B. Produktion) werden die einzelnen Prozessschritte, deren Reihenfolge sowie Input- und Outputinformationen getrennt dargestellt.

Die Gestaltungsebene lässt sich durch ein Flussdiagramm beschreiben, das bei Bedarf noch weiter detailliert werden kann. Für unsere Zwecke ist eine weiter gehende Detaillierung jedoch nicht notwendig. Betrachten wir daher, welche weitere Untergliederung wir für unser gerade gewähltes Beispiel – der Ausführung in der Produktion – gewählt haben (siehe Abbildung 2.6). Der große Prozess der Produktion wird hier zunächst in die drei Typen Lagerfertigung, Kundenauftragsfertigung und Projektfertigung unterteilt. Der Prozesstyp Lagerfertigung wiederum ist in folgende Schritte untergliedert:

- Produktionsplanung
- Entnahme von Roh-, Hilfs- und Betriebsstoffen (RHB-Stoffe)
- eigentliche Produktion im Sinne von Fertigung
- Einlagerung
- Produktfreigabe
- Abfallentsorgung

Diese Aufteilung ermöglicht es, die einzelnen Aktivitäten, die im Gesamtprozess notwendig sind, zwar integriert, aber dennoch differenziert, also einzeln, zu betrachten. In der Regel spiegeln diese Teilschritte auch Verantwortungsbereiche in den Unternehmen wider.

Implementierungsebene

Darunter gibt es noch eine weitere Ebene, die sogenannte *Implementierungsebene*. Diese ist im SCOR-Modell nicht enthalten, da sie sich auf die individuelle Softwareeinführung im Unternehmen bezieht. Hier gilt es, Softwarelösungen einzusetzen, die den Anforderungen des Unternehmens entsprechen. Bei den Lesern dieses Buches hat man sich an dieser Stelle wohl für SAP entschieden.

Das SCOR-Modell wurde für die Optimierung der Supply Chain, also der Materialflüsse, entwickelt. Aus diesem Grund greift es für unsere Zwecke in Teilen zu kurz. Wir wollen daher das Modell erweitern, um den gesamten Werterfluss in Unternehmen darstellen zu können.

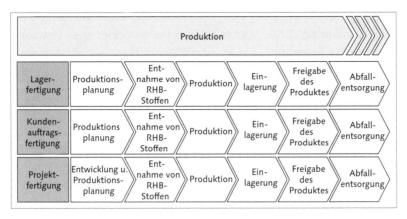

Abbildung 2.6 Produktionsprozess im SCOR-Modell

2.3 Erweiterung des SCOR-Modells

Ziel unseres erweiterten SCOR-Modells ist die gemeinsame und übergreifende Bewertung aller Geschäftsprozesse eines Unternehmens sowie die integrierte Betrachtung der entstandenen Werte.

In Projekten, bei denen eine Business-Intelligence-Applikation wie z. B. SAP NetWeaver BW neu aufgebaut oder umgestaltet wird, spricht man häufig von »Turning Data into Action«. Damit ist gemeint, dass aus den erhobenen Daten und deren Analysen Reaktionen im Unternehmen folgen müssen. Nur durch die tatsächliche Umsetzung der gewonnenen Erkenntnisse kann das Unternehmen einen positiven Effekt in den Geschäftsprozessen erzielen und damit letztlich Produktivität und Rentabilität steigern. In diesem Buch nehmen wir einen anderen Blickwinkel ein: Es soll der Wertefluss entlang der Material- und Informationsflüsse im Unternehmen dargestellt werden. In diesem Sinne können wir bei der Abbildung integrierter Werteflüsse von »Turning Action into Data« sprechen.

Turning Action into Data

Unter *Action* verstehen wir die sachbezogene Sichtweise eines Unternehmens, d.h. den Materialfluss. Wird dieser Fluss innerhalb eines Unternehmens wertmäßig (in Zahlen) nachgebildet, wurden Aktionen in Daten umgewandelt. Zur reinen Datenerhebung kommen noch das Weiterreichen und Auswerten dieser Daten, um einen integrierten Wertefluss abzubilden. Ebenso wie das SCOR-Modell wollen wir uns auf die operativen Prozesse beschränken.

Daten weiterleiten und auswerten

Performance Management, also die strategische Unternehmenssteuerung, ist damit nicht Gegenstand dieses Buches. Aber auch wenn wir uns auf das operative Controlling beschränken, so gibt es doch immer noch viele unterschiedliche Philosophien bzw. Blickrichtungen, die unsere Controllingsysteme beeinflussen.

2.4 Wechselwirkung von Prozessgestaltung und Controllingphilosophie

Wir haben in Abbildung 2.6 am Beispiel des Produktionsprozesses bereits gesehen, dass die Gestaltung der Produktion Auswirkungen auf die Teilschritte des Prozesses hat. Bei einer Lager- oder Kundenauftragsfertigung stellen wir ein uns bekanntes Produkt her und können sofort mit der Materialbeschaffung beginnen. Bei einer Projektfertigung müssen wir im Vorfeld das Produkt entwickeln und die Produktion planen.

Besonders wenn wir die Lagerfertigung mit der Projektfertigung vergleichen, wird schnell klar, dass hier zwei völlig unterschiedliche Controllingansätze angebracht sind.

[zB] **Unterschiedliche Controllingansätze bei Lager- und Projektfertigung**

Bei einer Fertigung, die ans Lager liefert, wird unser Hauptaugenmerk sicherlich auf auftretenden Produktionsabweichungen liegen. Eine Verbindung von Fertigungsauftrag und Kundenauftrag können wir nicht herstellen.

Bei einer Projektfertigung interessieren uns eventuelle Produktionsabweichungen natürlich auch, der Fokus wird aber auf der Überwachung des Kundenauftrags liegen. Wir wollen bei der Kundenauftragsfertigung sicher sein, dass mit dem individuellen Auftrag Gewinn erzielt wird. Falls wir höhere Produktionskosten haben, können wir aber auch nochmals mit unserem Kunden sprechen. Bei einer Massenfertigung, die an ein Lager geliefert wird, haben wir diese Möglichkeit nicht.

Daraus ergibt sich, dass Unternehmen ihr Controlling auf sehr unterschiedliche Art und Weise betreiben. Die Entscheidung für eine Controllingphilosophie trifft ein Unternehmen neben der bereits genannten Produktionsgestaltung auch anhand einer Vielzahl weiterer Einflussfaktoren wie Größe oder Branche. Im Folgenden betrachten wir einige Controllingtypen genauer:

- Kundenauftragscontrolling
- Produktionscontrolling
- Lieferantenmanagement und -controlling

Ein Anlagenbauer führt typischerweise ein *Kundenauftragscontrolling* durch. Dabei werden die anfallenden Kosten mit Bezug zum Kundenauftrag ermittelt und verbucht. Außerdem muss eine periodische Abgrenzung der Kosten möglich sein, wenn Kundenaufträge eine Bearbeitungszeit von mehreren Monaten oder sogar Jahren erfordern. Nur so ist es möglich, schon vor Fertigstellung des Auftrags die aktuellen Kosten und Erlöse zu ermitteln und gegebenenfalls auch zu verbuchen.

Kundenauftragscontrolling

Ein Unternehmen, das Massenware auf Lager herstellt, hat im Controlling einen anderen Fokus. Es betreibt eher *Produktionscontrolling*. Der Schwerpunkt liegt dabei auf den Kalkulationsgrößen, Gemeinkosten und Lagerkosten.

Produktionscontrolling

Ein anderes, extremeres Beispiel für eine Controllingphilosophie eines Unternehmens, das Massenware auf Lager herstellt, ist in der gesamten Handelsbranche zu finden. Hier ist kein Produktionscontrolling nötig. Der Fokus liegt hier auf Einkauf und Absatz der Handelswaren. Dies erfordert sowohl ein intensives *Lieferantenmanagement und -controlling* als auch eine gründliche *Kunden- und Marktanalyse*. Die wichtigsten Stellschrauben zur Gewinnmaximierung eines Handelsbetriebs bilden die Einkaufskosten und der zu erzielende Umsatz.

Lieferantenmanagement und -controlling

Das soll aber nicht bedeuten, dass ein Unternehmen nur eine einzige Controllingstrategie verfolgt. Nehmen wir unser Beispiel der Lederwaren-Manufaktur Mannheim:

- Das Unternehmen produziert Schuhe in Einzelfertigung, d.h. nur nach Kundenauftrag.
- Es stellt Taschen in Kleinserien her.
- Es produziert Ledergürtel als Massenware.
- Zur Komplettierung seines Produktportfolios werden Geldbörsen als Handelsware zugekauft.

Sicherlich werden wir die Rentabilität der Gürtelproduktion anders berechnen als die kundenauftragsgesteuerte Herstellung von Schuhen. Dazu aber mehr in Kapitel 6, »Produktionsprozess«.

In den folgenden Kapiteln werden wir Handlungsempfehlungen und Alternativen zur systemischen Abbildung der unterschiedlichen Prozesse aufzeigen. Im Zentrum stehen dabei zwei Dinge: die Darstellung eines möglichst integrativen Werteflusses und die genaue Betrachtung der Gestaltungsmöglichkeiten, die ein SAP-System zulässt.

2.5 Zusammenfassung

Zusammenfassend können wir feststellen, dass viele unterschiedliche Modelle zur Darstellung der Unternehmensprozesse existieren. Wir haben uns hier für ein erweitertes SCOR-Modell entschieden. Das SCOR-Modell bietet gute Darstellungsmöglichkeiten für den Materialfluss im Unternehmen. Zudem berücksichtigt es in ausreichender Weise unterschiedliche Prozessausprägungen wie etwa Lagerfertigung versus Kundenauftragsfertigung. Um mit dem SCOR-Modell aber auch die vollständigen Werteflüsse entlang der unternehmerischen Prozesse darzustellen, müssen wir das Modell um Zahlungsvorgänge erweitern.

Wichtig ist, ein gemeinsames Verständnis vom Begriff *integrierter Wertefluss* erlangt zu haben. Wir verstehen darunter die Darstellung der Wertschöpfungskette entlang der logistischen Kette, erweitert um direkt damit verbundene Zahlungsvorgänge. Dabei fordern wir von jedem Prozess einen möglichst hohen Grad an Integration und Automatisierung.

Die Arbeit mit einem SAP-System kann man ganz gut mit einer Expedition in die Ferne vergleichen: faszinierend, spannend, komplex und zunächst undurchsichtig. Dieses Kapitel soll Ihnen helfen, die Grundlagen der Integration in SAP ERP zu verstehen.

3 Grundlagen der Integration in SAP ERP

Ein Modell zur Abbildung von Unternehmen und deren Werteflüssen darf nicht losgelöst vom betrieblichen Alltag aufgebaut werden. »Turning Action into Data« bedeutet, die Vorgänge im Unternehmen in einer IT-Lösung abzubilden und zu verarbeiten (siehe Abschnitt 2.3, »Erweiterung des SCOR-Modells«).

Häufig – gerade in Großunternehmen und im gehobenen Mittelstand – werden hierzu SAP-Systeme eingesetzt. Bereits durch die technischen Lösungen und Restriktionen der ausgelieferten Systeme hat die SAP AG ein eigenes Werteflussmodell geschaffen. Grundlegende Prozesse wie etwa ein Zahlungseingang werden bedingt durch die im Standard angebotene Lösung in vielen Unternehmen, die hierfür ein SAP-System einsetzen, ähnlich abgewickelt.

Zunächst beschäftigen wir uns mit dem Istzustand vieler SAP-Systeme und gehen dann auf das Entitätenmodell ein. Ein Entitätenmodell ist die strukturierte Darstellung des Unternehmens und des damit verbundenen Aufbaus von Organisationseinheiten in einem SAP-System. Im Fokus stehen an dieser Stelle die Strukturen im Rechnungswesen. Außerdem beleuchten wir die internationalen Anforderungen und die Stammdaten, denen beim Aufbau eines integrierten Werteflusses besondere Bedeutung zukommt.

Ein letzter Abschnitt behandelt das Teilmodul der Markt- und Segmentberichterstattung CO-PA, ein wichtiges Reportingtool in SAP ERP. Eine zentrale und prozessübergreifende Betrachtung ist hier sinnvoll, da die Auswertungen in CO-PA und die dadurch beeinflusste technische Gestaltung große Auswirkungen auf die Werteflüsse haben.

3.1 Aufbau von SAP-Systemen

SAP ERP ist eine integrierte betriebswirtschaftliche Software, mit der Geschäftsprozesse in Echtzeit abgewickelt werden. Simultan zum Materialfluss werden Informations- und Werteflüsse aufgebaut, die ihrerseits wiederum auf einem komplett integrierten Belegfluss basieren.

Werteflussmodell in SAP ERP

Der Wertefluss wird im SAP-System vor allem in den Anwendungskomponenten *Finanzbuchhaltung* (Financial Accounting, FI) und *Controlling* (CO) abgebildet. Obwohl beide Module Ursprung eines Werteflusses sein können, ist der Startpunkt häufiger in einem der logistischen Module zu finden. Die *Materialwirtschaft* (Materials Management, MM) bei Warenbewegungen, die *Produktion* (Production Planning and Control, PP) im Rahmen des Fertigungsprozesses oder auch der *Vertrieb* (Sales and Distribution, SD) bei Fakturen an Kunden könnten z. B. den Ausgangspunkt eines Werteflusses darstellen, um nur die Kernmodule des SAP-Systems zu nennen.

Integration von FI und CO

Kostenrelevante Daten aus allen Modulen fließen automatisch in die Module FI und CO. Zwischen diesen beiden Komponenten findet wiederum ein kontinuierlicher Datenaustausch statt. Dabei werden die Kosten und Erlöse verschiedenen Kontierungen, etwa Konten und Kostenarten, Kostenstellen, Projekten oder Aufträgen, zugeordnet.

Fehlende Integration in gewachsenen SAP-Systemen

In der Praxis wird häufig die sequenzielle Einführung von Modulen dem Big Bang mit der gleichzeitigen Einführung von allen benötigten SAP-Modulen vorgezogen. Zudem hat sich die Modulpalette im Laufe der Jahre deutlich erweitert, sodass auch produktive Kundensysteme immer wieder erweitert werden. Aus diesen Gründen kommt es in der Praxis häufig vor, dass SAP-Systeme wachsen und um verschiedene Module oder Komponenten erweitert werden.

Der integrative Aspekt ging dabei häufig verloren. Als Ergebnis sehen wir heute SAP-Systeme, die »historisch gewachsen« sind und keine stringenten Vorgehensweisen in Customizing und Eigenentwicklungen erkennen lassen. Nach der SAP-Einführung wurden immer nur noch die Prozessausschnitte diskutiert, die gerade neu eingeführt wurden oder Probleme bereiteten. Die Stärke von SAP ERP liegt aber gerade in dem hohen Integrationsgrad aller Module (siehe Abbildung 3.1). Die hohe Integration ist Voraussetzung für die Abbildung eines integrierten Werteflusses und kann nur entstehen, wenn über den gesamten Lifecycle des Systems hinweg die Integration im Vordergrund steht.

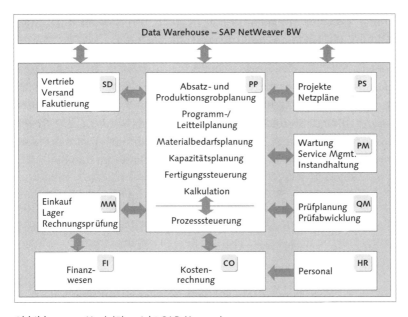

Abbildung 3.1 Modulübersicht SAP (Auszug)

Oft denken wir bei dem Thema *Integration* nur an Prozesse, die modulübergreifend im System abgebildet werden. Dabei darf nicht außer Acht gelassen werden, dass mit der Organisationsstruktur und den Stammdaten bereits einige grundsätzliche Festlegungen für den weiteren Aufbau von System und Prozessen getroffen werden. Auch die Frage, wo die bestehenden Reportinganforderungen erfüllt werden können, ist wichtig. Hier nimmt ein Teilmodul von CO eine herausragende Rolle im SAP ERP-System ein. Die Rede ist von der Markt- und Segmentberichterstattung CO-PA (PA = Profitability Analysis).

Integration von Prozessen

3.2 Entitätenmodell

Gerade aus Sicht der Finanzbuchhaltung scheint die Definition der Organisationsstruktur eine einfache Sache zu sein. Auch im Controlling wird dieser Diskussion wenig Beachtung geschenkt. Die einzige Frage ist dort mitunter, ob das Reporting und damit der Kostenrechnungskreis buchungskreisübergreifend sein soll oder nicht. Ein Entitätenmodell – die Darstellung der Unternehmensstruktur und Organisation – muss aber immer den Gesamtkontext abbilden. Das bedeutet, dass die Strukturen des internen und externen Rechnungswesens aufeinander abgestimmt sein und dabei sowohl die Ansprüche der Logistik als auch Reaktionsmöglichkeiten auf zukünftige Strukturänderungen berücksichtigen müssen.

Organisationsstrukturen

In der Praxis zeigt sich überraschend häufig, dass vorhandene Organisationsstrukturen nicht nur fachlichen Anforderungen folgen, sondern auch aufgrund technischer Notwendigkeiten oder Restriktionen entstanden sind. So findet man in SAP-Systemen sogenannte *technische Buchungskreise*, die durch Altdatenübernahmen entstanden sind oder auch der Abbildung interner Reportingeinheiten dienen.

Die Diskussion um die Darstellung der Unternehmensstruktur ist daher auch für langjährige SAP-Kunden ein wichtiges Thema. Es bieten sich verschiedene Umstände an, um die Unternehmensstruktur zu hinterfragen und gegebenenfalls neu zu organisieren.

[zB] **Unternehmens-Reorganisation bei der Migration zum neuen Hauptbuch**

Gerade eine Migration zum neuen Hauptbuch bietet eine gute Gelegenheit, um die im SAP-System abgebildeten Strukturen zu reorganisieren:
- Es beinhaltet neue Organisationselemente und gibt Anlass, um interne Strukturen zu überarbeiten.
- Wenn Sie sich zudem für die Ablösung der klassischen Profit-Center-Rechnung durch das neue Hauptbuch entscheiden, muss das gesamte kundenindividuelle Profit-Center-Reporting neu aufgebaut werden (siehe Kapitel 9, »Werteflussoptimierung durch Einführung des neuen Hauptbuchs – ein Praxisbeispiel«).
- Beim Neuaufbau des Reportings können Sie bestehende Berichte hinterfragen. In diesem Zusammenhang sollte dann auch geprüft werden, ob die in SAP abgebildete Struktur zukunftsfähig ist.

Um die passende Abbildung der Unternehmensstrukturen in SAP zu finden, müssen wir überprüfen, ob sich die von SAP angebotenen Organisationselemente für den Einsatz im Unternehmen eignen.

3.2.1 Organisationselemente im SAP-System

Das SAP-System stellt im Standard die folgenden Organisationselemente zur Verfügung:

- Buchungskreis
- Gesellschaft
- Geschäftsbereich
- Funktionsbereich
- Kreditkontrollbereich
- Kostenrechnungskreis
- Profit-Center
- Ergebnisbereich
- Segment

Diese Organisationselemente möchten wir Ihnen nun genauer vorstellen.

Buchungskreis

Die wichtigste Entität der Finanzbuchhaltung ist der *Buchungskreis*. Er ist im SAP-System am besten geeignet, um eine *Legaleinheit* abzubilden. Als Legaleinheit verstehen wir dabei jede Organisationseinheit mit eigener Geschäftsform und der gesetzlichen Verpflichtung, einen Jahresabschluss zu erstellen. Auf Ebene des Buchungskreises kann jederzeit eine Bilanz und GuV erstellt werden, ohne dass es dabei zu Zuordnungsproblemen des Buchungsstoffes kommt.

Gesellschaft

Gesellschaften dienen zur Darstellung der Unternehmensstruktur aus Konsolidierungssicht. Sie werden in den Stammdaten von Buchungskreisen und Geschäftspartnern hinterlegt und als Einheiten für die legale Konsolidierung genutzt. Die Managementkonsolidierung verwendet dagegen häufig die Profit-Center-Rechnung.

Geschäftsbereich

Daneben kennt die klassische Hauptbuchhaltung noch den *Geschäftsbereich*. Sie können ihn nutzen, wenn Sie Bilanz- und GuV-Zahlen auf einer tieferen Ebene als dem Buchungskreis darstellen möchten. Die

Geschäftsbereiche haben mit Einführung der Profit-Center-Rechnung (EC-PCA) an Bedeutung verloren, da die Ableitung von Profit-Centern einfacher und flexibler ist. Eine exakte Darstellung aller Bilanz- und GuV-Werte auf Ebene des Geschäftsbereichs war dagegen in der Regel nicht möglich; in Abhängigkeit vom betriebenen Aufwand wurden nur mehr oder weniger gute Annäherungen erzielt. So gibt es in einigen Unternehmen die Maßgabe, dass in einer Faktura immer nur ein Geschäftsbereich enthalten sein kann. Anders wäre die exakte Darstellung der Forderungen und Erlöse auf Ebene des Geschäftsbereichs kaum möglich. Aus logistischer Sicht ist es jedoch sinnvoll, dem Kunden nur eine einzige, geschäftsbereichsübergreifende Rechnung zu stellen. Um hierbei aber ein eindeutiges Reporting zu gewährleisten, müssen Prozesse um Systemrestriktionen herum aufgebaut werden.

Ein entscheidender Nachteil des Geschäftsbereichs gegenüber der klassischen Profit-Center-Rechnung im Modul EC-PCA war auch die höhere Integration von EC-PCA mit dem Controlling (EC-PCA = Enterprise Controlling – Profit Center Accounting). Bei SAP-Neueinführung wird daher in der Regel auf Profit-Center zurückgegriffen. In bestehenden Systemen gibt es aber keinen Zwang, von der Darstellung mit Geschäftsbereichen auf Profit-Center zu wechseln, wenn alle bestehenden Reportinganforderungen auch mit Geschäftsbereichen bedient werden können. Daher hält sich der Geschäftsbereich in der Praxis auch hartnäckig, obwohl es bei der korrekten Ableitung zu den beschriebenen Problemen und Kompromissen kommen kann.

Funktionsbereich

Einfacher in der Ableitung ist der *Funktionsbereich*. Dieser dient der Darstellung der GuV nach *Umsatzkostenverfahren* (UKV). In den ersten, bereits Jahre zurückliegenden UKV-Einführungen war es noch nicht möglich, den Funktionsbereich in den Stammdaten von CO-Kontierungen – insbesondere Kostenstelle und Innenauftrag – zu hinterlegen. Daher musste die Ableitung über komplexe Substitutionen abgebildet werden. Die Darstellung erfolgte dann häufig in CO-PA. Nachdem das Hinterlegen des Funktionsbereichs in den CO-Stammdaten möglich wurde, hat sich das UKV-Ledger als Standardlösung etabliert.

Das *UKV-Ledger* ist das einzige durch SAP ausgelieferte spezielle Ledger (Modul FI-SL). Neben dem Sachkonto wird zusätzlich auch der Funktionsbereich abgebildet. Mit Einführung des neuen Hauptbuchs kann der Funktionsbereich auch direkt im Hauptbuch dargestellt werden, sodass ein gesondertes UKV-Ledger nun nicht mehr notwendig ist.

UKV-Ledger

Der Funktionsbereich kann in CO-Objekten, Sachkonten und Kostenarten hinterlegt werden. Bei der Festlegung der Ableitungen ist das folgende Ranking unter den Objekten zu beachten:

- schwächstes Objekt: CO-Kontierung
- nächste Ebene: Sachkonto und Kostenarten
- stärkste Ableitung: eigene Substitutionen

Beispiel für die Hierarchie der Funktionsbereichsableitung [zB]

In einem Buchhaltungsbeleg ist eine Position mit GuV-Konto und Kostenstellenkontierung enthalten. Ist sowohl im Kostenstellenstamm als auch im Sachkonto ein Funktionsbereich gepflegt, wird der Funktionsbereich des Sachkontos gezogen. Ist darüber hinaus eine Substitution aktiv, kann auch der Funktionsbereich aus dem Sachkonto überschrieben werden.

Überschreiben von Funktionsbereichen in Substitutionen vermeiden [+]

Das Überschreiben von Funktionsbereichen in Substitutionen kann verhindert werden, indem abgefragt wird, ob der Funktionsbereich leer ist, und nur in diesem Fall substituiert wird.

Kreditkontrollbereich

Die wichtigsten Fragen bei der Festlegung des *Kreditkontrollbereichs* sind folgende: Auf welcher Ebene sollen Kreditlimits von Kunden geführt werden? Ist es sinnvoll, dass jeder Buchungskreis einem Kunden ein gesondertes Limit gibt? Letzteres könnte dazu führen, dass ein Buchungskreis den Kunden noch beliefert, während ein anderer Buchungskreis wegen eines überschrittenen Kreditrahmens bereits die Belieferung des Kunden eingestellt hat. Obwohl SAP den Kreditkontrollbereich dem Modul FI zugeordnet hat, wird über dessen Ausprägung häufig im Vertriebsteam (SD) entschieden.

Kostenrechnungskreis

Der *Kostenrechnungskreis* ist die Organisationseinheit, auf der Gemeinkostenrechnung, Produktkostenrechnung und Profit-Center-Rechnung aufbauen. Auf dieser Ebene wird z. B. entschieden, ob bei der Bebuchung eines Sachkontos in FI auch eine Buchung im Modul CO erfolgt. Verrechnungen über Buchungskreise hinweg sind im SAP-Standard nur innerhalb eines Kostenrechnungskreises möglich.

Übergreifender Kostenrechnungskreis — Wie bereits zu Beginn des Kapitels erwähnt, ist die Frage nach der Zuordnung von Buchungskreisen und Kostenrechnungskreisen eine zentrale Frage in Projekten zu SAP-Einführungen. Buchungskreise in einem übergreifenden Kostenrechnungskreis können im Controlling gemeinsam ausgewertet werden. Gleichzeitig ist der Kostenrechnungskreis aber auch die Einheit, in der die Tätigkeiten des internen Rechnungswesens abgestimmt erfolgen müssen. Um das Monatsreporting aus dem Kostenrechnungskreis zu erstellen, müssen sämtliche Abschlussbuchungen durchgeführt worden sein. Das heißt: In einem europaweiten Kreis folgen im besten Fall alle enthaltenen Buchungskreise einem gemeinsamen Abschlussplan. Nur wenn alle Abschlusstätigkeiten durchgeführt sind, kann man das Reporting aus dem Kostenrechnungskreis erzeugen. In Zeiten des Fast Close müssen wir die Frage stellen: Ist es realistisch, dass alle Länder und alle Gesellschaften einem gemeinsamen Zeitplan folgen? Häufig nicht.

Regionale Organisation — Realistischer ist es, dass ein Kostenrechnungskreis die Buchungskreise eines Landes oder einer Region umfasst. Innerhalb eines Landes bzw. einer Region können die Controlling- und insbesondere die Abschlussprozesse in der Regel ohne größere Schwierigkeiten vereinheitlicht und getaktet werden. Häufig findet man in der Praxis auch eine 1:1-Zuordnung – d.h., dass ein Buchungskreis einem Kostenrechnungskreis entspricht –, die den Vorteil hat, dass die Abschlussprozesse der Buchungskreise nicht abgestimmt sein müssen. Nachteilig ist jedoch, dass ein übergreifendes Reporting in einem SAP ERP-System nur eingeschränkt möglich ist. Ein globales Reporting findet dann am einfachsten in einem Data Warehouse statt.

Buchungskreisübergreifende Vorgänge — Die Grenze für buchungskreisübergreifende Verrechnungen in CO bildet immer der Kostenrechnungskreis. Auch diese Einschränkung ist bei der Festlegung der Organisationsstruktur wichtig. Entscheidet man sich für mehrere Kostenrechnungskreise, können übergreifende Geschäftsvorfälle im Standard nur über Rechnungen abgebildet werden.

Profit-Center

Profit-Center werden vor Einführung des neuen Hauptbuchs im Unternehmenscontrolling abgebildet (EC-PCA). Sie dienen der Darstellung der Unternehmensstruktur aus Sicht des Managements. Aus Konzernsicht werden sie häufig für die Managementkonsolidierung, also die interne Sicht auf den Konzern, verwendet, während die Gesellschaften für die legale Konsolidierung (nach rechtlichen Vorgaben) herangezogen werden. Die übergreifende Stellung der Profit-Center-Rechnung – zwischen FI und CO – macht diese interessant und führt zu einer hohen Integration.

Problematisch ist allerdings die Darstellung der Bilanz auf Profit-Center-Ebene, da bei der Ableitung des Profit-Centers für einige Bilanzpositionen Kompromisse eingegangen werden müssen. Als Beispiel sind hier Buchungen zu nennen, die nur Bilanzkonten enthalten. Da das Profit-Center sich in der Regel aus CO-Kontierungen ableitet, müssen Sie das Profit-Center bei solchen Buchungen manuell mitgeben oder auf Dummy-Kontierungen zurückgreifen.

Bilanz

> **Ableitung von Profit-Centern bei reinen Bilanzbuchungen** [+]
>
> Mithilfe einer Substitution in FI können Sie auch für reine Bilanzbuchungen die Profit-Center-Ableitung des SAP-Standards verwenden. Hierzu müssen Sie im Feldstatus des Bilanzkontos die CO-Kontierungen als Kann- oder Muss-Eingabe definieren. Anschließend müssen Sie für die betroffenen Bilanzkonten in der Transaktion 3KEH die Überleitung nach EC-PCA aktivieren.
>
> Nun wird zwar kein Kostenrechnungsbeleg, dafür aber ein Profit-Center-Beleg erstellt. Das Profit-Center wird aus dem CO-Objekt abgeleitet, das Sie in der Bilanzposition mitgegeben haben.

> **Unterschiede als problematische Abweichungen interpretieren** [!]
>
> Aber Achtung: Auf den ersten Blick könnte man die dadurch entstehenden Unterschiede zwischen Gemeinkostenrechnung und Profit-Center-Rechnung für problematische Abweichungen halten!

Die Grenze der Profit-Center-Rechnung stellt der Kostenrechnungskreis dar. Eine buchungskreisübergreifende Nutzung von Profit-Centern ist aber möglich.

Ergebnisbereich

Der *Ergebnisbereich* ist die alles umfassende Einheit der Ergebnis- und Marktsegmentrechnung (CO-PA). Auf dieser Ebene findet die Berechnung des Deckungsbeitrags statt. Technisch gesehen wird jeder Ergebnisbereich in eigenen Tabellen abgelegt. Ein Reporting über die Grenzen der Ergebnisbereiche hinweg ist daher mit Standardmitteln nicht möglich. Sie sollten aus diesem Grund genau prüfen, ob ein oder mehrere Ergebnisbereiche benötigt werden.

Um über die Gestaltung des Ergebnisbereichs entscheiden zu können, müssen wir uns den Aufbau des Moduls CO-PA vor Augen führen. Eine detaillierte Ausführung hierzu finden Sie in Abschnitt 3.5, »CO-PA als zentrales Reportinginstrument«.

Lange standen keine weiteren Organisationsobjekte im Rechnungswesen zur Verfügung. Mit Einführung des neuen Hauptbuchs in SAP ERP wird nun jedoch das *Segment* angeboten.

Segment

Das *Segment* ist ein Kontierungsobjekt des neuen Hauptbuchs. Auf Ebene des Segments kann eine vollständige Bilanz und GuV erstellt werden. Entscheidender Nachteil der Segmentberichterstattung ist aber die enge Verknüpfung mit dem Profit-Center. Im SAP-Standard wird das Segment im Stammsatz der Profit-Center hinterlegt. Damit stellt sich Ihnen die Frage, ob Sie wirklich Segmente verwenden wollen oder die Darstellung über Knoten in der Profit-Center-Struktur wählen. Der Vorteil bei Verwendung von Segmenten ist die Möglichkeit, auf Segmentebene eine Bilanz mit Saldonull zu erstellen, was bei der Verwendung einer Profit-Center-Hierarchie nicht möglich ist.

Profit-Center-Segment-Verknüpfung aufheben

Die Verknüpfung von Profit-Centern und Segmenten können Sie mithilfe von BAdIs aufheben und die Segmentableitung damit völlig unabhängig vom SAP-Standard vornehmen. Das bedeutet aber in der Praxis, dass Sie zu jedem erdenklichen Zeitpunkt in der Lage sein *müssen*, über ein BAdI ein Segment zu finden, da sonst kein bzw. nur ein Dummy-Segment in den Buchungsbeleg eingetragen wird und somit die Reportingqualität leidet. Dies ist eine durchaus herausfordernde Aufgabe im Rahmen der Einführung des neuen Hauptbuchs.

Wenn wir im SAP-Standard bleiben wollen, steht uns also bereits eine Reihe von Kontierungsobjekten und Organisationseinheiten zur

Verfügung. Eine zusammenfassende Übersicht über diese Elemente zeigt Abbildung 3.2.

Abbildung 3.2 Die wichtigsten Organisationseinheiten in FI und CO

3.2.2 Organisationselemente und Erweiterungen des SAP-Standards

Zusätzlich ist es im neuen Hauptbuch möglich, *kundeneigene Kontierungsobjekte* einzuführen. Auf diese Weise können Sie auch eigene Managementstrukturen aufbauen und in FI darstellen.

Eigene Kontierungsobjekte

[!] **Auswirkungen eigener Kontierungsobjekte**

Beachten Sie bei der der Erstellung kundeneigener Kontierungsobjekte aber stets die mangelnde Integration und die deutliche Auswirkung auf die Tabellenstrukturen in SAP.

Damit Sie ein Kontierungsobjekt vollwertig nutzen können, ist u.a. eine Erweiterung der Tabelle FI-Belegsegmente (BSEG) notwendig. Ehe Sie ein eigenes Feld einführen, sollten Sie daher immer prüfen, ob es nicht alternative Lösungen mit geringeren technischen Auswirkungen gibt.

Die Ableitung eines eigenen Kontierungsobjekts müssen Sie darüber hinaus vollständig über eigene Programmierungen definieren.

Neben diesen Dingen, die Sie fraglos beachten müssen, sind eigene Kontierungsobjekte aber eine willkommene Alternative, z. B. wenn Sie für die Managementkonsolidierung zusätzliche Eigenschaften berichten möchten.

Änderungen der Organisationsstruktur

In vielen Unternehmen kommt es regelmäßig zu Änderungen in den internen Strukturen. Dies kann strategische Gründe wie An- oder Verkäufe von Unternehmensteilen, Neustrukturierung von Kostenstellen oder eine Neuausrichtung der Profit-Center haben. Aber auch auf operativer Ebene sind *Strukturänderungen* notwendig, z. B. die Änderung eines Profit-Centers im Kostenstellenstamm, weil die Kostenstelle falsch angelegt wurde, oder die Verschmelzung von Kostenstellen aus datenschutzrechtlichen Gründen.

Bei Strukturänderungen stellt sich immer wieder die Frage, ab wann die Änderung gültig sein soll. Gilt die Änderung ab einem bestimmten Stichtag, z. B. ab der aktuellen Periode, oder muss die Struktur rückwirkend geändert werden?

Transaktion KEND

SAP unterstützt organisatorische Änderungen bisher nur eingeschränkt. Nur das Modul CO-PA kennt eine technische Unterstützung in Form der Transaktion KEND. Hiermit können Sie beispielsweise eine geänderte Zuordnung von Profit-Centern nachträglich umsetzen. Dabei nimmt die Transaktion KEND nur Änderungen auf Objektebene vor, die Einzelposten in CO-PA werden nicht angepasst. Sie existieren unverändert, beispielsweise mit Kontierung auf das alte Profit-Center. Außerdem können Sie keinen Stichtag angeben. Im Reporting hat es die alte Struktur damit quasi nie gegeben. Sie verändern auf diese Weise also auch Berichtszahlen, die unter Umständen schon in ein Data Warehouse, wie *SAP NetWeaver Business Warehouse* (SAP NetWeaver BW), weitergereicht und bereits intern oder extern gemeldet wurden.

Zum Beispiel kennt weder die Gemeinkostenrechnung noch die Profit-Center-Rechnung eine Funktion wie die Transaktion KEND in CO-PA. Nach einem KEND-Lauf in CO-PA ist daher eine Abstimmung innerhalb von CO nicht mehr möglich. Wenn man konsequent sein möchte, muss man Änderungen der Organisationsstruktur auf ein Minimum beschränken und nur zu definierten Zeitpunkten ab der aktuellen Periode zulassen.

3.2.3 Exkurs: Neues Hauptbuch und Änderung der Organisationsstruktur

Die Buchhaltung bleibt in der Regel von diesem Thema relativ unberührt, da eine Änderung von Buchungskreisen seltener vorkommt und diese, falls doch notwendig geworden, vornehmlich ein größeres Projekt, etwa die Einführung des neuen Hauptbuchs, erforderlich macht (siehe Kapitel 9, »Werteflussoptimierung durch Einführung des neuen Hauptbuchs – ein Praxisbeispiel«).

Eine interessante Möglichkeit im neuen Hauptbuch (*New General Ledger* – NewGL) ist die Integration der Profit-Center-Rechnung in die Hauptbuchhaltung. Neben den Vorzügen dieser Möglichkeit machen Sie interne Umstrukturierungen auf diese Weise aber auch zu einem Problem, das sich nicht nur im Controlling abspielt, sondern nun auch in das Finanzwesen durchschlägt. Folgerichtig werden die Probleme im Umfeld von internen Umstrukturierungen auch aus der Gewinn- und Verlustrechnung in die Bilanz weitergereicht.

Technisch gesehen unterbindet das SAP-System Zuordnungsänderungen von Stammdaten zu Profit-Centern und Segmenten durch eine Fehlermeldung. Diese Fehlermeldung kann zwar in eine Warnung umgestellt werden, damit wird aber das fachliche Problem einer Umstrukturierung nicht gelöst. Betrachten wir die Problematik am Beispiel des Materialbestands.

Änderung der Profit-Center-Zuordnung [zB]

Wir nehmen an, dass wir einen Zugang für ein Material haben, dem im Stammsatz das Profit-Center A zugeordnet ist. Im Anschluss ändern wir die Profit-Center-Zuordnung zugunsten von Profit-Center B und buchen den Warenausgang.

	Profit-Center A	Profit-Center B	Gesamt
Bestandszugang	10.000,00 EUR		10.000,00 EUR
Warenausgang		–4.000,00 EUR	–4.000,00 EUR
Materialbestand	10.000,00 EUR	–4.000,00 EUR	6.000,00 EUR

Tabelle 3.1 Beispiel für die Änderung der Profit-Center-Zuordnung

An diesem einfachen Beispiel erkennen Sie, dass der Materialbestand in Summe korrekt ausgewiesen wird. Wenn Sie aber den Bestandswert auf Ebene der einzelnen Profit-Center betrachten, erkennen Sie den Fehler. Profit-Center A weist einen zu hohen Bestand aus. Profit-Center B führt einen negativen Bestandswert.

Hier zeigt sich, dass mit Einführung des neuen Hauptbuchs neue fachliche Fragen entstehen, die nur individuell im Projekt beantwortet werden können.

Bereits diese kurzen Ausführungen zeigen, dass die Einführung des neuen Hauptbuchs zu Diskussionen um das Entitätenmodell führen kann: Nicht alles, was fachlich gewünscht und möglich ist, kann auch problemlos und ohne nachteilige Effekte auf Organisation und Prozesse umgesetzt werden.

3.3 Internationale Anforderungen

Ein Themenkreis, der mit der Einführung des neuen Hauptbuchs ebenfalls wieder an Aktualität gewinnt, ist die Abbildung internationaler Anforderungen in der Finanzbuchhaltung.

Ursprüngliche Ausrichtung auf den deutschen Markt

Führen Sie sich zunächst vor Augen, dass das SAP-System in seinen Anfängen eine auf den deutschen Markt ausgerichtete Buchhaltungs- und Kostenrechnungssoftware war. In der Finanzbuchhaltung wurde dieser ursprüngliche, national ausgerichtete Ansatz mit dem Ruf nach *paralleler Rechnungslegung* zu einem Problem. Die Software war nur eingeschränkt in der Lage, internationale Anforderungen zu erfüllen.

Zunehmende Internationalisierung

Das Problem trat zunächst in großen, international tätigen Konzernen auf, die sich frühzeitig und weltweit sowohl Eigen- als auch Fremdkapital beschafften. Mit der zunehmenden Internationalisierung erhöhte sich auch für den Mittelstand der Druck, Abschlüsse nach IAS/IFRS oder US-GAAP zu liefern.

[+] **Verpflichtende Rechnungslegungsvorschriften**

Die *International Accounting Standards* (IAS) sind ein Teilbereich der internationalen Rechnungslegungsvorschriften *International Financial Reporting Standards* (IFRS). Die amerikanischen Rechnungslegungsvorschriften werden unter dem Titel *United States Generally Accepted Accounting Principles* (US-GAAP) zusammengefasst.

3.3.1 Parallele Rechnungslegung mit dem klassischen Hauptbuch

Mit dem klassischen Hauptbuch gab es drei Möglichkeiten, eine parallele Rechnungslegung abzubilden:

1. Abbildung über parallele Buchungskreise
2. Abbildung mit einem zusätzlichen speziellen Ledger
3. Abbildung mithilfe paralleler Konten

Diese Möglichkeiten möchten wir Ihnen im Folgenden genauer erläutern.

Das Konzept der Abbildung über *parallele Buchungskreise* geht davon aus, dass der überwiegende Teil der Buchungen nach beiden Rechnungslegungen identisch ist. Das tägliche Geschäft wird in dem operativen Buchungskreis abgebildet, der integriert mit den logistischen Modulen arbeitet. In diesem Buchungskreis wird nach derjenigen Rechnungslegung gearbeitet, die auch im Controlling verwendet wird, nach der also das Unternehmen gesteuert wird. Für eine weitere Rechnungslegung, die nur in Abschlüssen der Buchhaltung dargestellt wird, muss ein weiterer Buchungskreis angelegt werden, der keine Integration zur Logistik besitzt und vorwiegend für manuelle Abschlussbuchungen genutzt wird. Für die Auswertung der zusätzlichen Rechnungslegung müssen beide Buchungskreise gemeinsam ausgewertet werden: der operative Buchungskreis sowie der weitere Buchungskreis mit den manuellen Anpassungsbuchungen. Dieser Ansatz wird technisch nur von der Anlagenbuchhaltung unterstützt, hatte in der Praxis aber nie eine große Bedeutung.

Abbildung über parallele Buchungskreise

Die Grundidee beim Einsatz eines *speziellen Ledgers* für eine zweite Rechnungslegung ähnelt dem Konzept der Abbildung über parallele Buchungskreise. Das Hauptbuch bildet nur eine Rechnungslegung ab, die zweite Rechnungslegung wird in diesem Fall in ein spezielles Ledger ausgegliedert. Der Vorteil dieser Methode ist, dass alle Buchungen, die im Hauptbuch erfolgen, auch in das spezielle Ledger übergeleitet und dort mithilfe lokaler Buchungen angepasst werden können. Das spezielle Ledger zeigt somit einen kompletten Datenbestand. Dennoch wurde auch diese Variante bislang selten umgesetzt.

Abbildung mit einem zusätzlichen speziellen Ledger

Am häufigsten finden wir die Abbildung über *parallele Konten* vor. Dabei werden alle Rechnungslegungen im Hauptbuch und im opera-

Abbildung mithilfe paralleler Konten

tiven Buchungskreis abgebildet. Zum Zweck dieser Abbildung werden alle operativen Konten, die je nach Rechnungslegung unterschiedliche Werte zeigen können, identifiziert und vervielfältigt. Die Selektion der Rechnungslegung erfolgt im Reporting, indem die Konten der jeweils anderen Rechnungslegung ausgegrenzt werden. Für eine Bilanz nach Handelsrecht müssen beispielsweise alle im Kontenplan enthaltenen IFRS-Konten unter den nicht zugeordneten Konten erscheinen. Alle Konten, deren Buchungsstoff nicht durch die angewendete Rechnungslegung beeinflusst wird, wie z. B. Kassenkonten, werden als gemeinsame Konten bezeichnet und müssen im Reporting nach allen Rechnungslegungen gezeigt werden.

Mickey-Mouse-Modell

Die Kontenlogik lässt sich am besten mithilfe des sogenannten *Mickey-Mouse-Modells* zeigen, das in Abbildung 3.3 dargestellt ist. In diesem Beispiel soll zum einen eine Bilanzierung nach dem Handelsgesetzbuch (HGB) sowie nach IFRS erstellt werden. Eine Bilanz kommt in dem Modell immer dann zustande, wenn Sie ein »Ohr« sowie das »Gesicht« gemeinsam betrachten – beispielsweise das rechte Ohr mit den reinen IFRS-Konten sowie die gemeinsamen Konten. Die Konten des jeweils zweiten Ohrs werden nicht berücksichtigt. Wichtig ist hierbei, dass jedes »Ohr« für sich genauso wie das »Gesicht« jeweils zu null saldiert.

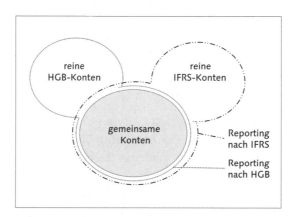

Abbildung 3.3 Mickey-Mouse-Modell

3.3.2 Möglichkeiten des neuen Hauptbuchs zur parallelen Rechnungslegung

Parallele Ledger

Mit dem neuen Hauptbuch wird die Liste der parallelen Rechnungslegung um die Möglichkeit ergänzt, parallele Ledger innerhalb der

Hauptbuchhaltung abzubilden. Die Technik entspricht dabei der des bereits seit Langem etablierten Moduls FI-SL: Es können mehrere Ledger parallel zueinander aufgebaut werden, die alle eine gemeinsame Summentabelle verwenden. Im neuen Hauptbuch muss immer mindestens ein Ledger, das sogenannte *führende Ledger 0L*, eingesetzt werden. Alle weiteren Ledger sind optional und in ihrer Bezeichnung frei wählbar.

Geschäftsvorfälle, die in einem anderen SAP-Modul erfasst werden und zu einem Beleg in der Hauptbuchhaltung führen, versuchen immer in alle Ledger zu buchen. Nur innerhalb des Moduls FI ist es möglich, eine Buchung zu erzeugen, ohne dabei das führende Ledger anzusprechen.

Bebuchung der Ledger

Mit dieser schon fast revolutionären Neuerung kann die heute so übliche Methode der parallelen Konten durch den Einsatz *paralleler Ledger* abgelöst werden. Dies erleichtert das Reporting und reduziert die Gefahr von Fehlbuchungen, da ein nicht führendes Ledger explizit angebucht werden muss (siehe Abbildung 3.4).

Parallele Ledger statt paralleler Konten

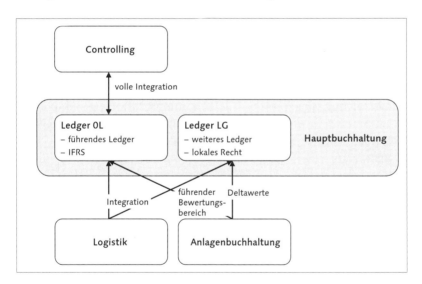

Abbildung 3.4 Parallele Rechnungslegung mit NewGL

Buchungen in der Hauptbuchhaltung, die aus logistischen Vorgängen resultieren, werden nicht ledgerspezifisch gebucht und sind somit in beiden Ledgern 0L und LG auswertbar. Die Anlagenbuchhaltung hingegen unterstützt die parallelen Ledger dahingehend, dass die einzelnen Ledger 0L und LG explizit angesprochen werden. Dabei wird aber nur das führende Ledger 0L mit dem vollständigen Wert (z. B. der Abschreibung) bebucht, das Ledger LG erhält nur noch den Deltawert, der zusammen mit dem Wert aus Ledger LG die Abschreibung nach lokalem Recht ergibt. Das bedeutet, der Wert der Abschreibung in Ledger LG ergibt sich aus zwei Belegen: der Abschreibung in Ledger 0L zuzüglich des Deltawerts, der direkt in Ledger LG gebucht wurde. Bei der Verwendung paralleler Ledger ist ferner zu berücksichtigen, dass nur für das führende Ledger 0L eine Integration mit dem Controlling, z. B. über Echtzeitintegration, möglich ist.

Migration in parallele Ledger

Im Rahmen einer Migration zum neuen Hauptbuch ist vor Einführung paralleler Ledger zu beachten, dass sich die Konzeption aus folgenden Gründen aufwendig gestalten wird:

- **Integration**
  Nur das führende Ledger ist mit CO integriert.

- **Deltatechnik**
  Die Anlagenbuchhaltung unterstützt ein nicht führendes Ledger nur in der Deltatechnik, d.h., Sie benötigen einen Deltabewertungsbereich in der Anlagenbuchhaltung. Der Gesamtwert im nicht führenden Ledger ergibt sich aus dem Wert des führenden Bewertungsbereichs plus/minus dem Deltabewertungsbereich.

- **Change Management**
  Die Buchungslogik mit parallelen Konten ist im Unternehmen bekannt und eventuell gut etabliert. Der Wechsel zu parallelen Ledgern mithilfe eines sorgfältigen Change Managements muss in die interne Organisation weitergegeben werden.

Segmentbilanzen

Auch die Möglichkeit zur Erstellung von *Segmentbilanzen* ist ein wichtiger Schritt zur Internationalisierung des SAP ERP-Systems. Wie bereits beschrieben wurde, ist das Segment ein Kontierungsobjekt, das im neuen Hauptbuch zur Verfügung steht. Die Segmentberichterstattung ermöglicht die Erstellung von Bilanzen über einzelne Geschäftsfelder ohne Rücksicht auf Buchungskreisgrenzen. Segmente sind dabei eindeutig voneinander abgrenzbare Einheiten.

Fast Close

Ein weiteres Schlagwort, das im internationalen Umfeld häufig fällt, ist *Fast Close*. Übersetzt würden wir darunter einen »schnellen Abschluss« vermuten, also eine kürzere Zeitspanne von Beginn bis Ende des Abschlussprozesses. In der Praxis verbirgt sich hinter dem Begriff Fast Close aber meist ein vorgezogener Abschluss. Ein vorgezogener Abschluss wird umgesetzt, indem die Buchungsperioden von den Kalendermonaten entkoppelt werden.

> **Vorgezogener Abschluss** [zB]
>
> Lassen wir beispielsweise die Buchungsperiode bereits am 27. August statt am 31. August enden, können wir am letzten Tag des Monats – also am 31. August – bereits Zahlen melden. Eine Beschleunigung des Abschlussprozesses selbst hat dadurch aber nicht stattgefunden.

Ungeachtet dessen bietet das neue Hauptbuch jedoch auch Möglichkeiten, um den Abschlussprozess zu verkürzen, etwa die *Echtzeitintegration* (EZI). Die Echtzeitintegration ist der Quasi-Nachfolger des Abstimmledgers (Transaktion KALC). Die Vorgehensweisen von EZI und der Transaktion KALC sind ähnlich: Sobald ein CO-Beleg zu einer für FI relevanten Zuordnungsänderung führt, wird diese Änderung in das Modul FI übergeleitet. Während das Abstimmledger diese Überleitung aber nur bei einem Wechsel von Funktionsbereich, Geschäftsbereich sowie bei buchungskreisübergreifenden Buchungen ermöglicht, deckt die Echtzeitintegration eine breitere Palette ab. Im Standard berücksichtigt die Echtzeitintegration den Wechsel von Funktionsbereich, Profit-Center, Segment und Geschäftsbereich sowie buchungskreisübergreifende Vorgänge. Es ist aber auch möglich, alle Vorgänge der Gemeinkostenrechnung nach FI überzuleiten oder die Überleitung mithilfe eines BAdI komplett eigenständig zu gestalten.

Echtzeitintegration (EZI)

Während aber das Abstimmledger periodisch, also zum Monatsende, gestartet wird und summarische Buchungen in FI erzeugt, überprüft die Echtzeitintegration jeden Vorgang in CO im Moment der Verbuchung und leitet die relevanten Belege einzeln in das Modul FI über. Dies erspart beim Abschluss zum einen den Lauf des Abstimmledgers an sich und reduziert zum anderen den Abstimmaufwand zwischen FI und CO. Auf diese Weise ist es möglich, FI und CO nicht nur unmittelbar nach dem Lauf des Abstimmledgers abzustimmen, sondern permanent und auch innerhalb einer Periode.

Überleitung von Einzelbelegen

Mit Abstimmledger und Echtzeitintegration bewegen wir uns thematisch im Bereich des Periodenabschlusses und sind damit bereits bei den Prozessen angekommen. Zu Beginn des Kapitels wurde bereits darauf hingewiesen, dass für die integrative Darstellung von Werteflüssen aber nicht nur die Organisationsstruktur und die Prozesse entsprechend ausgerichtet sein müssen. Ein weiterer wichtiger Baustein sind die Stammdaten, denen wir uns nun zuwenden.

3.4 Werteflussorientiertes Stammdatenkonzept

Mit der Definition der Stammdaten wird ein wesentlicher Baustein für die Integration eines SAP-Systems gelegt. Hier sprechen wir sowohl von Stammdaten, die gemeinsam mit der Logistik genutzt werden, als auch von reinen FI- und/oder CO-Stammdaten.

3.4.1 Sachkonto und Kostenart

Sachkonto – Abbildung der Hauptbuchhaltung

Das *Sachkonto* dient primär zur Abbildung der Hauptbuchhaltung im externen Rechnungswesen. Die *Kostenart* ist das entsprechende Pendant in der Kostenrechnung. Die technische Darstellung ist für beide Objekte ähnlich aufgebaut: Es gibt ein sogenanntes *A-Segment*, das die kontenplanabhängigen Daten enthält. Dieses wird erweitert um das *B-Segment*, das die buchungskreis- bzw. kostenrechnungskreisabhängigen Daten enthält.

A-Segment – kein Einfluss auf den Werteflluss

Betrachten wir zunächst das Sachkonto. Auf Kontenplanebene werden hier grundlegende Einstellungen getroffen, die jedoch kaum Auswirkungen auf den Werterfluss haben. Wichtigste Einstellung ist in diesem Zusammenhang die Festlegung, ob es sich um ein Bilanz- oder GuV-Konto handelt. Des Weiteren werden hier die Kontonummer und die Bezeichnung hinterlegt.

OP-Steuerung und Belegaufteilung

Auf Buchungskreisebene wird eine Reihe von Einstellungsmöglichkeiten angeboten, von denen jedoch nur wenige zur Steuerung des Werteflusses beitragen. So stellt beispielsweise die Möglichkeit, auf Konten Einzelposten anzeigen oder offene Posten (*OP-Steuerung*) verwalten zu können, nur eine Erleichterung der täglichen Arbeit des Buchhalters dar. Diese Möglichkeiten haben aber keine Auswirkung auf den Werterfluss.

Der OP-Steuerung kommt allerdings mit Einführung der Belegaufteilung im neuen Hauptbuch große Bedeutung zu, da sie eine wesentliche Einflussgröße bei der Belegaufteilung ist.

> **Belegaufteilung im neuen Hauptbuch** [+]
>
> Die *Belegaufteilung* ist eine der interessantesten Entwicklungen, die SAP in den letzten Jahren im Rechnungswesen vorgenommen hat. Erst diese Funktion ermöglicht es nämlich, eine Bilanz auf einem anderen Objekt als auf dem Buchungskreis zu erzeugen – ohne im großen Stil mit Näherungswerten arbeiten zu müssen. Um die Funktion zu verstehen, müssen wir die beiden Formen der Belegaufteilung anhand eines Beispiels der Profit-Center-Ableitung genauer betrachten:
>
> - **Aktive Belegaufteilung**
>   Die aktive Belegaufteilung ermöglicht es, einen Verbindlichkeitsposten zu splitten und auf mehrere Profit-Center zu verteilen, wenn die Gegenkontierung ebenfalls unterschiedliche Profit-Center enthält. Das Splitting basiert auf Aufteilungsregeln, die fest im System hinterlegt sind. Diese Regeln definieren, welche Belegzeilen als Basis der Belegaufteilung dienen und welche Positionen prozentual, d.h. entsprechend dem Verhältnis in den Basiszeilen, aufzuteilen sind.
>
> - **Passive Belegaufteilung**
>   Die passive Belegaufteilung kommt bei OP-geführten Konten zum Tragen. Hierbei ist es beispielsweise möglich, die Profit-Center-Kontierung einer Eingangsrechnung aus dem offenen Rechnungsposten zu übernehmen und bis auf das Bank- oder Verrechnungskonto weiterzureichen.

Kostenarten sind die kostenrelevanten Positionen des Kontenplans. Im Allgemeinen werden alle Erfolgskonten auch als Kostenarten definiert. Wir sprechen dann von sogenannten *Primärkostenarten*, also Kostenarten, deren Kosten ihren Ursprung außerhalb der Kostenrechnung haben. Im Gegensatz dazu stehen die *sekundären Kostenarten*, die nur innerhalb der Kostenrechnung zur Verfügung stehen und damit nicht in FI bebucht werden können.

Primäre und sekundäre Kostenarten

Den Zusammenhang von Sachkonto und Kostenart verdeutlicht Ihnen Abbildung 3.5.

Sachkonto und Kostenart

Hier sehen Sie, dass nicht alle GuV-Konten als Kostenarten in CO angelegt werden müssen. Wenn wir zu einem GuV-Konto keine Kostenart anlegen, sprechen wir von neutralen Aufwänden oder Erträgen. Durch die fehlende Kostenart werden Werte, die auf das Sachkonto gebucht werden, nicht in die Gemeinkostenrechnung übergeleitet. In der Regel wird in FI und CO parallel der Gewinn bzw. Verlust ermittelt. Während in FI z.B. auch das Finanzergebnis berechnet wird, ist der EBIT (*Earnings Before Interests and Taxes*) häufig die letzte Zeile der Ergebnisermittlung in CO. Wollen wir in FI und CO einen übereinstimmenden EBIT berechnen – und das sollten wir –, dürfen neutrale Konten in FI nur unterhalb des EBIT in die Erfolgsrechnung einfließen.

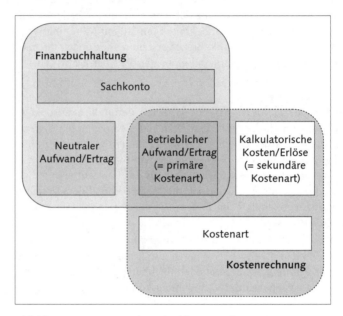

Abbildung 3.5 Zusammenhang Sachkonto und Kostenart

In SAP ERP können Sie an zwei Faktoren erkennen, ob eine Kostenart primär oder sekundär ist:

- **Über die Nummer der Kostenart**
  Wird beim Anlegen einer Kostenart eine Nummer eingegeben, die bereits für ein Sachkonto in FI vergeben ist, kann die Kostenart nur noch als primäre Kostenart angelegt werden.

- **Über den Kostenartentyp**
  Die detaillierte Steuerung erfolgt über den Kostenartentyp, ein Feld im Stammsatz der Kostenart. Hier wird zum einen darüber entschieden, ob es sich um eine primäre oder sekundäre Kostenart handelt, zusätzlich wird aber auch die Verwendbarkeit der Kostenart innerhalb von CO und in der Integration mit anderen Modulen festgelegt. Die wichtigsten Kostenartentypen sind im Folgenden aufgeführt:
  - *01 (Primärkosten/kostenmindernde Erlöse)*
    Ein Großteil der primären Kostenarten wird in der Regel mit dem Typ 01 angelegt. Kostenarten, die mit diesem Typen an-

gelegt werden, können aus anderen SAP-Modulen wie FI oder MM bebucht werden.

- *11 (Erlöse) und 12 (Erlösschmälerungen)*
  Die Kostenartentypen 11 und 12 werden in der Regel für die primären Kostenarten der Erlöskontenfindung verwendet. Nur damit ist eine Überleitung von Umsätzen nach CO-PA möglich. Kostenarten dieser Typen können zwar auf Innenaufträge oder PSP-Elemente (PSP = *Projektstrukturplan*), nicht aber auf Kostenstellen gebucht werden. Auf Kostenstellen ist nur das statistische Führen dieser Posten möglich.

- *21 (Abrechnung intern)*
  Der Kostenartentyp 21 wird bei Abrechnung von CO-Kontierungen an andere CO-Objekte verwendet.

- *41 (Gemeinkostenzuschläge)*
  Wenn Sie mit Gemeinkostenzuschlägen arbeiten, müssen Sie die dafür verwendeten Kostenarten mit dem Typ 41 anlegen.

- *42 (Umlagen)*
  Für Umlagen in CO verwenden Sie Kostenarten mit dem Typ 42.

- *43 (Verrechnung von Leistungen/Prozessen)*
  Für die interne Leistungsverrechnung in CO gibt es ebenfalls einen eigenen Kostenartentyp, es handelt sich dabei um den Typ 43.

- *90 (Bilanzkonten)*
  Kostenarten zu Bilanzkonten werden mit dem Typ 90 angelegt.

Besonderer Kostenartentyp 90   [+]

Bisher sind wir davon ausgegangen, dass es sich bei den Sachkonten, die als Kostenart in CO angelegt werden, um GuV-Konten handelt. Es ist aber auch möglich, Kostenarten zu Bilanzkonten anzulegen. Im SAP-Standard ist hierfür der Kostenartentyp 90 vorgesehen.

Wenn Sie Anlagen- oder Bestandswerte im CO-Reporting auswerten möchten, können Sie die entsprechenden Konten mit einer Kostenart des Typs 90 versorgen. Allerdings sind auf diese Kostenarten nur statistische Buchungen möglich.

Sie sehen also, dass der Kostenartentyp nicht nur zwischen primären und sekundären Kostenarten unterscheidet, sondern durchaus auch Auswirkungen auf den Wertefluss hat. Kostenarten, die mit dem falschen Typ angelegt sind, können den Wertefluss unterbrechen.

> **[zB] Unterbrechung des Werteflusses**
>
> Beispielsweise dürfen Sie das Konto für die Verbuchung von Lieferantenskonto nicht mit Typ 12 anlegen und anschließend auf eine Kostenstelle kontieren, denn damit würden Sie in der Gemeinkostenrechnung nur eine statistische Buchung erzeugen. Eine solche statistische Buchung könnten Sie anschließend aber nicht mehr sinnvoll weiterverarbeiten, d.h., Sie könnten sie beispielsweise nicht an CO-PA weiterleiten.

Finanzbuchhaltung und Kostenartenrechnung

Durch die enge Verknüpfung von Sachkonto und Kostenart muss der Kontenplan zwangsläufig ein gemeinsames Produkt von Buchhaltung und Controlling sein. Eine grundsätzliche Entscheidung ist jedoch, ob und wofür Sie neutrale Konten verwenden möchten.

Verzicht auf neutrale Konten

Wenn Sie auf neutrale Konten verzichten, erreichen Sie einerseits eine absolute Abstimmung zwischen Finanzbuchhaltung und Kostenartenrechnung, was ohne Frage ein Vorteil ist. Andererseits müssen Sie auf diese Weise aber jede Buchung auf ein GuV-Konto mit einer CO-Kontierung versorgen – was vom SAP-System nicht immer unterstützt wird. Ein wichtiges Beispiel für die fehlende Unterstützung ist die Logistikintegration über die MM-Kontenfindung (siehe Kapitel 4, »Beschaffungsprozess«). Wenn Sie beispielsweise alle Bestandsveränderungskonten als Kostenart anlegen, müssen Sie für den Warenausgang an Kunden eine Dummy-Kontierung hinterlegen. Es stellt sich also die Frage, ob man hier nicht auf die Abstimmbarkeit von FI und CO verzichtet, da die Buchungen in CO nicht sinnvoll ausgewertet werden können.

3.4.2 Kontenplan

Stellenwert des Kontenplans

Gerade im Hinblick auf die zunehmende Internationalisierung wird die Definition des *Kontenplans* wieder zu einem Thema, dem wir erhöhte Aufmerksamkeit zukommen lassen müssen. Den Stellenwert, den SAP dem Kontenplan zubilligt, erkennen wir an der Positionierung: Der Kontenplan befindet sich direkt auf Mandantenebene, und zwar über dem Buchungskreis und den Organisationselementen der Logistik. Jeder Buchungskreis muss genau einem operativen Kontenplan zugeordnet werden.

Der *Kostenrechnungskreis* ist entweder indirekt über den zugeordneten Buchungskreis (bei einer 1:1-Zuordnung) oder direkt über das Customizing einem Kontenplan zugeordnet. Der Kontenplan ist damit auch ein Ordnungskriterium im Controlling. Er enthält nicht nur die Erfolgskonten des externen Rechnungswesens, die den primären Kostenarten entsprechen, sondern auch die sekundären Kostenarten, die nur im Controlling zur Verfügung stehen.

Die zentrale Stellung des Kontenplans führt jedoch auch zu Problemen: Es besteht häufig der Wunsch nach zusätzlichen Kontenplänen. Diesem Wunsch kann man aber nicht so leicht entsprechen, da sich ein Buchungskreis operativ eben nur einem Kontenplan zuordnen lässt. SAP löst dieses Problem, wie wir im Folgenden sehen werden, über die Verbindung mehrerer Kontenpläne. Dadurch werden im Sachkontenstammsatz die zusätzlichen Felder KONZERNKONTO und ALTERNATIVE KONTONUMMER bereitgestellt, mit denen Zusatzanforderungen abgebildet werden können (siehe Abbildung 3.6).

Zusätzliche Kontenpläne

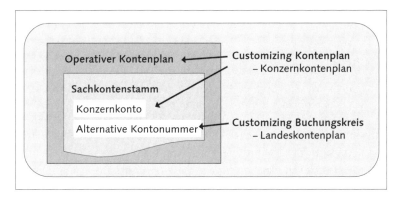

Abbildung 3.6 Hierarchie der Kontenpläne

Operativer Kontenplan

Der Kontenplan, dessen Sachkonten Sie in der täglichen Arbeit ansprechen, ist der *operative Kontenplan*. Jedem Buchungskreis ist genau ein operativer Kontenplan zugeordnet. Der Einsatz eines operativen Kontenplans ist die Minimalanforderung im Customizing.

Konzernkontenplan

Dem operativen Kontenplan kann ein *Konzernkontenplan* zugewiesen werden, wobei es sich hier um eine n:1-Beziehung handelt, was bedeutet, dass ein Konzernkontenplan unterschiedlich vielen operativen Kontenplänen zugeordnet werden kann. Dieses Vorgehen ist sinnvoll, wenn im Konzern unterschiedliche operative Kontenpläne verwendet werden. Da ein Konzernkontenplan nie direkt einem Buchungskreis zugeordnet werden kann, besitzen die Konten nur die Daten des A-Segments.

Eine Auswertung nach Konzernkontonummer ist in diversen Berichten und bei der Konsolidierung – beispielsweise beim Abzug in SAP SEM-BCS, einem BI-/BW-basierten Konsolidierungswerkzeug von SAP – möglich. Auch eine Bilanz kann darüber aufgerufen werden. Dies ermöglicht, vergleichbare Bilanzen für Buchungskreise ohne großen zeitlichen Aufwand aufzurufen, selbst wenn diese mit unterschiedlichen operativen Kontenplänen arbeiten.

Konzernkontenplan einführen

Bei der Einführung eines Konzernkontenplans sollten Sie den Aufwand für das Mapping der operativen Konten nicht unterschätzen. Sie müssen ebenfalls berücksichtigen, dass der Konzernkontenplan in der Lage sein muss, unterschiedliche internationale Gegebenheiten abzubilden.

[zB] Hindernisse bei der Einführung eines Konzernkontenplans

Wir rollen ein SAP ERP-System europaweit aus und möchten dabei einen deutschen Kontenplan als Konzernkontenplan einsetzen. In Frankreich treffen wir jedoch auf die uns nicht vertraute Quellensteuer, in Italien benötigen wir ein Einkaufskonto und in Spanien werden wir auf einen hohen Bestand an Wechseln stoßen.

Wir werden feststellen, dass wir für alle diese Geschäftsfälle Konten benötigen, die in einem deutschen Kontenplan in der Regel nicht vorhanden sind. Ein Konzernkontenplan muss aber in der Lage sein, die Anforderungen aller beteiligten Buchungskreise abdecken zu können.

Dies ist nur ein willkürlich gewähltes Beispiel, um Ihnen zu verdeutlichen, welche Schwierigkeiten Sie bei der Einführung eines Konzernkontenplans erwarten können.

Alternative: gemeinsam genutzter operativer Kontenplan

Es gibt jedoch einen alternativen Ansatz zum Mapping eines operativen Kontenplans auf einen Konzernkontenplan. Dabei werden alle Buchungskreise gezwungen, operativ auf den Konzernkonten zu buchen. Der vom Konzern vorgegebene Kontenplan erfüllt so die Rolle des operativen Kontenplans. Dieses Vorgehen hat den Vorteil, dass im gesamten Unternehmen mit den gleichen Kontonummern gearbeitet wird. Leider ist damit aber noch nicht sichergestellt, dass auch alle Buchhalter die Konten identisch nutzen. In der Praxis stellt sich vielmehr regelmäßig heraus, dass ein Konto in den verschiedenen Unternehmensteilen mit den verschiedensten Geschäftsfällen bebucht wird. Damit sind Aussagekraft und Vergleichbarkeit der Zahlen, die diese Konten liefern, natürlich infrage zu stellen.

Neben der Tatsache, dass die Zahlen nur unter Vorbehalt zu betrachten sind, gibt es auch andere Beweggründe, die gegen einen gemeinsam genutzten operativen Kontenplan sprechen. Ein häufig genanntes Argument gegen diesen Ansatz sind die rechtlichen Vorgaben bezüglich des Kontenplans. Die Lösung hierfür kann aber ein Landeskontenplan sein.

Gegenargument: rechtliche Vorgaben

Landeskontenplan

In einigen Ländern gibt es tatsächlich Vorgaben für die Nummerierung der Sachkonten, Frankreich war in der Vergangenheit ein Beispiel hierfür. So wie Frankreich haben viele Länder die Regelung aber entschärft, sodass nun nicht mehr explizit verlangt wird, dass operativ auf landesrechtlich vorgegebene Kontonummern gebucht wird. Lediglich Meldungen müssen noch unter Verwendung definierter Kontonummern erfolgen. Hierfür stellt SAP den *Landeskontenplan* zur Verfügung.

Landeskontenplan

Der Landeskontenplan wird nicht im operativen Kontenplan, sondern im Buchungskreis hinterlegt. Damit wird im Sachkontenstamm das Feld ALTERNATIVE KONTONUMMER zur Verfügung gestellt. Bilanzen können auf diese Weise auch unter Verwendung des Landeskontenplans erstellt werden, sodass ein Reporting nach Landesrecht möglich ist.

Wir stellen fest, dass wir letztlich bis zu drei Kontenpläne für einen Buchungskreis verwenden können: den operativen Kontenplan, den Konzernkontenplan und den Landeskontenplan. Die Entscheidung, welche Kontenpläne in einem Unternehmen eingesetzt werden, hängt von den jeweils individuellen Gegebenheiten ab. Der Einsatz eines international verwendeten operativen Kontenplans erfordert eine starke Zentrale, die »ihren« Kontenplan in den Landesgesellschaften durchsetzen kann. Nationale Unterschiede in der Darstellung von Bilanzwerten führen hier oft zu langwierigen Diskussionen. In Einzelfällen wie etwa der sogenannten *Einkaufskontenabwicklung* vieler südeuropäischer Länder gibt es zudem rechtlich bindende Vorgaben, die es zu berücksichtigen gilt.

Individuelle Entscheidung

Während wir uns bei Sachkonten, Kostenarten und Kontenplänen bisher ausschließlich in FI und CO bewegt haben, gibt es natürlich weitere Stammdaten, die in der Integration mit den logistischen Modulen von Interesse sind. Wichtigstes integratives Objekt ist dabei der Materialstamm.

3.4.3 Materialstamm

Vielfältige Verknüpfungen

Der *Materialstamm* muss die Bedürfnisse vieler Fachbereiche und SAP-Module befriedigen. Es gibt Verknüpfungen zu Stücklisten, Rezepten, der Fertigung, Disposition, dem Warehouse Management, dem Qualitätsmanagement sowie zur Finanzbuchhaltung und zum Controlling.

Den vielen unterschiedlichen Anforderungen wird der Materialstamm über seine verschiedenen *Sichten* gerecht. Mindestanforderung für ein Material ist dabei die allgemeine Sicht, die vor allem die Materialnummer und die Bezeichnung enthält. Die jeweilige Verwendung des Materialstamms entscheidet darüber, welche weiteren Sichten benötigt werden. Dadurch wird vermieden, dass Redundanzen in der SAP-Datenhaltung entstehen, und es wird zudem eine Skalierbarkeit ermöglicht, falls einzelne Anwendungen (z. B. Produktion) nicht oder erst nachträglich genutzt werden.

[zB] **Notwendige Sichten**

Welche Sichten notwendig sind, hängt vom Einzelfall ab. So sind z. B. für einen Rohstoff die Vertriebssichten nicht relevant, da das Rohmaterial nicht verkauft, sondern in der Fertigung genutzt wird. Ein eigenproduziertes Fertigerzeugnis wird hingegen keine Einkaufssicht, sehr wohl aber eine Vertriebssicht haben.

Da eine ausführliche Diskussion des Materialstamms zu umfangreich wäre, beschränken wir uns an dieser Stelle auf die für den integrierten Wertefluss relevanten Bereiche.

Aus Sicht von Buchhaltung und Controlling sind die Felder rund um die Materialbewertung von großem Interesse. Die Angaben hierzu finden wir im Materialstamm auf den Reitern BUCHHALTUNG und KALKULATION. Wir beschäftigen uns nun mit den folgenden Themen:

- Bewertungsklasse
- Preissteuerung
- Kalkulation

Bewertungsklasse

Grundlegend ist die Festlegung der *Bewertungsklasse*, da hierüber die Klassifizierung für die Kontenfindung bei Warenbewegungen erfolgt. Die Anforderungen für die Bewertungsklassen sollten immer aus der Buchhaltung und dem Controlling kommen. Entscheidend ist dabei die gewünschte Aggregationsstufe für die Darstellung der Werte in Bilanz und GuV. Sollen alle Rohstoffe gemeinsam auf einem Bestandskonto geführt werden? Gibt es einzelne Materialien, die Sie aufgrund des hohen Werts oder starker Preisschwankungen im Controlling gesondert betrachten möchten? Diese und andere Fragen müssen hier zur Sprache kommen.

Bewertungsklasse – Ordnungskriterium von FI/CO

Eine detaillierte Beschreibung der Rolle der Bewertungsklasse finden Sie in Abschnitt 4.5, »Integration von MM und FI/CO«.

Mit der Bewertungsklasse wird definiert, an welcher Stelle in Bilanz und GuV Materialbewegungen und -bestände gezeigt werden. Wichtig ist natürlich auch, zu welchem Wert die logistischen Vorgänge bilanziell angesetzt werden. Dies legen wir u.a. mit der Preissteuerung fest.

Preissteuerung

Die *Preissteuerung* definiert, wie der Preis eines Materials gebildet wird. Im SAP-Standard können wir zwischen *Standardpreis* (S-Preis) und *gleitendem Durchschnittspreis* (V-Preis) wählen.

Der V-Preis pro Materialeinheit berechnet sich aus dem Gesamtwert des Bestands, dividiert durch den Materialbestand. Der Preis kann dabei durch Warenzugänge und Rechnungseingänge beeinflusst werden. Interne Warenbewegungen wie etwa eine Warenentnahme für die Produktion können den Preis nicht beeinflussen. Sie erfolgen zu dem Preis, der zum jeweiligen Zeitpunkt der Materialbewertung gültig ist. Die Berechnung erfolgt automatisch. In Tabelle 3.1 sehen Sie ein solches Beispiel für die Berechnung eines gleitenden Durchschnittspreises bei Kofferschlössern.

V-Preis – gleitender Durchschnittspreis

Vorgang	Bestand (Stück)	Wert pro Stück	Wert gesamt	Gleitender Durchschnittspreis
Anfangsbestand	100	8,00 EUR	800,00 EUR	8,00 EUR
Warenausgang an Produktion	–40		–320,00 EUR	8,00 EUR
Warenbestand	❶ 60		❷ 480,00 EUR	8,00 EUR
Wareneingang zu Bestellung	❸ 100	10,00 EUR	❹ 1.000,00 EUR	
Warenbestand	160	9,25 EUR	1.480,00 EUR	9,25 EUR
Warenausgang an Produktion	–90		–833,00 EUR	9,25 EUR
Endbestand	70		648,00 EUR	❺ 9,25 EUR

Tabelle 3.2 Beispiel für eine V-Preis-Berechnung

Wie hier exemplarisch gezeigt wird, ändert sich der Preis der Schlösser nicht beim Verbrauch, sondern nur beim Zugang eines Materials. Der neue Warenwert ergibt sich als Mischkalkulation aus neuer und vorhandener Ware. In der dritten Zeile des Beispiels sehen Sie, dass noch ein Warenbestand von 60 Schlössern auf Lager liegt ❶, die gemeinsam einen Wert von 480,00 EUR haben ❷. Es erfolgt ein Zugang von weiteren 100 Schlössern ❸ à 10,00 Euro, also insgesamt 1.000,00 EUR ❹. Damit liegen nun 160 Schlösser mit einem Wert von 1.480,00 EUR auf Lager. Daraus ergibt sich ein neuer Stückpreis von:

1.480,00 EUR : 160 Stück = 9,25 EUR/Stück ❺

Rohstoffe werden klassischerweise mit gleitendem Durchschnittspreis geführt. Unterliegt allerdings ein Rohstoff wie z. B. manche Metallsorten hohen Preisschwankungen, ist zu überlegen, ob man nicht doch einen Standardpreis fixiert, um die Rohstoffe mit einem fixen Wert in die Produktionskosten einfließen zu lassen.

S-Preis – Standardpreis

Der Vorteil dieser S-Preissteuerung liegt in seiner Stabilität. Ein S-Preis ergibt sich durch eine Preisänderung in der Logistik (Transaktion ME21) oder durch eine Neukalkulation im Produktcontrolling. In beiden Fällen finden eine Änderung des Materialstamms und gleichzeitig eine bilanzwirksame Umbewertung des aktuellen Lagerbestands statt. Die Stabilität des S-Preises kann gerade bei extern beschafften Materialien auch als Nachteil verstanden werden, da das Material eben nicht den aktuellen Marktpreis widerspiegelt.

Bei Verwendung des Material-Ledgers kann mithilfe der V-Preissteuerung auch ein periodischer Verrechnungspreis erstellt werden. Dieser periodische Verrechnungspreis ist gewissermaßen eine Mischung der bisher dargestellten V- und S-Preise.

Periodischer Verrechnungspreis

Bei Verwendung von Standardpreisen entsteht der Preis in der Regel durch Kalkulationsläufe, die jeweils im Rahmen der Planung zum Jahresende für das Folgejahr bzw. die Folgeperiode festgelegt werden. SAP stellt die Preise, die sich aus Kalkulationen ergeben, parallel als zukünftigen, aktuellen und vergangenen Kalkulationswert dar. Durch diese parallele Darstellung von Preisen kann man auf einen Blick den Preisverlauf eines Materials nachvollziehen (siehe Abbildung 3.7).

Führen paralleler Preise möglich

Abbildung 3.7 Preishistorie im Materialstamm

Im SAP-System gibt es aber nicht *den* Preis eines Materials. Vielmehr können im Materialstamm je nach Verwendung unterschiedliche Preise hinterlegt sein. Dafür stellt das SAP-System noch weitere Felder zur Verfügung, in denen Planpreise, steuerrechtliche und handelsrechtliche Preise fortgeschrieben werden können. Diese Preise werden im SAP-System als sogenannte *Inventurpreise* bezeichnet.

Bilanzielle Bewertung zu Inventurpreisen

Diese Inventurpreise werden nicht laufend erzeugt, sondern nur durch die Funktion der Bilanzbewertung fortgeschrieben. Bei der Bewertung kann zwischen *Niederstwertermittlung*, *Wiederbeschaffungsbewertung* sowie Bewertung nach *LIFO*- oder *FIFO-Methode* (LIFO = Last In – First Out, FIFO = First In – First Out) unterschieden werden. Alle diese Preisermittlungen führen aber nicht zur Buchung von Belegen und einer damit verbundenen Änderung der Bestandswerte in der Finanzbuchhaltung. Um den bilanziell ausgewiesenen Warenwert zu ändern, gibt es im Standard zwei Möglichkeiten:

- Verbuchung einer Preisänderung und Fortschreibung als S-Preis
- manuelle Buchung in der Finanzbuchhaltung

[+] **Bewertungsverfahren**

Das Bewertungsverfahren entscheidet darüber, welcher Preis für die Bestandsbewertung angewendet wird. Als Alternativen stehen in der Regel mindestens der *Zugangspreis* sowie der *aktuelle Preis* zur Auswahl. Die Zulässigkeit des jeweiligen Bewertungsverfahrens ist abhängig von den Rechnungslegungen.

- **Niederstwertprinzip (NWP)**
  Hier wird nochmals zwischen dem strengen und dem gemilderten NWP unterschieden. Nach dem *strengen NWP* muss von zwei möglichen Preisen der niedrigste gewählt werden; nach dem *gemilderten NWP* kann zwischen dem aktuellen und dem niedrigeren Preis gewählt werden.

- **LIFO-Bewertung**
  Das Kürzel LIFO (*Last In – First Out*) besagt, dass aufgrund der Lagerhaltung eines Materials immer die zuletzt gelieferte Menge zuerst verbraucht wird. Als Beispiel können wir uns den Papierstapel im Kopierraum vorstellen: Neue Papierkartons werden obenauf gestapelt, und bei Bedarf wird das Papier auch von oben wieder entnommen. Dies ist nur dann möglich, wenn das Material durch lange Lagerzeiten nicht an Qualität verliert. Man setzt hier für den Materialbestand die Materialpreise der ältesten Zugänge an.

- **FIFO-Bewertung**
  FIFO (*First In – First Out*) bedeutet genau das Gegenteil von LIFO: Nun wird die zuerst auf Lager gelegte Ware auch als erstes entnommen. Beispiel hierfür ist eine Silo-Lagerhaltung, bei der das Silo von oben befüllt wird, die Ware aber von unten entnommen wird. Hier werden die Preise der letzten Zugänge für die Bewertung herangezogen.

- **Bewertung zum Wiederbeschaffungswert**
  Bei dieser Bewertungsmethode wird der aktuell auf dem Markt aufzubringende Marktpreis für die Bewertung herangezogen. Dieser Wert hat somit keinen Zusammenhang zu dem ursprünglichen Zugangspreis.

Wir sehen also, dass die Inventurpreise im Standard nicht operativ verwendbar sind, sondern informativen Charakter besitzen.

Spricht man über »Werte«, sind beim Materialstamm natürlich auch die Felder in der Feldgruppe STEUERDATEN des Reiters VERTRIEB: VERKORG 1 zu nennen. Darüber wird die Steuerrelevanz des Materials bei der Faktura gesteuert. Diese Felder und ihre Auswirkung werden im Kapitel 5, »Vertriebsprozess«, detailliert beschrieben. Dort wird auch die *Kontierungsgruppe Material* diskutiert.

Auf dem Reiter VERTRIEB:ALLG.WERK finden Sie auch das Feld PROFIT-CENTER. Mithilfe dieses Feldes können Sie ein Profit-Center bei allen Materialbewegungen finden.

> **Pflegen der Preiseinheit** [+]
>
> Achten Sie bei der Pflege von Materialstämmen stets darauf, dass in allen Materialsichten mit der gleichen Preiseinheit gearbeitet wird. So können Sie Fehleingaben verhindern.

Betrachten wir ein Beispiel.

> **Unterschiedliche Preiseinheiten** [zB]
>
> In der Einkaufsicht wird als Bestellmengeneinheit »1 Stück«, in der Buchhaltung werden aber als Preiseinheit »1.000 Stück« gepflegt. Es besteht dabei die Gefahr, dass es zu Preis- und Mengenabweichungen in der Rechnungsprüfung kommt, die durch die Steuerung der Preiseinheit im Materialstamm verursacht wird.

Kalkulation

Für die Daten der Kalkulation sind im Materialstand die zwei Reiter KALKULATION 1 und KALKULATION 2 vorgesehen. Es wird mit ihrer Hilfe gesteuert, wie das Material zu kalkulieren ist. Dabei finden sich Vorgaben über die Behandlung von Gemeinkosten (Gemeinkostengruppe) ebenso wie für die Ermittlung und Behandlung von Abweichungen in der Produktion (Abweichungsschlüssel). Weitere Informationen hierzu finden Sie in Kapitel 6, »Produktionsprozess«.

Daten der Kalkulation

3.4.4 Bedarfsklasse

Ein Feld, das für mehrere Themen der Logistik und auch des Controllings wichtig ist, auf den ersten Blick aber nicht im Fokus steht, ist die *Bedarfsklasse*. Sie legt eine Reihe von Definitionen zur Entstehung von Bedarfen in Vertrieb und Produktionsumfeld fest.

Auswirkungen der Bedarfsklasse

Das Customizing der BEDARFSKLASSE erreichen Sie über die Transaktion OVZG oder im Einführungsleitfaden z.B. unter VERTRIEB •

GRUNDFUNKTIONEN • VERFÜGBARKEITSPRÜFUNG UND BEDARFSÜBERGABE • BEDARFSÜBERGABE • BEDARFSKLASSEN DEFINIEREN (siehe Abbildung 3.8).

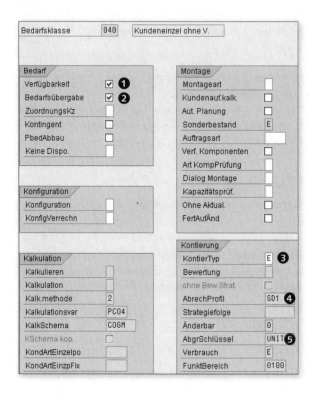

Abbildung 3.8 Einstellungen in der Bedarfsklasse

Betrachten wir zunächst die wichtigsten Einstellungen aus Sicht des Vertriebs. Die Bedarfsklasse steuert hier, ob im Kundenauftrag eine Verfügbarkeitskontrolle für das Material durchgeführt wird (in unserem Beispiel ist dies der Fall, siehe die Checkbox VERFÜGBARKEIT ❶). Weiter wird definiert, ob eine Bedarfsübergabe stattfindet (erfolgt laut der Checkbox BEDARFSÜBERGABE, siehe ❷ in Abbildung 3.8, ebenfalls). Diese Festlegung ermöglicht es, dass später noch Einteilungen für den Kundenauftrag erfolgen können.

Kontierungstyp   Eine für das Modul CO wichtige Festlegung in der Bedarfsphase ist der *Kontierungstyp* (Checkbox KONTIERTYP ❸). Der Kontierungstyp entscheidet darüber, ob die Position auf eine CO-Kontierung abzurechnen ist. In unserem Beispiel bedeutet der Eintrag E, dass der Kundenauftrag ein Kostenträger ist.

Hier wird ebenfalls schon festgelegt, welches *Abrechnungsprofil* (Checkbox ABRECHPROFIL ❹) für den Kundenauftrag Verwendung findet. Über die Strategiefolge wird dann die *Abrechnungsvorschrift*, d.h. die Zielkontierung bei der Abrechnung, ermittelt. Mit dem Eintrag 0 im Feld ÄNDERBAR legen wir zudem fest, dass das Abrechnungsprofil und die gefundene Abrechnungsvorschrift im Kundenauftrag auch nicht mehr geändert werden können. Alternativ könnten wir hier festlegen, dass eine Änderung vor der ersten Abrechnung oder sogar ständig erlaubt ist.

Abrechnungsprofil/-vorschrift

Wichtig ist auch der *Abgrenzungsschlüssel* (Checkbox ABGRSCHLÜSSEL ❺), der je nach Auftragsart unterschiedliche Bedeutung haben kann. Mithilfe dieser Checkbox kann die *Ware in Arbeit* (WIP) ermittelt werden oder auch die Ergebnisermittlung erfolgen.

Abgrenzungsschlüssel

Besonders die Festlegung der erlaubten Kontierungstypen ist wichtig für den Werteflüss im Unternehmen. Das Controlling kann z. B. nur den Kundenauftrag als steuerndes Merkmal einsetzen, wenn die Kundenauftragsposition auch Teil des Werteflusses ist.

Die *Bedarfsklasse* wird nicht fix in Stammdaten hinterlegt, sondern im Hintergrund durch das System abgeleitet. Wie die Ableitung genau funktioniert, ist abhängig von den SAP-Modulen, die eingesetzt werden.

Ableitung der Bedarfsklasse

Wird nur SD, aber kein PP eingesetzt, wird die Bedarfsklasse von der *Bedarfsart* abgeleitet. Ursprung einer Bedarfsart können der Positionstyp der Kundenauftragsposition und die Dispositionsgruppe im Materialstamm sein.

Ableitung ohne PP

Wenn Sie auch das Modul PP einsetzen, erfolgt die Ableitung der Bedarfsart vorwiegend über das Material. Hierzu werden aus dem Materialstamm die Felder STRATEGIEGRUPPE (Sicht DISPOSITION 3), DISPOSITIONSGRUPPE (Sicht DISPOSITION 2) und MATERIALART (allgemeine Sicht) herangezogen. Wenn dadurch keine Bedarfsart abgeleitet werden kann, versucht das SAP-System, die Ableitung über die Kombination POSITIONSTYP (der Kundenauftragsposition) und DISPOSITIONSGRUPPE oder auch nur über den POSITIONSTYP zu erreichen. Wenn auch dies nicht erfolgreich ist, geht das System davon aus, dass für die betroffene Kundenauftragsposition keine Ableitung der Bedarfsart erforderlich ist.

Ableitung bei Einsatz von PP

Es ist also erkennbar, dass nicht nur die Bedarfsklasse selbst und die darin enthaltenen Steuerungen für das Controlling komplex sind, sondern auch die Ableitungen.

> [!] **Customizing der Bedarfsklassen**
>
> Änderungen in den Einstellungen einer Bedarfsklasse können weitreichende Auswirkungen haben. Nehmen Sie Änderungen deshalb nur nach sorgfältiger Abwägung der Auswirkungen und nach intensiven, modulübergreifenden Tests vor.

Fehler in CO-PA entdecken

Falsche Einstellungen zur Bedarfsklasse machen einem CO-Berater spätestens im Modul CO-PA zu schaffen. Sei es, dass Aufträge nicht oder nur teilweise an CO-PA abgerechnet werden können oder dass es Differenzen beim Vergleich von Gemeinkostenrechnung oder Profit-Center-Rechnung mit dem CO-PA gibt. Der Grund hierfür ist folgender: CO-PA ist quasi das Sammelbecken für nahezu alle Zahlen, die im Controlling erhoben und ausgewertet werden sollen. Wenn die Daten nicht konsistent gepflegt wurden und deshalb nicht stimmen, wird dieses Versäumnis aller Voraussicht nach hier auffallen.

Nutzung von CO-PA

Die Markteinführung von CO-PA hat damals neue Dimensionen des Reportings in SAP R/3 eröffnet, und der Aufbau bot plötzlich ungleich mehr Informationen als dies bis dato der Fall war. Mittlerweile ist dieser Glanz von CO-PA jedoch etwas verblasst: Heute wird CO-PA standardmäßig genutzt, und es ist selten ein produktives SAP-System zu finden, das dieses Modul nicht verwendet. Wobei es heute auch nicht mehr hauptsächlich als Reportinginstrument, sondern vor allem als Datenlieferant von SAP NetWeaver BW – das noch einmal bessere und flexiblere Auswertungsmöglichkeiten bietet – verwendet wird.

Warum auch immer Sie CO-PA in Ihrem Unternehmen einsetzen – als aktives Reportingwerkzeug, wie ursprünglich von SAP konzipiert, oder auch als Datenquelle für BW –, eine sorgfältige und langfristig geplante Konzeption ist bei der initialen Einführung unbedingt anzuraten, da spätere Änderungen immer mit immensem Aufwand verbunden sind. Betrachten wir daher als letztes allgemeines Thema noch CO-PA, bevor wir in die Prozesse einsteigen.

3.5 CO-PA als zentrales Reportinginstrument

Das Controllingmodul *CO-PA* dient primär dem Vertriebs- und Ergebniscontrolling. SAP stellt uns zwei unterschiedliche Formen zur Verfügung.

Nutzen von CO-PA

3.5.1 Formen von CO-PA

Wir unterscheiden zwei grundsätzlich verschiedene Ausprägungen:

- Das *buchhalterische* CO-PA basiert auf Kostenarten.
- Das *kalkulatorische* CO-PA arbeitet mit Merkmalen sowie Wert- und Mengenfeldern.

Beide Ausprägungen können einzeln, aber auch in Kombination verwendet werden. Die Festlegung hierzu wird bereits beim Anlegen eines neuen Ergebnisbereichs getroffen. Eine Gemeinsamkeit der beiden Ausprägungen liegt darin, dass beide die Ergebnisrechnung nach dem Umsatzkostenverfahren zeigen. Allerdings tun sie dies – je nach Customizing – zu unterschiedlichen Zeitpunkten: Das buchhalterische CO-PA zeigt die Kosten des Umsatzes bereits im Moment des Warenausgangs an den Kunden und folgt damit der Darstellung in FI. Im kalkulatorischen CO-PA hingegen findet der Warenausgang keinen Niederschlag. Erst mit der Faktura werden gleichzeitig der Umsatz sowie die Kosten des Umsatzes nach CO-PA übergeleitet.

Das buchhalterische CO-PA ist durch eine Gliederung nach Konten geprägt. Es schreibt alle Vorgänge entsprechend dem buchhalterischen Wertansatz fort. Damit ist jederzeit eine einfache Abstimmung mit FI möglich. Diese Möglichkeit der Abstimmung bezahlen wir aber mit einer – verglichen mit dem kalkulatorischen CO-PA – geringeren Flexibilität in der Bewertung.

Buchhalterisches CO-PA – Abstimmung

Die Flexibilität des kalkulatorischen CO-PA ergibt sich aus der Möglichkeit, vom bilanziellen Bewertungsansatz in FI abzuweichen, indem auch kalkulatorische Werte fortgeschrieben werden. *Wertfelder* erfassen die Beträge, *Mengenfelder* die Mengen eines Belegs. Wichtig ist hier, dass ein Beleg in CO-PA mehr als einen Betrag erfassen kann. So können wir aus einer SD-Faktura beispielsweise den Listenpreis, die Rabatte und Skonti, aber auch den Wareneinsatz oder internen Verrechnungspreis fortschreiben.

Kalkulatorisches CO-PA – Flexibilität

3 | Grundlagen der Integration in SAP ERP

Fortschreibung von Merkmalen

Beide CO-PA-Formen sind wiederum in der Lage, Merkmale fortzuschreiben. Sie sind die Grundlage für differenzierte Auswertungen nach Marktsegmenten. Im Standard bereits vorhandene Merkmale sind z. B. der Vertriebsweg, die Kundennummer oder die Region. Die Inhalte lassen sich aus einer Vielzahl von Informationen aus dem Buchungsstoff ableiten oder anreichern. Aus Sicht des kalkulatorischen CO-PA können wir Merkmale als unsere Kontierungsobjekte verstehen.

Kundenauftragscontrolling

Da das buchhalterische CO-PA nur in FI gebuchte Werte zeigt, können dort – im Gegensatz zum kalkulatorischen CO-PA – keine Eingänge von Kundenaufträgen abgebildet werden. Ein Kundenauftragscontrolling ist somit nur im kalkulatorischen CO-PA möglich.

Die Faktura, Abrechnungen aus der Gemeinkostenrechnung sowie Auftrags- und Projektabrechnungen können hingegen wieder in beiden CO-PA-Formen gezeigt werden.

Wir haben in unserem Beispielunternehmen der Lederwaren-Manufaktur Mannheim nur das kalkulatorische CO-PA aktiviert. Damit reduzieren wir die Abstimmbarkeit von CO-PA und FI, wir nutzen aber die Möglichkeit der FI-unabhängigen Bewertung in CO-PA. Durch die Entscheidung gegen ein buchhalterisches CO-PA reduzieren wir das Datenvolumen. Damit folgen wir einer weitverbreiteten Vorgehensweise.

3.5.2 Struktur des kalkulatorischen CO-PA

In Abbildung 3.9 sehen Sie den Aufbau und die Funktionsweise eines kalkulatorischen CO-PA. Wenn Sie bereits mit BI-Systemen gearbeitet haben, werden Sie die Technik wiedererkennen.

Sie können sich CO-PA als mehrdimensionalen Würfel vorstellen. Im Reporting können Sie die zu betrachtenden Dimensionen mithilfe der Selektionskriterien eines Berichts einschränken. Damit schränken Sie Ihr Blickfeld auf den Würfel immer mehr ein, sodass schließlich nur die Datensätze übrig bleiben, die Ihre Selektionskriterien erfüllen. Diese Vorgehensweise wird »Slice and Dice«-Verfahren genannt.

Wir sehen hier, dass Kunde C aus Deutschland regelmäßig von uns Produkt Y bezogen hat ❶. Um diese Information aus CO-PA zu erhalten, wird jeder Datensatz in CO-PA, der aus einer Faktura in SD entsteht, mit den aufgelisteten Merkmalen versorgt.

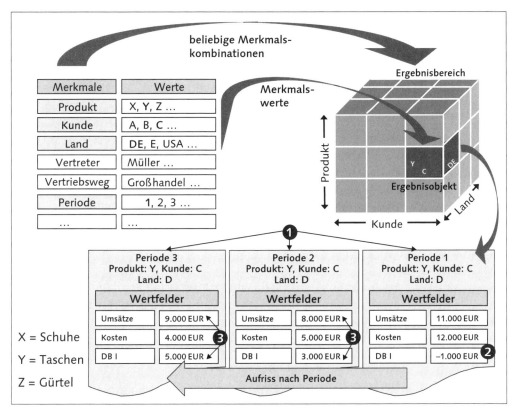

Abbildung 3.9 Aufbau und Auswertung eines kalkulatorischen CO-PA

In unserem Beispiel wollen wir nur den Umsatz, den wir mit Produkt Y beim Kunden C erzielt haben, nach Perioden gegliedert sehen. Indem wir den Erlösen die Kosten des Umsatzes entgegenstellen, können wir den Deckungsbeitrag 1 (DB I) berechnen. Leider ist hierbei zu erkennen, dass wir in Periode 1 unsere Produkte wohl zu günstig verkauft und damit einen negativen Deckungsbeitrag erzielt haben ❷. Daraufhin wurden offenbar Gegenmaßnahmen getroffen. Trotz geringerer Umsätze in den Folgeperioden entwickelt sich der Deckungsbeitrag positiv ❸.

Dies ist nur ein einfaches Beispiel, wie Werte in CO-PA fortgeschrieben und später ausgewertet werden können. In der Praxis ist diese Auswertung natürlich meist deutlich komplexer. Es ist daher unabdingbar, vor Beginn der Konfiguration eines CO-PA die Reportinganforderungen zu definieren. Nur so können auch zielgerichtet Daten erhoben werden.

Sie haben in Abschnitt 3.2, »Entitätenmodell«, bereits erfahren, dass der *Ergebnisbereich* die Organisationseinheit von CO-PA ist. Ihn aufzubauen ist der erste Schritt im Customizing. Das gesamte Customizing hierzu finden Sie im Einführungsleitfaden unter CONTROLLING • ERGEBNIS- UND MARKTSEGMENTRECHNUNG.

Ergebnisbereich Im Ergebnisbereich wird zunächst entschieden, ob darin das kalkulatorische und/oder buchhalterische CO-PA abgebildet wird. Neben der Ergebnisbereichswährung können Sie sich hier auch noch für die Mitschreibung der Buchungskreiswährung entscheiden. Außerdem hat ein Ergebnisbereich genauso wie der Buchungskreis und der Kostenrechnungskreis eine eigene Geschäftsjahresvariante. Hier ist darauf zu achten, dass in den einzelnen Entitäten zwar unterschiedliche Varianten hinterlegt werden können, die Anzahl der Perioden aber jeweils übereinstimmen muss.

Nach diesen wenigen allgemeinen Festlegungen können Sie bereits damit beginnen, die Datenstruktur, also die Liste von Merkmalen und Wertfeldern, zu definieren.

Wenn die im Standard vorhandenen Merkmale und Wertfelder nicht ausreichend sind, können Sie eigene Objekte anlegen. Betrachten wir zunächst das Anlegen von *Merkmalen*, was mithilfe der Transaktion KEA5 möglich ist.

[+] | **Merkmale benennen**
Verwenden Sie keine sprechenden Abkürzungen für Merkmale und Wertfelder. Auf diese Weise können Sie nämlich veraltete Objekte zukünftig auch anderweitig nutzen.

Anlegen von Merkmalen Nach Festlegung einer Merkmals-ID gelangen Sie zur Eingabemaske MERKMAL ANLEGEN: ZUORDNUNG (siehe Abbildung 3.10).

Bei der Lederwaren-Manufaktur Mannheim werden unterschiedliche hochwertige Ledersorten verwendet. Um auf neue Vorlieben des Marktes rechtzeitig reagieren zu können, ist es wichtig, die Ab- und Umsätze nach Ledersorten zu überwachen. Sie legen hierzu ein neues Merkmal WW200 (Lederart) an.

Da dieses Merkmal nicht direkt als Feld im Kundenauftrag vorhanden ist, haben Sie sich für die Anlage eines neuen Merkmals mit eigener Wertpflege entschieden (siehe Abbildungen 3.10, 3.11 und 3.12). Alternativ wäre es auch möglich gewesen, auf vorhandene

Feldinhalte aus Material- oder Kundenstamm oder aus dem Kundenauftrag Bezug zu nehmen. Oder Sie hätten auch die Möglichkeit gehabt, ein Merkmal komplett ohne Prüfung der eingegebenen Werte anzulegen. Damit könnten Sie aber vermutlich nicht sicherstellen, dass ein Merkmal sinnvoll gefüllt und damit auswertbar ist.

Abbildung 3.10 Anlegen des Merkmals WW200

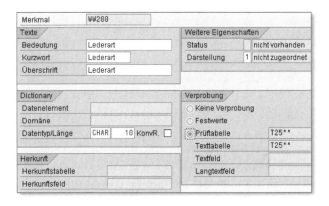

Abbildung 3.11 Details zum Merkmal WW200

Im Detailbild legen wir fest, mit welchem Wertetyp (alphanumerisch oder numerisch) und mit welcher Länge das Merkmal angelegt wird. Auf der rechten Seite von Abbildung 3.11 sehen wir, dass das SAP-System schon maskiert – also noch nicht endgültig ausgeprägt – eine PRÜFTABELLE für die Werte anzeigt: T25**. Die genaue Definition der Tabelle erfolgt in der nächsten Eingabemaske. Wir haben uns für T2550 entschieden.

Wertetyp und Länge des Merkmals

In dieser Tabelle müssen Sie die notwendigen Ausprägungen der Merkmalswerte definieren. Die Ausprägungen der Lederart sehen Sie in Abbildung 3.12.

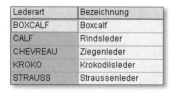

Abbildung 3.12 Werte für das Merkmal WW200

Zuordnung von Merkmalen

Nachdem das Merkmal angelegt wurde, müssen Sie es mithilfe der Transaktion KEA0 dem Ergebnisbereich LWAG zuordnen. Das SAP-System »möchte« an dieser Stelle den Ergebnisbereich neu generieren. Solange wir uns nicht in einem produktiven System befinden, in dem bereits CO-PA-Belege enthalten sind, ist dies auch kein Problem. Bei Ergebnisbereichen, die jedoch bereits Daten enthalten, kann es zu langen Laufzeiten kommen. Da während der Generierung keine Buchungen in CO-PA erfolgen können und dürfen, sind lange Laufzeiten in einem Produktivsystem natürlich sehr ungünstig.

[+] **Fehlermeldung bei der ersten Generierung**

Beim ersten Generieren kommt es zudem des Öfteren zu einer Fehlermeldung. In diesem Fall sollten Sie die Generierung nochmals manuell starten, bevor Sie sich auf Fehlersuche begeben. Häufig kann der Ergebnisbereich beim zweiten Mal problemlos aufgebaut werden.

Herleitung von Merkmalswerten

Wenn Sie ein neues Merkmal angelegt und dem Ergebnisbereich zugeordnet haben, müssen Sie nur noch definieren, woher der Feldinhalt abgeleitet werden soll. Für die Herleitung von Merkmalswerten gibt es mehrere Möglichkeiten:

- Ableitungsregel
- Tabellenzugriff
- Zuweisung
- Initialisierung
- Kundenhierarchiezugriff
- Kundenerweiterung

Mit Ableitungsregeln können Sie »Wenn-dann-Beziehungen« schaffen. Bei den wenigen Verkaufsmaterialien, über die die Lederwaren-Manufaktur Mannheim verfügt, bietet es sich an, das Merkmal WW200 mithilfe einer Ableitungsregel zu befüllen. Das Customizing würde dann wie in Abbildung 3.13 dargestellt aussehen.

Ableitungsregel

Artikeln	Artikelnummer Bezeichnung	zu	Lederart	Lederart Bezeichnung
B1000	Damenbörse, braun, klein	=	CALF	Rindsleder
S1000	Oxford, Boxcalf	=	BOXCALF	Boxcalf
S1100	Oxford, Kroko	=	KROKO	Krokodilsleder
S2000	Fullbrogue, Boxcalf	=	BOXCALF	Boxcalf
S2100	Fullbrogue, Chevreau	=	CHEVREAU	Ziegenleder
S3000	Jodhpur-Boot, Boxcalf	=	BOXCALF	Boxcalf
S4000	Budapester, Boxcalf	=	BOXCALF	Boxcalf
S5000	Slings, Boxcalf	=	BOXCALF	Boxcalf
S6000	High-Heels, Boxcalf	=	BOXCALF	Boxcalf
S6100	High-Heels, Chevreau	=	CHEVREAU	Ziegenleder
S6200	High-Heels, Kroko	=	KROKO	Krokodilsleder
S7000	Peeptoes, Boxcalf	=	BOXCALF	Boxcalf
T100	Kelly Bag I	=	BOXCALF	Boxcalf
T1000	Kelly Bag 1	=	STRAUSS	Straussenleder
T110	Kelly Bag I	=	KROKO	Krokodilsleder

Abbildung 3.13 Ableitungsregel für Merkmalsableitung

Mit Tabellenzugriffen können Sie Feldinhalte aus allen Tabellen aufgreifen, die im Moment der Schnittstelle nach CO-PA zur Verfügung stehen. Klassische Beispiele sind an dieser Stelle Felder aus dem Material- oder Kundenstamm oder auch Felder aus dem Kundenauftrag. Ein bereits im Standard enthaltener Tabellenzugriff ist die Ableitung des Buchungskreises aus der Verkaufsorganisation über die Tabelle TVKO (ORG.-EINHEIT: VERKAUFSORGANISATIONEN).

Tabellenzugriff

Mit Zuweisungen können wir den Inhalt eines beliebigen Quellfelds in das Zielmerkmal schreiben. Ein Beispiel hierfür ist die Befüllung des Merkmals *Warenempfänger*. Eine mögliche Zuweisung könnte hierfür folgendermaßen aussehen: Suche die Partnerrolle »Warenempfänger« im Kundenauftrag und schreibe die Kundennummer in das Merkmal »Warenempfänger«.

Zuweisung

Eine Initialisierung ist notwendig, wenn Sie den Inhalt eines Merkmals auf den jeweiligen initialen Wert setzen wollen. Bei Charakterfeldern ist der initiale Wert [LEER], bei numerischen Feldern 0. Eine Initialisierung ist z. B. bei kostenlosen Lieferungen oder Retouren häufig notwendig.

Initialisierung

Kundenhierarchiezugriff

SAP unterstützt natürlich auch den Zugriff auf die Daten von Kundenhierarchien. Hierfür wird ein spezieller Ableitungstyp für Merkmalswerte angeboten.

Kundenerweiterung

Wenn all diese Standardmittel für die Befüllung der Merkmale nicht ausreichen, kann ein User Exit verwendet werden. Das SAP-System stellt hierfür die Erweiterung COPA0001 bereit. Die Nutzung eines User Exits sollte immer die letzte Wahl sein, denn in vielen Fällen ist es möglich, über eine geschickte Gestaltung der Ableitungsschritte das Ziel auch im Standard zu erreichen. In der Praxis zeigt sich immer wieder, dass man gerne auf den User Exit ausgewichen ist, um letztlich einen Großteil der Merkmale dort abzuleiten. Leider weiß nach wenigen Jahren niemand mehr, wie diese User Exits genau funktionieren.

Mit der Definition und der Ableitung der Merkmale haben Sie nun festgelegt, nach welchen Kriterien die Werte und Mengen in CO-PA ausgewertet werden sollen. Als nächsten Schritt müssen Sie die Werte und Mengen selbst abbilden und ins Modul CO-PA überleiten.

Anlegen von Wertfeldern

Werte und Mengen werden in CO-PA in den *Wert-* bzw. *Mengenfeldern* fortgeschrieben. Ebenso wie Merkmale sollten auch Wertfelder mit einem neutralen Kürzel angelegt werden. Um zu entscheiden, welche Wertfelder wir benötigen, müssen wir uns überlegen, wie unsere Ergebnisberechnungen definiert sein sollen, sprich, welche Zeilen wir zeigen wollen. Das Anlegen von Wertfeldern erfolgt über die Transaktion KEA6 und ist unspektakulär. Interessanter ist jedoch die Befüllung der Wertfelder.

Befüllen von Wertfeldern

Die Befüllung der Wertfelder ist abhängig von der Herkunft der Werte (siehe Abbildung 3.14).

Konditionen zu Wertfeldern zuordnen

Wie Sie hier sehen, gibt es zwei grundlegende Möglichkeiten, Wertfelder zu befüllen. Zunächst einmal haben wir die Möglichkeit, die Konditionen der SD-Preiskalkulation den Wertfeldern von CO-PA zuzuordnen. Diese Möglichkeit bietet sich z. B. bei der Überleitung von Kundenaufträgen und Fakturen.

Ergebnisschema

Als zweite Variante können Sie unseren Wertfeldern Kostenarten oder Kostenartengruppen zuordnen. Diese Möglichkeit nutzen wir u.a. bei der Abrechnung von Kostenträgern, also Projekten oder Aufträgen. Die Zuordnung von Kostenarten zu Wertfeldern erfolgt über sogenannte *Ergebnisschemata*.

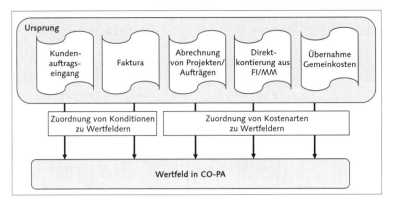

Abbildung 3.14 Wertfelder in CO-PA befüllen

In einem Ergebnisschema können wir definieren, woher die Kosten oder Erlöse kommen und wohin, also in welches Wertfeld, sie gesteuert werden. Da wir natürlich bei der Abrechnung von Fertigungsaufträgen nach CO-PA andere Wertfelder füllen wollen als bei der Erfassung von Erlösen aus FI mit Kontierung auf ein Ergebnisobjekt, können wir parallel mehrere Ergebnisschemata nutzen. Diese werden aber immer ergebnisbereichsspezifisch angelegt.

In Abbildung 3.15 sehen Sie ein Beispiel für ein Ergebnisschema, das bei der Abrechnung von Innenaufträgen nach CO-PA verwendet werden kann.

Ergebnisschema 10 PA Abrechnung Marketingaktiv.
KostRechKreis M001 Kokrs LWM Mannheim

Zuordnu	Text	Faktur./gelief.Me	Ursprung zugeor	Wertfeld zugeor
10	Gesamtkosten	☐	☑	☐
20	Erlöse	☐	☐	☐

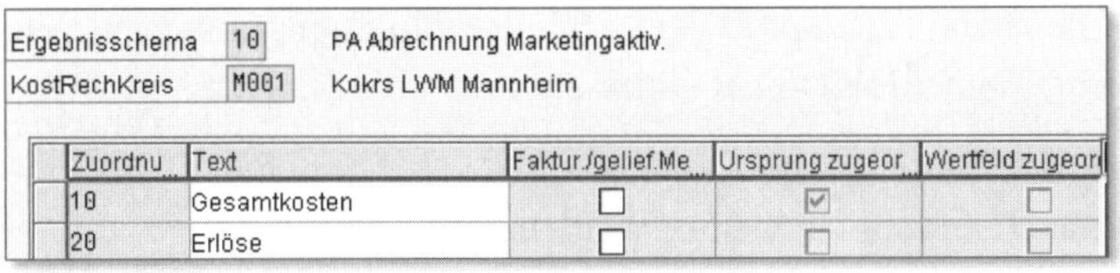

Abbildung 3.15 Definition mit Ergebnisschema 10

Definition des Ursprungs

Als Zeilen des Ergebnisschemas finden wir Zeilen unserer *Deckungsbeitragsrechnung* wieder. Da wir dieses Schema nur bei der Abrechnung von Marketingkosten verwenden, reicht an dieser Stelle eine Unterteilung nach Kosten und Erlösen. Pro Zeile definieren Sie nun, welche Kostenarten bzw. Kostenartengruppen sie dorthin überführen möchten. Die Kostenarten(-gruppen) nennen wir den *Ursprung*.

In Abbildung 3.16 sehen Sie die Ausprägung für die Zeile 10 des Ergebnisschemas 10.

3 | Grundlagen der Integration in SAP ERP

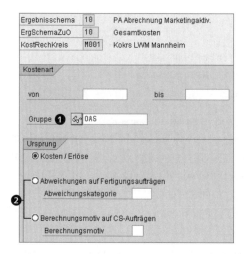

Abbildung 3.16 Beispiel des Ursprungs bei der Überleitung nach CO-PA

Kostenarten (-gruppen)

In unserem Fall haben wir einen Eintrag im Feld GRUPPE gewählt ❶. Bei dem Eintrag 0AS handelt es sich um eine Kostenartengruppe in CO, die über die Transaktion KAH1 angelegt wurde. Ein solcher Ursprung muss für jede Zeile des Ergebnisschemas gepflegt werden. Wichtig ist dabei, dass natürlich nicht alle Kostenarten der Gemeinkostenrechnung berücksichtigt werden müssen. Dennoch darf jede Kostenart innerhalb eines Ergebnisschemas auch nur einer einzigen Zeile zugeordnet sein. Der Grund hierfür ist einleuchtend: Würden wir eine Kostenart zwei Zeilen des Ergebnisschemas zuordnen, wären die Kosten doppelt in der Ergebniskalkulation, und das Ergebnis könnte demzufolge nicht stimmen.

Wie Sie in Abbildung 3.16 sehen, können Sie aber neben Kosten und Erlösen auch andere Ursprünge wählen ❷:

- Abweichungen auf Fertigungsaufträge
- Berechnungsmotive auf CS-Aufträge

Abweichungskategorien

Bei der Abrechnung von Fertigungskosten können Sie auch mit Abweichungskategorien arbeiten. Voraussetzung ist der Einsatz der Produktkostenrechnung. Wenn diese aktiv ist, können Sie Kostenabweichungen in der Produktion, z. B. wegen Preisabweichungen beim Einkauf von Rohstoffen, bis in CO-PA weiterreichen. Für die Identifikation der Abweichungen werden sogenannte *Abweichungskategorien* verwendet, die Sie nun als Ursprung für die Befüllung von Wertfeldern nutzen können.

Bei der Verwendung von CS-Aufträgen (CS = Customer Service) des Kundenservice können Sie auch das *Berechnungsmotiv* als Ursprung eintragen. Mit den Berechnungsmotiven können Sie in CS zum einen zwischen Kosten und Erlösen, zusätzlich aber auch z. B. zwischen Kulanz- und Garantieleistungen und natürlich Umsätzen unterscheiden.

Berechnungsmotiv

Sie haben also insgesamt drei Möglichkeiten für die Selektion der Werte, die Sie in ein Wertfeld schreiben wollen. Damit bleibt nur noch die Zuordnung des Wertfelds, die Sie beispielhaft in Abbildung 3.17 sehen.

Abbildung 3.17 Zuordnung des Wertfelds in CO-PA

Sie können jeder Zeile des Ergebnisschemas mehr als ein Wertfeld zuordnen. Grund hierfür ist die zweite Spalte, die wir in Abbildung 3.17 sehen: das Kennzeichen Fix/Variabel (Spalte F). Damit können Sie steuern, ob Sie von den angefallenen Beträgen nur die fixen oder variablen Kosten oder aber die Gesamtkosten sehen wollen. Es wäre also denkbar, dass Sie hier zwei Wertfelder zuordnen: Das erste würde die Fixkosten aus der Produktion zeigen, das zweite die variablen Kosten.

Zuordnung der Wertfelder

Im Prinzip ist die Befüllung von CO-PA also nicht sehr komplex. Da Sie an dieser Stelle aber komplett eigenständig definieren, welche Werte nach CO-PA fließen, müssen Sie darauf achten, dass Sie nicht zu viel oder zu wenig überleiten. Wenn Ihnen hier ein Fehler unterläuft, hat dies zur Folge, dass das Berichtswesen nicht stimmt.

3.6 Zusammenfassung

Aus Sicht des Controllings ist meist CO-PA das wichtigste Reportingwerkzeug. Hier laufen alle Werte zusammen, und hier gibt es die vielfältigsten Möglichkeiten für Auswertungen. Da die Daten aus unterschiedlichen Bereichen bezogen werden, wie etwa Kundenauftrags- und Fakturadaten aus SD, Produktionskosten und -abweichungen aus PP und Werte der Gemeinkostenrechnung aus CO selbst, ist es wichtig, dass Sie vor dem Aufbau der Werteflüsse definieren, was im Reporting gezeigt werden soll.

Dieser reportingorientierte Ansatz ist auch bei der Definition der Organisationsstrukturen wichtig. In den Modulen MM, PP und SD werden die Strukturen durch logistische Anforderungen geprägt. In der Finanzbuchhaltung folgen die Strukturen vornehmlich legalen Zwängen. Im Controlling hingegen kann die Organisation weitgehend nach internen Gesichtspunkten aufgebaut werden. Hier müssen Sie z. B. berücksichtigen, inwiefern Sie Leistungsverrechnungen zwischen den Gesellschaften abbilden wollen. Bei all dem sollten Sie die Integration als wichtigen, aber nicht als einzigen Einflussfaktor verstehen. Zum Beispiel ist aus Sicht des Reportings ein möglichst übergreifender Kostenrechnungskreis wünschenswert. Allerdings erfordert er auch abgestimmte Aktivitäten im Abschlussprozess, was nicht immer möglich und wünschenswert ist.

Hier spielen auch die zunehmenden internationalen Anforderungen eine wichtige Rolle. Das Ergebnis sind nicht geänderte, sondern erweiterte Reportingaufgaben, die ein SAP-System bis zur Einführung des neuen Hauptbuchs nur behelfsweise erfüllen konnte. Mit dem neuen Hauptbuch verfügt das SAP-System nun über ein sehr starkes Werkzeug. Dennoch ist es immer noch »nur« ein Hauptbuch. Selbst wenn das SAP-System nun in der Lage wäre, eine rudimentäre Kostenstellenrechnung im neuen Hauptbuch abzubilden, wäre es wohl nach wie vor der Regelfall, dass Unternehmen Buchhaltung und Controlling – also die Module FI und CO – parallel im Einsatz haben. Und damit sind wir wieder bei der Grundsatzentscheidung angelangt, welche Konten wir in CO überleiten, sprich, welche GuV-Konten als Kostenarten angelegt werden. Hierauf kann keine allgemeingültige Antwort gegeben werden – außer vielleicht der etwas unbefriedigenden Antwort, dass dies reine Geschmackssache ist.

Damit ist die Diskussion um Stammdaten jedoch noch nicht beendet, denn gerade der Materialstamm nimmt eine sehr zentrale Rolle im gesamten SAP-System ein. Hier – wie in vielen anderen Bereichen – ist eine enge Zusammenarbeit von Experten für logistische Module sowie FI und CO notwendig. Denn die Integration eines Systems kann nur erreicht werden, wenn bereits das Projektteam modulübergreifend – also integrativ – arbeitet.

In einem Unternehmen laufen drei große Prozesse ab. In diesem Kapitel betrachten wir den ersten wichtigen Prozess, den Einkauf. Seine Bedeutung ist nicht zu unterschätzen, denn die Produkte, die Sie erzeugen, können nur so gut sein, wie die Materialien sind, die Sie einkaufen.

4 Beschaffungsprozess

Der Schwerpunkt der betrieblichen Wertschöpfung liegt in der Regel in der Produktion. Hierfür sind unterschiedliche Einsatzfaktoren, u.a. Material und Arbeitskraft, notwendig. Aus logistischer Sicht ist es die Aufgabe der Beschaffung, die richtigen Einsatzfaktoren in der richtigen Qualität und Quantität zum richtigen Zeitpunkt am richtigen Ort zur Verfügung zu stellen. Auch wenn sich die Aufgabe der Beschaffung kurz und knapp in einem Satz zusammenfassen lässt, setzt sie sich aus einer Vielzahl von Aspekten zusammen. Dieses Kapitel widmet sich nun den verschiedenen Aspekten des Beschaffungsprozesses sowie den damit verbundenen Auswirkungen auf die unternehmerischen Werteflüsse.

Zunächst sehen Sie, wie der Beschaffungsprozess in die betriebliche Leistungserbringung eingegliedert ist. Hierbei wird das erweiterte SCOR-Modell behilflich sein. Im Anschluss erfahren Sie, wie Sie noch während des Bestellprozesses Obligos im Controlling statistisch fortschreiben und verfolgen können, um so ein möglichst frühzeitiges Budgetcontrolling zu ermöglichen. Ein Schwerpunkt des Kapitels liegt außerdem auf der Kontenfindung aus der Materialwirtschaft (MM-Kontenfindung), da sie die Schnittstelle zwischen Logistik und Rechnungswesen ganz wesentlich beeinflusst. Den Übergang zur Betrachtung der »echten« Werteflüsse schaffen im Anschluss daran die Erläuterungen von Wareneingang und Rechnungseingang.

Mit der Darstellung und Weiterverarbeitung der entstandenen Verbindlichkeiten im Rechnungswesen verlassen wir schließlich die logistische Integration. In der Regel handelt es sich bei den Verbindlichkeiten um sogenannte *Verbindlichkeiten aus Lieferungen und Leis-*

tungen (VLL). Abgerundet wird das Kapitel mit einem Ausblick auf den Abschlussprozess.

Beginnen wir dieses Kapitel also mit einem Überblick über die Schritte und Gestaltungsmöglichkeiten im Beschaffungsprozess. Hierzu wird erneut das angepasste SCOR-Modell aus Abschnitt 2.2.2 verwendet.

4.1 Beschaffungsprozess im SCOR-Modell

SCOR-Modell — Innerhalb des SCOR-Modells ist der Abschnitt »Einkauf« (Source), der den Bestellvorgang und das Lagerwesen umfasst, derjenige, der den Beschaffungsprozess betrachtet. Das SCOR-Modell unterscheidet in Abhängigkeit von der Fertigungsart drei Grundtypen des Beschaffungsprozesses (siehe Abbildung 4.1).

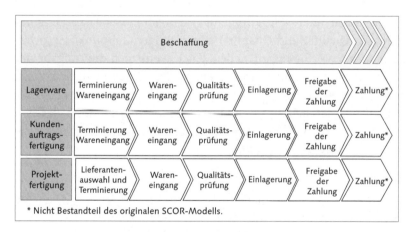

Abbildung 4.1 Beschaffungsprozess im angepassten SCOR-Modell

Wie Sie hier sehen, haben wir das Standardmodell (siehe Abbildung 2.5 in Abschnitt 2.2.2, »SCOR-Modell«) um den Vorgang der Zahlung erweitert. Hinsichtlich der Logistik wäre es ausreichend, mit der Zahlungsfreigabe der Rechnung den Prozess als beendet zu betrachten. Da unser Schwerpunkt auf dem Wertefluss liegt, möchten wir diesen jedoch auch vollständig, also bis zur Bezahlung der Kreditorenrechnung, begleiten.

Prozesstypen im SCOR-Modell — Als Ergänzung zu diesem Aspekt sehen Sie in Abbildung 4.1, dass das SCOR-Modell drei Typen des Beschaffungsprozesses unterscheidet, die von der Organisation der Produktion abhängig sind:

- Beschaffung bei Produktion auf Lager
- Beschaffung bei Kundenauftragsfertigung
- Beschaffung bei projektierter Kundenauftragsfertigung

Es fällt auf, dass sich die drei Prozesstypen nur im ersten Baustein unterscheiden. Bei Produktion auf Lager und bei Kundenauftragsfertigung ist der Einkauf im laufenden Prozess für die Terminierung des Wareneingangs verantwortlich. Bei der Projektfertigung wird diese Aufgabe um die Auswahl des Lieferanten erweitert. Selbstverständlich ist dieser Schritt auch bei den ersten beiden Prozesstypen notwendig. Der Unterschied liegt darin, dass die *Lieferantenauswahl* bei Lager- und Kundenauftragsfertigung nur bei neuen oder geänderten Produkten erforderlich ist. Bei den laufenden Nachschubbestellungen wird der Einkauf in der Regel auf bereits bekannte Lieferanten zurückgreifen, mit denen vielleicht Rahmenverträge geschlossen sind.

Lieferantenauswahl

Für uns ist nicht relevant, ob und in welchem Ausmaß der Einkauf im individuellen Bestellvorgang eine Lieferantenauswahl vornehmen muss, da hierdurch keine Werteflüsse erzeugt werden. Es interessiert uns auch zunächst nicht, was der Auslöser einer Bestellanforderung ist: das Erreichen einer Mindestmenge von Rohstoffen im Lager, ein Kundenauftrag oder eine abgeschlossene Projektierung. Aus Sicht von Buchhaltung und Controlling ist das kein Vorgang, den man in Werten ausdrücken kann.

Allerdings beeinflusst der Prozesstyp unsere Vorgehensweise im Controlling. Im Wesentlichen geht es hier um die Fragen, welche Objekte für die Kontierung in Bestellung, Waren- oder Rechnungseingang verwendet werden. Hierzu erhalten Sie in Abschnitt 4.3.2, »Bestellung«, detaillierte Informationen.

Sie haben bereits gesehen, dass die Phase der Lieferantenauswahl nicht relevant für den Wertefluss ist. Erst mit Erstellung einer Bestellanforderung oder auch einer Bestellung erhalten wir die erste Gelegenheit, im Controlling zu reagieren. Wir können nun die offenen Bestellanforderungen auf eventuell vorhandene *Budgets* anrechnen, um eine Überschreitung frühzeitig zu erkennen.

Reduzierung von Budgets bei Bestellungen

Meist ist der *Wareneingang* das erste Ereignis, das Sie bilanziell berücksichtigen müssen. Sie müssen einen Zugang am Lager oder bei nicht bestandsgeführter Ware einen Aufwand verbuchen. Aus logis-

Wareneingang

tischer Sicht setzt sich der Wareneingang aus mehreren Teilschritten zusammen. Nach Annahme der Ware sind je nach Art des beschafften Gutes Qualitätsprüfungen oder Umverpackungen notwendig, bis schließlich die Einlagerung erfolgen kann. Aus Sicht von Buchhaltung und Controlling ist nur der Vorgang der Bestandserfassung im System relevant. Daraus ergeben sich Buchungen in FI und CO.

Rechnungseingang In einem SAP-System erfolgt die Verbuchung des Wareneingangs in der Regel nicht gegen Verbindlichkeiten, sondern gegen das *Wareneingangs-/Rechnungseingangs-Verrechnungskonto* (WE/RE-Konto). Auch der Rechnungseingang wird gegen dieses Konto verbucht. Es dient also als Puffer zwischen den beiden Vorgängen Wareneingang und Rechnungseingang und ermöglicht dadurch die Trennung von Waren- und Wertefluss und bietet zudem weitere Vorteile, die wir später in Abschnitt 4.8, »WE/RE-Konto«, noch erörtern werden. Mit Eingang und Verbuchung der Lieferantenrechnung entsteht erst der offene Posten in der Kreditorenbuchhaltung. Zusätzlich müssen abhängig von der Situation Währungsdifferenzen oder sonstige Abweichungen verbucht werden.

Zahlungsausgang Der Ausgleich des offenen Postens erfolgt in der Regel durch einen Zahllauf. Mit diesem Vorgang haben wir dann aus Sicht der Buchhaltung das Ende des Werteflusses im Beschaffungsprozess erreicht.

Entstehung von Werten An den einzelnen Stationen des Beschaffungsprozesses können Werte in FI und CO entstehen. Eine Übersicht über die möglichen Belege zeigt Abbildung 4.2.

Eine Sonderstellung in Abbildung 4.2 bildet die Fortschreibung von Obligos im Rahmen des Bestellprozesses. Hier werden im Gegensatz zu allen anderen Vorgängen nur statistische Werte und keine Istwerte fortgeschrieben.

Bevor wir uns den Details des Beschaffungsprozesses widmen, werfen wir nochmals einen Blick auf die involvierten Stammdaten. Zunächst ist dies der Materialstamm. Da er nicht nur in der Beschaffung wichtig ist, sondern auch in der Produktion und im Verkauf, haben wir dieses Element bereits übergreifend in Abschnitt 3.4.3, »Materialstamm«, betrachtet. Die Verwendung des Kreditoren- oder Lieferantenstamms, mit dem wir uns nun beschäftigen, ist in der Regel auf den Beschaffungsprozess beschränkt. Er ist sowohl für die Logistik als auch für die Buchhaltung ein unverzichtbares Element.

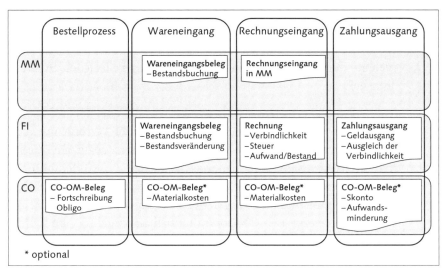

Abbildung 4.2 Wertefluss des Beschaffungsprozesses

4.2 Kreditorenstamm als integratives Element

Um den unterschiedlichen Anforderungen von Einkauf und Kreditorenbuchhaltung gerecht zu werden, ist der Kreditorenstamm im SAP-System in drei Teile gegliedert:

- allgemeiner Teil
- Buchhaltungssicht
- Einkaufsdaten

Für jeden Lieferanten, mit dem Geschäftsbeziehungen im System abgebildet werden sollen, muss mindestens der *allgemeine Teil* angelegt sein. Hier sind alle Informationen gespeichert, die sowohl für Einkauf als auch Buchhaltung relevant und eindeutig sind. Zunächst haben wir hier die Lieferantennummer, des Weiteren werden im allgemeinen Teil Name und Anschrift des Lieferanten und seine Steuerinformationen gepflegt. Auch die Bankverbindung finden wir hier. Dies hat den Vorteil, dass – falls der Lieferant in mehreren Buchungskreisen vorkommt – die Bankdaten nur einmal gepflegt werden müssen.

Allgemeiner Teil

In der Buchhaltungssicht werden alle Daten in Abhängigkeit vom Buchungskreis gepflegt. Der Vorteil dieses Vorgehens ist am Beispiel des Abstimmkontos gut erkennbar.

Buchhaltungssicht

4 | Beschaffungsprozess

Beispiel »Abstimmkonto«

Das *Abstimmkonto* ist das Bindeglied zwischen Kreditoren- und Hauptbuchhaltung. In der Hauptbuchhaltung bildet es die Verbindlichkeiten ab. Sobald ein Kreditor bebucht wird, erfolgt die Buchung auch auf dem Abstimmkonto in der Hauptbuchhaltung (siehe Abbildung 4.3).

In dem Beispiel erhalten wir von Kreditor 90100 eine Rechnung über Frachtkosten in Höhe von 1.190,00 EUR brutto ❶. Um eine Buchung auf dem Kreditorenkonto erzeugen zu können, muss im Kreditorenstamm ein Abstimmkonto hinterlegt sein, damit die Integration in das Hauptbuch gewährleistet ist. In diesem Fall ist das Konto 160000 im Kreditorenstamm eingetragen ❷. Wird nun bei der Erfassung der Eingangsrechnung die Kreditorennummer eingegeben, wird nicht nur auf dem Kreditorenkonto, sondern gleichzeitig auch auf dem Abstimmkonto 160000 ein Buchungsposten von 1.190,00 EUR erzeugt ❸. Zusammen mit der Gegenkontierung auf Vorsteuer- und Frachtkonto saldiert der Beleg im Hauptbuch zu null. Die Kreditorenbuchhaltung zeigt nur den offenen Posten auf Kreditor 90100 in Höhe von 1.190,00 EUR.

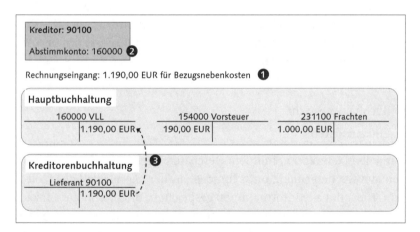

Abbildung 4.3 Buchungstechnik über Abstimmkonten

Darstellung von Verbindlichkeiten

Eine klassische Untergliederung für die Darstellung von Verbindlichkeiten in der Hauptbuchhaltung ist die folgende:

- Verbindlichkeiten aus Lieferungen und Leistungen, Dritte, Inland
- Verbindlichkeiten aus Lieferungen und Leistungen, Dritte, Ausland

- Verbindlichkeiten aus Lieferungen und Leistungen, verbundene Unternehmen, Inland
- Verbindlichkeiten aus Lieferungen und Leistungen, verbundene Unternehmen, Ausland

> **Darstellung von Verbindlichkeiten im Abstimmkonto der Lederwaren-Manufaktur Mannheim** [zB]
>
> Nehmen wir unsere Lederwaren-Manufaktur Mannheim, und gehen wir ferner davon aus, dass wir unser Straußenleder ausschließlich über einen Großhändler aus Frankfurt beziehen. Der Einkauf ist dezentral organisiert, d.h., jeder unserer produzierenden Standorte (Mannheim, Mailand und Brüssel) hat den deutschen Großhändler als Lieferanten angelegt.
>
> Für die deutschen Gesellschaften ist der Lieferant Inländer, für alle anderen ist er Ausländer. Während wir also in Deutschland im Lieferantenstamm das Konto 160000 Kreditorenverbindlichkeiten Inland hinterlegen, muss es in Belgien, Frankreich und Italien das Konto 161000 Kreditorenverbindlichkeiten Ausland sein.

Durch die buchungskreisspezifische Pflege des Abstimmkontos ist diese Unterscheidung auch problemlos möglich. Weitere Daten in der Buchhaltungssicht sind die Zahlungsbedingung und die Zahlwege. Die *Zahlungsbedingung* der Buchhaltung ist dabei nur relevant, wenn ein Kreditorenbeleg direkt in die Buchhaltung eingegeben und nicht über das Modul MM erfasst wird.

Zahlwege sind im SAP-Jargon die unterschiedlichen Methoden zur Zahlung wie z. B. per Scheck oder Banküberweisung. Jedem Kreditor kann man dabei mehr als einen Zahlweg zuordnen. Dies ist sinnvoll, wenn Sie beispielsweise große Rechnungen per Scheck zahlen wollen und alle Rechnungen bis 10.000,00 EUR per Überweisung.

Zahlwege

> **Prüfungsvermerk für doppelte Rechnungen bzw. Gutschriften** [+]
>
> In der Buchhaltungssicht des Lieferantenstamms finden wir auch ein Kennzeichen zur Prüfung auf doppelt erfasste Rechnungen oder Gutschriften. Ist das Kennzeichen gesetzt, prüft das SAP-System bei der Eingabe von Rechnungen oder Gutschriften, ob der Beleg vielleicht schon erfasst ist. Von einer Doppelerfassung wird ausgegangen, wenn Felder wie die externe Belegnummer, der Lieferant und der Betrag mit einem bereits erfassten Beleg übereinstimmen.

> Ist dies der Fall, wird eine Meldung ausgegeben, um den Anwender auf die Gefahr der Doppelerfassung hinzuweisen. Diese Meldung können Sie z. B. über die Transaktion OBA5 customizen. Sie sollte aber eine Infomeldung und kein Fehler sein, um die Eingabe der Rechnung nicht vollständig zu unterbinden, sondern den Anwender lediglich auf die Gefahr der Doppelerfassung hinzuweisen.
>
> Wenn Sie diese Systemunterstützung nutzen möchten, müssen Sie das Kennzeichen PRÜFUNG DOPPELTE RECHNUNG im Customizing des Lieferantenstamms als Pflichtfeld definieren.

Einkaufsdaten
In den *Einkaufsdaten* des Lieferanten werden schließlich alle Informationen gespeichert, die für den reibungslosen Ablauf des Einkaufs benötigt werden, aber die Buchhaltung nicht tangieren. Hier werden z. B. die Bestellwährung und die Zahlungsbedingung gepflegt, die standardmäßig für eine Bestellung bei diesem Lieferanten verwendet werden sollen.

Benötigte Sichten
Bei Kreditoren, die nur in der Buchhaltung benötigt werden, für die aber nie eine Bestellung im System erfasst wird, ist es ausreichend, nur die *allgemeine* und die *Buchhaltungssicht* anzulegen. Beispiele hierfür sind die Mitarbeiter, denen Reisekosten überwiesen werden. Kreditoren wiederum, die nur im Einkauf, nicht aber in der Buchhaltung benötigt werden, müssen auch keine Buchhaltungssicht erhalten. Beispiel hierfür ist ein potenzieller Lieferant, bei dem zunächst einmal nur ein Angebot eingeholt wird, dann aber keine Bestellung erfolgt. Dieses Einholen eines Angebots macht der Einkauf natürlich nicht aus Selbstzweck. Meistens wird innerhalb des Unternehmens, z. B. in der Produktion, in der Disposition oder auch im Lager, ein Bedarf ermittelt. Mit Eingang des Bedarfs im Einkauf beginnt der Bestellprozess.

4.3 Bestellung als Basis des Beschaffungsprozesses

Im Rahmen des Bestellprozesses werden wir uns nun mit zwei Dokumenten auseinandersetzen, der Bestellanforderung und der Bestellung.

4.3.1 Bestellanforderung

Die Übermittlung des Bedarfs kann sowohl manuell ohne Systemunterstützung oder, insbesondere bei Einsatz von Dispositionsverfahren im SAP-System, automatisiert erfolgen. Das Dokument, das später die Bestellung auslösen wird, nennen wir im SAP-Sprachgebrauch *Bestellanforderung* (BANF). Je nachdem, auf welchem Weg ein Bedarf an den Einkauf gemeldet wird, kann eine BANF direkt, d. h. manuell, oder indirekt, also über ein anderes SAP-Modul, erfasst werden.

In einer BANF sind bereits alle wesentlichen Informationen für den Einkauf enthalten. Zunächst ist der Anforderer hinterlegt. Zu jeder Position ist neben der Bestellmenge bestenfalls die Materialnummer hinterlegt. Alternativ kann eine Warengruppe gepflegt sein.

Warengruppe	[+]
Eine *Warengruppe* ist eine Gruppierung von Materialien, für die unter Umständen keine Materialnummer vorhanden ist. Aus der Warengruppe kann auch eine Kontierung abgeleitet werden, sie unterstützt also eine automatisierte Verarbeitung.	

Bei einer BANF handelt es sich um ein internes Dokument. Sie ist die Aufforderung an den Einkauf, ein Material oder eine Dienstleistung zu beschaffen. Eine BANF kann nach der Freigabe durch eine Bestellung oder auch einen Rahmenvertrag erfüllt werden.

Unter Umständen muss aber vor dem Anlegen einer Bestellung zunächst eine *Bezugsquelle* ermittelt werden. Auch hierbei wird der Einkäufer durch das SAP-System unterstützt: Sowohl das Anlegen von Anfragen als auch das anschließende Erfassen der Angebote ist möglich, Sie können aber auch auf bereits im System vorhandene Bestellungen und Konditionen zurückgreifen. Durch Vergleiche der verschiedenen Angebote im SAP-System kann dann der beste Lieferant ermittelt und die Bestellung erstellt werden.

Ermittlung der Bezugsquelle

4.3.2 Bestellung

Wie viele andere Belege im SAP-System besteht auch eine Bestellung aus einem Kopfteil, der um die einzelnen Positionen ergänzt wird. Eine Bestellung wird, mit Ausnahme der Umlagerbestellung, immer an einen Lieferanten gesendet. Die entsprechende Kreditorennummer wird im Bestellkopf eingegeben und führt zum Vorschlag unterschiedlicher Werte aus dem Lieferantenstamm:

Kopfdaten der Bestellung

- Bestell-, Rechnungs- und Lieferadresse
- Zahlungsbedingungen
- Incoterms (Frachtbedingungen)

Bestellposition – Positionstyp

Deutlich interessanter als die Kopfinformationen sind für uns die Bestellpositionen. Das Verhalten sowie die notwendigen Informationen pro Position werden durch einen sogenannten *Positionstyp* gesteuert. Durch Art und Ausprägung des Positionstyps werden wichtige Festlegungen getroffen (siehe Abbildung 4.4).

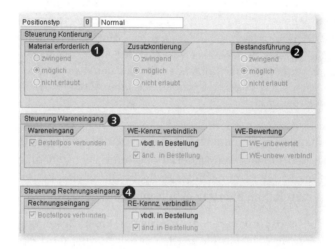

Abbildung 4.4 Festlegungen zum Positionstyp

Kontierung

Zunächst einmal müssen wir definieren, ob die jeweilige Bestellposition die Eingabe einer Materialnummer oder eine Zusatzkontierung erlaubt, erzwingt oder verbietet (siehe Feldgruppe MATERIAL ERFORDERLICH ❶ in Abbildung 4.4). Bei Materialien kann zusätzlich entschieden werden, ob eine Bestandsführung möglich ist (Feldgruppe BESTANDSFÜHRUNG ❷). Wir entscheiden damit also, ob es sich um ein Lagermaterial handelt, von dem wir später wissen möchten, ob und wie viel davon auf Lager ist.

Wareneingang

Darüber hinaus werden wichtige Festlegungen zum Wareneingang getroffen. So wird zunächst festgelegt, ob ein Wareneingang zu erwarten ist oder nicht und ob diese Festlegung bei der Pflege einer Bestellung veränderlich ist. Ferner wird vorgegeben, ob der Wareneingang unbewertet ist und ob auch diese Einstellung änderbar ist (Feldgruppe STEUERUNG WARENEINGANG ❸). Ein unbewerteter Wareneingang bewirkt, dass der Warenwert direkt in den Aufwand bzw. nicht als unser Bestand in der Bilanz gezeigt wird, wie z. B. bei der Lieferantenkonsignation.

Ebenso wird im Positionstyp abgegrenzt, inwiefern eine Rechnung erwartet wird oder diese sogar verbindlich ist. Auch kann festgelegt werden, ob diese Einstellung in der Bestellung veränderlich ist oder nicht (Feldgruppe STEUERUNG RECHNUNGSEINGANG ❹).

Rechnungseingang

Positionstypen können nicht konfiguriert werden, d.h., es können keine neuen Typen angelegt und die bestehenden können nicht verändert werden. Es ist lediglich möglich, dem SAP-System-internen Positionstyp einen externen, d.h. für den Anwender sichtbaren Positionstyp zuzuordnen. Die wichtigsten Positionstypen werden in Tabelle 4.1 zusammengefasst.

Positionstyp		Bezeichnung	Verwendung
int.	ext.		
0		Normalbestellung	▶ extern beschaffte Ware ▶ WE und RE möglich
1	B	Limitbestellung	▶ Festlegung eines max. Wertes ▶ Es werden weder Menge noch Liefertermin definiert. ▶ RE ist verpflichtend.
2	K	Konsignationsbestellung	▶ Material erforderlich ▶ Beschaffung auf Konsignationsbasis ▶ WE ist verpflichtend.
3	L	Lohnbearbeitung	▶ Bestellung von Fertigerzeugnissen bei Lieferanten ▶ Unbewerteter WE ist verpflichtend.
4	S	Strecke	▶ Bestellung durch uns, aber Lieferung an unseren Kunden ▶ kein WE, aber verpflichtend RE
7	U	Umlagerung	▶ Veranlassung einer Umlagerung Werk an Werk

Tabelle 4.1 Positionstypen und ihre Bezeichnung

Ein Einkäufer muss natürlich auch den vereinbarten Preis der Bestellposition angeben. Ein *Einkaufsinfosatz* kann hier die Arbeit automa-

Bestellposition – Einkaufsinfosatz

tisieren. Er stellt die Verknüpfung von Lieferanten und Material dar und enthält als wesentliches Element die Bestell- und Preiskonditionen. Ein Einkaufsinfosatz bezieht sich immer genau auf einen Lieferanten und ein Material. Dadurch ist es insbesondere möglich, für ein Material unterschiedliche Einkaufspreise, und zwar je Lieferanten, zu pflegen. Auch der Einkaufsinfosatz zeichnet sich durch eine hohe Integration innerhalb des SAP-Systems aus. So ist es möglich, im Rahmen der Produktkostenrechnung auf ihn zuzugreifen.

Warengruppe
Da nicht immer eine Materialnummer zur Verfügung steht, ist die *Warengruppe* ein hilfreiches Element, das in der Materialwirtschaft mehrere Zwecke erfüllt. Zum einen wird einem Materialstamm in der Grundsicht eine Warengruppe zugeordnet; anhand der Warengruppe werden Materialien mit ähnlichen Eigenschaften zusammengefasst. Im Reporting können dann Auswertungen nach diesen Warengruppen erfolgen.

Für den integrativen Wertefluss ist jedoch die Möglichkeit interessanter, bei Bestellungen durch die Angabe einer Warengruppe in der Bestellposition keinen Materialstamm eingeben zu müssen. Diese Möglichkeit bietet sich für geringwertige Verbrauchsgüter wie etwa den Kaffee für den Mitarbeiterpausenraum an, für die kein Materialstamm existiert.

Für den Einkäufer stellt sich bei der Erstellung einer Bestellung ohne Material grundsätzlich die Frage, auf welches Aufwandskonto eine Bestellposition kontiert werden soll. Hierfür bieten die Warengruppen eine Lösung, da sie mit der MM-Kontenfindung verknüpft werden können, sodass automatisch ein Sachkonto zugeordnet werden kann. Der Einkäufer muss somit keine manuelle Kontenfindung ausführen, die immer auch eine Quelle für fehlerhafte Buchungen ist.

[!] **Gefahr der Falschkontierung bei manueller Eingabe**

Wird das Sachkonto nicht durch eine Kontenfindung automatisch ermittelt, steigt die Gefahr einer Falschkontierung deutlich! Der Grund hierfür besteht darin, dass es nicht möglich ist, die Sachkonten, die dem Einkäufer zur Selektion angeboten werden, zu reduzieren.

Kontierte Bestellung
Bestellungen mit Materialstammsatz in den Bestellpositionen, die nicht ins Lager gehen, sondern die direkt für den Verbrauch vorgesehen sind, werden als *kontierte Bestellung* bezeichnet. Eine Bestell-

position bekommt dabei einen Kontierungstyp zugewiesen, der die Angabe einer entsprechenden Kontierung der Position erfordert.

Die wichtigsten *Kontierungstypen* in einer Bestellung sind die folgenden:

Kontierungstypen

- Innenauftrag
- Kostenstelle
- Projekt
- Anlage
- Fertigungsauftrag
- Kundenauftrag
- Kundeneinzelbestand

Die Kontierungstypen für *Innenaufträge, Kostenstellen, Projekte, Fertigungsauftrag, Kundenauftrag* und *Kundeneinzelbestand* sind unspektakulär, sie erfordern die Eingabe des entsprechenden Kontierungsobjekts. Dieses Objekt muss natürlich zum Zeitpunkt der Erfassung der Bestellung existieren und gültig sein. Es gelten hierbei die üblichen Regeln für die Verwendung von CO-Kontierungen, sodass immer nur ein echtes Kontierungsobjekt hinterlegt werden kann.

Die Kontierung auf eine *Anlage* erfordert die Angabe einer Anlagenhaupt- und -unternummer. Genau hier liegt auch das Problem dieses Typs: Die Anlagennummer muss vorhanden sein, noch bevor die Anlage im Haus ist. Für diese Situation gibt es zwei Lösungen:

Kontierungstyp Anlage

- Zugang über eine Dummy-Anlage
- Einkäufer/BANF-Ersteller erstellen die Anlage.

Beim Zugang über eine Dummy-Anlage wird in der Regel auf eine einzelpostengeführte *Anlage im Bau* (AiB) zurückgegriffen, auf die alle Anlagenzugänge kontiert werden. Eine AiB hat den Vorteil, dass die einzelnen Posten, die darauf gebucht wurden, individuell auf eine aktive Anlage oder auch wieder auf ein Aufwandskonto abgerechnet werden können.

Zugang über »Anlage im Bau«

Alternativ kann die Kontierung auch direkt auf eine *aktive Anlage* erfolgen. Wenn es sich um eine Neubeschaffung handelt, bedeutet dies auch, dass der Einkauf aktive Anlagen anlegen darf. Beim Anlegen einer aktiven Anlage sind aber Entscheidungen bezüglich der bilanziellen Darstellung zu treffen, etwa die Anlagenklasse und damit

Zugang über aktive Anlage

verbunden die Kontenfindung sowie die Abschreibungsparameter. Wenn Sie sich für diese Version der Kontierung von Anlagen entscheiden, sollten Sie durch Trainingsmaßnahmen und eine entsprechende Dokumentation sicherstellen, dass die Anlagen auch korrekt erstellt werden.

Natürlich können Sie ebenso veranlassen, dass der Einkauf in einem solchen Fall bei der Anlagenbuchhaltung um eine neue Anlagennummer bittet. Die Anlagenbuchhaltung hätte dann die Kompetenz, über die korrekte Zuordnung der Anlage zu entscheiden, eine Nummer anzulegen und diese an den Einkauf zu geben. Allerdings bringt diese Variante das Problem mit sich, dass sie eine unter Umständen zeitaufwendige interne Kommunikation verlangt.

Natürlich sollte die Anlage bei Verwendung einer BANF nicht erst bei der Bestellung selbst, sondern bereits gleichzeitig mit derselben angelegt werden. Denn damit erreichen Sie den höchsten Integrationsgrad. Das heißt im Umkehrschluss aber auch, dass die BANF-Ersteller bereits das Know-how besitzen müssen, um die Anlage korrekt anzulegen.

Verbot des Positionstyps

Da beide Lösungen zur Kontierung einer Anlage auf ihre Weise problematisch sind, können Sie als dritte Lösung das Verbot dieses Kontierungstyps ins Auge fassen.

Technisch lässt sich so ein Verbot leicht umsetzen, indem Sie diesen Typ erst gar nicht anbieten. Dies ist möglich, da pro Bestellart im Customizing hinterlegt ist, welche Kontierungstypen erlaubt sind und welche nicht. Sie finden diese Einstellung im Einführungsleitfaden unter MATERIALWIRTSCHAFT • EINKAUF • BESTELLUNG • BELEGARTEN DEFINIEREN. Falls Sie sich für diesen Weg entscheiden, buchen Sie den Rechnungseingang gegen ein Verrechnungskonto. Die Anlagenbuchhaltung muss dann durch manuelle Buchungen die Werte von dem Verrechnungskonto auf eine Anlage umbuchen.

Weitere Festlegungen im Kontierungstyp

Neben der Entscheidung, welche Kontierungen mitgegeben werden dürfen oder müssen, werden unter BELEGARTEN DEFINIEREN auch noch weitere Festlegungen getroffen. Ein Beispiel hierzu sehen Sie in Abbildung 4.5.

Sie sehen hier das Customizing zum Kontierungstyp ANLAGE, das Sie alternativ auch über die Transaktion OME9 (Kontierungstyp ändern) erreichen.

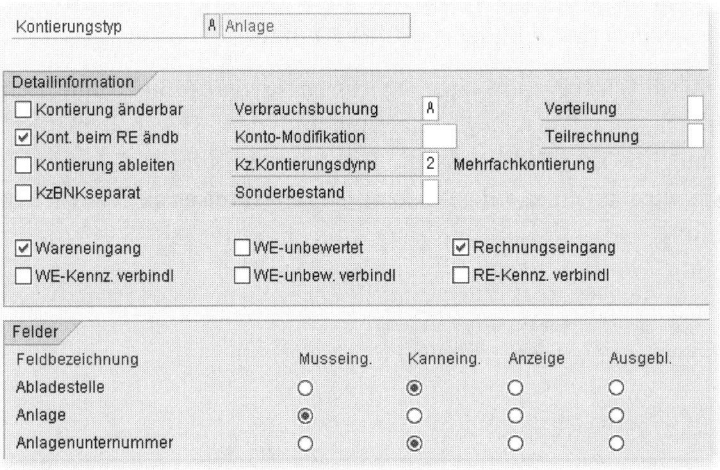

Abbildung 4.5 Festlegungen zum Kontierungstyp

Wie beim Positionstyp wird auch beim Kontierungstyp festgelegt, ob und in welcher Form Waren- und Rechnungseingang erforderlich sind. Die Auswirkungen dieser Festlegungen werden Sie in den Abschnitten 4.6, »Wareneingang«, und 4.7, »Rechnungsprüfung«, genau kennenlernen. Waren- und Rechnungseingang werden die ersten Vorgänge im Beschaffungsprozess sein, die sich auf die Finanzbuchhaltung auswirken.

Es wäre aus Sicht des Controllings aber fahrlässig, mit der Budgetüberwachung erst beim Rechnungseingang zu beginnen. Bemerkt man zu diesem Zeitpunkt, dass ein *Budget* überschritten wird, ist es bereits zu spät, um noch zu reagieren. Idealerweise beginnen Sie daher mit der Budgetüberwachung auch bereits mit der BANF-Erstellung, spätestens aber mit dem Entstehen der Bestellung. Wie wir bereits in Abbildung 4.2 gesehen haben, ist der CO-Beleg zur Obligofortschreibung auch der einzige Beleg, der bereits beim Erstellen von BANF und Bestellung erzeugt wird.

Budgetüberwachung

4.4 Fortschreibung von Obligos

Das SAP-System bietet die Funktion der *Obligoverwaltung*. Unter *Obligo* verstehen wir eine disponierte (BANF) oder bereits eingegangene vertragliche Verpflichtung (Bestellung), die zu Kosten führen wird. Die Kosten können in Form eines Waren- oder Rechnungsein-

Obligo

gangs entstehen. Es handelt sich also quasi um vorgemerkte Umsätze, die wir gegen erteilte Budgets prüfen können.

Aktivierung der Obligoverwaltung

Obwohl die Integration zur *Obligofortschreibung* auch mit dem Hauptbuch, der Anlagenbuchhaltung und dem Haushaltsmanagement möglich ist, wird häufig die Obligoverwaltung in CO verwendet. Sie wird auf Ebene des Kostenrechnungskreises aktiviert (siehe Abbildung 4.6).

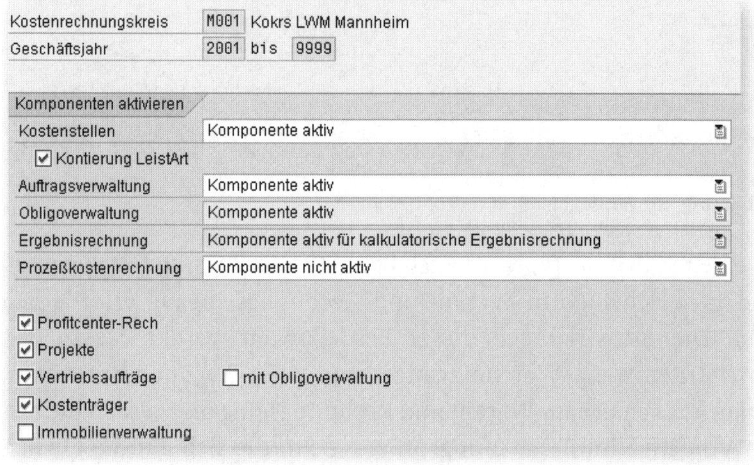

Abbildung 4.6 Aktivierung der Obligoverwaltung

Zur Pflege des Kostenrechnungskreises gelangen Sie über die Transaktion OKKP. Die Aktivierung der Komponente OBLIGOVERWALTUNG ermöglicht Ihnen, Obligos auf Kostenstellen und Innenaufträgen zu führen. Die Fortschreibung von Obligos auf Kundenaufträge kann ebenfalls aus der Transaktion OKKP initiiert werden, indem Sie das Kennzeichen MIT OBLIGOVERWALTUNG bei den VERTRIEBSAUFTRÄGEN setzen. Aus diesen Möglichkeiten erschließt sich, dass eine Obligofortschreibung nur bei kontierten Bestellungen möglich ist.

Zusätzlich müssen nun noch die Obligofortschreibungen für die Auftragsarten und Kostenstellenarten eingerichtet werden.

Obligofortschreibung bei Auftragsarten

Für die Innenaufträge wird die Fortschreibung durch Setzen des Kennzeichens MIT OBLIGOVERWALTUNG in den einzelnen Auftragsarten aktiviert. Hierzu können Sie die Transaktion KOT2_OPA nutzen. Sobald das Kennzeichen gesetzt ist, gilt die Festlegung sofort für alle im System bestehenden Aufträge dieser Auftragsart. Dies erkennen

Sie auch im Stammsatz des Auftrags in der Feldgruppe STEUERUNG. Ein Beispiel hierzu zeigt Abbildung 4.7.

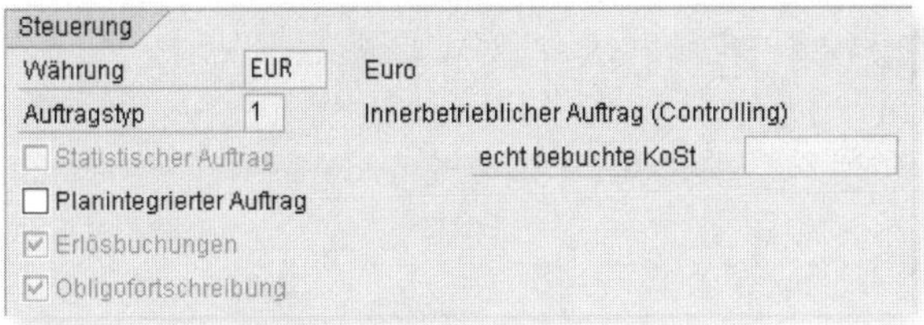

Abbildung 4.7 Auftragsstamm bei aktivierter Obligoverwaltung

Die Logik für die Kostenstellen ist abweichend. Hier wird das Sperrkennzeichen OBLIGO für alle Kostenstellenarten gesetzt, für die *keine* Obligofortschreibung gewünscht ist. Für alle Kostenstellenarten, bei denen dieses Kennzeichen nicht gesetzt ist, wird ein Obligo fortgeschrieben. In Abbildung 4.8 sehen Sie die Festlegungen zu den zwei Kostenstellenarten 4 (VERWALTUNG) und 5 (LEITUNG). Für Kostenstellenart 4 ist die Fortschreibung von Obligos vorgesehen, für 5 nicht.

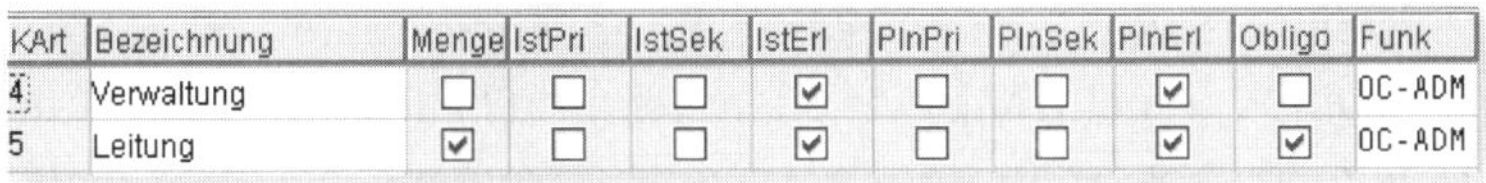

Obligofortschreibung bei Kostenstellen

KArt	Bezeichnung	Menge	IstPri	IstSek	IstErl	PlnPri	PlnSek	PlnErl	Obligo	Funk
4	Verwaltung	☐	☐	☐	☑	☐	☐	☑	☐	OC-ADM
5	Leitung	☑	☐	☐	☑	☐	☐	☑	☑	OC-ADM

Abbildung 4.8 Sperren der Obligofortschreibung für Kostenstellenarten

Die Einstellungen zur Obligofortschreibung der Kostenstellenarten können Sie im Einführungsleitfaden unter CONTROLLING • KOSTENSTELLENRECHNUNG • STAMMDATEN • KOSTENSTELLEN • KOSTENSTELLENARTEN DEFINIEREN vornehmen.

Da es sich bei den Einstellungen zu den Kostenstellenarten aber nur um Vorschlagswerte für die Stammdatenanlage handelt, kann die Obligoverwaltung beim Anlegen einer neuen Kostenstelle auch individuell im jeweiligen Kostenstellenstamm geändert werden (siehe Abbildung 4.9).

[+]

Keine Auswirkung auf bestehende Kostenstellen

Zu beachten ist, dass eine Änderung im Customizing der Kostenstellenarten sich nicht auf bestehende Kostenstellen auswirkt. Das SAP-System verhält sich bei den Kostenstellen also anders als bei Innenaufträgen.

Abbildung 4.9 Ändern der Obligofortschreibung im Kostenstellenstamm

Abbau der Obligos

Für den Abbau der Obligos gibt es zwei alternative Zeitpunkte:

- Abbau, basierend auf Werten des Wareneingangs
- Abbau, basierend auf Werten des Rechnungseingangs

Das Systemverhalten ist an dieser Stelle abhängig davon, ob es einen bewerteten Wareneingang gibt oder nicht. Im Falle eines bewerteten Wareneingangs werden die Daten des Wareneingangs verwendet. Die Preise werden dabei der Bestellung entnommen.

Gibt es gar keinen Wareneingang oder ist dieser unbewertet, wird das Obligo beim Rechnungseingang abgebaut.

[!] **Sachkonto als Kostenart definieren**

Damit ein Obligo aufgebaut werden kann, muss das Sachkonto, auf das in der Bestellung kontiert wird, zum Zeitpunkt des Waren- bzw. Rechnungseingangs als Kostenart definiert sein!

Beispiel »Obligoberechnung«

Betrachten wir einen budgetierten Auftrag der Lederwaren-Manufaktur Mannheim und den Verlauf von Bestellung und Budgetabbau. Dem Marketingauftrag 400237 wurde ein Budget von 1.200.000,00 EUR zugeordnet. Es wurde weiter eine BANF und darauf basierend eine Bestellung mit einem Wert von 5.850,00 EUR angelegt. Den Verlauf bzw. die bisherige Nutzung des Budgets sehen Sie in Abbildung 4.10.

4.4 | Fortschreibung von Obligos

```
Auftrag: Ist/Plan/Obligo         Stand: 05.04.2009 23:39:26              Seite:  2 / 4
Auftrag/Gruppe        400237     Re-Launch Kelly Bag 1
Berichtszeitraum      1 - 12 2009
```

Kostenarten	Ist	Obligo	verfügt	Plan	verfügbar
478000 Marketing- und Vertr	1.170,00	4.680,00	5.850,00	1.200.000,00	1.194.150,00
* Kosten	1.170,00	4.680,00	5.850,00	1.200.000,00	1.194.150,00
** Saldo	1.170,00	4.680,00	5.850,00	1.200.000,00	1.194.150,00

Abbildung 4.10 Budgetauswertung zum Marketingauftrag 400237

Sie sehen, dass 1.200.000,00 EUR Aufwand geplant sind, davon sind noch 1.194.150,00 EUR verfügbar. Zum Zeitpunkt der Abfrage steht in der Spalte IST ein Wert von 1.170,00 EUR. Woher kommt dieser Wert? Um diese Frage zu klären, müssen wir die Entwicklung der Bestellung betrachten.

bestellt	10 ST	❸ 5.850,00 EUR
geliefert	2 ST	❶ 1.170,00 EUR
noch zu liefern	8 ST	❹ 4.680,00 EUR
berechnet	3 ST	❷ 1.755,00 EUR
Anzahlungen		0,00 EUR

Abbildung 4.11 Entwicklung der Bestellung 4500018746

Laut Abbildung 4.11 haben wir einen Wareneingang von 2 Stück verbucht. Diese Menge wurde entsprechend der Bestellung mit 585,00 EUR/Stück, also in Summe 1.170,00 EUR bewertet ❶.

In Rechnung gestellt wurden uns aber 3 Stück à 585,00 EUR, in Summe belief sich die Rechnung damit auf 1.755,00 EUR ❷. Wir erkennen also, dass im vorliegenden Fall für den Verbrauch des Budgets die Werte des Wareneingangs herangezogen wurden. Da sich die Bestellung auf einen Betrag von 5.850,00 EUR beläuft ❸ und bisher nur ein Wareneingang von 1.170,00 EUR verbucht ist, besteht derzeit noch ein Obligo von 4.680,00 EUR ❹.

```
Normalbestellung    4500018746  Lieferant    90011 Diber GmbH
  Lieferung/Rechnung  Konditionen  Texte  Anschrift  Kommunikation  Part
                                   Netto           5.850,00  EUR
```

Abbildung 4.12 Gesamtwert der Bestellung 4500018746

Den Gesamtbetrag der Bestellung finden wir in der Budgetauswertung (siehe Abbildung 4.10) in der Spalte VERFÜGT wieder. Er kann auch aus der Summe der Spalten IST und OBLIGO errechnet werden.

Werkzeug »Obligoverwaltung«

An diesem Beispiel sehen wir, dass die Obligoverwaltung ein einfaches, aber gutes Werkzeug ist, um ein Kostencontrolling durchzuführen, noch bevor die Kosten tatsächlich entstanden sind. Das Aufbauen des Obligos mit der Bestellanforderung ermöglicht ein frühzeitiges Eingreifen seitens des Controllings – beispielsweise durch Unterbinden der Bestellung oder auch durch Erhöhen des Budgetrahmens.

Mit dem Abbau des Obligos haben wir den Bereich der reinen Budgetierung bereits verlassen. Der Abbau des Obligos ist nur durch einen für die Buchhaltung relevanten Beleg möglich, den bewerteten Wareneingang oder den Rechnungseingang. Wie ein Buchhaltungsbeleg entsteht, erfahren Sie in Abschnitt 4.5, »Integration von MM und FI/CO«.

Verfügbarkeitskontrolle

Die Darstellung des Budget- und Obligoverlaufs ist aber nur die eine Hälfte. Mindestens genauso wichtig ist das Systemverhalten bei Überschreitung des Budgets, die sogenannte *Verfügbarkeitskontrolle*. Hierzu gibt es zunächst eine schlechte Nachricht: SAP kann Buchungen wegen Budgetüberschreitung im Standard nur bei Innenaufträgen oder Projekten unterbinden. Bei Kontierung auf eine Kostenstelle kann im Standard keine Fehlermeldung provoziert werden.

> [+] **Verfügbarkeitskontrolle bei der Kontierung auf Kostenstellen**
>
> Allerdings stellt SAP in Hinweis 68366 (Aktive Verfügbarkeitskontrolle auf Kostenstellen) eine Lösung mithilfe einer Substitution vor.

Das Verhalten bei Budgetüberschreitung auf Innenaufträge und Projekte können wir mithilfe von Customizing beeinflussen. Die Einstellungen für die Innenaufträge finden Sie im Einführungsleitfaden unter CONTROLLING • INNENAUFTRÄGE • BUDGETIERUNG UND VERFÜGBARKEITSKONTROLLE. Hier wird zunächst ein Budgetprofil erstellt, das anschließend den Auftragsarten zugeordnet wird, und es wird zudem festgestellt, ob eine Verfügbarkeitsprüfung bei Kontierung auf einen budgetierten Innenauftrag erfolgt. Zusätzlich können Sie Toleranzen definieren.

KKrs	Profil	VrgngGr	Akt.	% Aus	Absol. Abweichung	Währg
M001	000001	++	1	80,00		EUR
M001	000001	++	2	90,00		EUR
M001	000001	++	3	100,00		EUR

Abbildung 4.13 Toleranzen der Verfügbarkeitsprüfung

Sie sehen in Abbildung 4.13 ein Beispiel für eine dreistufige Prüfung. Die Steuerung erfolgt im Wesentlichen über die Angabe von prozentualen Ausnutzungsgraden (Spalte % Aus… ❶) des Budgets und gegebenenfalls absolute Beträge für die Abweichung (Spalte ABSOL. ABWEICHUNG ❷). Über die Spalte AKT. (Aktion) steuern Sie, wie das System reagieren wird. In unserem Beispiel wurde folgende Steuerung vorgenommen:

▶ **Aktion 1**
Bei einer Erreichung von 80 Prozent des Budgets wird bei Waren-/Rechnungseingang eine *Warnmeldung* erzeugt.

▶ **Aktion 2**
Ab 90 Prozent wird immer noch eine *Warnung* erzeugt, zusätzlich wird aber noch eine *E-Mail* an den Verantwortlichen versendet.

▶ **Aktion 3**
Ab Überschreitung des Budgets wird schließlich eine Fehlermeldung erzeugt. Das Einbuchen eines Belegs mit Kontierung auf das Budget (z. B. über einen Innenauftrag) ist nicht mehr möglich.

4.5 Integration von MM und FI/CO

In Abbildung 4.2 haben wir gesehen, welche Belege im Laufe des Beschaffungsprozesses entstehen. Dabei haben wir bemerkt, dass bei werteflussrelevanten Vorgängen immer mehrere Belege entstehen:

Belegfluss

▶ Materialbeleg
▶ FI-Beleg
▶ CO-Beleg (optional)

Beim Wareneingang ist es noch leicht verständlich, warum in der Materialwirtschaft ein Beleg erzeugt werden muss. Der MM-Beleg bucht den Bestandszugang ein, die Belege im Rechnungswesen bilden die entsprechenden Werte dazu ab. Bei der logistischen Rechnungsprüfung ist der Sinn des MM-Belegs nicht unbedingt auf den ersten Blick klar erkennbar. Bedenken wir aber, dass die logistische Rechnungsprüfung in SAP mehr Aufgaben hat als nur die Einbuchung der Verbindlichkeit und der entsprechenden Gegenkontierung.

Der Rechnungseingang zeichnet sich durch eine hohe Integration mit der Materialwirtschaft aus. Das System kann die Rechnung der Bestellung und/oder dem Wareneingang vergleichend gegenüberstellen. Automatisiert kann so die Frage geklärt werden, ob die bestehende Rechnung gerechtfertigt und korrekt erscheint. Hierfür werden aber detaillierte Informationen aus Bestellung und gegebenenfalls Wareneingang benötigt. Diese stehen technisch nur in der Materialwirtschaft zur Verfügung.

Inhalte des MM-Belegs

Alle bestandsrelevanten Vorgänge werden daher zunächst durch einen Materialbeleg in der Bestandsführung (Modul MM) abgebildet. Hier entsteht also der Informationsfluss entlang des Materialflusses, wie wir dies in Abschnitt 2.1.1, »Wertefluss«, bereits kennengelernt haben. Der Materialbeleg enthält alle Informationen, die für eine ordnungsgemäße Bestandsführung und für detaillierte Auswertungen der Warenbewegungen notwendig sind:

- Materialnummer
- Lagerdaten wie Lagerort oder Bestandsart
- Bewegungsart

MM-Kontenfindung

Diese Informationen dienen als Grundlage beim Aufbau der Belege in FI und CO, die den Wertefluss darstellen. Dabei ist die Schnittstelle von MM nach FI/CO durch einen hohen Automatisierungsgrad geprägt, der durch die sogenannte *MM-Kontenfindung* erreicht wird. Die MM-Kontenfindung kann als komplexes Regelwerk für die Ableitung von Kontierungen verstanden werden. Sie beschränkt sich dabei aber auf die Findung von Sachkonten. CO-Kontierungen wie z. B. Kostenstellen oder Aufträge werden durch sie nicht beeinflusst.

Die Aussicht, eine MM-Kontenfindung neu aufzubauen, entlockt den meisten Beratern ein Stöhnen. Zum einen muss man die Kontenfindung selbst einstellen, vor allem aber muss man den Fachabteilungen, in diesem Fall Hauptbuchhaltung und Controlling, die Logik der Kontenfindung nahebringen. Letzteres ist in der Regel der zeitintensivere Teil, der mitunter eine gewisse Nervenstärke erfordert. Schritt für Schritt betrachtet, zeigt sich aber, dass die MM-Kontenfindung kein Hexenwerk ist. Sie ist komplex, aber logisch aufgebaut. Arbeiten wir uns daher von einem ersten Überblick bis in die Details vor.

Ziel der MM-Kontenfindung ist, wie der Name schon besagt, die Ermittlung eines Sachkontos in FI. Wie Sie in Abbildung 4.14 sehen, lassen sich die zahlreichen Abhängigkeiten in drei Gruppen einteilen.

Genereller Aufbau

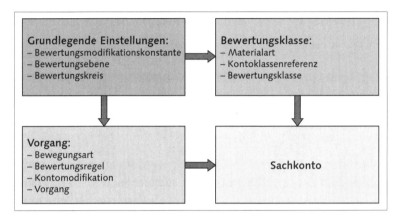

Abbildung 4.14 Überblick über die Einstellungen zur MM-Kontenfindung

Die grundlegenden Einstellungen bestimmen die Bewertungsklasse und den Vorgang, diese wiederum bestimmen das Sachkonto. Betrachten wir die einzelnen Gruppen nun im Detail.

4.5.1 Grundlegende Einstellungen

Beginnen wir mit den grundlegenden Einstellungen, mit denen wir das Verhalten der MM-Kontenfindung in seiner Gesamtheit beeinflussen. Die zentrale Frage ist hierbei, auf welcher Ebene wir die Kontenfindung und damit die bilanzielle Darstellung von Materialbewegungen beeinflussen wollen. Zur Auswahl stehen uns das Werk und der Buchungskreis. Diese simple Einstellung und Auswahl, die Sie auch in Abbildung 4.15 sehen können, hat weitreichende Auswirkungen.

Bewertungsebene

Die *Bewertungsebene* legt fest, ob die Kontenfindung für alle Werke eines Buchungskreises identisch ist oder ob Sie die Kontenfindung pro Werk ausprägen können. Ein Wechsel der hier getroffenen Einstellung ist nach Produktivsetzung des Mandanten mit Standardmitteln nicht mehr möglich. Da diese Einstellung so zentral ist, finden wir sie auch im Einführungsleitfaden unter UNTERNEHMENSSTRUKTUR • DEFINITION • LOGISTIK ALLGEMEIN • BEWERTUNGSEBENE FESTLEGEN.

Abbildung 4.15 Festlegung der Bewertungsebene

[!] **Nicht umkehrbar und mandantenweit**

Die Einstellung der Bewertungsebene ist nicht nur irreversibel, sie gilt außerdem mandantenweit!

Empfehlung der Werkebene

Es sollte immer die *Werkebene* gewählt werden, auch dann, wenn zum Zeitpunkt der Spezifikation keine abweichende Kontenfindung für einzelne Werke geplant ist. Das Werk als Bewertungsebene muss verpflichtend gewählt werden, wenn das Modul PP (Produktionsplanung) oder die Produktkalkulation in CO genutzt werden sollen. Wir halten uns also mit dieser Wahl alle Möglichkeiten offen.

Fortschreibung des Preises

Neben der Steuerung für die Kontenfindung hat die Bewertungsebene aber noch eine weitere Auswirkung. Sie legt fest, ob die Buchhaltungssicht im Materialstamm pro Werk oder pro Buchungskreis gepflegt wird. Das ist dann auch die Ebene, auf der der bewertete Preis eines Materials fortgeschrieben wird. Die Bezeichnung *Buchhaltungssicht* ist demzufolge etwas irreführend.

Bewertungskreis

In der Regel werden Sie also das Werk als Bewertungsebene definieren. Wenn Sie in einem Buchungskreis mehrere Werke ausgeprägt haben, möchten Sie vielleicht dennoch die Kontenfindung letztlich auf Ebene des Buchungskreises festlegen. Ein Grund hierfür könnte sein, dass Sie die Kontenfindung landesspezifisch pflegen möchten, eine in internationalen Unternehmen durchaus geläufige Vorgehensweise. Um dies abzubilden, bietet Ihnen das SAP-System das Ordnungskriterium des Bewertungskreises.

Der *Bewertungskreis* entspricht den einzelnen Ausprägungen der gewählten Bewertungsebene. Bei Bewertungsebene »Werk« entspricht jedes Werk einem Bewertungskreis. Wenn Sie sich für die Bewertungsebene »Buchungskreis« entschieden haben, werden Ihnen als Bewertungskreise die im Mandanten vorhandenen Buchungskreise vorgeschlagen.

Um zu vermeiden, dass Sie jedem Bewertungskreis eine eigene Kontenfindung zuordnen müssen, können Sie die Bewertungskreise gruppieren. Dafür müssen Sie zunächst die Verwendung der *Bewertungsmodifikationskonstante* (BMK) aktivieren. Die Aktivierung erfolgt im Einführungsleitfaden unter MATERIALWIRTSCHAFT • BEWERTUNG UND KONTIERUNG • KONTENFINDUNG • KONTENFINDUNG OHNE ASSISTENT • BEWERTUNGSSTEUERUNG FESTLEGEN.

Bewertungsmodifikationskonstante

[!]

> **Fehlende Anbindung an das automatische Transportwesen**
>
> An dieser Stelle sei darauf hingewiesen, dass die Aktivierung der BMK, ebenso wie die Definition der Bewertungsebene, in der Tabelle TCURM gespeichert wird. Diese Tabelle ist nicht an das automatische Transportsystem angeschlossen. Entsprechend findet die Aktivierung der BMK direkt im Zielsystem statt. Ist das Ziel- bzw. das produktive SAP-System noch initial, wie z. B. bei einer Neueinführung, können die Einstellungen manuell in einen Transport gepackt werden.
> Hierzu muss in einem Transportauftrag folgender Eintrag aufgenommen werden:
> - Programm-ID   R3TR
> - Objekttyp   TABU
> - Objektname   TCURM
> - Als Schlüssel ist der Mandant einzutragen.

Diese fehlende Anbindung an das Transportsystem ist eine Sicherheitsmaßnahme des SAP-Systems, um ein Überschreiben der Einstellung zu vermeiden.

Über den Customizing-Pfad MATERIALWIRTSCHAFT • BEWERTUNG UND KONTIERUNG • KONTENFINDUNG • KONTENFINDUNG OHNE ASSISTENT • BEWERTUNGSKREISE GRUPPIEREN können Sie die Gruppierung vornehmen. Ein Beispiel sehen Sie in Abbildung 4.16.

Gruppierung der Bewertungskreise

In der ersten Spalte BEWERTKRS (siehe ❶ in Abbildung 4.16) sehen Sie zunächst die Bewertungskreise. In unserem Fall sind das die im Mandanten vorhandenen Werke, da wir als Bewertungsebene die Werke definiert haben (siehe Abbildung 4.15). In den nächsten beiden Spalten BUKR. und NAME DER FIRMA ❷ sehen Sie die ID und die

4 Beschaffungsprozess

Bezeichnung des Buchungskreises, dem das jeweilige Werk zugeordnet ist. Über den Buchungskreis findet SAP den operativen Kontenplan, der für die Kontenfindung bei Materialbewegungen gültig ist. Entsprechend ist die Kontenfindung kontenplanspezifisch.

❶	❷			❸
BewertKrs	BuKr.	Name der Firma	Kontenplan	BewModifKonst
M100	M100	LWM Belgium	M001	BE01
M200	M200	LWM France	M001	FR01
M300	M300	LWM Italia	M001	IT01
PL01	0006	IDES AG Lublin	INT	PL01
PL02	0005	IDES AG Warszawa	INT	PL01

Abbildung 4.16 Gruppierung der Bewertungskreise

Zuordnung der BMK In der letzten Spalte BEWMODIFKONST (siehe ❸ in Abbildung 4.16) finden wir schließlich die Bewertungsmodifikationskonstante. Die Einträge hier sind frei wählbar. Sie sollten sich für eine eingängige Logik, z. B. an den ersten zwei Stellen das Landeskürzel und dann eine aufsteigende Nummerierung, entscheiden.

Wie wir in unserem Beispiel sehen, hat die Lederwaren-Manufaktur Mannheim in Belgien, Frankreich und Italien eigene Werke für die logistische Abwicklung angelegt. Jedes Werk der Lederwaren-Manufaktur Mannheim, das Sie in Abbildung 4.16 sehen, ist in einem anderen Land ansässig. Da wir mit landesspezifischen BMKs arbeiten, hat damit jedes Werk eine eigene BMK: Werk M100 in Belgien arbeitet mit BE01, M200 in Frankreich mit FR01, M300 in Italien mit IT01. Die beiden in Polen ansässigen Werke PL01 und PL02 der Buchungskreise 0006 und 0005 arbeiten beide mit der BMK PL01 und werden somit in der MM-Kontenfindung gleich behandelt. Die Abbildung ist damit ein Beispiel dafür, wie man die BMK definieren sollte: Die Nummerierung setzt sich aus dem Länderkennzeichen und einem Zähler zusammen.

Im Folgenden nehmen wir alle Einstellungen der Kontenfindung nur noch auf der Ebene der BMK vor. Diese gelten dann für alle zugeordneten Bewertungskreise.

[+] **BMK-Zuordnung**

Es ist ratsam, nur Buchungskreise mit gleichem Kontenplan einer gemeinsamen BMK zuzuordnen, um unnötige Komplexität in der Kontenfindung zu vermeiden.

Die BMK-Nutzung kann beispielsweise bei einer SAP-Einführung mit nur einem Werk/Buchungskreis zunächst als nicht sinnvoll erscheinen. Bei einem zukunftsorientierten Projektansatz und der Option des weiteren Unternehmenswachstums sollte dennoch von Beginn an mit BMK gearbeitet werden. Es bedeutet nicht viel Mehrarbeit, von Beginn an BMK zu nutzen, aber die initiale Verwendung erleichtert später die Erweiterung enorm.

Damit haben wir auch schon die grundlegenden Einstellungen zur MM-Kontenfindung kennengelernt, die Abbildung 4.17 noch einmal kurz zusammenfasst. Diese schematische Darstellung zeigt, dass die grundlegenden Einstellungen nur auf den ersten Blick komplex sind.

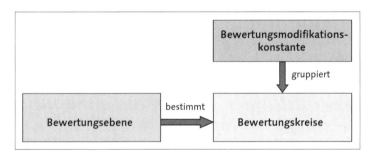

Abbildung 4.17 Schematische Darstellung der grundlegenden Einstellungen

Der Vollständigkeit halber soll auch die Möglichkeit der *getrennten Bewertung* erwähnt werden. Damit können die Bewertungskreise sogar für ein einziges Material nochmals unterteilt werden. Ein übliches Kriterium für die Unterteilung von Preisen und Kontenfindung für ein Material und dessen Bestände ist die *Charge*. Das heißt, die Chargen eines Materials können unterschiedliche Preise tragen und auch in der Bilanz abweichend dargestellt werden. Denkbar ist dies, wenn die Produktqualität am Ende eines Fertigungsprozesses nicht exakt vorbestimmt werden kann und daher die Chargen nicht vergleichbar bzw. austauschbar sind. Da es sich hier um ein Thema handelt, das in einzelnen Branchen zwar sehr wichtig, bei der Mehrzahl der Unternehmen, die SAP im Einsatz haben, aber nicht relevant ist, wollen wir darauf nicht näher eingehen.

Getrennte Bewertung

Gehen wir stattdessen in der MM-Kontenfindung einen Schritt weiter und wenden uns zunächst der Kategorisierung der Materialien zu. Da wir in der Bilanz nicht alle Materialien auf einem Bestandskonto führen wollen, benötigen wir ein Unterscheidungskriterium für die Kontenfindung. SAP bietet uns hierfür die *Bewertungsklasse* an.

4.5.2 Einstellungen zur Bewertungsklasse

Bewertungsklasse

Die Bewertungsklasse können wir als Gruppierung der Materialien aus Sicht der MM-Kontenfindung verstehen. Sie wird in der Buchhaltungssicht jedes wertmäßig geführten Materials festgelegt. Materialien mit der gleichen Bewertungsklasse durchlaufen die gleiche Kontenfindung. Sie können beim Design der Kontenfindung zunächst für jedes Bestandskonto, das wir in der Bilanz zeigen wollen, eine eigene Bewertungsklasse definieren. Folgende Materialien werden klassischerweise getrennt gezeigt:

- Rohstoffe
- Halbfabrikate
- Fertigerzeugnisse
- Handelsware
- Hilfs- und Betriebsstoffe

Darüber hinaus kann es sein, dass man z. B. besonders wertvolle Rohstoffe oder auch Stoffe mit hohen Preisschwankungen gesondert auswerten will.

Im Customizing können Sie definieren, welche Bewertungsklassen bei der Pflege eines Materials zur Auswahl stehen. Auf diese Weise können Sie die Gefahr von Falscheingaben im Materialstamm reduzieren.

Kontoklassenreferenzen

Die Bewertungsklassen können Sie dazu zunächst zu sogenannten *Kontoklassenreferenzen* gruppieren. Haben Sie z. B. mehrere Bewertungsklassen für die Abbildung von Rohstoffen, können Sie diese zur Kontoklassenreferenz »Rohstoffe« zusammenfassen. Beim Anlegen eines neuen Materialstamms für einen Rohstoff haben wir damit alle Bewertungsklassen für Rohstoffe zur Auswahl. Jede Bewertungsklasse wird dabei exakt einer Kontoklassenreferenz zugeordnet, es handelt sich also um eine n:1-Beziehung.

Zuordnung zur Materialart

Die Kontoklassenreferenzen werden wiederum den *Materialarten* zugeordnet. Jeder Materialart wird dabei genau eine Kontoklassenreferenz zugeordnet, es handelt sich also um eine 1:n-Beziehung. Durch den Einsatz der Kontoklassenreferenzen müssen nicht alle

Materialien einer Materialart die gleiche Kontenfindung nutzen. Weiter können Materialien unterschiedlicher Materialarten dieselbe Kontenfindung durchlaufen.

Den Zusammenhang von Materialart, Kontoklassenreferenz und Bewertungsklasse zeigt Abbildung 4.18 nochmals in einem anschaulichen Schema.

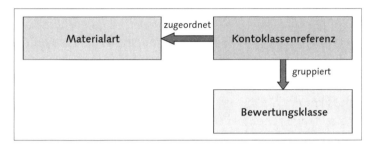

Abbildung 4.18 Schematische Darstellung der Bewertungsklassenfindung

SAP hat das gesamte Customizing zur Bewertungsklasse unter einem einzigen Customizing-Punkt zusammengefasst. Sie finden ihn im Einführungsleitfaden unter MATERIALWIRTSCHAFT • BEWERTUNG UND KONTIERUNG • KONTENFINDUNG • KONTENFINDUNG OHNE ASSISTENT • BEWERTUNGSKLASSEN FESTLEGEN. Von dort können Sie in die drei notwendigen Arbeitsschritte Bearbeiten von KONTOKLASSENREFERENZ, BEWERTUNGSKLASSE und MATERIALART abspringen. Den Initialbildschirm sehen Sie in Abbildung 4.19.

Customizing zur Bewertungsklasse

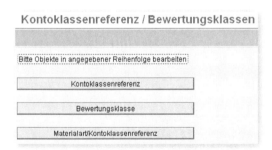

Abbildung 4.19 Customizing der Bewertungsklassen

Von der Ansicht KONTOKLASSENREFERENZ/BEWERTUNGSKLASSE ausgehend, definieren Sie zunächst die KONTOKLASSENREFERENZEN, also das verbindende Glied von Bewertungsklassen und Materialart (siehe Abbildung 4.20).

Abbildung 4.20 Definition der Kontoklassenreferenzen

Im Anschluss können Sie die BEWERTUNGSKLASSEN selbst anlegen und sie auch direkt einer Kontoklassenreferenz zuordnen. Sie können dies in Abbildung 4.21 nachvollziehen.

Bewertungsklassen			
BewKl	KRef	Bezeichnung	Bezeichnung
M100	0009	LWM - Fertigerzeugnisse	Referenz für Fertigartikel
M200	0008	LWM - Halbfabrikate	Referenz für Halbfabrikate
M300	0005	LWM - Handelsware	Referenz für Handelsware
M400	0002	LWM - Hilfs-/BetrStoffe	Referenz für Hilfsstoffe
M500	J001	LWM - Muster	
M600	0001	LWM - Rohstoffe	Referenz für Rohstoffe
M610	0001	LWM - Rohstoff GOLD	Referenz für Rohstoffe
M700	0004	LWM - Verpackung	Referenz für Verpackung

Abbildung 4.21 Anlegen und Zuordnen von Bewertungsklassen

Im dritten und letzten Schritt schließlich werden die Kontoklassenreferenzen den MATERIALARTEN zugeordnet (siehe Abbildung 4.22).

Kontoklassenreferenz/Materialart			
MArt	Materialartenbez	KRef	Bezeichnung
MFER	LWM - Fertigerzeugnis	0009	Referenz für Fertigartikel
MHAL	LWM - Halbfabrikate	0008	Referenz für Halbfabrikate
MHAW	LWM - Handelsware	0005	Referenz für Handelsware
MHBS	LWM - Hilfs-/Betriebsstoff	0002	Referenz für Hilfsstoffe
MMUS	LWM - Muster	0005	Referenz für Handelsware
MODE	Mode (saisonal)	0009	Referenz für Fertigartikel

Abbildung 4.22 Zuordnung der Kontoklassenreferenz zur Materialart

Materialart   Für die Bestandsführung der Materialien im SAP-System spielt die Materialart eine übergeordnete Rolle. Wir haben in Abschnitt 3.4.3, »Materialstamm«, bereits einige für den Werterfluss wichtige Einstellungen des Materialstamms betrachtet. Die Materialart war nicht darunter, da sie nicht direkt auf den Werteflus einwirkt. Wie Sie nun festgestellt haben, ist die Materialart aber ein wichtiges Element der MM-Kontenfindung.

Das Customizing der Materialart finden Sie im Einführungsleitfaden unter LOGISTIK ALLGEMEIN • MATERIALSTAMM • GRUNDEINSTELLUNGEN • MATERIALARTEN • EIGENSCHAFTEN DER MATERIALARTEN FESTLEGEN.

Customizing der Materialart

In der Materialart wird auch festgelegt, ob für die ihr zugeordneten Materialien Mengen und/oder Werte fortgeschrieben werden. Sie haben hier sowohl für die Mengen- als auch für die Wertfortschreibung die Wahl, diese generell ein- oder auszuschalten oder diese Entscheidung auf Ebene des Bewertungskreises zu treffen. Es mag sicherlich Gründe dafür geben, die Mengen- und Wertfortschreibung der Materialarten in den einzelnen Bewertungskreisen unterschiedlich zu steuern. In der Praxis ist dies aber eher die Ausnahme.

Mengen- und Wertfortschreibung

In Abbildung 4.23 sehen Sie die entsprechenden Einstellungen für die Materialart MFER (LWM – Fertigerzeugnisse), die Sie im Einführungsleitfaden unter LOGISTIK ALLGEMEIN • MATERIALSTAMM • GRUNDEINSTELLUNGEN • MATERIALARTEN • EIGENSCHAFTEN DER MATERIALARTEN FESTLEGEN finden.

Abbildung 4.23 Mengen-/Wertfortschreibung der Materialart

Wie Sie in Abbildung 4.23 erkennen, gibt es für unsere Materialart keine generelle Entscheidung, ob Mengen und Werte fortgeschrieben werden. Vielmehr ist dies abhängig von den Einstellungen in den einzelnen Bewertungskreisen, die Sie in Abbildung 4.24 sehen.

Hier können Sie ebenfalls erkennen, dass eine Entscheidung über Mengen- und Wertfortschreibung auf Bewertungskreisebene in der Tat bedeutet, dass sich Materialien in einzelnen Werken/Buchungskreisen unterschiedlich verhalten. Auf unser Beispiel bezogen heißt das, dass in allen Bewertungskreisen für MFER Mengen und Werte fortgeschrieben werden, außer im Bewertungskreis QMTR ❶.

Abbildung 4.24 Mengen-/Wertfortschreibung pro Bewertungskreis

Neue Materialarten

Die MM-Kontenfindung ist natürlich nur bei Materialien mit Wertfortschreibung relevant. Allerdings sollten wir hier wieder einmal auf den SAP-Standard vertrauen und neue Materialarten nur durch Kopie einer Standardmaterialart und der anschließenden gezielten Änderung erstellen.

Die Materialarten werden in der Regel durch die Betreuer/Berater für das Modul MM konzipiert und realisiert. Die weitere Verknüpfung zu den Kontoklassenreferenzen sollte von den für die MM-Kontenfindung zuständigen Personen durchgeführt werden.

Bezüglich der Kontoklassenreferenzen haben Sie hier die standardnahe Lösung kennengelernt. Dabei wird Ihnen beim Anlegen eines Materials immer nur ein Teil der Bewertungsklassen, nämlich die Kontoklassenreferenz, angeboten.

Alternative Zuordnung

Alternativ können auch alle Bewertungsklassen einer einzigen Kontoklassenreferenz zugeordnet werden. Als Ergebnis stehen dann in der Materialpflege bei der Auswahl der Bewertungsklasse alle Klassen des Mandanten zur Verfügung. Vorteil dieser Methode ist, dass Sie für jedes Material individuell entscheiden können, wie es bilanziell dargestellt wird. Der Nachteil besteht darin, dass es aufgrund der großen Auswahl die Gefahr gibt, dass eine falsche Bewertungsklasse gewählt wird. Wenn die falsche Bewertungsklasse gewählt wird, folgt daraus, dass alle Bewegungen zu diesem Material in Buchhaltung und Controlling falsch abgebildet werden.

Sie sehen also, dass auch die Definition der Bewertungsklassen kein großes Problem ist. Bleibt also nur noch der letzte Themenblock: Vorgänge finden und Konten modifizieren. Dieser Themenblock ist leider auch derjenige mit der höchsten Komplexität innerhalb der MM-Kontenfindung.

4.5.3 Vorgänge finden

Da die MM-Kontenfindung die Materialbewegungen in der Bestandshaltung wiedergibt, spielen die Eigenschaften jeder Bewegung eine zentrale Rolle bei der Kontenfindung: Ist es ein rein interner Vorgang oder vielleicht eine Auslieferung an einen Kunden? Handelt es sich um das Eigentum des Unternehmens oder um einen Lieferantenbestand?

Als offensichtlichstes Element, das hierzu wichtige Informationen liefern kann, fällt uns zunächst die *Bewegungsart* ein. Da es bereits im Standard sehr viele Bewegungsarten gibt, wäre es aber sehr aufwendig, wenn Sie die Bewegungsarten direkt mit Sachkonten verknüpfen würden. Außerdem sind noch weitere Einflussfaktoren wie z. B. die Bestandsart (eventuell Sonderbestände) und die Mengen- und/oder Wertfortschreibung des Materials zu berücksichtigen. Daher wurde in SAP ein umfassendes Regelwerk erstellt, mit dem die Warenbewegungen für die Kontenfindung spezifiziert und klassifiziert werden. Die Kontenfindung wird am Ende in Abhängigkeit von sogenannten *Vorgängen* und *Kontomodifikationen* eingerichtet.

Vorgänge und Kontomodifikationen

Abbildung 4.25 zeigt schematisch, wie das SAP-System diese beiden Objekte ermittelt. Wie diese Ermittlung genau vonstattengeht, möchten wir nun detailliert betrachten.

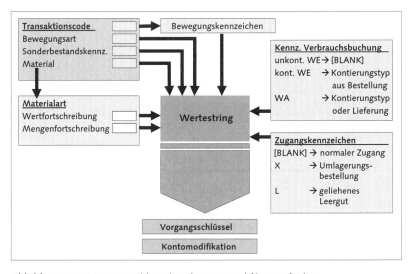

Abbildung 4.25 Vorgangsschlüssel und Kontomodifikation finden

4 | Beschaffungsprozess

Bewegungskennzeichen Um eine Warenbewegung in der Materialwirtschaft zu erfassen, steht im SAP-System eine Vielzahl von speziellen Transaktionen zur Verfügung. SAP-intern sind diese Transaktionen mit sogenannten *Bewegungskennzeichen* verknüpft. Für das Bewegungskennzeichen stehen u.a. folgende Ausprägungen zur Auswahl:

- B Warenbewegung zur Bestellung
- F Warenbewegung zum Auftrag
- L Warenbewegung zum Lieferschein
- O Nachverrechnung von Beistellbestand/-material

Die Verbindung von Transaktion und Bewegungskennzeichen wird in der Tabelle T158 (Transaktionssteuerung Bestandsführung) geknüpft. In Tabelle 4.2 sehen wir sechs Transaktionen für die Verbuchung von Materialbewegungen.

Transaktion	Bezeichnung	Bewertungskennzeichen
MIGO	Warenbewegung	B
MIGO_GI	Sonstige Warenbewegung	
MIGO_GO	Warenbewegung zum Auftrag	F
MIGO_GR	Warenbewegung zur Bestellung	B
MIGO_GS	Nachverrechnung von Beistellmaterial	O
MIGO_TR	Sonstige Umbuchung	

Tabelle 4.2 Verknüpfung von Transaktion und Bewegungskennzeichen

Die Bezeichnungen der Transaktionen geben schon einen guten Hinweis darauf, ob das System erkennen kann, welcher Vorgang hier gebucht wird. Bei den Transaktionen MIGO und MIGO_GR geht das SAP-System davon aus, dass eine Warenbewegung zu einer Bestellung erfasst wird. MIGO_GO ist eine Warenbewegung zu einem Auftrag. Bei den Transaktionen MIGO_GI und MIGO_TR ist nicht erkennbar, welche Bewegung hier verbucht wird. Daher ist bei diesen Transaktionen auch kein Bewegungskennzeichen hinterlegt. Obwohl dieses Kennzeichen die MM-Kontenfindung beeinflusst, werden wir mit ihm in der Praxis nur selten in Berührung kommen.

Anders ist dies bei der Bewegungsart. Sie ist ein weiteres wichtiges Element der Kontenfindung, wobei ihre primäre Aufgabe die Darstellung der Materialflüsse im Unternehmen ist.

Bewegungsart

Auf das Wesentliche reduziert, bedeutet jede Materialbewegung einen Wareneingang, einen Warenausgang oder im Falle einer Umlagerung beides zugleich. Für die Steuerung der vielfältigen Materialbewegungen ist diese Information aber zu ungenau. Hier hilft uns die Bewegungsart, die für eine exaktere Spezifikation der Bewegungen verantwortlich ist.

Um diese Aufgabe zu erfüllen, ist für jede Bewegungsart eine Vielzahl von Festlegungen zu treffen. Es wird jeweils individuell festgelegt, in welchen Transaktionen die Bewegungsart zur Verfügung steht und welche Felder dann jeweils befüllt werden können oder müssen. Die Bewegungsart entscheidet auch, ob durch den Vorfall Mengen und/oder Werte fortgeschrieben werden. Bewegungsarten werden in vielen Transaktionen der Materialwirtschaft vorgeschlagen. Falls das SAP-System keine Bewegungsart vorschlägt, können Sie auch alternativ eine Bewertungsart manuell eingeben.

Beim Erfassen einer Materialbewegung wird außerdem definiert, ob durch den Vorgang ein *Sonderbestand* betroffen ist. Falls es sich um Sonderbestand handelt, wird ein *Sonderbestandskennzeichen* vergeben. Dieses Kennzeichen ermöglicht es uns, für ein Material bestimmte Bestände getrennt vom normalen Bestand zu führen. Häufige Beispiele sind der Kundenbestand (Ware ist für Kunden reserviert) oder der Konsignationsbestand (Ware ist bei uns eingegangen, Lieferant ist aber noch Eigentümer der Ware). Insbesondere das Thema Konsignationsbestand beeinflusst die Wertfortschreibung deutlich: Solange Ihr Lieferant noch rechtlicher Eigentümer der Ware ist, dürfen Sie diese auch nicht als Wert in der Bilanz ausweisen.

Sonderbestandskennzeichen

Ein weiteres Kennzeichen, das wir in der Regel nicht beeinflussen können, ist das Kennzeichen *Verbrauchsbuchung*. Dieses Kennzeichen wird vom System teilweise automatisch gesetzt, teilweise abgeleitet. Beispielsweise erhalten Bewegungen mit Bestellbezug eine Ausprägung dieses Kennzeichens aus dem Kontierungstyp der Bestellposition. Das SAP-System liefert folgende Ausprägungen des Kennzeichens zur Verbrauchsbuchung aus:

Verbrauchsbuchung

- A Anlage
- V Verbrauch
- E Abrechnung über Kundenauftrag
- U unbekannt
- P Abrechnung auf Projekt

Zugangskennzeichen Zu guter Letzt bleibt nun noch das *Zugangskennzeichen*, das für die MM-Kontenfindung herangezogen wird. Es spezifiziert die Art des Materialzugangs bzw. der Umlagerung, hat dabei aber nur die folgenden drei Ausprägungen:

- [LEER]   normaler Zugang
- X   Umlagerungsbestellung
- L   geliehenes Leergut

Wertestring Aus der Verbindung all dieser Kennzeichen – Bewegungskennzeichen, Bewegungsart, Sonderbestandskennzeichen, Mengen- und Wertfortschreibung, Verbrauchsbuchung und Zugangskennzeichen – ermittelt das SAP-System einen sogenannten *Wertestring*. Diesen können Sie als Buchungsregel begreifen, die Vorgaben dazu macht, wie ein Materialbeleg nach FI/CO überzuleiten ist. Diesen Zusammenhang können Sie am einfachsten auf Tabellenebene nachvollziehen.

BuchStrRef	Wertfort	MngFort	S	Bew	Zug	Vbr	Wertestring
101	X	X		B			WE01
101	X	X		B		A	WE06
101	X	X		B		V	WE06

Abbildung 4.26 Ausschnitt der Tabelle T156SY
(Bewegungsart Mengen-/Wertbuchung: Systemtabelle; ab Rel. 4.6A)

In Abbildung 4.26 sehen Sie ein Beispiel für die Bewegungsart 101 (Wareneingang zur Bestellung in das Lager). In allen drei Zeilen werden sowohl Wert als auch Menge fortgeschrieben. Es handelt sich nicht um Bewegungen zu Sonderbeständen, wie Sie an den fehlenden Einträgen in der Spalte S (Sonderbestandskennzeichen) erkennen. Das Bewegungskennzeichen B in der Spalte Bew besagt, dass es sich bei dem vorliegenden Vorgang um eine Warenbewegung zu einer Bestellung handelt. Das fehlende Zugangskennzeichen (Spalte Zug) bedeutet, dass hier ein normaler Zugang vorliegt. Bis zu diesem Punkt sind alle drei Zeilen identisch.

Eine Unterscheidung wird nur in der Spalte VBR (Verbrauchsbuchung) vorgenommen werden. Sie sehen, dass es nicht relevant ist, ob es sich einfach um einen Verbrauch oder einen Verbrauch auf Anlage handelt, da in beiden Fällen auf den Wertestring WE06 verwiesen wird. Einzig der Umstand, dass beim ersten Eintrag keine Verbrauchsbuchung vorliegt, führt zu einem abweichenden Wertestring (WE01).

Mithilfe des Wertestrings kann schließlich ein Vorgang ermittelt werden. Da bei bestimmten Vorgängen eine feinere Untergliederung der Kontenfindung notwendig ist, besitzt das SAP-System die Kontomodifikation.

Mithilfe der Kontomodifikation ist es z. B. möglich, den Vorgang »Gegenbuch zur Bestandsbuchung« (Vorgangsschlüssel GBB) zu untergliedern. Über unterschiedliche Kontomodifikationen können z. B. Warenausgänge auf Kostenstellen (Bewegungsart 201) und Warenausgänge für Kundenaufträge (Bewegungsart 231) auf unterschiedliche Verbrauchskonten gesteuert werden. Neben dem Vorgang »Gegenbuchung zur Bestandsbuchung« können Kontomodifikationen bei *Preisdifferenzen* (PRD) und *Konsignationsverbindlichkeiten* (KON) eingesetzt werden. Eine Anpassung der Kontomodifikation ist über die Transaktion OMWN möglich.

Vorgang und Kontomodifikation

Es ist auch möglich, eigene Kontomodifikationen zu definieren. Dies ist sinnvoll, wenn man spezielle Reportinganforderungen hat. Standardbeispiel hierfür ist, dass man mit der Kontomodifikation VBR (Verbrauch) nicht zufrieden ist, da man Entnahmen auf Aufträge getrennt von Entnahmen auf Kostenstellen sehen will. In der Materialwirtschaft werden hier ohnehin zwei unterschiedliche Bewegungsarten verwendet: 201 bei Entnahme auf Kostenstelle, 261 bei Entnahme auf Aufträge. Es sind also nur zusätzliche Kontomodifikationen anzulegen. Im Anschluss muss dann das Mapping der Bewegungsarten 201 und 261 auf die neuen Einträge geändert werden.

Erstellen eigener Kontomodifikationen

Im SAP-Standard stehen bereits viele *Vorgänge* zur Verfügung. Die von SAP zur Verfügung gestellte Dokumentation hat sich zwar in den letzten Jahren schon deutlich verbessert, sie ist allerdings immer noch unübersichtlich. Wir wollen daher an dieser Stelle auf die wichtigsten Standardvorgänge eingehen:

Vorgänge im SAP-Standard

- **Aufwand/Ertrag aus Konsignationsmaterialverbrauch (AKO)**
  Der Vorgang AKO wird bei Entnahmen aus einem Konsignationsbestand verwendet. Die Entnahme kann dabei in Form eines Verbrauchs erfolgen oder auch durch die Umlagerung in den eigenen Bestand.

- **Aufwand/Ertrag aus Umbuchung (AUM)**
  AUM wird bei Umbuchungen von Material an Material verwendet. Wenn abgebendes und empfangendes Material unterschiedliche Preise haben, kommt es zu Preisdifferenzen. Diese Preisdifferenzen werden mit AUM verbucht.

- **Bestandsveränderung (BSV)**
  BSV kann nur bei Materialien vorkommen, die in Lohnbearbeitung außer Haus gefertigt werden. Beim Wareneingang oder auch bei einer Nachverrechnung zu Lohnbearbeitungsbestellungen wird BSV verwendet.

  Dies ist eine der Stellen, an denen das SAP-System keine sinnvolle CO-Kontierung ableiten kann. Soll das zugeordnete Konto dennoch als Kostenart definiert werden, muss eine Fixkontierung, z. B. über die Transaktion OKB9, hinterlegt werden.

[+] **Fixkontierungen hinterlegen**

Es gibt immer wieder Buchungen, die Sie nicht sinnvoll mit einer CO-Kontierung versorgen können oder die immer wieder auf die gleiche Kostenstelle/den gleichen Auftrag zu kontieren sind. In solchen Situationen gibt es zwei Möglichkeiten, eine Kostenart fix mit einer Kostenstelle oder einem Auftrag zu verknüpfen:
- Zum einen können Sie die CO-Kontierung in den Stammsatz der Kostenart selbst eintragen.
- Es gibt aber auch noch die Transaktion OKB9, mit deren Hilfe Sie ebenfalls pro Kostenart eine Kostenstelle, einen Auftrag, einen Geschäftsbereich oder ein Profit-Center fix zuordnen können.

Die Transaktion OKB9 hat den Vorteil, dass Sie auf einen Blick alle Fixkontierungen sehen. Sie sollten in jedem Fall darauf achten, dass Sie sich für eine der beiden Varianten entscheiden, um einfacher nachvollziehen zu können, woher eine CO-Kontierung ermittelt wurde.

- **Bestandsbuchung (BSX)**
  Mit dem Vorgang BSX werden die Bestandskonten in der Bilanz angesprochen. Er wird immer dann relevant, wenn es tatsächlich zu einer Veränderung des Materialbestands kommt. Beispiele

hierfür sind Warenein- oder -ausgänge im eigenen Bestand oder die Aktualisierung des gleitenden Durchschnittspreises bei Preisdifferenzen in der Rechnungsprüfung.

Mit Bestandskonten verhält es sich wie mit Abstimmkonten: Sie sollten nicht manuell bebucht werden. Nur so kann sichergestellt werden, dass die Bestandsführung der Materialwirtschaft wertmäßig mit der Buchhaltung übereinstimmt.

▶ **Darstellung von Nebenkosten**
In Bestellungen können unterschiedliche Nebenkosten angegeben werden. Für die Verbuchung dieser Nebenkosten beim Waren- oder Rechnungseingang stehen verschiedene Vorgänge zur Verfügung:

- Frachtverrechnung (FR1)
- Frachtrückstellung (FR2)
- Zollverrechnung (FR3)
- Zollrückstellung (FR4)

▶ **Gegenbuchung zur Bestandsbuchung (GBB)**
Dies ist der wichtigste und umfangreichste Vorgang im SAP-Standard. Sowohl aus buchhalterischer wie auch aus Controllingsicht ist die Aussage, dass es sich bei einer Buchungsposition um die Gegenbuchung zur Bestandsbuchung handelt, viel zu grob. Daher wird insbesondere der Vorgang GBB durch den intensiven Einsatz von Kontomodifikationen deutlich feiner untergliedert.

Im Standard stehen folgende Kontomodifikationen zur Verfügung (siehe Tabelle 4.3).

Kontomodifikation	Verwendung
AUA	Abrechnung von Aufträgen
AUF	Wareneingänge zu Aufträgen, wenn keine echte CO-Kontierung vorhanden ist, sowie bei der Abrechnung von Aufträgen, wenn die Kontomodifikation AUA nicht gepflegt ist
BSA	Bestandsaufnahmen
INV	Aufwand oder Ertrag, der durch Inventurdifferenzen entsteht

Tabelle 4.3 Kontomodifikation für den Vorgang GBB

Konto-modifikation	Verwendung
VAX	Warenausgänge für Kundenaufträge ohne Kontierungsobjekt (Konto ist keine Kostenart)
VAY	Warenausgänge für Kundenaufträge mit Kontierungsobjekt (Konto = Kostenart)
VBO	Verbrauch aus Lieferantenbeistellbestand
VBR	Interne Warenentnahmen, z. B. an CO-Auftrag/Kostenstelle
VKA	Kundenauftragskontierung
VKP	Projektkontierung
VNG	Verschrottung oder Vernichtung
VQP	Stichprobenentnahmen ohne Kontierung
VQY	Stichprobenentnahmen mit Kontierung
ZOB	Wareneingänge ohne Bestellungen (Bewegungsart 501)
ZOF	Wareneingänge ohne Fertigungsaufträge (Bewegungsarten 521, 531)

Tabelle 4.3 Kontomodifikation für den Vorgang GBB (Forts.)

▶ **Kontierte Bestellung (KBS)**
Bei dem Vorgang KBS handelt es sich nur um einen technisch notwendigen Eintrag. In kontierten Bestellungen muss die MM-Kontenfindung kein Sachkonto identifizieren, da die Kontierung bereits in der Bestellung hinterlegt ist. Mithilfe von KBS werden daher lediglich die Buchungsschüssel für die Wareneingangsbuchung festgelegt.

▶ **Kursrundungsdifferenzen Materialwirtschaft (KDR)**
Eine Kursrundungsdifferenz kann bei einer Rechnung in Fremdwährung auftreten. Wenn bei der Umrechnung in Hauswährung durch Runden ein Saldo entsteht, erzeugt das System automatisch eine Buchungszeile für die Kursrundungsdifferenzen.

▶ **Kleindifferenzen Materialwirtschaft (DIF)**
Dieser Vorgang wird in der Rechnungsprüfung verwendet, wenn Sie eine Toleranz für Kleindifferenzen definieren und der Saldo einer Rechnung diese Grenzen nicht überschreitet.

- **Preisdifferenzen (PRD)**
  Preisdifferenzen entstehen für Materialien mit *Standardpreis* bei allen Bewegungen und Rechnungen, die zu einem anderen Preis als dem Standardpreis bewertet werden. Bei den folgenden Beispielen werden Sie mit Preisdifferenzen konfrontiert:
  - Wareneingänge zu Bestellungen, wenn der Bestellpreis vom Standardpreis abweicht
  - Warenausgänge, bei denen ein externer Betrag eingegeben wird
  - Rechnungen, wenn der Rechnungspreis vom Bestellpreis und vom Standardpreis abweicht

  Preisdifferenzen können ebenfalls bei Rechnungen für Materialien mit gleitendem Durchschnittspreis entstehen, wenn keine Bestandsdeckung für die berechnete Menge besteht. Bei Warenbewegungen, die zu einem negativen Bestandswert führen würden, wird der gleitende Durchschnittspreis nicht verändert; stattdessen werden auftretende Preisabweichungen auf ein Preisdifferenzenkonto gebucht.

  Es ist möglich, je nach Einstellung der Buchungsregeln für den Vorgangschlüssel PRD mit oder ohne Kontomodifikation zu arbeiten. Wenn mit Kontomodifikation gearbeitet wird, werden im SAP-Standard folgende Kontomodifikationen verwendet (siehe Tabelle 4.4).

Konto-modifikation	Verwendung
[LEER]	Waren-/Rechnungseingänge zu Bestellungen
PRF	Wareneingänge zu Fertigungsaufträgen und Auftragsabrechnung
PRA	Warenausgänge und andere Bewegungen
PRU	Preisdifferenzen im Rahmen von Umbuchungen

Tabelle 4.4 Kontomodifikation für den Vorgang PRD

- **Bezugsnebenkosten-Rückstellung (RUE)**
  Rückstellungen für Bezugsnebenkosten werden gebildet, wenn in der Bestellung eine Konditionsart für Rückstellungen eingegeben ist.

Leider unterstützt das SAP-System bei Rechnungseingang den Ausgleich der Rückstellung gegen die tatsächlichen Kosten nicht. Dieser muss manuell vorgenommen werden.

- **Ertrag/Aufwand aus Umbewertung (UMB)**
Dieser Vorgangsschlüssel wird sowohl in der Bestandsführung als auch in der Rechnungsprüfung verwendet, wenn der Standardpreis eines Materials geändert wurde und eine Bewegung oder eine Rechnung in die Vorperiode (zum früheren Preis) gebucht wird. Die Möglichkeit zur Buchung in Vorperioden ist dabei nur gegeben, wenn die Periodenverschiebung für die Materialstämme entsprechend eingestellt ist. Mehr zu diesem Thema finden Sie in Abschnitt 7.5.1, »Periodenverschiebung für den Materialstamm«.

- **Ungeplante Bezugsnebenkosten (UPF)**
Im Idealfall hat der Einkauf die Konditionen für Bezugsnebenkosten in der Bestellung erfasst. Werden auf der Lieferantenrechnung z. B. Fracht- oder Zollkosten berechnet, die nicht in der Bestellung erfasst sind, sprechen wir von ungeplanten Bezugsnebenkosten. Diese Kosten können entweder auf die Rechnungspositionen verteilt oder auf ein gesondertes Konto gebucht werden. Für die zweite Variante muss dieser Vorgang in der Kontenfindung gepflegt werden.

- **WE/RE-Verrechnung (WRX)**
Buchungen auf dem WE/RE-Verrechnungskonto entstehen bei Waren- und Rechnungseingängen zu Bestellungen. Mehr über das WE/RE-Verrechnungskonto finden Sie in Abschnitt 4.8, »WE/RE-Konto«.

Neben diesen Vorgängen gibt es auch noch weitere, z. B. im Zusammenhang mit dem Material-Ledger. Die Vorgänge der vorangegangenen Aufzählung sind jedoch die, die Sie am häufigsten verwenden.

Zu verstehen, wie die MM-Kontenfindung funktioniert, ist aber nur die halbe Miete. Genauso wichtig ist es, zu verstehen, wie wir beim Neuaufbau einer Kontenfindung vorgehen müssen.

4.5.4 Ablauf beim Neuaufbau der Kontenfindung

Wenn Sie beim Neuaufbau der Kontenfindung ergebnisorientiert vorgehen möchten, sollten Sie folgende Schritte durchlaufen:

1. Bewertungsebene auf Buchungskreis oder werkspezifisch festlegen
2. Bewertungsmodifikationskonstante anlegen und mit den Bewertungskreisen verknüpfen
3. Bewertungsklassen definieren und ebenfalls zuordnen
4. Sachkonten hinterlegen und überprüfen, ob Kostenarten für die relevanten Vorgänge angelegt sind
5. Gemeldete Fehler bei Materialbewegungen korrigieren

Der erste Schritt, das Festlegen der Bewertungsebene, ist eine einfache Entscheidung: Sobald Sie PP einsetzen oder in CO Produkte kalkulieren wollen, müssen Sie sich für das Werk als Bewertungsebene entscheiden.

Bewertungsebene festlegen

Auch die Bewertungsklassen sind in der Regel nicht sehr problematisch. Die wichtigste Frage lautet: Welche Bestandskonten will die Buchhaltung in der Bilanz zeigen? Pro Bestandskonto wird eine Bewertungsklasse benötigt. Die hierdurch entstehende Liste an Bewertungsklassen sollte dann nochmals mit dem Controlling besprochen werden. Eventuell will man dort bestimmte Materialien gesondert auswerten können, weil für diese hohe Lagerwerte erwartet werden oder weil mit extremen Preisschwankungen zu rechnen ist, die man gesondert betrachten will. Die Nachverfolgung wird einfacher, wenn wir getrennte Konten für die Darstellung der Bestände, Aufwände und Erträge nutzen.

Bewertungsklasse festlegen

Anschließend sollte man für die wichtigsten Vorgänge ein Sachkonto hinterlegen. Welche Vorgänge dies sind, hängt natürlich von der Geschäftstätigkeit des Unternehmens ab. In einer ersten Runde könnten wir z. B. folgende Vorgänge und Kontomodifikationen pflegen:

Sachkonto für die wichtigsten Vorgänge hinterlegen

- Vorgang BSX
- Vorgang GBB
  mit Kontomodifikationen AUA/AUF, VAX/VAY und VBR
- Vorgang DIF
- Vorgang PRD
- Vorgang WRX

[+] Lernen durch Fehler

Beim Neuaufbau einer MM-Kontenfindung können Sie im Vorfeld viel Zeit mit der theoretischen Diskussion von Vorgängen, Bewertungsklassen und Konten verbringen. Alternativ können Sie auch die Methode »Lernen durch Fehler« wählen und direkt mit der Arbeit beginnen.

Das bedeutet Folgendes: Stellen Sie eine grundlegende Kontenfindung ein, die die Bestandskonten, die wichtigsten Gegenkontierungen und die WE/RE-Konten umfasst. Alle Vorgänge, bei denen Sie sich nicht sicher sind, ob Sie sie benötigen oder wie Sie sie in der Buchhaltung darstellen wollen, werden nicht gepflegt!

Und dann beginnt das Warten auf Fehlermeldungen in der Logistik. Bei jeder Meldung über fehlende Kontenfindung können Sie nun die Kontenfindung erweitern. Wichtig sind bei dieser Vorgehensweise allerdings kurze Reaktionszeiten im Falle von Fehlermeldungen, da Sie sonst die logistischen Module kaum noch testen können.

In der Regel ist diese Vorgehensweise für alle Beteiligten sehr interessant, da sie so erfahren, welche Vorgänge in der Logistik gebucht werden. Mitunter sind hierbei auch schon aufschlussreiche fachliche Diskussionen zum Umgang mit Materialien und deren bilanzieller Darstellung entstanden.

Tabellarische Darstellung der MM-Kontenfindung

Zur Darstellung der *MM-Kontenfindung* hat sich eine tabellarische Form bewährt. Die horizontale Achse zeigt u. a. die Bewertungsklassen. Auf der vertikalen Achse können die Bewegungsarten und die Vorgangsschlüssel mit eventuellen Kontomodifikationen aufgelistet werden. In dem Datenbereich der Matrix können dann die entsprechenden Sachkonten, bei Bedarf unterschieden nach Soll und Haben, hinterlegt werden. Falls Sie viele parallele Kontenfindungen abbilden müssen, empfiehlt es sich, eine Tabelle pro BMK zu erstellen. Ein Beispiel sehen wir in Tabelle 4.5).

Vorgang	Bewegungsarten	Vorgang/ Kontomod.	Bew.-Mod. Konst.	Bewertungsklassen			
				Roh	Halb	Fert.	Verp.
Wareneingang	101, 102, ...	BSX	0001	39000	39100	39200	39300
Inventurdiff.	701, 702	GBB INV	0001	35000	35000	35020	35010
Inventurdiff.	701, 702, ...	GBB INV	0002	35040	35020	35020	35010

Tabelle 4.5 Aufbau einer Microsoft Excel-Tabelle zur MM-Kontenfindung (Auszug)

Bleibt abschließend die Frage zu klären, wer für die Pflege der MM-Kontenfindung zuständig ist. Wie bei allen Schnittstellenthemen ist das Ziel, eine vernünftige Kontenfindung einzurichten, nur dann erreichbar, wenn Logistik, Buchhaltung und Controlling in enger Abstimmung agieren. Trotzdem sollte die Pflege der Kontenfindung letztendlich in den Händen von Buchhaltung und/oder Controlling liegen, da sie die Empfänger der Daten sind und den Anspruch erfüllen müssen, die korrekte Be- und Entlastung von Bestands- und GuV-Konten bei Materialbewegungen zu erreichen.

Es kann vorkommen, dass Sie sich nicht sicher sind, welche Buchung mit einer Bewegungsart der Materialwirtschaft erzeugt wird. SAP bietet bei diesem Problem eine *Simulation der MM-Kontenfindung* für Experten an, die Sie über den Button SIMULATION in der Transaktion OMWB erreichen.

Simulation der MM-Kontenfindung

In der Eingabemaske SIMULATION BESTANDSFÜHRUNG: EINGABE SIMULATIONSDATEN, müssen Sie das Werk, das Material und eine Bewegungsart eingeben (siehe Abbildung 4.27).

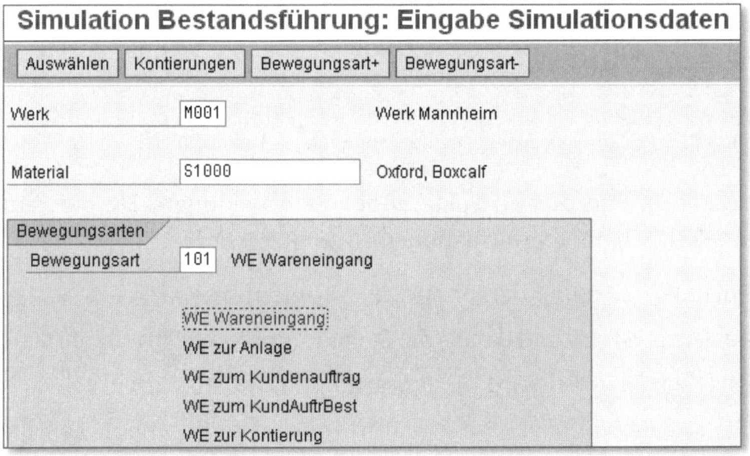

Abbildung 4.27 Simulation der MM-Kontenfindung – Selektion

In Abbildung 4.27 wurde in das Selektionsfeld für die BEWEGUNGSART die 101 eingetragen. Die darunter gezeigte Liste an unterschiedlichen Wareneingängen wird gezeigt bzw. aktualisiert, sobald Sie die Eingabe der Bewegungsart mit ⏎ bestätigen. Wählen Sie durch Doppelklick eine Variante in der Liste aus. Diese Zeile wird dann in Blau dargestellt. Über den Button KONTIERUNGEN erreichen Sie die Auswertung der Simulation (siehe Abbildung 4.28).

Abbildung 4.28 Simulation der MM-Kontenfindung – Auswertung

Sie sehen in den oberen Feldgruppen in Abbildung 4.28, dass aus dem Werk folgende Informationen abgeleitet werden:

- Buchungskreis und daraus auch der Kontenplan
- Bewertungskreis und daraus die Bewertungsmodifikationskonstante
- Aus dem Material wird die Bewertungsklasse ermittelt.
- Über die Materialart wird geprüft, ob im vorliegenden Fall die Wertfortschreibung aktiv ist.

Im unteren Teil des Bildschirms sehen Sie alle Vorgänge, die bei der gewählten Bewegungsart relevant werden könnten. Die Liste reicht von der Bestandsbuchung bis hin zum WE/RE-Konto bzw. der Einkaufskontenfindung. Sie können hier erkennen, welches Konto gefunden wird oder ob, wie in unserem Fall, bei Einkaufs- und Einkaufsgegenkonto ❶ die Kontenfindung nicht gepflegt ist.

Vergleich der Feldsteuerung

Über den Button BILDAUFBAU PRÜFEN (siehe Abbildung 4.28) erreichen Sie eine weitere nützliche Funktion, nämlich den Vergleich der Feldsteuerungen von Bewegungsart und Sachkonto. Beide Elemente

– Bewegungsart und Sachkonto – definieren für sich, welche Felder eingabebereit oder sogar Muss-Eingaben sind. Nun kann es aber passieren, dass die Bewegungsart in MM nicht vorsieht, dass eine Kostenstelle in der Materialbuchung mitgegeben wird. Gleichzeitig könnte bei einem Sachkonto, das für die Bewegungsart in der Kontenfindung ermittelt wurde, die Kostenstelle eine Pflichteingabe sein. In dieser Situation kommt es zu einer Fehlermeldung, da das Sachkonto nicht alle notwendigen Informationen erhält. Über die Abgleichfunktion erhalten Sie eine Gegenüberstellung der Feldsteuerungen von Bewegungsarten und den aus der MM-Kontenfindung ermittelten Sachkonten.

In Abbildung 4.29 sehen Sie solch einen Vergleich. Ein gelbes Minus bedeutet, dass das Feld ausgeblendet ist. Bei einem Kreis handelt es sich um eine Kann-Eingabe. Muss-Felder werden mit einem Plus angezeigt.

```
Bewegungsart 101   WE Wareneingang
Feldstatusgruppe G001
Sachkonten
  0000230000  0000280000  0000417001

  Feldgruppe FI                     Feld
    Feldbezeichnung                 BwA   Kto   Abweich. Feldgruppe MM

  keine MM-Gruppe zugeordnet        G001
    Bankspesen                       =     =

  Allgemeine Daten                  G001
    Zuordnungsnummer                 =     o
    Text                             =     o
    Rechnungsbezug                   =     =
    Kurssicherung                    =     =
    Sammelrechnung                   =     =

  Zusatzkontierungen                G001
    Abrechnungsperiode               =     =
    Materialnummer                   =     =
    Kostenstelle                     =     o
```

Abbildung 4.29 Vergleich der Feldsteuerung von Bewegungsart – Sachkonto

Beide Funktionen – Simulation und Feldvergleich – benötigen wir nur im Falle einer Fehlermeldung. Dann sind sie aber durchaus sehr nützlich.

Damit haben wir nun alle Voraussetzungen für eine funktionierende Integration von Logistik und Rechnungswesen geschaffen. Alle werteflussrelevanten Vorgänge in MM sollten nun fehlerfrei übergeleitet werden. Rufen wir uns nun noch einmal Abbildung 4.1 mit der Darstellung des angepassten SCOR-Modells ins Gedächtnis. Laut dieses Modells ist der Wareneingang der nächste Prozessschritt nach der Bestellung.

4.6 Wareneingang

Wareneingang erforderlich?

Die Entscheidung, ob ein *Wareneingang* erforderlich ist oder nicht, wird bereits in der Bestellung getroffen. Aus dem Kontierungstyp, den wir bereits in Abschnitt 4.3, »Bestellung als Basis des Beschaffungsprozesses«, kennengelernt haben, wird ein Vorschlag hierüber erzeugt. Ob wir diesen Vorschlag überschreiben können oder nicht, wird im Positionstyp gesteuert.

Die erste grundsätzliche Entscheidung, ob ein Wareneingang im System verbucht werden soll oder nicht, ist noch einfach zu treffen: Bei Lagermaterial, das mit einem Lieferschein am Tor angeliefert wird, werden Sie einen Wareneingang erwarten und entsprechend auch einbuchen können. Bei einem Streckengeschäft wird die Ware von Ihrem Lieferanten direkt an Ihre Kunden gesendet. Entsprechend werden Sie auch keinen Wareneingang verbuchen.

Bewerteter/ unbewerteter Wareneingang

Etwas schwieriger ist dann schon die Entscheidung darüber, ob ein Wareneingang *bewertet* oder *unbewertet* sein soll. Wenn wir in der Bestellung festlegen, dass der Wareneingang unbewertet sein soll, findet die Bewertung erst zum Rechnungseingang statt.

Beispiel »Anlagenzugang«

Am besten erkennen Sie die Konsequenzen der Entscheidung für einen bewerteten oder unbewerteten Wareneingang beim Zugang einer Anlage – einem Beispiel, das auch in der Praxis immer wieder diskutiert wird. Der Zeitpunkt der Bewertung entscheidet beim Anlagenzugang darüber, wann die Anlage erstmals bebucht wird.

Bei einem *unbewerteten Wareneingang* wird der Warenwert zunächst nur auf ein Verrechnungskonto gebucht. Das Verrechnungskonto wird mit dem Rechnungseingang gegen die aktive Anlage entlastet. Das für die Anlagenaktivierung relevante Ereignis ist also der Rechnungs- und nicht der Wareneingang.

Bei einem *bewerteten Wareneingang* wird der Warenwert mit dem Wareneingang direkt auf der Anlage verbucht. Wenn es sich dabei um eine aktive Anlage handelt, beginnt mit dem Datum des Wareneingangs auch die Berechnung der Abschreibungen. Dieses Vorgehen ist auch der übliche Weg.

Betrachten wir ein Beispiel mit einer Bestellung zu einer Anlage. Hierzu haben wir einen bewerteten Wareneingang und einen Rechnungseingang gebucht, wie Sie im Bestellstatus in Abbildung 4.30 sehen.

Wareneingang | 4.6

Normalbestellung 4500018847 Lieferant		K1100 Maschinen Silfer		
Lieferung/Rechnung	Konditionen	Texte	Anschrift	Kommunikation	Partner	Zusatzdaten
🛈 Aktiv	bestellt		1 ST	25.000,00 EUR
📄 noch nicht versendet	geliefert ❶		1 ST	25.000,00 EUR
🚚 voll beliefert	noch zu liefern		0 ST	0,00 EUR
✅ voll berechnet	berechnet		1 ST	25.000,00 EUR
	Anzahlungen			0,00 EUR

Abbildung 4.30 Bestellstatus – bewerteter WE zu einer Anlage

Auch daran, dass in der Zeile GELIEFERT (siehe ❶ in Abbildung 4.30) sowohl eine Menge als auch ein Wert angegeben ist, können wir erkennen, das es sich hier um einen bewerteten Wareneingang handelt. Die Bestellung wurde also inzwischen komplett beliefert und berechnet. Um zu sehen, mit welchem Datum Waren- und Rechnungseingang gebucht wurden, müssen wir die Entwicklung der Bestellposition betrachten (siehe Abbildung 4.31).

Ku	BwA	Materialbeleg	Pos	Buch.dat.	Σ	Menge	BME	Σ	Betrag Hauswähr	HWähr
WE	101	5000014078	1	01.04.2009		1	ST		25.000,00	EUR
Vorgang Wareneingang					▪	1	ST	▪	25.000,00	EUR
RE-L		5105609189	1	26.04.2009		1	ST		25.000,00	EUR
Vorgang Rechnungseingang					▪	1	ST	▪	25.000,00	EUR

Abbildung 4.31 Bestellentwicklung zur Anlagenposition

Sie sehen hier, dass der Wareneingang zum 01.04.2009 gebucht wurde, während die Rechnung erst deutlich später mit Buchungsdatum 26.04.2009 erfasst wurde. Die Anlage muss bei einem bewerteten Wareneingang das Zugangsdatum aus dem Wareneingang übernehmen. Dies erkennen Sie im Feld AKTIVIERUNG AM im Anlagenstamm in Abbildung 4.32.

Aus Sicht des Werteflusses bietet der Wareneingang keine weiteren Besonderheiten. Bei mengen- und wertmäßig geführten Materialien erfolgt zu diesem Zeitpunkt der Aufbau des Bestands und damit verbunden eine Erhöhung des Vorratswerts in der Bilanz.

Zugang von Lagermaterial

Eine Erhöhung des Vorratswerts darf natürlich nicht erfolgen, wenn Sie nicht Eigentümer der Ware sind. Beispiel hierfür ist das Lieferantenkonsignationslager. In diesem Fall wird beim Wareneingang nur ein MM-Beleg, aber kein FI-Beleg erzeugt. Noch gehört das Material ja Ihrem Lieferanten. Mengenmäßig müssen Sie den Bestand aber bereits in Ihrem Werk erfassen, damit Sie ihn in Ihren Produktionsprozess einbinden können.

Lieferantenkonsignation

Abbildung 4.32 Aktivierungsdatum im Anlagenstamm

4.7 Rechnungsprüfung

Formale Rechnungsprüfung

Unter dem Begriff der *Rechnungsprüfung* können wir unterschiedliche Vorgänge verstehen: Zum einen die sachliche Prüfung, zum anderen die *formale Prüfung* einer Eingangsrechnung. Hierbei wird sichergestellt, dass eine Kreditorenrechnung den gesetzlichen Anforderungen entspricht und eingebucht werden darf. Eine Eingangsrechnung muss z. B. die folgenden Angaben enthalten, um die formale Rechnungsprüfung zu bestehen:

- Name und Anschrift des leistenden Unternehmens sowie des Leistungsempfängers
- Umsatzsteuer-Identifikationsnummer oder Steuernummer des leistenden Unternehmens
- fortlaufende, einmalig vergebene Rechnungsnummer
- Ausstellungsdatum der Rechnung (Rechnungsdatum)
- Menge und handelsübliche Bezeichnung der Lieferung bzw. Art und Umfang der erbrachten Leistung
- Nettobetrag für die Lieferung oder Leistung
- Umsatzsteuersatz sowie -betrag (falls die Lieferung oder Leistung steuerbefreit ist, muss auch dies explizit vermerkt sein)

- jede im Voraus vereinbarte Minderung des Zahlungsbetrags, z. B. Skonto
- Zeitpunkt der Lieferung und Leistung

[+] **Rechnungs- und Lieferdatum sind identisch**
Sie müssen beide Daten kenntlich machen, auch wenn Rechnungs- und Lieferdatum identisch sind. In diesem Fall genügt in der Regel der Verweis auf die Lieferscheinnummer oder ein Vermerk, dass Rechnungs- und Lieferdatum identisch sind.

Es geht dabei in keiner Weise darum, ob die Rechnung sachlich begründet ist – relevant ist lediglich, ob sie allen rechtlichen Anforderungen genügt.

Neben der formalen Prüfung müssen Eingangsrechnungen auch sachlich geprüft werden. Hier gilt es vor allem zu klären, ob die Rechnungshöhe korrekt ist und der Lieferant die vereinbarte Leistung oder Lieferung korrekt erbracht bzw. geliefert hat.

Sachliche Rechnungsprüfung

Bei der formalen Rechnungsprüfung kann ein SAP-System kaum Unterstützung bieten. Denkbar sind hier Softwarelösungen mit Schrifterkennung und entsprechenden Prüfroutinen. Problematisch ist dabei aber, dass Lieferantenrechnungen sehr unterschiedlich aufgebaut sind, sodass auch die Unterstützung durch das System eines Drittbieters häufig nicht zu dem gewünschten Erfolg führt. In Unternehmen mit hohen Volumen an Eingangsrechnungen tendiert man daher eher zur Verlagerung dieser schematischen Prüfung in Länder mit geringerem Lohnniveau.

Systemunterstützung

Bei der sachlichen Prüfung von Rechnungen bietet das SAP-System mit der *logistischen Rechnungsprüfung* aber ein sehr gutes Werkzeug. Es zeichnet sich durch eine hohe Integration mit MM und FI/CO aus. Das Einbuchen von Rechnungen über die logistische Rechnungsprüfung sollte der Standardvorgang sein, den wir daher im Folgenden genauer betrachten werden.

Logistische Rechnungsprüfung

[+] **Rechnungsprüfung beinhaltet auch Gutschriften**
An dieser Stelle sei aber auch nochmals darauf hingewiesen, dass wir zwar immer von Rechnungen sprechen und die Funktion auch *logistische Rechnungsprüfung* heißt, es aber selbstverständlich auch möglich ist, Gutschriften einzubuchen.

4.7.1 Vorgang der Rechnungsprüfung

Ob das System überhaupt eine Rechnung erwartet oder nicht, wird genau wie beim Wareneingang bereits in der Bestellung durch den Kontierungstyp festgelegt. Wenn Sie dort definieren, dass Sie bei einer externen Bestellung, also einer Bestellung, die an einen externen Lieferanten geht, keine Rechnung erwarten, geht das System davon aus, dass es sich um eine kostenlose Lieferung handelt. Der Normalfall wird aber sein, dass in der Bestellung auch ein Rechnungseingang gefordert wird.

WE-bezogene Rechnungsprüfung

Eine weitere wichtige Festlegung für die Rechnungsprüfung wird bereits in der Bestellung getroffen. Dort wird festgelegt, gegen was die Rechnung geprüft wird: gegen die Bestellung oder den Wareneingang (WE). Sie treffen diese Entscheidung, indem Sie die Checkbox WE-BEZ.RP (*WE-bezogene Rechnungsprüfung*) aktivieren oder nicht. Die Einstellungen finden Sie in der Detailsicht zur Bestellposition auf dem Reiter RECHNUNG (siehe Abbildung 4.33).

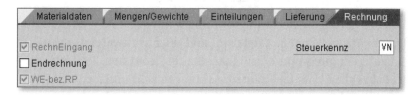

Abbildung 4.33 Festlegungen zum Rechnungseingang in der Bestellung

Beispiel »Festlegungen zum Rechnungseingang«

Die Auswirkung dieser Entscheidung möchten wir anhand zweier Situationen betrachten:

- Rechnungseingang erfolgt vor Wareneingang.
- Wareneingang einer Teilmenge erfolgt, Rechnungseingang (RE) erfolgt im Anschluss.

Legen wir also zwei Bestellungen über je 10 m² Boxcalf-Leder an. In der ersten Bestellung setzen wir das Kennzeichen für die WE-bezogene Rechnungsprüfung nicht, in der zweiten Bestellung setzen wir es.

RE vor WE

Gehen wir zunächst davon aus, dass unser Lieferant in der Rechnungsstellung leider schneller ist als bei der Lieferung. Was in dieser Situation passiert, schildern wir im Folgenden.

Bestellung ohne WE-bezogene Rechnungsprüfung

Die Rechnungsprüfung findet hier gegen die Bestellung statt. SAP erzeugt eine Warnung, dass noch keine Mengen eingebucht wurden (siehe Abbildung 4.34).

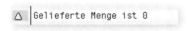

Abbildung 4.34 Meldung bei Rechnungseingang vor dem Wareneingang – ohne WE-bezogene Rechnungsprüfung

Diese Meldung ist aber nur eine Warnung und hindert Sie nicht daran, den Beleg einzubuchen. Allerdings wird der Beleg in unserem Fall wegen einer Mengenabweichung, verursacht durch den fehlenden Wareneingang, automatisch zur Zahlung gesperrt.

Bestellung mit WE-bezogener Rechnungsprüfung

Anders verhält sich das System im Falle einer WE-bezogenen Rechnungsprüfung. Da noch kein Wareneingang verbucht ist, hat das SAP-System keine Möglichkeit einer Rechnungsprüfung. Die Eingabe der Rechnung wird daher unterbunden (siehe Abbildung 4.35).

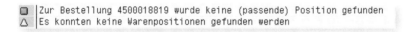

Abbildung 4.35 Meldung bei WE-bezogener Rechnungsprüfung und Rechnungseingang vor dem Wareneingang

Obwohl es sich bei den Meldungen nicht um eigentliche Fehlermeldungen handelt, machen Sie das Erfassen der Rechnung mit Bezug zur Bestellung unmöglich.

Mit diesem Systemverhalten sehen wir bereits die erste Auswirkung des Kennzeichens WE-BEZ.RP: Wenn es gesetzt ist, kann die Rechnung erst nach Verbuchung des Wareneingangs erfasst werden. Bei Bestellpositionen, in denen Sie nicht mit einer zeitnahen Verbuchung des Wareneingangs rechnen, z. B. bei der wöchentlichen Getränkelieferung für das Büro, sollten Sie daher auf die WE-bezogene Rechnungsprüfung verzichten. Alternativ muss die Disziplin bei der Einbuchung von Wareneingängen deutlich erhöht werden.

4 | Beschaffungsprozess

WE mit Teilmenge vor RE

Gehen wir vom anderen Fall aus: Es wird erst der Wareneingang und dann im Anschluss die Rechnung verbucht. Da die Wirklichkeit nicht immer so ideal ist, wie wir sie gerne hätten, bauen wir einen Zusatz ein. Nach dem Motto »Vertrauen ist gut, Kontrolle ist besser« wird bei einer ordnungsgemäßen Wareneingangsprüfung natürlich auch die tatsächliche Menge gezählt. Damit kann es durchaus vorkommen, dass der Wareneingang nicht über die vollständige bestellte Menge erfolgt, sondern nur über eine Teilmenge. Natürlich kann es auch vorkommen, dass der Lieferant ehrlich ist und z. B. wegen Lieferproblemen absichtlich nur eine Teilmenge liefert. Gehen wir also davon aus, dass unser Lieferant Probleme in seiner Produktion hat und uns deshalb nur 8 statt der bestellten 10 m² Leder liefern kann. Dummerweise wurde die Rechnung aber über die bestellten 10 m² ausgestellt.

In beiden Fällen – mit und ohne WE-bezogene Rechnungsprüfung – werden uns bei der Eingabe der Rechnung über die Transaktion MIRO als Vorschlag nur 8 m² Leder angeboten (siehe Abbildung 4.36).

Positi	Betrag	Menge	Be		Bestellung	Posit
1	1.600,00	8,00	M2	☐	4500018822	10

Abbildung 4.36 Positionsvorschlag im Rechnungseingang bei Teillieferung

Wir überschreiben diesen Vorschlag und buchen 10 m² unseres Materials zu einem Nettopreis von 2.000,00 EUR ein. Einzige Konsequenz ist wieder eine automatisch gesetzte Zahlsperre aufgrund der Mengenabweichung zwischen Rechnung und Wareneingang. Alternativ zur Bestellentwicklung können wir uns auch den Status der Bestellung anzeigen lassen (Abbildung 4.37).

bestellt	10,00	M2	2.000,00	EUR
geliefert	8,00	M2	1.600,00	EUR
noch zu liefern	2,00	M2	400,00	EUR
berechnet	10,00	M2	2.000,00	EUR
Anzahlungen			0,00	EUR

Abbildung 4.37 Bestellstatus bei Teillieferung und komplettem Rechnungseingang

Es ist deutlich zu erkennen, dass der Lieferant uns leider mehr berechnet als geliefert hat. Und wir erkennen, dass es keinen großen

Unterschied macht, ob wir mit oder ohne WE-bezogene Rechnungsprüfung arbeiten. Lediglich der Fall eines Rechnungseingangs noch vor dem Einbuchen des Wareneingangs wird im Falle der WE-bezogenen Rechnungsprüfung deutlich restriktiver gehandhabt.

Wir haben nun Einstellungen zur logistischen Rechnungsprüfung gesehen, die vom Einkauf in der Bestellung festgelegt werden: Zum einen die Definition, ob überhaupt eine Rechnung erwartet wird, zum anderen, gegen welchen Materialbeleg – Bestellung oder Wareneingang – die Rechnung geprüft wird. Gehen wir nochmals einen Schritt zurück und betrachten, welche Stellschrauben uns in der Rechnungsprüfung selbst zur Verfügung stehen. Alle Einstellungen hierzu finden wir im Einführungsleitfaden unter MATERIALWIRTSCHAFT • LOGISTIK-RECHNUNGSPRÜFUNG.

Customizing der logistischen Rechnungsprüfung

Die Tatsache, dass auch bei der logistischen Rechnungsprüfung ein MM-Beleg und ein FI-Beleg erstellt werden, führt gerade bei SAP-Einführungen immer wieder zu Unmut bei den Rechnungsprüfern. Grund hierfür ist eine zugegeben ungünstige Vorgehensweise im SAP-Standard: Das SAP-System zeigt beim Verbuchen einer Rechnung zunächst einmal nur die Belegnummer in MM an. Diese Belegnummer interessiert aber in der Regel nicht, da bei einer Einzelpostenanzeige auf dem Kreditorenkonto wie auch bei allen anderen FI-Transaktionen die FI-Belegnummer gezeigt wird. Es gibt in dieser Situation zwei Lösungsmöglichkeiten:

Belegnummernvergabe

- Die MM-Belegnummer wird auch als FI-Belegnummer verwendet.
- Bei der Meldung, dass ein Beleg verbucht wurde, wird neben der MM-Belegnummer auch die aus FI gezeigt.

In den ersten Jahren der logistischen Rechnungsprüfung hatten wir nur die erste Variante zur Auswahl. Hier mussten wir den Nummernkreis in FI mit externer Nummernvergabe versehen, sodass die Nummer des MM-Belegs übernommen wurde. Zusätzlich musste dann aber auch noch die Pufferung der MM-Nummernvergabe deaktiviert werden, was für eine bessere Performance bei der Verbuchung sorgt. Da der Puffer aber regelmäßig neu aufgebaut wird, unabhängig davon, ob er vollständig genutzt wurde oder nicht, kommt es zu Nummernlücken. Diese Lücken ziehen sich bis ins Modul FI durch, was im Hinblick auf die Revision nicht zulässig ist.

Deaktivierung der Pufferung

4 | Beschaffungsprozess

[+] **Vorgehensweise bei der Deaktivierung der Pufferung**

Das genaue Vorgehen zur Deaktivierung der Pufferung ist in Hinweis 62077 (Info: Interne Nummernvergabe ist nicht lückenlos) beschrieben. Es handelt sich hierbei um eine Modifikation am System, was grundsätzlich vermieden werden sollte, da Modifikationen bei Releasewechseln zu Mehraufwand führen.
In diesem Fall ist die Modifikation aber als unkritisch einzustufen und daher auch aus Sicht des IT-Bereichs vertretbar.

Anpassung der Infomeldung

Inzwischen wird eine einfachere Lösung angeboten, die sich völlig im Standard des SAP-Systems realisieren lässt. Hierzu müssen nur die Parameter im Benutzerstamm erweitert werden. Die Pflege kann jeder Anwender selbst über SYSTEM • BENUTZERVORGABEN • EIGENE DATEN vornehmen (siehe Abbildung 4.38).

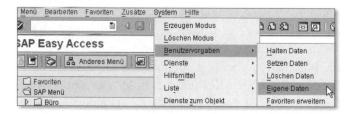

Abbildung 4.38 Benutzervorgaben für logistische Rechnungsprüfung ändern

Jetzt müssen Sie auf dem Reiter PARAMETER den Eintrag IVFIDISPLAY hinzufügen und mit einem großen X versehen. Nach der Speicherung der Einstellung werden beim Verbuchen von Eingangsrechnungen beide Belegnummern gemeldet (siehe Abbildung 4.39).

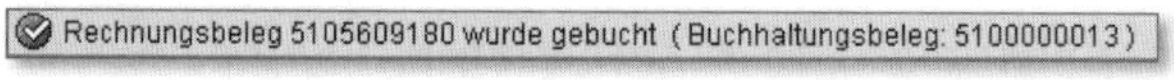

> Rechnungsbeleg 5105609180 wurde gebucht (Buchhaltungsbeleg: 5100000013)

Abbildung 4.39 Anzeige mit MM- und FI-Belegnummer

Mit dieser Anzeige erleichtern Sie den Rechnungsprüfern die Arbeit deutlich, ohne dass Sie dazu eine Modifikation einbauen müssten.

[+] **Materialbelegnummer in Referenzfeld**

Die Nummer des Materialbelegs wird im SAP-Standard in das Feld REFERENZSCHLÜSSEL im Kopf des Buchhaltungsbelegs geschrieben. Wenn Sie in der Einzelpostenanzeige der Kreditorenbuchhaltung also FI- und MM-Belegnummern sehen möchten, müssen Sie nur das Feld BKPF-AWKEY für die Einzelpostenanzeige zulassen.

Dies können Sie im Einführungsleitfaden z. B. unter FINANZWESEN (NEU) •
DEBITOREN- UND KREDITORENBUCHHALTUNG • KREDITORENKONTEN • EINZEL-
POSTEN • ANZEIGEN EINZELPOSTEN • ZUSÄTZLICHE FELDER FÜR DIE EINZELPOS-
TENANZEIGE DEFINIEREN veranlassen.

Gehen wir einen Schritt weiter in der Verbuchungstechnik der logistischen Rechnungsprüfung.

Die logistische Rechnungsprüfung nutzt die MM-Kontenfindung. Bereits in Abschnitt 4.5.3, »Vorgänge finden«, haben Sie gesehen, dass es einen eigenen Vorgangsschlüssel für ungeplante Bezugsnebenkosten gibt und dass Sie zwei Möglichkeiten der Verbuchung haben. Sie können folgende Entscheidungen treffen:

Ungeplante Bezugsnebenkosten

- ob Sie die Zusatzkosten auf die Bestellpositionen verteilen
- ob Sie eine gesonderte Sachkontenzeile buchen möchten

Die erste Variante bedeutet bei Materialien mit V-Preis, dass der Preis angepasst wird. Bei Materialien mit S-Preis erfolgt eine Buchung in die Preisabweichungen. Die Entscheidung können Sie nicht für den jeweiligen Einzelfall treffen, da es sich um eine dauerhafte Festlegung auf Buchungskreisebene handelt. Die Einstellung nehmen wir im Einführungsleitfaden unter MATERIALWIRTSCHAFT • LOGISTIK-RECHNUNGSPRÜFUNG • EINGANGSRECHNUNG • BUCHEN VON UNGEPLANTEN NEBENKOSTEN vor. Ungeplante Bezugsnebenkosten stellen einen Spezialfall in der Rechnungsprüfung dar. Sie werden auf Kopfebene und nicht auf Ebene der Buchungspositionen erfasst, damit, falls gewünscht, eine Verteilung auf die Bestellpositionen möglich ist (siehe Abbildung 4.40).

Abbildung 4.40 Erfassung ungeplanter Bezugsnebenkosten

Ungeplante Bezugsnebenkosten müssen auf dem Reiter DETAIL erfasst werden. Sie sehen nachfolgend zwei Beispiele für die Verbuchung.

Verbuchung ungeplanter Bezugsnebenkosten mit Verteilung

Sie sehen in Abbildung 4.41 den FI-Beleg eines Rechnungseingangs.

4 | Beschaffungsprozess

Bu...	Pos	BS	S	Konto	Bezeichnung	Betrag	Währg	St
M001	1	31		90100	Leder Greiner	2.975,00–	EUR	VN
	2	86		191100	WE/RE-Verrech.Fremdb	1.000,00	EUR	VN
	3	89		300000 ❶	Rohstoffe	86,96	EUR	VN
	4	86		191100	WE/RE-Verrech.Fremdb	1.300,00	EUR	VN
	5	89		300000 ❷	Rohstoffe	113,04	EUR	VN
	6	40		154000	Eingangssteuer	475,00	EUR	VN

Abbildung 4.41 Verteilung ungeplanter Bezugsnebenkosten

Dieser Beleg enthält zwei Bestellpositionen, die gegen das WE/RE-Konto verbucht wurden (Positionen 2 und 4). Darüber hinaus sehen Sie, dass zweimal eine Buchung auf das Rohstoffkonto erfolgte (siehe ❶ und ❷ in Abbildung 4.41). Daraus ist ersichtlich, dass die bestellten Materialien V-Preis geführt sind, da bei Materialien mit S-Preis die Buchung auf ein Preisdifferenzenkonto erfolgen würde. Die ungeplanten Bezugsnebenkosten von 200,00 EUR werden daher direkt auf den Bestandswert der beiden Materialien angerechnet.

Verbuchung ungeplanter Bezugsnebenkosten in gesonderter Zeile

Anders verhält es sich beim FI-Beleg, wenn wir die ungeplanten Bezugsnebenkosten nicht verteilen, sondern in einer gesonderten Zeile verbuchen (siehe Abbildung 4.42).

Bu...	Pos	BS	S	Konto	Bezeichnung	Betrag	Währg	St	Kostenstelle	Auftrag	Profitcenter	Segment
M001	1	31		90100	Leder Greiner	2.975,00–	EUR	VN				
	2	86		191100	WE/RE-Verrech.Fremdb	1.000,00	EUR	VN				
	3	86		191100	WE/RE-Verrech.Fremdb	1.300,00	EUR	VN				
	4	40		231600	Ungepl Nebenkosten	200,00	EUR	VN			DUMMY	M_ZZZ
	5	40		154000	Eingangssteuer	475,00	EUR	VN				

Abbildung 4.42 Gesonderte Verbuchung ungeplanter Bezugsnebenkosten

Sie sehen hier, dass die gesamten 200,00 EUR ungeplanter Bezugsnebenkosten auf das Konto 231600 verbucht werden. Die Preise der beiden Bestellmaterialien werden also nicht erhöht, der Betrag wird komplett in den Aufwand gebucht. Sie können dabei aber auch gleichzeitig ein Problem dieser Buchung erkennen: Das System kann hier keine sinnvolle CO-Kontierung ableiten. Sie können also entweder das Konto 231600 als neutrales Konto behandeln, indem Sie keine Kostenart dazu anlegen, oder Sie müssen alternativ eine Fixkontierung, z. B. über die Transaktion OKB9, hinterlegen.

In der Praxis werden Sie auch immer wieder auf Rechnungen stoßen, die keinen Bezug zu einer Bestellung haben. In diesen Fällen können Sie entweder die Rechnung ohne Integration mit MM einbuchen, was in Abschnitt 4.9.1, »Rechnungseingang ohne MM-Integration«, beschrieben ist. Alternativ können Sie auch die logistische Rechnungsprüfung hierfür verwenden. Dazu müssen Sie aber diese Buchungen erst erlauben. Das Customizing finden Sie im Einführungsleitfaden unter MATERIALWIRTSCHAFT • LOGISTIK-RECHNUNGSPRÜFUNG • EINGANGSRECHNUNG • DIREKTES BUCHEN AUF SACH- UND MATERIALKONTEN ERLAUBEN. Erst wenn Sie die Funktionen hierüber aktivieren, werden die entsprechenden Reiter in der Transaktion MIRO bereitgestellt.

Buchen ohne Bestellbezug

4.7.2 Berücksichtigung von Toleranzen

Im Beschaffungsprozess kann es zu einer Vielzahl von Abweichungen kommen. Einige davon können wir tolerieren, wie z. B. Differenzen von ein paar Cent in der Rechnung, die sich durch Aufsummierung aller Rechnungspositionen ergeben.

Akzeptable Abweichungen

Andere Abweichungen können wir nicht akzeptieren, wie etwa eine deutliche Überschreitung des Preises zwischen Bestellung und Rechnung. Um die Grenze dessen, was wir akzeptieren wollen, zu ziehen, können wir im Customizing *Toleranzgrenzen* festlegen.

Individuelle Toleranzgrenzen

In Abhängigkeit von Ihrer individuellen Situation können Sie unterschiedliche Toleranzen pflegen. Es werden uns folgende Toleranzen im SAP-Standard angeboten:

- AN   Betragshöhe Position ohne Bestellbezug
- AP   Betragshöhe Position mit Bestellbezug
- BD   Kleindifferenzen automatisch bilden
- BR   Prozentuale BPME-Abweichung (RE vor WE)
- BW   Prozentuale BPME-Abweichung (WE vor RE)
- DQ   Überschreiten Betrag Mengenabweichung
- DW   Mengenabweichung bei WE-Menge = null
- KW   Abweichung vom Konditionswert
- LA   Betragshöhe Limitbestellung
- LD   Zeitüberschreitung Limitbestellung

- PP   Preisabweichung
- PS   Preisabweichung Schätzpreis
- ST   Terminabweichung (Wert * Tage)
- VP   V-Preisabweichung

Die Liste dieser sogenannten *Toleranzschlüssel* kann nicht um eigene Toleranzen erweitert werden.

In der Regel sind alle Toleranzeinstellungen gleich aufgebaut. Wir können sowohl eine Ober- als auch eine Untergrenze der Abweichung festlegen, zudem wird die Abweichung jeweils in absoluten Beträgen sowie prozentual definiert.

Definition von Ober- und Untergrenzen

Mit der Definition einer Ober- und Untergrenze lassen wir beispielsweise nicht zu, dass ein Lieferant den in der Bestellung vereinbarten Preis deutlich über- oder unterschreitet. Indem Sie die Toleranz absolut in Beträgen und zusätzlich in Prozenten festlegen, vermeiden Sie, dass Sie ungewollt hohe Toleranzgrenzen ziehen.

[zB] **Toleranzgrenzen absolut und in Prozent angeben**

Legen wir den Prozentsatz für eine Preisüberschreitung bei 5 Prozent fest, wären das bei einer Rechnungsposition über 100,00 EUR akzeptable 5,00 EUR. Bei einer Rechnungsposition von 100.000,00 EUR würde die Toleranz aber 5.000,00 EUR betragen, was vermutlich nicht unser Ziel ist.

Dieses Systemverhalten unterbinden wir, indem wir beispielsweise definieren, dass wir maximal 10,00 EUR Abweichung zulassen. Damit würden wir im ersten Fall 5,00 EUR, im zweiten Fall 10,00 EUR Preisüberschreitung tolerieren.

Das Customizing der Toleranzgrenzen nehmen Sie im Einführungsleitfaden unter MATERIALWIRTSCHAFT • LOGISTIK-RECHNUNGSPRÜFUNG • RECHNUNGSSPERRE • TOLERANZGRENZEN FESTLEGEN vor. Als Beispiel sehen Sie die Festlegung der Toleranzgrenzen für Preisabweichungen im Buchungskreis der Lederwaren-Manufaktur Mannheim (siehe Abbildung 4.43):

Toleranzschlüssel AN und AP

Wie Sie bereits gesehen haben, gibt es eine Vielzahl von Toleranzgrenzen, die geprüft werden können. Dabei müssen Sie nicht alle verwenden. So werden z. B. die Toleranzschlüssel AN und AP für die Prüfung des erlaubten Höchstbetrags pro Belegposition häufig deaktiviert.

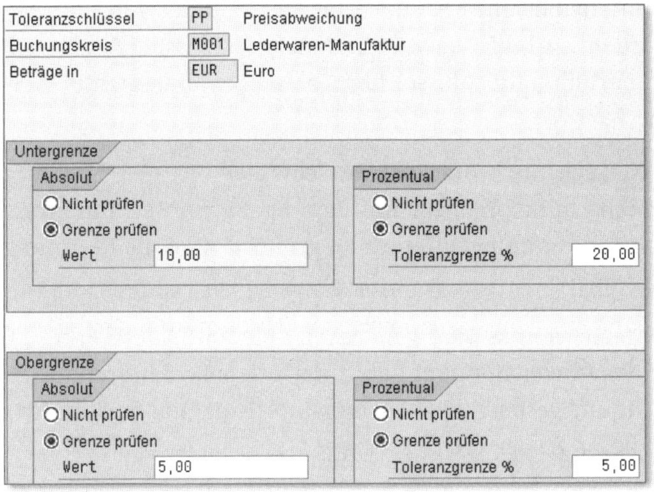

Toleranzschlüssel	PP	Preisabweichung
Buchungskreis	M001	Lederwaren-Manufaktur
Beträge in	EUR	Euro

Untergrenze

Absolut
- ○ Nicht prüfen
- ◉ Grenze prüfen
  - Wert: 10,00

Prozentual
- ○ Nicht prüfen
- ◉ Grenze prüfen
  - Toleranzgrenze %: 20,00

Obergrenze

Absolut
- ○ Nicht prüfen
- ◉ Grenze prüfen
  - Wert: 5,00

Prozentual
- ○ Nicht prüfen
- ◉ Grenze prüfen
  - Toleranzgrenze %: 5,00

Abbildung 4.43 Toleranzgrenzen für Preisabweichungen

Mit dem Toleranzschlüssel BD können wir akzeptieren, dass ein Rechnungsbeleg sich zunächst nicht zu null saldiert. Dies kann insbesondere dann passieren, wenn die Besteuerung der einzelnen Positionen zu einem geringfügig anderen Betrag führt als die Steuerberechnung für den gesamten Nettobetrag. Damit wir in diesen Fällen die Rechnung problemlos einbuchen können, sollten wir hier eine geringe Toleranz von ca. 2,00 EUR zulassen.

Toleranzschlüssel BD

In Abbildung 4.43 haben Sie bereits den Toleranzschlüssel PP für reine Preisabweichungen kennengelernt. Für Preisabweichungen bei Bezugsnebenkosten gibt es einen gesonderten Schlüssel KW.

Toleranzschlüssel PP, KW und PS

Darüber hinaus gibt es noch den Schlüssel PS für Preisabweichungen bei Schätzpreisen. Grundgedanke hiervon ist, dass der Einkauf einen Vermerk in die Bestellung setzen kann, wenn der Bestellpreis nur geschätzt ist. Wir würden dann höhere Abweichungen gestatten als bei einer »normalen« Bestellung mit Preisen, die bereits mit dem Lieferanten fix vereinbart wurden.

> **Toleranzschlüssel PS standardmäßig setzen** [!]
>
> Leider tendieren manche Einkäufer dazu, das Kennzeichen »Schätzpreis« regelmäßig zu setzen, da sie um die höheren Toleranzen wissen. Das bedeutet für den Einkäufer im Zweifel weniger Nachfragen aus der Rechnungsprüfung. Sie sollten sich also gut überlegen, ob Sie hier wirklich höhere Toleranzgrenzen setzen wollen.

4 | Beschaffungsprozess

Toleranzschlüssel LA und LD — Schließlich unterstützt uns SAP noch bei der Prüfung von Limitbestellungen, indem auch hier sowohl im Betrag (Schlüssel LA) als auch in der Terminerfüllung (Schlüssel LD) Toleranzen eingerichtet werden können.

Toleranzschlüssel VP — Interessant ist auch noch der Toleranzschlüssel VP. Hier wird der gleitende Durchschnittspreis vor mit dem nach dem Rechnungseingang verglichen. Wenn die Differenz zu groß ist, wird die Rechnung zur Zahlung gesperrt.

Außerhalb der Toleranzen — Bei Über-/Unterschreitung aller genannten Toleranzen vermerkt SAP die Ursache der Abweichung im Beleg, der offene Kreditorenposten wird zur Rechnung gesperrt. Das System unterstützt uns auch bei der Freigabe all dieser gesperrten Rechnungen.

4.7.3 Automatische Freigabe gesperrter Rechnungen

Automatische Freigabe — Zur automatischen Freigabe gesperrter Rechnungen nutzen Sie die Transaktion MRBR (gesperrte Rechnungen freigeben). Starten Sie den Report mit der Option der automatischen Rechnungsfreigabe, prüft das System für jede automatisch gesperrte Rechnung, ob der Sperrgrund weiterhin besteht. Wenn nicht, wird die Zahlsperre aufgehoben.

> **[zB] Aufhebung der Zahlsperre**
>
> Zum Beispiel führt ein fehlender Wareneingang zu einer Sperre wegen Mengenabweichung. Nach Verbuchung des entsprechenden Wareneingangs kann die Rechnung bezahlt werden.
> Bei einer Preisabweichung müssen Sie nach Eingabe der Rechnung den Einkauf informieren. Dies kann manuell oder automatisch mithilfe eines Workflows erfolgen. Wenn der Einkauf nun nach Klärung des Preises die Bestellung anpasst, kann die Rechnung ebenfalls zur Zahlung freigegeben werden.

Manuelle Freigabe — Unabhängig vom tatsächlichen Wegfall des Sperrgrunds können Sie den Sperrgrund aber auch in der Transaktion MRBR manuell löschen. Hierfür müssen Sie den Report mit der Option MANUELL FREIGEBEN starten.

> **Transaktion MRBR einplanen** [+]
>
> Planen Sie die Transaktion jede Nacht mit der Option AUTOMATISCHE FREI-GABE ein, und senden Sie die Ergebnisliste auf den Drucker eines verantwortlichen Buchhalters. So können Sie sicherstellen, dass alle Rechnungen entsperrt werden, sobald der Grund für die Zahlsperre entfällt.

Damit hätten wir nun das Ende der Erfassung von Eingangsrechnungen erreicht. Wir sind dabei auch auf das WE/RE-Konto gestoßen, das wir im Folgenden genauer betrachten wollen.

4.8 WE/RE-Konto

Sie haben bereits erfahren, dass das *WE/RE-Konto* sowohl beim Waren- als auch beim Rechnungseingang bebucht wird, wenn sich der jeweilige Waren- oder Rechnungseingang auf eine Bestellung bezieht.

4.8.1 Bebuchung des WE/RE-Kontos

Um eine hohe Automatisierung zu ermöglichen, werden WE/RE-Konten auch in der der MM-Kontenfindung hinterlegt. Das haben wir in Abschnitt 4.5.3, »Vorgänge finden«, im Detail erfahren. In der Regel nutzt man das WE/RE-Konto weitgehend unabhängig von Bewertungsklassen, häufig wird sogar nur ein einziges WE/RE-Konto verwendet.

Vorgang WRX

Das WE/RE-Konto ist aus Sicht der Buchhaltung ein Bilanzkonto, das allerdings in der Bilanz selbst nicht dargestellt wird, da es ein reines Verrechnungskonto ist. Dazu folgen später noch mehr Informationen. Was ist nun aber der Hintergrund dieses Kontos?

Zweck des WE/RE-Kontos

In Wirtschaftsschulen oder im Studium haben wir folgenden Buchungssatz gelernt:

Bestand		
Steuer	an	Verbindlichkeiten

Sie werden in der betrieblichen Praxis jedoch festgestellt haben, dass es diesen Buchungssatz so eigentlich nicht gibt. Denn in diesem

Buchungssatz werden die Warenbewegung und die Entstehung der Verbindlichkeit gleichzeitig verbucht. Betriebswirtschaftlich und auch nach dem SCOR-Modell sind das aber zwei voneinander getrennte Vorgänge: zunächst der Wareneingang und dann der Rechnungseingang.

Diese Trennung von Waren- und Rechnungseingang wird mithilfe des WE/RE-Kontos vorgenommen. Ein Buchungsbeispiel sehen Sie in Abbildung 4.44.

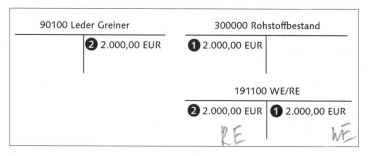

Abbildung 4.44 Buchungsbeispiel – WE/RE-Konto

Wir nehmen wieder unsere Bestellung über 10 m² Boxcalf-Leder à 200,00 EUR – den Wareneingang (10 m²) von 2.000,00 EUR finden Sie unter ❶, den Rechnungseingang (10 m²) von 2.000,00 EUR finden Sie unter ❷.

Der Lieferant hat uns zunächst vereinbarungsgemäß 10 m² Leder geliefert. Diese werden natürlich auf dem Bestandskonto für Rohstoffe verbucht. Gegenkonto ist das WE/RE-Konto. Der Wert ergibt sich hier aus dem Preis laut Bestellung, multipliziert mit der tatsächlichen Wareneingangsmenge.

Mit dem Rechnungseingang wird nun das Kreditorenkonto belastet. Als Gegenkontierung wird wieder das WE/RE-Konto verwendet. Und nun haben wir auch die Idealsituation: Die Bestellung ist komplett beliefert und berechnet, und es haben sich weder Mengen- noch Preisdifferenzen ergeben. Damit ist das WE/RE-Konto für diese Bestellung auch ausgeglichen. Der Ausgleich kann aber weder durch den Waren- noch den Rechnungseingang direkt erfolgen. Vielmehr ist dies ein Teil der WE/RE-Kontenpflege, die dringend und regelmäßig, spätestens vorbereitend für den Abschluss, durchgeführt werden muss.

4.8.2 Ausgleich des WE/RE-Kontos

Für den Ausgleich wird zunächst die Funktion des automatischen Ausgleichs von Sachkonten in der Finanzbuchhaltung verwendet. Die Funktion finden Sie im Anwendungsmenü unter RECHNUNGSWESEN • FINANZWESEN • HAUPTBUCH • PERIODISCHE ARBEITEN • MASCHINELL AUSGLEICHEN • OHNE VORGABE DER AUSGLEICHSWÄHRUNG (oder direkt über die Transaktion F.13). Das System versucht hier in Abhängigkeit von vorgegebenen Regeln offene Posten auf dem Konto auszugleichen. Die Regeln legen Sie im Customizing unter FINANZWESEN (NEU) • HAUPTBUCHHALTUNG (NEU) • GESCHÄFTSVORFÄLLE • AUSGLEICH OFFENER POSTEN • MASCHINELLES AUSGLEICHEN VORBEREITEN fest. Hier können Sie vorgeben, welche Felder der offenen Posten übereinstimmen müssen, damit die Posten als zusammengehörig gruppiert werden. Sie sehen die Standardeinstellungen in Abbildung 4.45.

Maschineller Ausgleich

Ktopl	Koart	Von Konto	Bis Konto	Kriterium 1	Kriterium 2	Kriterium 3	Kriterium 4
	D	A	Z	ZUONR	GSBER	VBUND	
	K	A	Z	ZUONR	GSBER	VBUND	
	S	0	999999	ZUONR	GSBER	VBUND	

Abbildung 4.45 Standardeinstellungen – automatisches Ausgleichen

Die Festlegungen werden pro Kontoart und gegebenenfalls in Intervallen getroffen. In unserem Fall müssen die Felder ZUONR (Zuordnungsnummer), GSBER (Geschäftsbereich) und VBUND (Partner-Gesellschaftsnummer) übereinstimmen. Bei unserem kleinen Beispielunternehmen ist die Überprüfung dieser drei Felder auf Übereinstimmung auch ausreichend. In der Praxis sollten Sie für das WE/RE-Konto aber die Einkaufsbelegnummer (EBELN) und die -position (EBELP) hinterlegen. Alle Belege, die hier identische Einträge aufweisen, werden gruppiert. Wenn die gruppierten Belege zu null saldieren, wird das System den automatischen Ausgleich vorschlagen bzw. durchführen.

Greifen wir wieder das Beispiel aus Abschnitt 4.7.1, »Vorgang der Rechnungsprüfung«, auf, und betrachten wir diese Situation beim Ausgleichen über die Transaktion F.13. Es werden drei Posten auf dem WE/RE-Konto gefunden, davon stimmen zwei in den relevanten Feldern (laut Customizing in Abbildung 4.45) insoweit überein, dass sie als zusammengehörig erkannt werden. Da die Gruppe zu null saldiert, gleicht das System die offenen Posten aus, wie Sie in Abbildung 4.46 sehen.

Transaktion ausgleichen

4 | Beschaffungsprozess

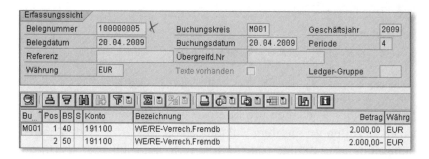

Abbildung 4.46 Ausgleich WE/RE-Konto über maschinellen Ausgleich

Ausgleichsbeleg
Die beiden grün markierten Belegpositionen werden ausgeglichen. Die Nummer des entstandenen Ausgleichsbelegs wird ebenfalls ausgegeben. Bei diesem Ausgleichsbeleg, den Sie in Abbildung 4.47 sehen, ergibt sich durch das neue Hauptbuch und die Aktivierung des Belegsplits eine wesentliche Neuerung.

Abbildung 4.47 Ausgleichsbeleg aus WE/RE-Kontenpflege

Der Beleg hat nun, wie Sie in Abbildung 4.47 erkennen können, Belegzeilen. Vor Einführung des neuen Hauptbuchs und seines Belegsplits hätte der Beleg nur aus einem Belegkopf bestanden, es wären aber keine Belegpositionen gebucht worden.

Transaktion »F.13«
Die Transaktion F.13 bietet noch zwei Funktionen, die wir in unserem Beispiel nicht benötigt haben: Sie können Toleranzgrenzen berücksichtigen, und Sie können die Kriterien für die Gruppierung der Belege auf dem WE/RE-Konto reduzieren.

▸ **Toleranzen berücksichtigen**
Durch das Berücksichtigen von Toleranzen für Kurs- oder Rundungsdifferenzen können wir Belege trotz kleiner Abweichungen im Betrag ausgleichen. Die Differenz wird dann auf ein entsprechendes Aufwands- oder Ertragskonto gebucht.

- **Kriterien für Gruppierung der Belege auf dem WE/RE-Konto reduzieren**
  Alternativ ist es auch möglich, die Regeln für die Gruppierung der Belege zu reduzieren. Im Standard erfolgt die Verknüpfung über die Bestellnummer und -position. Bei wareneingangsbezogener Rechnungsprüfung ist es auch möglich, die Gruppierung über den Materialbeleg durchzuführen. Das ist aber nur sinnvoll, wenn die Verknüpfung über die Bestellung nicht aussagekräftig ist, wie z. B. bei Lieferplänen.

Die Transaktion F.13 ist uns allerdings keine Stütze bei abweichenden Waren- oder Rechnungseingängen. Also z. B. dann, wenn für eine Bestellung keine weiteren Waren- oder Rechnungseingänge erwartet werden, ein Ausgleich der bestehenden Belege aber aufgrund von Mengenabweichungen nicht möglich ist. Diese können im Rahmen der WE/RE-Kontenpflege mit der Transaktion MR11 ausgeglichen werden. Die Transaktion finden Sie im Anwendungsmenü unter LOGISTIK • MATERIALWIRTSCHAFT • LOGISTIK-RECHNUNGSPRÜFUNG • WE/RE-KONTENPFLEGE • WE/RE-VERRECHNUNGSKONTO PFLEGEN.

WE/RE-Kontenpflege mit MR11

Das Programm kann sowohl maschinell als auch manuell gestartet werden. Beim maschinellen Lauf ist das System in der Lage, offene Posten auszubuchen, bei denen die Liefermenge größer ist als die berechnete Menge oder bei denen die berechnete Menge die Liefermenge übersteigt. Wenn alle erwarteten Waren- und Rechnungseingänge im Haus sind, die Bestellmenge aber noch nicht erreicht ist, müssen wir die Posten manuell ausgleichen.

Maschineller oder manueller Start

Für diese Vorgänge muss keine gesonderte Kontenfindung eingestellt werden. Es werden die Einstellungen verwendet, die auch bei einem Rechnungseingang zum Zuge kommen. Die möglichen Buchungssätze sind abhängig von der Preissteuerung des Materials bzw. von der Bestellung. Folgende Buchungskonstellationen sind denkbar:

Buchungskonstellationen

- **Kontierte Bestellungen**
  Die Gegenbuchung erfolgt auf die in der Bestellung hinterlegte Kontierung.
- **Material mit Standardpreis (S-Preis)**
  Die Gegenbuchung erfolgt auf das Preisdifferenzenkonto.
- **Material mit gleitendem Durchschnittspreis (V-Preis)**
  Wenn der Lagerbestand größer/gleich der Differenzmenge ist, erfolgt die Buchung gegen das Bestandskonto (dies entspricht einer

Umbewertung). Ist die Differenzmenge nicht durch den Lagerbestand gedeckt, erfolgt die Gegenbuchung wie bei Materialien mit S-Preis auf das Preisdifferenzenkonto.

Bilanzielle Darstellung mit F.19

Es wurde bereits erwähnt, dass das WE/RE-Konto nicht in der Bilanz dargestellt wird. Damit die Bilanz dennoch korrekt ist, müssen alle Werte, die zum Zeitpunkt der Bilanzerstellung auf dem WE/RE-Konto sind, auf andere Konten umgebucht werden. Diese Umbuchung wird zum Periodenstichtag vorgenommen und in der Folgeperiode wieder storniert. Beides erfolgt über die Transaktion F.19. Bei der Buchung wird aber nicht direkt das WE/RE-Konto angesprochen, um es auf Saldo null zu stellen. Vielmehr erfolgt die Saldo-null-Stellung über ein Korrekturkonto, das in der Bilanzstruktur zusammen mit dem WE/RE-Konto selbst in einer Position dargestellt wird. Korrekt formuliert, erfolgt die Saldo-null-Stellung also nicht auf dem WE/RE-Konto, sondern auf der entsprechenden Bilanzposition. Die Umbuchungen erfolgen in der Regel auf zwei Konten:

- einem Konto, das Rechnungseingänge zeigt, denen kein Wareneingang gegenübersteht
- einem Konto für die Wareneingänge, die noch nicht vom Lieferanten in Rechnung gestellt wurden

Die Kontenfindung hierfür ist nicht Teil der MM-Kontenfindung, da die Buchungen ausschließlich im Hauptbuch vorgenommen werden. Sie finden die Einstellungen im Einführungsleitfaden unter FINANZWESEN (NEU) • HAUPTBUCHHALTUNG (NEU) • PERIODISCHE ARBEITEN • UMGLIEDERN • KORREKTURKONTEN FÜR WE/RE-VERRECHNUNG HINTERLEGEN. Ein Beispiel dafür sehen Sie in Abbildung 4.48.

Kontenplan	M001	Kontenplan Lederwaren-Manufaktur Mannheim
Vorgang	BNG	Berechnet, nicht geliefert

Kontenzuordnung		
Abstimmko	Korrekturko	Zielkonto
191000	191099	191101
191100	191199	191101

Abbildung 4.48 Kontenfindung für die Umgliederung des WE/RE-Kontos

Sie sehen den Vorgang BNG (BERECHNET, NICHT GELIEFERT). Für unser WE/RE-Konto 191100 ist das Korrekturkonto 191199 hinterlegt, das statt dem WE/RE-Konto selbst bebucht wird. Zieleintrag ist das

Konto 191101, das in der Bilanz bei den Vorräten gezeigt wird. Diesen bilanziellen Ausweis wählen wir, da dem Rechnungseingang eigentlich ein Wareneingang und damit ein Materialwert gegenübersteht. Der andere Fall – es wurde Material geliefert, aber noch nicht berechnet – wird bei der Lederwaren-Manufaktur Mannheim auf das Konto 191102 (GELIEFERT, NICHT BERECHNET) gebucht. Hierfür müssen wir den Vorgang GNB pflegen. Das Konto 191102 wird in der Bilanz unter den sonstigen Rückstellungen ausgewiesen. Das Korrekturkonto 191199 ergibt zusammen mit dem WE/RE-Konto null und muss daher zusammen mit diesem bei den nicht zugeordneten Konten gezeigt werden.

> **Kontensteuerung des WE/RE-Kontos** [!]
>
> Für WE/RE-Konten muss das Kennzeichen Saldo nur in Hauswährung gesetzt sein. Andernfalls gibt es beim Ausgleichen von OPs mit Fremdwährung Probleme.
> Betriebswirtschaftlich ist das kein Problem, da auf den WE/RE-Konten Fremdwährungen nicht interessant sind.

Verlassen wir nun die Hauptbuchhaltung, und wenden wir uns dem Nebenbuch, der Kreditorenbuchhaltung, zu.

4.9 Integration der Kreditorenbuchhaltung

In der Buchhaltung werden alle Vorgänge, die Kreditoren betreffen, in dem Teilmodul FI-AP (Accounts Payable oder zu Deutsch Kreditorenbuchhaltung) abgebildet. FI-AP ist eine Nebenbuchhaltung mit Integration in die Hauptbuchhaltung, deren Kontierungsobjekt der Kreditorenstamm ist. Neben dem in Abschnitt 4.7.1, »Vorgang der Rechnungsprüfung«, beschriebenen Erfassen von Eingangsrechnungen über die logistische Rechnungsprüfung ist es auch möglich, direkt in der *Kreditorenbuchhaltung* Rechnungen sowie Gutschriften zu erfassen.

4.9.1 Rechnungseingang ohne MM-Integration

Das Problem bei einer direkten Erfassung in FI-AP ist die fehlende Integration mit der Materialwirtschaft und dem Einkauf. Es kann nicht auf Bestellungen zugegriffen werden. Auch ist es nicht möglich, bestandsgeführte Materialien einzubuchen. Diese Methode eignet

Fehlende Integration

sich also vor allem für »kleine« Rechnungen wie den Blumentopf, der aus der Abteilungskasse bezahlt wird. Wir sprechen hier auch oft von sogenannten *Nebengeschäften*.

Abweichende Belegart und -nummer

Diese Belege werden in der Regel nicht mit Belegart RE eingebucht, sondern, wenn wir im Standard bleiben, mit Belegart KR für Rechnungen und KG für Gutschriften. Diese Belegarten bedienen sich auch meist nicht aus dem gleichen Nummernkreis wie diejenigen der logistischen Rechnungsprüfung. Dies sowie die Notwendigkeit einer zusätzlichen Erfassungsmaske und die fehlende Prüfung gegen eine Bestellung oder einen Wareneingang führen bei Rechnungsprüfern häufig zu einer geringen Akzeptanz dieser Erfassungsvariante. Dem können wir begegnen, indem wir in der logistischen Rechnungsprüfung die Möglichkeit schaffen, auf Sachkonten zu buchen. Damit können die Rechnungsprüfer alle Eingangsrechnungen über eine einheitliche Transaktion erfassen. Beachten Sie hierbei auch die Erläuterungen im Rahmen der logistischen Rechnungsprüfung zu Beginn von Abschnitt 4.7, »Rechnungsprüfung«.

Dauerbuchungen

Nützlich ist die Einbuchung von Rechnungen direkt in der Kreditorenbuchhaltung allerdings, wenn Sie regelmäßig wiederkehrende Belege erfassen müssen. Klassisches Beispiel hierzu sind Mieten. Bei ihnen sind Höhe, Kontierung und Fälligkeit über einen langen Zeitraum bekannt und vor allem gleichbleibend. Um den Fachabteilungen das regelmäßige Einbuchen solcher Belege zu erleichtern, gibt es im SAP-System die sogenannten *Dauerbuchungen*. Diese funktionieren wie ein Dauerauftrag bei der Bank: Sie geben die Buchung mit kompletter Kontierung sowie Beträgen vor, zusätzlich definieren Sie Beginn- und Enddatum sowie den gewünschten Zyklus (z. B. monatlich, wöchentlich). Diese Informationen werden in einem Dauerbuchungsurbeleg gespeichert. Das ist ein Buchhaltungsbeleg, der nicht zu einer Fortschreibung der Verkehrszahlen führt. Er ist quasi unsere Vorlage für die echten Buchungen. Im festgelegten Rhythmus, meist monatlich, wird dann ein Job gestartet, der alle Urbelege prüft und gegebenenfalls eine entsprechende echte Buchung erzeugt.

Dieses Werkzeug bietet Ihnen folgende Vorteile:

- Reduzierung des Arbeitsaufwands in der Buchhaltung, da Belege nicht periodisch wiederkehrend erfasst werden müssen
- Reduzierung von Fehlerquellen durch deutliche Reduzierung der manuellen Erfassungsvorgänge

Fehlermeldung »Dauerbuchungen werden falsch selektiert«	
Auch bei erfahrenen Kollegen in den Fachabteilungen erreicht die Betreuer des Moduls FI zu Beginn eines neuen Geschäftsjahres häufig folgender Hilferuf: »Ich habe einen neuen Urbeleg erfasst, und der wird nicht gebucht! Der Job selektiert unsere Dauerbuchungen nicht richtig!« Die Lösung hierfür ist in der Regel denkbar einfach: In den Selektionskriterien des Verarbeitungsprogramms wurde ein Geschäftsjahr oder eine Variable hierfür hinterlegt. Damit wird aber das Geschäftsjahr des Urbelegs abgeprüft und nicht das Geschäftsjahr der zu buchenden Belege. Die Lösung ist also schlicht und einfach, dass kein Geschäftsjahr eintragen wird!	

Aber unabhängig davon, wie die Rechnungen in unser SAP-System gelangen – irgendwann müssen sie bezahlt werden. Dies ist Aufgabe des Zahllaufs.

4.9.2 Zahlungsausgang

Der *Zahllauf* ist ein Werkzeug der Buchhaltung, mit dem alle vorliegenden Auszahlungen automatisiert angestoßen werden können. Ein Großteil der Auszahlungen betrifft in vielen Unternehmen die Begleichung fälliger Kreditorenrechnungen. Es können aber auch Gutschriften an Debitoren oder sonstige Zahlungsverpflichtungen beglichen werden. SAP unterstützt die gängigen Methoden wie z. B. Zahlungen per Überweisung, Scheck, Wechsel oder Lockbox-Verfahren. Diese Verfahren werden im SAP-Jargon Zahlwege genannt.

Funktionsumfang des Zahllaufs

Das Verhalten eines individuellen Zahllaufs ist abhängig von unterschiedlichen Faktoren wie etwa dem Customizing des Zahlprogramms, den Informationen aus Kreditorenstamm und Einzelbeleg oder den Parametern des aktuellen Zahllaufs (siehe Abbildung 4.49).

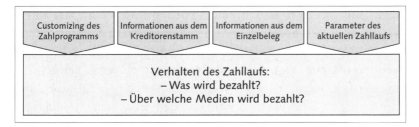

Abbildung 4.49 Einflussfaktoren eines Zahllaufs

Customizing des Zahlprogramms

Das Customizing des Zahlprogramms finden Sie im Einführungsleitfaden unter FINANZWESEN (NEU) • DEBITOREN- UND KREDITORENBUCHHALTUNG • GESCHÄFTSVORFÄLLE • ZAHLUNGSAUSGANG. Für jeden Buchungskreis, der ausgehende Zahlungen abbilden soll, sind hier die gültigen *Zahlwege* zu hinterlegen. Pro Zahlweg wird dabei z. B. ein Mindest- und Höchstbetrag festgelegt, ferner wird bestimmt, ob Zahlungen in Fremdwährungen oder an ausländische Banken erlaubt sind, und gegebenenfalls auch, welche Formulare zu drucken sind. Außerdem wird für jeden Zahlweg definiert, welche Informationen benötigt werden, beispielsweise die Lieferantenadresse bei einer Scheckzahlung oder die Bankverbindung bei einer Überweisung.

Bankenfindung

Da Unternehmen heute in der Regel mehr als ein Bankkonto, und das oft bei unterschiedlichen Banken, betreiben, muss auch eine sogenannte *Bankenfindung* eingerichtet werden. Hierbei kann in Abhängigkeit von Zahlwegen und Währungen eine Rangfolge der *Hausbanken* und Konten hinterlegt werden. Im SAP-Standard ist die Bankenfindung Teil des Customizings. Das Ändern der Rangfolge von Hausbanken und Konten im laufenden Geschäft ist nicht vorgesehen. Viele Anwender wollen sich aber die Möglichkeit offenhalten, hier gegebenenfalls kurzfristig Anpassungen vorzunehmen. Diesem Wunsch der Fachabteilung können wir nachkommen, indem wir die Tabellen T042A und T042D als *laufende Einstellungen* definieren.

[+] **SAP-Hinweise zur Bankenfindung**

Die genaue Vorgehensweise kann den Hinweisen 77430 (Customizing: LAUFENDE EINSTELLUNGEN), 69642 (Disponierte Beträge [T042D] nicht pflegbar) und 81153 (Bankenauswahl als laufende Einstellung) entnommen werden.

Informationen aus Kreditorenstamm und Einzelbeleg

Welcher Zahlweg für einen individuellen offenen Posten verwendet wird, kann an zwei Stellen entschieden werden: entweder durch Festlegung in den buchungskreisspezifischen Daten des Lieferantenstamms oder direkt im Einzelbeleg. In der Regel wird der Zahlweg im Kreditorenstamm hinterlegt. Nur wenn für einzelne Belege eine gesonderte Zahlweise gewünscht ist, sollte die Möglichkeit der Zuordnung auf Belegebene gewählt werden. Ist an beiden Stellen ein Zahlweg hinterlegt, gewinnt immer die spezifischere Angabe, also der Einzelbeleg. In dem Feld ZAHLWEG kann immer mehr als ein Zahlweg hinterlegt werden. Sind mehrere Einträge vorhanden, nimmt die Priorität der Einträge jeweils von links nach rechts ab. In der Regel gewinnt also der erste Eintrag von links.

Ein Beispiel dafür sehen Sie in Abbildung 4.50. Dort sind im Feld ZAHLWEG ❶ drei Einträge gepflegt: U für Inlandsüberweisung, S für Scheckzahlung und L für Auslandsüberweisung. Ein Zahllauf, der alle drei Zahlwege vorsieht, wird offene Posten des Kreditors K1100 ❷ per Inlandsüberweisung begleichen, da dieser Zahlweg an erster Stelle steht. Ein Zahllauf, der nur Scheck- und Auslandszahlungen vorsieht, würde Rechnungen des Kreditors hingegen mit Scheck begleichen.

Im Lieferantenstamm sind ferner die Bankdaten hinterlegt.

[+]

Verwendung des Partnerbanktyps

Die Lederwaren-Manufaktur Mannheim hat einen Lederlieferanten, der sowohl die deutsche als auch die belgische Produktion beliefert. Die Rechnungen des Lieferanten werden von uns direkt von der jeweiligen Niederlassung beglichen. Gehen wir weiter davon aus, dass unser Lieferant ein deutsches sowie ein belgisches Bankkonto besitzt. Um unsere Kosten zu minimieren, wollen wir unsere Überweisungen jeweils national vornehmen: Brüssel bezahlt auf das belgische Lieferantenbankkonto, Mannheim auf das deutsche. Dies können wir über den Partnerbanktyp realisieren.

Zunächst legen wir beide Bankkonten in der allgemeinen Sicht des Lieferantenstamms an. Das belgische Konto versorgen wir z. B. mit dem Partnerbanktyp BE, das deutsche Konto mit DE. Alle Rechnungen dieses Lieferanten, die als Partnerbanktyp BE hinterlegt haben, werden nun gegen dessen belgisches Bankkonto beglichen, alle mit DE gegen das deutsche Konto.

Ist im Beleg kein Partnerbanktyp hinterlegt, wird immer die erste Bank im Lieferantenstamm verwendet.

Abbildung 4.50 Zahlwege im Kreditorenstamm

Parameter des Zahllaufs

Auch im Zahllauf selbst werden Parameter gesetzt, mit denen die Bezahlung offener Posten beeinflusst wird. In den Zahllauf gelangen Sie direkt über die Transaktion F110 oder im Anwendungsmenü über RECHNUNGSWESEN • FINANZWESEN • KREDITOREN • PERIODISCHE ARBEITEN • ZAHLEN. Hier müssen Sie zunächst einen geplanten Tag der Ausführung und eine alphanumerische ID angeben. Wichtig ist hier zu wissen, dass der Tag der Ausführung keinerlei Relevanz für die zu selektierenden offenen Posten oder die Wertstellung der Zahlung hat. Beides wird im Zahllauf selbst definiert.

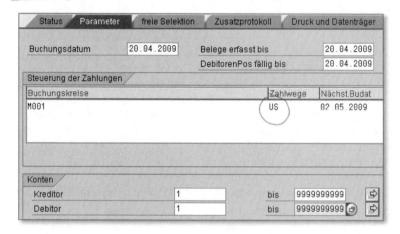

Abbildung 4.51 Definition der Parameter im Zahllauf

In Abbildung 4.51 sehen Sie ein Beispiel für die *Parameterdefinition* in einem Zahllauf. Hier finden Sie nun das Buchungsdatum, das für die Buchhaltungsbelege verwendet wird. Welche Belege berücksichtigt werden, definieren Sie zum einen über die Felder BELEGE ERFASST BIS, zum anderen über DEBITORENPOS FÄLLIG BIS. Zusätzlich muss auch noch eine Bandbreite an Kreditoren- und/oder Debitorenkonten angegeben werden, die im Zahllauf berücksichtigt werden.

Weiter wird im Zahllauf definiert, für welche BUCHUNGSKREISE Zahlungen durchgeführt werden und welche ZAHLWEGE zu berücksichtigen sind. Auch hier gilt wieder: Der Zahlweg ganz links hat höhere Priorität als derjenige rechts davon. Über das Datum im Feld NÄCHST.BUDAT errechnet SAP, welche offenen Posten, die heute noch nicht fällig sind, bezahlt werden müssen. Betrachten wir als Beispiel einen offenen Posten, der am 15.08. fällig ist (siehe Tabelle 4.6).

Datum Zahllauf	Nächstes Buchungsdatum	Reaktion
10.08.	12.08.	Beleg wird nicht gezahlt, da vor der Fälligkeit am 15.08. noch ein Zahllauf stattfinden soll.
10.08.	18.08.	Beleg wird gezahlt, da er beim nächsten Zahllauf am 18.08. bereits drei Tage überfällig wäre.

Tabelle 4.6 Fälligkeit und Zahlung

Allerdings können wir uns selbst im Customizing *Kulanztage* geben. Würden wir uns also in diesem Beispiel drei Tage Kulanz geben, würde auch im zweiten Fall der offene Posten am 10.08. nicht bezahlt.

Kulanztage

Aktivierung des Zusatzprotokolls [+]

Das SAP-System bietet eine komfortable Protokollierung des Zahllaufs, mit der wir sehr schön nachvollziehen können, warum das SAP-System einen offenen Posten (nicht) bezahlt oder warum Skonto (nicht) gezogen wird. Hierfür muss aber im Zahllauf die erweiterte Protokollierung auf dem Reiter ZUSATZPROTOKOLL aktiviert werden. Dies ist dringend für alle im Zahllauf enthaltenen Kreditoren und Debitoren zu empfehlen.

Im weiteren Verlauf des Zahllaufs wird zunächst ein *Zahlvorschlag* erstellt. Dieser kann bearbeitet werden, indem Posten zur Zahlung gesperrt oder auch gesperrte Posten zur Zahlung freigegeben werden. Allerdings gilt dieses (Ent-)Sperren von Rechnungen nur für diesen einen Zahllauf. Wenn Sie eine Rechnung dauerhaft zur Zahlung sperren möchten, müssen Sie z. B. über die Transaktion FB02 direkt in den Beleg gehen und dort eine dauerhafte Zahlsperre setzen.

Zahlvorschlag

Dauerhafte Zahlsperre setzt Bankkontenfindung außer Kraft [+]

Gerade in mittelständischen Unternehmen wird ohne Systemunterstützung darüber entschieden, welche Rechnungen bezahlt werden und welche nicht. Es wird häufig befürchtet, dass Rechnungen »versehentlich« bezahlt werden könnten. Wir können aber nicht einfach alle Rechnungen standardmäßig mit einer Zahlsperre versehen, denn die Zahlsperre im Beleg unterbindet die Findung der zahlenden Bank im Zahllauf. Das heißt, wenn wir die Zahlsperre bei Bearbeitung des Zahlvorschlags löschen, müssen wir manuell das Bankkonto auswählen, von dem aus wir die Zahlung vornehmen wollen.

Erst mit dem Echtlauf führt das System eine Buchung Kreditor an Bankverrechnung durch und gleicht damit auch den offenen Posten aus. Als letzter Schritt kann dann eine Zahlungsträgerdatei an die Bank gesendet werden, oder es können Zahlavise, Schecks, Wechsel o.Ä. gedruckt werden.

Mit Ausführung der Zahlungsanweisung durch unsere Bank ist der Einkaufsprozess aus Sicht der Kreditorenbuchhaltung beendet. Es gibt aber noch einen Seitenstrang des Werteflusses, der beim Rechnungseingang direkt in die Hauptbuchhaltung führt und die Besteuerung der Einkäufe abbildet.

Obwohl es sicherlich eine Vielzahl von Steuerarten gibt, die beim Kauf von Waren oder Dienstleistungen anfallen können, wollen wir uns hier auf eine weitverbreitete Art konzentrieren: die Umsatzsteuer.

4.10 Darstellung der Umsatzsteuer

Aufgaben des Steuerkennzeichens

Zentrales Objekt für die Abbildung der *Umsatzsteuer* ist im SAP-System das Steuerkennzeichen. Es bestimmt sowohl Art also auch Berechnung und Verbuchung der Steuer.

Über die *Steuerkennzeichen* lassen sich sowohl Eingangssteuer (Vorsteuer) als auch Ausgangssteuer (Mehrwertsteuer) abbilden. Zusätzlich gibt es auch Steuerkennzeichen für die Behandlung von Quellensteuer, die vor allem in Südeuropa wichtig ist. Diese wollen wir aber hier nicht näher betrachten.

Ausprägung eines Steuerschemas

Die Einstellungen zur Umsatzsteuer finden Sie zentral im Modul FI. Das Customizing nehmen Sie im Einführungsleitfaden unter FINANZWESEN (NEU) • GRUNDEINSTELLUNG FINANZWESEN (NEU) • UMSATZSTEUER vor. Das SAP-System stellt im Standard bereits landesspezifische Kalkulationsschemata, die sogenannten *Steuerschemata*, zur Verfügung. Sie erfüllen bereits die landesspezifischen steuerrechtlichen Rahmenbedingungen. Im Rahmen einer SAP-Neueinführung sollten die Einstellungen aber immer nochmals überprüft werden.

Umfang eines Steuerschemas

Jedem Land, in dem wir umsatzsteuerlich relevante Geschäftsvorgänge durchführen, muss ein Steuerschema zugeordnet werden. Dem Steuerschema wiederum ist dann das Steuerkennzeichen zugeordnet. Damit müssen in einem Steuerschema alle benötigten Besteuerungsarten und -sätze in Form von Steuerkennzeichen berücksichtigt sein. Müssen wir z. B. in Deutschland für eine Eingangsrechnung belgische Umsatzsteuer kontieren, benötigen wir ein Kennzeichen, anhand dessen wir die belgische Steuer korrekt berechnen und später bei der Steuermeldung eindeutig identifizieren können.

> **[+] Einführung eines europäischen Steuerschemas**
>
> In der Vergangenheit wurden in der Regel die von SAP ausgelieferten landesspezifischen Steuerschemata verwendet. Mit zunehmender Internationalisierung mussten die ursprünglich nationalen Steuerschemata um immer mehr ausländische Steuerkennzeichen erweitert werden. Bei einer Steuererhöhung in Belgien müsste man in dem bereits genannten Beispiel nicht nur das belgische Steuerschema anpassen, sondern auch das deutsche.
>
> Es setzt sich daher in der Praxis immer mehr die Einrichtung eines europäischen Steuerschemas TAXEUR durch, mit dem jede europäische Umsatzsteuerermittlung durchgeführt wird. Dieses Schema wird allen benötigten europäischen Ländern zugeordnet.

Die Pflege der Steuerkennzeichen erfolgt über die Transaktion FTXP. Indem das System beim Einstieg das Land abfragt, wird indirekt festgestellt, mit welchem Steuerschema gearbeitet wird. Bleiben wir bei unserem Steuerkennzeichen VN, das wir auch bisher in den Beispielbuchungen verwendet haben (siehe ❶ in Abbildung 4.52).

Pflege von Steuerkennzeichen

Länderschlüssel	DE	Deutschland			
Steuerkennzeichen	VN ❶	Vorsteuer Inland 19%			
Schema	TAXD				
Steuerart	V	Vorsteuer			

Prozentsätze					
Steuertyp	KtoSchl	Steuer-Proz.Satz	Stufe	vonStufe	Kond.Art
Basisbetrag			100	0	BASB
Ausgangssteuer	MWS		110	100	MWAS
Vorsteuer	VST	19,000 ❷	120	100	MWVS
Zinsabschlag	ZAS		125	100	ZAST
Reisekosten (vom H)	VST		130	100	MWRK
Vorst. n. abz. n. zu	NAV		140	100	MWVN
Vorst. n. abz. zuord	NVV		150	100	MWVZ
Erwerbsteuer Ausgang	ESA		200	100	NLXA
Erwerbsteuer Eingang	ESE		210	200	NLXV

Abbildung 4.52 Pflege des Steuerkennzeichens VN

Wir sehen hier das Vorsteuerkennzeichen für eine Besteuerung mit 19 Prozent. Für die Berechnung des Steuerbetrags werden nur aktive

Zeilen des Schemas verwendet. Diese sind daran zu erkennen, dass sie in blauer Schrift dargestellt werden. In unserem Fall handelt es sich um Stufe 120 ❷.

Kontenfindung Auch die Kontenfindung wird auf Ebene des Steuerkennzeichens definiert. Damit muss später im Buchungsvorgang nur noch das Steuerkennzeichen angegeben werden. Sowohl Berechnung als auch Verbuchung können dann vom System übernommen werden. Dies hat sowohl hier im Beschaffungsprozess als auch später im Verkaufsprozess enorme Vorteile für die vorgelagerten Module MM bzw. SD. Sie müssen nur das korrekte Kennzeichen finden, die Weiterverarbeitung kann durch das Modul FI erfolgen. Die Grundmaske mit ihren Zeilen wird durch das Steuerschema vorgegeben.

Abbildung 4.53 gibt nochmals einen schematischen Überblick über das Customizing.

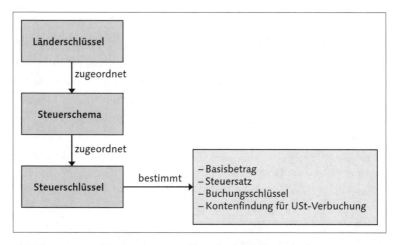

Abbildung 4.53 Schematische Darstellung des USt-Customizings

[+] **Transport von Umsatzsteuer-Kennzeichen**

Umsatzsteuer-Kennzeichen haben den Nachteil, dass sie beim Transport im Zielsystem mitunter nicht korrekt ankommen. Das SAP-System stellt daher eine Down- und Upload-Funktion zur Verfügung, für die jedoch der Zielmandant änderbar sein muss. Beim Anlegen einzelner Kennzeichen ist ein direktes Pflegen im Zielsystem häufig weniger zeitintensiv.

Enjoy-Transaktionen Beim Anlegen von neuen Umsatzsteuer-Kennzeichen gibt es noch einen weiteren Arbeitsschritt, der durchgeführt werden muss. Sie müssen das neue Kennzeichen für die sogenannten *Enjoy-Transaktionen* zulassen. In diesen Transaktionen, zu der z. B. FB50 (Sachkontenbeleg erfassen) und FB60 (Rechnung erfassen) gehören, ist es im Gegensatz zu den älteren Transaktionen wie der FB01 (allgemeine Buchung) möglich, alle Eingaben in einem einzigen Bildschirm vorzunehmen. Sie registrieren die Steuerkennzeichen über die Transaktion OBZT (Steuerkennzeichenauswahl für Vorgänge), die Sie im Einführungsleitfaden z. B. über Finanzwesen (neu) • Debitoren- und Kreditorenbuchhaltung • Geschäftsvorfälle • Rechnungseingang/Gutschriftseingang • Rechnungseingang/Gutschriftseingang Enjoy • Steuerkennzeichen pro Vorgang definieren erreichen.

Sie können hier in Abhängigkeit von Länderschlüssel (notwendig für Ermittlung des Steuerschemas) und Steuerkennzeichen festlegen, bei welchen Buchungsvorgängen ein Kennzeichen in den Enjoy-Transaktionen zur Verfügung steht. Zur Auswahl stehen dabei die folgenden Buchungsvorgänge:

- (logistische) Rechnungsprüfung
- Rechnungseingang Finanzbuchhaltung
- Rechnungsausgang Finanzbuchhaltung
- alle Vorgänge

Die Auswahl »alle Vorgänge« sollten Sie in der Regel nicht nutzen, da Sie damit dem Anwender z. B. bei der Erfassung von Eingangsrechnungen auch die Steuerkennzeichen für ausgehende Steuer zur Auswahl anbieten. Die Vorsteuerkennzeichen müssen sowohl der Rechnungsprüfung als auch dem Rechnungseingang in FI zugeordnet werden, um die Nutzung in der logistischen Rechnungsprüfung wie auch innerhalb der Kreditorenbuchhaltung zu ermöglichen.

Wenn Sie diese Einstellung vergessen, haben Sie das Umsatzsteuer-Kennzeichen zwar angelegt, es kann aber leider kaum operativ verwendet werden.

4.11 Zusammenfassung

Wir haben in diesem Kapitel gelernt, dass der Einkaufsprozess durch eine hohe Integration der Bestandsführung im Modul MM mit Buchhaltung (FI) und Controlling (CO) geprägt ist. Bereits mit einer BANF oder Bestellung werden viele Festlegungen getroffen, die den späteren Wertefluss steuern.

Bei aktivierter Obligoverwaltung wird das Controlling bereits bei Erstellung einer BANF oder Bestellung mit Informationen versorgt. Durch den Aufbau eines Obligos können potenzielle Budgetüberschreitungen noch vor dem eigentlichen Wertefluss bei Waren- und Rechnungseingang erkannt werden.

Zentrales Element für die Steuerung des Werteflusses im Einkaufsprozess ist die MM-Kontenfindung. Diese ist komplex aufgebaut, sorgt damit aber auch für eine hohe Automatisierung im Prozessverlauf. Wer das manuelle Einstellen der Kontenfindung scheut, kann auch auf den Kontenfindungsassistenten zugreifen, der die wichtigsten Fragen, die wir hier kennengelernt haben, ebenfalls stellt. Während der Wareneingang in der Regel problemlos in der Integration ist, müssen mit dem Rechnungseingang eher Sonderfälle abgedeckt werden. Auch hier wird auf die MM-Kontenfindung zugegriffen, um z. B. Kurs- oder Kleindifferenzen abzubilden. In der Rechnungsprüfung können wir auch Toleranzen einstellen, um sachlich fehlerhafte Rechnungen für die Zahlung zu sperren.

Die Verknüpfung von Waren- und Rechnungseingang stellen wir in der Regel über ein WE/RE-Konto her. Dessen Pflege ist wichtig für eine korrekte bilanzielle Darstellung, es wird in der Praxis aber oft stiefmütterlich behandelt.

Mit dem Rechnungseingang stellen wir aber auch die Integration mit der Kreditorenbuchhaltung dar, indem wir nun einen offenen Posten auf dem Lieferantenkonto bilden, der dann im späteren Verlauf bezahlt werden kann.

Bis auf die Themen Obligoverwaltung, MM-Kontenfindung und Wareneingänge zu kontierten Bestellungen ist das Thema mehr durch die Buchhaltung als durch das Controlling getrieben. Den Schwerpunkt wird hier sicherlich die Rechnungsprüfung einnehmen.

Geschäfte werden nicht zum Selbstzweck, sondern immer mit dem Ziel abgeschlossen, Gewinne zu machen. Die direkte Möglichkeit, einen Gewinn zu erzielen, besteht darin, Güter möglichst gewinnbringend zu verkaufen.

5 Vertriebsprozess

Im logistischen Gesamtprozess gibt es zwei Bereiche, die durch einen hohen Anteil an Interaktionen mit externen Geschäftspartnern gekennzeichnet sind. Den ersten dieser Bereiche, den Einkauf, haben Sie bereits in Kapitel 4, »Beschaffungsprozess«, kennengelernt. Das vorliegende Kapitel widmet sich dem Vertrieb und damit dem Verkaufsprozess.

Dieser Prozess umfasst den Verkauf erzeugter oder gehandelter Produkte und erbrachter Leistungen. Für die Abbildung von Vertriebstätigkeiten bietet das SAP-System inzwischen eine breite Palette von Werkzeugen. Diese reicht vom klassischen SD (Sales and Distribution) über CRM (Customer Relationship Management) bis zu branchenspezifischen Vertriebserweiterungen. Auch dieses Kapitel verwendet wieder das Beispiel der Lederwaren-Manufaktur Mannheim und legt damit den Schwerpunkt auf den Verkauf von selbst gefertigten Produkten und Handelswaren. Technisches Hilfsmittel für die Abbildung ist SD, ein Modul, in dem alle werteflussrelevanten Vorgänge abgebildet werden können.

Im Fokus des Verkaufsprozesses steht für viele der erzielte Umsatz. Daneben gibt es aber weitere Werteflüsse, die in Buchhaltung und Controlling abzubilden sind. Das Kapitel beginnt mit einem Überblick über die Werteflüsse, die im Verkaufsprozess entstehen. Der Ursprung dieser Werteflüsse liegt in der Regel in der Preiskalkulation des Vertriebs. Kenntnisse über den Aufbau und die Funktionsweise einer Preiskalkulation sind daher notwendig, um die Entstehung von Werten zu verstehen.

Im Anschluss an dieses Thema werden wir die Werteflüsse im Detail betrachten. Daran anknüpfend, wenden wir uns den einzelnen Werteflüssen und deren Abbildung in Buchhaltung und Controlling zu. Dabei steht die integrierte Darstellung der Werteflüsse im Vordergrund.

5.1 Vertriebsprozess im SCOR-Modell

Im SCOR-Modell befinden wir uns im Abschnitt Vertrieb (Deliver), der das Lager-, Auftrags- und Transportmanagement umfasst. Dabei können wir vier Grundtypen des Prozesses unterscheiden. Zur Veranschaulichung zeigen wir Ihnen nochmals die Darstellung der Gestaltungsebene im angepassten SCOR-Modell (siehe Abbildung 5.1).

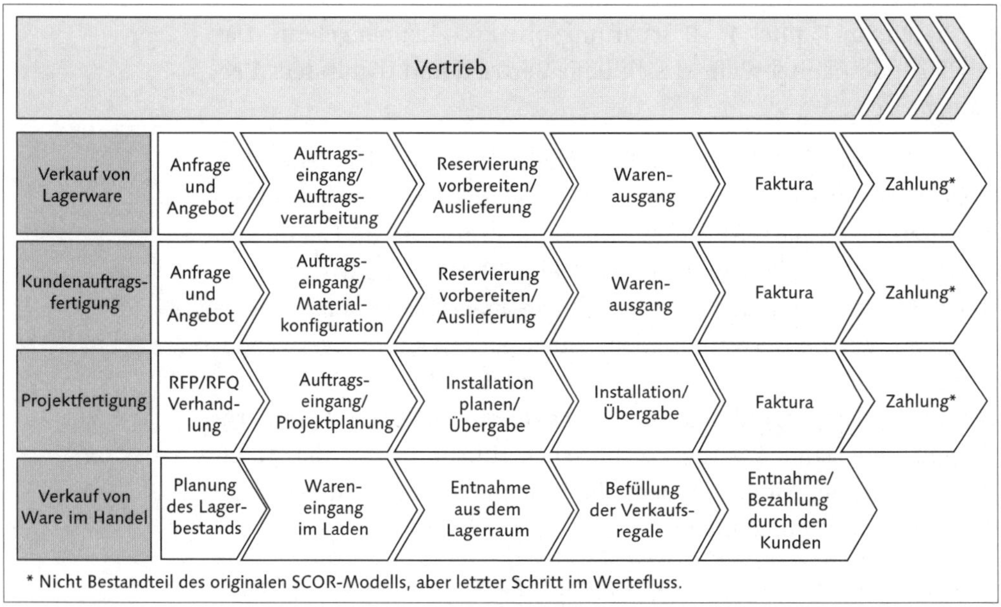

	Vertrieb					
Verkauf von Lagerware	Anfrage und Angebot	Auftragseingang/ Auftragsverarbeitung	Reservierung vorbereiten/ Auslieferung	Warenausgang	Faktura	Zahlung*
Kundenauftragsfertigung	Anfrage und Angebot	Auftragseingang/ Materialkonfiguration	Reservierung vorbereiten/ Auslieferung	Warenausgang	Faktura	Zahlung*
Projektfertigung	RFP/RFQ Verhandlung	Auftragseingang/ Projektplanung	Installation planen/ Übergabe	Installation/ Übergabe	Faktura	Zahlung*
Verkauf von Ware im Handel	Planung des Lagerbestands	Wareneingang im Laden	Entnahme aus dem Lagerraum	Befüllung der Verkaufsregale	Entnahme/ Bezahlung durch den Kunden	

* Nicht Bestandteil des originalen SCOR-Modells, aber letzter Schritt im Werrtefluss.

Abbildung 5.1 Verkaufsprozess im angepassten SCOR-Modell

Da wir uns in diesem Buch auf produzierende Unternehmen konzentrieren, wollen wir den Fall des Verkaufs von Ware im Handel nicht weiter betrachten.

Die anderen drei Typen Verkauf von *Lagerware*, *Kundenauftragsfertigung* und *Projektfertigung* unterscheiden sich auf den ersten Blick nur wenig. In der Tat ist es für die Buchhaltung auch kaum von Relevanz, ob es sich um den Verkauf von standardisierter Lagerware oder um eine Projektfertigung, z. B. das Bauen eines Staudamms, handelt, auch wenn Letzteres aufgrund der vermutlich langen Laufzeit zu Abgrenzungsposten in der Bilanz führen würde. Ausführlichere Angaben hierzu finden Sie in Kapitel 7, »Abschluss und Reporting in SAP ERP«.

Die Ausrichtung des Controllings wird dagegen vom *Prozesstyp* beeinflusst. So wird im Falle einer Projektfertigung der Kundenauftrag häufig als zentraler Kostenträger genutzt, sodass dort neben den Erlösen auch die echten Aufwände fortgeschrieben werden. Im Falle einer anonymen bzw. kundenneutralen Lagerhaltung ist dies nicht möglich. Im Controlling interessiert hierbei besonders, dass in der Produktion maximal die kalkulierten Kosten anfallen und später die Ware nicht zu günstig verkauft wird. Mehr zu diesem Thema finden Sie in Kapitel 6, »Produktionsprozess«.

Prozesstyp

Zudem sind nicht alle in Abbildung 5.1 dargestellten Prozessschritte auch relevant für den Wertefluss.

In der Phase der Geschäftsanbahnung, also bei Anfragen, Angeboten oder Verhandlungen mit den Kunden, entsteht zwischen unserem Unternehmen und dem Kunden keine Bindung, die wir in Buchhaltung oder Controlling abbilden müssten.

Geschäftsanbahnung

Als Beginn des Werteflusses definieren wir daher den Eingang eines *Kundenauftrags*. Dieser wird in SD verarbeitet. Der erfasste Kundenauftrag kann nach CO-PA übergeleitet werden, wodurch ein Controlling des Kundenauftragsbestands möglich ist. Aus bilanzieller Sicht ist der Kundenauftrag zunächst nicht relevant.

Beginn des Werteflusses – Kundenauftrag

Der erste Zeitpunkt im Verkaufsprozess mit bilanzieller Auswirkung ist der Warenausgang. Er ist Teil der logistischen Auslieferung. Unter dem Begriff der *Auslieferung* vereinen sich Aktivitäten wie die Kommissionierung der Ware im Lager, die Verpackung oder das Drucken der Lieferscheine. Letzte Schritte sind dabei die Verbuchung des Warenausgangs in der Bestandsführung und die Abbildung dieses Vorgangs in Bilanz und Gewinn- und Verlustrechnung (GuV). Der Vorgang kann, muss aber nicht, auch in die Gemeinkostenrechnung übergeleitet werden. Eine Überleitung in ein kalkulatorisches CO-PA findet nicht statt.

Auslieferung

Faktura Das kalkulatorische CO-PA erhält die Werte der Bestandsveränderung erst mit der *Faktura*. In der Finanzbuchhaltung werden zu diesem Zeitpunkt Forderung, Erlös(-minderungen) und gegebenenfalls Steuern gebucht. Nun entsteht der offene Posten in der Debitorenbuchhaltung.

Zahlungseingang Der Ausgleich dieses offenen Postens durch einen *Zahlungseingang* bildet den Abschluss des Verkaufsprozesses. Mit diesem Schritt haben wir SD als auslösendes Modul verlassen, es handelt sich nämlich hier um einen Vorgang in FI. Eine Integration findet jetzt nur noch mit dem Controlling statt – und dies auch nur bei entsprechender Ausgestaltung des Vorgangs.

Es entstehen also zu unterschiedlichen Zeitpunkten im Verkaufsprozess Werte in FI und CO. Eine Übersicht über die Belege, die dabei jeweils anfallen, zeigt nochmals Abbildung 5.2.

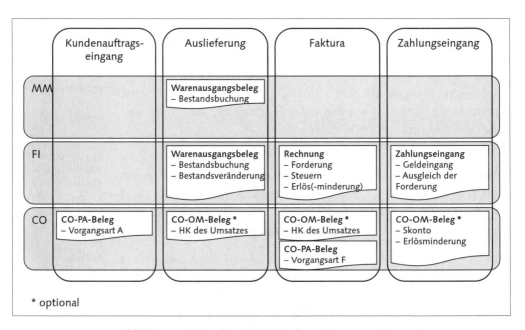

Abbildung 5.2 Wertefluss des Verkaufsprozesses

Wir werden im Folgenden die einzelnen Schritte und Phasen des Verkaufsprozesses genauer betrachten und beginnen direkt beim Kundenauftrag.

5.2 Kundenauftrag als Basis der weiteren Kontierung

Obwohl der *Kundenauftrag* selbst keine Relevanz für die Buchhaltung hat und auch in CO-PA nur optional darstellbar ist, werden hier bereits wichtige Festlegungen für die spätere Verbuchung in FI und CO getroffen. Zum einen werden bereits die FI- und CO-Kontierungen festgelegt, zum anderen wird hier der Wert für die spätere Faktura erstmals definiert.

Bei den Kontierungen sind insbesondere die Findung von Profit-Center und Segment wichtige Punkte.

Wir werden in diesem Abschnitt zunächst die Ableitungsmöglichkeiten für die *Profit-Center-Kontierung* betrachten. Hierfür gibt es im Verkaufsprozess unterschiedliche Möglichkeiten. Darauf aufbauend gehen wir dann zur Segmentableitung über.

Die Profit-Center- und Segmentkontierung wird im SAP-Standard bereits beim erstmaligen Speichern des Kundenauftrags abgeleitet. Alle Belege im weiteren Belegfluss werden ihre Kontierung aus dem Kundenauftrag übernehmen.

Ursprung der CO-Kontierungen

5.2.1 Profit-Center-Ableitung

Die einfachste Art der Ableitung ist die Übernahme des Profit-Centers aus der Werksicht des Materialstamms. Dort ist das Profit-Center sowohl auf dem Reiter VERTRIEB: ALLG./WERK als auch auf dem Reiter KALKULATION 1 in Abhängigkeit vom Werk zu finden. Ein Beispiel dafür sehen Sie in Abbildung 5.3. Diese Vorgehensweise entspricht dem SAP-Standard.

Profit-Center-Ableitung aus dem Materialstamm

Bei der produktorientierten Profit-Center-Struktur der Lederwaren-Manufaktur Mannheim ist diese Ableitung aus dem Materialstamm ausreichend.

Viele Unternehmen bilden in der Profit-Center-Rechnung aber eine Matrixorganisation ab, wie etwa eine Kombination aus Sparte und Kundengruppierung. Damit ist oft eine vertriebsorientierte Ableitung des Profit-Centers notwendig. So könnten wir z. B. bei der Lederwaren-Manufaktur Mannheim unterscheiden, ob wir eine Tasche an einen Key-Account oder an den mittelständischen Handel

Matrixorganisation mit Profit-Centern

abgeben. Dies erfordert demzufolge die Berücksichtigung des Kunden bei der Ableitung des Profit-Centers.

Abbildung 5.3 Profit-Center-Zuordnung im Materialstamm

Einsatz einer Substitution

Das SAP-System bietet hierfür eine Substitution an. Wir können damit ein konstantes Profit-Center in Abhängigkeit von diversen Feldern der Kundenauftragsposition finden. Beispielhaft ist hierfür die Hinterlegung des Profit-Centers K1000 (Key-Accounts), wenn der Verkauf über den Vertriebsweg M1 (Key-Accounts) erfolgt.

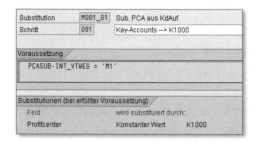

Abbildung 5.4 Profit-Center-Ableitung über Substitution

Die Substitution kann über die Transaktion OKEM gepflegt werden. Im Einführungsleitfaden finden Sie die Einstellung unter FINANZWESEN (NEU) • HAUPTBUCHHALTUNG (NEU) • WERKZEUGE • VALIDIERUNG/SUBSTITUTIONEN • SUBSTITUTIONEN VON PROFIT-CENTERN IN KUNDENAUFTRÄGEN.

Ableitungsmöglichkeiten

Mithilfe der Substitution können konstante Werte hinterlegt oder Zuweisung eines Tabellenfelds umgesetzt werden. Es lassen sich auch komplexe Sachverhalte abbilden. Dann ist häufig der Einsatz eines User Exits sinnvoll. Das Profit-Center kann in der Kundenauftragsposition auch manuell mitgegeben werden.

5.2.2 Ableitung des Segments

Da nur das Modul FI das Feld SEGMENT kennt, ist es in SD nicht möglich, das Segment manuell mitzugeben. Das Segment muss also automatisch abgeleitet werden. Hierzu gibt es zwei Möglichkeiten:

- Ableitung des Segments mit BAdI `FAGL_DERIVE_SEGMENT`
- Ableitung des Segments aus dem Stammsatz des Profit-Centers

Bei der Erstellung des Belegs im neuen Hauptbuch wird zunächst geprüft, ob BAdI `FAGL_DERIVE_SEGMENT` aktiv ist und darüber das Segment abgeleitet werden kann. Ist dies nicht möglich, wird die Ableitung mithilfe des Profit-Centers durchgeführt.

> **Vorteile und Aufwand bei der Nutzung von BAdIs** [+]
>
> Der Einsatz von BAdIs erhöht den Freiheitsgrad für die Segmentberichterstattung enorm, der Aufwand für die Umsetzung sollte aber dennoch nicht unterschätzt werden.

In Projekten zur Einführung der Ergebnis- und Marktsegmentrechnung wird oft viel Zeit auf die Frage verwendet, ob Kundenaufträge nach CO-PA übergeleitet werden sollen. Die Antwort hierauf hängt zum einen von der Branche, zum anderen von der generellen Controllingphilosophie eines Unternehmens ab. *Abbildung in CO-PA*

Grundsätzlich bietet die Überleitung eines eingegangenen Kundenauftrags nach CO-PA die Möglichkeit, bereits zu einem sehr frühen Zeitpunkt des Verkaufsprozesses das daraus erwartete Ergebnis zu ermitteln. Insbesondere für Branchen und Unternehmen, bei denen zwischen Auftragseingang und Faktura eine große Zeitspanne liegt, ist die Erfassung von Kundenaufträgen in CO-PA interessant. Klassische Beispiele an dieser Stelle sind der Bau eines Kraftwerks oder Staudamms. *Bedeutung von Branche und Lieferzeiten*

Bleiben wir bei unserem Modell der Lederwaren-Manufaktur Mannheim, können wir bei den maßgefertigten Schuhen mit ca. drei Monaten *Lieferzeit* kalkulieren. An dieser Stelle ist ein Kundenauftragscontrolling sinnvoll. Bei der Massenproduktion von Gürteln auf Lager hingegen ist dies weniger sinnvoll, denn vom Kundenauftragseingang bis zu Auslieferung und Faktura vergehen hierbei nur wenige Tage. Der Mehrwert an Information ist also gering. Vor allem aber besteht aufgrund der Zeitspanne keine Möglichkeit, korrigierend einzugreifen. *Überleitung bei langen Lieferzeiten*

Wir können also festhalten, dass die Überleitung von Kundenaufträgen nach CO-PA bei Kundeneinzelfertigung und langen Lieferzeiten sinnvoll ist. Durch die frühzeitige Kalkulation des zu erwartenden Ergebnisses haben wir bei drohenden Verlusten noch die Möglichkeit, korrigierend einzugreifen. Bei Lieferzeiten von wenigen Tagen können keine Gegenmaßnahmen eingeleitet werden. Die Erhebung der Kundenauftragsdaten in CO bietet in dieser Situation keine Vorteile.

[+] **Keine doppelten CO-PA-Sätze beim Kundenauftragscontrolling**
Ein Argument in der Praxis gegen die Überleitung von Kundenaufträgen nach CO-PA ist, dass man »doppelte Einträge« vermeiden will. In der Tat ist es richtig, dass zusätzlich zu einem Kundenauftrag später auch die dazugehörige Faktura nach CO-PA übergeleitet wird. Die Sätze können aber mithilfe des Feldes VORGANGSART unterschieden werden. Die Vorgangsart für Kundenaufträge ist A, Fakturen sind mit F gekennzeichnet.

Ein wichtiges Element des Kundenauftrags ist die Kalkulation des Verkaufspreises.

5.3 Preiskalkulation als Basis der Wertermittlung

Lieferant von Werten für FI und CO

Sowohl die Buchhaltung als auch das Controlling nutzen die Werte dieser Preisermittlung bei der Verbuchung. Daher ist besonders hier eine enge Zusammenarbeit von SD-, FI- und CO-Berater erforderlich, wobei der Großteil der Anforderungen aus dem Controlling und weniger aus der Finanzbuchhaltung stammt. Hinsichtlich des Moduls SD ist eine marktgerechte Preisbildung darzustellen, was insofern einen Spagat bedeutet, da sich viele Anforderungen des Marktes konträr zu denen des Controllings gestalten. In den meisten Fällen ist es nicht damit getan, einen Preis für die Ware darzustellen und diesen mit entsprechender Steuer zu versehen; in der Regel wird eine detaillierte Preiskalkulation erwartet.

Elemente der Preisbildung

Für die Bildung des zu berechnenden Preises stehen dabei folgende Elemente zur Verfügung (siehe auch Abschnitt 5.3.2, »Preisbildende Elemente«):

- Preise
- Zu-/Abschläge
- Frachten

- Versandkosten
- Steuer

Zusätzlich gibt es Elemente, die nicht preisbildend, sondern kalkulatorisch angesetzt werden (siehe Abschnitt 5.3.3, »Kalkulatorische Elemente«), wie z. B. die folgenden:

Kalkulatorische Elemente

- Provisionen (intern)
- Bonus (Abrechnung erfolgt separat in Folgeperioden)
- kalkulatorische Frachten

All diese Preiselemente werden in einem sogenannten *Kalkulationsschema* zusammengefasst, das die Preisberechnung im System darstellt. Wir befassen uns nun mit diesem Kalkulationsschema und anschließend mit den Elementen von Preisbildung und Kalkulation.

5.3.1 Konditionen und Kalkulationsschema

Wir können parallel mehrere Preisberechnungen (Kalkulationsschemata) führen. Die Auswahl des jeweils im Kundenauftrag zu verwendenden Schemas ist abhängig vom Vertriebsbereich, von der Verkaufsbelegart und dem Kunden. In Abbildung 5.5 sehen Sie ein Beispiel für ein *Kalkulationsschema*.

Kalkulationsschema

Schema		ZM1000	LWM - Standard									
Steuerung												
Übersicht Bezugsstufen												
Stufe	Zäh	KArt	Bezeichnung	Von	Bis	Ma	O	Stat	D	ZwiSu	Bedg	RchFrm	BasFrm	KtoSl	Rückst
11	0	PR00	Preis			☐	☑	☐			2			ERL	
13	0	PB00	Preis Brutto			☑	☐	☐			2			ERL	
14	0	PR02	Intervallpreis			☐	☐	☐			2			ERL	
15	0	ZK01	Kosten			☐	☐	☐	X		2			ERL	
100	0		Brutto			☐	☐	☐	X	1	2				
101	0	KA00	Aktion			☐	☐	☐	X		2			ERS	
102	0	K032	Preisgrp/Mat			☐	☐	☐	X		2			ERS	
103	0	K005	Kunde/Material			☐	☐	☐	X		2			ERS	
104	0	K007	Kundenrabatt			☐	☐	☐	X		2			ERS	
105	0	K004	Material			☐	☐	☐	X		2			ERS	
106	0	K020	Preisgruppe			☐	☐	☐	X		2			ERS	
107	0	K029	Materialgruppe			☐	☐	☐	X		2			ERS	
108	0	K030	Kunde/MatGrp			☐	☐	☐	X		2			ERS	
109	0	K031	Preisgrp/MatGrp			☐	☐	☐	X		2			ERS	
110	1	RA01	Proz. v. Brutto	100		☑	☐	☐	X		2			ERS	
110	2	RA00	Proz. v. verm.			☑	☐	☐	X		2			ERS	

Abbildung 5.5 Kalkulationsschema der Preisfindung

Das SD-Kalkulationsschema ist ähnlich wie Microsoft Excel aufgebaut. Sie können in den einzelnen Zeilen Berechnungen vornehmen und dabei auf beliebige andere Zeilen zugreifen. Die Einstellungen nehmen Sie in der Transaktion V/08 vor oder alternativ im Einführungsleitfaden unter VERTRIEB • GRUNDFUNKTIONEN • PREISFINDUNG • STEUERUNG DER PREISFINDUNG • KALKULATIONSSCHEMATA DEFINIEREN UND ZUORDNEN.

Konditionsart   Jedes Element (Zeile) des Kalkulationsschemas wird durch eine *Konditionsart* dargestellt. Die Konditionsart definiert den sogenannten *Typ*, z. B. *Preis* oder *Zu-/Abschlag*, sowie dessen Berechnungsgrundlage (absolut oder prozentual).

Das Customizing der Konditionsarten ist sehr komplex. Sie erreichen es im Einführungsleitfaden über VERTRIEB • GRUNDFUNKTIONEN • PREISFINDUNG • STEUERUNG DER PREISFINDUNG • KONDITIONSARTEN DEFINIEREN. In Abbildung 5.6 sehen Sie mit PR00 eine der Standardkonditionsarten im Modul SD. Hier werden viele grundlegende Einstellungen getroffen. So bestimmt die RECHENREGEL, ob es sich bei der Preisfindungszeile um einen festen Betrag, einen Prozentsatz oder auch um ein mengenabhängiges Preiselement handelt.

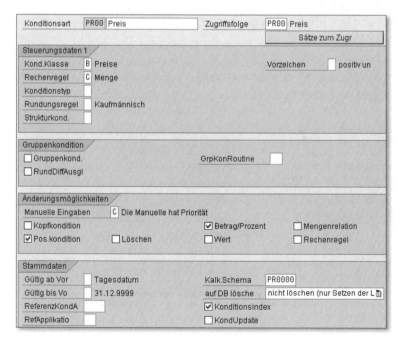

Abbildung 5.6 Customizing einer Konditionsart (Auszug)

Sie sehen in Abbildung 5.6 rechts oben den Button SÄTZE ZUM ZUGRIFF. Hierüber können Sie für die Konditionsart PR00 sogenannte *Konditionssätze* pflegen. Ein Beispiel dafür zeigt Abbildung 5.7.

Konditionssätze

Verkaufsorganisation	M001	LWM Deutschland			
Vertriebsweg	M1	Key-Accounts			
Material	T100	Kelly Bag I			
Konditionsbetrag					
X KArt			Betrag	Einh. pro	ME
☐ PR00 LWM Deutschland			2.700,00	EUR	1 ST
KArt Kunde					
☐ PR00 1000			2.750,00	EUR	1 ST

Abbildung 5.7 Konditionssätze für Konditionsart PR00, Material T100

Sie sehen, dass für unser Material T100 zwei Preise (*Konditionssätze*) gepflegt wurden, da zwei Einträge mit unterschiedlichen Preisen gemacht wurden. Im zweiten Eintrag ist ein Kunde hinterlegt, im ersten nicht. Dass das Pflegen unterschiedlicher Preise üblich ist, wird uns allen einleuchten. So kann es sein, dass Key-Accounts günstigere Preise erhalten als ein Neukunde. Wie weiß das System aber nun, welchen Preis es verwenden soll?

Hierzu pflegen Sie eine sogenannte *Zugriffsfolge*, die definiert, in welcher Reihenfolge nach Preisen gesucht wird. Wenn Sie noch einmal zu Abbildung 5.6 zurückgehen, sehen Sie, dass unserer Konditionsart die Zugriffsfolge PR00 zugeordnet ist, die in Abbildung 5.8 dargestellt ist.

Zugriffsfolge

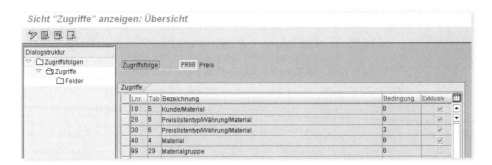

Abbildung 5.8 Übersicht über die Zugriffsfolge PR00

Konditionsart und Zugriffsfolge haben in unserem Beispiel dieselbe Bezeichnung. Das macht die Zusammenhänge auf den ersten Blick leichter nachvollziehbar, ist aber aus technischer Sicht nicht erforderlich.

Die Zugriffsfolge legt fest, in welcher Reihenfolge gepflegte Preise zu beachten sind. Dafür wird auf jeder Stufe nach hinterlegten Preisen/Informationen gesucht, bis ein erster gültiger Eintrag gefunden ist. Das heißt, wenn wir viele Stufen aufbauen, führt dies unter Umständen zu langen Laufzeiten sowie zum Verlust von Transparenz für den Anwender.

> **[+] Faustregel: Vom Speziellen zum Allgemeinen**
>
> Das System durchläuft die Zugriffsfolge so lange, bis ein gültiger Eintrag gefunden wird. Es ist daher wichtig, die Einträge mit den größten Einschränkungen am Anfang einer Zugriffsfolge zu pflegen. Sehr allgemeine Einträge, die fast immer gültig sind (z. B. nur Materialnummer), sollten erst am Ende der Ableitung stehen.
>
> Nur so können wir gewährleisten, dass Spezialpreise zum Zuge kommen. Beispielsweise können wir einem Material einen Standardverkaufspreis zuordnen. Würden wir diesen Preis, der nur vom Material abhängt, an erster Stelle der Zugriffsfolge pflegen, würden weitere Preise, z. B. in Abhängigkeit von Material und Kunde, nie zum Zuge kommen.

Da die *Zugriffsfolge* oft mit Sonderfällen gespickt ist, kann über Bedingungen (ABAP-programmierte Exit-Strukturen) die Relevanz für jede Stufe der Zugriffsfolge reglementiert werden.

Kalkulationsschema Auch das *Kalkulationsschema* selbst wird bei Zeile 1 beginnend abgearbeitet. Die Anordnung der Konditionsarten erfolgt nun in der Reihenfolge ihrer Berechnung.

Als Beispiel ist in Tabelle 5.1 die Konditionsart RA01 abgebildet. Die Zeile 110 nimmt Bezug auf Zeile 100 und berechnet davon einen Abschlag oder Nachlass von zehn Prozent.

Diese Einstellungen am Kalkulationsschema sind Teil des Customizings. Ein Anwender kann also beim Anlegen oder Ändern eines Kundenauftrags nicht in das Berechnungsmuster eingreifen.

Zwischensummen In diesem Beispiel ist auch erkennbar, dass sogenannte *Zwischensummen* integrierbar sind. Auf diese Zwischensummenzeilen können wiederum Konditionsarten angesetzt werden. Zeile 100 dient zur Darstellung des bis hierhin aufgelaufenen Bruttopreises, wobei Brutto nicht im Sinne »inklusive Mehrwertsteuer«, sondern als »nicht rabattierter Preis« zu verstehen ist.

	Konditionsart		Auf Stufe	Wert der Kondition	Wert der Zeile	Aufgelaufener Wert
11	PR00	Preis		100,00 EUR	100,00 EUR	100,00 EUR
100		Brutto				100,00 EUR
103	K005	Rabatt »Kunde«		−10 %	−10,00 EUR	90,00 EUR
105	K004	Rabatt »Material«	103	−10 %	−9,00 EUR	81,00 EUR
110	RA01	Rabatt »Brutto«	100	−10 %	−10,00 EUR	71,00 EUR

Tabelle 5.1 Anwendungsbeispiel für Zu- und Abschläge

Ob eine Stufe im Kalkulationsschema im Rahmen der Preisfindung bearbeitet werden soll, kann zusätzlich wieder über Bedingungen (ABAP-programmierte Exit-Strukturen) eingeschränkt werden.

Zuerst werden immer die positionsbezogenen Preiselemente platziert, danach folgen die übergeordneten Konditionen wie z. B. Frachten.

Wie Sie an dieser kurzen Abhandlung über Preisgestaltung schon sehen können, bietet das SAP-System ein komplexes Handwerkszeug für ein ebenfalls komplexes Thema. Betrachten wir daher die zu Beginn genannten Elemente der Preisbildung nun im Detail.

5.3.2 Preisbildende Elemente

Als preisbildendes Element ist zuerst der *Preis* an sich zu benennen. Preis

Die beeinflussenden Informationen für einen Preis können aus dem *Artikel* mit seinen Gruppierungsmerkmalen und aus dem *Kunden* inklusive dessen Gruppierungsmerkmalen sowie aus sämtlichen Organisationselementen des *Vertriebs* stammen.

- Artikel
  Typische Gruppierungen von Artikeln sind im SAP-System z. B. die Produkthierarchien oder Materialgruppen. Es können aber durchaus auch Elemente der Klassifizierung verwendet werden. Ein extremes Beispiel hierfür ist die Variantenpreisfindung.
- Kunde
  Auf der Seite des Kunden sind entweder Kundenhierarchien, die

über Partnerrollen abgebildet werden, oder auch die Kundengruppen verwendbar.

Mit diesen Mitteln können Preise auf Basis einer Kunden-Artikel-Kombination hinterlegt werden. Es ist nicht notwendig, dass für sämtliche verkaufsfähige Artikel der Preis auf einer gemeinsamen Ebene hinterlegt wird, über die Zugriffsfolge wird jeweils ein gültiger Preis ermittelt.

Zusätzlich besteht die Möglichkeit, Preislistentypen zu definieren und dem Kunden eine solche zuzuordnen. Beispielsweise können wir bei der Lederwaren-Manufaktur Mannheim einen Typ *Key-Accounts* und einen zweiten Typ *Privatpersonen* hinterlegen und diese jeweils mit unterschiedlichen Preisen versehen. Zu jedem Preislistentyp wird pro Materialnummer ein Preis hinterlegt.

Zu-/Abschläge Die gefundenen Preise können dann mit beliebig vielen Zu- und Abschlägen verändert werden. Typischer *Abschlag* ist ein kundenspezifischer Rabatt. Es gibt aber auch artikelspezifische Rabatte. Werden mehrere Rabatte gewährt, muss im Kalkulationsschema definiert sein, ob ein Rabatt auf den bis dahin aufgelaufenen (bereits reduzierten) oder auf den initialen Wert gewährt wird. Im ersten Fall sprechen wir vom sogenannten *Nettorabatt*. Wird der Rabatt auf eine höhere Stufe angewendet, sprechen wir von einem *Bruttorabatt*. Entsprechend dieser Gestaltung verändert sich der Preis.

In Tabelle 5.1 sehen Sie beide Varianten. Zeile 105 ist ein Nettorabatt, der zehn Prozent von der Vorgängerzeile 103 berechnet. Der Rabatt in Zeile 110 berechnet sich hingegen aus Zeile 100, berücksichtigt also die Preisänderungen in den Zeilen 103 und 105 nicht.

Werte manuell verändern Es muss auch definiert werden, ob die gefundenen Werte manuell verändert werden dürfen oder manuelle Änderungen der Preisberechnung nur über weitere Konditionsarten zugelassen sind. Vorteil der zweiten Variante ist, dass jederzeit ersichtlich ist, welche Veränderungen der Anwender vorgenommen hat. Oft ist dies auch eine Anforderung aus dem Reporting.

Konditionsausschluss Neben einer tabellarisch aufgebauten Preisfindung gibt es auch die Option, mit dem *Konditionsausschluss* zu arbeiten. Ein Beispiel hierfür ist die sogenannte »Best Price«-Findung. Diese ist vor allem im Handelsumfeld üblich. Bei diesem Verfahren gibt es mehrere Möglichkeiten der Preisberechnung, wie z. B. allgemeingültige Preise entsprechend Katalog festzulegen und zusätzlich eine kundenspezifische Preisgestaltung zu betreiben.

Alle Berechnungsvarianten sind im Kalkulationsschema hinterlegt. Über *Konditionsausschlussverfahren* wird festgelegt, dass der für diesen Auftrag günstigste Preis als aktiver Wert eingestellt wird. Die anderen Konditionsarten mit ihren Werten haben dann nur noch statistischen Charakter.

Mit dem Konditionsausschluss können Sie auch bestimmen, dass kein weiterer Rabatt gewährt wird, wenn bereits ein bestimmter Rabatt gefunden wurde. Dies käme z. B. dann zum Einsatz, wenn Sie einen Rabatt wegen einer Ausverkaufsaktion gewähren möchten, aber ausschließen wollen, dass zusätzlich Mengenrabatte gewährt werden.

Jede Zeile des Kalkulationsschemas, die für die Buchhaltung relevant ist, muss mit einem *Kontoschlüssel* versorgt werden, der für die Überleitung des Wertes nach FI verantwortlich ist (siehe Abbildung 5.9). Dazu finden Sie aber noch mehr Informationen in Abschnitt 5.7.3, »Darstellung der Umsatzerlöse«.

Schnittstelle FI

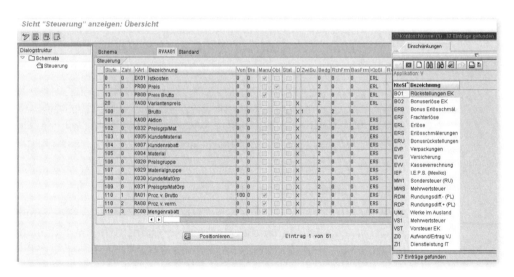

Abbildung 5.9 Zuordnung der Kontenschlüssel

Für die Fortschreibung von CO-PA müssen wir die Konditionsarten den Wertfeldern von CO-PA zuordnen (siehe Abbildung 5.10).

Schnittstelle CO

KArt	Bezeichnung	Wertfeld	Kurzbeschreibung	Vorz. Übern...
B004	Hierarchiebonus	JBONU	Jahresboni	✓
B005	Hierarchiebonus/Mat	JBONU	Jahresboni	✓
B006	Umsatzunabhäng-Bonus	JBONU	Jahresboni	✓
DIFF	Rundung	ERLOS	Erloes	✓
HA00	Prozentrabatt	PRABA	Preisnachlaß	✓
HD00	Fracht	VVFVV	Erl.f. Fra/Verp/Vers	✓
K007	Kundenrabatt	PRABA	Preisnachlaß	✓
K030	Kunde/MatGrp	PRABA	Preisnachlaß	✓
K031	Preisgrp/MatGrp	PRABA	Preisnachlaß	✓
KA00	Aktion	PRABA	Preisnachlaß	✓
KF00	Fracht	PRABA	Preisnachlaß	✓
KP00	Palettenrabatt	PRABA	Preisnachlaß	✓
KP01	Anbruchzuschlag	PRABA	Preisnachlaß	✓
KP02	Mixpalettenrabatt	PRABA	Preisnachlaß	✓
KP03	MixAnbruchzuschlag	PRABA	Preisnachlaß	✓
PB00	Preis Brutto	ERLOS	Erloes	✓

Abbildung 5.10 Zuordnung der SD-Konditionen zu den Wertfeldern

Jede verwendete Konditionsart, die nicht statistisch ist, muss auf ein Wertfeld verweisen. Dabei ist es möglich, dass mehrere Konditionsarten auf ein gemeinsames Wertfeld verweisen. Zum Beispiel werden Rabatte oft differenziert berechnet, aber mithilfe eines einzigen Wertfelds, des Wertfelds PREISNACHLASS, gesteuert. Statistische Konditionen können ebenfalls auf Wertfelder verweisen.

[+] **Vergleichbare Werte schaffen**
Wichtig ist, dass die Werte »vergleichbar« sind, d.h., es darf kein Mix zwischen steuerfreien und besteuerten Werten erfolgen! Sonst würden wir buchstäblich Äpfel mit Birnen vergleichen.

5.3.3 Kalkulatorische Elemente

Kalkulatorische Elemente unterscheiden sich von anderen Elementen zunächst lediglich durch die Markierung »statistisch« im Kalkulationsschema. Sämtliche Steuerungen und Einstellungen bei Konditionsart, Konditionstabelle und Zugriffsfolge sind identisch. Einzige Ausnahme sind Bonuskonditionen.

Sobald ein Element als statistisch markiert ist, wird zwar der Wert ermittelt, aber die Zeile geht nicht in die Aufsummierung des zu fakturierenden Wertes mit ein. Kalkulatorische Elemente können auf jeder Stufe »zwischengezogen« werden. Sie werden bevorzugt eingesetzt, um zusätzliche einzelpostenbezogene Werte für CO-PA bereitzustellen.

Oft eingesetzt werden kalkulatorische Elemente für die statistische Ermittlung von *Provisionen* – damit sind interne Vergütungen auf Basis der Verkäufe oder realisierten Preise pro Kunde/Artikel gemeint. Sie sind in der Regel nicht pauschaliert, sodass kein einheitlicher Prozentsatz für alle fakturierten Umsätze gilt. Stattdessen ist die Vergütung abhängig von bestimmten Artikelspektren und häufig auch durchgesetzten Preisen. Dafür werden eigene Konditionen definiert, die im Kalkulationsschema eingestellt werden. Der damit ermittelte Wert wird bei der Übergabe in CO-PA in ein separates Feld gestellt.

Provision

> **Keine automatische Buchung und Auszahlung an den Provisionsempfänger**
>
> Mit der Einführung statistischer Elemente für die Berechnung von Provisionen werden weder automatische Buchung noch Auszahlung an den Provisionsempfänger realisiert. Mit diesem Mittel wird lediglich die Darstellung der CO-PA-Einzelposten direkt ergänzt.

[!]

Der *Bonus* ist eine sehr spezielle Form. Die Abbildung von Boni erfolgt mit den normalen Mitteln der Preisfindung. Allerdings unterscheidet sich der Bonus darin, dass er seine Werte in Bonusabsprachen fortschreibt, aus denen dann nachträglich eine Bonusabrechnung generiert wird (siehe Abbildung 5.11).

Bonus

Stufe	Zähl	KArt	Bezeichnung	Von	Bis	Manu	Obl	Stat	D	ZwiSu	Bedg	RchFrm	BasFrm	KtoSl	Rückst
820	0	HM00	Auftragswert	0	0	✓					0	0	0	ERS	
890	0			0	0						0	0	0		
895	0	PDIF	Differenzwert(eigen)	0	0	✓					0	0	0		
900	0		Nettowert 2	0	0					3	0	2	0		
901	0	B001	Mat-/Gruppenbonus	400							24	0	0	ERB	ERU
902	0	B002	Materialbonus	400							24	0	0	ERB	ERU
903	0	B003	Kundenbonus	400							24	0	0	ERB	ERU
904	0	B004	Hierarchiebonus	400							24	0	0	ERB	ERU
905	0	B005	Hierarchiebonus/Mat	400							24	0	0	ERB	ERU
908	0		Nettowert 3	0	0						0	0	0		
909	0	PI02	PreisInterneVerrProz	0	0			✓	X	B	22	0	0	ERL	
910	0	PI01	PreisInterneVerrechn	0	0			✓	X	B	22	0	0	ERL	
914	0	SKTV	Skonto	0	0			✓	D		14	0	2		
915	0	MWST	Umsatzsteuer	0	0			✓			10	0	16	MWS	
919	0	DIFF	Rundung	0	0			✓			13	16	4	ERS	
920	0		Endbetrag	0	0				A		0	4	0		
930	0	SKTO	Skonto	0	0			✓			9	0	11		

Abbildung 5.11 Steuerung der Bonusabrechnung

Im Kalkulationsschema wird der Bonus zwar als statistisches Element betrachtet und geht nicht in die direkte Fakturawertermittlung ein, ist aber auch nicht als statistisch gekennzeichnet.

Zusätzlich kann der Bonus mit zwei Kontoschlüsseln ergänzt werden: ERU und ERB. Mit ERU wird der ermittelte Wert als Rückstellung direkt in der Finanzbuchhaltung gebucht, mit ERB erfolgt daraufhin bei der Abrechnung der Bonusabsprache die Auflösung des Rückstellkontos.

5.3.4 Spezielle Geschäftsvorfälle

Verkauf an Geschäfts- und Privatkunden

Besondere Anforderungen ergeben sich, wenn Unternehmen wie unsere Lederwaren-Manufaktur Mannheim sowohl an Geschäftskunden als auch an Privatkunden die gleichen Artikel verkaufen. Wir erinnern uns: Die Lederwaren-Manufaktur Mannheim verkauft auch gerne die passenden Accessoires zum Schuh an Privatpersonen.

Brutto-/Nettoschema

Im Privatkundenbereich muss die Darstellung der fakturierten Werte als Bruttowerte erfolgen, also in einem sogenannten *Nettoschema*. Zusätzlich muss der im Fakturawert enthaltene Steuerbetrag ausgewiesen sein. Um diese Anforderung zu erfüllen, müssen wir mit zwei Kalkulationsschemata arbeiten:

- Standard
- Standard inklusive MwSt. (Mehrwertsteuer)

Für das zweite Schema, Standard inklusive MwSt., muss eine komplette Duplizierung aller Preise erfolgen: Jeder Preis muss einmal mit und einmal ohne Steuer dargestellt werden. Dadurch entsteht jedoch der Nachteil einer komplexeren Stammdatenpflege.

SAP-Standard

Der SAP-Standard schlägt vor, das Bruttoschema komplett abzuarbeiten, um anschließend für die Übergabe an die Finanzbuchhaltung den komplett aufgelaufenen Wert zu »entsteuern« und beide differenziert zu übergeben.

Dabei ergeben sich jedoch Probleme, da keinerlei Erlösschmälerungen und/oder Frachtanteile differenziert übergeben werden können. Außerdem ist die Übergabe in CO-PA nur als Brutto auf den Konditionen möglich. Damit ist eine Vergleichbarkeit bzw. ein gemeinsames Reporting dieser Geschäftsvorfälle fast nicht mehr möglich.

Preiskalkulation als Basis der Wertermittlung | **5.3**

Eine bessere Alternative ist die Entsteuerung auf einer detaillierten Ebene. Die Ebene wird dabei durch die Wertfelder in CO-PA festgelegt. Das heißt konkret, zu jedem Wertfeld wird der Bruttowert zusammengefasst und dann durch eine Kondition MWS* (Kopie von MWSI) entsteuert. Damit ist eine entsteuerte Übergabe an die Wertfelder in CO-PA möglich.

Entsteuerung auf detaillierter Ebene

Zeile		Konditionsart		Wert der Kondition	Bezugsbasis	Aufgelaufener Wert
10	❶	PB00	Bruttopreis	100,00 EUR		119,00 EUR
20		ZMWP	MwSt.-Anteil Preis	19 %		19,00 EUR
100			Nettopreis			100,00 EUR
110	❷	K005	Bruttorabatt	−10 %	auf 100,00 EUR	−11,19 EUR
120		ZMWR	MwSt.-Anteil Rabatt	19 %		−1,19 EUR
200			Nettorabatt			−10,00 EUR
400			Endwert brutto			107,81 EUR
410		MWSI	MwSt. enthalten			17,21 EUR
420		NETW	Nettowert			90,60 EUR

Tabelle 5.2 Beispiel für ein Bruttoschema

Aus Tabelle 5.2 ist zu ersehen, dass zu jedem Bruttowert der Mehrwertsteueranteil und der Nettowert berechnet werden. Im Beispiel findet die Berechnung einmal auf die Zeile 10 ❶, den ursprünglichen Bruttowert, und einmal auf die Zeile 110 ❷, einen Rabatt, statt. Nun muss aber bei jeder Berechnung der Steuerbetrag kaufmännisch gerundet werden. Je mehr Berechnungen und damit auch Rundungen in einer Preiskalkulation enthalten sind, desto mehr Rundungsdifferenzen werden sich aufsummieren. Würden wir nur am Ende der Kalkulation einmalig die Steuer berechnen, ergäbe dies bei einem kleinen Beispiel wie in Tabelle 5.2 den identischen Steuerwert. Bei mehr Berechnungszeilen wird die Steuer bei Ermittlung über viele Einzelschritte aber von der Ermittlung in nur einem Schritt abweichen.

Die Kunst ist nun, die Differenzen durch die Reduzierung der Besteuerung auf die Komponenten und Ebenen, die das Reporting in CO fordert, zu minimieren.

Nettoschema Anschließend sind die Differenzen für das Bruttoschema zu ermitteln und dem Verursacher anteilig zuzuordnen. Den entsprechenden Vorgang zeigt Tabelle 5.3 für das *Nettoschema*, in dem die Kondition DIFF für die Rundungsdifferenzen eingestellt werden muss.

Zeile	Konditionsart		Wert der Kondition	Bezugsbasis	aufgelaufener Wert
10	PR00	Preis	100,00 EUR		100,00 EUR
110	K005	Rabatt	−10 %	auf 100,00 EUR	−10,00 EUR
400		Endwert netto			90,00 EUR
410	MWST	mit MwSt.			17,10 EUR
		Brutto			107,10 EUR

Tabelle 5.3 Beispiel für reine Nettorechnung

Verglichen mit der Bruttorechnung in Tabelle 5.2, erfolgt die Aufteilung der Differenz von 60 Cent in der Nettorechnung jeweils wertlastig, d.h. anteilig nach Werten, auf den Preis und den Rabattanteil. Die Darstellung der Verteilung erfolgt über die zusätzlichen Differenzenkonditionen (DIFF).

Die gesamte Preisfindung wird bereits beim Anlegen des Kundenauftrags durchlaufen. Später bei der Fakturaerstellung haben wir die Möglichkeit, entweder den Preis aus dem Auftrag mengenanteilig zu übernehmen oder eine komplett neue Preisfindung während der Faktura anzustoßen.

[zB] **Neue Preisfindung bei Faktura anstoßen**
Diese Variante wird häufig verwendet, wenn im verkauften Produkt Edelmetalle verarbeitet wurden, denn auf diese Weise erfolgt die Bewertung des Edelmetalls zum aktuellen Preis.
Preisschwankungen zwischen Eingang des Kundenauftrags und Fakturaerstellung gehen somit nicht auf das Konto des Verkäufers.

Zwischen diesen beiden Vorgängen des Verkaufsprozesses steht aber zunächst noch der Warenausgang (siehe Abschnitt 5.4). Bevor wir uns mit diesem befassen, behandeln wir zunächst jedoch noch die Überleitung nach CO-PA.

5.3.5 Überleitung nach CO-PA

Die Konditionsarten der Preiskalkulation sind Basis für die Befüllung von CO-PA aus SD heraus. Sie können die Konditionsarten, wie bereits in Abschnitt 3.5, »CO-PA als zentrales Reportinginstrument«, beschrieben, mit *Wertfeldern* in CO-PA verknüpfen. Je nach Controllingansatz können Sie dann die Werte der Konditionen zum Eingangszeitpunkt des Kundenauftrags und/oder bei Erstellung der Faktura nach CO-PA überführen.

Zuordnung von Wertfelder

Die Festlegungen zur Überleitung nehmen Sie im Einführungsleitfaden unter CONTROLLING • ERGEBNIS- UND MARKTSEGMENTRECHNUNG • WERTEFLÜSSE IM IST • KUNDENAUFTRAGSEINGÄNGE ÜBERNEHMEN bzw. FAKTUREN ÜBERNEHMEN vor.

Als ersten Schritt ordnen Sie die Wertfelder den Konditionsarten zu. Abbildung 5.12 zeigt einen Ausschnitt der Einstellungen für die Lederwaren-Manufaktur Mannheim.

KArt	Bezeichnung	Wertfeld	Kurzbeschreibung	Vorz. Übern.
AMIZ	Mindestwertzuschlag	VV920	Erlösschmälerungen	☐
AZWR	Anzahlung/Verrechng.	ERLOS	Erloes	☐
B003	Kundenb. / Provision	VV030	Kundenrabatt	☐
DIFF	Rundung	VV095	Sonst. Erlösschmäl.	☐
HA00	Prozentrabatt	VV920	Erlösschmälerungen	☐
HD00	Fracht	VV100	Ausgangsfracht Ist	☐
K004	Material	VV095	Sonst. Erlösschmäl.	☐
K005	Kunde/Material	VV030	Kundenrabatt	☐
K007	Kundenrabatt	VV030	Kundenrabatt	☐
K020	Preisgruppe	VV095	Sonst. Erlösschmäl.	☐
K029	Materialgruppe	VV095	Sonst. Erlösschmäl.	☐
K030	Kunde/MatGrp	VV030	Kundenrabatt	☐
K031	Preisgrp/MatGrp	VV095	Sonst. Erlösschmäl.	☐
K032	Preisgrp/Mat.	VV095	Sonst. Erlösschmäl.	☐
KA00	Aktion	VV095	Sonst. Erlösschmäl.	☐
KF00	Fracht	VV100	Ausgangsfracht Ist	☐

Abbildung 5.12 Zuordnung der Konditionsarten zu Wertfeldern

Sie sehen in der Abbildung, dass mehrere Konditionsarten auf ein Wertfeld zeigen. Da die Auswertung in CO-PA nur noch auf der Ebene des Wertfelds möglich ist, sollten Sie an dieser Stelle also darauf achten, dass Sie nicht zu sehr verdichten. Allerdings ist es in der Regel auch nicht sinnvoll, pro Konditionsart ein eigenes Wertfeld anzulegen. Zumal in CO-PA maximal 120 Wertfelder erlaubt und neben Kundenauftrag bzw. Faktura auch Werte aus Gemeinkostenrechnung und Produktion abzubilden sind.

Zuordnung von Mengenfeldern

Neben Werten wollen wir in der Regel auch Absatzmengen in CO-PA darstellen. Deshalb müssen Sie zudem eine Verknüpfung der *Mengenfelder* von SD mit den Mengenfeldern in CO-PA schaffen.

Abbildung 5.13 Zuordnung der Mengenfelder

In Abbildung 5.13 sehen Sie ein Beispiel der Lederwaren-Manufaktur Mannheim. Es werden in diesem Fall unterschiedliche Mengen dargestellt, wie etwa die Auftragsmenge und die tatsächlich fakturierte Menge. Auf diese Weise können Sie später in CO-PA auswerten, ob Sie die Kundenaufträge voll beliefern konnten, was ein wichtiger Faktor für die Kundenzufriedenheit ist.

5.4 Warenausgang

Wie bereits in Abschnitt 5.1, »Verkaufsprozess im SCOR-Modell«, beschrieben, ist die Warenausgangsbuchung der letzte Schritt im Teilprozess der logistischen Auslieferung. Die Verarbeitung der Warenausgangsbuchung kann sowohl für jede einzelne Auslieferung erfolgen als auch in Form einer Massenverarbeitung z. B. für alle Auslieferungen eines Tages vorgenommen werden.

Auswirkung auf Bilanz und GuV

Der Vorgang des Warenausgangs wirkt sich in der Buchhaltung auf Bilanz und GuV aus. In der Bilanz müssen die Bestandswerte reduziert werden. Es erfolgt also ein Abbau der Aktiva. Als Gegenposition werden in der GuV Bestandsveränderungen verbucht.

Diese Buchung der Bestandsveränderung kann in die Gemeinkostenrechnung weitergereicht werden. Falls eine Überleitung erfolgen soll, gilt es zu klären, auf welches CO-Objekt die Kontierung erfolgen soll.

Eine einfache, aber wenig aussagekräftige Methode ist die Hinterlegung einer *Fixkontierung*. Ein Fixwert kann über die Transaktion OKB9 hinterlegt werden. Allerdings ist hier das Raster sehr groß, da die hinterlegte Kostenstelle bzw. der Innenauftrag nur in Abhängigkeit eines Buchungskreises und einer Kostenart, eventuell in Kombination mit dem Geschäftsbereich oder Profit-Center, hinterlegt wird. Über die Transaktion OVF3 kann eine Default-Kostenstelle pro Verkaufsorganisation, Vertriebsweg, Sparte und Auftragsgrund hinterlegt werden.

Fix- und Default-Kontierung

Die Varianten über eine CO-Substitution oder eine Vorschlagskontierung im Kostenartenstamm sind natürlich immer gegeben. Dennoch sollten wir an dieser Stelle kritisch hinterfragen, ob es wirklich sinnvoll ist, die Bestandsveränderungen des Warenausgangs in die Gemeinkostenrechnung überzuleiten. Denn alternativ dazu können wir mit der Faktura auch den Warenwert, also letztlich die Bestandsveränderung, nach CO-PA überleiten.

Die Bewertung von Materialbeständen wurde bereits in Kapitel 3, »Grundlagen der Integration in SAP ERP«, angesprochen und wird nochmals in Kapitel 6, »Produktionsprozess«, ausführlich diskutiert. Der Warenausgang verwendet den jeweils aktuellen *Bewertungspreis des Materials*. Dabei wird auch die Preissteuerung des Materials unter Verwendung des gleitenden Durchschnittspreises oder des Standardpreises berücksichtigt.

Nach aktuellem Bewertungspreis des Materials bewerten

Buchhalterischer Wert der Warenausgangsbuchung [+]

Für die Warenausgangsbuchung ergibt sich der Gesamtwert aus dem aktuellen Bewertungspreis des Materials, multipliziert mit der gebuchten Menge.

Die Lieferung wird in SD erstellt. Bei bestandsgeführten Materialien resultiert dieser Vorgang in einer Warenausgangsbuchung in der Materialwirtschaft (MM). Wird das Material nicht nur mengen-, sondern auch wertmäßig geführt, erfolgt auch eine entsprechende Buchung in FI. Den Belegfluss sehen Sie in Abbildung 5.14. Sie können den Belegfluss betrachten, indem Sie z. B. den Kundenauftrag über die Transaktion VA03 anzeigen und dann das Icon wählen.

Abbildung 5.14 SD-Belegfluss bis zum Warenausgang

Mengenfluss in MM   Indem wir die letzte Zeile mit dem Warenausgang markieren und den Button BELEG ANZEIGEN wählen, gelangen wir zum Materialbeleg, der uns zunächst nur Material, Stückzahl und Bewegungsart zeigt (siehe Abbildung 5.15).

Abbildung 5.15 Materialbeleg zum Warenausgang

Wertefluss in FI   Der Wertefluss ist nur in den Belegen des Rechnungswesens erkennbar. Da wir mit dem neuen Hauptbuch arbeiten und dort auch die Profit-Center-Rechnung und das Umsatzkostenverfahren aktiviert haben, erhalten wir nur einen FI-Beleg im Ledger 0L, den Sie in Abbildung 5.16 sehen.

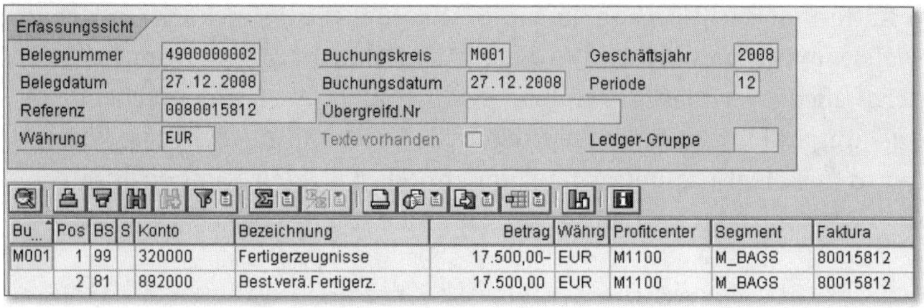

Abbildung 5.16 FI-Beleg zum Warenausgang

Der Wert des Warenausgangs ergibt sich aus der Menge laut Lieferung und dem bewerteten Preis des Materials, basierend auf dem Materialstamm. In unserem Beispiel sind das fünf Taschen à 3.500,00 EUR. Sie sehen also den Gesamtbetrag von 17.500,00 EUR in der Spalte BETRAG.

Bewertung des Warenausgangs

Die Konten ergeben sich aus der *MM-Kontenfindung*. Die Minderung des Bestands in Zeile 1 leitet sich aus dem Vorgang BSX (Bestandsbuchung) und der Bewertungsklasse M100 für Fertigerzeugnisse ab.

Kontenfindung zum Lagerabgang

Die zweite Belegposition ermittelt das Konto aus dem Vorgang GBB (Gegenbuchung zur Bestandsbuchung) in Kombination mit der allgemeinen Modifikationskonstante VAX (Warenausgänge ohne CO-Kontierung) und wieder der Bewertungsklasse M100 für Fertigerzeugnisse. Das hier hinterlegte Konto 892000 BEST.VERÄ. FERTIGERZ. (Bestandsveränderung Fertigerzeugnisse) ist nicht als Kostenart angelegt, weswegen in diesem Fall auch kein Beleg in der Gemeinkostenrechnung erstellt wird. Die Lederwaren-Manufaktur Mannheim hat sich also gegen die Darstellung der Bestandsveränderungen im Controlling entschieden.

Wie bereits in Abschnitt 5.2, »Kundenauftrag als Basis der weiteren Kontierung«, beschrieben, wird das im Kundenauftrag ermittelte Profit-Center an die Folgebelege – also auch an den Warenausgang – weitergereicht. Um sicherzustellen, dass beim Warenausgang auch die Bestandsveränderung auf das Profit-Center des Kundenauftrags gebucht wird, muss dieses Konto als GuV-Konto definiert sein, darf aber keine Kostenart sein.

Profit-Center-Kontierung aus Kundenauftrag

Ist das Bestandsveränderungskonto als Kostenart angelegt (z. B. für die buchhalterische Ergebnisrechnung), muss dieses Konto eine »echte« CO-Kontierung erhalten und wird daher das Profit-Center aus der CO-Kontierung ableiten.

Bestandsveränderungskonto nicht als Kostenart anlegen [+]

Sollten Sie die Profit-Center-Rechnung sowie eine kalkulatorische Ergebnisrechnung im Einsatz haben, ist es zu empfehlen, das Bestandsveränderungskonto nicht als Kostenart anzulegen. Damit erfolgt keine Überleitung in die Gemeinkostenrechnung. Und vor allem wird das Profit-Center damit nicht aus dem Material des Warenausgangs, sondern aus dem Kundenauftrag übernommen.

5 | Vertriebsprozess

Keine Auswirkung auf CO-PA

Auch im kalkulatorischen CO-PA wird kein Beleg erzeugt. Grund hierfür ist, dass die Fortschreibung in CO-PA nach dem Umsatzkostenverfahren erfolgt. Der Vorgang ist daher erst mit Erstellung der Faktura und dem damit entstehenden Umsatz für die Ergebnisrechnung relevant. Der im FI-Beleg ausgewiesene Wareneinsatz kann in CO-PA dann aber im Rahmen der Fakturaübernahme fortgeschrieben werden.

Da Lieferung und Faktura in zwei technisch getrennten Schritten erfolgen, ist es insbesondere zum Periodenende wichtig, dass alle fakturarelevanten Lieferungen auch fakturiert und ins Rechnungswesen übergeleitet werden.

Nach Klärung der Kontenfindung verläuft die Warenausgangsbuchung aus Sicht von Buchhaltung und Controlling in der Regel problemlos. Dies trifft leider auf unser nächstes Thema, die Besteuerung der Verkäufe, nicht zu.

5.5 Besteuerung von Verkäufen

Auf den Kauf und Verkauf von Waren oder Dienstleistungen durch ein Unternehmen werden fast weltweit Steuer erhoben. Die Art und Höhe der Besteuerung können aber deutlich variieren. Eine der wichtigsten Steuerarten ist dabei sicherlich die Umsatzsteuer, da diese sehr weit verbreitet ist. Beim Einkauf hatten wir den Vorteil, dass der Lieferant in aller Regel die richtige Besteuerung bereits auf der Rechnung korrekt ausgewiesen hat. Daher sind wir an entsprechender Stelle auch schon in Abschnitt 4.10, »Darstellung der Umsatzsteuer«, auf die Abbildung der *Umsatzsteuer* eingegangen.

Verantwortung für Berechnung liegt beim Verkäufer

Im Verkaufsprozess sind wir jedoch selbst für die korrekte Besteuerung verantwortlich. Auch wenn im Rahmen dieses Buches sicher keine umfassende Darstellung des Umsatzsteuerrechts geleistet werden kann, möchten wir uns an einer kleinen Einführung in das Thema versuchen.

5.5.1 Grundlagen der Besteuerung

Umsatzsteuer und andere Steuerarten

Das Thema *Besteuerung* ist weitgehend durch nationale Gesetze, in Europa aber auch durch EU-Recht bestimmt. Es gibt Sondersteuern auf bestimmte Warengruppen wie etwa die Kaffeesteuer oder Mineralölsteuer. Vor allem im südeuropäischen Raum ist die Quellensteuer üblich, die vom Verkäufer einbehalten und abgeführt wird, obwohl der Käufer steuerpflichtig ist. Am weitesten verbreitet ist die Erhebung von Umsatzsteuer, auf die wir uns im weiteren Verlauf des Buches konzentrieren werden.

Prüfungsablauf für Umsatzsteuer

Für die Berechnung der Umsatzsteuer müssen Eigenschaften von Verkäufer, Käufer und Gegenstand berücksichtigt werden. Diese Kombination sowie die Vielzahl der Ausnahme- und Sonderregelungen im Steuerrecht führen zu einer hohen Komplexität des Themas. Vereinfacht kann ein Prüfungsablauf für die Umsatzsteuer wie in Abbildung 5.17 dargestellt aussehen.

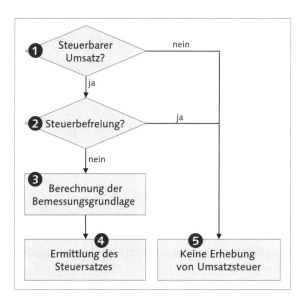

Abbildung 5.17 Vereinfachter Prüfungsablauf zur Umsatzsteuer (Stand 2009)

> **Steuerberatung nur durch Experten** [!]
>
> Die Ausführungen zur Umsatzsteuer können an dieser Stelle nur einen allgemeinen Überblick geben. Das Umsatzsteuerrecht hat durch die Internationalität und die Vielzahl von Sonderregelungen eine sehr hohe Komplexität erreicht, die nur noch von Experten vollständig erfasst wird. Eine Beurteilung der Steuerrelevanz im konkreten Einzelfall kann daher, wenn es sich nicht um Standardvorgänge handelt, nur durch Betriebsprüfer, Steuerberater und Wirtschaftsprüfer erfolgen.

Steuerbare Umsätze

Im ersten Schritt (siehe ❶ in Abbildung 5.17) müssen wir prüfen, ob es sich um einen *steuerbaren Umsatz* handelt. Es gibt keine explizite Definition, was steuerbare Umsätze sind, jedoch gibt es Kriterien, anhand derer die Steuerbarkeit erkannt werden kann. Der Begriff *steuerbar* besagt zunächst nur, dass ein Vorgang prinzipiell relevant im Sinne des Umsatzsteuergesetzes (UStG) ist. Ob tatsächlich Umsatzsteuer berechnet wird oder nicht, kann erst später entschieden werden.

[+] **Steuerbare Umsätze nach UStG**

Steuerbare Umsätze sind nach § 1 Abs. 1 UStG Lieferungen und sonstige Leistungen, die ein Unternehmen gegen Entgelt im Inland und im Rahmen seiner Geschäftstätigkeit ausführt. Darüber hinaus sind auch die Einfuhr von Gegenständen ins Inland und der innergemeinschaftliche Erwerb im Inland gegen Entgelt steuerbar.

Da aktive SAP-Systeme sich in der Regel nicht im Besitz von Privatpersonen befinden, können wir davon ausgehen, dass wir als Verkäufer ein Unternehmen haben, das auch im Rahmen seiner Geschäftstätigkeit agiert. In der Regel wird für die Verkäufe auch ein Entgelt verlangt. Für kostenlose Lieferungen trifft dies nicht zu, weshalb für diese auch keine Umsatzsteuer fällig werden kann.

Lieferung und sonstige Leistung

Ein wichtiges Kriterium ist das Vorliegen einer Lieferung oder sonstigen Leistung.

[+] **Lieferung nach UStG**

Eine Lieferung ist im Sinne von § 3 Abs. 1 UStG die Verschaffung von Verfügungsmacht, wobei nicht das rechtliche, sondern das wirtschaftliche Eigentum maßgeblich ist.

Wir können die umsatzsteuerliche *Lieferung* als Lieferung von Gegenständen verstehen.

Der Begriff der *sonstigen Leistung* umfasst alles, was keine Lieferung ist. Beispiele hierfür sind Dienst- und Werkverträge sowie die Übertragung von Rechten. Eine Zahlung von Geld ist keine Leistung im wirtschaftlichen Sinne.

Grundsatz der Leistungseinheit

Wichtig bei der Frage der Steuerbarkeit ist der *Grundsatz der Leistungseinheit*. Demzufolge ist eine Nebenleistung ebenso zu behandeln wie die Hauptleistung.

> **Nebenleistung und Hauptleistung** [zB]
>
> Liefert die Lederwaren-Manufaktur Mannheim z. B. Schuhe an einen Kunden aus und berechnet die Umsatzsteuer für die Schuhe, müssen auch die in Rechnung gestellten Transportkosten besteuert werden.

Um zu entscheiden, ob eine Lieferung oder sonstige Leistung im Inland erfolgt, müssen wir verstehen, wie der *Ort der Erfüllung* bestimmt wird. Die Bestimmungen hierfür finden wir in §§ 3 ff. UStG.

Ort der Lieferung oder sonstigen Leistung

Bei Lieferungen müssen wir unterscheiden, ob diese mit oder ohne Warenbewegung erfolgt. Wird der Gegenstand nicht befördert, ist derjenige Ort relevant, an dem sich der Gegenstand bei Übergang der Verfügungsmacht befindet.

Häufiger tritt der Fall einer *Beförderungs-* oder *Versendungslieferung* auf. Umsatzsteuerrechtlich relevant ist hier der Ort, an dem die Versendung oder Beförderung beginnt. Von Beförderung sprechen wir dann, wenn die Ware durch den Lieferanten oder den Abnehmer transportiert wird.

Unter Versendungslieferung verstehen wir den Transport durch einen selbstständigen Beauftragten des Verkäufers oder Käufers, in der Regel einen Spediteur.

Ort einer sonstigen Leistung ist der Geschäftssitz des Leistungserbringers. Hat dieser mehrere Sitze, ist die ausführende Betriebsstätte der relevante Ort. Gesonderte Regelungen gibt es hier etwa für Beförderungsleistungen, Leistungen im Zusammenhang mit Grundstücken oder auch künstlerische oder sportliche Leistungen.

Eine gesonderte Regelung gibt es auch für die Ortsbestimmung einer sonstigen Leistung, wenn der Leistungsempfänger eine *Umsatzsteuer-Identifikationsnummer* (USt-IdNr.) besitzt. Dafür müssen folgende Voraussetzungen erfüllt sein:

Sonstige Leistung bei Verwendung einer USt-IdNr.

- Die sonstige Leistung wird in einem Mitgliedsstaat der EU erbracht.
- Der Leistungsempfänger verwendet eine USt-IdNr. aus einem anderen Land als dem der Leistungserbringung.
- Der Gegenstand verbleibt nicht im Land der Leistungserbringung.

> **[zB] Beispiel zum Verständnis der USt-IdNr.**
>
> Ein Geschäftskunde aus Wien sendet eine Handtasche zur Reparatur an die Lederwaren-Manufaktur nach Mannheim, wo die Tasche direkt repariert wird. Eigentlich wäre Ort der sonstigen Leistung Mannheim. Da der Kunde uns aber eine österreichische USt-IdNr. nennt und wir die Tasche auch wieder nach Wien versenden, gilt Österreich als Ort der Leistung.

> **[+] USt-IdNr. im SAP-System**
>
> Am Ende dieses Abschnitts über die Grundlagen der Besteuerung widmen wir uns noch etwas detaillierter der USt-IdNr. und stellen Ihnen in diesem Zusammenhang auch die Abbildung im System kurz vor. Schenken Sie daher dem Textinhalt unter der Überschrift »USt-IdNr.« im vorliegenden Abschnitt besondere Aufmerksamkeit.

Definition Inland

Mit den eben genannten grundlegenden Regeln können wir bestimmen, ob Lieferung oder sonstige Leistung im Inland erfolgen. *Inland* ist dabei aus deutscher Sicht das Gebiet der Bundesrepublik Deutschland ohne Büsingen, Helgoland und die Freihäfen.

> **[+] Definition »Inland«**
>
> Die genaue Definition kann § 1 Abs. 2 UStG entnommen werden.

Innergemeinschaftlicher Erwerb

Das Inland verlassen wir beim *innergemeinschaftlichen Erwerb*. Hierbei handelt es sich um einen gesonderten Tatbestand des Umsatzsteuerrechts bei dem grenzüberschreitend, aber innerhalb der EU Waren erworben werden. In dieser Situation gilt das *Bestimmungslandprinzip*, nach dem die Erhebung der Umsatzsteuer im Land des Leistungsempfängers erfolgt. Das Pendant zum innergemeinschaftlichen Erwerb ist die innergemeinschaftliche Lieferung oder Verbringung. Sie ist steuerbefreit, da sonst eine Doppelbesteuerung erfolgen würde.

Einfuhrumsatzsteuer

Verlassen wir nun auch noch die Grenzen der EU, sind wir bei der *Einfuhrumsatzsteuer* angelangt. Diese wird bei der Einfuhr von Waren aus dem sogenannten *Drittland* erhoben. Drittländer sind dabei die Gebiete außerhalb der EU.

Mit all diesen Prüfungen haben wir zunächst aber nur ermittelt, ob ein Umsatz steuerbar ist. Das bedeutet, dass für den Umsatz prinzipiell Umsatzsteuer berechnet werden kann. Abbildung 5.18 stellt das Prüfungsschema nochmals schematisch dar.

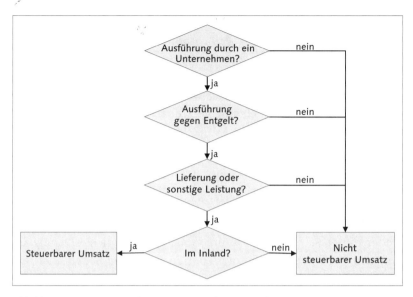

Abbildung 5.18 Prüfungsschema zur Ermittlung steuerbarer Umsätze

Ob nun tatsächlich Steuer zu berechnen ist, muss in den nächsten Prüfungsschritten ermittelt werden.

Steuerbefreiung

Bisher haben wir uns nur mit der Frage nach der Steuerbarkeit von Umsätzen beschäftigt. Liegt ein steuerbarer Umsatz vor, muss geprüft werden, ob eine *Steuerbefreiung* (siehe ❷ in Abbildung 5.17) vorliegt.

Prüfung auf Steuerbefreiung

Nach § 4 UStG sind u. a. folgende Umsätze steuerbefreit:

- Lieferungen an Unternehmer in anderen Ländern der EU, die eine USt-IdNr. nachweisen können, da hier die Besteuerung im Zielland erfolgt
- Lieferungen in Drittländer (Ausfuhrlieferungen)
- Leistungen aus Heilberufen

Stellen wir fest, dass keine Steuerbefreiung vorliegt, sprechen wir von einer Steuerpflicht.

Falls eine Steuerbefreiung vorliegt bzw. falls im ersten Schritt bereits festgestellt wurde, dass die Umsätze nicht steuerbar sind, wird keine Umsatzsteuer erhoben (siehe ❺ in Abbildung 5.17).

Bemessungsgrundlage

Bei einer *Steuerpflicht* (siehe ❸ in Abbildung 5.17) gilt es nun, die Höhe der Umsatzsteuer festzustellen. Hierfür müssen wir die Bemessungsgrundlage und den gültigen Steuersatz ermitteln. Die Bemessungsgrundlage entspricht nach § 10 UStG dem Entgelt, das für die Lieferung oder sonstige Leistung vereinbart wurde.

Steuersatz

Der Steuersatz (siehe ❹ in Abbildung 5.17) ergibt sich schließlich aus § 12 UStG. Hier ist ein reduzierter Steuersatz für eine definierte Liste von Umsätzen vorgesehen.

Neben diesen Schritten im Prüfungsablauf ist auch die Festlegung des Zeitpunkts, zu dem die Umsatzsteuer entsteht, von Bedeutung. Dieser entscheidet, wann wir die Umsatzsteuer an das Finanzamt melden und gegebenenfalls zahlen müssen.

Zeitpunkt der Entstehung der Umsatzsteuer

Voranmeldezeitraum — In Zusammenhang mit dem Zeitpunkt der Entstehung der Umsatzsteuer ist der Begriff des *Voranmeldezeitraums* wichtig. Dieser umfasst in der Regel einen Monat. Die Abführung der USt-Zahllast muss dann innerhalb der nächsten zehn Tage erfolgen. In begründeten Fällen und auf Antrag kann die Meldung auch mit einem Monat Verzug erfolgen. Erfahrungsgemäß ist eine SAP-Einführung eine ausreichende Begründung.

Für die Bestimmung des Entstehungszeitpunkts der Umsatzsteuer gibt es zwei Prinzipien: die Istbesteuerung und die Sollbesteuerung.

Istbesteuerung — Der Begriff *Istbesteuerung* bedeutet, dass die Umsatzsteuer nach dem vereinnahmten Entgelt berechnet wird. Diese Art der Besteuerung ist auf Antrag für Kleinunternehmer sowie für Freiberufler möglich. Darüber hinaus wird die Istbesteuerung auch für Anzahlungen angewendet. Das heißt, die Umsatzsteuer entsteht im Voranmeldezeitraum des Geldeingangs und nicht erst bei Leistungserbringung.

Sollbesteuerung — Im Regelfall wird aber die *Sollbesteuerung* angewendet. Sie kommt immer dann zum Zuge, wenn die Kriterien der Istbesteuerung nicht erfüllt sind. Hierbei entsteht die Umsatzsteuer mit Ablauf des Voranmeldezeitraums, in dem Lieferung oder sonstige Leistung erbracht wurde.

USt-IdNr.

Jeder Unternehmer mit Sitz in der EU kann eine *USt-IdNr.* bei seinem zuständigen Finanzamt beantragen. Diese Nummer ist EU-weit eindeutig und notwendig bei innergemeinschaftlichen Geschäftsbeziehungen. Kann der Besitz dieser Nummer nachgewiesen werden, ist man zum steuerfreien Bezug von Lieferungen und sonstiger Leistung aus anderen EU-Ländern berechtigt.

Bedeutung

Die USt-IdNr. wird in SAP auf dem Reiter STEUERINFORMATIONEN im allgemeinen Teil des Debitorenstamms hinterlegt.

Über den Button WEITERE können weitere USt-IdNr. des Kunden eingegeben werden. Dies ist notwendig, da ein Unternehmen in mehreren EU-Ländern eine solche Identifikationsnummer beantragen kann. Die in Abbildung 5.19 gezeigte Nummer bezieht sich immer auf das Land, das im Debitorenstamm in den Adressdaten angegeben wurde. Da im Standard eine landesspezifische Prüfregel hinterlegt ist, wie die USt-IdNr. aufgebaut sein muss, ist es auch nicht möglich, eine italienische Identifikationsnummer in einem deutschen Debitor zu hinterlegen. Ein derartiger Eintrag muss immer über den Button WEITERE erfasst werden.

Eingabe der USt-IdNr. des Kunden

Abbildung 5.19 Eingabe der USt-IdNr. im Kundenstamm

Zusammenfassend muss nochmals festgehalten werden, dass es sich bei der Berechnung der Umsatzsteuer um einen hochkomplexen Vorgang handelt. In der Regel können die gesetzlichen Vorgaben dennoch ohne große Schwierigkeiten und im SAP-Standard abgebildet werden. Für die Entscheidung, ob und in welcher Höhe Umsatzsteuer zu veranschlagen ist, müssen wir sowohl unsere abliefernde Betriebsstätte, die Ware oder Dienstleistung als auch die Situation des Käufers berücksichtigen.

5.5.2 Steuerfindung/Abbildung des Umsatzsteuerrechts

Aufgaben des Steuerkennzeichens

Zentrales Objekt für die Abbildung der Umsatzsteuer in SAP ist das *Steuerkennzeichen*. Es bestimmt sowohl Art also auch Berechnung und Verbuchung der Steuer. Das Customizing haben wir bereits in Abschnitt 4.10, »Darstellung der Umsatzsteuer«, kennengelernt.

Die Umsatzsteuerfindung ist technisch im Modul SD angesiedelt. Dort stehen dem System alle Daten zur Verfügung, um das korrekte Steuerkennzeichen zu ermitteln. Die Behandlung der Steuerkennzeichen selbst wiederum basiert auf zentralen Customizing-Einstellungen in FI. Dort sind Steuerberechnung und Kontenfindung pro Steuerkennzeichen festgelegt.

Steuertyp pro Land

Für die Steuerfindung im Verkaufsprozess müssen wir zunächst im Customizing landesabhängig festlegen, welche Steuern in der Faktura und damit in der Preisfindung relevant sind. Dies erfolgt durch die Zuordnung von mindestens einem *Steuertyp* in jedem Land, in dem wir Vertriebsaktivitäten unterhalten (siehe Abbildung 5.20).

Steuerland	Bezeichnung	Folge	Steuertyp	Bezeichnung
CA	Kanada	1	CTX1	GST (Canada)
CA	Kanada	2	CTX2	PST (Canada)
CA	Kanada	3	CTX3	PST-Que & Mar(Bas.+)
CH	Schweiz	1	MWST	Ausgangssteuer
CN	China	1	MWST	Ausgangssteuer
CZ	Tschechiche Rep	1	MWST	Ausgangssteuer
DE	Deutschland	1	MWST	Ausgangssteuer
DK	Dänemark	1	MWST	Ausgangssteuer
ES	Spanien	1	MWST	Ausgangssteuer

Abbildung 5.20 Landesunabhängige Steuerermittlung in der Preisfindung

Steuertyp »Ausgangssteuer«

Wir gehen vom europäischen Regelfall aus, in dem Umsatzsteuer zu berechnen ist. Dies entspricht im Standard dem Steuertyp *Ausgangssteuer* (MwSt.).

Für die Ermittlung des korrekten *Steuerkennzeichens* müssen wir sowohl auf die verkaufende Einheit, als auch auf den Materialstamm und den Kundenstamm zugreifen. Nur so kann ermittelt werden, ob es sich im konkreten Fall um einen steuerbaren und steuerpflichtigen Vorgang handelt und welcher Steuersatz anzuwenden ist.

Steuerstandort

Den *Steuerstandort* der abliefernden Einheit können wir einfach mithilfe des abliefernden Werks ermitteln. Um die Steuerrelevanz von Material und Debitor zu prüfen, stehen im SAP-System eigene Felder im Material- und Debitorenstammsatz zur Verfügung. Die verfügbaren Kategorien werden jeweils im Customizing hinterlegt. Hier finden wir auch den Steuertyp *MwSt.* wieder.

Wie Abbildung 5.21 zeigt, können wir für unsere Materialien nun definieren, dass KEINE STEUER, die VOLLE STEUER, die HALBE STEUER oder ein NIEDRIGSTEUERSATZ fällig wird.

Steuertyp	Bezeichnung	StKlass.	Bezeichnung
MWST	Ausgangssteuer	0	Keine Steuer
MWST	Ausgangssteuer	1	Volle Steuer
MWST	Ausgangssteuer	2	Halbe Steuer
MWST	Ausgangssteuer	3	Niedrigsteuersatz

Abbildung 5.21 Pflege der Steuerkategorien für den Materialstamm

Im Materialstamm muss auf dem Reiter VERTRIEB: VERKORG 1 in der Feldgruppe STEUERDATEN eine Auswahl getroffen und das entsprechende Kennzeichen hinterlegt werden (siehe ❶ in Abbildung 5.22).

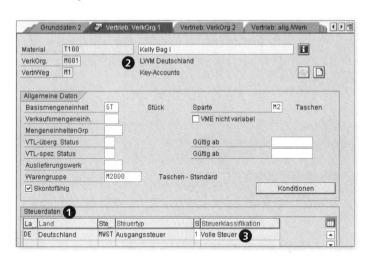

Abbildung 5.22 Bestimmung der Steuerrelevanz im Materialstamm

Die Steuerdaten sind abhängig von den Werken, die eine Verkaufsorganisation zur Auslieferung nutzen darf.

Steuerklasse im Materialstamm

Die Verkaufsorganisation M001 ist dem Werk M001 mit dem Sitz in Deutschland zugeordnet ❷. Damit ist Deutschland auch das liefernde Land.

Da Handtaschen in Deutschland dem vollen Steuersatz unterliegen, erhält der Materialstamm T100 die Steuerklassifikation 1 – Volle Steuer ❸.

Damit haben wir festgelegt, dass Verkäufe des Materials T100 grundsätzlich mit dem vollen Umsatzsteuersatz zu belegen sind. Ob dies in der einzelnen Faktura tatsächlich der Fall ist, hängt von der Steuerkennzeichnung im Debitorenstamm ab. Hierzu werden im Customizing Steuerklassen definiert, die dann im Kundenstamm hinterlegt werden können (siehe Abbildung 5.23).

Abbildung 5.23 Pflege der Steuerkategorien für den Kundenstamm

In unserem Fall unterscheiden wir zwischen steuerbefreiten (siehe ❶ in Abbildung 5.23) und steuerpflichtigen Debitoren ❷. Betrachten wir als Beispiel unseren Kunden Leder Groß. Bei diesem Kunden handelt es sich um eine juristische Person, die nicht steuerbefreit ist. Der Stammsatz wird daher als steuerpflichtig kategorisiert (siehe Abbildung 5.24).

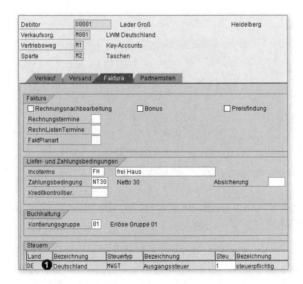

Abbildung 5.24 Bestimmung der Steuerrelevanz im Kundenstamm

Zu beachten ist hier, dass als Land wieder Deutschland eingetragen ist (siehe ❶ in Abbildung 5.24). Hintergrund dieses Eintrags ist aber nicht, dass der Kunde in Deutschland ansässig ist, sondern dass er von einem deutschen Werk beliefert wird. Die Steuerdaten werden also auch hier abhängig vom Vertriebsbereich gepflegt.

Die Verbindung der Steuerklassifizierung von Material und Kunde sowie die damit verbundene Ermittlung der Steuer sind im SAP-System über die Konditionstechnik gelöst. Aus diesem Grund ist unser Steuertyp *MwSt.* bereits im SAP-Standard als *Konditionsart* angelegt. Die Eigenschaften der Konditionsart sind in der Regel bereits im Standard korrekt und sollten nicht verändert werden.

Konditionsart

Für die *Ermittlung der Steuerrelevanz* werden im Standard drei Sachverhalte abgefragt:

Ermittlung der Steuerrelevanz

1. Ist ein Eintrag in Abhängigkeit von der Beziehung zwischen Sender- und Empfängerland gepflegt?
2. Bei Debitoren im Inland (Ablieferland = Empfängerland): Ist ein Eintrag mit einer Kombination der Steuerklassen von Material und Debitor vorhanden?
3. Bei ausländischen Debitoren (Ablieferland ≠ Empfängerland): Ist ein Eintrag vorhanden, der die Steuerklassen von Material und Debitor sowie das abliefernde und das empfangende Land berücksichtigt?

Mit jeder Abfrage wird versucht, einen entsprechenden Eintrag zu finden. Abbildung 5.25 zeigt einen Beispieleintrag.

Der hier dargestellte Eintrag ist nur relevant, wenn sich aus steuerlicher Sicht sowohl Ablieferort als auch Empfängerort im deutschen Inland befinden. Dieser Eintrag kann nun auf verschiedene Weise interpretiert werden:

- Der Kunde ist voll steuerpflichtig.
- Das Material ist steuerbar.
- Der Eintrag ist gültig für Fakturen ab dem 18.01.2002.
- Es werden 19 % Umsatzsteuer berechnet.
- Die Buchung wird mit dem Steuerkennzeichen AN durchgeführt.

Um die Berechnung der Steuer in unsere Preisfindung einzubauen, muss in unserem Kalkulationsschema die Konditionsart MWST enthalten sein.

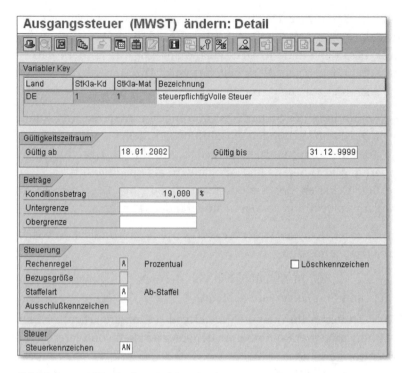

Abbildung 5.25 USt-Findung in SD – Konditionssatz

Kontenfindung in FI

Bisher bewegen wir uns ausschließlich im Modul SD. Erst bei der Kontenfindung springen wir in FI ab. Für die Kontenfindung benötigen Sie in FI nur das abliefernde Land sowie das Steuerkennzeichen. Beides wird uns in der Schnittstelle nach FI durch SD zur Verfügung gestellt.

[+] **Sonderfall: Die Funktion »Werke im Ausland«**

Mit zunehmender Internationalisierung müssen immer mehr Unternehmen auch ausländische Lager oder Vertriebsniederlassungen inländischer Gesellschaften steuerlich korrekt abbilden. Die im SAP-Standard angebotene Lösung für dieses Problem sind die *Werke im Ausland*. Dabei wird ein Werk definiert, das seinen Sitz im Ausland hat, jedoch dem inländischen Buchungskreis zugeordnet ist.

Mit dieser Funktion ist es möglich, die Steuermeldung für ein ausländisches Land zu erstellen, ohne dass für dieses Land ein gesonderter Buchungskreis angelegt wird. Technisch wird es mit Aktivierung der Funktion »Werk im Ausland« möglich, bei der Buchung das Steuerland, also das Land, in dem die Steuer anfällt, mitzugeben. Diese Information kann dann im Rahmen der Umsatzsteuermeldung durch die Standardreports berücksichtigt werden.

Aus Sicht eines Unternehmens ist es ein eher notwendiges Übel, dass die Besteuerung von Umsätzen durchgeführt und verbucht werden muss. Wenden wir uns daher denjenigen Bilanzpositionen zu, die für uns erfreulicher sind: den Forderungen.

5.6 Darstellung von Forderungen

Bei der Beurteilung der Performance eines Unternehmens liegt das Hauptaugenmerk auf dem EBIT (*Earnings Before Interests and Taxes*). Sie sollten aber nicht vergessen, dass der höchste Umsatz und der beste EBIT den Fortbestand eines Unternehmens nicht sichern können, wenn kein konsequentes Forderungsmanagement betrieben wird. Dies umfasst zum einen eine zeitnahe *Faktura* an den Kunden, damit eine *Forderung* rechtswirksam entsteht, zum anderen aber auch eine regelmäßige *Überwachung* der ausstehenden und die Eintreibung überfälliger Posten.

Im internationalen Recht gibt es keine detaillierten Vorgaben für die Darstellung von Forderungen in der Bilanz. Grundsätzlich müssen Forderungen untergliedert werden in *Forderungen aus Lieferungen und Leistungen* sowie *sonstige Forderungen*. Darüber hinaus muss kommuniziert werden, welcher Anteil auf verbundene oder assoziierte Unternehmen entfällt. Diese Gliederung genügt auch dem deutschen Handelsrecht. Allerdings müssen hiernach alle Werte aus der Bilanz ersichtlich sein, während nach IFRS und US-GAAP die Forderungen gegenüber verbundenen und assoziierten Unternehmen im Anhang ausgewiesen werden können.

Rechtlich

Bezüglich des Zeitpunkts der Forderungsentstehung sind sich die Rechnungslegungen ebenfalls weitgehend einig: Relevant ist der Moment der Fakturierung an den Kunden. Das entspricht auch dem üblichen Vorgehen im SAP-System: Unmittelbar nach der Fakturaerstellung in SD werden die Daten mit dem Fakturadatum in die Finanzbuchhaltung übergeleitet.

Entstehung mit Fakturierung

Gerade kleine Betriebe leiden häufig unter Liquiditätsproblemen, da sie Ausgangsrechnungen zu spät erstellen und zu spät bzw. zu sanft auf den Zahlungsverzug von Kunden reagieren. In solchen Fällen können die Funktionalitäten der *Debitorenbuchhaltung* (Accounts Receivable, FI-AR) eine große Unterstützung darstellen.

Mahnverhalten kleinerer Unternehmen

5 | Vertriebsprozess

Debitorenbuchhaltung FI-AR

FI-AR ist das bekannteste Modul zur Abbildung von Forderungen in SAP. Es gehört zu den Standardmodulen im externen Rechnungswesen. SAP bietet daneben auch das *Vertragskontokorrent* (CA) mit Massenverarbeitung in der Debitorenbuchhaltung an. Es ist z. B. für die Branchen Telekommunikation, Versicherungen und Energieversorger ein zentraler Bestandteil der jeweiligen Industrielösungen. Da der Großteil der SAP-Installationen mit A/R und nicht mit CA arbeitet, konzentrieren wir uns in diesem Buch darauf.

FI-AR zeichnet sich durch eine hohe Integration sowohl mit der Hauptbuchhaltung als auch mit dem Vertrieb (SD) aus, der zu einem hohen Automatisierungsgrad in der Pflege der Kundenkonten und der Verarbeitung von Kundenforderungen führt. In der Regel werden die relevanten Belege aus SD automatisch in FI übergeleitet. Die Buchung in FI besteht dabei zum einen aus den Sachkontopositionen – im Falle einer Rechnung meist Erlös und Umsatzsteuer – und zum anderen aus den offenen Posten auf dem Kunden- oder Debitorenkonto.

5.6.1 Debitorenkonto

Aufbau des Kundenstamms

Das *Kunden*- oder *Debitorenkonto* – auch kurz Kunde oder Debitor – ist das Kontierungsobjekt der Debitorenbuchhaltung. Sie haben bezüglich des Kreditoren in Abschnitt 4.2, »Kreditorenstamm als integratives Element«, bereits gelernt, dass ein Stammsatz sich in unterschiedliche Bereiche teilen lässt. Dies gilt auch für den Debitorenstamm, der im Wesentlichen aus den folgenden drei Abschnitten besteht:

- allgemeiner Teil (A-Segment)
- Vertriebsdaten (C-Segment)
- Buchungskreisdaten (B-Segment)

Mit diesem Aufbau unterstützt SAP sowohl die Integration als auch die Trennung nach Verantwortlichkeiten.

Allgemeiner Teil

Kontengruppe

Im *allgemeinen Teil* werden zunächst die Kontonummer sowie Name und Kontaktdaten gepflegt. Beim Anlegen neuer Debitoren müssen Sie sich für eine *Kontengruppe* entscheiden. Die Kontengruppe steuert beim Anlegen des Stammsatzes Bildschirmaufbau und Nummernintervall. Später, bei Verwendung des Debitors, wird auch die Partnerfindung durch die Kontengruppe beeinflusst.

Die Unabhängigkeit der allgemeinen Sicht von weiteren Organisationseinheiten wie Buchungskreis oder Verkaufsorganisation ermöglicht eine unternehmensweit gemeinsame Nutzung von Debitorenstämmen. Im allgemeinen Teil des Stammsatzes werden daher Informationen hinterlegt, die für alle Nutzer im Unternehmen von gleicher Richtigkeit sind. So hat ein Debitor immer den gleichen Namen, die gleiche Steuernummer oder die gleiche Bankverbindung. Unabhängig davon, ob ein Debitorenbuchhalter oder ein Vertriebsmitarbeiter in Deutschland oder Italien den Kunden betrachtet.

Allgemeingültige Angaben

Es gibt über die *allgemeinen Daten* hinaus eine Reihe von Informationen über den Kunden, die sich mit dem Blickwinkel des Betrachters ändern. Ein Beispiel für diese betrachterabhängig wechselnden Informationen sind die Vertriebsdaten.

Daten pro Vertriebsbereich

Vertriebsdaten
Beginnen wir die Erläuterungen zu den Vertriebsdaten mit einem Beispiel.

> **Daten im Vertriebsbereich**
>
> Nehmen wir einen deutschen Kunden, den die Lederwaren-Manufaktur Mannheim sowohl aus Deutschland als auch aus Italien bedient. Dies kann bedeuten, dass der deutsche Vertrieb ein Zahlungsziel von 30 Tagen netto gewährt, die italienische Niederlassung orientiert sich aber an den Landesgegebenheiten und vereinbart mit dem Kunden Wechselzahlung. Darüber hinaus ist es wahrscheinlich, dass in Deutschland und Italien jeweils unterschiedliche Incoterms mit dem Kunden vereinbart werden.

[zB]

Solche Unterschiede können wir im Debitorenstamm abbilden, da wir diese und weitere Informationen in Abhängigkeit vom Vertriebsbereich pflegen können. Mit dieser Methode kann ein einziger Debitorenstamm mehrere Vertriebsbereichssichten besitzen.

Einen Ausschnitt der Vertriebsbereichsdaten eines Debitors sehen Sie in Abbildung 5.26.

5 | Vertriebsprozess

Abbildung 5.26 Vertriebsbereichsdaten des Debitoren »D0001«

Buchungskreisdaten

Buchungskreisspezifische Daten

Die gleiche Technik wird auch für Informationen angewendet, die für die Debitorenbuchhaltung relevant sind oder die Verbuchung in FI beeinflussen. Sie werden in Abhängigkeit vom Buchungskreis gepflegt. In den Buchungskreisdaten können viele Felder gepflegt werden. Da sie den Wertefluss berühren und beeinflussen, betrachten wir die folgenden Felder genauer:

- Zentrale
- Zahlungsbedingung
- Abstimmkonto

Feld »Zentrale«

Das Feld ZENTRALE wird verwendet, um die Zentral-Filial-Beziehungen der Kunden abzubilden. Hier wird also vermerkt, wenn Kunden eine Zentrale und mehrere Filialen besitzen. Wir können mit dem Feld ZENTRALE zwar nicht den Wertefluss selbst beeinflussen, aber die Darstellung von Werten (siehe ❶ in Abbildung 5.27).

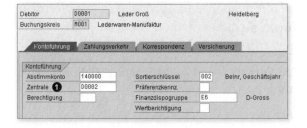

Abbildung 5.27 Hinterlegen einer Zentrale im Debitorenstamm

210

Mitunter bestellen die Filialen direkt bei Lieferanten, die Regulierung der offenen Posten erfolgt aber über die Zentrale. Dann ist es hilfreich, wenn alle offenen Posten ausschließlich auf dem Kundenkonto der Zentrale gezeigt werden. Hierfür müssen zunächst sowohl die Zentrale als auch alle benötigten Filialen als Debitoren mit Buchungskreissegment angelegt werden.

Im Anschluss wird die Debitorennummer der Zentrale in das Feld ZENTRALE in allen Filialstammsätzen hinterlegt. Dies hat zur Folge, dass alle Posten, die auf eine Filiale kontiert werden, ausschließlich auf dem Zentralkonto gezeigt werden. Für die Filialkonten bedeutet dies, dass sie weder Posten noch Salden aufweisen, obwohl in den Belegen die Filiale angesprochen wurde. Wir sehen also die offenen Posten bei dem Kunden, von dem wir die Zahlung erwarten, der Zentrale.

Ein Feld, das immer wieder zu Irritationen führt, ist die ZAHLUNGS-BEDINGUNG in den Buchungskreisdaten. Da auch in den Vertriebsdaten eine Zahlungsbedingung hinterlegt wird, ist es vielen SAP-Anwendern nicht ganz klar, wann welcher Eintrag verwendet wird. Die Regel hierzu ist einfach: Jedes Modul verwendet »seine« Zahlungsbedingung. Wird also ein Kundenauftrag in SD angelegt, zieht SAP automatisch die Zahlungsbedingung aus dem Vertriebsteil des Kundenstamms. Würde man eine Ausgangsrechnung direkt in FI eingeben, würde die Zahlungsbedingung aus den Buchungskreisdaten des Kundenstamms verwendet. Damit hat die Zahlungsbedingung der Finanzbuchhaltung in der Regel wenig Bedeutung.

Feld »Zahlungsbedingung«

Wichtigste Information in den Buchungskreisdaten ist sicherlich das Feld ABSTIMMKONTO. Dieses im Kundenstamm hinterlegte Sachkonto bildet die Verbindung zwischen Debitoren- und Hauptbuchhaltung. Als Abstimmkonto sind dabei alle Forderungskonten zu deklarieren, die nicht ausschließlich manuell, sondern auch über automatische Buchungen auf Debitoren bebucht werden.

Feld »Abstimmkonto«

5.6.2 Abstimmkonto finden

In der Hauptbuchhaltung wird die Buchung der Faktura durch die Forderungsposition komplettiert. Als Konto wird in der Regel das *Abstimmkonto* im Debitorenstamm verwendet.

Welche Konten bei der Pflege von Debitorenstämmen als Abstimmkonto zur Verfügung stehen, wird bei Anlage der Sachkonten ent-

Abstimmkonto im Debitorenstamm

schieden. Hier steht auf Buchungskreisebene ein Feld ABSTIMM-KONTO FÜR KONTOART zur Verfügung. Jedes Sachkonto, das als Abstimmkonto für Debitoren definiert ist, wird später in der Debitorenbuchhaltung in einer Auswahlliste angeboten (siehe ❶ in Abbildung 5.28).

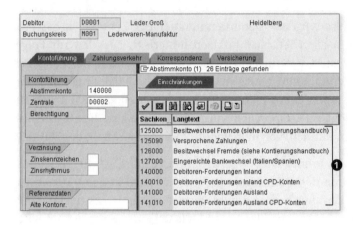

Abbildung 5.28 Hinterlegen des Abstimmkontos

Forderungsposition in der Hauptbuchhaltung

Bei der Definition der benötigten Abstimmkonten dürfen wir nicht vergessen, dass es sich hier nur um die Abbildung der Forderungsposition in der Hauptbuchhaltung handelt. Daher ist im Rahmen der normalen Geschäftstätigkeit auch nur der Kontensaldo interessant. Eine Detailbetrachtung der Einzelposten auf den Abstimmkonten ist nur bei Abweichungen zwischen Haupt- und Nebenbuch – eines möglichen Super-GAUs in FI – sinnvoll.

SAP-Neueinführung

Insbesondere während SAP-Neueinführungen fordern Hauptbuchhalter mitunter eine sehr differenzierte Darstellung der Forderungen. Häufig werden getrennte Forderungskonten pro Steuersatz gewünscht. Für die Ermittlung der Umsatzsteuerzahllast im SAP-System sind die bebuchten Konten aber nicht relevant. Meist können wir daher diese Anforderung der Fachabteilung abwenden, indem wir die Steuerermittlungslogik in SAP erklären.

In der Regel ist eine Kategorisierung nach Inland, EU und Drittländer sowie nach verbundenen Unternehmen und fremden Dritten ausreichend. Für Detailanalysen stehen uns das Informationssystem der Debitorenbuchhaltung oder des Vertriebs und häufig auch ein BI-/BW-System zur Verfügung.

> **Auswahl der debitorischen Abstimmkonten beschränken** [+]
>
> Reduzieren Sie die Anzahl der debitorischen Abstimmkonten auf das aus bilanzieller Sicht notwendige Mindestmaß. Mit steigender Zahl der Konten erhöht sich die Gefahr einer Falscheingabe bei der Stammsatzpflege.

Das Abstimmkonto muss beim Anlegen der Buchungskreissicht des Debitorenstamms hinterlegt werden. Ob und durch wen eine spätere Änderung noch möglich ist, hängt von der Arbeitsweise der Buchhaltung ab. Beide Varianten – Abstimmkonto ist bzw. ist nicht mehr änderbar nach Bebuchung des Debitors – können einleuchtend begründet werden. Ein Wechsel des Abstimmkontos kann durch eine Fehleingabe beim Anlegen des Kundenkontos oder auch durch den Verkauf eines verbundenen Unternehmens indiziert sein. Für diese Situationen sollte es eine Handlungsanweisung geben, für die wir Ihnen im Folgenden verschiedene Vorschläge machen.

Wechsel des Abstimmkontos

Vorgehensweise bei änderbaren Abstimmkonten

Ist das Abstimmkonto auch nach Bebuchen des Debitors änderbar, können wir den Stammsatz des Debitoren einfach ändern. Damit werden alle neuen Buchungen auf den Debitoren auch auf das neue Abstimmkonto gebucht. Die gegebenenfalls noch vorhandenen offenen Posten bleiben auf dem alten Abstimmkonto.

Änderung nach Bebuchung des Debitors

Damit wäre der Ausweis der Forderung am *Periodenende* nicht korrekt, da alle Posten auf dem neuen Abstimmkonto auszuweisen sind. Das SAP-System stellt hier die Funktion der Umgliederung von Forderungen und Verbindlichkeiten zur Verfügung. Damit werden die offenen Posten temporär für das Reporting auf der neuen Bilanzposition gezeigt. Details hierzu werden in Abschnitt 7.7, »Umgliederung von Forderungen und Verbindlichkeiten«, beschrieben.

Auswirkungen bei Periodenende

Vorgehensweise bei nicht änderbaren Abstimmkonten

Von vielen Buchhaltungen wird die Änderung des Abstimmkontos nach Bebuchen des Debitors abgelehnt und nicht genutzt. Als Folge muss statt einer Stammsatzänderung das bestehende Debitorenkonto zum Buchen gesperrt und ein neues Konto – unter einer neuen Nummer – angelegt werden. Dies ist aber im Reporting problematisch, da die Bestellhistorie nicht vom alten Kunden auf den neuen übertragen werden kann.

Anlegen eines neuen Kontos

5 | Vertriebsprozess

Regelmäßige Geschäftsvorfälle

Es kann aber auch regelmäßig Geschäftsvorfälle in der Debitorenbuchhaltung geben, die wir im Hauptbuch gerne auf einem gesonderten Konto ausweisen wollen.

Sonderhauptbuchvorgänge

Ein wichtiges Beispiel ist hier wohl die *erhaltene Anzahlung*. Erhaltene Anzahlungen sind nach § 266 (2) HGB nicht unter der Bilanzposition *Forderungen*, sondern unter den *Verbindlichkeiten* auszuweisen. Auch nach IAS 1 wird eine gesonderte Darstellung erhaltener Anzahlungen gefordert.

Sonderhauptbuchvorgänge

Im SAP-System lässt sich dieser Prozess mithilfe von *Sonderhauptbuchvorgängen* (SHB-Vorgängen) darstellen. Im Standard werden bereits viele gängige Sonderhauptbuchvorgänge vorkonfiguriert ausgeliefert. Es ist aber auch möglich, darüber hinaus eigene Geschäftsvorfälle einzustellen. Neben Anzahlungen lassen sich so auch Wechselzahlungen, Bürgschaften, Zinsen und weitere Vorgänge abbilden.

Ziel beim Einsatz von Sonderhauptbuchvorgängen ist die Möglichkeit einer gesonderten Auswertung. Zu diesem Zweck wird die betroffene Buchung mit einem *Sonderhauptbuch-Kennzeichen* (SHB-Kennzeichen) markiert und zusätzlich die Verbuchung vom Abstimmkonto auf ein gesondertes Hauptbuchkonto umgeleitet.

Betrachten wir zum besseren Verständnis zunächst die Einstellungen zu einem Sonderhauptbuchvorgang.

Einstellung des SHB-Kennzeichens

Zentrales Merkmal ist das SHB-Kennzeichen. Dies ist ein einstelliges Feld, das später bei Buchungen mitgegeben und in diversen Berichten ausgewertet werden kann. SHB-Kennzeichen können entweder für Vorgänge in der Debitoren- oder in der Kreditorenbuchhaltung verwendet werden. Diese Restriktion ergibt sich, da die Anlage des Kennzeichens bezogen auf eine Kontoart erfolgt, wie Abbildung 5.29 zeigt.

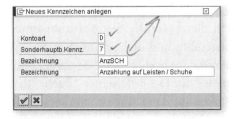

Abbildung 5.29 Anlegen eines SHB-Kennzeichens

Bei der Pflege von SHB-Kennzeichen werden einige wichtige Festlegungen getroffen (siehe Abbildung 5.30).

Mit der Checkbox MERKPOSTEN können Sie festlegen, ob bei Eingabe des SHB-Kennzeichens tatsächlich eine Buchung im Hauptbuch erfolgt oder ob Sie lediglich einen Merker in der Debitorenbuchhaltung setzen. Klassische Merkposten sind Anzahlungsanforderungen.

Checkbox »Merkposten«

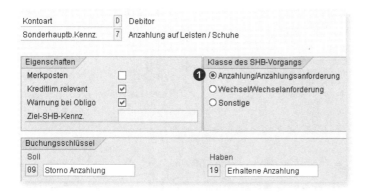

Abbildung 5.30 Eigenschaften eines SHB-Kennzeichens

In Abbildung 5.30 sehen Sie die Einstellungen zu einem SHB-Kennzeichen für Anzahlungen ❶. Eine Anzahlung müssen Sie im Moment des Zahlungseingangs zu einer Anzahlungsanforderung verbuchen. Die Anzahlung wird in der Bilanz als Verbindlichkeit gegenüber Kunden dargestellt. Solange die Zahlung aber nicht eingegangen ist, haben Sie keinen Anlass für eine Buchung im Hauptbuch. In der Debitorenbuchhaltung wollen Sie aber sehr wohl wissen, dass Sie den Kunden um eine Anzahlung gebeten haben. Es wird daher nur ein Merkposten eingebucht.

Über die Checkbox KREDITLIM.RELEVANT können Sie beeinflussen, ob der Buchungsvorgang bei der Berechnung des vom Kunden ausgeschöpften Kreditlimits einbezogen wird oder nicht.

Relevanz für Kreditlimitberechnung

Bleiben wir beim Beispiel der Anzahlungsanforderung und der später erhaltenen Anzahlung: Eine Anzahlungsanforderung könnten wir als Forderung gegenüber dem Kunden definieren. Bisher ist für uns aber kein finanzielles Risiko entstanden. Wenn der Kunde nicht bezahlt, werden wir unter Umständen von einer Belieferung Abstand nehmen. Interessant wird es erst, wenn der Kunde durch die Leistung einer Anzahlung in Vorleistung tritt. In diesem Fall scheint es gerechtfertigt, wenn wir das genutzte Kreditlimit um den Zahlungseingang reduzieren.

Meldung bei Obligo

Der Nutzen des Kennzeichens WARNUNG BEI OBLIGO ist abhängig von der Arbeitsweise in unserer Debitorenbuchhaltung. Mit dem Setzen dieses Kennzeichens können wir bewirken, dass beim Buchen ein Hinweis auf vorhandene SHB-Umsätze erzeugt wird (siehe Abbildung 5.31).

Abbildung 5.31 Hinweis auf vorhandene SHB-Umsätze

Diese Hinweismeldung kann insbesondere bei der Verbuchung von Zahlungsvorgängen nützlich sein. Das es sich nur um eine Information handelt, kann die Meldung mit ⏎ bestätigt werden.

[+] **Checkbox »Warnung bei Obligo« anhaken?**

Sind SHB-Vorgänge in einer Buchhaltung weit verbreitet, sollten Sie sich allerdings fragen, ob diese Meldung noch Aufmerksamkeit hervorruft oder ob sie »nervt« und daher unbeachtet bestätigt wird. Falls dem so sei, sollten wir auf das Setzen des Kennzeichens WARNUNG BEI OBLIGO besser verzichten.

SHB-Kennzeichen für Anzahlungsanforderung

Wenn Sie ein SHB-Kennzeichen anlegen, das eine *Anzahlungsanforderung* abbildet, müssen Sie auch noch mindestens ein ZIEL-SHB-Kennzeichen angeben. Das heißt, bei der Verbuchung des Zahlungseingangs zu einer Anzahlungsanforderung wird das SHB-Kennzeichen für die Anzahlungsanforderung entlastet. Im Gegenzug wird das Ziel-SHB-Kennzeichen mit der Anzahlung belastet.

Da im Customizing mehr als ein Ziel-SHB-Kennzeichen eingetragen werden kann, muss beim Verbuchen einer Anzahlungsanforderung daher auch nicht das SHB-Kennzeichen für die Anforderung hinterlegt werden, sondern das Spezifische für die Anzahlung selbst.

Der vollständige Buchungsstoff von Anzahlungsanforderung bis zur Verrechnung mit der Endrechnung gestaltet sich dann, wie es in Abbildung 5.32 dargestellt ist.

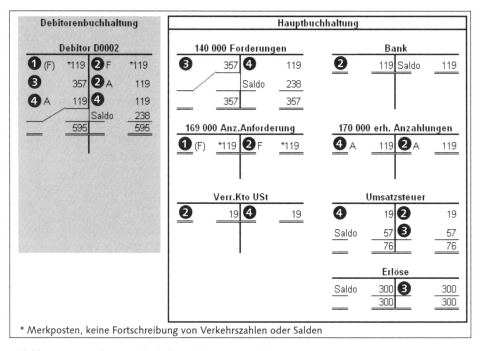

Abbildung 5.32 Buchungstechnik der erhaltenen Anzahlung

Als ersten Schritt im Prozess fordern wir unseren Kunden auf, eine Anzahlung zu leisten. Dieser Vorgang wird im System durch eine Anzahlungsanforderung abgebildet. Die Anzahlungsanforderung löst eine Buchung in Haupt- und Debitorenbuchhaltung aus (siehe ❶, Buchung einer Anzahlungsanforderung). Allerdings handelt es sich dabei nur um einen Merkposten (SHB-Kennzeichen F), vergleichbar mit statistischen Buchungen in CO.

Buchungstechnik bei erhaltenen Anzahlungen

Mit Erhalt der Zahlung (siehe ❷, Zahlungseingang und Einbuchen der Anzahlung) wird die Buchung der Anzahlungsanforderung storniert. Der Zahlungseingang wird mit dem Sonderhauptbuchkennzeichen A auf dem Debitorenkonto verbucht. Dadurch erfolgt die Buchung im Hauptbuch nicht auf dem eigentlichen Abstimmkonto 140 000 (Forderungen), sondern auf dem Anzahlungskonto 170 000 (siehe ❷, erhaltene Anzahlungen).

Wenn wir unsere Leistung vollständig erbracht haben, erhält der Kunde eine abschließende Rechnung, die sogenannte *Endrechnung* ❸. Diese wird wie jede andere Rechnung auch verbucht. Allerdings folgt nun ein weiterer Schritt, in dem die Anzahlung und die Rechnung gegeneinander verrechnet werden (siehe ❹, Verrechnung von Anzahlung und Rechnung). Auf dem Debitorenkonto bleibt somit nur noch ein offener Posten, der sich aus der Differenz von Endrechnung abzüglich der erhaltenen Anzahlung ergibt.

| Integration der Sonderhauptbuchvorgänge mit SD | Auch wenn Buchungen von Sonderhauptbuchvorgängen vorwiegend innerhalb der Buchhaltung erfolgen, ist dennoch die Integration in SD möglich. Hierfür gibt es einen eigenen Customizing-Punkt im Vertrieb, mit dem bei Fakturen auch abweichende Abstimmkonten ermittelt und bebucht werden können. Sie finden ihn im Einführungsleitfaden unter VERTRIEB • GRUNDFUNKTIONEN • KONTIERUNG/KALKULATION • ABSTIMMKONTEN-/MITBUCHKONTENFINDUNG. Für die Abbildung von Anzahlungen und deren Anforderung ist diese Möglichkeit interessant, in der Praxis aber auch problembehaftet. Die Umsetzung ist nur in Zusammenhang mit Fakturaplänen möglich. Wenn die Endrechnung aber von den Anzahlungen abweicht, stößt der SAP-Standard an seine Grenzen. |

[+] **Nähere Informationen zur Integration in SD**

Als Ausgangspunkt für detaillierte Informationen zur Integration von Sonderhauptbuchvorgängen in SD kann der SAP-Hinweis 213444 (Beratungshinweis Anzahlungsabwicklung SD/FI) genutzt werden.

Häufiger als Anzahlungen werden Rechnungen und Gutschriften vom Vertrieb in die Buchhaltung übergeleitet. Da in jeder Rechnung oder Gutschrift eine Kundennummer enthalten ist, wird auch hier die Debitorenbuchhaltung angesprochen.

5.6.3 Integration von SD und Debitorenbuchhaltung

Prinzip der Partnerrolle

Um zu verstehen, wie das SAP-System das korrekte Debitorenkonto findet, müssen wir das Prinzip der Partnerrollen im Vertrieb betrachten. Eine *Partnerrolle* legt fest, welche Funktion ein in unserem SAP-System angelegter Kunde im Verkaufsprozess wahrnimmt. Die wichtigsten Partnerrollen, die ein Debitor ausfüllen kann, sind im Folgenden aufgeführt:

- Auftraggeber, der uns einen Kundenauftrag übergibt
- Warenempfänger, an dessen Anschrift wir die Lieferung durchführen
- Rechnungsempfänger, an dessen Anschrift die Faktura gesendet wird
- Regulierer, von dem die Bezahlung erwartet wird

Aus buchhalterischer Sicht ist nur der *Regulierer* relevant. Von ihm erwarten wir die Zahlung, und entsprechend müssen wir für ihn ein Debitorenkonto für die Verwaltung offener Posten führen.

Regulierer

Beispiel zur Verdeutlichung der Partnerrolle [zB]

NIMAAR, Kunde der Lederwaren-Manufaktur Mannheim, ist ein internationales Modelabel mit eigenen Läden in europäischen Großstädten. Der Kunde bestellt immer aus seiner Zentrale in Madrid bei unserer Niederlassung Mannheim. Die Ware ist an die Niederlassung München zu liefern, die Rechnung wird aber durch die NIMAAR Deutschland in Köln beglichen. Wir definieren die Partnerrollen wie folgt:
- Der Zentraleinkauf in Madrid ist unser Auftraggeber, dieser muss mindestens in SD angelegt sein.
- Die Niederlassung in München erhält nur einen Debitorenstamm mit SD-Sicht und wird im Kundenauftrag als Warenempfänger hinterlegt.
- Rechnungsempfänger und Regulierer ist in diesem Fall die Regionalgesellschaft in Köln. Dieser Debitorenstammsatz muss sowohl in SD als auch in FI angelegt sein.

Um einen offenen Posten der Debitorenbuchhaltung automatisch in die Hauptbuchhaltung zu übertragen, ist in jedem Stammsatz mit FI-Sicht ein Abstimmkonto zu hinterlegen.

Unterschiedliche Belegarten aus SD verwenden [+]

In älteren SAP-Releases wurden SD-Belege standardmäßig nur mit der Belegart RV in die Buchhaltung übergeleitet. Diese Einschränkung ist inzwischen aufgehoben, sodass abhängig von der Fakturaart unterschiedliche FI-Belegarten eingesetzt werden können. Hierzu wird über die Transaktion VOFA in der Fakturaart das Feld BELEGART wie gewünscht gepflegt.
Komfortabel aus Sicht der Debitorenbuchhaltung ist beispielsweise eine Unterscheidung von Rechnungen und Gutschriften.

5.6.4 Abbildung von Nebengeschäften

Verbuchung von Rechnungen in der Debitorenbuchhaltung

Bisher haben wir nur den Regelfall des Verkaufsprozesses betrachtet: Der Verkauf von eigenen Produkten und Handelswaren. Parallel gibt es die sogenannten *Nebengeschäfte*. Also Verkäufe, die nicht im Rahmen unserer eigentlichen Geschäftstätigkeit durchgeführt werden, wie etwa Verkäufe von Anlagevermögen oder der gelegentliche Verkauf von Abfällen oder Rohstoffen. Hier neigt man in Projekten dazu, diese Vorgänge nicht über das Modul SD, sondern direkt in der Finanzbuchhaltung abzubilden. Die Einbuchung erfolgt dann direkt über die Debitorenbuchhaltung. Bei diesem Vorgehen kann man sich in SD auf die Hauptprozesse konzentrieren und aufgeblähte Konditionsschemata vermeiden.

Schwächen dieser Vorgehensweise

In der Praxis zeigen sich aber auch deutliche Schwächen dieser Vorgehensweise:

- **Schwierige Integration mit CO-PA**
  Die Integration mit CO-PA wird erschwert, da eine automatische Ableitung von Merkmalen und Wertfeldern nur sehr eingeschränkt möglich ist.

- **Keine integrierte Auswertung möglich**
  Es ist keine integrierte Auswertung dieser Vorgänge möglich, da die Daten nur in FI, aber nicht in SD vorhanden sind.

- **Keine Unterstützung des Fakturadrucks im SAP-Standard**
  Damit muss eine entsprechende Funktion selbst entwickelt, oder – und das ist der häufigere Fall – es muss auf Word und die manuelle Erstellung ausgewichen werden.

Es sollte daher kritisch geprüft werden, wie häufig Nebengeschäfte abzuwickeln sind. Zu empfehlen ist die Abbildung über Gut-/Lastschriftmimik in SD. Dazu wird ein Nicht-Lagerartikel (Dummy-Artikel) verwendet, der alle notwendigen Konditionen enthält.

Zahlungseingang durch Kunden

Unabhängig davon, wie eine Forderung im SAP-System eingebucht wird, hoffen wir als Rechnungssteller, dass bis zum korrekten Zahlungseingang keine weiteren Aktivitäten erforderlich sind. In der Praxis bleibt dieser Wunsch allerdings mitunter unerfüllt. Der Kunde zahlt nur teilweise oder gar nicht. Zunächst ist unsere einzige Reaktionsmöglichkeit eine Anfrage beim Kunden, verbunden mit dem Hinweis, dass wir einen Zahlungseingang erwarten.

Im System können wir die gesamte Korrespondenz über das sogenannte *Mahnwesen* der Debitorenbuchhaltung abwickeln.

5.6.5 Mahnwesen

Auf das *Mahnwesen* wollen wir an dieser Stelle nur kurz und der Vollständigkeit halber eingehen. Im Idealfall unterstützt der Kunde unseren internen Wertefluss, indem er pünktlich und in korrekter Höhe bezahlt. In der Realität zeigt sich jedoch, dass offene Posten leider häufig nicht pünktlich bezahlt werden. Als Gläubiger bleibt in diesem Fall nur der Weg über Mahnschreiben und im schlimmsten Fall das gerichtliche Mahnverfahren.

Idealfall vs. Realität

Obwohl das Customizing des Mahnverfahrens eher zum Basiswissen eines FI-Beraters gezählt werden kann, entstehen in der Praxis immer wieder heftige Diskussionen zu diesem Thema. Die Ursache hierfür mag in den vielen Möglichkeiten liegen, die das SAP-System bietet und die zu Begehrlichkeiten bei den Debitorenbuchhaltern führen können.

Bestes Beispiel hierfür sind Mahngebühren. Wir sollten uns fragen, welches Vorgehen die Kunden von uns gewohnt sind. Wenn Ihr Unternehmen bislang nur zögerlich und zurückhaltend gemahnt hat, wird Ihr Kunde nur schwer verstehen, warum er plötzlich regelmäßig gemahnt wird und zudem Mahngebühren bezahlen soll. Das Argument, dass Sie SAP eingeführt haben und nun alles anders ist, wird ihm vermutlich nicht einleuchten.

Mahngebühren

Mahnzinsen

Auch die Berechnung von Mahnzinsen scheint leicht verdientes Geld zu sein. Während aber z. B. in Skandinavien Berechnung und Bezahlung von Verzugszinsen üblich sind, stellen sie im mitteleuropäischen Raum eher die Ausnahme dar.

Das Buchen von Gebühren oder Zinsen direkt im Mahnvorgang ermöglicht SAP nur beim Einsatz des Moduls CA. Das Mahnverfahren der normalen Debitorenbuchhaltung ist dazu nicht in der Lage.

Berechnung von Mahngebühren und -zinsen	[+]
Sie wollen auf die Berechnung von Mahngebühren und/oder -zinsen nicht verzichten.	

> Beschränken Sie sich darauf, die entsprechenden Beträge auf den Formularen auszuweisen. Erzeugen Sie keine Buchungen, wenn absehbar ist, dass ein Großteil der angemahnten Kunden diese Zusatzbeträge nicht bezahlen wird. Das erspart den Debitorenbuchhaltern das manuelle Ausbuchen dieser offenen Posten.
>
> Haben Sie keinen offenen Posten für Gebühren oder Zinsen erzeugt, der Kunde bezahlt diese aber, können Sie die Differenz beim Zahlungseingang stets als sonstigen Ertrag verbuchen.

Obwohl das Anmahnen überfälliger Außenposten in den meisten Unternehmen zum Tagesgeschäft gehört, hoffen wir doch, dass die Kunden ihre offenen Posten rechtzeitig und in voller Höhe begleichen. Damit kommen wir zum nächsten Thema, dem Zahlungseingang.

5.6.6 Zahlungseingang

Endpunkt des Werteflusses im Verkauf

Mit dem Zahlungseingang erreichen wir einen Endpunkt im Werteflusses des Verkaufsprozesses. Grundsätzlich gibt es unterschiedliche Wege, über die uns der Zahlungseingang erreichen kann. Beispiele hierfür sind die Möglichkeiten zur Zahlung per Scheck, Wechsel, Bankeinzug oder Überweisung.

Präferenzen zu Zahlungsarten

Eine generelle Aussage über die am meisten verbreitete Zahlungsart können wir nicht treffen. Die Verteilung ist u.a. abhängig von Branche, Unternehmensgröße und Land. So ist in Mitteleuropa die Banküberweisung ein wichtiges Instrument, während Zahlungen per Wechsel kaum verwendet werden. In Ländern wie Frankreich, Spanien oder Italien sind Wechselzahlungen durchaus üblich. Schecks hingegen werden öfter im Mittelstand genutzt als von Großunternehmen. Man verspricht sich davon eine Verlängerung des Zahlungsziels, da eine Überweisung einen sofortigen Liquiditätsverlust bedeutet, ein Scheck muss erst über den Postweg an den Lieferanten gesendet und dann durch diesen bei der Bank eingereicht werden. Es ist also mit einer Verzögerung von mindestens zwei Tagen zu rechnen.

Elektronischer Kontoauszug

Customizing

Im besten Fall erfahren Sie von der Eingangszahlung über einen *elektronischen Kontoauszug*, den Sie ins SAP-System einlesen und damit automatische Buchungen in Haupt- und Nebenbuch auslösen. Hierfür sind aber Customizing und unter Umständen auch Programmierung in einem User Exit notwendig. Für viele Länder gibt es Standards für die von den Banken gelieferten Dateien wie z. B. MT940/Multicash in Deutschland.

In der Praxis zeigt sich aber regelmäßig, dass Banken diese Standards nicht einheitlich interpretieren. Die Verarbeitung von elektronischen Kontoauszügen muss daher bankenspezifisch eingerichtet werden. Um den Einführungs- und Wartungsaufwand so gering wie möglich zu halten, sollten wir daher versuchen, die Anzahl der angeschlossenen Banken zu minimieren. Leider stößt dieses aus IT-Sicht sinnvolle Ansinnen in den Fachabteilungen nicht immer auf positive Resonanz. Dort will man sich selten von einer einzigen Bank abhängig machen und streut daher das Bankvermögen.

Zusammenarbeit mit Banken

Auf den ersten Blick ist das Customizing des elektronischen Kontoauszugs unübersichtlich. Bei einer schematischen Betrachtung werden die Zusammenhänge aber rasch klar (siehe Abbildung 5.33).

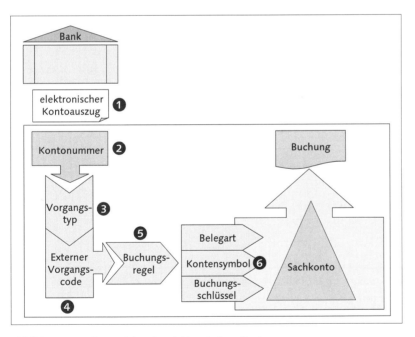

Abbildung 5.33 Customizing des elektronischen Kontoauszugs

Wie können wir Abbildung 5.33 lesen? Wenn wir einen elektronischen Kontoauszug von der Bank erhalten ❶, sind in der Datei die

Bankleitzahl und die Kontonummer vermerkt ❷. Damit wissen wir, von welcher unserer Hausbanken die Datei stammt.

MT940-Standard

In der Regel kann uns die Hausbank eine Liste aushändigen, die den Aufbau und Inhalt des Kontoauszugs erklärt. Der *MT940-Standard* enthält beispielsweise als allgemeine Information unsere Kontonummer sowie die Bankleitzahl. Darüber hinaus weist der Standard den Kontostand mit und ohne den in der Datei enthaltenen Zahlungsvorgängen auf.

Externe Vorgangscodes

Daneben sind für jede Position des Kontoauszugs die Bankverbindung (z. B. Konto, Bankleitzahl, IBAN) und der Name des Ein-/Auszahlers enthalten. Wir können den Betrag und die Referenz lesen. Wichtig ist dabei der sogenannte *externe Vorgangscode* ❹, mit dem spezifiziert wird, um welchen Zahlungsvorgang es sich in der jeweiligen Position handelt: Ein- oder Auszahlung per Überweisung/Scheck, ein Rückläufer eines Zahlungsausgangs (z. B. wenn wir in einem Lieferantenstamm falsche Bankdaten gepflegt hatten), Bankspesen oder auch Zinsen.

Vorgangstyp

Alle externen Vorgangscodes, die eine Bank verwendet und die für uns relevant sind, müssen wir in unser System einpflegen. Die Klammer um alle Vorgangscodes einer Bank bzw. eines Standards ist der *Vorgangstyp* (siehe ❸ in Abbildung 5.33).

Externer Vo	Vorz	Buchungsregel	Interpretationsalgorithmus	Disposi	Verarbeitungstyp
051	+	0001	001 Standard-Algorithmus	0	
070	+	0002	001 Standard-Algorithmus	0	
071	+	0016	000 Keine Interpretation	0	
071	-	0006	001 Standard-Algorithmus	0	
151	+	0025	000 Keine Interpretation	0	
151	-	0023	000 Keine Interpretation	0	

Abbildung 5.34 Customizing externer Vorgangscodes

In Abbildung 5.34 sehen Sie zunächst den Vorgangscode 051, der von der Bank geliefert wird. In der zweiten Spalte finden Sie das Vorzeichen. Mit diesem können Sie zwischen ein- und ausgehenden Zahlungen unterscheiden. In unserem Fall liegt ein Geldeingang vor. Beide Spalten sind die Kriterien, die für jede Position des Kontoauszugs geprüft werden. Bei einer Übereinstimmung von Customizing und Datei wird die folgende *Logik* verwendet:

Zunächst einmal finden wir die *Buchungsregel* (siehe ❺ in Abbildung 5.33). Diese liefert uns alle relevanten Informationen wie die Belegart und den Buchungsschlüssel, die wir zum Erstellen einer Buchung benötigen. In unserem Beispiel bildet die Buchungsregel 0001 Geldeingänge über ein Verrechnungskonto ab. In diesem Fall müssen wir sowohl ins Haupt- als auch ins Nebenbuch buchen:

Buchungsregel

- Hauptbuchhaltung: Bank an Geldeingangskonto
- Debitorenbuchhaltung: Geldeingangskonto an Debitor

Das *Geldeingangskonto* ist ein reines Verrechnungskonto, durch das wir sicherstellen können, dass alle Positionen des Kontoauszugs korrekt verbucht wurden. Die Belastung des Kontos erfolgt immer gegen das Bankkonto, die Entlastung erfolgt gegen die Nebenbuchhaltung oder am Beispiel der Spesen oder Zinsen gegen ein anderes Hauptbuchkonto.

In Abbildung 5.35 sehen wir die Einstellungen der Buchungsregel 0001 für die Buchung in der Hauptbuchhaltung.

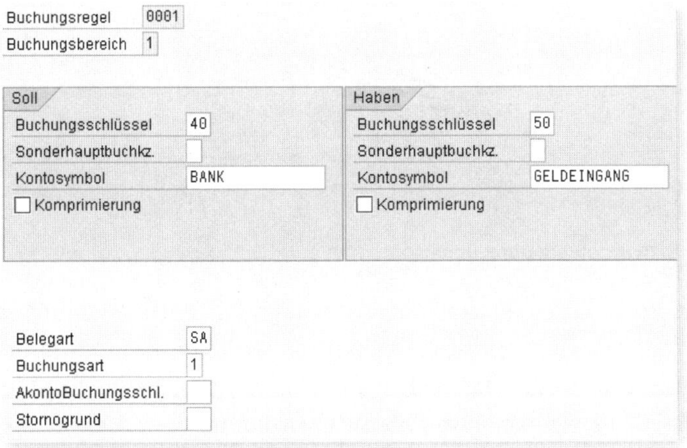

Abbildung 5.35 »Buchungsregel 0001« im Hauptbuch

Dass es sich hier um die Buchung des Hauptbuchs handelt, erkennen wir an dem Feld BUCHUNGSBEREICH. Der Eintrag 1 steht für das Hauptbuch, die 2 steht für das Nebenbuch.

Sowohl für die Soll- als auch für die Habenposition sind der Buchungsschlüssel sowie ein Kontosymbol hinterlegt, das wir in folgenden Ausführungen erklären werden.

Neben der Belegart wird zudem die *Buchungsart* spezifiziert. Diese gibt detailliert an, um welchen Buchungsvorgang es sich handelt, z. B. eine reine Sachkontenbuchung oder Ausgleichsbuchung im Nebenbuch.

Kontensymbol   Mit dem *Kontensymbol* (siehe ❻ in Abbildung 5.33) bietet das SAP-System für alle Unternehmen, die mehr als ein Bankkonto führen – also fast alle –, eine schlanke und systematische Lösung der Kontenfindung an.

Grundidee des Kontensymbols ist zum einen, dass es im Kontenplan immer ein Sachkonto pro Bankkonto gibt, und zum anderen, dass sich um dieses Konto die Verrechnungskonten für die möglichen Geschäftsvorfälle gruppieren. Weiter geht man davon aus, dass die Sachkonten immer der gleichen Nummerierungslogik folgen. Abbildung 5.36 veranschaulicht dieses Vorgehen.

Kto.symbol	Kont.mod.	Währung	Sachkto	Bez. Kto.symbol
BANK ❶	+	+	++++++++++	Bankkonto
GEBÜHREN ❷	+	+	479000	Gebühren
GELDAUSGANG	+	+	++++++++++2	Geldausgang
GELDEINGANG	+	+	++++++++++9	Geldeingangskonto
SCHECKAUSGANG	+	+	++++++++++1	Scheckausgangskonto
SCHECKEINGANG	+	+	++++++++++8 ❸	Scheckeingang
SCHECKVERRECHNG	+	+	++++++++++17	ScheckverrechnungKto
SONSTIGE	+	+	++++++++++5	Sonst. Bankgeschäfte
SPESEN	+	+	479000	Bankspesenkonto

Abbildung 5.36 Kontenfindung über Kontensymbol

In der ersten Zeile haben wir das Kontensymbol BANK (siehe ❶ in Abbildung 5.36). In der Spalte SACHKONTO ist keine Kontonummer hinterlegt. Diese findet das SAP-System über das Customizing der Hausbanken. Die Eingabe von Plus-Zeichen nennen wir *Maskierung*. Jedes Plus-Zeichen kann durch ein beliebiges Zeichen ersetzt werden. Das SAP-System funktioniert hier also, wie wir es von Suchmaschinen im Internet kennen.

Für das Kontensymbol GEBÜHREN ❷ ist hingegen eine Kontonummer hinterlegt. Das heißt, egal, von welcher Bank uns Gebühren berechnet werden, wir verbuchen sie immer auf dem Konto 479000.

Darstellung von Forderungen | **5.6**

In den folgenden Zeilen haben wir die Kontensymbole für die unterschiedlichen Zahlungsarten: GELDEINGANG und GELDAUSGANG sowie SCHECKEINGANG und SCHECKAUSGANG. Hier sehen wir in der Spalte SACHKONTO Einträge, die nur zum Teil maskiert sind. Dabei nimmt das System die Sachkontennummer des betroffenen Hausbankkontos und ersetzt die letzte Ziffer durch eine 2, 9, 1 oder 8 ❸. Damit müssen nicht alle Konten explizit angegeben werden. Zudem erleichtert es den Fachabteilungen die Arbeit mit dem Kontenplan, da mithilfe dieser Kennzeichnung klar ist, dass beispielsweise ein Konto im Bankenbereich, das mit einer 2 endet, ein Geldausgangskonto ist.

Nummernlogik der Bankkonten

Als Zahlenbeispiel kann dies wie folgt aussehen:

- Sachkonto zum Bankkonto   113100   112880
- Geldausgangskonto   113102   112882
- Geldeingangskonto   113109   112889

Beim Einrichten des elektronischen Kontoauszugs sind die Definition der Kontensymbole und das Hinterlegen der Sachkontonummer oft nicht problematisch. Die Herausforderung besteht vielmehr in der eindeutigen Identifizierung der externen Vorgangscodes und der Interpretation der vorhandenen Informationen, um einen möglichst hohen Automatisierungsgrad zu erreichen.

[+]

Effizienz des elektronischen Kontoauszugs

Auch unter Ausnutzung des vorhandenen User Exits schaffen wir es in der Regel nicht, eine zu hundert Prozent automatische Verbuchung des elektronischen Kontoauszugs gegen die offenen Posten der Debitorenbuchhaltung zu erzielen. Die Ursachen hierfür sind vielfältig. Häufig stoßen wir auf fehlerhafte oder unzureichende Referenzen im Zahlungsträger und natürlich auch auf unerwartete Zahlungsdifferenzen.
Es gibt heute eine Reihe von Add-ons, die von Drittanbietern entwickelt wurden. Mit diesen Lösungen können zum Teil bessere Ausgleichsquoten erzielt werden als mit den Mitteln des SAP-Systems.
Bei schlechter Zahlungsmoral oder fehlenden Informationen im Zahlungsträger können aber auch die besten Add-ons nicht mehr helfen.

Leider erfordert die Datenqualität immer wieder manuelles Eingreifen. Hierbei gilt es zunächst, den korrekten Debitor zu finden und dann die offenen Posten zu identifizieren, die mit der Eingangszahlung beglichen werden. Kann der Debitor nicht identifiziert werden, kann das Geldeingangskonto nicht ausgeglichen werden. Spätestens

Manuelles Nacharbeiten

zum Monatsende sollten die Bankverrechnungskonten aber so weit als möglich bereinigt sein.

Akontobuchung Wenn zwar der Debitor, nicht aber der offene Posten ermittelt werden kann, hat man die Option einer *Akontobuchung*. Dabei wird der Zahlungseingang als offener Posten auf dem Debitorenkonto verbucht. Problematisch ist dabei, dass mitunter über lange Zeiträume versäumt wird, die offenen Rechnungen und Zahlungen zu klären und gegeneinander auszugleichen. Dies führt über kurz oder lang zu unübersichtlichen Konten und erschwert die tägliche Arbeit.

Zahlungsdifferenzen Schließlich haben wir noch den Fall der *Zahlungsdifferenz*. Im Falle von Eingangszahlungen sprechen wir hier meist von zu geringen Zahlungen. Es muss nach festen Regeln und im individuellen Fall entschieden werden, wie mit der Minderzahlung bzw. dem Restposten zu verfahren ist. Bei Kleindifferenzen ist es in der Regel angebracht, diese gegen ein Differenzenkonto auszubuchen. Bei inakzeptabel hohen Beträgen muss die Differenz als Restbetrag auf dem Debitorenkonto verbleiben und die Bezahlung mit dem Kunden geklärt werden.

Kleindifferenz

Ausbuchen Die Höhe der zulässigen *Kleindifferenzen* kann durch Customizing beeinflusst werden. Dabei gibt es zwei Stellen für die Definition der Toleranzgrenzen:

▶ Die erste Toleranzgrenze kann in Abhängigkeit vom Debitorenstamm gepflegt werden.

▶ Die zweite Toleranzgrenze ist benutzerabhängig.

In beiden Fällen werden die zugelassenen Toleranzgrenzen sowohl absolut in Hauswährung als auch prozentual festgelegt und in sogenannten *Toleranzgruppen* zusammengefasst. Dabei ist für die kunden-, aber auch für die benutzerabhängigen Toleranzen mindestens ein Eintrag [BLANK] erforderlich. Dieser gilt immer dann, wenn im Kunden- bzw. Benutzerstamm keine spezifische Toleranzgruppe hinterlegt ist.

Einrichten der Toleranzgruppen Die *Toleranzgruppen* legen Sie im Einführungsleitfaden unter FINANZWESEN (NEU) • DEBITOREN- UND KREDITORENBUCHHALTUNG • GESCHÄFTSVORFÄLLE • ZAHLUNGSEINGANG • ZAHLUNGSEINGANG MANUELL • TOLERANZGRUPPEN FÜR MITARBEITER DEFINIEREN bzw. TOLERANZEN DEFINIEREN (DEBITOREN) fest.

Darstellung von Forderungen | **5.6**

Die Zuordnung der Toleranzgruppe zu den Benutzern erfolgt ebenfalls im Customizing für den manuellen Zahlungseingang unter dem Punkt BENUTZER/TOLERANZGRUPPEN ZUORDNEN. Für die Debitoren wird die Toleranzgruppe in den buchungskreisspezifischen Daten des Debitorenstamms auf dem Reiter ZAHLUNGSVERKEHR zugeordnet.

Zuordnung der Toleranzgruppen

Damit haben wir festgelegt, in welcher Höhe Kleindifferenzen ohne weitere Klärung ausgebucht werden dürfen. Natürlich muss das *Differenzenkonto* nicht manuell mitgegeben werden. Es wird im Einführungsleitfaden unter FINANZWESEN (NEU) • DEBITOREN- UND KREDITORENBUCHHALTUNG • GESCHÄFTSVORFÄLLE • ZAHLUNGSEINGANG • GRUNDEINSTELLUNGEN ZAHLUNGSEINGANG • KONTEN FÜR ÜBER-/UNTERZAHLUNG HINTERLEGEN definiert.

Hinterlegen Differenzenkonto

Im Falle einer marginalen Zahlungsdifferenz entsteht folgende Buchung:

Entstehende Buchung

Bu...	Pos	BS	S	Konto	Bezeichnung	Betrag	Währg	St	Auftrag	Profitcenter	Segment
M001	1	40		113190	Deutsche Bank - EUR	991,50	EUR				
	2	40		881000	Unber.Kundenabzüge	8,50	EUR		100300	M_5100	M_OH
	3	15		D0002	B. Rott	1.000,00-	EUR				

Abbildung 5.37 Zahlungseingang mit tolerierter Differenz

Sie sehen in Abbildung 5.37 einen Zahlungseingang in Höhe von 991,50 EUR. Dem steht ein offener Posten in Höhe von 1.000,00 EUR entgegen. Die Differenz von 8,50 EUR wurde über die Kontenfindung auf das Konto 881000 (Unberechtigte Kundenabzüge) geleitet.

Dieses Konto wird in der Ergebnisrechnung häufig bei den Erlösschmälerungen ausgewiesen. Damit fließt es in die EBIT-Berechnung ein und sollte demzufolge auch in das Controlling übergeleitet werden. Dies geschieht – wie immer –, indem das Konto 881000 auch als Kostenart hinterlegt ist. Aus dem Buchungsstoff ergibt sich aber kein CO-Objekt, das wir hierfür nutzen können, da wir nur Bilanzpositionen – die Bankbuchung sowie die Forderung – bebuchen. Es ist nicht sinnvoll, bei jeder Buchung manuell ein CO-Objekt mitzugeben. Um dies zu verhindern, muss die Kostenart fix mit einer CO-Kontierung verbunden werden. In unserem Fall haben wir über die Transaktion OKB9 der Kostenart 881000 den Innenauftrag 100300 zugeordnet.

Darstellung in Ergebnisrechnung

Hohe Abweichungen

Abweichungen in den Eingangszahlungen

Leider gibt es neben den akzeptablen Kleindifferenzen auch Abweichungen in den Eingangszahlungen, die wir nicht mehr tolerieren können. In diesem Fall können wir nach wie vor unsere offene Rechnung ausgleichen, müssen aber einen Restposten bilden. Nachteil dieses Restpostens ist, dass dieser unter der Belegnummer des Zahlungseingangs verbucht wird und nicht mehr unter der Nummer der teilweise ausgeglichenen Rechnung.

In Abbildung 5.38 haben wir als Beispiel eine offene Debitorenrechnung in Höhe von 7.000,00 EUR, von der unser Kunde nur 4.000,00 EUR bezahlt. Wir müssen also einen Restposten von 3.000,00 EUR bilden. Auf dem Debitorenkonto sieht dies dann wie folgt aus:

St	Belegart	Belegnr	Belegdatum	Nettofälligkeit		Betr. in HW	HWähr	Ausgl.bel.	Ausgleich
Ø	DZ	1400000002	28.03.2009	28.03.2009		3.000,00	EUR		
Ø					*	3.000,00	EUR		
▫	DZ	1400000002	28.03.2009	28.03.2009		7.000,00-	EUR	1400000002	28.03.2009
▫	DR	1800000002	25.03.2009	25.03.2009		7.000,00	EUR	1400000002	28.03.2009
▫					*	0,00	EUR		
Konto D0002					**	3.000,00	EUR		
					***	3.000,00	EUR		

Abbildung 5.38 Verbuchung von Restposten

Die nur teilweise ausgeglichene Debitorenrechnung (Belegart DR) wird wie der Zahlungseingang (Belegart DZ) mit 7.000,00 EUR als ausgeglichen dargestellt. Gleichzeitig entsteht mit diesem Zahlungsbeleg 1400000002 ein offener Posten, der sogenannte *Restposten*, in Höhe von 3.000,00 EUR. Dieser ist in unserem Fall sofort fällig.

Alternativen

Alternativ zum Ausgleich der ursprünglichen Rechnung und der Bildung eines Restpostens können wir auch eine *Teilzahlung* verbuchen. Bei dieser wird die Rechnung nicht ausgeglichen. Der Zahlungseingang wird als weiterer offener Posten auf dem Kundenkonto gezeigt. Es gibt durchaus Fachabteilungen, denen sowohl diese Darstellung von Restposten als auch die von Teilzahlungen missfällt, nicht zuletzt weil es Softwarelösungen gibt, die einen offenen Posten wirklich teilweise ausgleichen können. Alternativ zur Bildung von Restposten wird dann auch eine *Akontozahlung* gewählt, sodass die Rechnung und der Zahlungseingang beide als offene Posten gezeigt werden.

Damit wollen wir nun den Bereich der Bilanz verlassen und uns den Auswirkungen des Verkaufsprozesses in der Gewinn- und Verlustrechnung widmen. Das Hauptaugenmerk liegt dabei sicherlich auf den Umsatzerlösen.

5.7 Abbildung von Umsatzerlösen

Bevor wir uns der Darstellung der Umsatzerlöse im SAP-System zuwenden, wollen wir nochmals kurz auf die rechtlichen Rahmenbedingungen eingehen.

5.7.1 Rechtliche Anforderungen

Für die Darstellung von *Umsatzerlösen* und *Erlösminderungen* gibt es je nach angewendeter Rechnungslegung unterschiedliche Anforderungen. So bestehen nach dem deutschen Handelsgesetzbuch (HGB) zunächst keine detaillierten Vorgaben.

Darstellung nach HGB

Sowohl nach dem Gesamt- als auch nach dem Umsatzkostenverfahren muss in der GuV nur eine Zeile für Umsatzerlöse gezeigt werden. Als Umsatzerlöse werden dabei alle Erlöse abzüglich Erlösschmälerungen verstanden, die im Rahmen der gewöhnlichen Geschäftstätigkeit entstehen.

Weitere Anforderungen gibt es allerdings für *Kapitalgesellschaften*. Diese müssen im Anhang nähere Angaben zur Zusammensetzung der Umsatzerlöse machen. Über die Art der Gliederung entscheidet das Unternehmen selbst. Vorgabe ist nur, dass eine Gliederung nach Tätigkeitsbereichen vorgenommen wird. Eine geografische Gliederung ist nur vorgeschrieben, falls hierbei deutliche Unterschiede der Umsatzverteilung gezeigt werden. Die gesamte Aufgliederung kann aber auch unterbleiben, falls eine Veröffentlichung dem Unternehmen zu einem erheblichen Nachteil gereichen würde. Identische Vorgaben gelten auch für den Konzernabschluss.

Angaben im Anhang

Mit DRS 3 (*Segmentberichterstattung*) gibt es einen weiteren deutschen Standard, der sich der Materie detailliert widmet. Die Vorgaben sind vergleichbar mit denen von IFRS und US-GAAP. Im Kern zielt der Standard der Segmentberichterstattung darauf, den Konzernabschluss auf operative Segmente zu vereinfachen, die gleiche Risiko- und Chancenprofile aufweisen. Das soll den Adressaten des Abschlusses ermöglichen, Gesamtrisiko und -chancen besser einzuschätzen. Dies ist insbesondere bei einem Konzern mit sehr unter-

Segmentberichterstattung

schiedlichen Geschäftsfeldern schwirig. Für die Segmentberichterstattung sind dabei dieselben Bilanzansatzmethoden zu verwenden, wie in den zugrunde liegenden legalen Einzelabschlüssen

Die Auswirkungen im Ergebnis sind, dass jedes Unternehmen seine Erlöse nach sinnvollen operativen Einheiten zu gliedern und seinen subjektiven Gegebenheiten zu folgen hat. Dies kann z. B. in einer Darstellung nach Sparten, Ländern oder auch Regionen münden.

Darstellung von Erlösminderungen

Häufig wird auch diskutiert, ob Erlösminderungen als solche gesondert in der GuV darzustellen sind oder ob es sich hierbei um negative Umsatzerlöse handelt. Eine allgemeingültige Aussage hierzu ist nicht möglich. Orientierungshilfe bietet die Frage nach dem Aufbau der gedruckten Kundenrechnung. Aber auch das ist nur ein Ansatz. Letztlich ausschlaggebend ist der bilanzpolitische Wunsch, Umsatzerlöse und Erlösminderungen summarisch oder gesondert auszuweisen. Die Entscheidung muss einzeln für jedes Element der Preiskalkulation erfolgen.

Wichtiger als diese Frage ist aber, zu welchem Zeitpunkt die Erlöse buchhalterisch ausgewiesen werden dürfen.

5.7.2 Zeitpunkt der Erlösrealisierung

Auswirkungen von Bilanzskandalen

In der jüngeren Vergangenheit haben mehrere Bilanzskandale zu verschärften Bilanzierungsvorschriften für Umsatzerlöse geführt. Beispielhaft genannt seien hier die Fälle Enron und Worldcom. Der vorzeitige und damit nicht mehr periodengerechte Ausweis von Erlösen konnte bei Enron nur noch als Bilanzfälschung interpretiert werden. Auch wenn das in diesem Fall mutwillig geschehen ist, bedarf die zeitlich korrekte Abgrenzung von Umsatzerlösen einer genauen Betrachtung, um ungewollte Fehler zu vermeiden.

Zeitpunkt der Leistungserbringung

Häufig werden Forderungen und Erlöse mit Rechnungsstellung gebucht. Schuldrechtlich betrachtet, ist jedoch der Zeitpunkt der Leistungserbringung maßgeblich für das Entstehen von Forderung und Erlös. Der Rechnung kommt dabei keine rechtliche Bedeutung zu. Wenn die Leistungserbringung tatsächlich zeitlich vor oder nach der Rechnungsstellung erfolgt, ist eine *Erlösrealisierung* mit Rechnungsstellung nicht periodengerecht und muss daher korrigiert werden.

Für diesen Fall bietet das SAP-System ein automatisiertes Verfahren an. Die Umsatzrealisierung ist losgelöst vom Zeitpunkt der Fakturierung. Es stehen dabei drei Methoden zur Verfügung:

Methoden der Erlösrealisierung

- **Erlösrealisierung zum Zeitpunkt der Fakturierung**
  Dabei handelt es sich um die Standardeinstellung. Der Erlös wird im Moment der Faktura verbucht.
- **Zeitbezogene Erlösrealisierung**
  Hierbei werden die Erlöse über einen definierten Zeitraum hinweg anteilig realisiert. Dies bietet sich z. B. für Wartungsverträge an. Der Zeitraum wird dabei durch ein in der Kundenauftragsposition definiertes Beginn- und Enddatum festgelegt. Die Erlöse werden über die Perioden des Zeitraums gleichmäßig verteilt.
- **Leistungsbezogene Erlösrealisierung**
  Dieser Fall wird angewendet, wenn die Erlösrealisierung an bestimmte Ereignisse gebunden sein soll, wie z. B. eine Lieferung oder die Erreichung eines Meilensteins. Wird etwa bei einem Wartungsvertrag der Gesamtwert des Vertrags dem Kunden sofort in Rechnung gestellt, die Leistung aber erst nach und nach erbracht, wird der Gesamtwert der Erlöse zunächst abgegrenzt. Mit jedem in der Folge vollendeten Leistungspaket oder Meilenstein wird die Abgrenzung des zugehörigen Teilerlöses aufgelöst und periodengerecht realisiert.

Im Ergebnis kann die Erlösrealisierung also je nach individueller Anforderung im Unternehmen periodengerecht vorgenommen werden. Manuelle Korrekturen und Fehlerquellen entfallen damit. Zusätzlich erhöht das SAP-System die Transparenz des Abschlusses durch zwei weitere Hauptbuchkonten, die zum einen realisierte, aber noch nicht in Rechnung gestellte Erlöse und zum anderen in Rechnung gestellte, aber noch nicht realisierte Erlöse jeweils separat darstellen. Dieses Vorgehen entspricht dem WE/RE-Konto im Einkaufsprozess. Das Customizing hierzu finden Sie im Einführungsleitfaden unter VERTRIEB · GRUNDFUNKTIONEN · KONTIERUNG/KALKULATION · ERLÖSREALISIERUNG.

Erlösrealisierung nach Fallstellung

In allen Unternehmen, die Lagerware an ihre Kunden liefern, ist das Thema Erlösrealisierung von geringer Bedeutung. Wichtig ist hierbei nur, dass Warenausgang und Faktura am gleichen Tag bzw. mindestens in der gleichen Periode angestoßen werden. Daraus ergibt sich, dass insbesondere zum Periodenende darauf zu achten ist, dass alle Warenausgänge auch fakturiert und nach FI übergeleitet wurden.

5.7.3 Darstellung der Umsatzerlöse

Die Überleitung der Umsatzerlöse nach FI ist notwendig, da der Ursprungsbeleg im Modul SD entsteht.

Fakturaerstellung in zwei Schritten

Die Faktura selbst erfolgt aus Sicht der Buchhaltung in zwei Schritten. Zuerst wird ein Fakturabeleg in SD erzeugt. Anschließend kann die Faktura ins Rechnungswesen übergeleitet werden. Für den Anwender ist diese Zweiteilung in der Verarbeitung nicht erkennbar. Eine Folge davon ist aber, dass es sowohl in SD als auch in der Debitorenbuchhaltung, also in FI, jeweils einen eigenen Beleg zur Faktura gibt.

Die Findung der Erlöskontierung ist dabei technisch in SD angesiedelt, da hier noch alle Informationen zu Kunde, Material und Auftrag bzw. Faktura verfügbar sind.

Vorbereitung zur Erlöskontenfindung

Erstmalige Ermittlung der Konten im Kundenauftrag

Die *Erlöskontenfindung* setzt bereits beim Kundenauftrag an. Während des Speichervorgangs eines Kundenauftrags wird erstmals die Preisfindung aktiviert, bei der kunden- und/oder materialspezifische Ab- und Zuschläge wie Boni, Frachtkosten oder Steuern zum Verkaufspreis kalkuliert werden (siehe Abschnitt 5.3, »Preiskalkulation als Basis der Wertermittlung«). Zu diesem Zeitpunkt wird auch die Kontenfindung durchlaufen, um zu ermitteln, auf welche Erlös[schmälerungs]konten die einzelnen Bestandteile der Preiskalkulation später im Modul FI zu verbuchen sind.

Anforderung der Buchhaltung

Beginnen sollten wir den Neuaufbau oder die Überarbeitung der Erlöskontenfindung immer mit der Frage, wie Bilanzbuchhalter und Konzernkonsolidierung die Umsätze in der GuV darstellen möchten. Auch hier gibt es mitunter den Wunsch nach einer tieferen Gliederung. In Tabelle 5.4 sehen Sie die Anforderungen der Lederwaren-Manufaktur Mannheim.

Die Buchhaltung will vor allem nach der Art des Umsatzes, z. B. Verkauf von Erzeugnissen oder Handelsware, unterscheiden. Wichtig ist aber auch, ob der Kunde im In- oder Ausland sitzt und ob es sich um ein Unternehmen aus dem Konzern der Lederwaren-Manufaktur Mannheim oder um einen fremden Dritten handelt. Damit haben wir die fachliche Anforderung erhoben und müssen diese nun im System umsetzen.

Art des Umsatzes/Vorgangs	Erbringung/Lieferung gegenüber fremden Dritten		Erbringung/Lieferung gegenüber verbundenen Unternehmen	
	... im Inland	... im Ausland	... im Inland	... im Ausland
Verkauf von Erzeugnissen	800 000	801 000	802 000	803 000
Verkauf von Handelsware	800 002	801 002	802 002	803 002
Verkauf von Ersatzteilen	–	–	–	–
Frachterlöse	888 000	888 100	888 000	888 100
Erlösschmälerungen	809 000	809 100	809 000	809 100
Sonstige Leistungen (nur beim Verkauf von Schuhen möglich)	800 001	801 001	802 001	803 001
Bonusrückstellungen (nur bei Schlüsselkunden möglich)	89 000	89 000	89 000	89 000

Tabelle 5.4 Anforderungen an die Erlöskontenfindung der Lederwaren-Manufaktur Mannheim

Bei Betrachtung der Spalten in Tabelle 5.4 erkennen Sie, dass die geforderte Unterscheidung am besten mithilfe des Debitorenstamms umzusetzen ist. Es muss am Debitor zu erkennen sein, ob er In- oder Ausländer ist und ob er Konzernmitglied ist oder nicht.

Kontierungsgruppen

Das SAP-System stellt uns hierfür im Debitorenstamm das Feld KONTIERUNGSGR. DEB. (Kontierungsgruppe Debitor) zur Verfügung. Die Ausprägung des Feldes können wir durch Customizing unter VERTRIEB • GRUNDFUNKTIONEN • KONTIERUNG/KALKULATION • ERLÖSKONTENFINDUNG • KONTIERUNGSRELEVANTE STAMMDATEN PRÜFEN bestimmen. Unsere Fachanforderungen setzen wir wie in Abbildung 5.39 gezeigt um.

Kontierungsgruppe Debitor

Abbildung 5.39 »Kontierungsgruppe Debitor« der Lederwaren-Manufaktur Mannheim

In Tabelle 5.4 sehen Sie, dass die Buchhaltung unterscheiden möchte, ob es sich um den Verkauf von Fertigerzeugnissen oder Handelsware handelt. Ersatzteile werden derzeit nicht verkauft. Falls dies zukünftig geschehen soll, will die Buchhaltung auch diese in jedem Fall getrennt ausgewiesen haben. Ein Konto hierfür ist aber noch nicht im Kontenplan angelegt. Auch erbrachte Leistungen wie z. B. Reparaturen sollen in der GuV als eigene Position ausgewiesen werden.

Kontierungsgruppe Material

Um die Verbindung von Materialstamm und Erlöskontenfindung zu schaffen, steht im SAP-System das Feld KONTIERUNGSGR. MAT. (Kontierungsgruppe Material) zur Verfügung. Das Feld muss im Stammsatz aller verkaufsfähigen Materialien gepflegt werden. Für die Lederwaren-Manufaktur Mannheim wurde die Kontierungsgruppe Material wie in Abbildung 5.40 dargestellt angelegt.

Kontierungsgr. Mat.	Bezeichnung
M1	LWM - Handelsware
M2	LWM - Fertigerzeugn.
M3	LWM - Ersatzteile
M4	LWM - Leistungen

Abbildung 5.40 »Kontierungsgruppe Material« der Lederwaren-Manufaktur Mannheim

Kombinieren der Kontierungsgruppen

Wir können nun aus der Kombination der Kontierungsgruppen von Debitor und Material die Konten für den Verkauf von Fertigerzeugnissen, Handelswaren sowie für sonstige Leistungen ermitteln.

Bei den *sonstigen Leistungen* haben wir die Einschränkung, dass diese nur im Zusammenhang mit dem Schuhverkauf entstehen können. Das ist aber eine Einschränkung, die bereits bei Erfassung des Kundenauftrags gelten muss, nicht erst bei der Faktura. Daher werden wir sie beim Aufbau unserer Kontenfindung nicht berücksichtigen.

Bei den *Konten für Frachterlöse und Erlösschmälerungen* soll nur zwischen In- und Ausland unterschieden werden. Hier können wir das Konto aufgrund der Kontierungsgruppe Debitor finden, das Material müssen wir nicht berücksichtigen.

Bei den *Bonusrückstellungen* müssen wir weder das Material noch den Kunden berücksichtigen. Es muss immer das Konto 89 000 bebucht werden.

In Tabelle 5.5 sehen Sie die Erlöskontenfindung, die sich aus technischer Sicht ergibt.

Kontierungsgr. Debitor	Kontierungsgr. Material	Kontoschlüssel	Konto
D1	M1	Umsatzerlös	800000
D1	M2	Umsatzerlös	800002
D1	M4	Umsatzerlös	800001
D2	M1	Umsatzerlös	801000
D2	M2	Umsatzerlös	801002
D2	M4	Umsatzerlös	801001
D3	M1	Umsatzerlös	802000
D3	M2	Umsatzerlös	802002
D3	M4	Umsatzerlös	802001
D4	M1	Umsatzerlös	803000
D4	M2	Umsatzerlös	803002
D4	M4	Umsatzerlös	803001
D1	–	Frachterlös	888000
D2	–	Frachterlös	888100
D3	–	Frachterlös	888000
D4	–	Frachterlös	888100
D1	–	Erlösschmälerung	809000
D2	–	Erlösschmälerung	809100
D3	–	Erlösschmälerung	809000
D4	–	Erlösschmälerung	809100
–	–	Bonusrückstellung	89000

Tabelle 5.5 Erlöskontenfindung der Lederwaren-Manufaktur Mannheim

Die Begriffe *Kontierungsgruppe Debitor* und *Kontierungsgruppe Material* haben wir bereits kennengelernt. In Tabelle 5.5 wird zusätzlich der Begriff des *Kontoschlüssels* verwendet, der zeigt, welcher buchhalterische Sachverhalt gerade in der Faktura abgebildet wird. Sie haben den Kontoschlüssel auch bereits in Abschnitt 5.3, »Preiskalkulation als Basis der Wertermittlung«, kennengelernt und gesehen, dass jede FI-relevante Zeile der Preiskalkulation einem Kontoschlüssel zugeordnet wird.

In Tabelle 5.5 erkennen wir, dass es im Falle der Lederwaren-Manufaktur Mannheim drei Abfragen gibt, mit denen wir die Erlöskonten ermitteln können:

1. Abfrage der Kombination aus »Kontierungsgruppe Debitor« und »Kontierungsgruppe Material« für Umsatzerlöse
2. Abfrage der »Kontierungsgruppe Debitor« für Frachterlöse
3. Ermittlung des Kontoschlüssels für Bonusrückstellungen

Konditionstechnik

Konditionstechnik der Erlöskontenfindung

SAP nutzt für die Erlöskontenfindung ebenso wie für die Preisfindung die *Konditionstechnik* und gibt uns damit die Möglichkeit, diese unterschiedlichen Abfragen im System zu hinterlegen.

Konditionstabellen im Standard

Kern der Konditionstechnik sind die Konditionstabellen, von denen bereits einige im Standard des SAP-Systems vorhanden sind. Darüber hinaus können Sie eigene Tabellen definieren. Die Tabellen unterscheiden sich in Anzahl und Ausprägung der Merkmale, durch deren spezifische Kombination jeweils ein Erlöskonto gefunden wird. Die Felder, die für die Kontenfindung zur Verfügung stehen, können über die Transaktion OV25 überprüft und wenn nötig erweitert werden.

Die Ausprägung der im Standard vorhandenen Konditionstabellen zeigt Tabelle 5.6. Sie sehen, dass in den fünf Standardtabellen versucht wird, auf unterschiedlichen Wegen ein Erlöskonto zu finden. Die Kriterien *Kontenplan* und *Verkaufsorganisation* werden im Standard immer geprüft. Die Relevanz der *Kontierungsgruppen* aus Debitoren- und Materialstamm sowie des *Kontenschlüssels* variiert.

Tabelle	Kontenplan	Verkaufs-organisa-tion	Kontie-rungsgr. Debitor	Kontie-rungsgr. Material	Konten-schlüssel
001	X	X	X	X	X
002	X	X	X		X
003	X	X		X	X
004	X	X			
005	X	X			X

Tabelle 5.6 Standardkonditionstabelle der SD-Kontenfindung

Für die Lederwaren-Manufaktur Mannheim können wir die Umsatzerlöse über die Standardtabelle 001 abbilden. Für Frachterlöse und Erlösminderungen benötigen wir die Kontierungsgruppe Material nicht und können damit die Tabelle 002 einsetzen. Für die Bonusrückstellungen reicht die Ausprägung von Tabelle 005.

> **Reduzierung der Tabellen um die Verkaufsorganisation** [+]
>
> Es fällt auf, dass in den Standardtabellen neben dem Kontenplan immer auch die Verkaufsorganisation berücksichtigt wird. Der Hintergrund eines solches Vorgehens liegt darin, dass die Erlöskontenfindung sich in SD befindet. In vielen Fällen ist die Verkaufsorganisation aber für den bilanziellen Ausweis der Erlöse irrelevant. Werden in SD viele Verkaufsorganisationen aufgebaut, sollten Sie in Betracht ziehen, eigene Konditionstabellen ohne Verkaufsorganisation zu erstellen. Damit kann unter Umständen die Anzahl der Kontenfindungseinträge deutlich reduziert und die Gefahr von Fehleingaben minimiert werden.

Einsatz der Zugriffsfolge

Die Reihenfolge, in der die Abfrage der Tabellen erfolgt, wird in der *Zugriffsfolge* festgelegt. Im SAP-Standard wird die Zugriffsfolge KOFI verwendet. Der Aufbau einer eigenen Zugriffsfolge ist jedoch auch möglich.

Standard-zugriffsfolge

Da die Konditionstabellen 001 bis 005 nicht aufsteigend durchlaufen werden, sondern die Tabelle 004 an letzter Stelle liegt (siehe Abbildung 5.41), sorgt die Standardzugriffsfolge KOFI in der Praxis regelmäßig für Verwirrung.

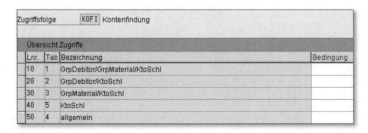

Abbildung 5.41 Zugriffsfolge KOFI

Hier sehen Sie, dass im ersten Zugriff die Tabelle mit dem höchsten Detaillierungsgrad steht. Es gilt der Grundsatz, sich vom Speziellen zum Allgemeinen vorzuarbeiten, d.h., die Konditionstabelle mit dem feinsten Raster ist zuerst auszuführen und das gröbste Raster zuletzt einzusetzen. Sobald in einer Tabelle ein Konto ermittelt wurde, stoppt die Findung.

Kontenfindungsart

Die Zugriffsfolge muss im nächsten Schritt einer *Kontenfindungsart* zugewiesen werden. Diese ist immer auch Teil der Konditionstabellen, in denen später die Erlöskonten hinterlegt werden.

Übersicht Konditionsarten			
KArt	Bezeichnung	ZuFg	Bezeichnung
KOFI	Kontenfindung	KOFI	Kontenfindung
KOFK	Kontenfindung mit CO	KOFI	Kontenfindung

Abbildung 5.42 Pflege der Kontenfindungsart

An dieser Stelle ist die Feldbeschreibung im SAP-System irreführend, denn es handelt sich hier nicht um die Einstellung der Konditionsarten, sondern der Kontenfindungsarten (siehe Abbildung 5.42). Im Standard stehen die beiden Kontenfindungsarten KOFI (Kontenfindung) und KOFK (Kontenfindung mit CO) zur Verfügung. Die Festlegung, ob eine CO-Kontierung zu berücksichtigen ist oder nicht, wird jedoch erst bei der Definition der Kontenfindungsschemata vorgenommen.

Entscheidung KOFI oder KOFK — Um zu verstehen, ob das SAP-System die Kontenfindungsart KOFI oder KOFK verwendet, müssen wir noch den Begriff des *Kontierungstyps* in der Bedarfsklasse klären.

Die Findung der Bedarfsklasse haben wir bereits in Abschnitt 3.4.4 kennengelernt. In der Detailsicht der Bedarfsklasse gibt es in der Feldgruppe KONTIERUNG das Feld KONTIERTYP. Mit diesem Kennzeichen wird festgelegt, ob im Falle einer Buchung auf ein CO-relevantes Kontierungsobjekt gebucht wird. Zusätzlich wird bestimmt, welche Objektart angesprochen wird.

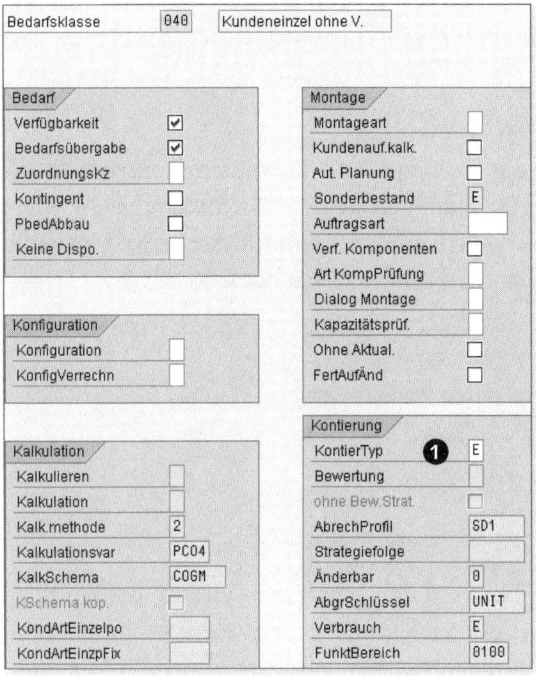

Abbildung 5.43 Festlegen des Kontierungstyps in der Bedarfsklasse

In Abbildung 5.43 sehen Sie, dass der Kontierungstyp E ❶ hinterlegt ist. Das heißt, es wird eine CO-Kontierung erwartet, und dies muss eine Kundenauftragsposition sein.

Bedarfsklasse in der Erlöskontenfindung

Für die Erlöskontenfindung ist zunächst nur relevant, ob in der Detailsicht der Bedarfsklasse ein Kontierungstyp eingetragen ist oder nicht.

▸ **Mit Kontierungstyp**
  Wenn ein Kontierungstyp eingetragen ist, wird die Kontenfindungsart KOFK verwendet. Dadurch bedingt müssen die in der Kontenfindung hinterlegten Sachkonten auch als Kostenart angelegt sein.

▶ **Ohne Kontierungstyp**
Ist kein Kontierungstyp hinterlegt, wird SAP bei der Verbuchung einer Faktura kein Kontierungsobjekt liefern. Wäre das in der Kontenfindung hinterlegte Sachkonto also eine Kostenart, würde die Buchung wegen der fehlenden CO-Kontierung auf einen Fehler laufen.

Im Einführungsleitfaden finden Sie die Einstellungen der Bedarfsklasse unter VERTRIEB • GRUNDFUNKTIONEN • KONTIERUNG/KALKULATION • BEDARFSKLASSEN FÜR KALKULATION UND KONTIERUNG PFLEGEN.

Kontenfindungsschema
Die Kontenfindungsarten werden schließlich einem *Kontenfindungsschema* zugewiesen. Für jede verwendete Fakturaart kann dann bestimmt werden, mit welchem Kontenfindungsschema gearbeitet werden soll. Im SAP-Standard gibt es das Schema KOFI00.

Schema		KOFI00	Kontenfindung	
Übersicht Bezugsstufen				
Stufe	Zäh	KArt	Bezeichnung	Bedingung
10	1	KOFI	Kontenfindung	3
10	2	KOFK	Kontenfindung mit CO	2

Abbildung 5.44 Standard-Kontenfindungsschema KOFI00

Im SAP-Standard wird zunächst versucht, ein neutrales Sachkonto zu finden. Erst dann wird ein Sachkonto mit CO-Kontierung gesucht. Festgelegt wird dies durch die *Bedingung*. BEDINGUNG 3 bedeutet, dass keine CO-Kontierung vorhanden ist, BEDINGUNG 2 geht von einer CO-Kontierung aus. Die Kontierung muss bei Erstellung einer Faktura zur Verfügung stehen.

Pro-forma-Rechnung

Jede Fakturaart, die bilanzrelevante Positionen enthält, muss einem Kontenfindungsschema zugeordnet sein. Eine *Pro-forma-Rechnung* hingegen trägt den Wert null und kann damit keinen Beleg in FI erzeugen; der Pro-forma-Rechnung muss auch kein Kontenfindungsschema zugewiesen sein. Die Einstellungen nehmen Sie unter VERTRIEB • FAKTURIERUNG • FAKTUREN • FAKTURAARTEN DEFINIEREN vor.

Kontenschlüssel

Standardkontenschlüssel

Als letztes Element der Kontenfindung fehlt nun noch der *Kontenschlüssel*. Das SAP-System stellt bereits im Standard eine gute Auswahl an Kontenschlüsseln bereit, aber es ist dennoch möglich, eigene Schlüssel zu definieren.

Der Kontenschlüssel hat die Aufgabe, den Geschäftsvorgang in den Fakturen zu spezifizieren, wie z. B. Erlöse, Skonto oder Frachtkosten. Der Nutzen liegt in einer detaillierten Aufgliederung der GuV bei vollständiger Automatisierung.

Die Verknüpfung mit der Faktura erfolgt über die Zuordnung zu den Konditionsarten (siehe Abbildung 5.45).

Verknüpfung

Sche	Stufe	Zähl	KArt	Bezeichnung	KtoSl	Bezeichnung	Rückst
ZM1000	110	3	RC00	Mengenrabatt	ERS	Erlösschmälerungen	
	110	4	RB00	Absolutrabatt	ERS	Erlösschmälerungen	
	302	0	NETP	Preis	ERL	Erlöse	
	310	0	PN00	Preis Netto	ERL	Erlöse	
	320	0	PMIN	Mindestpreis	ERL	Erlöse	
	399	0	R100	100%-Abschlag	ERS	Erlösschmälerungen	
	810	1	HA00	Prozentrabatt	ERS	Erlösschmälerungen	
	810	3	HD00	Fracht	ERF	Frachterlöse	
	815	0	KF00	Fracht	ERF	Frachterlöse	
	817	0	AMIW	Mindestauftragswert			
	818	0	AMIZ	Mindestwertzuschlag	ERS	Erlösschmälerungen	
	820	0	HM00	Auftragswert	ERS	Erlösschmälerungen	
	895	0	PDIF	Differenzwert(eigen)	ERS	Erlösschmälerungen	
	903	0	B003	Kundenbonus	ERB	Bonus Erlösschmäl.	ERU

Abbildung 5.45 Zuordnung der Kontenschlüssel zu Konditionsarten der Preisfindung

Damit haben wir die vorbereitenden Tätigkeiten der Erlöskontenfindung durchgeführt und können nun die eigentliche Kontenfindung pflegen.

Erlöskontenfindung

Betrachten wir exemplarisch die notwendigen Einträge in Tabelle 001 für die Lederwaren-Manufaktur Mannheim (siehe Abbildung 5.46).

In Abhängigkeit vom Kontenplan in Spalte KTPL, von der Verkaufsorganisation in Spalte VKORG, den Kontierungsgruppen in Debitoren (Spalte KGR) und Material (Spalte KGRM) sowie dem Kontoschlüssel (Spalte KTOSL) wird jeweils ein Sachkonto für die Verbuchung in FI in die Spalte SACHKONTO eingetragen. An den bisherigen Ausführungen lässt sich erkennen, dass das *Customizing der Kontenfindung* sicherlich nicht trivial ist. Daher auch nochmals ein zusammenfassendes Schaubild, das alle notwendigen Schritte aufführt (siehe Abbildung 5.47).

Customizing der Erlöskontenfindung

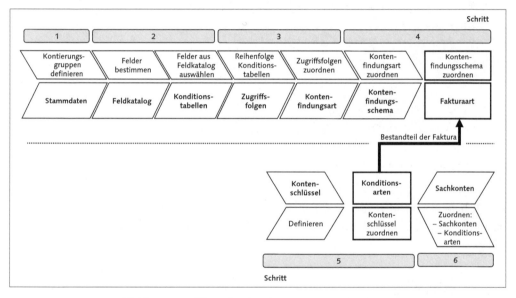

Apl	K.Art.	KtPl	VkOrg	KGr	KGrM	KtoSl	Sachkonto	Rückstellungkto
V	KOFI	M001	M001	D1	M1	ERL	800000	
V	KOFI	M001	M001	D1	M2	ERL	800002	
V	KOFI	M001	M001	D1	M4	ERL	800001	
V	KOFI	M001	M001	D2	M1	ERL	801000	
V	KOFI	M001	M001	D2	M2	ERL	801002	
V	KOFI	M001	M001	D2	M4	ERL	801001	
V	KOFI	M001	M001	D3	M1	ERL	802000	
V	KOFI	M001	M001	D3	M2	ERL	802002	
V	KOFI	M001	M001	D3	M4	ERL	802001	
V	KOFI	M001	M001	D4	M1	ERL	803000	
V	KOFI	M001	M001	D4	M2	ERL	803002	
V	KOFI	M001	M001	D4	M4	ERL	803001	

Abbildung 5.46 Sachkontenzuordnung in Tabelle 001

Abbildung 5.47 Übersicht über die Customizing-Schritte

Wie wir bereits bei der Diskussion zu den Kontenfindungsarten KOFI und KOFK erkannt haben, können die Umsatzerlöse nach CO übergeleitet werden. Dabei findet die Integration nicht nur mit CO-PA statt, sondern auch mit der Gemeinkostenrechnung.

5.7.4 Überleitung in die Gemeinkostenrechnung

Wie groß ist nun die Integration von SD und Gemeinkostencontrolling? Das Gemeinkostencontrolling setzt sich nur aus Kostenarten- und Kostenstellenrechnung sowie dem Auftragswesen zusammen.

Kostenstellen können Erlöse nur statistisch aufnehmen. Innenaufträge hingegen können auch im Ist Erlöse fortschreiben. Damit ist es das einzige Kontierungsobjekt in CO, das sowohl Kosten als auch Erlöse tragen kann. In der Praxis finden wir auch häufig PSP-Elemente. Diese CO-relevanten Kontierungsobjekte des Moduls PS können besser strukturiert werden als Innenaufträge und werden daher mitunter bevorzugt.

Kontierung auf Kostenstelle/Innenauftrag

Grundsätzlich lassen sich Erlöse nur korrekt nach CO überleiten, wenn die Kostenart mit dem korrekten Kostenartentyp 11 (Erlöse) angelegt ist. Diese Festlegung im Stammsatz der Kostenart hat folgende Auswirkungen:

- Werte werden in CO mit negativem Vorzeichen fortgeschrieben (Ausnahme: CO-PA).
- Die Übergabe der Werte von SD nach CO-PA ist möglich.
- Die Fortschreibung der Werte erfolgt auf Kostenstellen nur statistisch. Damit ist nur eine manuelle Umbuchung in CO möglich, aber keine Verteilung, Umlage oder Verrechnung.
- Werte werden bei der Tarifermittlung nicht berücksichtigt.

[+]

Unterscheidung von Erlösen und kostenmindernden Erlösen

Im Controlling gibt es neben den Erlösen auch den Begriff der kostenmindernden Erlöse. In beiden Fällen handelt es sich um Primärkostenarten, wobei Erlöse mit Kostenartentyp 11, kostenmindernde Erlöse mit Typ 01 angelegt werden.
Unter kostenmindernden Erlösen verstehen wir z. B. Zinserträge oder Mieterlöse. Diese Kostenarten können bei der Tarifermittlung berücksichtigt werden, damit sinkt der Preis einer Leistungsart, bei Umlagen vermindern sich die umzulegenden Kosten. Allerdings können kostenmindernde Erlöse nur über eine Sekundärverrechnung in CO-PA weitergereicht werden. Eine direkte Integration wie bei den »echten« Erlösen ist nicht möglich.

Es gilt aber nach wie vor die Einschränkung, dass nur ein echtes Kontierungsobjekt pro Belegposition enthalten sein darf.

Echte Kontierung

Wenn also Umsatzerlöse auf Aufträge oder PSP-Elemente gebucht werden sollen und zusätzlich eine Auswertung in CO-PA gewünscht ist, sind für diese Darstellung zwei Schritte notwendig. Bei der Faktura werden Auftrag oder PSP-Element bebucht. Später – in der Regel im Monatsabschluss – werden dann die Werte durch eine Abrechnung der Aufträge/PSP-Elemente nach CO-PA übergeleitet. Wir sollten uns daher beim Einsatz von CO-PA fragen, welchen Zweck wir mit der Darstellung von Erlösen in CO-OM oder PS verfolgen. Vielleicht können die Anforderungen auch in CO-PA erfüllt werden.

Neuaufbau der Erlöskontenfindung

Gerade beim Neuaufbau der Erlöskontenfindung sind zu Projektbeginn noch nicht alle Verkaufsprozesse bekannt. Daher kann es immer wieder zu Fehlermeldungen bei der Überleitung von Fakturen in das Rechnungswesen kommen. SAP unterstützt uns hier mit nützlichen Werkzeugen bei der Analyse.

5.7.5 Fehleranalyse zur Erlöskontenfindung

Mithilfe der Fehleranalyse können Sie nachvollziehen, welche Schritte das System in der Kontenfindung durchläuft. Sie erhalten eine detaillierte Darstellung von Fehlern und können so zielgerichtet die Kontenfindung oder auch den Prozess anpassen.

Fehleranalyse

Für den Einstieg zur Fehleranalyse gibt es mehrere Varianten. Wenn Sie die Nummer der fehlerhaften Faktura bereits kennen, steigen Sie am einfachsten über die Anzeige der Faktura (Transaktion VF03) ein. Von dort können Sie über den Menüpfad UMFELD • KONTIERUNGSANALYSE • ERLÖSKONTEN in die Protokollierung abspringen.

Liste der gesperrten Fakturen

Wenn es sich um mehrere fehlerhafte Fakturen handelt oder Sie weder Faktura noch Kundenauftrag kennen, können Sie die Listanzeige der gesperrten Fakturen verwenden. Diese finden Sie im Anwendungsmenü unter LOGISTIK • VERTRIEB • FAKTURIERUNG • FAKTURA • GESPERRTE FAKTUREN (Transaktion VFX3). Sie gelangen in einen Selektionsbildschirm. Hier können Sie bei der Suche nach fehlerhaften Fakturen auf die Verkaufsorganisation und weitere Kriterien einschränken. Bei Problemen mit der Übergabe nach FI/CO müssen Sie in der Feldgruppe UNVOLLSTÄNDIG WEGEN die beiden Checkboxen BUCHHALTUNGSSPERRE und FEHLER IN RW-SCHNITTSTELLE markieren. Nach Start des Programms erhalten Sie eine Liste mit allen Fakturen, die nicht nach FI/CO übergeleitet werden konnten. Ein Beispiel sehen Sie in Abbildung 5.48.

Abbildung 5.48 Liste der gesperrten Fakturen

In unserem Fall haben wir eine Faktura, die nicht übergeleitet werden konnte. Die Erklärung hierfür finden wir in der Spalte UNVOLLSTÄNDIG WEGEN. Der Grund für die Unvollständigkeit ist ein Kontierungsfehler. Um diesen zu analysieren, können wir von hier aus in die Faktura abspringen, wo es weitergeht zur Kontierungsanalyse. Dorthin gelangen Sie auch über den Menüpfad UMFELD • KONTIERUNGSANALYSE • ERLÖSKONTEN. Ein Beispiel für die Anzeige, die jetzt erscheint, sehen Sie in Abbildung 5.49.

Abbildung 5.49 Analyse von Kontenfindungsfehlern

Im linken Bereich sehen Sie den Aufbau unseres Customizings zur Erlöskontenfindung ❶. Wir arbeiten mit dem Kontenfindungsschema KOFI00 ❷ und müssen Konditionsart PR00 ❸ verbuchen. Hierzu durchläuft das System in den Schritten 10 bis 50 die Tabellen der Kontenfindung, bis ein Konto gefunden ist.

Rechts sehen Sie, welche Prüfungen bei jedem Schritt durchlaufen werden sowie das Ergebnis daraus ❹. Bei genauerer Betrachtung wird deutlich, dass als KONTIERUNGSGR. DEB. der Eintrag 01 verwendet wird ❺. Da unsere Kontierungsgruppen alle mit D beginnen, muss der Debitorenstamm falsch gepflegt sein. Nach Korrektur dieses Fehlers kann die Überleitung nach FI/CO erneut gestartet werden. Dies können Sie mithilfe des Icons auch direkt aus der Faktura veranlassen.

Natürlich ist das Problem nicht immer so einfach zu lösen. Aber die Kontierungsanalyse bietet uns eine gute Möglichkeit, das Problem zu identifizieren. Die Lösung kann dann durch Änderung von Stammdaten wie in unserem Fall oder auch durch Anpassungen im Customizing der Kontenfindung oder der Kalkulation erfolgen.

Auch in diesem Fall ist eine enge Zusammenarbeit aller Beteiligten notwendig. Die Fachabteilungen müssen ihre Anforderungen spezifizieren, und die Customizing-Experten der Module SD, FI und CO haben die Aufgabe, eine schlanke und verständliche Lösung zu finden.

5.8 Zusammenfassung

Sie haben in diesem Kapitel erfahren, dass es im Verkaufsprozess mehr als einen Wertefluss gibt, den wir betrachten müssen. Die korrekte Ermittlung der anfallenden Steuern wird häufig stiefmütterlich behandelt. Bei entsprechender Vorbereitung kann die Abbildung aber häufig mit angemessenem Aufwand im System umgesetzt werden.

Bei Nutzung des Kundenauftragscontrollings muss der Auftragseingang nach CO-PA übergeleitet werden. Basis für die Befüllung der Wertfelder ist dabei die Preiskalkulation in SD. Diese spielt auch bei der Faktura und der Ermittlung der Kosten des Umsatzes eine zentrale Rolle. Es ist daher notwendig, dass die Preiskalkulation nicht nur die Anforderungen des Vertriebs berücksichtigt, sondern auch den Anforderungen des Controllings entspricht. Viele Bedürfnisse lassen sich im SAP-Standard abbilden. Ist dies nicht möglich, kann auf User Exits zurückgegriffen werden.

Der erste Prozess, der Niederschlag in der Buchhaltung findet, ist der Warenausgang an den Kunden. Die verursachte Bestandsveränderung wird mit dem aktuellen Bewertungspreis des Materials bewertet. Die Kontierung ergibt sich aus der MM-Kontenfindung. In der Gemeinkostenrechnung kann dieser Vorgang abgebildet werden, wenn das Bestandsveränderungskonto als Kostenart angelegt ist. Auch das buchhalterische CO-PA-System bildet den Warenausgang ab, da es immer entsprechend FI befüllt wird. Nun sprechen wir aber nicht mehr von Bestandsveränderungen, sondern von den Kosten des Umsatzes. Wertmäßig sind sie identisch mit den Bestandsveränderungen in FI. In das kalkulatorische CO-PA-System werden die Kosten des Umsatzes erst mit Erstellung der Faktura übertragen. Die Bewertung erfolgt hier losgekoppelt von der bilanziellen Darstellung.

Mit der Faktura werden schließlich auch die Forderungen und Erlöse in FI gebucht. Im Folgenden bewegen wir uns dann ausschließlich in den Modulen FI und CO, da nun, was zu hoffen bleibt, nur noch der Zahlungseingang durch den Kunden erfolgt. Dieser kann, muss aber nicht in CO übergeleitet werden.

Ein hervorragender Einkauf und ein brillanter Vertrieb sind wenig wert, wenn die Produkte, die Ihr Unternehmen produziert, nicht gut sind. Anders herum betrachtet, macht ein in Idee und Umsetzung überzeugendes Produkt viele Schwächen wett.

6 Produktionsprozess

Bisher wurden die beiden großen Prozesse Beschaffung und Vertrieb betrachtet. In allen produzierenden Unternehmen findet die Wertschöpfung aber zu einem großen Teil in der Produktion, also bei der Erstellung von Erzeugnissen oder der Erbringung von Dienstleistungen, statt. Diesem wichtigen Prozess widmet sich dieses Kapitel. Dabei wird wie gewohnt das Beispiel der Lederwaren-Manufaktur Mannheim verwendet und damit auf diese Weise gleichzeitig eine Fokussierung auf produzierende Unternehmen vorgenommen.

Kein anderer Bereich ist von so hoher Integration geprägt wie die Produktion. Hier ist man auf die Versorgung mit Materialien aus Einkauf und Lagerhaltung angewiesen. Der Vertrieb gibt gegebenenfalls detaillierte Vorgaben, welche Produkte in Menge und Ausstattung herzustellen sind. Das Controlling schließlich unterstützt die Produktion in der Steuerung, indem Fertigungskosten geplant und im Nachgang der Produktion analysiert werden. Die Produktion selbst ist für den Ablauf und die Wertschöpfung zuständig. Diese starke Integration führt dazu, dass selbst ein einfacher *Produktionsprozess* eine komplexe Steuerung in den beteiligten Bereichen erfordert.

Hoher Integrationsgrad

Produktionsprozesse sind allerdings selten einfach, sondern, um wieder einmal den Sprachgebrauch des SCOR-Modells aufzunehmen, geprägt durch eine komplexe Gestaltungsebene. Zusätzlich haben sie einen erheblichen Einfluss auf strategische Unternehmensentscheidungen und werden gleichzeitig durch strategische Entscheidungen gelenkt. Faktoren wie Liefertreue und Kosteneinsparung haben große Bedeutung für die Unternehmenssteuerung und sind wichtige Faktoren bei Entscheidungen über das Produktportfolio, über die

Strategische Entscheidungen

Verlagerungen von Fertigungsstätten oder auch bei der Abwägung zwischen Eigen- und Fremdfertigung.

[zB] **Strategische Entscheidungen in der Lederwaren-Manufaktur Mannheim**

Bleiben wir bei dem Beispiel der Handtaschenproduktion und betrachten das Teilprodukt eines Handtaschenhenkels.

Vielleicht ist es möglich, die Produktion der Henkel kostengünstig in Lohnbearbeitung auszulagern. Dies würde jedoch bedeuten, dass wir den Lohnfertiger in unseren internen Produktionsprozess einbinden müssten. Wir machten uns damit auch abhängig von dessen Liefertreue und Qualität. Hier können Zielkonflikte entstehen, für deren Lösung die Ergebnisse aus Qualitätsmanagement, Controlling und Vertrieb benötigt werden. Eine eigenmächtige Entscheidung des Produktionsbereichs, die nicht in Abstimmung mit allen anderen betroffenen Bereichen erfolgt, könnte hier fatale Folgen haben.

Abbildungsmöglichkeiten in SAP ERP

Aus diesem Beispiel wird ersichtlich, wie vielschichtig Entscheidungen im Bereich der Produktion sind. Dabei haben wir noch nicht einmal analysiert, welche Auswirkungen ein Outsourcing auf das operative Geschäft hat. In jedem Fall würden Anpassungen im SAP-System notwendig. Welche genauen Anpassungen erforderlich wären, ist abhängig von den individuellen Gegebenheiten, denn auch für die Abbildung der Produktion stellt das SAP-System eine Palette von Lösungen zur Verfügung. Basis sind in der Regel die Module PP (Produktionsplanung- und steuerung) oder PP-PI (Production Planning for Process Industries), die um weitere Komponenten wie APO (SAP Advanced Planning & Optimization) für die Disposition erweitert werden können.

Wir wollen in diesem Kapitel zwar auch die logistischen Aspekte der Produktion betrachten, konzentrieren uns aber auf die Werteflüsse, die im Verlauf eines Produktionszyklus entstehen. Für den Produktionszyklus hat die Festlegung der Bezugsgröße, auf der wir die betriebliche Leistungserbringung überwachen und analysieren wollen, weitreichende Folgen: Soll das Unternehmen aufgrund der Ergebnisse einzelner Produkte, Fertigungsaufträge oder auch Kundenaufträge gesteuert werden? Die Antwort hierauf ist in einem hohen Maße abhängig von dem Fertigungsverfahren, das wir anwenden. Einen guten Überblick kann uns zunächst erneut das angepasste SCOR-Modell liefern, das wir daher zu Beginn betrachten werden.

Anschließend widmen wir uns dem Thema der Produktkostenplanung. Grundlage hierfür sind in der Regel Daten, die durch die Logistik zur Verfügung gestellt werden: geplante Einkaufspreise für Rohstoffe, Fertigungszeiten oder Stücklisten aus der Produktion.

Die Produktkostenplanung in SAP ermöglicht eine auftragsneutrale Kostenplanung und Preisbildung von Materialien. Hier können beispielsweise die Kostenzusammensetzung (Anteil Material-, Fertigungs- und Gemeinkosten) sowie die Wertschöpfung einzelner Fertigungsschritte ermittelt und analysiert werden.

Produktionskostenplanung mit SAP

Nach der Planung gehen wir weiter zum Istprozess und befassen uns mit der Kostenträgerrechnung. Diese ermöglicht die Zuordnung von betrieblichen Kosten zu betrieblichen Leistungen. An dieser Stelle wird auch der Wertefluss von der Kostenentstehung bis zum Reporting in CO-PA dargestellt.

Kostenträgerrechnung

Klären wir aber zunächst, welche Teilschritte der Produktionsprozess umfasst und nehmen hierzu das SCOR-Modell zu Hilfe.

6.1 Produktionsprozess im SCOR-Modell

Wir befinden uns nun im Abschnitt Produktion (Make) des SCOR-Modells. Dieser umfasst die Herstellung von Zwischen- und Endprodukten (siehe Abbildung 6.1).

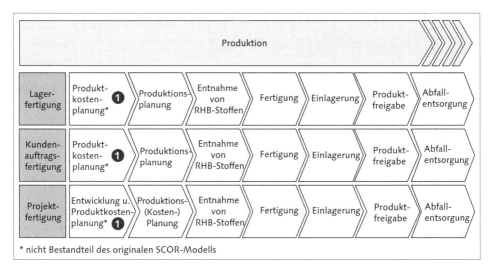

Abbildung 6.1 Produktionsprozess im SCOR-Modell

6 | Produktionsprozess

Im SCOR-Modell beginnt der Prozess direkt mit der logistischen Planung des Produktionsvorgangs. Aus unserer Sicht ist dies wieder zu kurz gegriffen. Denn bevor ein Halb- oder Fertigerzeugnis nicht kalkuliert wurde, ist in der Regel auch keine Abbildung der Fertigung im SAP-System möglich. Daher modifizieren wir das Original wieder und fügen zu Beginn den Schritt der Produktkostenplanung ❶ ein.

Fertigungsverfahren Die Produktion unterscheidet sich von Unternehmen zu Unternehmen nicht nur in ihrem In- und Output, sondern insbesondere im Fertigungsablauf. Auch das SCOR-Modell unterscheidet hier in die Prozesstypen Lagerfertigung (Make-to-Stock), Kundenauftragsfertigung (Make-to-Order) und Projektfertigung (Engineer-to-Order). Diese besitzen einen erheblichen Einfluss auf die logistischen Prozesse des Materialflusses sowie den hieraus entstehenden Wertefluss. Betrachten wir die Einflüsse der Prozesstypen auf den Wertefluss.

Lagerfertigung Die *Lagerfertigung* (Make-to-Stock) hat zunächst einmal »nur« das Ziel, die Lagerbestände an Fertigerzeugnissen zu erhöhen. Erst vom Lager aus werden dann die Kundenbedarfe gedeckt. Es gibt also keine direkte Verbindung von Fertigung und Kundenaufträgen. Eine marktorientierte Fertigung kann hier nur durch eine absatzorientierte Planung erreicht werden.

Kundenauftragsfertigung Im Rahmen der *Kundenauftragsfertigung* (Make-to-Order) wird ausgehend von bereits bestehenden Konstruktions- oder Fertigungsunterlagen der Produktionsprozess angestoßen. Der Kundenauftrag ist dabei der Auslöser für die Herstellung eines Produkts. Hinsichtlich des Controllings ist es in dieser Konstellation interessant, die Herstellkosten den Erlösen aus dem Kundenauftrag gegenüberzustellen.

Projektfertigung *Projektfertigung* (Engineer-to-Order) bezeichnet einen Produktionsprozess, der mit der Konstruktion des Produkts beginnt. Der Kundenauftrag löst also nicht die Fertigung, sondern zunächst die Planung und Konstruktion des Erzeugnisses aus. Erst im Anschluss erfolgt mit der entsprechenden Verzögerung die Produktion. Demnach ist die Projektfertigung der in der Planung und Vorbereitung wohl aufwendigste Fertigungstyp.

Diese unterschiedlichen Vorgehensweisen erfordern vonseiten des IT-Bereichs individuelle Definitionen des Produktionsprozesses. SAP interpretiert diese Aspekte in den Bereichen Produktkostenplanung, Kostenträgerrechnung und Istkalkulation/Material-Ledger.

Viele Unternehmen schrecken vor der Einführung des Material-Ledgers zurück, auch wenn alle gerne eine Istkalkulation der Materialkosten hätten. Zum einen fürchtet man den Aufwand für Einführung und laufende Betreuung, aber auch das zu erwartende Datenvolumen. Das Material-Ledger schreibt jeden Beleg mit Materialbezug in einer eigenen Datenbasis fort, sodass zum Periodenende eine Kalkulation der Istkosten möglich ist. Es gibt Schätzungen, dass ca. 3.000 bis 4.000 Unternehmen das Material-Ledger aktiviert haben. Eine genaue Zahl kann von niemandem genannt werden. Es ist aber klar, dass nur ein sehr kleiner Anteil der Unternehmen mit SAP-Implementierungen das Material-Ledger verwendet. Wir wollen daher an dieser Stelle nicht weiter darauf eingehen.

Material-Ledger

Auf der Basis unseres Beispiels der Lederwaren-Manufaktur Mannheim wollen wir daher im weiteren Verlauf nur auf die Produktkostenplanung und auf die Kostenträgerrechnung eingehen.

6.2 Grunddaten der Produktkostenrechnung

Oberste Zielsetzungen der Produktkostenrechnung sind zum einen die Kalkulation des Produktpreises auf der Grundlage vorliegender Stammdaten oder manueller Eingaben und zum anderen die Preisfortschreibung in den Materialstämmen. Die Produktkostenrechnung im SAP-System zeichnet sich wie bereits erwähnt durch eine hohe Integration von Logistik und Controlling aus. Insbesondere können wir im Rahmen der Kalkulation auf Stammdaten aus Materialwirtschaft und Produktionssteuerung zugreifen. Kombiniert mit Informationen, die wir aus dem Controlling sammeln, entsteht die Produktkalkulation.

6.2.1 Logistische Stammdaten

Die wichtigsten Stammdaten der Produktionssteuerung sind für uns:

- Stückliste
- Arbeitsplatz
- Arbeitsplan

Diese Objekte wollen wir kurz betrachten.

Stückliste

Stückliste und Baukasten

Stücklisten sind eine vollständige Auflistung aller Bestandteile eines Halb- oder Fertigerzeugnisses. Branchenabhängig werden alternative Begriffe wie Material- oder Zutatenliste verwendet. Wenn wir mehrere Stücklisten zu einer weiteren Stückliste kombinieren – quasi eine Hierarchie erzeugen –, sprechen wir von einem *Baukasten* bzw. einer Baukastenstückliste.

Materialbezug

Stücklisten werden immer bezogen auf ein Material angelegt. Betrachten wir als Beispiel die vereinfachte Stückliste von Schuhen (siehe Abbildung 6.2).

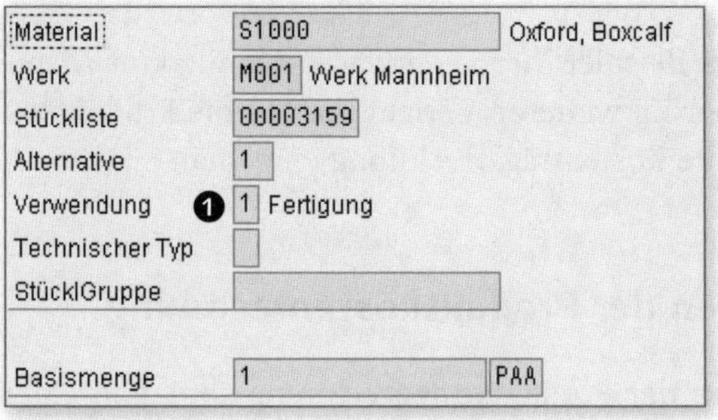

Abbildung 6.2 Kopfdaten einer Stückliste

Die Transaktion CS01 zum Anlegen einer Materialstückliste finden Sie im Anwendungsmenü unter LOGISTIK • PRODUKTION • STAMMDATEN • STÜCKLISTEN • STÜCKLISTE • MATERIALSTÜCKLISTE. Zunächst einmal definieren Sie für eine Stückliste die Kopfdaten. Hier legen Sie fest, für welches Material und in welchem Werk die Stückliste gültig ist. System-intern wird die Stückliste automatisch mit einer Stücklistennummer versorgt.

Das Feld VERWENDUNG (siehe ❶ in Abbildung 6.2) ist für viele Unternehmen nicht interessant, da mit universellen Stücklisten gearbeitet wird. Es wäre aber auch möglich, z. B. in Kalkulation und Fertigung mit unterschiedlichen Stücklisten zu arbeiten. Mit dem Feld ALTERNATIVE können Sie gleichzeitig unterschiedliche Stücklisten für ein Produkt vorhalten. Dies ist z. B. in der Lebensmittelbranche wichtig, da hier die Qualität der Rohstoffe über die genaue Rezeptur (z. B. mehr/weniger Flüssigkeit) entscheidet.

In Abbildung 6.3 sehen Sie die Stückliste für das Produkt S1000.

Grunddaten der Produktkostenrechnung | 6.2

Pos.	PTp	Kompon.	Komponentenbezeichnu	Menge	ME	BGr	U	Gültig ab	Gültig bis
0010	L	S1010	Schaft links	1	ST	✓	☐	15.01.2009	31.12.9999
0020	L	S1020	Schaft rechts	1	ST	✓	☐	15.01.2009	31.12.9999
0030	L	S1050	Sohle links	1	ST	✓	☐	15.01.2009	31.12.9999
0040	L	S1060	Sohle rechts	1	ST	✓	☐	15.01.2009	31.12.9999
0050	L	S1098	Kettelgarn	5	M	☐	☐	15.01.2009	31.12.9999
0060	L	S1070	Schnürsenkel	1	PAA	☐	☐	15.01.2009	31.12.9999

Abbildung 6.3 Stückliste des Produkts S1000

Das Produkt besteht aus sechs Einzelteilen. Der Eintrag L in der Spalte PTP (Positionstyp ❶) bedeutet Lagerposition, d.h., alle Komponenten sind bestandsgeführte Materialien. In der Spalte BGR (Baugruppe ❷) sehen Sie, dass in den ersten vier Zeilen jeweils ein Häkchen gesetzt ist. Dies weist uns darauf hin, dass es sich hier um Materialien handelt, die wiederum eine Stückliste besitzen. Über die sogenannte *Stücklistenauflösung* (Transaktion CS11) können Sie sämtliche Bestandteile auf einen Blick erkennen (siehe Abbildung 6.4).

			Material	S1000			
			Werk/Verw./Alt.	M001 / 1 / 01			
			Bezeichnung	Oxford, Boxcalf			
			Basismenge (PAA)	1			
			EinsatzMng (PAA)	1			

St	Pos.	Obj	Komponentennummer	Objektkurztext	Menge (KMe)	ME	BGr
1	0010		S1010	Bootleg - left	1	ST	✓
1	0020		S1020	Bootleg - right	1	ST	✓
1	0030		S1050	Sole - left	1	ST	✓
1	0040		S1060	Sole - right	1	ST	✓
1	0050		S1098	Yarn	5	M	☐
1	0060		S1070	Bootlace	1	PAA	☐
1			S1010	Bootleg - left			☐
2	0010		S1011	Aussenschaft vorne, links	1	ST	✓
2	0020		S1012	Aussenschaft hinten, links	1	ST	✓
2	0030		S1013	Lasche, links	1	ST	✓
2	0040		S1014	Innenschaft (komplett), links	1	ST	✓
2	0050		S1015	Klappe links, links	1	ST	✓
2	0060		S1016	Klappe rechts, links	1	ST	✓
2	0070		S1099	Garn	20	M	☐
2	0080		D1000 DCU 000 00	Zuschnittmuster mit techn. Details	1	ST	☐
1			S1020	Bootleg - right			☐
2	0010		S1021	Aussenschaft vorne, rechts	1	ST	✓
2	0020		S1022	Aussenschaft hinten, rechts	1	ST	✓

Abbildung 6.4 Stücklistenauflösung des Materials S1000

Wann immer wir bei der Kalkulation von Produktkosten auf eine Stückliste zugreifen können, werden wir dies tun, um möglichst realistische Preise für unsere Erzeugnisse zu berechnen. Nun muss die Produktion aber auch festlegen, welche Maschinen und Mitarbeiter für die Erstellung des Produkts benötigt werden. Das SAP-System sammelt diese Informationen in sogenannten *Arbeitsplätzen*.

Arbeitsplatz

Ein *Arbeitsplatz* ist eine Einheit, die Schritte im Produktionsprozess ausführt. In der Prozessindustrie finden wir auch die Bezeichnung der *Ressource*. Beispiele sind Maschinen(-gruppen), ganze Fertigungsstraßen oder auch einzelne Personen oder Teams.

In der Lederwaren-Manufaktur Mannheim haben wir uns dazu entschieden, die Schuhfertigung in Mannheim mit ihrem hohen Anteil an manueller Arbeit hauptsächlich über den Arbeitsplatz M001-S (Arbeitsplatz Schuhe) abzubilden (siehe Abbildung 6.6). Dies entspricht unseren Gegebenheiten in der Produktion. Es wird nämlich eine Werkstatt genutzt, in der alle Schritte durchgeführt werden.

Definition der Leistungen

Die Leistungen des Arbeitsplatzes – also die einzelnen Arbeiten, die ein Arbeitsplatz ausführen kann – werden im *Stammsatz* definiert und hinterlegt. Die dafür notwendige Transaktion CR01 finden Sie im Anwendungsmenü unter LOGISTIK • PRODUKTION • STAMMDATEN • ARBEITSPLÄTZE • ARBEITSPLATZ. Auf dem Reiter GRUNDDATEN wird der VORGABEWERTSCHLÜSSEL hinterlegt. Wenn wir beispielsweise den Schlüssel SAP1 aus dem Standard verwenden, werden uns die Leistungen Rüst-, Maschinen- und Personalzeit vorgeschlagen. Sie sehen dies in Abbildung 6.5.

Vorgabewertbehandlung			
Vorgabewertschl.	SAP1		Fertigung normal
Übersicht Vorgabewerte			
Schlüsselwort	Eingabevorschrift	Ze	Bezeichnung
Rüstzeit	keine Verprobu		
Maschinenzeit	keine Verprobu		
Personalzeit	keine Verprobu		

Abbildung 6.5 Definition des Vorgabewertschlüssels

Verknüpfung zum Controlling

Die Verknüpfung zum Controlling erfolgt auf dem Reiter KALKULATION. In Abbildung 6.6 sehen Sie als Beispiel den Arbeitsplatz für die Erstellung von Schuhen in unserer Mannheimer Niederlassung.

Grunddaten der Produktkostenrechnung | 6.2

Abbildung 6.6 Arbeitsplatz M001-S

Der Arbeitsplatz wird hier einer *Kostenstelle* zugeordnet. Ob man einer Kostenstelle mehrere Arbeitsplätze zuordnet, ist eine philosophische Frage. Eine 1:1-Beziehung erfordert mehr Kostenstellen als aus Controllingsicht eigentlich notwendig. Wenn unsere Kostenstelle jeweils mehreren Arbeitsplätzen zugeordnet ist, kann das bei der Kostenstellenplanung unter Umständen unübersichtlich werden.

Reiter »Kalkulation«

Auf dem Reiter KALKULATION finden wir auch die Leistungen wieder, die mithilfe des Vorgabewertschlüssels definiert wurden. Sie werden nun mit Leistungsarten verbunden. Die Leistungsarten stellen das Bindeglied zwischen technischen Arbeitsvorgaben (Fertigungszeiten) und der kalkulatorischen Bewertung (Kosten/Verrechnungssätze) dar. Es können daher nur Leistungsarten hinterlegt werden, zu denen ein Tarif in Kombination mit der selektierten Kostenstelle hinterlegt wurde.

Arbeitsplan

Die Festlegung welche Arbeitsplätze bei der Herstellung eines Erzeugnisses beteiligt sind, erfolgt auf der Basis von *Arbeitsplänen* (in der Prozessindustrie auch *Planungsrezept* genannt). Es wird also der Arbeitsablauf zur Herstellung eines Halb- oder Fertigerzeugnisses beschrieben. Wie Sie in Abbildung 6.7 sehen, muss ein Arbeitsplan immer mit Bezug zu einem Material angelegt werden.

6 Produktionsprozess

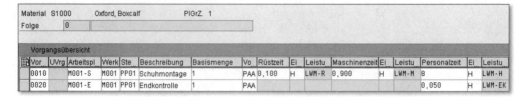

Abbildung 6.7 Arbeitsplan zu Material S1000

Für die Herstellung des Produkts S1000 werden die Arbeitsplätze M001-S (Schuhmontage) und M001-E (Endkontrolle) eingesetzt. Sie sehen in den einzelnen Zeilen auch, wie lange die einzelnen Tätigkeiten dauern sollen. Arbeitspläne werden definiert unter LOGISTIK • PRODUKTION • STAMMDATEN • ARBEITSPLÄNE.

Spätestens wenn die Fertigung eines Produkts beginnt, werden Stückliste, Arbeitsplätze und Arbeitspläne im System benötigt. Aus Sicht des Controllings sollten die Daten aber schon früher zur Verfügung stehen, damit sie bei der Planung der Produktkosten berücksichtigt werden können. Mehr dazu finden Sie in Abschnitt 6.3, »Produktkostenplanung«.

Bevor wir mit der Kalkulation von Materialien loslegen können, müssen wir aber auch im Controlling selbst noch einige Voraussetzungen dafür schaffen.

6.2.2 Voraussetzungen im Controlling

Leistungsarten Bei der Definition der Arbeitsplätze ist bereits der Begriff *Leistungsart* gefallen. Leistungsarten werden verwendet, um die Leistungen zu bestimmen, die von einer Kostenstelle erbracht werden. Sie definieren Leistungsarten unter dem Menüpfad RECHNUNGSWESEN • CONTROLLING • KOSTENSTELLENRECHNUNG • STAMMDATEN • LEISTUNGSART (siehe Abbildung 6.8).

Sie sehen hier die Leistungsart LWM-H, die für HANDARBEITSZEIT in der Fertigung steht ❶. Da es um die Leistung Handarbeitszeit geht, ist es am sinnvollsten, die Leistung in der Leistungseinheit STUNDE zu erfassen ❷. Wichtig ist auch die hinterlegte Verrechnungskostenart, hier die 619000 (DILV FERTIGUNG ❸, DILV = Direkte Leistungsverrechnung). Sie wird später für die Verbuchung verwendet. Es handelt sich bei der Kostenart 619000 um eine sekundäre Kostenart vom Typ 43 (Verrechnung Leistungen/Prozesse).

6.2 Grunddaten der Produktkostenrechnung

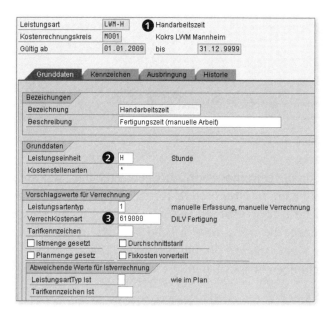

Abbildung 6.8 Definition einer Leistungsart

> **[+] Leistungsarten durch Kostenarten darstellen**
>
> Es ist wichtig, dass Sie alle Kostenarten, die Sie für die Darstellung von Leistungsarten verwenden wollen, mit Kostenartentyp 43 anlegen, da Sie sie sonst nicht hier hinterlegen können.

Wir haben aber nur den Stammsatz der Leistungsart und müssen nun noch Kostenstelle und Leistungsart miteinander verbinden. Wählen Sie dazu den Menüpfad RECHNUNGSWESEN • CONTROLLING • KOSTENSTELLENRECHNUNG • PLANUNG • LEISTUNGSERBRINGUNG/TARIFE • ÄNDERN.

An diesem Anwendungspfad ist erkennbar, dass wir uns nun im Bereich der Planung befinden. Zudem stoßen wir auf den Begriff *Tarif*. Unter einem Tarif können wir den Preis einer Leistungsart verstehen. Ein Beispiel für die Tarifpflege sehen Sie in Abbildung 6.9.

Pflege von Tarifen

Die Festlegung eines Tarifs erfolgt immer für eine Kombination von Kostenstelle und Leistungsart. Das heißt, eine Leistungsart kann je nachdem, von welcher Kostenstelle sie erbracht wird, unterschiedliche Preise für die innerbetriebliche Verrechnung haben. Es ist möglich, sowohl fixe als auch variable Tarife zu pflegen, wobei die Pflege sowohl manuell, wie in Abbildung 6.9 dargestellt, oder maschinell mithilfe der Kostenstellenplanung erfolgen kann.

6 | Produktionsprozess

Abbildung 6.9 Planung der Leistungsart LWM-H

Wenn wir nun für alle Leistungsarten Tarife gepflegt haben, könnten wir mit der Kalkulation unserer Produktkosten beginnen. Allerdings ist hierfür natürlich auch Customizing notwendig. Es gibt einige Grundeinstellungen, die wir sowohl für die Produktkostenplanung als auch für die Kostenträgerrechnung benötigen. Diese Einstellungen werden nachfolgend beschrieben.

6.2.3 Grundeinstellungen der Produktkostenrechnung

Kalkulationsvariante

Dreh- und Angelpunkt der Produktkostenrechnung ist die *Kalkulationsvariante*. Sie ist die Klammer um alle wichtigen Einstellungen.

Im Einführungsleitfaden finden Sie die Kalkulationsvariante z.B. unter CONTROLLING • PRODUKTKOSTEN-CONTROLLING • PRODUKTKOSTENPLANUNG • MATERIALKALKULATION MIT MENGENGERÜST • KALKULATIONSVARIANTE: BESTANDTEILE. Die wichtigsten Bestandteile der Kalkulationsvariante zeigt Abbildung 6.10.

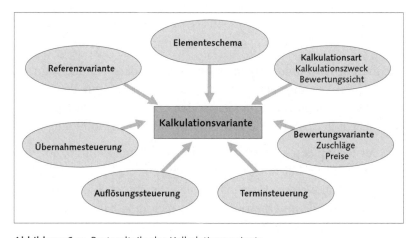

Abbildung 6.10 Bestandteile der Kalkulationsvariante

Die einzelnen Bausteine der Kalkulationsvariante werden wir Ihnen im Folgenden genauer erläutern.

Elementeschema

Das *Elementeschema* ist eine Art Schablone, mit deren Hilfe eine sogenannte *Kostenschichtung* definiert wird. Mithilfe der Kostenschichtung können wir einzelne Kostenarten zu Gruppen zusammenfassen und gemeinsam weiterverarbeiten. Bei der Definition des Elementeschemas müssen Sie sich zunächst überlegen, welche Zeilen Sie später im Reporting der Herstellkosten sehen wollen. Wie eine mögliche Minimalausprägung aussehen kann, zeigt Abbildung 6.11.

Kostenschichtung

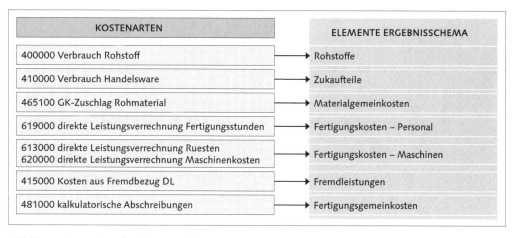

Abbildung 6.11 Aufbau des Elementeschemas

Wenn die Fertigung aus mehreren Stufen besteht, müssen wir uns über alle Stufen hinweg überlegen, welche Informationen an die nächste Stufe weitergereicht werden sollen.

Informationen über verschiedene Stufen schichten [zB]

Nehmen wir als Beispiel wieder die Schuhherstellung der Lederwaren-Manufaktur Mannheim. Ein Schuh besteht aus mehreren Halbfabrikaten wie dem Schaft und der Sohle. Wir müssen entscheiden, ob wir im Endprodukt die Herstellkosten dieser Halbfabrikate nur als Materialeinsatz oder getrennt nach den einzelnen Positionen, dem Kostenursprung, sehen wollen. Dieser Vorgang nennt sich wie bereits erwähnt *Kostenschichtung*.

6 | Produktionsprozess

Customizing des Elementeschemas

Welches Elementeschema verwendet wird, bestimmen Sie im Customizing des Elementeschemas, das Sie im Einführungsleitfaden z. B. unter CONTROLLING • PRODUKTKOSTEN-CONTROLLING • PRODUKTKOSTENPLANUNG • GRUNDEINSTELLUNGEN FÜR DIE MATERIALKALKULATION • ELEMENTESCHEMA DEFINIEREN finden.

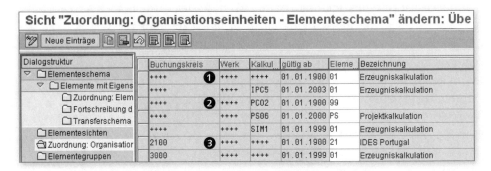

Abbildung 6.12 Verknüpfung von Elementeschema und Kalkulationsvariante

Maskierung

Wie Abbildung 6.12 zeigt, ist die Darstellung maskiert. Bei dieser Technik werden Plus-Zeichen, wie Sie es von Internetsuchmaschinen kennen, als Platzhalter verwendet. So gilt der erste Eintrag für alle Buchungskreise, alle Werke und alle Kalkulationsvarianten, da die Plus-Zeichen durch je ein beliebiges Zeichen ersetzt werden können. Die Tabelle ist wie folgt zu lesen:

- **Zeile 1**
  Solange kein detaillierterer Eintrag vorhanden ist, wird immer das Elementeschema 01 verwendet, da dieses für alle Buchungskreise, Werke und Kalkulationsvarianten gilt ❶.

- **Zeile 3**
  Kalkulationsvariante PC02 arbeitet immer mit dem Elementeschema 99. Dieser Eintrag setzt für die Kalkulationsvariante PC02 den Eintrag aus der ersten Zeile außer Kraft ❷.

- **Zeile 6**
  Der Buchungskreis 2100 arbeitet immer mit dem Schema 21 ❸.

Sichten

Darüber hinaus kann man ein Elementeschema auch über unterschiedliche Sichten betrachten:

- Herstellkosten
- Selbstkosten

- Vertriebs- und Verwaltungskosten
- Inventur (handelsrechtlich)
- Inventur (steuerrechtlich)
- Bestandsbewertung

Je nachdem, wie die einzelnen Elemente gesteuert sind, werden sie in den unterschiedlichen Sichten gezeigt oder nicht. Die Sichten sind aber auch verantwortlich für die Wertfortschreibung in anderen Modulen. So werden die Bestandteile der Bestandsbewertungssicht für die Berechnung des Standardpreises herangezogen.

Kalkulationsart

Durch die *Kalkulationsart* werden der Verwendungszweck der Kalkulation (z. B. Muster- oder Materialkalkulation) und die zulässige Preisfortschreibung in den Materialstamm definiert. Falls wir uns für eine Fortschreibung des Preises entscheiden, erfolgt diese zum Periodenbeginn, zum Stichtag oder auch ohne Datum.

> **Fortschreibung des Preises zum Stichtag** [zB]
>
> Wenn wir z. B. zum Jahresende unsere Preise für das Folgejahr kalkulieren, werden wir als Stichtag den 01.01. des Folgejahres wählen. Somit wird für Materialbewegungen im aktuellen Jahr noch der »alte« Preis verwendet. Ab dem 01.01. des Folgejahres wird dann aber mit dem neu kalkulierten Preis gearbeitet.

Den Verwendungszweck bestimmen wir darüber, welchen Preis wir im Materialstamm fortschreiben (siehe Abbildung 6.13).

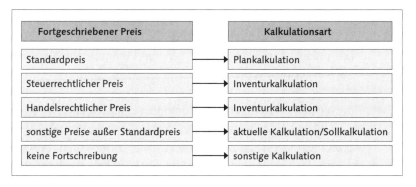

Abbildung 6.13 Preisfortschreibung und Kalkulationsart

Wie Sie hier sehen, sind drei wichtige Kalkulationsarten zu unterscheiden: die Plankalkulation, die Inventurkalkulation und die aktuelle bzw. die Sollkalkulation.

Plankalkulation

Die *Plankalkulation* wird üblicherweise zu Beginn des Geschäftsjahres gestartet. Die dabei ermittelten Preise werden als Standardpreise in den Materialstämmen der Erzeugnisse eingetragen und gelten dann meist für das gesamte Jahr. Wenn wir eine Kalkulation durchführen, werden wir aber zunächst die Preise nur vormerken. Damit werden sie im Materialstamm als zukünftige Planpreise eingetragen. Die Preise können dann für weitere Materialbewertungen verwendet werden. Zum Beispiel können wir bei der Kalkulation von Fertigerzeugnissen auf die zukünftigen Planpreise von Halbfabrikaten zurückgreifen. Erst mit der Freigabe der Preise werden diese als aktuelle Standardpreise verwendet. Sie wirken sich also nun auf die Finanzbuchhaltung aus, da jede Materialbewegung S-Preis-geführter Materialien mit diesen Preisen bewertet wird.

Inventurkalkulation

Von *Inventurkalkulationen* sprechen wir, wenn wir nicht den Standardpreis im Material fortschreiben sondern den steuer- oder handelsrechtlichen Preis. Naturgemäß wird diese Form der Kalkulation also zum Jahresende vor Erstellung der Bilanz durchgeführt. Nun ist wichtig, dass die Preisbildung der jeweiligen Rechnungslegung entspricht. Das kann auch bedeuten, dass der neu ermittelte Preis wegen des Niederstwertprinzips nicht verwendet wird. Anders als bei der Plankalkulation, die mit dem Ändern des Standardpreises zu einer Umbewertung des Lagerbestands führt, erzeugt eine Inventurkalkulation keine unmittelbaren Buchungen.

> [+] **Zusätzliche Plankalkulation erzeugen**
>
> Wenn Sie später im Rahmen der Kostenträgerrechnung Abweichungen oder Ware in Arbeit berechnen wollen, benötigen Sie in jedem Fall eine Plankalkulation zum Erzeugnis.

Aktuelle Kalkulation/ Sollkalkulation

Sowohl die aktuelle Kalkulation als auch die Sollkalkulation werden im Laufe des Geschäftsjahres gestartet. Beide Formen greifen dabei auf das aktuelle Mengengerüst zurück. Der Unterschied besteht darin, dass die *Sollkalkulation* die Preisermittlung entsprechend der Plankalkulation vornimmt, die *aktuelle Kalkulation* hingegen auf die neuesten Preisinformationen zurückgreift. Beide Kalkulationsformen werden eingesetzt, wenn sich die Parameter der Fertigung geändert haben und wir die Auswirkungen auf die Materialpreise analysieren wollen. Die Preise aus beiden Kalkulationsformen können als Planpreise im Materialstamm fortgeschrieben werden. Sie können damit als Basis für weitere Kalkulationen dienen.

Ferner bestimmt die Kalkulationsart auch die Bewertungssicht. Es besteht die Wahl zwischen Legal-, Konzern- und Profit-Center-Bewertung. Insbesondere beim Einsatz des Material-Ledgers, das eine parallele Bewertung ermöglicht, ist es auch wichtig, die Bewertungssicht zu definieren.

Bewertungssicht

Die Kalkulationsart hat also weitreichende Auswirkungen auf die Zielsetzung und Verwendung einer Kalkulation.

Bewertungsvariante

Jede Kalkulationsvariante enthält darüber hinaus eine *Bewertungsvariante*. Über die Bewertungsvariante wird definiert, wie die Preise von eingesetzten Materialien, Leistungsarten, Prozessen und externen Leistungen ermittelt werden. Als Beispiel sehen wir in Abbildung 6.14 die Preisermittlung für Einsatzmaterialien.

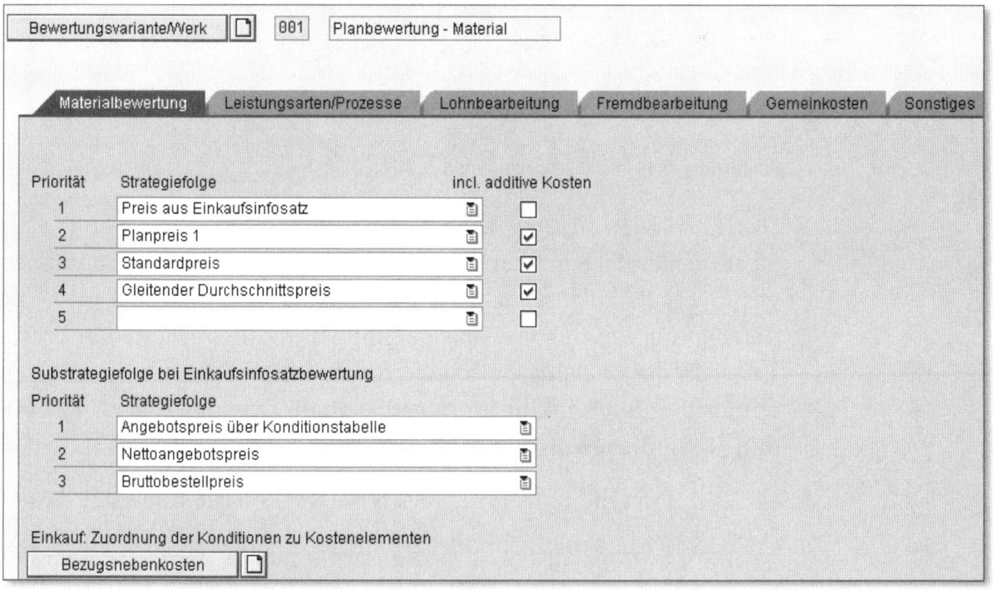

Abbildung 6.14 Bewertungsvarianten

Das SAP-System versucht in unserem Beispiel zunächst, einen Preis in einem Einkaufsinfosatz zu finden. In einem zweiten Schritt wird überprüft, ob ein Planpreis 1 vorhanden ist. Ist auch dies nicht der Fall, wird auf den Standardpreis oder in Stufe 4 auf den gleitenden Durchschnittspreis zurückgegriffen.

Auch auf den anderen Reitern stehen Ihnen zahlreiche unterschiedliche Preise zur Auswahl. Sie müssen diese jeweils in eine Reihenfolge bringen, die immer beim realistischsten Preis starten sollte.

Kalkulations-schema

Auf dem Reiter GEMEINKOSTEN wird anhand eines *Kalkulationsschemas* bestimmt, welche Zuschläge zu berechnen sind (siehe Abbildung 6.15).

Zeile	Basis	Zuschlag	Bezeichnung	von	bis Zeile	Entlastung
10 ❶	B000		Material			
20		C000	Materialgemeinkosten	10		E01
30			Materialeinsatz.....			
40 ❷	B001		Löhne			
45 ❸	B002		Gehälter			
50		C001	GK-Fertigung	40		E02
60			Lohnkosten.........	40	50	
70			Fertigungskosten....			
80		C002	GK-Verwaltung			E03
90		C003	GK-Vertrieb	70		E04
100			Selbstkosten........			

Abbildung 6.15 Kalkulationsschema M001

Das *Kalkulationsschema* ist auf den ersten Blick verwirrend, aber eigentlich einfach mathematisch aufgebaut. Zunächst einmal müssen wir in das Kalkulationsschema alle Zeilen schreiben, die wir für die Berechnung unserer Zuschläge benötigen. Da die ermittelten Werte später in die Deckungsbeitragsrechnung einfließen werden, müssen wir auch deren Struktur im Auge behalten. Drei der Zeilen in Abbildung 6.15 dienen als Basis für die Berechnung:

- Zeile 10 ist die Basis für die Materialgemeinkosten in Zeile 20 ❶.
- Zeile 40 ist die Basis für die Fertigungsgemeinkosten in Zeile 50 ❷.
- Zeile 45 wurde zwar als Basiszeile definiert, aktuell aber nicht verwendet ❸.

Hinter jeder dieser Zeilen verbergen sich Kostenarten, deren Salden bei der Zuschlagsberechnung jeweils zu einem Basiswert addiert werden.

Kostenrechnungskreis	M001	Kokrs LWM Mannheim			
Berechnungsbasis	B000	Material			

Kostenanteil ⦿ gesamt ○ fix ○ variabel

Basis					
Von KoArt	Bis KoArt	KoArtengruppe	VonHrkt	BisHrkt	
400000	419999				
406000	406999				
410000	410001				
419000	419000				

Abbildung 6.16 Bestimmung der Berechnungsbasis

In den einzelnen Berechnungsbasen können nur fixe oder variable oder aber die Gesamtkosten auf einer Kostenart berücksichtigt werden. In Abbildung 6.16 sehen Sie die Basis B000 aus Zeile 10 (siehe ❶ in Abbildung 6.15). Es handelt sich dabei um die Materialeinzelkosten. Die hier hinterlegten Kostenarten sind als Verbrauchskonten in der MM-Kontenfindung hinterlegt, also z. B. hinter folgenden Vorgängen:

Berechnungsbasis bestimmen

- GBB-VAX (WA für Kundenaufträge ohne Kontierung)
- GBB-VBO (Verbrauch aus dem Lieferantenbeistellbestand)
- GBB-VBR (Verbräuche)
- GBB-VNG (Verschrottung, Vernichtung)
- GBB-VQY (Stichprobenentnahme mit Kontierung)

Die Zeilen 20, 50, 80 und 90 aus Abbildung 6.15 müssen wir berechnen, da sie Zuschläge darstellen. Für jede dieser Zeilen ist zunächst einmal definiert, welche andere Zeile des Schemas als Basis für die Kalkulation dient (Spalten VON/BIS ZEILE, siehe ❹ in Abbildung 6.15). Den Zuschlag selbst pflegen wir zeitabhängig als Prozentschlüssel. Um diese Zeitabhängigkeit zu gewährleisten, steht im Kalkulationsschema selbst nur ein Zuschlagsschlüssel, hinter dem sich das weitere Customizing verbirgt (siehe ❶ in Abbildung 6.17).

Prozentsatz

Durch die Mitgabe von Zuschlagsart (ZSCHLART) und Zuschlagsschlüssel (ZSCHL) können parallele Prozentsätze gepflegt werden. Die

Zuschlag	C010	GK-Material/Zschl	
Abhängigkeit	D010	Zuschlagsart/-schlüssel ❶	

Zuschlag						
Gültig ab	bis	KoRechKrs	ZuschlArt	ZSchl	Prozent	Einh
01.01.2008	31.12.9999	M001	1	SAP10	3,000	%
01.01.2008	31.12.9999	M001	1	SAP101	3,000	%
01.01.2008	31.12.9999	M001	2	SAP10	3,000	%
01.01.2008	31.12.9999	M001	2	SAP101	3,000	%

Abbildung 6.17 Festlegung der Prozentsätze

Zuschlagsart unterscheidet nach Ist-, Plan- und Obligobezuschlagung. Der Zuschlagsschlüssel kann bei einer Reihe von Kostenträgern im Stammsatz hinterlegt werden. Damit ist etwa eine abweichende Bezuschlagung von Materialkosten für Fertigerzeugnisse sowie Forschung und Entwicklung möglich. Im Falle der Lederwaren-Manufaktur Mannheim werden derzeit drei Prozent Materialgemeinkosten berechnet.

Entlastung Schließlich müssen wir die berechneten Zuschläge auch noch verbuchen. Welche Kostenart und CO-Kontierung hierzu verwendet wird, definieren wir in der Entlastung (siehe Abbildung 6.18).

Kostenrechnungskreis	M001	Kokrs LWM Mannheim	
Entlastung	E01	Entl. Material	

Entlastung						
Gültig bis	Kostenart	HkGr	%Fix	Kostenstelle	Auftrag	Geschäftspro
01.01.2009	655101		*	P9000		
31.12.9999	655101		*	P9000		

Abbildung 6.18 Definition der Entlastung

Für die Verbuchung der Zuschläge müssen eine Kostenart sowie ein zu entlastendes Kontierungsobjekt hinterlegt werden. Die Belastung erfolgt dann auf dem Kostenträger. Die hier hinterlegten Kostenarten müssen vom Typ 41 (Gemeinkostenzuschläge) sein. Bei der Lederwaren-Manufaktur Mannheim wird eine gesonderte Kostenstelle entlastet, die der Produktion zugeordnet ist.

Terminsteuerung

Über die *Terminsteuerung* werden der Gültigkeitszeitraum der Kalkulation sowie der Auflösungs- und der Bewertungstermin bestimmt. Der Auflösungstermin bestimmt dabei, mit welchem Bezugsdatum das Mengengerüst aufgebaut wird. Der Bewertungstermin entscheidet darüber, zu welchem Bezugsdatum das Mengengerüst dann bewertet wird, d.h., zu welchem Datum gültige Preise gesucht werden. Die hinterlegten Werte sind lediglich Vorschlagswerte und können in der Materialkalkulation angepasst werden.

Auflösungssteuerung

Mit der Funktion der *Auflösungssteuerung* wird festgelegt, wie das System nach gültigen Stücklisten- und Arbeitsplanalternativen sucht.

Referenzvariante

Mit der *Referenzvariante* wird festgelegt, wie auf andere Kalkulationen zugegriffen wird. Bei der Referenzierung auf andere Kalkulationen ist zwischen der Übernahme und der Neubewertung einzelner Positionen zu unterscheiden.

> **Unterscheidung von Übernahme und Neubewertung** [zB]
>
> Nehmen wir als Beispiel eine neue Handtasche, bei der wir auf schon kalkulierte Halbfabrikate zurückgreifen können. Bei der Übernahme von Daten aus anderen Kalkulationen würden wir den Preis der Halbfabrikate nicht neu berechnen, sondern den bestehenden Preis verwenden. Bei einer Neubewertung kalkulieren wir neben dem Preis der Handtasche auch den Preis der Halbfabrikate neu.

Übernahmesteuerung

Die *Übernahmesteuerung* ist Teil der Referenzvariante. Mithilfe der Übernahmesteuerung wird die Referenzierung auf andere Kalkulationen erst möglich. Sie legt fest, wie das System nach vorhandenen Kalkulationen suchen soll, um bestehende Kalkulationsdaten aus einer anderen Kalkulation zu übernehmen.

> **Menüpfad im Einführungsleitfaden** [+]
>
> Alle beschriebenen Einstellungen finden Sie im Einführungsleitfaden z. B. unter CONTROLLING • PRODUKTKOSTEN-CONTROLLING • PRODUKTKOSTENPLANUNG • MATERIALKALKULATION MIT MENGENGERÜST • KALKULATIONSVARIANTE DEFINIEREN bzw. KALKULATIONSVARIANTE: BESTANDTEILE.

> Nur das Elementeschema und das Kalkulationsschema für die Zuschlagsberechnung finden Sie an einer anderen Stelle, und zwar unter CONTROLLING • PRODUKTKOSTEN-CONTROLLING • PRODUKTKOSTENPLANUNG • GRUNDEINSTELLUNGEN FÜR DIE MATERIALKALKULATION.

Wenn das Customizing komplett eingerichtet ist, können wir endlich mit der Planung der Produktkosten beginnen.

6.3 Produktkostenplanung

Die Produktkostenplanung wird zur auftragsneutralen Kostenplanung und zu Materialpreiskalkulationen genutzt. Sie ermöglicht eine detaillierte Analyse der Kostenzusammensetzung der Produkte eines Unternehmens.

Abbildung in SAP ERP

Im SAP-System steht für die Produktkostenplanung das Modul CO-PC-PCP (Produktkostenplanung) zur Verfügung. Es wird für folgende Tätigkeiten genutzt:

- um Herstell- und Selbstkosten eines Produkts zu ermitteln
- um variable und fixe Kostenanteile eines Produkts zu identifizieren
- um die Deckungsbeitragsrechnung für ein Produkt vorzubereiten
- um über Eigen- oder Fremdfertigung zu entscheiden
- um die kalkulatorisch günstigste Losgröße zu identifizieren

Durch die sogenannte *Preisfortschreibung* werden die Ergebnisse aus der Kalkulation in den Materialstammsatz übernommen.

6.3.1 Arten der Produktkostenplanung

Lebenszyklus des Erzeugnisses

Im SAP-System stehen uns unterschiedliche Verfahren zur Kalkulation der Produktkosten zur Verfügung. Zu unterscheiden sind die einzelnen Kalkulationsverfahren insbesondere durch die Verfügbarkeit technischer Vorgaben aus der Produktion (vor allem Stücklisten und Arbeitspläne). Bei der Wahl des Instruments für die Planung spielt daher der aktuelle Zeitpunkt im Lebenszyklus des zu kalkulierenden Erzeugnisses eine wichtige Rolle. Abbildung 6.19 verdeutlicht diesen Zusammenhang.

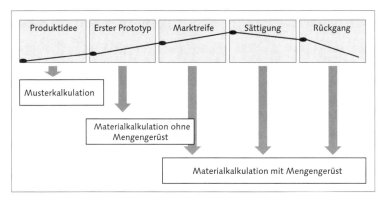

Abbildung 6.19 Arten der Produktkostenplanung im Produktlebenszyklus

Entsprechend der Verfügbarkeit und Vollständigkeit der technischen Mengengerüste ergeben sich vier Kalkulationsverfahren:

- Muster- und Simulationskalkulation
- Kalkulation ohne Mengengerüst
- Kalkulation mit Mengengerüst
- Ad-hoc-Kalkulation

Vier Kalkulationsverfahren

Betrachten wir diese Kalkulationsverfahren nun genauer.

Muster- und Simulationskalkulation

Bevor wir eine genaue Vorstellung unseres Produkts haben, können wir die sogenannte *Muster- und Simulationskalkulation* verwenden, um eine überschlägige Kalkulation durchzuführen. Wir können damit die Frage »Was wäre, wenn?« beantworten. Die Muster- und Simulationskalkulation ist gekennzeichnet durch die weitgehend manuelle Festlegung der Kostenkomponenten. Sie wird daher eingesetzt, wenn lediglich eine grobe Vorstellung des Produkts vorhanden ist, aber noch keine Angaben aus der Produktion vorliegen.

Überschlägige Kalkulation

Die Muster- und Simulationskalkulation ist ein Instrument, das Managemententscheidungen über die weitere Verfolgung von neuen Produktideen unterstützt. Erinnern wir uns an das SCOR-Modell in Abbildung 6.1, unterstützt die Muster- und Simulationskalkulation die erste Phase der Entwicklung und Produktkostenplanung in der Projektfertigung. Wir können sie aber auch im Rahmen der Angebotserstellung im Vertrieb einsetzen.

Entscheider

> [!] **Fortschreibung der Materialpreise ist nicht möglich**
>
> Zu beachten ist, dass es nicht möglich ist, mit einer Musterkalkulation Materialpreise fortzuschreiben.

Kalkulation ohne Mengengerüst

Einzelkalkulation

Hat die Muster- und Simulationskalkulation dazu beigetragen, dass man sich für die weitere Verfolgung einer Produktidee entscheidet, kann uns im nächsten Schritt die *Kalkulation ohne Mengengerüst* unterstützen. Auch hier greifen wir noch nicht auf Stammdaten aus der Produktion zurück, da diese noch nicht angelaufen ist. Es stehen also noch keine Stücklisten oder Arbeitspläne zur Verfügung. Alle benötigten Daten sind manuell zu erfassen. Diese Form der Kalkulation nennt man auch *Einzelkalkulation*.

Wesentliche Aufgaben der Kalkulation ohne Mengengerüst sind die folgenden:

- Zuordnung der Gemeinkosten in Fertigungs- und Materialbereich zum Produkt
- Zuordnung und Speicherung der ermittelten Kosten zu Kostenelementen
- Anzeige der Materialeinsatzkosten für Halbfabrikate gegliedert nach Kostenelementen

Nutzen erster Materialstammdaten

Der Unterschied zur Musterkalkulation besteht darin, dass dort jegliche Stammdaten fehlen, während bei der Kalkulation ohne Mengengerüst eine manuelle Beplanung der Herstell- und Selbstkosten unter Zuhilfenahme erster Materialstammdaten erfolgt. Im SCOR-Modell (siehe Abbildung 6.1) unterstützt die Kalkulation ohne Mengengerüst die Phase der Entwicklung und Produktkostenplanung. Spätestens im nächsten Prozessschritt, der Produktionsplanung, kann dann auf ein Mengengerüst zurückgegriffen werden.

Kalkulation mit Mengengerüst

Inklusive Stückliste und Arbeitsplan

Wenn wir mit der Produktion starten, müssen dort Stücklisten und Arbeitspläne erstellt werden. Diese können wir bei der *Kalkulation mit Mengengerüst*, auch Erzeugniskalkulation genannt, verwenden. Dabei wird das Mengengerüst in der Kalkulation automatisch aufgebaut. Im Bereich der *Einzelfertigung* erfolgt die Erstellung des Mengengerüsts aus der Stückliste und dem Arbeitsplan. Bei *Serienfertigung* werden die jeweilige Stückliste und der Linienplan herangezogen. Bei einer *Prozessfertigung* wird das Mengengerüst auf der Basis von Planungsrezepten aufgebaut.

> **Auftragsneutraler Vorgang** [+]
>
> Die Kalkulation mit Mengengerüst ist dabei immer noch ein auftragsneutraler Vorgang, wir benötigen also noch keinen Produktionsauftrag. Wir können die Ergebnisse der Kalkulation für die Materialbewertung heranziehen, indem wir den ermittelten Wert als Standardpreis fortschreiben.

Ad-hoc-Kalkulation

Ohne jeglichen Objektbezug kommt die *Ad-hoc-Kalkulation* aus. Sie dient einer schnellen Kostensimulation häufig zu planender Vorhaben. Es besteht keine Möglichkeit der Preisfortschreibung. Basis für die Kalkulation sind die Planungsvorlagen des Easy Cost Plannings.

Das *Easy Cost Planning* kalkuliert Kosten mithilfe der Einzelkalkulationsfunktion (Planung ohne Mengengerüst). Es werden individuelle Planungsvorlagen ohne Bezug zu Stücklisten oder Arbeitsplänen erstellt. Das Easy Cost Planning dient nicht nur der Ad-hoc-Kalkulation als Vorlage, sondern bildet auch die Basis zur Kalkulation von Innenaufträgen, Projekten und Investitionsmaßnahmen.

Easy Cost Planning

Wir wollen nun beispielhaft eine Kalkulation mit Mengengerüst und eine Musterkalkulation im Detail betrachten. Diese beiden Formen der Kalkulation werden in der Praxis sehr häufig verwendet. Die Kalkulation mit Mengengerüst liefert dabei durch den Zugriff auf Stammdaten der Logistik die besten Ergebnisse für produzierende Unternehmen. Die Musterkalkulation ist ein gutes Beispiel für die Kalkulation eines Produkts zu einem Zeitpunkt, zu dem kaum unterstützende Informationen in der Produktion vorliegen.

6.3.2 Materialkalkulation mit Mengengerüst

Um eine Materialkalkulation zu starten, gibt es unterschiedliche Einstiegspunkte im Anwendungsmenü. In der Regel werden wir im Unternehmen die Massenverarbeitung durch einen *Kalkulationslauf* wählen. Den Kalkulationslauf erreichen Sie im Anwendungsmenü über RECHNUNGSWESEN • CONTROLLING • PRODUKTKOSTEN-CONTROL-

Massenverarbeitung mit Kalkulationslauf

LING • PRODUKTKOSTENPLANUNG • MATERIALKALKULATION • KALKULATIONSLAUF • KALKULATIONSLAUF BEARBEITEN oder direkt mit der Transaktion CK40N.

Arbeitsvorrat Die Selektion der zu kalkulierenden Materialien können wir in einem Arbeitsvorrat vorwegnehmen. Die Transaktion CKMATSEL erlaubt uns die Selektion von Materialien anhand vieler Felder im Materialstamm wie etwa Materialart, Bewertungsklasse oder Profit-Center.

Kalkulationslauf

Unabhängig davon müssen wir aber zunächst einen neuen Kalkulationslauf anlegen (siehe Abbildung 6.20).

Abbildung 6.20 Anlegen eines Kalkulationslaufs

Kalkulationslauf anlegen Beim Anlegen des Kalkulationslaufs werden einige wesentliche Kriterien festgelegt. Das Kalkulationslaufdatum wird als Vorschlag für die Terminierung verwendet. Dieses vorgeschlagene Datum können Sie auf dem Reiter TERMINE ändern. Ferner definieren Sie die Kalkulationsvariante, mit der der Lauf durchgeführt wird. Daraus ermittelt das SAP-System die Inhalte des Reiters BEWERTUNG (siehe Abbildung 6.21).

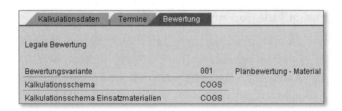

Abbildung 6.21 Kalkulationsdefinition zum Lauf

Sobald Sie den Kalkulationslauf speichern, gibt Ihnen das System die notwendigen weiteren Arbeitsschritte vor (siehe Abbildung 6.22):

Kalkulationslauf speichern

1. Selektion der zu kalkulierenden Erzeugnisse
2. Strukturauflösung
3. eigentliche Kalkulation
4. Analyse der Ergebnisse
5. Vormerkung der kalkulierten Preise und damit Fortschreibung im Materialstamm
6. Freigabe und damit Aktivierung der kalkulierten Preise und Umbewertung vorhandener Materialbestände

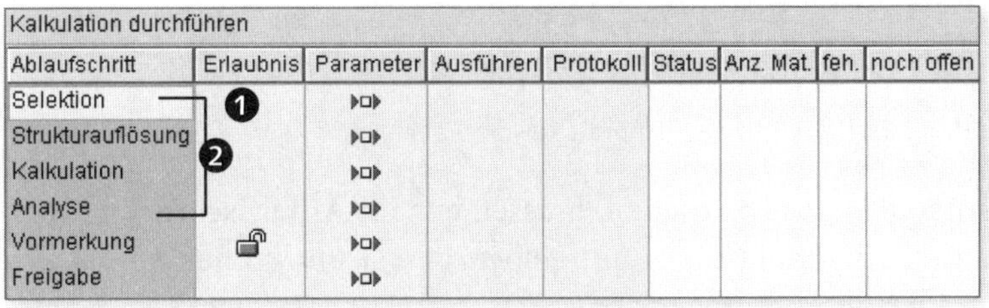

Abbildung 6.22 Arbeitsschritte im Kalkulationslauf

Sie müssen zunächst für jeden Arbeitsschritt die Selektions- bzw. Verarbeitungsparameter definieren. Die Übersicht wird sich im Laufe der Verarbeitung vervollständigen, wie Abbildung 6.24 zeigt.

Schritte und Parameter definieren

Wir beginnen die Bearbeitung in der ersten Zeile SELEKTION (siehe ❶ in Abbildung 6.22), indem wir auf das Icon in der Spalte PARAMETER klicken. Dort müssen wir festlegen, welche Materialien bei der Kalkulation zu berücksichtigen sind. Nach Speichern der Selektionsparameter wird in der Spalte AUSFÜHREN ein neues Icon gezeigt, mit dem wir die eigentliche Selektion starten können. Das Ergebnis können wir in einigen Schritten in einem Protokoll überprüfen. Liegt ein Protokoll vor, wird dies mit einem Icon in der entsprechenden Zeile der Spalte PROTOKOLL angezeigt. Falls Fehler auftreten oder nicht alle Materialien verarbeitet wurden, wird dies in den Spalten FEH. bzw. NOCH OFFEN dargestellt.

Letztlich müssen wir für die Zeilen SELEKTION bis ANALYSE (siehe ❷ in Abbildung 6.22) jeweils die Schritte der Parameterdefinition und des Ausführens durchlaufen. Vorläufiges Ziel ist eine vorgemerkte

Kalkulation, die im Materialstamm als zukünftiger Planpreis zu sehen ist (siehe ❶ in Abbildung 6.23).

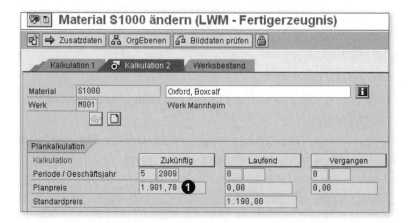

Abbildung 6.23 Zukünftiger Planpreis aus dem Kalkulationslauf

Um diesen Status zu erhalten, müssen wir alle Arbeitsschritte des Kalkulationslaufs mindestens mit gelber, besser mit grüner Ampel ausführen (siehe Abbildung 6.24).

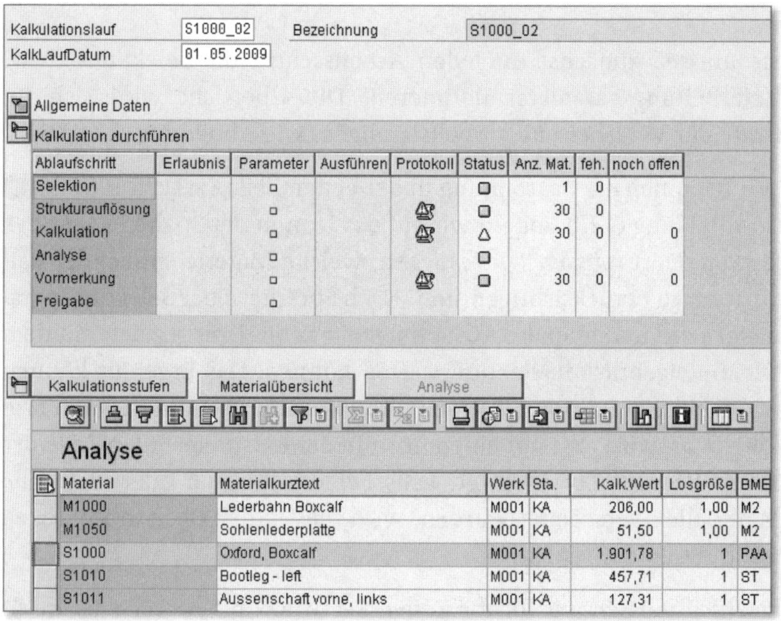

Abbildung 6.24 Statusverlauf im Kalkulationslauf

Selektion

In der Regel wird für alle Halb- und Fertigerzeugnisse, also alle S-Preis-geführten Materialien, mindestens einmal jährlich ein Kalkulationslauf gestartet. Meist findet dieser Lauf zum Jahresende vorbereitend für das Folgejahr statt. Zu diesem Zeitpunkt müssen dann die neuen Tarife aus der Kostenstellenrechnung und eventuell geänderte Zuschlagssätze vorliegen.

Strukturauflösung

Bei der Strukturauflösung ermittelt das System zunächst über alle Fertigungsstufen hinweg, welche Einsatzmaterialien und -leistungen benötigt werden. All diese Komponenten müssen dann im Rahmen der eigentlichen Kalkulation berücksichtigt werden.

> **Stücklistenauflösung** [+]
>
> Die Funktion der Stücklistenauflösung ist unproblematisch, wenn alle Halb- und Fertigerzeugnisse S-Preis-geführt sind. Gibt es im Unternehmen auch Komponenten mit gleitendem Durchschnittspreis, müssen wir bei der Kalkulation darauf achten, dass nicht auch Preise für Materialien fortgeschrieben werden, die wir nicht kalkulieren wollten.

Kalkulation

In der eigentlichen Kalkulation versucht das SAP-System nun für alle im vorherigen Schritt ermittelten Einsatzfaktoren einen Preis zu ermitteln. Dies bedeutet, für alle zugekauften Materialien, Fremdleistungen, Lohnbearbeitungsvorgänge, aber auch für eigengefertigte Halbfabrikate und intern erbrachte Leistungen müssen Preise hinterlegt bzw. kalkulierbar sein.

Wie das Vorgehen bei der Kalkulation gültiger Preise genau aussieht, wird durch die *Bewertungsvariante*, die in der Kalkulationsvariante hinterlegt ist, bestimmt. Bei der Kalkulation von Bausteinen geht das System chronologisch vor.

Bewertungsvariante

> **Chronologische Vorgehensweise bei der Kalkulation von Bausteinen** [zB]
>
> Betrachten wir also die Kalkulation eines Schuhs in der Lederwaren-Manufaktur Mannheim: Zunächst werden die einzelnen Teile der Sohle kalkuliert.

> Wir müssen dabei die Preise der Rohstoffe ebenso berücksichtigen wie die internen Maschinen-, Rüst- und Lohnkosten. Als Nächstes kann dann die fertige Sohle kalkuliert werden, die sich aus den einzelnen Bestandteilen und ebenfalls aus Maschinen-, Rüst- und Lohnkosten zusammensetzt. Am Ende der Hierarchie steht schließlich der fertige Schuh, der als Letztes kalkuliert wird.

Ob wir wirklich jeden Baustein neu kalkulieren oder auf bereits bestehende Kalkulationen zurückgreifen, haben wir mit der Übernahmesteuerung (Teil der Kalkulationsvariante) festgelegt.

Terminsteuerung — Gerade bei Kalkulationsläufen zum Jahresende ist auch die *Terminsteuerung* wichtig, da sie festlegt, zu welchem Datum gültige Preise gesucht werden. Die Auswirkungen werden bei internen Leistungsverrechnungen wie den Maschinenstunden deutlich: Tarife, also die »Preise« der Arbeitsplätze, legen wir meist mit Gültigkeit ab 01.01. (wenn gilt, Geschäftsjahr = Kalenderjahr) an. Wenn wir also zum 28.12. einen Kalkulationslauf starten, um die Materialpreise ab 01.01. zu kalkulieren, müssen wir auch die Tarife berücksichtigen, die ab 01.01. gelten und nicht diejenigen vom 28.12. Wir würden sonst mit veralteten Tarifen aus der Kostenstellenrechnung arbeiten.

Ablaufschritt	Erlaubnis	Parameter	Ausführen	Protokoll	Status	Anz. Mat.	feh.	noch offen
Selektion		▶▭▶	⊕	⚒	☐	1	0	
Strukturauflösung		▶▭▶	⊕	⚒	☐	30	0	
Kalkulation		▶▭▶	⊕	⚒	△	30	0	0
Analyse		▶▭▶	⊕		☐			
Vormerkung	🔓	▶▭▶	⊕	⚒	☐	30	0	0
Freigabe		▶▭▶	⊕	⚒				

Abbildung 6.25 Übersicht über die Arbeitsschritte und Ergebnisse

Sie sehen in Abbildung 6.25, dass alle Ablaufschritte (Ausnahme: Freigabe der Kalkulation) durchlaufen wurden. In den Schritten SELEKTION, STRUKTURAUFLÖSUNG, KALKULATION und VORMERKUNG wurden Protokolle erzeugt. Diese sollten sorgfältig überprüft werden, bevor Sie einen Lauf freigeben. Der Schritt der Kalkulation selbst wurde »nur« mit gelber Ampel beendet. Dies liegt daran, dass für einzelne Bausteine des Produkts S1000 keine Arbeitspläne gefunden wurden. Das soll uns an dieser Stelle nicht stören, in der Praxis müssten wir hier allerdings nachforschen, warum kein Preis ermittelt werden konnte.

Analyse

Unterhalb der Ablaufübersicht (siehe Abbildung 6.26) sehen wir die drei Buttons KALKULATIONSSTUFEN, MATERIALÜBERSICHT und ANALYSEN.

Material	Materialkurztext	Werk	Sta.	Kalk.Wert	Losgröße	BME
M1000	Lederbahn Boxcalf	M001	KA	206,00	1,00	M2
M1050	Sohlenlederplatte	M001	KA	51,50	1,00	M2
S1000	Oxford, Boxcalf	M001	KA	1.901,78	1	PAA
S1010	Bootleg - left	M001	KA	457,71	1	ST
S1011	Aussenschaft vorne, links	M001	KA	127,31	1	ST
S1012	Aussenschaft hinten, links	M001	KA	53,05	1	ST
S1013	Lasche, links	M001	KA	53,05	1	ST
S1014	Innenschaft (komplett), links	M001	KA	127,31	1	ST

Abbildung 6.26 Analyse der Kalkulationsergebnisse

Über diese drei Optionen können Sie das Ergebnis Ihrer Kalkulation überprüfen. In Abbildung 6.26 wird die Analysesicht gezeigt. Dort finden Sie den Preis unseres kalkulierten Produkts sowie aller Einsatzteile. Sie entdecken hier wieder den Preis in Höhe von 1.901,78 EUR, den Sie schon in Abbildung 6.23 als zukünftigen Preis im Materialstamm gesehen haben. Wenn die Analyse mit positivem Ergebnis beendet ist, können wir die Kalkulation vormerken.

Vormerkung und Freigabe

Um die Kalkulation vorzumerken, müssen wir diese Funktion für die aktuelle Periode erlauben. Dies geschieht buchungskreisspezifisch.

Vormerkung

Um zur Ansicht PREISFORTSCHREIBUNG: ORGANISATORISCHE MASSNAHME zu gelangen, müssen Sie in der Ablaufübersicht des Kalkulationslaufs auf das Schloss in der Zeile VORMERKUNG (Spalte ERLAUBNIS) klicken (siehe Abbildung 6.27).

Mit dem Vormerken der Kalkulation werden die kalkulierten Preise in den Materialstämmen der betroffenen Erzeugnisse als zukünftige Planpreise fortgeschrieben. Wenn wir als letzten Schritt die Freigabe der Kalkulation starten, wird der bisherige Planpreis dann zum laufenden Preis im Materialstamm. Hierfür muss in der Kalkulationsart festgelegt sein, dass der Standardpreis fortgeschrieben wird.

Freigabe

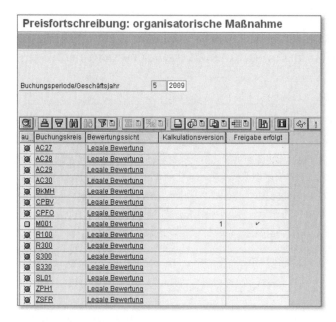

Abbildung 6.27 Erlauben der Preisfortschreibung

Da mit dem Fortschreiben der Standardpreise eine Umbewertung der vorhandenen Materialbestände erfolgt, muss zu diesem Zeitpunkt auch der MM-Periodenverschieber (siehe Abschnitt 7.5.1, »Periodenverschiebung für den Materialstamm«) auf die aktuelle Periode stattgefunden haben.

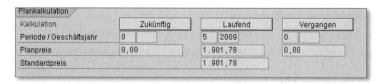

Abbildung 6.28 Laufender Preis nach Kalkulationsfreigabe

[!] **Freigabe einer Kalkulation**

Es sollte dringend darauf geachtet werden, dass eine Kalkulation erst dann freigegeben wird, wenn sie intensiv überprüft und für korrekt befunden wurde. Solange die Kalkulation nur vorgemerkt ist, können wir sie noch problemlos ändern oder auch komplett verwerfen. Dies ist nach Freigabe der Kalkulation nicht mehr möglich. Es gibt zwar eine Löschfunktion, diese sollte aber nur in Einzelfällen eingesetzt werden. Das SAP-System erlaubt die Freigabe einer Kalkulation nur einmal pro Periode.

Einzelkalkulation

Wie wir gesehen haben, ist der Kalkulationslauf ein einfaches Werkzeug, um die aktuellen Materialpreise zu ermitteln. Wenn wir nur ein einzelnes Erzeugnis kalkulieren wollen, können wir alternativ zum Kalkulationslauf auch eine Einzelkalkulation anlegen.

In unserem Beispiel würden wir hierfür die Transaktion CK11N nutzen. Diese finden Sie im Anwendungsmenü unter RECHNUNGSWESEN • CONTROLLING • PRODUKTKOSTEN-CONTROLLING • PRODUKTKOSTENPLANUNG • MATERIALKALKULATION • KALKULATION MIT MENGENGERÜST • ANLEGEN. Um den Preis aus dieser Kalkulation fortzuschreiben, müssen wir anschließend in die Transaktion CK24 (Preisfortschreibung) wechseln, um diese nochmals explizit anzustoßen.

Neben der sehr konkreten Materialkalkulation mit Mengengerüst möchten wir auch die *Simulations- und Musterkalkulation* etwas detaillierter betrachten.

6.3.3 Simulations- und Musterkalkulation

Einstiegspunkte für die Simulations- und Musterkalkulation im Anwendungsmenü sind zum einen das Modul CO und zum anderen das Modul PP. Im Bereich des Controllings erreichen Sie diese im Anwendungsmenü über RECHNUNGSWESEN • CONTROLLING • PRODUKTKOSTEN-CONTROLLING • PRODUKTKOSTENPLANUNG • SIMULATIONS- UND MUSTERKALKULATION • MUSTERKALKULATION ANLEGEN oder direkt über die Transaktion KKE1.

Simulations- und Musterkalkulation

> **Begrifflichkeit** [+]
>
> Obwohl im SAP-System immer der Ausdruck *Simulations- und Musterkalkulation* verwendet wird, hat sich doch in Literatur und Sprachgebrauch die Reduzierung auf den Begriff *Musterkalkulation* durchgesetzt. Wir werden daher nachfolgend auch nur noch von Musterkalkulation sprechen.

Für die Kalkulation eines Produkts ohne Stammdaten muss zunächst eine Musterkalkulation angelegt werden (siehe Abbildung 6.29). Dabei werden die wesentlichen Daten des zu kalkulierenden Produkts abgefragt. Neben Buchungskreis und Werk werden auch ein Profit-Center und das einzusetzende Kalkulationsschema abgefragt, das bereits in Abschnitt 6.2.3, »Grundeinstellungen der Produktkostenrechnung«, detailliert erörtert wurde.

Abbildung 6.29 Anlegen einer Musterkalkulation

Für die Steuerung der Kalkulation muss auch eine Kalkulationsvariante angegeben werden.

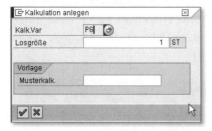

Abbildung 6.30 Auswahl der Kalkulationsvariante

Kalkulationsvariante

Haben wir eine Musterkalkulation wie in Abbildung 6.29 und Abbildung 6.30 angelegt, erzeugt das System automatisch einen Stammsatz für die Kalkulation. In diesem werden Zuordnungen, Mengeneinheiten und Texte zu dieser Musterkalkulation hinterlegt. Anhand der in der Kalkulation hinterlegten Kalkulationsvariante ermittelt das System das Kalkulationsergebnis. Insbesondere wird über die Kalkulationsvariante festgelegt, wie die einzelnen Kalkulationspositionen zu bewerten sind, die im Rahmen der Kalkulation manuell eingegeben werden.

Die Lederwaren-Manufaktur Mannheim verwendet für Musterkalkulationen die Kalkulationsvariante PG.

Bei der Musterkalkulation müssen die Bestandteile des zu kalkulierenden Produkts und damit die einzelnen Kalkulationspositionen im sogenannten *Listbild*, ähnlich einer Tabellenkalkulation, eingetragen werden. Hier können Sie zwischen drei unterschiedlichen, individuell einstellbaren Sichten wählen:

Listbild

- Sicht/Listbild-1: Ressourcen
- Sicht/Listbild-2: Texte, variable Positionen, Summen
- Sicht/Listbild-3: Einfache Formeln

Zu unterscheiden sind die Listbilder lediglich in ihrem Layout und damit in ihrer Logik der Dateneingabe. In Listbild-1 erfolgt die Erstellung der Kalkulation auf der Basis des Materials (Ressource), in Listbild-2 auf der Basis beschreibender Texte, soweit keine Materialnummern bekannt sind. In Listbild-3 wird die Kalkulation mithilfe von Formeln bestimmt bzw. beschrieben.

Wir fahren mit Listbild-1 fort. Daraus ergibt sich eine Kalkulation, die Abbildung 6.31 zeigt.

P	Posit	T	Ressource	Werk	Ein	Menge	M	L	Wert-Gesamt	Beschreibung	Preis-Gesamt	Preis	Kostenart	Her	Preis-Fix	Wert-Fix
M	1	M	T1010	M001		2	ST		1.200,00	Seitenteil	600,00	1	400000			0,00
M	2	M	T1020	M001		2	ST		300,00	Futter	150,00	1	400000			0,00
M	3	M	T1030	M001		1	ST		220,00	Trageriemen	220,00	1	400000			0,00
M	4	M	T1040	M001		1	ST		275,00	Taschenklappe	275,00	1	400000			0,00
M	5	M	T1050	M001		2	ST		780,00	Henkel	390,00	1	400000			0,00
M	6	M	T1060	M001		1	ST		300,00	Kopfteil	300,00	1	400000			0,00
M	7	M	T1070	M001		1	ST		200,00	Boden	200,00	1	400000			0,00
E	8	E	P2000	LWM-HT		2	H		200,00	Fertigungszeit (manuelle	100,00	1	619000		100,00	200,00
E	9	E	P2000	LWM-RT		0,750	H		75,00	Rüstzeit Tasche	100,00	1	613000		100,00	75,00
M	10	M	T1094	M001		10	M		10,00	Garn (Tasche)	1,00	1	403000			0,00
M	11	M	S1093	M001		3	ST		45,00	Karabiner	15,00	1	403000			0,00
	12								0,00							0,00
	13								0,00							0,00
	14								0,00							0,00

Eintrag 1 von 23   EUR 3.605,00

Abbildung 6.31 Listbild-1 der Musterkalkulation

Positionstyp Jede Position im Listbild muss mit einem *Positionstyp* (M = Material, E = Eigenfertigung etc.) versorgt werden. Er dient als Vorgabe, welche Daten für die Kalkulation eingegeben bzw. vom System gelesen werden und wie die Kostenermittlung der Position erfolgt. In Abbildung 6.32 sehen Sie ein Beispiel für die Detailansicht einer Position.

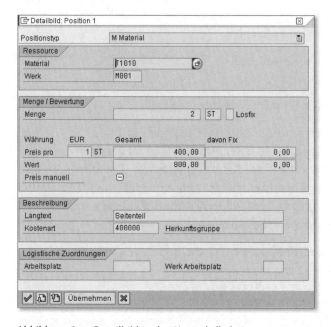

Abbildung 6.32 Detailbild in der Musterkalkulation

Kopfbild der Musterkalkulation Für die gesamte Kalkulation lassen sich Texte und weitere Informationen und insbesondere das Preisdatum hinterlegen. Diese Informationen werden zunächst automatisch beim Anlegen der Musterkalkulation erstellt, können bei Bedarf aber auch angepasst werden. Einsehen und ändern können Sie diese Informationen im Kopfbild (siehe Abbildung 6.33).

Zwischenspeichern und endgültiges Speichern Um die Musterkalkulation abschließen zu können, müssen die eingegebenen Daten zunächst zwischengespeichert und im Anschluss endgültig gesichert werden. Dies bedeutet, dass beim ersten Sichern im Listbild lediglich eine Zwischenspeicherung erfolgt. Das endgültige Speichern der Kalkulation erfolgt anschließend im Kopfbild. Wir gelangen nach dem Zwischenspeichern automatisch zum Kopfbild zurück.

Produktkostenplanung | 6.3

Abbildung 6.33 Kopfbild in der Musterkalkulation

Kalkulation auflösen [+]

Ähnlich der Baukästen bzw. der Baukastenstücklisten können in eine Musterkalkulation selbst wiederum Kalkulationen eingefügt werden. Damit ergibt sich ein hierarchisch aufgebautes Kalkulationsmodell.

Um nun die in einer Kalkulation enthaltenen weiteren Kalkulationen in ihren Bestandteilen zeigen zu können, können wir letztere (die enthaltenen weiteren Positionen) auflösen. Damit wird auf die Kalkulationspositionen der integrierten Kalkulation zugegriffen, um diese positionsweise darzustellen.

Sie sehen in Abbildung 6.34 eine vollständig durchgeführte Musterkalkulation. Dabei fällt auf, dass in der Musterkalkulation das Kennzeichen FREIGEGEBEN angeboten wird ❶. Dieser Status hat aber keine Bedeutung für das System. Es handelt sich dabei also um ein Feld, das wir für eigene Zwecke nutzen können, z. B. um für uns zu vermerken, dass eine Musterkalkulation ihren endgültigen Stand erreicht hat.

Da es grundsätzlich nicht ausgeschlossen ist, dass sich Stammdaten seit der letzten Musterkalkulation geändert haben, kann mit der Transaktion KKEB eine *Neubewertung* der Musterkalkulation vorgenommen werden. Dies betrifft nicht nur einstufige Kalkulationen, sondern funktioniert auch bei mehrstufigen ineinandergeschachtelten Kalkulationen. Wenn die Neubewertung für eine große Anzahl

Neubewertung der Musterkalkulation

von Kalkulationen durchgeführt werden soll, sollte sie im Hintergrund ausgeführt werden. Auf diese Weise können lange Laufzeiten vermieden werden. Nach Abschluss des Neubewertungslaufs müssen die Änderungen nur noch gesichert werden.

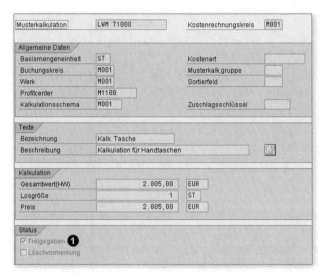

Abbildung 6.34 Abgeschlossene Musterkalkulation

Fortschreibung im Materialstamm nicht möglich

Wie auch bei der Ad-hoc-Kalkulation kann der ermittelte Preis aus der Musterkalkulation nicht in einem Materialstamm fortgeschrieben werden, da es sich dabei lediglich um die Simulation einer Kalkulation handelt. Es ist allerdings möglich, sobald Materialstammdaten vorhanden sind, die gespeicherte Musterkalkulation als Vorlage für eine Materialkalkulation ohne Mengengerüst zu verwenden.

Sie haben nun zwei Beispiele für die Planung von Produktkosten detailliert kennengelernt. Die sehr vage Musterkalkulation, die wir für »Was wäre, wenn?«-Szenarien einsetzen können, und die eng mit der Produktion verzahnte Kalkulation mit Mengengerüst, die auf Stammdaten der Produktion zurückgreift.

6.4 Kostenträgerrechnung

Die Kostenträgerrechnung (Modul CO-PC-OBJ) ist Voraussetzung, um Kosten den unterschiedlichen Produkten, Produktgruppen oder Kundenaufträgen zuzuordnen. Sie ermöglicht ein aktuelles und kontinuierliches Produktcontrolling. Durch die Gegenüberstellung der geplanten Kosten aus der Produktkostenplanung und den tatsächlich angefallenen Kosten ist eine Abweichungsanalyse möglich, die letztlich auch die Transparenz der Herstellkosten erhöht. Es gibt unterschiedliche Formen der Kostenträgerrechnung – je nach Fertigungstyp und Zielsetzung. Die wichtigsten Ausprägungen wollen wir nachfolgend analysieren. Wir werden Nutzen und Grenzen der einzelnen Ausprägungen kennenlernen und den jeweils möglichen Wertefluss betrachten. Da an dieser Stelle der Periodenabschluss im Controlling ein wichtiges Element ist, werden wir auch die hierbei anfallenden Schritte näher untersuchen.

Machen Sie sich jedoch zunächst einmal mit den Begriffen der Kostenträgerrechnung in SAP bekannt.

6.4.1 Funktionen der Kostenträgerrechnung in SAP ERP

Wir haben im letzten Abschnitt gelernt, dass die Produktkostenplanung auftragsneutral ist. Das heißt, sie plant die Produktionskosten unabhängig von einzelnen Fertigungsaufträgen. Damit können wir nur mit Planpreisen, -mengen und -zeiten arbeiten.

| **Auftragsneutrale Produktkostenplanung** | [zB] |

So gehen wir z. B. bei unserer Tasche Kelly Bag 1 davon aus, dass wir immer 500 Stück produzieren. Im operativen Geschäft kann es natürlich zu Abweichungen kommen. Etwa weil wir auf dem Markt aktuell mehr absetzen könnten und freie Fertigungskapazitäten nutzen, um nochmals außerplanmäßig 300 Stück zu produzieren.

Da in unseren Herstellkosten auch Fixkostenanteile enthalten sind, bedeutet eine kleinere Losgröße automatisch höhere Fertigungskosten pro Stück, da jedes Produkt prozentual mit einem höheren Fixkostenanteil belastet wird. Aufgabe der Kostenträgerrechnung ist es, die Sollkosten des Fertigungsauftrags zu berechnen, also die Plankosten auf die Ist-Fertigungsmenge umzurechnen. Im Falle einer Abweichung unterstützt Sie die Kostenträgerrechnung auch bei der Analyse.

Sollkosten berechnen

Controllingarten

Es ist aber nicht immer möglich und sinnvoll, einzelne Fertigungsaufträge zu analysieren, wie beispielsweise die Ledergürtel zeigen, die

die Lederwaren-Manufaktur Mannheim in Massen produziert. Im SAP-System werden daher drei verschiedene Controllingarten unterschieden:

- periodische Kostenträgerrechnung/periodisches Produktcontrolling
- auftragsbezogene Kostenträgerrechnung/auftragsbezogenes Produktcontrolling
- Kundenauftragscontrolling

Der Einsatz der einzelnen Ausprägungen ist abhängig von der Organisation unserer Fertigung. Bei einer Einzelfertigung ist die auftragsbezogene Kostenträgerrechnung sinnvoll, während bei der Fertigung von Massenware das periodische Produktcontrolling opportun ist.

Periodische Kostenträgerrechnung

Die Grundlage des *periodischen Produktcontrollings* ist eine längerfristige Betrachtung der Be- und Entlastungen von Kostenträgern. In der Regel betrachten wir die im Laufe einer Periode entstehenden Kosten. Im Fokus steht also nicht der einzelne Produktionsauftrag, sondern die Entwicklung über eine Periode hinweg. Um dies zu bewerkstelligen, verwenden wir als Kostenträger sogenannte *Produktkostensammler*, auf die wir später noch detaillierter eingehen. Für ein periodisches Produktcontrolling sollten wir uns immer dann entscheiden, wenn unser Produkt über einen langen Zeitraum unverändert produziert wird.

Bei der Lederwaren-Manufaktur Mannheim trifft dies auf die Produktion unserer Gürtel zu. Hier haben wir ein kleines und über Jahre stabiles Produktportfolio. Es ist interessant, zu analysieren, wie sich die Fertigungskosten über die Jahre hinweg entwickeln.

Auftragsbezogene Kostenträgerrechnung

Ziel der *auftragsbezogenen Kostenträgerrechnung* ist dagegen die Analyse der Kosten für einen spezifischen Produktionsauftrag. Es steht nicht der zeitliche Aspekt im Vordergrund, sondern die Analyse einzelner Produktionslose. Bei dieser Form des Produktcontrollings verwenden wir den Produktionsauftrag als Kostenträger.

Kundenauftragscontrolling

Mit dem *Kundenauftragscontrolling* verlassen wir schließlich den Bereich des reinen Kostencontrollings. Indem wir die Positionen eines Verkaufsbelegs zu unserem Kostenträger machen, können wir nun auch die damit erzielten Erlöse gemeinsam mit den entstandenen Produktionskosten betrachten.

> **Detailliertere Informationen zu den Controllingarten** [+]
>
> Im Anschluss an die Darstellung der grundlegenden Funktionen in der Kostenträgerrechnung und in der Erläuterung des Periodenabschlusses widmen wir uns diesen drei wichtigen Controllingarten genauer.
>
> Informationen zum periodenbezogenen Produktcontrolling finden Sie in Abschnitt 6.4.3, das auftragsbezogene Produktcontrolling wird in Abschnitt 6.4.4 erläutert, und Näheres zum Kundenauftragscontrolling können Sie in Abschnitt 6.4.5 nachlesen.

Kostenträger

Sie sehen also, dass es in SAP unterschiedliche *Kostenträger* gibt. Es stehen folgende zur Verfügung:

- **Produktionsaufträge**
  Bei den Produktionsaufträgen gibt es zwei bekannte Ausprägungen:
  - Fertigungsauftrag
  - Prozessauftrag

  Ob ein Produktionsauftrag ein Kostenträger ist, legen wir in der Auftragsart fest. Wenn Sie kein PP oder PP/PI im Einsatz haben, können Sie auch sogenannte *Fertigungsaufträge* in CO verwenden. Dabei handelt es sich um Fertigungsaufträge ohne Mengengerüst, mit denen die Fertigung aus Sicht des Controllings abgebildet wird.

- **Verkaufsbelegpositionen**
  Auch die Positionen von Verkaufsbelegen können als Kostenträger dienen. Obwohl dies auch die Positionen von Anfragen und Angeboten einschließt, sprechen wir hier doch meist vom sogenannten *Kundenauftragscontrolling*. Das heißt, die Positionen eines Kundenauftrags werden zu Kostenträgern.

- **Produktkostensammler**
  Produktkostensammler setzen wir im periodischen Produktcontrolling ein, um die Istkosten der Periode zu sammeln. Wir können den Produktkostensammler bei anonymer Fertigung auf Lager und bei Massenfertigung in Kombination mit bewertetem Kundenauftragsbestand einsetzen. Angelegt werden Produktkostensammler mit Bezug zu einem Material, einem Fertigungsprozess oder nur zum Werk.

- **Kostenträgerknoten/Kostenträgerhierarchie**
  Die Kostenträgerhierarchie und ihre Knoten können wie ein Produktkostensammler eingesetzt werden.

- **Kostenträger allgemein**
  Diese Art des Kostenträgers wird für die Analyse von immateriellen Produkten und Dienstleistungen verwendet. Die hierauf gesammelten Kosten können später entweder auf eine Kostenstelle oder nach CO-PA abgerechnet werden.

- **Klassische Kontierungsobjekte**
  Darüber hinaus können auch klassische Kontierungsobjekte wie Projekte und PSP-Elemente, Netzpläne und Innenaufträge als Kostenträger dienen.

Im SAP-System steht also eine Vielzahl von Objekten zur Auswahl. Es gilt nun, individuell zu entscheiden, welche Kostenträger im Unternehmen eingesetzt werden sollen.

> **Auswirkungen der Fertigungstypologien auf die Kostenträgerrechnung der Lederwaren-Manufaktur Mannheim**
>
> Die *Schuhe* der Lederwaren-Manufaktur Mannheim werden in Einzelfertigung nach Kundenwunsch produziert. Da der gesamte Produktionsprozess für ein Paar Schuhe immer in Bezug auf einen Kundenauftrag startet, ist hier ein Kundenauftragscontrolling opportun.
>
> Die *Handtaschen* werden sowohl unter eigenem Label als auch als Auftragsfertigung für Kunden produziert. Bei der Produktion sind die Kosten und Abweichungen für das Produktionslos relevant. Entsprechend wird hierfür das auftragsbezogene Produktcontrolling eingesetzt.
>
> Die *Gürtel* werden in Lagerfertigung produziert, über einen langen Zeitraum unverändert und in hohen Stückzahlen. Die Analyse der Kosten für einzelne Fertigungsaufträge ist nicht steuerungsrelevant. Vielmehr interessiert, welche Kosten bzw. Abweichungen in einer Periode angefallen sind. Die Produktion der Gürtel erfordert daher ein periodisches Produktcontrolling.

Kostenkalkulation im Fertigungsprozess

Die Grundlage der Kostenträgerrechnung ist die Kalkulation der Kosten zu unterschiedlichen Zeitpunkten. Es wird unterschieden zwischen folgenden Arten:

- Vorkalkulationen
- mitlaufenden Kalkulationen
- Periodenabschluss

Im zeitlichen Verlauf der Produktion ergibt sich das in Abbildung 6.35 dargestellte Bild.

	Keine Produktion	Laufende Fertigung	Periodenende
Produktkalkulation	Produktkostenplanung		
Kostenträgerrechnung		Vorkalkulation	
		Mitlaufende Kalkulation – Warenentnahmen – Vorgangsrückmeldung	Nachkalkulation/Abschluss – Ware in Arbeit – Bezuschlagung – Nachkalkulation – Abrechnung

Abbildung 6.35 Zeitlicher Ablauf Produktkostenrechnung

Vorkalkulation

Die Vorkalkulation findet in der Regel zum Zeitpunkt der Anlage eines Kostenträgers statt. Es werden die Plankosten bezogen auf die Planmengen ermittelt. Diese werden zur Ermittlung für spätere Produktionsabweichungen herangezogen. Es ist aber auch denkbar, Vorkalkulationen für verschiedene Fertigungsversionen eines Produkts bei der Produktionsentscheidung heranzuziehen. Im Kundenauftragscontrolling wird die Kalkulation in der Regel beim Abspeichern des Kundenauftrags ausgeführt. Die Plankalkulation auf einem Kostenträger kann neu gestartet werden, wenn sich Parameter, wie z. B. die Stückliste des Erzeugnisses, ändern.

Zeitpunkt der Anlage

Mitlaufende Kalkulation

Im Rahmen der mitlaufenden Kalkulation können Sie schon vor Abschluss eines Fertigungsprozesses (bei periodischem Produktcontrolling innerhalb der Periode) die bis dato entstandenen Kosten analysieren. Folgende Vorgänge können Kosten auf den Kostenträgern verursachen:

Vor Abschluss der Fertigung

- Warenentnahmen von Einsatzmaterialien
- Belastung des Kostenträgers durch Buchungen in der Finanzbuchhaltung (z. B. Eingangsrechnung)
- Rückmeldung von Zeiten
- innerbetriebliche Leistungsverrechnungen und Umbuchungen

Den Kosten stehen unter Umständen schon Entlastungen des Kostenträgers gegenüber. Die Entlastung erfolgt in der Regel durch die

Abgabe von Erzeugnissen an das Lager. Bei S-Preis-geführten Materialien wird das Erzeugnis mit dem Standardpreis bewertet. Eventuelle Abweichungen, die sich durch die Fertigung ergeben, werden in der Regel später im Rahmen des Periodenabschlusses verbucht.

Die mitlaufende Kalkulation ist damit das Ergebnis der Erfassung von Istkosten und Entlastungen auf den Kostenträgern.

Aus Sicht des SCOR-Modells fallen die Entnahme der RHB-Stoffe, die eigentliche Fertigung sowie die Einlagerung unter die mitlaufende Kalkulation.

[+] **Periodenabschluss**

Der Periodenabschluss ist neben der Vorkalkulation und der mitlaufenden Kalkulation die dritte, zuletzt stattfindende Kalkulation innerhalb des Fertigungsprozesses. Da dieser Schritt der umfangreichste und wichtigste ist, widmen wir seiner Darstellung einen eigenen, umfangreichen Abschnitt.

6.4.2 Periodenabschluss

Der Periodenabschluss umfasst mehrere Teilschritte. Zunächst werden die Kostenträger durch Zuschläge mit Kosten belastet. Im Anschluss daran findet die Nachkalkulation statt, im Zuge derer die Ware in Arbeit sowie die Abweichungen ermittelt werden. Als letzter Schritt erfolgt die Abrechnung der Kostenträger auf andere Kostenobjekte oder in die Ergebnisrechnung.

Bezuschlagung

Für die Berechnung und Verbuchung der *Zuschläge* wird das Customizing des Kalkulationsschemas herangezogen, das bereits in Abschnitt 6.2.3, »Grundeinstellungen der Produktkostenrechnung«, beschrieben wurde. Für die Durchführung der Bezuschlagung stehen in Abhängigkeit vom Kostenträger verschiedene Transaktionen zur Verfügung, die sich aber im Wesentlichen alle gleichen. Wir verwenden zur Verdeutlichung hier die Transaktion KI12 für die Einzelverarbeitung von Produktionsaufträgen.

Gemeinkostenrechnung
Das System stellt detailliert die Bezuschlagung dar. Sie finden in Abbildung 6.36 die Berechnungslogik aus dem Kalkulationsschema von Abbildung 6.15 wieder. Auch die daraus resultierenden Buchungen in der Gemeinkostenrechnung werden gezeigt (siehe Abbildung 6.37).

AUF 651994 5/2009 anzeigen: Position - Konditionen

Position 1
Menge 0,000 Netto 1.148.763,65 EUR
Steuer 0,00

Preiselemente

I...	KArt	Bezeichnung	Betrag	Währg	pro	ME	Konditionswert	Währg	Status	KUmZä
	B000	Material					1.004.778,84	EUR		0
	C000	Materialgemeinkosten	3,000	%			30.143,37	EUR		0
		Materialeinsatz.....	0,00	EUR	1		1.034.922,21	EUR		0
	B001	Löhne					0,00	EUR		0
	B002	Gehälter					0,00	EUR		0
	C001	GK-Fertigung	5,000	%			0,00	EUR		0
		Lohnkosten.........	0,00	EUR	1		0,00	EUR		0
		Fertigungskosten....	0,00	EUR	1		1.034.922,21	EUR		0
	C002	GK-Verwaltung	7,000	%			72.444,55	EUR		0
	C003	GK-Vertrieb	4,000	%			41.396,89	EUR		0
		Selbstkosten.......	0,00	EUR	1		1.148.763,65	EUR		0

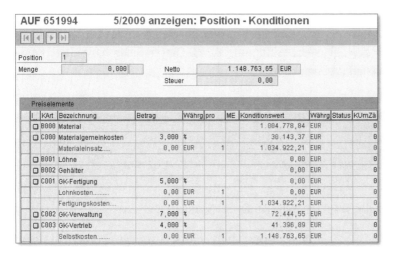

Abbildung 6.36 Bezuschlagung eines Fertigungsauftrags

Ist-Zuschlagsberechnung: Auftrag Belastungen

Belastungen

Sender	Empfänger	Kostenart	Wert/KWähr
KST P9000	AUF 651994	655101	30.143,37
KST P9000		655300	72.444,55
KST P9000		655400	41.396,89
			▪ 143.984,81

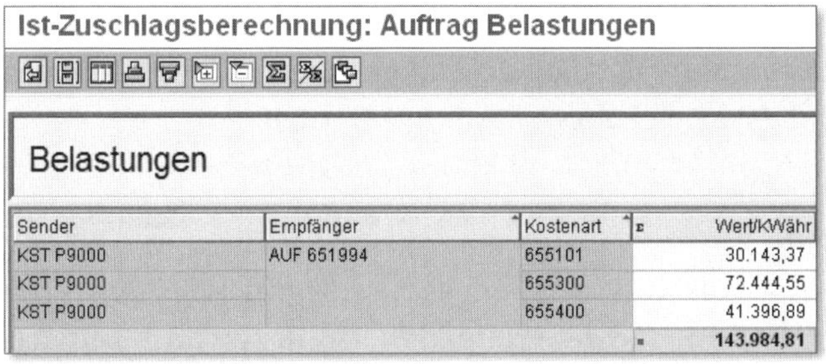

Abbildung 6.37 Information zur Verbuchung von Zuschlägen

Der Echtlauf der Zuschlagsberechnung erzeugt unmittelbar einen Beleg in der Kostenrechnung. Mit diesem Beleg verrechnet sich die in der Entlastung hinterlegte Kostenstelle in Höhe der Gemeinkostenzuschläge gegen den Fertigungsauftrag (siehe Abbildung 6.38). Aus den Festlegungen zur Entlastung in Abbildung 6.18 ergibt sich die Kostenstelle P9000 für die erste Zeile aus Abbildung 6.37

Kostenrechnung

Belegnr Belegdatum Belegkopftext RT RefBelegnr Benutzer sto StB

700000005 29.05.2009 AHOELZLW

BuZ	OAr	Objekt	Objektbezeichnung	Kostenart	Kostenartenbezeichn.	Wert/KWähr
1	AUF	651994	Kelly Bag 1	655101	GMKZ Rohmaterial	30.143,37
2	KST	P9000	ProduktionsGK	655101	GMKZ Rohmaterial	30.143,37-
3	AUF	651994	Kelly Bag 1	655300	GMKZ Verwaltung	72.444,55
4	KST	P9000	ProduktionsGK	655300	GMKZ Verwaltung	72.444,55-
5	AUF	651994	Kelly Bag 1	655400	GMKZ Vertrieb	41.396,89
6	KST	P9000	ProduktionsGK	655400	GMKZ Vertrieb	41.396,89-

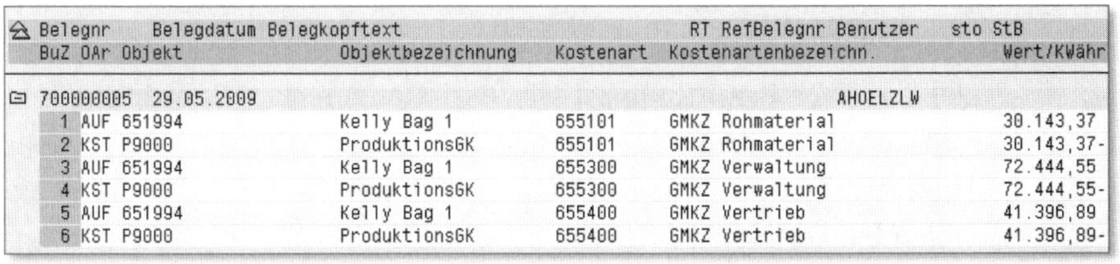

Abbildung 6.38 Kostenrechnungsbeleg der Ist-Zuschlagsberechnung

Finanzbuchhaltung Da bei der Lederwaren-Manufaktur Mannheim die Echtzeitintegration aktiviert ist, wird auch direkt ein Beleg in der Finanzbuchhaltung erzeugt (siehe Abbildung 6.39). Dieser Beleg hat jedoch keine bilanzielle Auswirkung.

Bu...	Pos	LPos	BS	S	Konto	Bezeichnung	Betrag	Währg	St	Profitcenter	Segment
M001	1	000001	50		810500	EZI Int. Erl.BUKRSin	30.143,37–	EUR		M9999	MANF
	2	000002	50		810500	EZI Int. Erl.BUKRSin	72.444,55–	EUR		M9999	MANF
	3	000003	50		810500	EZI Int. Erl.BUKRSin	41.396,89–	EUR		M9999	MANF
	4	000004	40		850500	EZI Int. AufwBUKRSin	30.143,37	EUR		M1100	M_BAGS
	5	000005	40		850500	EZI Int. AufwBUKRSin	72.444,55	EUR		M1100	M_BAGS
	6	000006	40		850500	EZI Int. AufwBUKRSin	41.396,89	EUR		M1100	M_BAGS

Abbildung 6.39 Buchhaltungsbeleg der Ist-Zuschlagsberechnung

Die Bezuschlagung ist damit abgeschlossen, und wir können uns dem nächsten Schritt im Abschlussprozess zuwenden.

Nachkalkulation

Auf die Bezuschlagung folgt die Nachkalkulation, bei der die Ware in Arbeit sowie die Abweichungen bestimmt werden.

Ware in Arbeit

Kosten ohne Produkt *Ware in Arbeit* – kurz WIP, vom englischen Begriff *Work In Process* abgeleitet – stellt Kosten in der Produktion dar, denen noch kein fertiges Erzeugnis (Halb- oder Fertigerzeugnis) gegenübersteht. Es wird also der Wert der unfertigen Erzeugnisse ermittelt.

Erzeugnisse ohne Verbuchung Im auftragsbezogenen Produktcontrolling kann auch die exakt entgegengesetzte Situation auftreten: Es wurde bereits ein Halb- oder Fertigerzeugnis aus der Produktion an das Lager geliefert, jedoch wurden nicht alle zugehörigen Warenentnahmen und Rückmeldungen verbucht. In diesem Fall werden Rückstellungen für noch zu erwartende Fertigungskosten gebildet. Auch das ist Bestandteil der WIP-Ermittlung in SAP. Wir werden im weiteren Verlauf beides unter dem Begriff WIP zusammenfassen.

Ziel der WIP-Ermittlung ist die periodengerechte Zuordnung von Erlösen und Kosten im Rahmen des Periodenabschlusses (siehe Abschnitt 7.10, »Manuelle Buchungen«). Eine WIP-Ermittlung ist auf folgenden Objekten möglich:

- Produktkostensammler, aber nur zu Sollkosten
- Produktionsauftrag, in der Regel zu Istkosten
- Kundenauftragsfertigung mit bewertetem Kundenauftragsbestand

Bei der WIP-Ermittlung zu *Istkosten* errechnet sich WIP pro Produktionsauftrag aus der Differenz zwischen den angefallenen und den abgerechneten Istkosten, d. h. einerseits aus den Belastungen für Materialentnahmen, innerbetriebliche Leistungsverrechnungen, Fremdleistungen und Gemeinkosten und andererseits aus den Entlastungen aus Lagerablieferungen.

Bewertung zu Soll-/Istkosten

Die Ermittlung zu *Sollkosten* bewertet alle auf Produktionsaufträge oder bei Serienfertigung auf Fertigungsversionen zurückgemeldeten Verbräuche und Vorgänge zu Sollkosten. Es wird also keine Beziehung zu den Istwerten hergestellt.

Wurde der Fertigungsauftrag vollständig geliefert oder technisch abgeschlossen, wird der WIP-Bestand bei der nächsten WIP-Ermittlung automatisch aufgelöst. Zur Illustration sehen Sie in Tabelle 6.1 ein Zahlenbeispiel.

	Periode 1	Periode 2	Periode 3
Materialentnahmen	1.000,00 EUR	2.500,00 EUR	500,00 EUR
Material GK (3 %)	30,00 EUR	75,00 EUR	15,00 EUR
Rückmeldung Maschinenstunden	400,00 EUR	500,00 EUR	100,00 EUR
Fertigungslöhne	300,00 EUR	600,00 EUR	200,00 EUR
Rüstzeiten	100,00 EUR	100,00 EUR	–
Fertigung GK (5 %)	40,00 EUR	60,00 EUR	15,00 EUR
Aufgelaufene Kosten	*1.870,00 EUR*	*3.835,00 EUR*	*830,00 EUR*
Wareneingänge	–	2.500,00 EUR	5.000,00 EUR
WIP zum Periodenende	1.870,00 EUR	1.335,00 EUR	–
Aktueller WIP	–	1.870,00 EUR	1.335,00 EUR
Notwendige Anpassung WIP	*+1.870,00 EUR*	*–535,00 EUR*	*1.335,00 EUR*

Tabelle 6.1 WIP-Zahlenbeispiel

6 | Produktionsprozess

Beispiel »Handtaschenproduktion über drei Perioden«

Sie sehen hier den kostenrechnerischen Verlauf eines Fertigungsauftrags aus der Taschenproduktion über drei Perioden hinweg. In der ersten Periode haben wir Material aus dem Lager entnommen und bereits Rüst-, Maschinen- und Fertigungszeiten auf den Auftrag zurückgemeldet. Es wurden aber noch keine fertigen Taschen an das Lager abgegeben. Zum Periodenende haben Materialentnahmen und Rückmeldungen den Fertigungsauftrag bereits mit 1.800,00 EUR belastet. Als ersten Schritt im Periodenabschluss haben wir auf diese Einzelkosten auch noch Gemeinkosten (GK) berechnet. Damit sind auf dem Auftrag in Summe 1.870,00 EUR Kosten aufgelaufen. Diesen Kosten steht keine Entlastung durch einen Wareneingang von Taschen gegenüber. Wir müssen daher einen WIP in Höhe von 1.870,00 EUR bilden.

In der zweiten Periode sind weitere Kosten angefallen, sodass der Auftrag nach Bezuschlagung mit Gemeinkosten am Periodenende Kosten von 3.835,00 EUR trägt. Diesen steht nun bereits eine Teilablieferung von Taschen an das Lager gegenüber. Durch diese Teillieferung wurde der Auftrag um 2.500,00 EUR entlastet, sodass nur noch 1.335,00 EUR Kosten verbleiben. Den in Periode 1 gebuchten WIP von 1.870,00 EUR müssen wir daher um 535,00 EUR reduzieren. Wir weisen also zum Ende der Periode 2 einen WIP von 1.335,00 EUR aus. Technisch gesehen hat der Produktionsauftrag bisher den Status FREI (freigegeben).

In der dritten Periode fallen noch weitere Kosten in Höhe von 830,00 EUR (inklusive Bezuschlagung) an. Im Laufe der Periode wurde der Fertigungsauftrag abgeschlossen, d.h., er trägt nun den Status GLFT (endgeliefert) oder TABG (technisch abgeschlossen). Es erfolgte ein Lieferung an das Lager im Wert von 5.000,00 EUR. Den bestehenden WIP von 1.335,00 EUR müssen wir nun vollständig auflösen.

Abgrenzungsschlüssel

Ob Ware in Arbeit berechnet wird, steuert der Kostenträger. Ihm muss ein *Abgrenzungsschlüssel* zugeordnet sein. Der Schlüssel selbst besteht nur aus einer sechsstelligen ID und einer Bezeichnung und wird über die Transaktion OKG1 angelegt. Um Fehleingaben zu vermeiden, können wir auf Ebene der Kombination Auftragsart und Werk Vorschlagswerte definieren, die beim Anlegen des Kostenträgers zum Tragen kommen.

Abgrenzungsversion

Zentrales Objekt der WIP-Ermittlung ist die *Abgrenzungsversion*, die im Wesentlichen das Verhalten der WIP-Ermittlung steuert. Die Abgrenzungsversion können wir als erweitertes Customizing der Versionen in der Kostenrechnung verstehen. Daher müssen Sie zunächst auch im allgemeinen Controlling die WIP-Ermittlung für die gewünschte Version aktivieren. Im Einführungsleitfaden befindet sich die Funktion unter CONTROLLING • CONTROLLING ALLGEMEIN • VERSIONEN PFLEGEN. In der kostenrechnungskreisspezifischen Sicht muss das Kennzeichen WIP/ERGEBNISERMITTLUNG gesetzt werden.

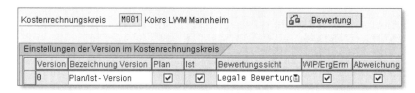

Abbildung 6.40 WIP-Relevanz für Version setzen

Alle Versionen mit diesem Kennzeichen können als Abgrenzungsversion eingerichtet werden. Das Customizing finden Sie im Einführungsleitfaden z. B. unter CONTROLLING • PRODUKTKOSTEN-CONTROLLING • KOSTENTRÄGERRECHNUNG • AUFTRAGSBEZOGENES PRODUKT-CONTROLLING • PERIODENABSCHLUSS • WARE IN ARBEIT • ABGRENZUNGSVERSIONEN DEFINIEREN.

Abbildung 6.41 Anlegen einer Abgrenzungsversion

Abbildung 6.41 zeigt die Abgrenzungsversion zur Version 0 im Kostenrechnungskreis. Aus der Version ergibt sich in der Feldgruppe PARALLELE BEWERTUNG bereits der Verweis LEGALE BEWERTUNG ❶, der für uns an dieser Stelle keine weitere Relevanz hat. Auch das Kennzeichen ABRECHNUNGSRELEVANTE VERSION ❷ wird bereits vorgegeben und kann hier nicht mehr geändert werden.

Die Version 0 ist grundsätzlich abrechnungsrelevant, reine Planversionen sind nicht abrechnungsrelevant.

Verbuchung im Hauptbuch

Mit dem Kennzeichen WEITERLEITUNG IN DIE FINANZBUCHHALTUNG ❸ wird die Überleitung in die Hauptbuchhaltung aktiviert. Wichtig ist, dass vor Setzen dieses Kennzeichens die notwendige Kontenfindung eingerichtet ist (siehe Abbildung 6.42). Die Kontenfindung wird über die Transaktion OKG8 definiert.

Sicht "Buchungsregeln WIP- und Ergebnisermittlung" ändern: Übersicht

KoRe	Buchu	AbgrVer	Kategorie	Saldo/B	Kostenart	Lfd. Sat	GuV-Konto	Bilanz-Konto	Rec
M001	M001	0	WIPA			0	893000	793000	
M001	M001	0	RFKA			0	239000	79000	
M001	M001	0	RFKW			0	239000	79000	
M001	M001	0	RDVL			0	239100	79100	

Abbildung 6.42 Kontenfindung für Verbuchung im Hauptbuch

Pflege der Kontenfindung

Die Kontenfindung wird in Abhängigkeit von Buchungs- und Kostenrechnungskreis, der Abgrenzungsversion und der sogenannten *Abgrenzungskategorie* gepflegt. Wir müssen jeweils ein Bilanz- und ein GuV-Konto hinterlegen. Die GuV-Konten dürfen nicht als Kostenarten im Controlling angelegt werden, da das Controlling auf einem gesonderten Weg mit den Werten versorgt wird.

Kategorien zur WIP-Verbuchung

Für die Verbuchung von WIP stehen uns folgende Kategorien zur Verfügung:

- WIPA: Ware in Arbeit, aktivierungspflichtig
- WIPW: Ware in Arbeit, Aktivierungswahlrecht
- WIPN: Ware in Arbeit, nicht aktivierungsfähig
- RFKA: Rückstellungen für fehlende Kosten, aktivierungspflichtig
- RFKW: Rückstellungen für fehlende Kosten, Aktivierungswahlrecht
- RFKN: Rückstellungen für fehlende Kosten, nicht aktivierungsfähig

Automatische Verbuchung

Wenn Sie sich für eine automatische Verbuchung von WIP in der Buchhaltung entscheiden, müssen mindestens die Konten für aktivierungspflichtige Ware in Arbeit und Rückstellungen für fehlende, aktivierungspflichtige Kosten hinterlegt werden. Der eigenen Bilanzpolitik folgend, können auch aktivierungsfähige Werte übergeleitet werden. Nicht aktivierungsfähiger WIP darf nicht übergeleitet werden, die entsprechenden Rückstellungen können übergeleitet werden.

Für das Verhalten der WIP-Ermittlung verwendet das SAP-System Default-Werte. Sollen diese verändert werden, muss die erweiterte Steuerung aktiviert werden, die Sie in Abbildung 6.43 sehen.

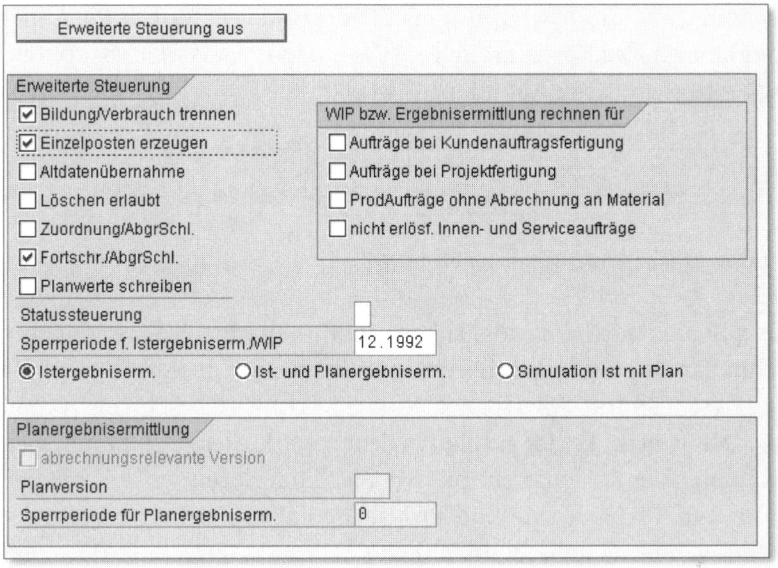

Erweiterte Steuerung

Abbildung 6.43 Erweiterte Steuerung der Abgrenzungsversion

Die erweiterte Steuerung ist die Möglichkeit, für die Bildung und Auflösung unterschiedliche Konten zu verwenden, die das SAP-System bietet.

> **Erweiterte Steuerung** [zB]
>
> Bei der Lederwaren-Manufaktur Mannheim haben wir die erweiterte Steuerung aktiviert, da wir Bildung und Verbrauch gesondert ausweisen wollen. Damit kann innerhalb einer Periode zwischen diesen beiden Vorgängen unterschieden werden. Alternativ könnten wir auch nur die summarische Veränderung von WIP sehen.

Bei einem kleineren Unternehmen wie der Lederwaren-Manufaktur Mannheim kann auch das Schreiben von Einzelposten aktiviert werden. Dadurch sind detaillierte Auswertungen, wer wann mit welchen Werten eine Ergebnisermittlung durchgeführt hat, möglich. Da sich

Einzelposten schreiben

das Führen von Einzelposten immer negativ auf die Systemperformance auswirkt, sollte diese Funktion bei größeren Datenmengen nicht aktiviert werden. Durch die Aktivierung des Kennzeichens FORTSCHREIBUNG/ABGRENZUNGSSCHLÜSSEL haben wir die Möglichkeit, bei der Kostenartenfindung den Abgrenzungsschlüssel zu berücksichtigen.

Zunächst einmal wird aber eine Kostenart aus technischen Gründen benötigt, um die Abgrenzung in CO darzustellen. Wir können hier nur eine einzige Kostenart im Feld TECHNISCHE ABGRENZUNGSKOSTENART eingeben (siehe Abbildung 6.44).

Abbildung 6.44 Einfache Kontierung für WIP

Detaillierte Pflege der Kostenarten

Es gibt aber auch die Möglichkeit, die Kostenarten in einer feineren Granularität zu pflegen. Hierzu müssen wir den in Abbildung 6.44 gezeigten Button AUFTEILUNG KOSTENARTEN EIN bestätigen. Damit werden weitere Felder gezeigt, in denen wir Kostenarten hinterlegen können. Alle Kostenarten, die wir hier hinterlegen wollen, müssen vom Typ 31 (Auftrags- und Projektabgrenzung) sein. Im Falle der Lederwaren-Manufaktur Mannheim haben wir getrennte Kostenarten für bewertete Istkosten und errechnete Kosten hinterlegt (siehe Abbildung 6.45). An dieser Stelle wäre damit ein detailliertes Berichtswesen möglich.

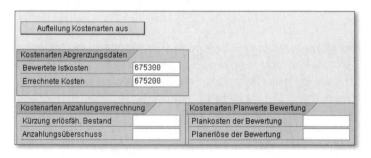

Abbildung 6.45 Erweiterte Kostenartenfindung für WIP

Fortschreibung von WIP

Die Fortschreibung von WIP erfolgt auf anderen Kostenarten. Die hierfür notwendige Kostenartenfindung pflegen Sie im Einführungsleitfaden unter CONTROLLING • PRODUKTKOSTEN-CONTROLLING • KOS-

TENTRÄGERRECHNUNG • AUFTRAGSBEZOGENES PRODUKT-CONTROLLING • PERIODENABSCHLUSS • WARE IN ARBEIT • FORTSCHREIBUNG DEFINIEREN. Nachdem wir in Abbildung 6.43 definiert haben, dass wir in der Verbuchung zwischen Bildung und Verbrauch von WIP unterscheiden, ergibt sich für die Lederwaren-Manufaktur Mannheim das in Abbildung 6.46 gezeigte Bild.

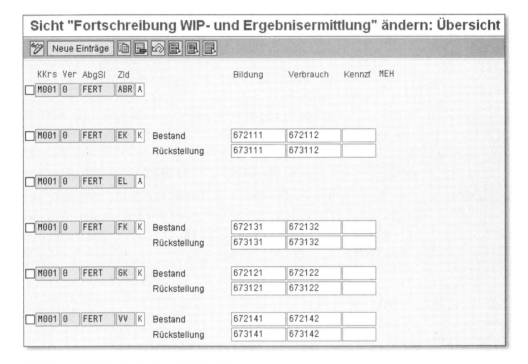

Abbildung 6.46 Kontenfindung/WIP-Ermittlung

Um eine Kostenart zu ermitteln, werden Kostenrechnungskreis, Version, Abgrenzungsschlüssel, Zeilen-Identifikation und Kategorie herangezogen. In dieser Kombination hinterlegen wir jeweils eine Kostenart für die Bildung und eine für den Verbrauch von WIP.

Version und Abgrenzungsschlüssel haben Sie bereits kennengelernt. Die *Zeilen-Identifikationen* (Zeilen-ID) bestimmen den Ursprung der Kosten, d.h., sie gruppieren die Kostenarten, mit denen Kostenträger be- und entlastet wurden, wie z. B. Material- oder Gemeinkosten. Die Zeilen-IDs müssen Sie im Customizing definieren, wobei Sie dem Aufbau der Deckungsbeitragsrechnung folgen sollten. In Abbildung 6.47 sehen Sie die Zeilen-IDs der Lederwaren-Manufaktur Mannheim.

Definition der Zeilen-Identifikation

Sicht "Zeilen-Identifikationen der Ergebnis- bzw. WIP-Ermittlung" ände

Neue Einträge

KoRechKrs	Zeilen-ID	Bezeichnung
M001	ABR	Abgerechnete Kosten
M001	EK	Einzelkosten
M001	EL	Erlöse
M001	FK	Fertigungskosten
M001	GK	Gemeinkosten
M001	VV	V+V-Kosten

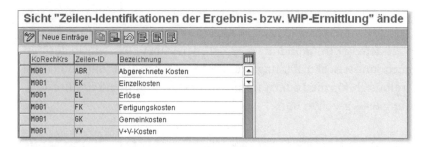

Abbildung 6.47 Definition der Zeilen-Identifikationen

Die Zeilen-IDs werden über die Transaktion OKGB festgelegt. Jeder Zeile werden daraufhin Kostenarten zugeordnet. Damit definieren wir, welche Kostenarten später etwa als abgerechnete Kosten, als Einzelkosten oder Erlöse dargestellt werden. Da die Zeilen-IDs auch für die Abrechnung in das Ergebnis verwendet werden, finden wir hier Zeilen wie z. B. Erlöse, die für die WIP-Bildung nicht relevant sind.

Zuordnung Zeilen-IDs und Kostenarten

Die Kostenarten werden nicht in Form von Kostenartengruppen zugeordnet. Das SAP-System arbeitet hier wieder mit der Methode der Maskierung (siehe Abbildung 6.48), die Sie bereits kennengelernt haben (z. B. in Zusammenhang mit dem Elementeschema in Abbildung 6.12).

Sicht "Zuordnung Kostenarten für WIP- und Ergebnisermittlung" ändern:

Neue Einträge

KoR	Abgr	AbgrS	Kostenart	Herkunft	Kostenstelle	Leistu	Geschäftspro	B	V	Auft.Motiv	Berechnungsmotiv	Gilt-ab-P	AktPflicht	AktWahlr.	Nicht AktFähig
M001	0		00004+++++	++++			++++++++++++	+	+	++	++	001.1993	EK		
M001	0		00006+++++	++++	++++++++++	++++++	++++++++++++	+	+	++	++	001.1993	FK		
M001	0		0000655+++	++++	++++++++++	++++++	++++++++++++	+	+	++	++	001.1993	VV		
M001	0		00006551++	++++	++++++++++	++++++	++++++++++++	+	+	++	++	001.1993	GK		
M001	0		00008+++++	++++			++++++++++++	+	+	++	++	001.1993	EK		
M001	0		000080++++	++++			++++++++++++	+	+	++	++	001.1993	EL		
M001	0		000081++++	++++			++++++++++++	+	+	++	++	001.1993	ABR		
M001	0		0000895+++	++++			++++++++++++	+	+	++	++	001.1993	ABR		

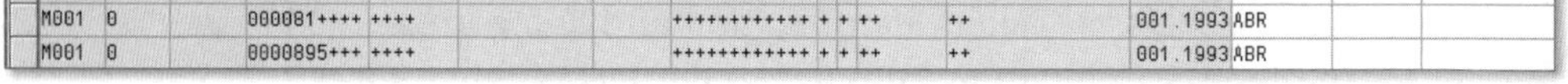

Abbildung 6.48 Zuordnung von Zeilen-Identifikation und Kostenarten

Die Kostenartenfindung wird spezifisch für einen Kostenrechnungskreis, die Version und eventuell einem Abgrenzungsschlüssel gepflegt. Die (Ursprungs-)Kostenarten werden so weit wie möglich maskiert dargestellt.

Kategorie

Als letzte Dimension bestimmt die *Kategorie* die Verbuchung. Darüber spezifizieren wir nochmals die Art der angefallenen Kosten. Für WIP sind folgende Ausprägungen relevant:

- **A Abgerechnete Kosten**
  Hierunter fallen alle Entlastungen von Produktionsaufträgen. Das heißt, insbesondere die Kostenarten für den Wareneingang auf Lager müssen hier zugeordnet werden. In der MM-Kontenfindung sind dies die Konten zum Vorgang GBB AUA bzw. GBB AUF.
- **K Kosten**
  Hierunter fallen alle Kosten, für die WIP gebildet werden kann.
- **N Nicht zu berücksichtigende Kosten**
  Alle Kostenarten, für die kein WIP ermittelt wird, wie z. B. Verwaltungs- und Vertriebsgemeinkosten, sind hier zuzuordnen.

Zur Verdeutlichung nochmals eine Übersicht über die Zusammenhänge im Customizing der WIP-Ermittlung.

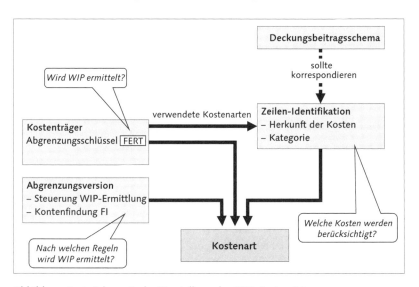

Abbildung 6.49 Schematische Darstellung des WIP-Customizings

Die Berechnung von WIP erfolgt z. B. über die Transaktion KKAX (Ware in Arbeit ermitteln: Einzelverarbeitung). Auch hier werden die ermittelten Werte dargestellt (siehe Abbildung 6.50).

Exception	Kostenträger	Typ	Währg	Σ	WIP(gesamt)	Σ	WIP(PerÄnd.)	Material
⊙⊙⊙	AUF 651994	I	EUR		1.245.373,15		1.245.373,15	T1000
⊙⊙⊙	Auftragsart PP01			■	1.245.373,15	■	1.245.373,15	
⊙⊙⊙	Werk M001			■■	1.245.373,15	■■	1.245.373,15	
⊙⊙⊙	🖨		EUR	■■■	1.245.373,15	■■■	1.245.373,15	

Abbildung 6.50 Ergebnis der WIP-Ermittlung

Es erfolgt zu diesem Zeitpunkt aber noch keine Verbuchung von WIP. Sie wird erst später im Rahmen der Abrechnung durchgeführt.

Abweichung

Abweichungsermittlung

Vor der Abrechnung werden noch die Abweichungen analysiert. Dies geschieht im Rahmen der *Abweichungsermittlung*. Diese Funktion ist in ihrer Funktionsweise weitgehend von SAP vorgegeben. Wir können vor allem entscheiden, welche der im Standard angebotenen Abweichungsarten wir einsetzen wollen. Abbildung 6.51 zeigt eine Übersicht über die Einstellungen, die für diese Funktion vorzunehmen sind.

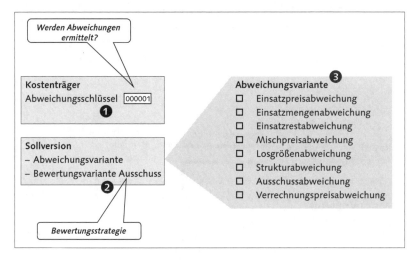

Abbildung 6.51 Schematische Darstellung des Customizings der Abweichungsermittlung

Abweichungsschlüssel

Damit auf einem Kostenträger Abweichungen ermittelt werden, muss dieser einen sogenannten *Abweichungsschlüssel* tragen ❶. Der Schlüssel bestimmt zusätzlich, ob Ausschuss ermittelt wird und ob Einzelposten fortgeschrieben werden. Auch hier gilt der bekannte Grundsatz: keine Einzelpostenfortschreibung bei Massenverarbeitungen! Der Abweichungsschlüssel wird als Vorschlagswert pro Werk gepflegt, der bei der Materialpflege zum Tragen kommt. Beim Anlegen eines Produktionsauftrags oder Produktkostensammlers zum Material erhalten Sie den Vorschlag aus dem Materialstamm.

Sollversion

Eine zentrale Rolle nimmt ebenso wie bei der WIP-Ermittlung die Version ein. Ihr sind die Bewertungsvariante und die Abweichungsvariante zugeordnet. In der *Bewertungsvariante* ❷ ist festgelegt, mit welchem Preis der Ausschuss anzusetzen ist. Sie haben folgende Möglichkeiten:

- Plankosten aus Vorkalkulation
- Wert aus einer alternativen Materialkalkulation zur Ermittlung der Sollkosten (hierfür müssen Kalkulationsvariante und -version mitgegeben werden)
- Preis aus laufender Plankalkulation

Diese drei Bewertungsansätze können mit Prioritäten versehen werden, wobei nicht alle Preise zu berücksichtigen sind.

Kern der Abweichungsermittlung ist die *Abweichungsvariante* ❸. Sie legt die relevanten Abweichungskategorien fest. Alle zur Verfügung stehenden Kategorien sehen Sie in Tabelle 6.2. Sie können sie in zwei Gruppen einteilen: in Abweichungen auf Einsatz- und auf Verrechnungsseite. Im Detail haben Sie die in der Tabelle gezeigten Darstellungsmöglichkeiten.

Abweichungsvariante

Abweichungskategorien	
Einsatzseite	
Einsatzpreisabweichung	Differenzen aus geplanten und tatsächlichen Preisen der eingesetzten Ressourcen, z. B. Preiserhöhung bei V-Preis-geführten Rohstoffen
Einsatzmengenabweichung	Differenzen aus geplanten und tatsächlichen benötigen Mengen der eingesetzten Ressourcen, z. B. Mehrverbrauch an Rohstoffen oder längere Fertigungszeiten
Strukturabweichung	Entstehen durch veränderte Zusammensetzung der Ressourcen, z. B. Verwendung einer anderen Ledersorte bei Taschen
Einsatzrestabweichung	Alle restlichen Abweichungen auf der Einsatzseite, z. B. durch höhere Zuschläge verursacht
Verrechnungsseite	
Verrechnungspreisabweichung	Differenz aus Entlastung zu Soll- und Istkosten. Kann nur entstehen, wenn das Material nicht zum Standardpreis (also V-Preis) an das Lager geliefert wird.
Mischpreisabweichung	Ähnlich Verrechnungspreisabweichung, allerdings zu einem Material, das zu einem Mischpreis geführt wird.

Tabelle 6.2 Übersicht über die Abweichungskategorien

Abweichungskategorien	
Losgrößen-abweichung	Abweichungen, die sich aus der Verteilung von Fixkosten bei geänderten Losgrößen ergeben.
Restabweichung	Alle Abweichungen, die keiner anderen Kategorie zugeordnet werden können, wie z. B. Rundungsdifferenzen. Wird auch verwendet, wenn keine Sollkosten vorhanden sind.
Ausschuss	
Ausschuss-abweichung	Differenz, die sich aus der Rückmeldung von Ausschuss ergibt

Tabelle 6.2 Übersicht über die Abweichungskategorien (Forts.)

Ermittlung der Abweichungen

Wie bei der WIP-Ermittlung werden zunächst aber nur die Abweichungen ermittelt. Dies kann beispielsweise über die Transaktion KKS2 (Abweichungsermittlung – Einzelverarbeitung) erfolgen. Auch diese Funktion bietet uns wieder eine detaillierte Protokollierung der Ergebnisse an. Als Beispiel sehen Sie in Abbildung 6.52 die Erklärung für den Wert einer Ausschussabweichung. Es werden alle Komponenten mit dem jeweiligen Wert angegeben.

v.Vrg.	Vrg	Kosten	Bezeichnung	Herkunft	Σ Ausschuß	Einsatzmenge	ME
0010		655101	GMKZ Rohmaterial	P9000	113,22		
					113,22		
	0010	400000	Verbr. Rohstoffe 1	M001/T1099	1.000,00	10	ST
		400000	Verbr. Rohstoffe 1	M001/T1070	127,30	2	ST
		400000	Verbr. Rohstoffe 1	M001/T1060	127,32	4	ST
		400000	Verbr. Rohstoffe 1	M001/T1010	254,60	4	ST
		400000	Verbr. Rohstoffe 1	M001/T1020	1.293,68	2	ST
		400000	Verbr. Rohstoffe 1	M001/T1030	126,28	2	ST
		400000	Verbr. Rohstoffe 1	M001/T1040	127,30	2	ST
		400000	Verbr. Rohstoffe 1	M001/T1050	302,60	4	ST
		403000	Hilfs- / Betriebsst.	M001/S1091	0,24	24	ST
		403000	Hilfs- / Betriebsst.	M001/S1095	0,52	2	ST
		403000	Hilfs- / Betriebsst.	M001/S1094	6,00	150	M
		403000	Hilfs- / Betriebsst.	M001/S1092	348,00	12	ST
		403000	Hilfs- / Betriebsst.	M001/S1093	60,00	4	ST
		613000	DILV Ruesten	P2000	0,07	0,001	H
		619000	DILV Fertigung	P2000	400,00	8	H
		620000	DILV Maschinenkosten	P2000	250,00	5	H
	0010				4.423,91		
0010					4.537,13		
					4.537,1		

Erklärung: Ausschuß
Bewertungsstichtag: 29.05.2009
Bewertungsbasis: Plankosten aus Auftrag
Auftrag: 651994

Abbildung 6.52 Abweichungsermittlung – Erklärung für die Ausschussabweichung

Die Verbuchung der Abweichungen bedient sich der MM-Kontenfindung. Bei S-Preis-geführten Materialien werden die Abweichungen als Preisabweichungen gebucht. Bei Materialien mit gleitendem Durchschnittspreis erfolgt eine ergebniswirksame Umbewertung des Materials. Bei einer Unterdeckung, d.h., im Lager ist weniger Material, als ein Fertigungsauftrag abgeliefert hat, kann dieses Vorgehen zu unrealistischen Preisen führen. Auch an dieser Stelle ist es daher wieder wichtig, dass alle produzierten Materialien möglichst im Standardpreis geführt werden, so wie SAP dies auch vorschlägt.

MM-Kontenfindung

Die Verbuchung erfolgt erst im nächsten Schritt, der *Abrechnung* des Kostenträgers.

Abrechnung

Zentrales Objekt der Abrechnung ist das *Abrechnungsprofil*. Es bestimmt, ob ein Kostenträger abrechnungsrelevant ist und bildet die Klammer um alle Einstellungen zur Abrechnung von Kostenträgern. Das Customizing finden Sie im Einführungsleitfaden z. B. unter CONTROLLING • PRODUKTKOSTEN-CONTROLLING • KOSTENTRÄGERRECHNUNG • AUFTRAGSBEZOGENES PRODUKT-CONTROLLING • PERIODENABSCHLUSS • ABRECHNUNG.

Abrechnungsprofil

Wie Abbildung 6.53 zeigt, wird im Abrechnungsprofil zunächst festgelegt, ob Istkosten bzw. Kosten des Umsatzes abgerechnet werden dürfen, können oder müssen.

Wenn wir uns für VOLLSTÄNDIG ABZURECHNEN (siehe ❶ in Abbildung 6.53) entschieden haben, ist ein Abschluss des Kostenträgers nicht möglich, solange dieser nicht vollständig abgerechnet wurde. Diese strikte Prüfung entfällt bei Auswahl des Kennzeichens KÖNNEN ABGERECHNET WERDEN ❷. Bei dem Eintrag NICHT ABZURECHNEN ❸ ist schließlich weder die Abrechnung von Kosten noch von Abweichungen möglich. In diesem Fall kann nur WIP ermittelt und verbucht werden.

In den ersten beiden Fällen werden Abweichungen auch nur dann nach CO-PA übergeleitet, wenn das Kennzeichen ABWEICHUNGEN AN KALK. ERGEBNISRECHNUNG ❹ markiert ist. Im Abrechnungsprofil selbst ist auch definiert, welche Empfänger bei der Abrechnung angesprochen werden können. Es besteht dabei jeweils die Auswahl zwischen ABRECHNUNG NICHT ERLAUBT, KANN ABGERECHNET WERDEN und MUSS ABGERECHNET WERDEN.

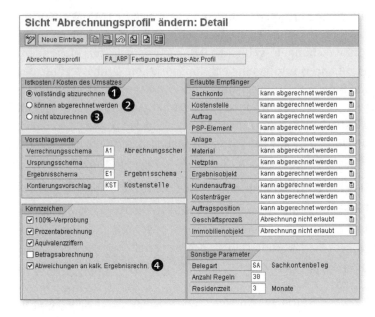

Abbildung 6.53 Abrechnungsprofil

Definition des Verrechnungsschemas

Eine Reihe von Festlegungen wird direkt im Abrechnungsprofil getroffen. Darüber hinaus verweist es auch auf weitere wichtige Elemente für die Abrechnung. Zunächst ist hier das *Verrechnungsschema* zu nennen.

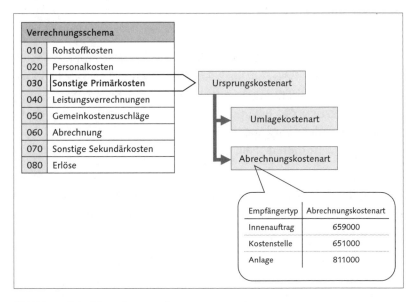

Abbildung 6.54 Verrechnungsschema

Das Verrechnungsschema (siehe Abbildung 6.54) definiert, welche Kostenarten gruppiert und so an das Empfängerobjekt weitergereicht werden. Die einzelnen Zeilen des Schemas bezeichnen wir als Zuordnung. Bei der Definition der Zuordnung müssen wir uns an den bestehenden Berichtsanforderungen orientieren. In Abbildung 6.54 gibt es beispielsweise gesonderte Zeilen für Kosten aus Leistungsverrechnungen und Abrechnungen. Wenn man diese Unterscheidung nicht benötigt, könnte man nur eine Zeile »interne Vorgänge« definieren. Für jede Zeile werden die relevanten Ursprungskostenarten, in der Regel in Form von Kostenartengruppen, hinterlegt.

Wir nehmen also eine Gruppierung von Kostenarten vor, die in der Abrechnung gemeinsam weiterverarbeitet werden. Bei der Festlegung der Ursprungskostenarten ist darauf zu achten, dass keine Kostenart doppelt, also in zwei Zuordnungen, gepflegt werden darf. Diese Situation würde bei der Abrechnung zu einem Fehler führen, da die Gefahr bestünde, dass Werte doppelt weiterbelastet würden. Für die Weiterverrechnung haben wir – vorbehaltlich der Einschränkungen individueller Kostenträger – die Möglichkeit, eine Umlagekostenart oder Abrechnungskostenarten zu pflegen.

Kostenarten gruppieren

Bei der Abrechnung von Kostenträgern müssen wir die Abrechnungskostenarten pflegen. Diese können wir in Abhängigkeit vom Empfängertyp pflegen. In Abbildung 6.54 sehen Sie die Empfängertypen Innenauftrag, Kostenstelle und Anlage. In dieser Konstellation benötigen wir technisch bedingt mindestens zwei Kostenarten:

Kostenartenfindung pro Empfängertyp

- Die Abrechnung auf Innenauftrag und Kostenstelle muss über eine sekundäre Kostenart vom Typ 21 (interne Abrechnung) erfolgen.
- Bei der Abrechnung auf eine Anlage muss ein Buchhaltungsbeleg erzeugt werden. Hier ist daher eine Primärkostenart mit Typ 22 (externe Abrechnung) erforderlich.

Alternativ zu der Kostenartenfindung pro Empfängertyp kann auch die kostenartengerechte Abrechnung aktiviert werden. In diesem Fall erfolgt die Entlastung des Kostenträgers mit den Belastungskostenarten. Die Information der ursprünglichen Kostenart wird also an den Empfänger weitergereicht.

Für die Abrechnung von Kosten nach CO-PA muss ein *Ergebnisschema* definiert werden, das festlegt, in welche Wertfelder die Ursprungskostenarten fortgeschrieben werden. Im Aufbau ist das

Ergebnisschema

Ergebnisschema mit dem eben beschriebenen Verrechnungsschema vergleichbar. Wesentlicher Unterschied ist, dass als Ziel keine Kostenarten, sondern Wertfelder hinterlegt werden. Eine detaillierte Beschreibung zum Ergebnisschema finden wir auch in Abschnitt 3.5, »CO-PA als zentrales Reportinginstrument«.

Ursprungsschema Bei der Abrechnung von Kuppelprodukten, also Nebenprodukten, die in der Produktion anfallen, wie Molke bei der Käseproduktion, kann auch ein *Ursprungsschema* gepflegt werden. In diesem Schema können Kostenarten, mit denen der Fertigungsauftrag belastet wird, gruppiert werden, sodass diese in der Abrechnung als eine Einheit behandelt werden.

Eine schematische Darstellung der Steuerungsfunktionen zur Abrechnung bietet abschließend Abbildung 6.55.

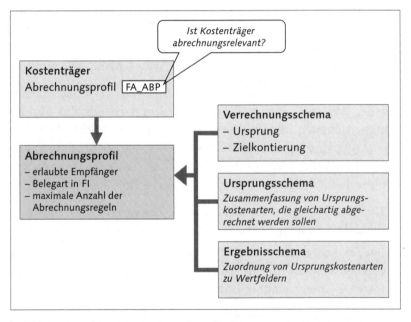

Abbildung 6.55 Schematische Darstellung der Steuerung der Abrechnung

Bei der Festlegung der Abrechnungsvorschriften besteht die Schwierigkeit nicht darin, die einzelnen Vorschriften zu pflegen. Vielmehr ist es das Zusammenspiel von Abrechnungen über mehrere Stufen und Kostenträgern hinweg. Die Herausforderung besteht darin, die Werte so weit zu verdichten, dass eine einfache und fokussierte Berichterstattung möglich ist. Gleichzeitig muss die Granularität so fein sein, dass auf allen reportingrelevanten Kostenträgern auch alle gewünschten Informationen zur Verfügung stehen.

Methode und Weg der Abrechnung bestimmen wesentlich, welche Analysen später möglich sind. Beim (Re-)Design des Werteflusses empfiehlt es sich, eine grafische Darstellung zu nutzen. Ein Beispiel zeigt Abbildung 6.56.

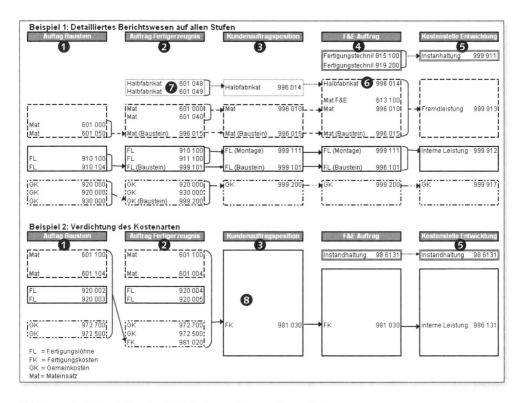

Abbildung 6.56 Wertefluss der F&E-Fertigung über mehrere Stufen

Sie sehen den gleichen Vorgang mit zwei unterschiedlichen Abbildungen im Controlling. In beiden Fällen wird im Rahmen von Forschungs- und Entwicklungsarbeiten (F&E) ein neues Produkt hergestellt.

Beispiel »Herstellung eines neuen Produkts«

Nehmen wir an, dass es sich hier um die Schuhproduktion der Lederwaren-Manufaktur Mannheim handelt. Da wir für die laufende Fertigung immer Kundenaufträge als Kostenträger verwenden, haben wir diese Vorgehensweise auch für unsere Abwicklung von F&E gewählt. Dies ist zwar aus logistischer Sicht nicht notwendig, da es keinen echten Kundenauftrag gibt. Abrechnungstechnisch müssen wir im Controlling so aber nicht zwischen F&E-Fertigung und laufender Fertigung unterscheiden.

Zunächst wird ein Baustein, z. B. die Schuhsohle, produziert, für den es einen eigenen Produktionsauftrag gibt ❶. Dieser Auftrag rechnet sich gegen den Produktionsauftrag für den fertigen Schuh ab ❷. Hier kommen weitere Kosten hinzu. Die Abrechnung dieses Auftrags erfolgt nun gegen eine Position im Kundenauftrag ❸. Von dort geht es mit Umweg über einen Innenauftrag (Auftragsart F&E ❹) auf unsere Entwicklungskostenstelle ❺:

- Im ersten Beispiel sind die Abrechnungsprofile so eingerichtet, dass über weite Strecken des Werteflusses der Ursprung erkennbar ist. Wir können beispielsweise noch auf der vorletzten Stufe, dem F&E-Auftrag, sehen ❻, dass auf der zweiten Stufe ein Halbfabrikat in das Erzeugnis eingegangen ist ❼.

- Im zweiten Beispiel wird auf diese detaillierte Darstellungsweise verzichtet. Hier werden bereits bei der Abrechnung vom Auftrag des Bausteins auf den des Fertigerzeugnisses alle Kosten mit einer einzigen Kostenart (981 030) weitergereicht ❽.

Vorteil der ersten Variante ist die Möglichkeit der detaillierten Darstellung der einzelnen Kostenkomponenten. Variante zwei ist dagegen klarer im Ausweis der Kosten und einfacher einzurichten. Um zu entscheiden, welche Variante wir bevorzugen, müssen wir uns fragen, auf welchen Kostenträgern wir den Kostenverlauf beobachten wollen und wie wichtig für uns die Entwicklung der einzelnen Kostenarten ist.

Mit der erfolgreichen Abrechnung unseres Kostenträgers haben wir das Ende des Prozesses erreicht. Auf den letzten Seiten haben wir uns aber nur allgemein mit dem Thema der Kostenträgerrechnung beschäftigt. Nachfolgend soll daher auf die Besonderheiten der einzelnen Fertigungstypen eingegangen werden.

6.4.3 Periodenbezogenes Produktcontrolling

Wie bereits in Abschnitt 6.4.1, »Funktionen der Kostenträgerrechnung in SAP ERP«, angeschnitten wurde, unterscheiden wir zwischen drei großen Controllingarten, mit denen wir uns nun genauer auseinandersetzen werden.

Betrachten wir als Beispiel für ein periodenbezogenes Produktcontrolling unsere Fertigung von Ledergürteln. Unsere Ledergürtel werden nicht kundenauftragsbezogen gefertigt, sondern anonym von der Produktion an das Lager abgegeben. Aufgrund der Masse an Produkten und Fertigungsaufträgen pro Periode interessiert uns nicht das Ergebnis einzelner Produktionsaufträge oder gar eines einzelnen Erzeugnisses. Wir betrachten immer nur das Periodenergebnis.

Beispiel »Ledergürtel«

Kostenträger

Als Kostenträger der Ledergürtelfertigung verwenden wir *Produktkostensammler*. In Abschnitt 6.4.1, »Funktionen der Kostenträgerrechnung in SAP ERP«, wurde bereits erwähnt, dass diese mit Bezug zu einem Material, einem Fertigungsprozess oder nur zu einem Werk angelegt werden. Die Wahl der Controllingebene hat weitreichende Auswirkungen, denn sie bestimmt den Detailgrad, auf dem Plan-, Soll- und Istkosten fortgeschrieben werden. Es wird also die Ebene festgelegt, auf der Abweichungsanalysen möglich sind. Mit der Bezugsgröße Werk ändert sich das Verhalten des Produktkostensammlers. So ist es nicht mehr möglich, eine Vorkalkulation durchzuführen.

Wenn wir mit einem neuen Gürtelmodell in Produktion gehen, müssen wir darauf achten, dass vor Beginn der Fertigung der Produktkostensammler angelegt wird. Dies geschieht manuell. In Abbildung 6.57 sehen wir den Produktkostensammler für unser Material G1000.

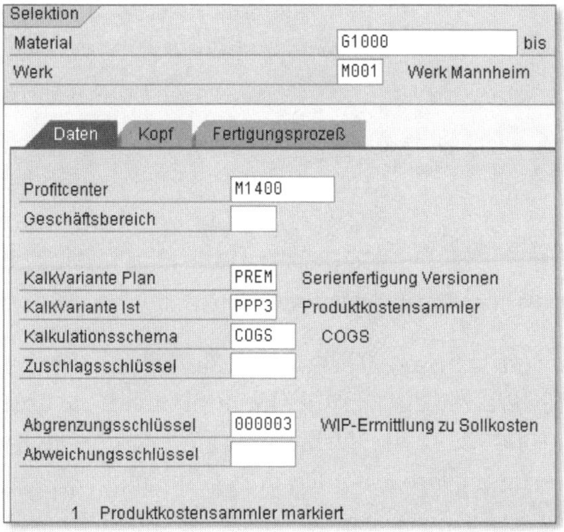

Abbildung 6.57 Produktkostensammler in der Gürtelproduktion

Produktkostensammler anlegen

Die Anlage des Produktkostensammlers erfolgt über die Transaktion KKF6N. Technisch betrachtet ist ein Produktkostensammler ein Auftrag vom Typ 05 – Produktkostensammler. Um das Risiko von Fehleingaben beim Anlegen zu vermeiden, können Sie im Customizing Vorschlagswerte für Produktkostensammler eingeben. Dies nehmen Sie im Einführungsleitfaden unter CONTROLLING • PRODUKTKOSTEN-CONTROLLING • KOSTENTRÄGERRECHNUNG • PERIODISCHES PRODUKT-CONTROLLING • PRODUKTKOSTENSAMMLER • KOSTENRECHNUNGSRELEVANTE VORSCHLAGSWERTE JE AUFTRAGSART/WERK PFLEGEN vor.

Die Auftragsart des Fertigungsauftrags muss ebenfalls angepasst werden. In der Kombination Werk/Auftragsart müssen Sie festlegen, dass mit einem Produktkostensammler gearbeitet wird. Diese Einstellung nehmen Sie im Customizing der Produktion unter dem Menüpfad PRODUKTION • FERTIGUNGSSTEUERUNG • STAMMDATEN • AUFTRAG • AUFTRAGSARTABHÄNGIGE PARAMETER DEFINIEREN vor. Dort muss auf dem Reiter KOSTENRECHNUNG das Kennzeichen KOSTENSAMMLER gesetzt sein.

Produktkostensammler im Fertigungsauftrag

Wenn wir z. B. über die Transaktion CO01 einen Fertigungsauftrag anlegen, finden wir auf dem Reiter STEUERUNG an zwei Stellen einen Hinweis auf den Produktkostensammler (siehe Abbildung 6.58).

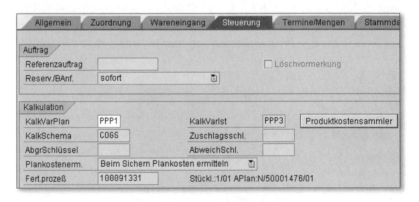

Abbildung 6.58 Steuerungsdaten im Fertigungsauftrag

Mit dem Button PRODUKTKOSTENSAMMLER können Sie auf den Kostensammler im Controlling verzweigen. Darüber hinaus können Sie über den Fertigungsprozess 100091331 die Verbindung zum Kostensammler herstellen, da der Fertigungsprozess auch dort gespeichert ist.

Des Weiteren gibt auch der Status des Fertigungsauftrags Auskunft über den Kostenträger. Ist ein Produktkostensammler zugeordnet, sehen wir dies am Status PKSA (PRODUKTKOSTENSAMMLER VERWENDET).

Der Fertigungsauftrag selbst wird nur als Kontierungsobjekt für logistische Vorgänge wie z. B. eine Warenentnahme verwendet. Die dabei entstehenden Kosten werden direkt dem Produktkostensammler zugerechnet.

Vorkalkulation

Da der Produktkostensammler und nicht der Fertigungsauftrag die Kosten trägt, müssen wir die Vorkalkulation auch für den Kostensammler erstellen. Die Kalkulation wird mit der Transaktion MF30 (Anlegen von Vorkalkulationen zu Produktkostensammlern) gestartet. Die Transaktion selbst bringt nur ein Fehlerprotokoll, zeigt uns aber nicht direkt das Ergebnis der Kalkulation an.

Vorkalkulation des Produktkostensammlers

Wenn Sie nun wieder in die Transaktion KKF6N (Anzeige Produktkostensammler) gehen, können Sie auf dem Reiter KOPF alle vorhandenen Kalkulationen sehen (siehe Abbildung 6.59).

Status	Kalkulationsdatum	Gültig ab	Kalkulationsvariante	ErzKalkNr
KA	02.04.2009	02.04.2009	PREM	100091331
KA	20.05.2009	20.05.2009	PREM	100091331
KA	22.05.2009	22.05.2009	PREM	100091331
KA	23.05.2009	23.05.2009	PREM	100091331

Abbildung 6.59 Selektion der Vorkalkulation

Per Doppelklick können Sie in die aktuellste Kalkulation abspringen.

Sie sehen die Vorkalkulation des Produkts G1000. Im oberen Teil des Bildschirms werden die einzelnen Sichten laut Elementeschema gezeigt. Diese Sichten haben Sie bereits in Abschnitt 6.2.3, »Grundeinstellungen der Produktkostenrechnung«, kennengelernt. Welche Sicht im unteren Teil des Bildschirms dargestellt wird, können Sie über die Auswahl in der Bildschirmmitte steuern. In Abbildung 6.60 sehen Sie die Aufstellung nach der Elementesicht der Herstellkosten.

Darstellung entsprechend dem Elementeschema

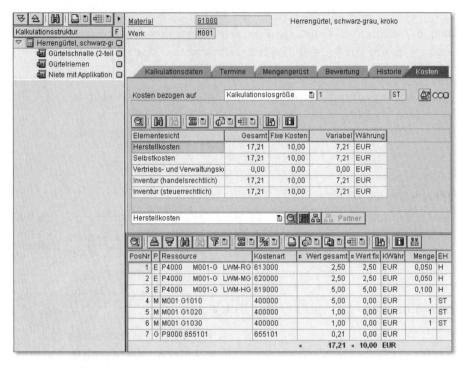

Abbildung 6.60 Vorkalkulation im Produktkostensammler

Mitlaufende Kalkulation

Bei dem periodischen Produktcontrolling konzentrieren wir uns auf die Ergebnisse am Periodenende. Entsprechend ist die mitlaufende Kalkulation nicht im Fokus. Wollen wir dennoch in einer Periode den Kostenverlauf beobachten, tun wir dies wieder bezogen auf den Produktkostensammler, nicht auf den Fertigungsauftrag.

Interessanter wird es bei Verwendung eines Produktkostensammlers zum Periodenabschluss.

Periodenabschluss

Aus Sicht des Controllings könnten die Bezuschlagung, die Abweichungsermittlung und die Abrechnung der Kostensammler auch innerhalb einer Periode erfolgen. Es würden dann immer die bis dahin bereits aufgelaufenen Zahlen verarbeitet werden. Da wir dabei stets nur eine Teilsicht auf die Geschehnisse in der Produktion erhalten, sollten wir aber alle Tätigkeiten konzentriert am Periodenende durchführen:

- Berechnung der Gemeinkostenzuschläge
- Bewertung der Ware in Arbeit
- Ermittlung von Abweichungen
- Abrechnung der Kostensammler

All diese Funktionen finden Sie im Anwendungsmenü unter RECHNUNGSWESEN • CONTROLLING • PRODUKTKOSTEN-CONTROLLING • KOSTENTRÄGERRECHNUNG • PERIODISCHES PRODUKT-CONTROLLING • PERIODENABSCHLUSS.

Bei der WIP-Ermittlung im periodischen Produktcontrolling ist zu beachten, dass diese zu Sollkosten erfolgt. Um zu beurteilen, in welchem Maße Fertigungsaufträge komplett bearbeitet oder noch offen sind, greifen wir auf die Rückmeldungen zu den Produktionsaufträgen (bei Serienfertigung Zählpunktmeldungen) zurück.

Wertefluss

Schematisch dargestellt, ergibt sich in der periodischen Kostenträgerrechnung der in Abbildung 6.61 dargestellte Wertefluss.

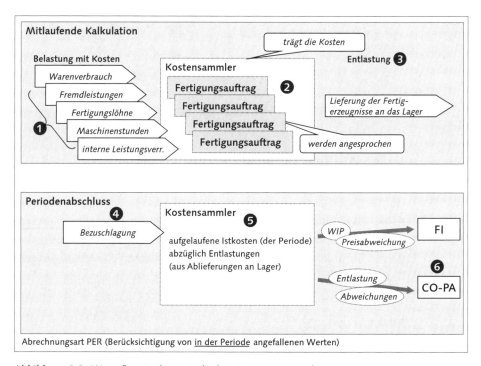

Abbildung 6.61 Wertefluss in der periodischen Kostenträgerrechnung

Im Rahmen der laufenden Kalkulation werden anfallende Vorgänge wie Warenverbrauch und interne Leistungsverrechnungen (siehe ❶ in Abbildung 6.61) auf die Fertigungsaufträge kontiert ❷. Die Kosten laufen dabei aber im Controlling auf dem Kostensammler auf. Eine Entlastung ❸ kann durch Lieferung fertiger Ware an das Lager erfolgen. Im Periodenabschluss kann der Kostensammler ❺ durch eine Bezuschlagung ❹ weitere Kosten erhalten. Alle nun auf dem Kostensammler liegenden Kosten abzüglich der Entlastungen durch Lieferungen an das Lager werden nach CO-PA ❻ weitergereicht. Dabei ist der Ausweis von Abweichungen möglich (siehe Abschnitt 6.4.2, »Periodenabschluss«). Als zweiter Zweig des Werteflusses werden WIP und Preisabweichungen in die Buchhaltung übergeleitet.

[+] **Abrechnungsarten**

Die Abrechnungsart bestimmt das Systemverhalten bei der Abrechnung von Aufträgen.

Für die Kostenträgerrechnung stehen die beiden Arten *Periodische Abrechnung* (PER) und *Gesamtabrechnung* (GES) zur Verfügung. Der wichtigste Unterschied ergibt sich bei der Berücksichtigung von Kosten während der Durchführung einer Abrechnung.

- **PER**
  Bei Abrechnungsart PER werden ausschließlich die Kosten der Abrechnungsperiode berücksichtigt.
- **GES**
  Bei Verwendung von GES werden hingegen alle noch nicht abgerechneten Kosten der Vergangenheit – aus der Abrechnungsperiode und aus den vorherigen Perioden – berücksichtigt.

6.4.4 Auftragsbezogenes Produktcontrolling

Beispiel »Handtaschen«

Das Illustrationsbeispiel für das auftragsbezogene Produktcontrolling war die Handtaschenproduktion der Lederwaren-Manufaktur Mannheim. Die Handtaschen werden zum Teil nach speziellen Kundenwünschen, in der Regel aber auf Lager gefertigt. Wir haben uns bei dieser Produktionslinie für die auftragsbezogene Kostenträgerrechnung entschieden.

Kostenträger

Als Kostenträger nutzt die Lederwaren-Manufaktur Mannheim Fertigungsaufträge aus dem Modul PP. Fertigungsaufträge werden in der

Regel mit Bezug zu einem Material angelegt, z. B. über die Transaktion CO01. Dort müssen wir neben dem Material auch das produzierende Werk und die Auftragsart wählen. Für die Kostenrechnung ist vor allem der Reiter STEUERUNG wichtig. Hier werden die Kriterien für die Auftragsabrechnung festgelegt (siehe Abbildung 6.62).

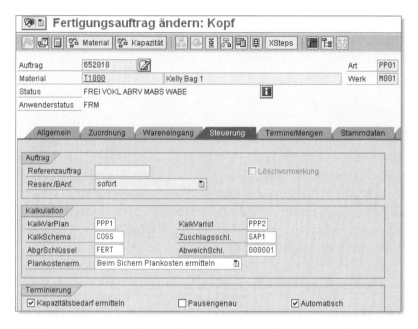

Abbildung 6.62 Kostenrechnungsrelevante Steuerung des Fertigungsauftrags

Alle notwendigen Felder werden beim Anlegen des Fertigungsauftrags in der Regel mit Vorschlagswerten gefüllt (siehe Abbildung 6.63). Sind diese korrekt hinterlegt, müssen Sie hier nicht eingreifen. Die Vorschlagswerte pflegen Sie im Einführungsleitfaden unter PRODUKTION • FERTIGUNGSSTEUERUNG • STAMMDATEN • AUFTRAG • AUFTRAGSARTABHÄNGIGE PARAMETER DEFINIEREN.

Bedeutung und Steuerung der Kalkulationsvarianten und des Abgrenzungsschlüssels haben wir bereits kennengelernt. Im vorliegenden Beispiel muss die Vorkalkulation nicht manuell angestoßen werden. Die Plankostenermittlung legt fest, dass dies automatisch beim Speichern des Auftrags erfolgt. Neu ist die *Default-Regel*. Dabei handelt es sich um vom SAP-System vorgegebene Regeln, wie Abrechnungsvorschriften aufgebaut werden. Bei einer anonymen Lagerfertigung wird als Empfänger der Abrechnung das Material hinterlegt.

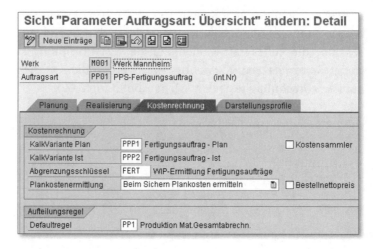

Abbildung 6.63 Pflege der Vorschlagswerte

Sie sehen in Abbildung 6.64, dass als Abrechnungsart (Spalte sichtbar als ABR...) GES gewählt wurde. Damit werden die aufgelaufenen Kosten nicht in der Periode der Entstehung abgerechnet, sondern erst, wenn der Auftrag geliefert oder technisch abgeschlossen ist.

Abbildung 6.64 Abrechnungsvorschrift des Fertigungsauftrags

Das Abrechnungsprofil wird werksunabhängig in der Auftragsart des Fertigungsauftrags (hier PP01) gepflegt.

Vorkalkulation

In der Regel werden wir wie im Beispiel von Abbildung 6.62 die Vorkalkulation automatisch beim Speichern des Fertigungsauftrags vornehmen. Alternativ können wir die Kalkulation auch manuell starten. Dazu gehen Sie über die Transaktion CO02 (Fertigungsauftrag ändern) in den Stammsatz und wählen das Icon . Damit wird der Auftrag neu kalkuliert. Das Ergebnis sehen Sie in der Kostenanalyse, die Sie über SPRINGEN • KOSTEN • ANALYSE erreichen. Hierzu muss das Material eine freigegebene Kalkulation besitzen. Wenn zum Zeitpunkt des Produktionsbeginns keine freigegebene Kalkulation zu dem Material vorhanden ist, können Sie später den Ist- keine Sollkosten gegenüberstellen.

Kostenart	Kostenart (Text)	Herkunft	Plankosten gesamt	Istkosten gesamt	Währung
400000	Verbrauch Rohstoffe 1		83.977,00	83.849,70	EUR
403000	Verbrauch Hilfs- und Betriebsstoffe		10.369,00	10.369,40	EUR
895000	Fabrikleistung Fertigungs-Aufträge		114.699,00-	0,00	EUR
613000	Direkte. Leistungsverr. Ruesten	P2000/LWM-RT	10,00	10,00	EUR
619000	Dir.Leistungsverr. Fertigungsstunden	P2000/LWM-HT	10.000,00	6.000,00	EUR
620000	Dir.Leistungsverr. Maschinenkosten	P2000/LWM-MT	6.250,00	3.750,00	EUR
655101	Gemeinkostenzuschlag Rohmaterial	P9000	2.830,38	0,00	EUR
			1.262,62-	103.979,10	EUR
			1.262,62-	103.979,10	EUR

Abbildung 6.65 Plankosten zum Fertigungsauftrag

In Abbildung 6.65 wurden auf dem Auftrag bereits erste Istkosten verbucht. Allerdings erfolgte noch keine Lieferung von Fertigerzeugnissen an das Lager. Die Entlastung des Auftrags (Zeile 3) ist daher nur im Plan gefüllt.

Mitlaufende Kalkulation

Nachdem der Produktionsauftrag freigegeben ist, können auf ihm Verbräuche und Leistungen erfasst werden. Die Entlastung eines Fertigungsauftrags erfolgt durch die Lieferung des Fertigungserzeugnisses an das Lager.

Periodenabschluss

Der Periodenabschluss in der auftragsbezogenen Kostenträgerrechnung entspricht dem bereits in Abschnitt 6.4.1, »Funktionen der Kostenträgerrechnung in SAP ERP«, beschriebenen Umfang. Es sind Bezuschlagung, WIP-Ermittlung, Abweichungsermittlung und die Abrechnung des Fertigungsauftrags möglich. Diese Tätigkeiten könnten wir (Ausnahme WIP) bereits nach Fertigstellung des Produktionsauftrags (Status geliefert oder technisch abgeschlossen) durchführen. Es empfiehlt sich aber eine Sammelverarbeitung zum Periodenende. Alle dazu notwendigen Schritte finden Sie im Anwendungsmenü unter RECHNUNGSWESEN • CONTROLLING • PRODUKTKOSTEN-CONTROLLING • KOSTENTRÄGERRECHNUNG • AUFTRAGSBEZOGENES PRODUKT-CONTROLLING • PERIODENABSCHLUSS.

6 | Produktionsprozess

Bedeutung des Auftragsstatus Die Verarbeitung eines Fertigungsauftrags wird im Standard durch den Auftragsstatus bestimmt.

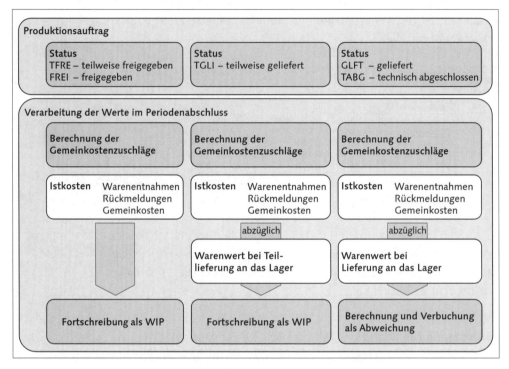

Abbildung 6.66 Relevanz des Auftragsstatus im Periodenabschluss

Der erste Schritt im Abschluss ist – wenn wir mit Gemeinkostenzuschlägen arbeiten – die Bezuschlagung der Einzelkosten. Diese erfolgt unabhängig vom Status des Auftrags. Solange der Auftrag nur mit Kosten belastet ist, aber keine Entlastung durch eine Lieferung von fertigen Erzeugnissen an das Lager stattgefunden hat, trägt der Auftrag den Status TFRE (Teilfreigabe) oder FREI (freigegeben). Die entstandenen Kosten werden vollständig als Ware in Arbeit (WIP) verbucht. Wurde bereits ein Teil der Erzeugnisse an das Lager abgeliefert, wechselt der Auftragsstatus auf TGLI (teilgeliefert). Bei der WIP-Ermittlung werden die aufgelaufenen Kosten um den Warenwert bei der Lieferung an das Lager reduziert. Sobald der Produktionsauftrag den Status GLFT (geliefert) oder TABG (technisch abgeschlossen) trägt, wird der WIP-Bestand für diesen Auftrag vollständig aufgelöst. Die Istkosten aus dem Auftrag abzüglich der Entlastung aus der Ablieferung an das Lager ergeben die entstandenen Abweichungen (Details hierzu siehe Abschnitt 6.4.2, »Periodenabschluss«).

Wertefluss

Schematisch dargestellt, ergibt sich in der auftragsbezogenen Kostenträgerrechnung der in Abbildung 6.67 dargestellte Wertefluss.

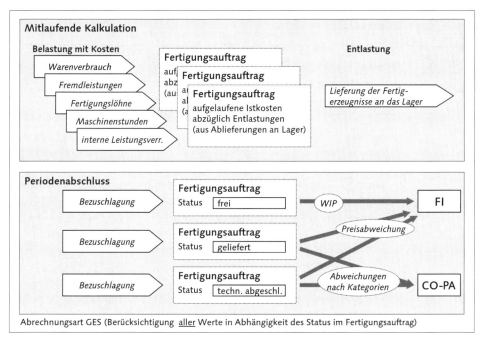

Abbildung 6.67 Wertefluss der auftragsbezogenen Kostenträgerrechnung

Kosten aus Warenverbrauch, Fremdleistungen und internen Leistungsbezügen werden im Rahmen der mitlaufenden Kalkulation auf den einzelnen Fertigungsaufträgen gesammelt. Eine Entlastung kann innerhalb der Periode durch die Ablieferung von Erzeugnissen an das Lager erfolgen.

Zum Periodenabschluss werden WIP und Preisabweichungen in die Buchhaltung übergeleitet. Die Abweichungen werden nach CO-PA weitergereicht. Zusammen mit den Entlastungen aus den Ablieferungen an das Lager weisen die Fertigungsaufträge damit am Ende einen Saldo von null aus.

6.4.5 Kundenauftragscontrolling

Das Kundenauftragscontrolling illustrieren wir im Folgenden anhand der Produktion von Lederschuhen in der Lederwaren-Manufaktur Mannheim.

Beispiel »Schuhe«

Besonderheit des Kundenauftragscontrollings ist, dass in diesem Fall die Positionen des Kundenauftrags nicht nur Erlöse tragen, sondern auch Kosten sammeln.

Kostenträger

Bewerteter vs. unbewerteter Kundenauftragsbestand

SAP bietet unterschiedliche Ausprägungen des Kundenauftragscontrollings. Ein wichtiger Aspekt ist dabei, ob mit bewertetem oder unbewertetem Kundenauftragsbestand gearbeitet werden soll.

Argumente für beide Lösungen entnehmen Sie Tabelle 6.3.

Abbildung von bewertetem Kundenauftragsbestand	Abbildung von unbewertetem Kundenauftragsbestand
▸ parallele Darstellung von Mengen- und Wertefluss ▸ Controlling der Produktion erfolgt analog zu auftragsbezogener Kostenträgerrechnung (anonymer Lagerfertigung). ▸ kompletter Ausweis der Kosten auf jeder Fertigungsstufe ▸ Ermittlung von Produktionsabweichungen und Ausschuss möglich ▸ im Kundenauftragscontrolling bei komplexer Kundeneinzelfertigung	▸ Warenbewegungen verursachen keine Buchungen in FI. ▸ Ausweis des Bestands in FI erst nach Ergebnisermittlung und Abrechnung zum Periodenende ▸ Kosten von Halbfabrikaten werden bei der Ergebnisermittlung direkt auf Kundenauftragsposition kontiert. ▸ Ausweis von Kosten auf Produktionsauftrag nur für Herstellung des Fertigerzeugnisses ▸ keine Abweichungsermittlung auf den Fertigungsaufträgen ▸ (nicht empfohlen)

Tabelle 6.3 Bewerteter vs. unbewerteter Kundenauftragsbestand

In der Regel werden wir mit bewertetem Kundenauftragsbestand arbeiten. Zum einen erzeugen wir so einen Wertefluss, der direkt und vor allem sofort dem Mengenfluss folgt. Zusätzlich bietet uns dieses Vorgehen mehr Auswertungsmöglichkeiten im Controlling. Die Lederwaren-Manufaktur Mannheim verwendet diese Art der Kostenträgerrechnung bei der Fertigung von Schuhen. Die Schuhe werden jeweils speziell für einen Kunden nach Auftragserteilung angefertigt. Wir möchten daher für jeden Kundenauftrag analysieren, ob er für uns gewinnbringend wird und war. Gleichzeitig wollen wir bereits während der Herstellungszeit den Kostenverlauf beobachten.

Dass wir ein Produkt in Kundenauftragsfertigung produzieren, wird wesentlich durch die Bedarfsklasse bestimmt. Sie muss auf den Kontierungstyp E (Einzelfertigung) verweisen. Einstellungen in der Bedarfsklasse sowie die Findung wurden bereits in Abschnitt 3.4.4 beschrieben.

Bedarfsklasse definiert Kundenauftragsfertigung

Ebenso wie Kostensammler und Fertigungsauftrag trägt der Kundenauftrag auch CO-relevante Daten, wenn er Kostenträger ist. Die Felder finden Sie in der Kundenauftragsposition auf dem Reiter KONTIERUNG (siehe Abbildung 6.68).

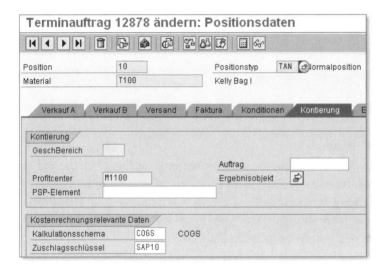

Abbildung 6.68 Kontierungsinformationen der Kundenauftragsposition

In der Feldgruppe KONTIERUNG befindet sich auch das Feld ERGEBNISOBJEKT, dort können wir die Ableitung von Merkmalen, Wert- und Mengenfeldern für CO-PA überprüfen. In die Detailansicht des Ergebnisobjekts gelangen Sie über das Icon (siehe Abbildung 6.69).

Ableitung des Ergebnisobjekts

Alle Felder, die in Abbildung 6.69 grau hinterlegt sind, werden automatisch aus dem Kundenauftrag abgeleitet. Dies ist z. B. bei Kunde, Artikel und auch bei den Organisationseinheiten wie Buchungskreis, Werk und Verkaufsorganisation möglich.

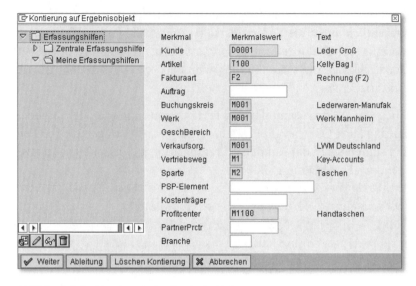

Abbildung 6.69 Kontierung des Ergebnisobjekts

Vorkalkulation

Erlösplanung

Neben einer Vorkalkulation zur Plankostenermittlung können wir im Kundenauftragscontrolling auch eine *Erlösplanung* durchführen. Die Erlösplanung wird eingesetzt, wenn *Abgrenzungen* zu Planerlösen berechnet werden sollen. Das System verwendet hierzu die Preiskalkulation des Kundenauftrags in SD.

Für die Vorkalkulation selbst stehen zwei Varianten zur Auswahl: die Kundenauftragskalkulation sowie die Auftragsstücklistenkalkulation.

Kundenauftragskalkulation durchführen

Eine *Kundenauftragskalkulation* wird immer auf Positionsebene durchgeführt. Wir können sie nicht nur auf einen Kundenauftrag bezogen, sondern bereits bei Anfragen und Angeboten erstellen. Die Ermittlung der Plandaten kann dabei durch eine Erzeugnis- oder eine Einzelkalkulation erfolgen. Das Ergebnis können wir als Konditionswerte im Preisfindungsschema fortschreiben und somit auch nach CO-PA übernehmen.

> **Standardkonditionsarten zur Übernahme von Kalkulationswerten**
>
> Das SAP-System stellt für die Übernahme von Kalkulationsergebnissen in die Preisfindung des Kundenauftrags im Standard bereits zwei Konditionsarten zur Verfügung:
> 1. EK01 für Werte, die in die Preisbildung einfließen sollen
> 2. EK02 für die Darstellung statistischer Werte

Während die Kundenauftragskalkulation direkt auf dem Kundenauftrag bzw. dessen Position stattfindet, greift die *Auftragsstücklistenkalkulation* auf *Stücklisten* zurück, die nicht Bestandteil des Kundenauftrags sind. Diese Form der Vorkalkulation wird bei sehr komplexen Stücklisten verwendet, die auch im Laufe einer Konstruktionsphase noch weiterentwickelt werden können. Im Zeitverlauf ist es möglich, nach und nach einzelne Bauteile einzeln zu kalkulieren. Die endgültige Kalkulation der Kundenauftragsposition wird dadurch performanter.

Auftragsstücklistenkalkulation

Die Steuerung der Vorkalkulation erfolgt über die Bedarfsklasse. Hier wird bestimmt, ob und in welcher Form eine Kalkulation durchgeführt werden kann bzw. muss. Ferner werden in der Bedarfsklasse Kalkulationsvariante, Kalkulationsschema, Abrechnungsprofil und Abgrenzungsschlüssel hinterlegt.

Steuerung über die Bedarfsklasse

Mitlaufende Kalkulation

Bleiben wir bei unserem Beispiel eines Kundenauftragscontrollings mit bewertetem Kundenauftragsbestand, und betrachten wir den Wertefluss der mitlaufenden Kalkulation anhand eines Kundenauftrags für ein Paar Schuhe.

Beispiel »Wertefluss bei bewertetem Kundenauftragsbestand«

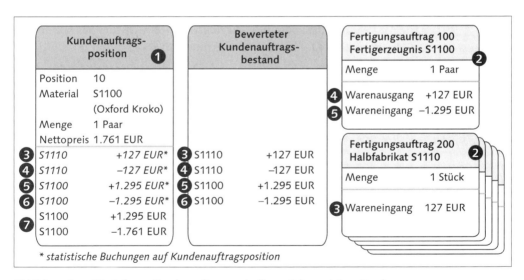

Abbildung 6.70 Wertefluss – Kundenauftragscontrolling mit bewertetem Kundenauftragsbestand

[+] **Wertefluss der mitlaufenden Kalkulation: Schritt für Schritt**

❶ Erfassen eines Kundenauftrags über ein Paar Oxford-Kroko-Schuhe, Nettopreis 1.761,00 EUR
❷ Anlegen der Fertigungsaufträge für Fertigerzeugnis und Halbfabrikate
❸ Lieferung des Halbfabrikats aus Fertigungsauftrag 200 an das Lager, Wert 127,00 EUR
❹ Lagerentnahme des Halbfabrikats S1110 für den Fertigungsauftrag S1100, Wert 127,00 EUR
❺ Lieferung des Fertigerzeugnisses S1100 an das Lager, Wert 1.295,00 EUR
❻ Warenausgang an den Kunden, Wert 1.295,00 EUR
❼ Faktura an den Kunden, Wert 1.761,00 EUR

Zunächst wird ein Kundenauftrag über ein Paar Herrenschuhe angelegt ❶. Der Kundenauftrag hat zur Folge, dass mehrere Produktionsaufträge angelegt werden: einer pro Halbfabrikat sowie der Auftrag für das Fertigerzeugnis selbst ❷. Die Lieferung des Halbfabrikats S1110 (Schaft links ❸) von der Produktion in das Lager führt zu einer Erhöhung des bewerteten Kundenauftragsbestands, der in FI abgebildet wird. Wir können durch diese Bewegung auch ein Obligo auf dem Kundenauftrag aufbauen. Hierzu muss aber die Obligoverwaltung für Kundenaufträge aktiv sein (siehe auch Abschnitt 4.4, »Fortschreibung von Obligos«), und das betroffene Bestandskonto muss als Kostenart des Typs 90 angelegt sein. Durch die Entnahme des Halbfabrikats ❹ für den Produktionsauftrag des Schuhs wird der Bestand wieder reduziert und der Kundenauftrag erneut entlastet. Die Lieferung der fertigen Schuhe ❺ führt dann wieder zu einem Bestandsaufbau und einer Belastung der Kundenauftrags. Wichtig ist hierbei: Alle bisherigen Buchungen auf der Kundenauftragsposition sind nur statistisch!

Nach dem Warenausgang ❻ weist der Kundenauftrag schließlich echte Kosten auf. Hier wird das Konto verwendet, das in der MM-Kontenfindung bei dem Vorgang GBB (Gegenbuchung zur Bestandsbuchung) kombiniert mit der Kontomodifikationskonstante VAY hinterlegt ist. VAY wird verwendet, da eine CO-Kontierung, die Kundenauftragsposition, vorhanden ist. Zu diesem Zweck muss dieses Konto als Kostenart angelegt sein. Der Kundenauftragsbestand ist wieder null. Die Erlöse werden dann mit der Faktura ❼ und der Überleitung in das Rechnungswesen auf die Kundenauftragsposition kontiert.

Die weitere Verarbeitung der Werte auf der Kundenauftragsposition erfolgt im Rahmen des Periodenabschlusses.

Periodenabschluss

Der Periodenabschluss im Kundenauftragscontrolling unterscheidet sich von dem in der periodischen und auftragsbezogenen Kostenträgerrechnung. Zwar beginnt der Prozess auch mit der Bezuschlagung (nun über die Transaktion VA44), dann folgt aber die *Ergebnisermittlung*.

Die Ergebnisermittlung wird verwendet, um die Ware in Arbeit zu ermitteln. Zusätzlich kann auch Ware in Transport berechnet werden. Dies kann notwendig sein, wenn zum Periodenende für einen Warenausgang an den Kunden noch keine Faktura erfolgt ist. In vielen Unternehmen ist dieses Vorgehen nicht erwünscht. Es wird daher gerade zum Periodenende strikt darauf geachtet, dass alle Warenausgänge auch fakturiert wurden. Die Ergebnisermittlung kann die Funktionen von WIP- und Abweichungsermittlung vereinen. Daher unterscheiden sich weder Customizing noch Durchführung nennenswert von den Erläuterungen in den vorangegangenen Abschnitten.

Ergebnisermittlung

Auch die Ergebnisermittlung führt zunächst nicht zu Buchungen. Diese erfolgen erst wieder mit der *Abrechnung*.

Beim Periodenabschluss im Kundenauftragscontrolling müssen wir besonderes Augenmerk darauf legen, über welche Wege die Werte nach CO-PA gelangen. So können wir Produktionsabweichungen direkt von den Fertigungsaufträgen nach CO-PA überleiten. Alternativ kann der Wertefluss aber auch zunächst von den Fertigungsaufträgen auf die Kundenaufträge verweisen. Die Kundenaufträge tragen somit sämtliche Kosten inklusive der Abweichungen und können so nach CO-PA abgerechnet werden. Unabhängig vom gewählten Wertefluss werden in CO-PA Belege der Vorgangsart C (Auftrags- und Projektabrechnung) erzeugt.

Abrechnung nach CO-PA

6.5 Zusammenfassung

Auch wenn an dieser Stelle nur die Grundzüge der Produktkostenrechnung dargestellt werden konnten: Es wurde ersichtlich, dass das SAP-System ein breites Spektrum an Werkzeugen und Abbildungsmöglichkeiten bietet. In der Produktkostenplanung sind wir auf die Vorarbeiten der Logistik angewiesen. Nur wenn wir aussagekräftige Stammdaten in der Fertigung vorfinden, können wir realistische Preise für unsere Produkte ermitteln. Ist die Logistik noch nicht in der Lage, uns ausreichend mit Informationen zu versorgen, müssen wir auf Musterkalkulationen oder Kalkulationen ohne Mengengerüst zurückgreifen. Entsprechend dem Stadium im Produktlebenszyklus können wir also nur bedingt mit realitätsnahen Ergebnissen aus der Produktkostenplanung rechnen.

Da der Fertigungstyp auch Auswirkungen auf die Auswertungsmöglichkeiten im Controlling hat, kann die Entscheidung über den Fertigungstyp nicht allein von der Produktion getroffen werden. Im Controlling müssen wir definieren, welche Dimensionen für die Unternehmenssteuerung relevant sind:

- die anfallenden Kosten einer Periode
- die Kosten eines Fertigungsdurchlaufs
- die Marge eines Kundenauftrags

Entsprechend müssen wir uns dann für eine periodische, auftrags- oder kundenauftragsbezogene Kostenträgerrechnung entscheiden. Schwierig im Design der Werteflüsse ist nicht die Konzeption innerhalb einer Stufe, sondern die Darstellung über mehrere Produktionsstufen hinweg, wie sie in Abbildung 6.56 gezeigt wird. In diesem Fall müssen auch die Abrechnungen über mehrere Stufen hinweg aufgebaut werden. Um hier optimale Werteflüsse zu erzeugen, müssen diese konsequent konzipiert und später auch eingehalten werden. Vor Definition der Werteflüsse muss aber zunächst der Aufbau der Ergebnisrechnung klar sein. Nur so wissen wir, in welcher Tiefe Kosten über die Fertigungsstufen hinweg in das Modul CO-PA durchgereicht werden müssen.

Bei Abschluss und Reporting fließen die drei Prozesse Beschaffung, Verkauf und Produktion in jedem Fall zusammen. Wenn Sie die Werteflüsse bislang nicht beachtet haben, wird Ihnen ihre Existenz spätestens jetzt schmerzlich bewusst werden.

7 Abschluss und Reporting in SAP ERP

Bisher wurden die Werteflüsse von Beschaffungs-, Verkaufs- und Produktionsprozess vorgestellt. Was jetzt noch fehlt, sind die Zusammenführung und Aufbereitung dieser drei Werteflüsse. Dies ist Aufgabe des Periodenabschlusses in Buchhaltung und Controlling. Durch die Weiterverarbeitung der aufgelaufenen Werte, durch Umgliederung, Verteilungen, Umbuchungen oder auch Neubewertung werden die Daten für das Reporting aufgearbeitet. Ziel ist dabei die Darstellung aller relevanten Zahlen und Kennzahlen aus dem Bereich *Financials*. Die Frage, ob eine (Kenn-)Zahl relevant ist oder nicht, kann nur im Einzelfall, also für jedes Unternehmen individuell, entschieden werden. Mit dieser Frage befinden wir uns direkt im Bereich der Unternehmenssteuerung. Wie schon in Kapitel 2, »Konzept der integrierten Werteflüsse«, erwähnt, ist auch dies Aufgabe des Controllings.

In diesem Kapitel werden wir die wesentlichen Aufgaben und Tätigkeiten von Buchhaltung und Controlling mithilfe eines beispielhaften Abschlussplans betrachten und zu diesem Zweck eine detaillierte Aufschlüsselung der einzelnen Aufgaben vornehmen.

Ziel der Monatsabschlussaktivitäten ist die Versorgung von Entscheidern im Unternehmen mit Informationen. Im Finanzwesen stehen dabei *Bilanz* und *Gewinn- und Verlustrechnung* (GuV) im Vordergrund. Das Controlling versorgt unterschiedlichste Interessengruppen und liefert dabei zielgruppenorientiert Informationen z. B. aus Kostenstellenrechnung, Profit-Center-Rechnung oder auch CO-PA.

7 | Abschluss und Reporting in SAP ERP

Für den Ablauf eines Abschlusses – egal, ob am Quartalsende oder am Ende eines Geschäftsjahres – ist es durchaus wichtig, mit welcher Version des Hauptbuchs gearbeitet wird: der klassischen Hauptbuchhaltung oder dem neuen Hauptbuch in SAP ERP. Vorab daher einige wichtige Themen im Zusammenhang mit dem neuen Hauptbuch.

7.1 Innovationen im neuen Hauptbuch

In Abschnitt 3.3, »Internationale Anforderungen«, sind wir bereits auf die Möglichkeit der parallelen Ledger im neuen Hauptbuch eingegangen. Bei der Lederwaren-Manufaktur Mannheim haben wir auf den Einsatz paralleler Ledger verzichtet, da unsere Fachabteilungen mit der Technik der parallelen Konten vertraut sind und wir die Anlagenbuchhaltung nicht um einen Deltabewertungsbereich erweitern wollten. Wir arbeiten nur mit dem Standard-Ledger 0L. ✓

7.1.1 Aktivierung der unterschiedlichen Szenarien

Szenarien der Ledger-Fortschreibung

Welche Felder in den einzelnen Ledgern fortgeschrieben werden, hängt von den jeweils aktivierten Szenarien ab. Im Standard werden folgende *Szenarien* angeboten:

- FIN_CCA   Kostenstellenfortschreibung
- FIN_CONS   Konsolidierungsvorbereitung
- FIN_GSBER Geschäftsbereich
- FIN_PCA   Profit-Center-Fortschreibung
- FIN_SEGM   Segmentierung
- FIN_UKV   Umsatzkostenverfahren

Es ist zwar möglich, Szenarien neu zuzuordnen, nachdem Buchungen im neuen Hauptbuch vorgenommen wurden, aber es ist nicht möglich, diese Liste um eigene Szenarien zu erweitern.

Allerdings wird der bereits vorhandene Buchungsstoff nicht um die Informationen, die durch das neue Szenario fortgeschrieben werden, angereichert. Wird z. B. die Segmentierung nachträglich aktiviert, werden die bereits vorhandenen Buchungen nicht um die Segmentinformation erweitert. An dieser Stelle sollte daher sorgfältig überprüft werden, welche Szenarien aus heutiger Sicht und auch in der

Zukunft relevant sein könnten. Im Zweifelsfall empfiehlt es sich, lieber ein Szenario mehr zu aktivieren.

Die einzige Ausnahme von dieser Regel bildet die Kostenstellenfortschreibung. Mit ihr ist es technisch möglich, eine Kostenstellenrechnung im Hauptbuch abzubilden. Dies scheint aus heutiger Sicht nur für kleine Anwendungen sinnvoll, da die Kostenstellenrechnung in CO immer noch mehr Möglichkeiten für Verrechnungen und Auswertungen bietet.

Kostenstellenfortschreibung

Alle Unternehmen, die eine Konsolidierung durchführen wollen, sollten das Szenario der Konsolidierungsvorbereitung aktivieren. Dieses Szenario bewirkt, dass die Partnergesellschaft und die Konsolidierungsbewegungsart im neuen Hauptbuch fortgeschrieben werden. Beide Informationen benötigen wir, um den Buchungsstoff in der Konsolidierung zu verarbeiten.

Konsolidierungsvorbereitung

Auf die Bedeutung des Kontierungsobjekts Geschäftsbereich wurde bereits in Abschnitt 3.2, »Entitätenmodell«, eingegangen. Entscheiden wir uns für die Nutzung des Geschäftsbereichs im neuen Hauptbuch, müssen wir dieses Szenario einschalten.

Geschäftsbereich

In der Praxis finden viele Diskussionen um die Fortschreibung der Profit-Center im Hauptbuch statt. Faktisch löst man mit diesem Szenario die herkömmliche Lösung der Profit-Center-Rechnung im Modul EC-PCA ab. Ein Auslöser der Diskussionen ist die Sorge der Controller, dass die Verantwortung für die Profit-Center-Rechnung an die Buchhaltung übergeht. Hier ist es die Aufgabe des Projektmanagements, diesen Befürchtungen entgegenzuwirken. Die Diskussion um die Abbildung von Änderungen der Organisationsstruktur wurde bereits in Abschnitt 3.2, »Entitätenmodell«, näher beleuchtet.

Profit-CenterFortschreibung

Gerade in den ersten Projekten zur Migration in das neue Hauptbuch war das Thema *Performance* sehr wichtig. Aber mit zunehmender Erfahrung relativierten sich die anfänglichen Befürchtungen, dass es aufgrund des Datenvolumens rasch zu inakzeptablen Wartezeiten insbesondere im Reporting kommen konnte. Wenn Sie über die Aktivierung des Szenarios Profit-Center-Fortschreibung nachdenken, sollten Sie dennoch auch folgende Auswirkungen bedenken:

- Auswirkungen auf den Planungsprozess
- Wegfall lokaler Buchungen in den Profit-Center-Rechnungen (nun Buchungen im Hauptbuch)

- allgemeine Auswirkungen von Umorganisationen
- keine Allokationen auf OP-geführten Konten und Abstimmkonten möglich

Segmentierung

Auch das neue Kontierungsobjekt des Segments wurde bereits in Abschnitt 3.2, »Entitätenmodell«, beschrieben. Nach Aktivierung dieses Szenarios wird in den Profit-Center-Stammdaten ein neues Feld *Segment* eingabebereit. Damit kann jedes Profit-Center einem Segment zugeordnet werden. Bei einer Buchung wird dann das Segment aus dem kontierten Profit-Center abgeleitet und sowohl im FI-Beleg als auch in der Summentabelle des neuen Hauptbuchs fortgeschrieben.

Umsatzkostenverfahren

Eine wichtige Funktionserweiterung, die das neue Hauptbuch mit sich bringt, ist die Abbildung des Umsatzkostenverfahrens (UKV) im Hauptbuch. Das klassische Hauptbuch konnte das Kontierungsobjekt von UKV, den Funktionsbereich, nicht abbilden. Wenn man also das Umsatzkostenverfahren benötigte, musste man das sogenannte *UKV-Ledger*, ein von SAP ausgeliefertes spezielles Ledger, nutzen. Dieses zusätzliche Ledger ist nun, mit Aktivierung des Umsatzkostenverfahrens, im neuen Hauptbuch nicht mehr notwendig. Das bringt uns zwei Vorteile:

- Da es nur noch einen Datenbestand gibt, kann es nicht mehr zu Abweichungen zwischen Hauptbuch und UKV-Ledger kommen.
- Wir müssen nicht mehr zwei Datenbestände (Hauptbuch und UKV-Ledger) nach BW überleiten.

Auch wenn die grundsätzliche Empfehlung lautet, alle relevanten Szenarien zu aktivieren, sollte dies nicht leichtfertig geschehen.

Deutlich weniger kritisch ist ein anderes Werkzeug, das uns mit dem neuen Hauptbuch angeboten wird, und zwar die *Echtzeitintegration* (EZI).

7.1.2 Einfluss der Echtzeitintegration von CO nach FI

Eine wichtige Neuerung, die mit Nutzung des neuen Hauptbuchs aktiviert werden kann, ist die *Echtzeitintegration* von CO nach FI. Mit dieser Funktion ist CO erstmals Initiator eines Belegflusses auf Einzelbelegebene.

Ziel von EZI ist es, alle Kontierungsänderungen, die im Controlling entstehen und für die Buchhaltung relevant sind, von CO nach FI zu übertragen. Ein Beispiel ist die Änderung von Funktionsbereichen für das UKV-Reporting durch Kostenstellenumlagen.

Vor Einführung der Echtzeitintegration stand für die Übertragung von Kontierungsänderungen von CO nach FI das *Abstimmledger* mit der Transaktion KALC zur Verfügung. Diese Funktion hat den Nachteil, dass man damit nur summarische Buchungen durchführen konnte. Eine Buchung in FI wurde in der Regel auf folgende Weise ausgelöst:

Abstimmledger

- Änderung des Funktionsbereichs
- Wechsel des Geschäftsbereichs
- buchungskreisübergreifende Buchungen

Diese Liste wird mit der Einführung von EZI im Standard nun um folgende Auslöser erweitert:

- Änderungen des Profit-Centers
- Wechsel des Segments

Die Erweiterung um das Profit-Center ist notwendig, wenn wir uns bei der Einführung des neuen Hauptbuchs für die Abbildung der Profit-Center-Rechnung im Hauptbuch statt wie bisher im klassischen Modul EC-PCA entscheiden.

Notwendigkeit von EZI

Das *Segment* als zusätzliches Kontierungsobjekt haben wir bereits in Abschnitt 3.2, »Entitätenmodell«, kennengelernt. Durch Verteilungen oder Umlagen im Controlling kann es auch zu Verschiebungen zwischen Segmenten kommen. Da das Segment nur im neuen Hauptbuch vollständig ausgewertet werden kann, müssen diese Verschiebungen nach FI übertragen werden.

Um EZI zu aktivieren, muss im Customizing eine entsprechende Variante eingerichtet werden (siehe Abbildung 7.1). Dies nehmen wir im Einführungsleitfaden unter FINANZWESEN (NEU) • GRUNDEINSTELLUNGEN FINANZWESEN (NEU) • BÜCHER • ECHTZEITINTEGRATION DES CONTROLLINGS MIT DEM FINANZWESEN • VARIANTEN FÜR ECHTZEITINTEGRATION DEFINIEREN vor.

7 Abschluss und Reporting in SAP ERP

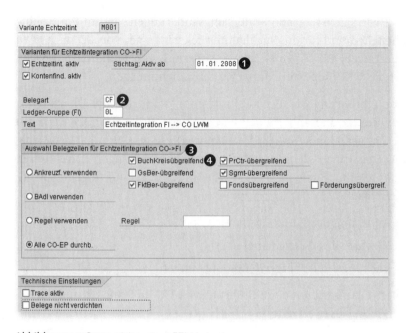

Abbildung 7.1 Customizing einer EZI-Variante

Festlegung in der EZI-Variante
Hier ist erkennbar, dass die gewählte VARIANTE der Echtzeitintegration ab dem 01.01.2008 aktiv ist ❶. Relevant ist dabei das Buchungsdatum, mit dem ein CO-Beleg erfasst wird. Falls Sie eine bestehende Hauptbuchhaltung in das neue Hauptbuch migrieren möchten, können Sie durch die Stichtagsaktivierung (Feld STICHTAG: AKTIV AB) problemlos das Customizing der EZI-Variante bereits vor dem Migrationsstichtag in Ihr Produktivsystem transportieren.

Belegart
In der Variante wird ferner die BELEGART für die Buchhaltungsbelege festgelegt ❷. Um eine klare Abgrenzung zum restlichen Buchungsstoff der Hauptbuchhaltung zu erzielen, sollte hier eine exklusive Belegart verwendet werden. Die hinterlegte Belegart benötigt eine interne Nummernvergabe. Sie muss nur auf Sachkonten buchen, dort aber die Möglichkeit der gesellschaftsübergreifenden Buchung haben.

Umfang von EZI
Am wichtigsten ist wohl die Festlegung des Umfangs von EZI, indem wir bestimmen, welche CO-Vorgänge nach FI übergeleitet werden sollen (Feldgruppe AUSWAHL BELEGZEILEN FÜR ECHTZEITINTEGRATION CO-FI ❸). Grundsätzlich bietet uns SAP hier vier Möglichkeiten:

- Verwendung von Checkboxen
- Ableitung über ein BAdI

- Einsatz einer Regel
- Überleitung aller Einzelposten der Gemeinkostenrechnung

Am einfachsten ist die Verwendung der *Checkboxen*. Wie Sie in Abbildung 7.1 sehen, stehen Ihnen bis zu sieben Felder zur Verfügung. Für eine korrekte Darstellung der Buchungskreisbilanzen muss mindestens das Kennzeichen BUCHKREISÜBERGREIFEND ❹ gesetzt werden. Damit werden alle Vorgänge, die zu einem Wechsel des Buchungskreises führen, nach FI übergeleitet.

Verwendung von Checkboxen

Am mächtigsten und individuellsten ist der Einsatz von BAdI FAGL_COFI_LNITEM_SEL. Hier bietet das SAP-System die Möglichkeit, selbstständig zu entscheiden, welche Vorgänge wir überleiten wollen. Für den Einsatz von BAdI sollten wir uns immer dann entscheiden, wenn wir sehr detaillierte Anforderungen an EZI haben, um unsere Reportinganforderungen im Hauptbuch zu erfüllen.

BAdI »FAGL_COFI_LNITEM_SEL«

BAdI zur Ableitung verwenden

Zum Beispiel ist der Einsatz von BAdI FAGL_COFI_LNITEM_SEL opportun, wenn wir alle Vorgänge mit Ausnahme der Abrechnung nach CO-PA überleiten wollen. Grund hierfür ist, dass wir eine Abrechnung »Auftrag an Auftrag« nicht sauber von einer Abrechnung »Auftrag an Ergebnisobjekt« unterscheiden können.

Alternativ zu BAdI kann auch eine Regel definiert werden. Dabei handelt es sich um eine Grundsatzentscheidung, die da lautet: Bevorzugen Sie in Ihrem System stets eine programmierte Lösung wie BAdI oder eine aus dem Customizing erstellbare Regel. Gerade bei komplexen Regelwerken sollte die Entscheidung aus Gründen der Übersichtlichkeit zugunsten von BAdI ausfallen. Voraussetzung für die Nutzung von BAdI ist natürlich die Realisierung durch einen erfahrenen Entwickler.

Einsatz einer Regel

Als letzte Variante bleibt uns noch die Überleitung aller Einzelposten aus der Gemeinkostenrechnung. Ein Schwachpunkt dieser Variante ist, dass der Standard sogar die Abrechnung nach CO-PA in FI überleiten will. Außerdem ist diese Variante auch aufgrund des in FI zu erwartenden Belegvolumens kritisch zu betrachten, da wirklich jede Leistungsverrechnung, Umlage, Verteilung oder Auftragsabrechnung nach FI übergeleitet wird.

Überleitung aller Einzelposten

Beeinflussung der Verbuchung

Diese vier Varianten entscheiden lediglich, welche Vorgänge nach FI übergeleitet werden. Wenn wir aber auch die Verbuchung in FI beeinflussen wollen, beispielsweise weil wir ein eigenes Kontierungsobjekt in FI mitführen, müssen wir zusätzlich noch BAdI FAGL_COFI_ACCIT_MOD aktivieren.

Belegverdichtung

Zur Reduzierung des Buchungsvolumens kann in EZI auch die *Verdichtung* der FI-Belege aktiviert werden. Die Funktionsweise ist abhängig von der Tatsache, ob das neue Hauptbuch aktiv ist oder nicht.

- **Ohne neues Hauptbuch**
  Ohne neues Hauptbuch wird auf die Merkmale des Abstimmledgers verdichtet: (Partner-)Funktionsbereich, (Partner-)Geschäftsbereich, (Partner-)Buchungskreis, Fonds und Grants. Alle weiteren Kontierungen wie z. B. Kostenstelle und Innenauftrag werden bei der Übergabe eliminiert.

- **Mit neuem Hauptbuch**
  Bei einem aktiven neuen Hauptbuch ist es wichtig, wie das Customizing der Ledger eingestellt ist. Wird beispielsweise die Kostenstelle im Hauptbuch fortgeschrieben, kann diese Kontierung bei der Verdichtung des FI-Belegs nicht eliminiert werden.

Der Empfehlung von SAP folgend, sollte die Belegverdichtung in einem produktiven System aktiviert sein.

Wenn Sie entschieden haben, was Sie von CO nach FI überleiten wollen, müssen Sie an dieser Stelle nun auch noch über die Kontenfindung nachdenken. Eine Kontenfindung ist in den folgenden beiden Fällen notwendig:

- Verbuchung von Bewegungen auf sekundären Kostenarten
- Abbildung von buchungskreisübergreifenden Vorgängen

Die Einstellungen hierzu nehmen Sie im Einführungsleitfaden unter Finanzwesen (neu) • Grundeinstellungen Finanzwesen (neu) • Bücher • Echtzeitintegration des Controllings mit dem Finanzwesen • Kontenfindung zur Echtzeitintegration vor. Betrachten wir beide Fälle etwas genauer:

Kontenfindung für sekundäre Kostenarten

Obwohl wir in der Summentabelle FAGLFLEXT des neuen Hauptbuchs inzwischen auch ein Feld Kostenarten kennen, können wir nach wie vor in der Buchhaltung keine Buchung ohne Sachkonto durchführen. Daher muss für alle Bewegungen, die in CO auf sekundären Kostenarten stattfinden, wie z. B. Umlagen oder interne Leistungsverrechnungen, mithilfe einer Kontenfindung ein GuV-Konto für die Verbuchung gefunden werden. Zur Abbildung der Kontenfindung gibt es zwei Möglichkeiten: eine einfache Kontenfindung in Abhängigkeit vom Vorgang in CO oder die sogenannte *erweiterte Kontenfindung* über eine Substitution.

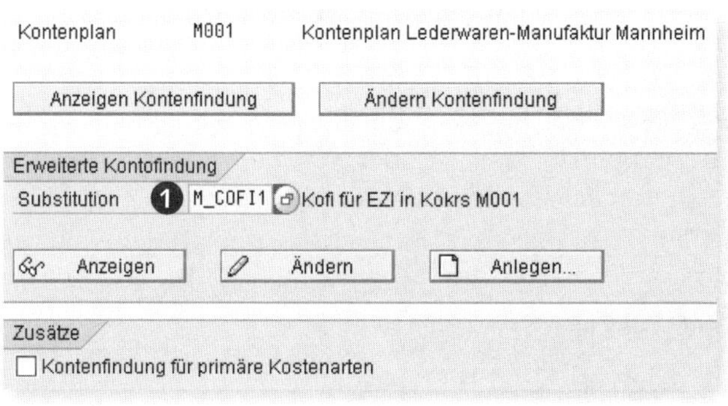

Abbildung 7.2 Kontenfindung von EZI

Ob Sie die einfache oder die erweiterte Kontenfindung verwenden, entscheiden Sie, indem Sie eine Substitution im Abschnitt ERWEITERTE KONTOFINDUNG eintragen oder nicht. Wie in Abbildung 7.2 zu sehen, wird bei der Lederwaren-Manufaktur Mannheim die Substitution M_COFI1 verwendet ❶. Dieses Vorgehen wurde gewählt, da wir zwischen Sender- und Empfängerwerten unterscheiden wollen. *Senderwerte* werden als interne Erlöse dargestellt, während die *Empfängerwerte* als interne Aufwände gezeigt werden.

Außerdem unterscheiden wir zwischen buchungskreisinternen und -übergreifenden Vorgängen. Daraus ergeben sich für unsere Substitution vier Schritte (siehe Abbildung 7.3).

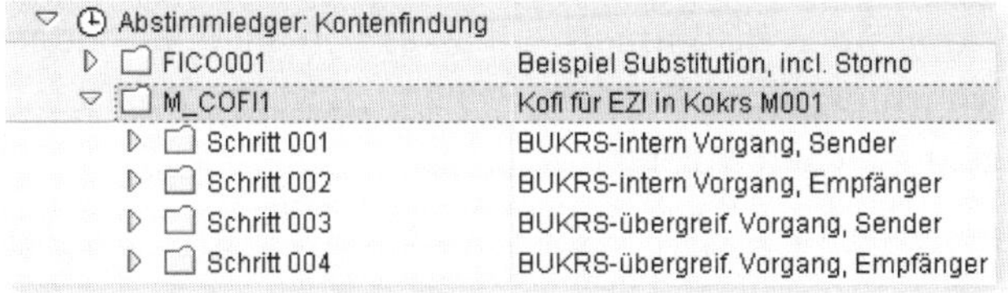

Substitution in vier Schritten

Abbildung 7.3 Schritte der Kontenfindung »M_COFI1«

Als Beispiel für die Ausprägung sehen Sie in Abbildung 7.4 den Schritt 001, mit dem die Senderwerte bei buchungskreisinternen Vorgängen mit einem Sachkonto versorgt werden. Dieser Substitutionsschritt soll greifen, wenn es sich um einen CO-Vorgang innerhalb eines Buchungskreises handelt und Sie sich auf der Senderposition befinden (siehe ❶ in Abbildung 7.4).

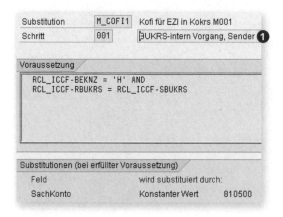

Abbildung 7.4 »Schritt 001« der Kontenfindung »M_COFI1«

Sie sehen hier, dass Sie unter VORAUSSETZUNG zunächst das Belastungskennzeichen RCL_ICCF-BEKNZ abfragen, um zu erkennen, ob Sie sich gerade auf der Sender- oder der Empfängerposition befinden. Das Belastungskennzeichen H für Haben bedeutet, dass hier gerade die Senderposition verarbeitet wird. Anschließend klären wir mit der Abfrage RCL_ICCF-RBUKRS = RCL_ICCF-SBUKRS, ob Sender und Empfänger dem gleichen Buchungskreis angehören.

Sind beide Voraussetzungen erfüllt, wird für die Übergabe der CO-Belegposition nach FI das Sachkonto 810500 (EZI: interner Erlös aus BUKRS-internen Vorgängen) verwendet.

In den weiteren Schritten wird dann variiert, ob Sender- und Empfängerbuchungskreis übereinstimmen und ob es sich um den Sender- oder Empfängerbuchungskreis handelt. Prinzipiell folgen die Abfragen aber stets dem gleichen Muster.

[+] **EZI-Konten als neutrale Konten anlegen**

Alle Konten, die wir in der Kontenfindung von EZI ermitteln, dürfen nicht als Kostenarten angelegt sein!

Innovationen im neuen Hauptbuch | **7.1**

> Alle Buchungen auf diesen Konten haben ihren Ursprung in CO. Ein erneuter Übertrag nach CO durch eine primäre Kostenart wäre also falsch. Wichtig ist daher aber auch, dass die in der Kontenfindung hinterlegten Konten auch ausschließlich durch EZI bebucht werden.

SAP bietet die Möglichkeit, über das Kennzeichen KONTENFINDUNG FÜR PRIMÄRE KOSTENARTEN (siehe Abbildung 7.2) sämtliche Buchungen von EZI über die Kontenfindung abzubilden. Betrachten wir die Auswirkung anhand eines Beispiels:

Kennzeichen »Kontenfindung für primäre Kostenarten«

Unsere Marketingkostenstelle leitet 1.000,00 EUR auf der Primärkostenart »Marketingkosten« an den Vertrieb weiter. Den Umbuchungsbeleg sehen Sie in Abbildung 7.5.

Abbildung 7.5 Manuelle Umbuchung von Kostenstelle an Kostenstelle

Wenn Sie die Kontenfindung für Primärkostenarten *nicht* aktivieren, erzeugt der Vorgang in FI die in Abbildung 7.6 dargestellte Buchung.

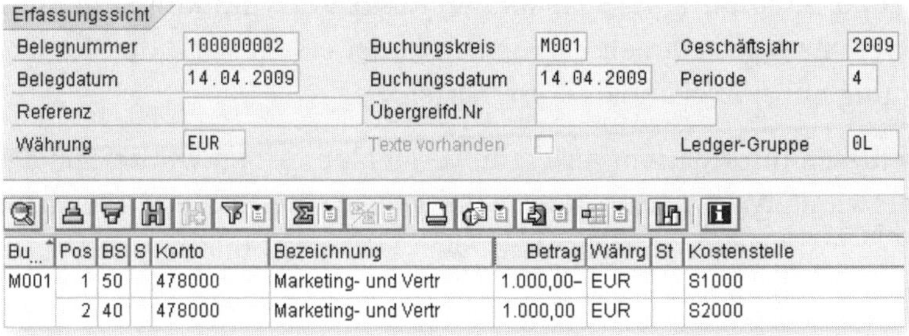

Abbildung 7.6 EZI-Kontenfindung nur für sekundäre Kostenarten

343

Sie sehen hier, dass in FI sowohl im Soll als auch im Haben auf die Primärkostenart gebucht wird, die auch für die manuelle Umbuchung in CO Verwendung fand. Nachteil dieser Vorgehensweise ist, dass die GuV-Konten etwas unübersichtlich werden, wenn in CO viele Primärkostenverteilungen stattfinden. Die EZI-Belege können aber bei Verwendung einer eigenen Belegart leicht identifiziert und gegebenenfalls ausgeblendet werden.

Anders sieht die Buchung aus, wenn Sie die Kontenfindung auch für primäre Kostenarten anwenden (siehe Abbildung 7.7).

Abbildung 7.7 EZI-Kontenfindung für primäre Kostenarten

Nun hat das System die in Abbildung 7.3 und Abbildung 7.4 gezeigte Kontenfindung angewendet. Die Entlastung der Kostenstelle S1000 wird als interner Erlös gezeigt, während die Belastung von Kostenstelle S2000 als interner Aufwand verbucht wurde.

Bei dieser Variante werden alle Buchungen aus EZI nur noch über gesonderte Konten nach FI übergeleitet. Damit lösen wir das potenzielle Problem der fehlenden Übersichtlichkeit auf den Primärkonten. Wir reduzieren aber auch den Informationsgehalt des Reportings im Hauptbuch, da sich auf den Konten der EZI-Kontenfindung größere Beträge sammeln werden als in der ersten Variante (Kontenfindung nur für sekundäre Kostenarten).

Um diesen Informationsverlust zu vermeiden, haben wir uns bei der Lederwaren-Manufaktur Mannheim gegen eine Kontenfindung für Primärkostenarten entschieden, wie Sie in Abbildung 7.2 auch erkennen können.

Buchungskreis-übergreifende Vorgänge

Mit der soeben gezeigten Kontenfindung werden die Ertrags- und Aufwandspositionen aus EZI abgebildet. Bei buchungskreis-übergreifenden Vorgängen muss zusätzlich noch die Forderung bzw.

Verbindlichkeit gegenüber dem jeweils anderen Buchungskreis bilanziell abgebildet werden. Die Findung der sogenannten *Buchungskreisverrechnungskonten* wird immer in der Beziehung zweier Buchungskreise gepflegt, wie Sie in Abbildung 7.8 erkennen können. Beide Buchungskreise – Sender und Empfänger – müssen dem gleichen Kostenrechnungskreis angehören, damit überhaupt Verrechnungen zwischen ihnen stattfinden können.

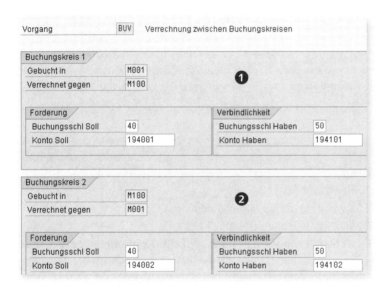

Abbildung 7.8 Buchungskreisverrechnungskonten finden

Hier sehen Sie, dass Sie jeweils ein Forderungs- und ein Verbindlichkeitskonto pro Buchungskreis angeben können. Es spricht nichts dagegen, sowohl Forderungen als auch Verbindlichkeiten über ein Konto abzubilden. Allerdings sollten unterschiedliche Konten je Buchungskreisbeziehung verwendet werden. Die Lederwaren-Manufaktur Mannheim hat für die Verrechnung der Niederlassungen in Mannheim und der Holding folgende Konten angelegt:

- im Buchungskreis M001 Lederwaren-Manufaktur Mannheim ❶
  - 194001 (Forderungen gegenüber Buchungskreis M100)
  - 194101 (Verbindlichkeiten gegenüber Buchungskreis M100)
- im Buchungskreis M100 Lederwaren-Manufaktur Holding ❷
  - 194002 (Forderungen gegenüber Buchungskreis M001)
  - 194102 (Verbindlichkeiten gegenüber Buchungskreis M001)

Mit dieser Kontenfindung können Sie in der Bilanz klar erkennen, gegenüber welchem Buchungskreis Sie eine Forderung oder Verbindlichkeit haben. Auch aus Sicht der Konsolidierung können diese konzerninternen Umsätze klar identifiziert und eliminiert werden.

[+] **Kontenfindung EZI und Abstimmledger sind identisch!**

SAP hat sich bei der Konzeption von EZI bereits bestehender Funktionen des Abstimmledgers bedient. Beide Funktionen greifen daher auf die gleiche Kontenfindung zu. Bei einer Migration zum neuen Hauptbuch und der damit einhergehenden Aktivierung von EZI sollten Sie gegebenenfalls darauf achten, dass die bestehende Kontenfindung im Produktivsystem nicht vorzeitig angepasst wird. Dies würde unterjährig zu einem Wechsel der Kontenfindung führen, was Sie aus Gründen der Übersichtlichkeit vermeiden sollten.

[+] **Exkurs: Interne Rechnungsstellung oder interne Verrechnung**

Für die Abbildung buchungskreisübergreifender Vorgänge haben wir zwei Möglichkeiten:
- Abbildung über Leistungsverrechnungen in CO
- Abbildung über Rechnungsstellung

In vielen Unternehmen werden buchungskreisübergreifende Verrechnungen in CO unterbunden. Grund hierfür ist, dass bei Überschreitung von Legaleinheiten (Buchungskreisen) sowohl Leistungserbringer als auch Leistungsempfänger eine Ausgangs-/Eingangsrechnung vorweisen müssen. Um dies sicherzustellen, werden wie bei externen Kunden Fakturen erstellt und versendet. Der Leistungsempfänger bucht diese Rechnung dann – ebenfalls wie bei Drittanbietern – über den Rechnungseingang ein. In einigen Unternehmen wird eine Rechnungserstellung sogar bei Leistungsbeziehungen zwischen Segmenten oder Business Units innerhalb eines Buchungskreises durchgeführt.

Mit dieser Variante lösen wir das formale Problem der Rechnungsstellung. Allerdings besteht bei einer manuellen Abbildung des Prozesses die Gefahr von Fehleingaben. Dies führt später bei der Konsolidierung zu Problemen.

Sie sehen also, dass die Einrichtung von EZI notwendig ist, wenn Sie Kontierungsänderungen durch CO-Vorgänge in der Hauptbuchhaltung abbilden wollen. Das Customizing ist nicht sehr kompliziert, die Kontenfindung ist identisch mit derjenigen des Abstimmledgers. Verglichen mit dem Abstimmledger bietet EZI aber einen großen Vorteil: Sie sorgt nicht nur zum Periodenende für die Abstimmbarkeit von CO und FI, sondern bucht jeden relevanten CO-Beleg (entsprechend der im Customizing hinterlegten Vorgaben) sofort in die Hauptbuchhaltung. Dadurch sind die Buchungen leichter nachvollziehbar, und vor allem sind Hauptbuchhaltung und Controlling jederzeit abstimmbar.

Diese Integration bedeutet aber auch, dass die Aktionen von CO und FI im Abschluss zeitlich neu geplant werden müssen. Alle Aktionen innerhalb der Gemeinkostenrechnung können durch EZI noch zu Änderungen im Hauptbuch führen. Dies bringt uns zum Thema der Planung eines Periodenschlusses.

Auch wenn wir es als Selbstverständlichkeit betrachten: Eines der größten Probleme des Abschlussprozesses ist die notwendige enge Zusammenarbeit von Buchhaltung und Controlling. Denn obwohl Logistiker häufig keinen Unterschied zwischen diesen beiden Bereichen machen, ist es in der Praxis immer wieder erstaunlich, wie wenig sie zusammenarbeiten. Ein wichtiges Werkzeug für eine enge Zusammenarbeit ist ein gemeinsamer *Abschlussplan*. Im Anhang finden Sie das Beispiel eines Abschlussplans. Im Folgenden werden wichtige Aktivitäten daraus beschrieben.

Integrativer Ablauf eines Abschlusses

7.2 Übernahme der HR-Daten

Da Personaldaten höchste Geheimhaltung erfordern, wird das *Personalwesen* (Human Resources, HR) in der Regel nicht in einem SAP ERP-System abgebildet, in dem die Logistik und das Rechnungswesen aktiv verwendet werden. Ebenso werden Lohn- und Gehaltszahlungen, Zahlungen an Sozialversicherungen sowie alle anderen gehaltsnahen Zahlungen nicht aus dem ERP-System geleistet, um sicherzustellen, dass niemand die Zahlen analysieren und dabei Erkenntnisse über Gehälter erlangen kann. Da wir aber in der Finanzbuchhaltung eine komplette Bilanz erstellen wollen und auch die Kostenrechnung die Lohn- und Gehaltsaufwände benötigt, müssen die Werte monatlich an das ERP-System übergeben werden. Im Idealfall müssen wir ein SAP ERP HCM-System (HCM = Human Capital Management) anbinden, was wir im SAP-Standard vornehmen können.

Gesondertes HR-System

Die Überleitung der Daten von HCM an das Rechnungswesen ist Bestandteil der Lohn- und Gehaltsabrechnung auf dem HCM-System. Da die Lohn- und Gehaltszahlungen in den meisten Betrieben bereits

HCM und SAP ERP

vor dem Monatsultimo, also dem Monatsletzten, erfolgen und hierfür ein gewisser interner Vorlauf notwendig ist, erfolgt die Verbuchung der Personalabrechnung etwa um den Zeitpunkt Ultimo minus zehn Tage.

Ein deutlicher Teil des notwendigen Customizings wird auf dem HCM-System realisiert. Die Findung der Sachkonten erfolgt aber auf dem ERP-System. Alle Einstellungen hierzu finden Sie im Einführungsleitfaden unter PERSONALABRECHNUNG • ABRECHNUNG [LAND] • BUCHUNG INS RECHNUNGSWESEN • AKTIVITÄTEN IM RW-SYSTEM • ZUORDNUNG DER KONTEN.

Eine schematische Darstellung der Kontenfindung sehen Sie in Abbildung 7.9.

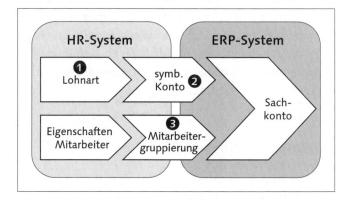

Abbildung 7.9 Schematische Darstellung der Kontenfindung zur HR-Schnittstelle

Symbolisches Konto
Ausgangspunkte der Kontenfindung sind die *Lohnart* (siehe ❶ in Abbildung 7.9) und der *Mitarbeiter*. Jede Lohnart im HR-System verweist auf ein sogenanntes *symbolisches Konto* ❷. So könnte es z. B. zwei Lohnarten – Fixgehalt und variables Gehalt – geben. Aus Sicht der Buchhaltung ist diese Unterscheidung irrelevant. Daher können beide auf das symbolische Konto »Gehalt« zeigen.

Mitarbeitergruppierung
Die Mitarbeitergruppierung ❸ finden wir nicht – wie z. B. die Kontierungsgruppe des Debitors für die Erlöskontenfindung – im Stammsatz des Mitarbeiters. Sie wird anhand von Regeln, die im HR-System hinterlegt sind, aufgrund von Eigenschaften des Mitarbeiters ermittelt. Eine klassische Gruppierung wäre hier Arbeiter und Angestellter.

> **Anzahl Mitarbeiter pro Kostenstelle** [+]
>
> Jeder Kostenstelle, die Lohn- und Gehaltskosten trägt, müssen mindestens drei Mitarbeiter zugeordnet sein. Nur so kann vermieden werden, dass ein Mitarbeiter der Kostenstelle durch Gegenüberstellung der Gesamtpersonalkosten der Kostenstelle und seinem eigenen Gehalt Rückschlüsse auf das Gehalt von Kollegen zieht. Es gibt inzwischen aber auch schon eine Reihe von Unternehmen, die pro Kostenstelle mindestens fünf Mitarbeiter abbilden, um eine höhere Datensicherheit zu erzielen. Je mehr Mitarbeiter einer Kostenstelle zugeordnet sind, desto weniger sind einzelne Gehälter nachvollziehbar.

Die Anbindung des HR-Systems an das Rechnungswesen erfolgt im Standard per *Application Link Enabling* (ALE). Das notwendige Customizing hierzu muss durch die Systemadministratoren vorgenommen werden. In der Schnittstelle werden aus dem HR-System vor allem die symbolischen Konten, die Mitarbeitergruppierungen, CO-Kontierungen und die Beträge übergeben. Informationen über die Mitarbeiter selbst oder die Lohnarten werden nicht übertragen.

Übermittlung von HR nach FI

Um auch bei Einsatz des neuen Hauptbuchs mit aktivierter Belegaufteilung eine automatische und vor allem korrekte Verbuchung aller Geschäftsvorfälle zu erreichen, müssen Anpassungen auf dem HR-System vorgenommen werden.

Auswirkungen bei Nutzung des neuen Hauptbuchs

Nicht selten werden HR-Systeme ausgelagert oder in größeren Konzernen zentralisiert. Als Folge bedient ein HR-System dann mehr als ein ERP-System. Dies führt wiederum dazu, dass das HR-Team unsere Anforderungen durch Einführung des neuen Hauptbuchs nicht erfüllen kann, da man auch Kunden ohne neues Hauptbuch hat. Es gibt allerdings einen Workaround für diese Situation.

In der Regel werden in HR die Belege pro Buchungskreis erstellt. Das heißt, es wird ein riesiger Beleg erstellt, der den gesamten Buchungsstoff enthält. Überschreitet der Beleg die Anzahl von 999 Zeilen, wird er einfach unterbrochen, und ein neuer Beleg wird erstellt. Dieses Vorgehen führt aber bei Nutzung der Belegaufteilung zu sachlich falschen Belegen, da das System bestehende 1:1-Beziehungen von GuV- und Bilanzkonten nicht erkennen kann. Daher muss im HR-System eine Buchungsvariante für die Abrechnung erstellt werden, in der die Belege nach Kontierungsobjekt getrennt werden (siehe ❶ in Abbildung 7.10). Damit wird z. B. pro Kostenstelle ein eigener Beleg

Workaround

erstellt. Bei der Verbuchung in FI gibt es damit keinen Anlass für eine Belegaufteilung, womit sachlich falsche Aufteilungen vermieden werden.

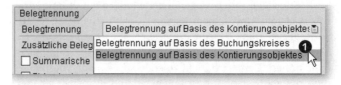

Abbildung 7.10 Steuerung der Belegaufteilung

Die soeben beschriebene und in Abbildung 7.10 gezeigte Einstellung finden Sie im Einführungsleitfaden unter PERSONALABRECHNUNG • ABRECHNUNG [LAND] • BUCHUNG INS RECHNUNGSWESEN • AKTIVITÄTEN IM HR-SYSTEM • BUCHUNGSVARIANTEN ERSTELLEN. Sie muss auf dem HR-System vorgenommen werden.

Durch dieses Umgehen der Belegaufteilung werden in FI und CO deutlich mehr Belege erstellt. Allerdings ist hier auch nur ein geringer Anpassungsaufwand vonseiten HR erforderlich.

7.3 Inventur

Inventurmethoden

Mit *Inventur* meinen wir in der Regel die Istaufnahme der Warenbestände. Zum einen wollen wir natürlich wissen, ob unsere Bestände laut Bestandsführung in SAP mit den physischen Beständen in den Lagern übereinstimmen. Daneben ist es aber auch gesetzliche Notwendigkeit, einmal jährlich eine Inventur durchzuführen. Rechtlich haben wir vier Möglichkeiten für die Organisation der Inventur:

- **Stichtagsinventur**
  Die Zählung am Bilanzstichtag bzw. bis zu zehn Tage davor oder danach

- **Verlegte Inventur**
  Die Zählung max. drei Monate vor bzw. zwei Monate nach Bilanzstichtag

- **Permanente Inventur**
  Das heißt, es wird zwar der gesamte Lagerbestand gezählt, allerdings erstreckt sich der Zeitraum über das gesamte Jahr.

- **Stichprobeninventur**
  Das heißt, es werden nur die werthaltigsten Materialien gezählt, und die Ergebnisse werden auf den Gesamtbestand hochgerechnet.

Die gesetzlich vorgesehene Standardmethode ist die Stichtagsinventur, bei der die Vorräte am Bilanzstichtag bzw. bis zu zehn Tage davor oder danach gezählt werden. Da dies gerade in großen Unternehmen sehr schwierig bzw. unmöglich ist, gibt es weitere, genehmigungspflichtige Verfahren.

Standardmethode

Dabei können wir zunächst mit der *verlegten Inventur* den Zeitraum der Zählung auf bis zu drei Monate vor bzw. zwei Monate nach Bilanzstichtag erweitern. Insbesondere bei Saisongeschäften – denken wir z. B. an einen Produzenten von Glühwein – können wir so einen Zeitpunkt abwarten, zu dem unsere Bestände möglichst niedrig sind. Alternativ können wir auch eine *permanente Inventur* durchführen. Dabei wird auch der gesamte Bestand gezählt, allerdings erfolgt die Zählung verteilt über das gesamte Geschäftsjahr. Wenn auch dies aufgrund der Lagermengen oder -bewegungen nicht möglich ist, bleibt uns als Letztes die *Stichprobeninventur*. Hierbei werden vor allem die werthaltigsten Waren gezählt, sodass wir wertmäßig einen Großteil der Ware erfasst haben. Von der restlichen Ware werden dann nur noch Stichproben gezogen, sodass ein Gesamtergebnis kalkuliert werden kann.

Genehmigungspflichtige Verfahren

> **Bezug zum Bilanzstichtag muss möglich sein**
>
> Sobald wir eine andere Methode als die Stichtagsinventur wählen, müssen wir eine ordnungsgemäße Bestandsführung nachweisen, die eine zweifelsfreie Vor- bzw. Rückrechnung der Bestände auf den Bilanzstichtag erlaubt.

[+]

Das SAP-System unterstützt uns in der Inventur, indem wir zunächst den Umfang einer Inventur bestimmen und die Inventurbelege für die Zählung ausdrucken können. Nachdem wir die tatsächlichen Bestände zurückgemeldet bekommen, können wir diese in SAP erfassen und dann auch verbuchen. Die Verbuchung löst einen Beleg in MM und FI aus. In FI verändern wir dadurch den Wert des Bestandskontos. Für die Gegenbuchung wird ebenfalls auf die MM-Kontenfindung zugegriffen. Das Konto für den Ertrag/Aufwand aus Inventurdifferenz wird mit dem Vorgang GBB und der allgemeinen Modifikationskonstante INV ermittelt (siehe hierzu auch Abschnitt 4.5.3, »Vorgänge finden«).

In der Anwendung finden wir alle benötigten Transaktionen unter LOGISTIK • MATERIALWIRTSCHAFT • INVENTUR.

Aus Sicht von Buchhaltung und Controlling ist die Inventur eine Aktivität im Rahmen des Jahresabschlusses. Da die Durchführung in der Regel durch die Lagerverwaltung organisiert ist, hält sich der Arbeitsaufwand für das Rechnungswesen aber sehr in Grenzen.

Wir haben bisher ausschließlich die Inventur der Lagerbestände besprochen. Darüber hinaus wollen wir aber auch wissen, welches Anlagevermögen sich noch im Haus befindet, und vor allem auch, wo es sich befindet. Das bringt uns zu unserem nächsten Thema der Anlagenbuchhaltung.

7.4 Tätigkeiten in der Anlagenbuchhaltung

Funktionen der Anlagenbuchhaltung

Die Anlagenbuchhaltung ist neben Debitoren- und Kreditoren die am häufigsten eingesetzte Nebenbuchhaltung in SAP. Sie ist – wie ihr Name schon besagt – für die Verwaltung des Anlagevermögens zuständig. Es können sowohl materielle als auch immaterielle Gegenstände, »echte Anlagen« und Anlagen im Bau abgebildet werden. Eine Funktion, die möglich ist, aber weder durch Eleganz noch durch Anwenderfreundlichkeit besticht, ist die Abbildung von Leasing in Kombination mit paralleler Rechnungslegung. Aber das ist ein Sonderthema, auf das hier nicht näher eingegangen werden soll. Die *Lease Accounting Engine* (LAE) bietet hier aber weitere Funktionalitäten, falls Leasing eine bedeutende Rolle in einem Unternehmen einnimmt und die parallele Rechnungslegung abgebildet werden soll.

Wir wollen an dieser Stelle die wichtigsten Tätigkeiten in der Anlagenbuchhaltung betrachten, die im Rahmen des Abschlusses anfallen. Vorgelagert zum eigentlichen Periodenabschluss sollten zunächst alle aktivierbaren Anlagen im Bau auf eine echte Anlage abgerechnet werden, sodass dieser Schritt zum eigentlichen Abschluss schon beendet ist.

7.4.1 Abrechnung von Anlagen im Bau

AiB – einzelposten- oder saldengeführt

Anlagen im Bau (AiB) sammeln Kosten, die für Anlagen entstehen. Wenn eine Anlage aber noch nicht betriebsbereit ist, darf sie auch nicht als aktive Anlage gezeigt werden, und vor allem dürfen keine

Abschreibungen berechnet werden. Für den Zeitraum von der Entstehung der Kosten bis zur Aktivierung wegen Betriebsbereitschaft werden die Kosten auf einer AiB dargestellt. AiBs werden immer in einer gesonderten Anlagenklasse angelegt.

Im SAP-System gibt es grundsätzlich zwei Arten von AiBs, die sich durch die Art der Verbuchung von Werten unterscheiden: Eine AiB kann als einzige Anlagenart einzelpostengeführt sein. Da dies nicht zwingend notwendig ist, können wir AiBs auch summarisch führen, d.h., die Werte auf einer AiB werden bei jedem Zugang einfach kumuliert. In der Regel sind AiBs aber einzelpostengeführt. Dann sehen wir bei der Abrechnung jeden Einzelposten und können damit sehr feingliedrig steuern, welche Werte auf welche zu aktivierende Anlagen gebucht werden.

Natürlich kann sich bei der Aktivierung von AiBs auch zeigen, dass nicht alle angefallenen Kosten aktivierbar sind. Ein gutes Beispiel hierfür ist ein Projekt zur Einführung von SAP. Über einen Zeitraum von mehreren Monaten fallen hier Kosten an: für Beratung, Hardware, Lizenzen, Einsätze der eigenen Mitarbeiter. Auch wenn es hier gesetzliche Vorgaben über die Aktivierbarkeit von Werten gibt, obliegt es immer noch der individuellen Auslegung, welche Kosten letztlich aktiviert werden. Wir wollen das einmal aktive Bilanzpolitik nennen. Bei einem negativen Projektverlauf kann es vielleicht sogar passieren, dass das Projekt abgebrochen wird. Dann müssen alle Werte, die bis dato aufgelaufen sind, direkt in die Kosten gebucht werden. Sie wirken sich somit zu hundert Prozent erlösmindernd im aktuellen Geschäftsjahr aus. Durch Angabe einer Kostenstelle als Zielobjekt ist auch diese Anforderung durch die Funktion der AiB-Aktivierung möglich.

Aktivierung oder Rückführung in die GuV

Wie aufwendig die Aktivierung von AiBs ist, hängt davon ab, welche Kosten auf AiBs verbucht werden: nur diejenigen, die wirklich AiBs betreffen, oder vielleicht alle zugehenden Anlagen, wenn wir z. B. erlauben, dass der Einkauf in Bestellungen AiBs anlegt. Obwohl eine einzelne AiB rasch abgerechnet ist, kann doch die Masse an Bewegungen dazu führen, dass der Zeitaufwand nicht unerheblich ist.

Zeitaufwand

Für die Abrechnung von AiBs müssen Sie zunächst individuell pro Anlage eine *Aufteilungsregel* pflegen. Zu der Funktion gelangen Sie im Anwendungsmenü über RECHNUNGSWESEN • FINANZWESEN • ANLAGEN • BUCHUNG • AKTIVIERUNG AIB • AUFTEILEN.

Aufteilungsregel

Sie müssen über die Aufteilungsregel definieren, auf welche Zielobjekte die Werte von AiBs umgebucht werden sollen. Ein Beispiel sehen Sie in Abbildung 7.11, in dem 83 Prozent der Kosten auf eine aktive Anlage verrechnet werden und 17 Prozent direkt in die Gemeinkostenrechnung auf eine Kostenstelle.

Anlage 40000004 0 Laser
Abrechnung Ist

Aufteilungsregelgruppe 1

Typ	Abrechnungsempfän...	Empfänger-Kurztext	%
ANL	20000007-0	Laser	83,00
KST	P9000	ProduktionsGK	17,00

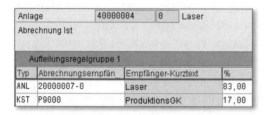

Abbildung 7.11 Erfassen einer Aufteilungsregel

Pflege des Abrechnungsprofils

Welche Empfängertypen (Anlage, Kostenstelle, PSP etc.) erlaubt sind, wird über das *Abrechnungsprofil* gepflegt, das dem Buchungskreis zugeordnet ist und für alle AiBs gilt. Im Standard wird das Profil AI (Abrechnung Anlagen im Bau) verwendet. Änderungen können Sie über die Transaktion OKO7 vornehmen.

Alle Posten einer AiB, die mit einer Aufteilungsregel versorgt wurden, werden nun in der Übersicht mit grünem Ampelstatus gezeigt.

In Abbildung 7.12 sehen Sie, dass bisher nur für zwei der drei Einzelposten auf Anlage 40000004 eine Aufteilungsregel erfasst wurde. Dennoch können Sie bereits die Abrechnung der Werte starten. Es werden dann nur die Positionen mit grünem Status verarbeitet. Den in der Abrechnung entstehenden Beleg sehen Sie in Abbildung 7.13.

Buchungskreis M001
Anlage 40000004 Laser
Unternummer 0

Status	ATG	Belegnummer	Bel.Datum	BWA	BezDatum	Betrag
	1	1700000000	04.03.2009	100	01.04.2009	10.997,48
	2	1900000000	01.03.2009	100		2.602,52
		5000000014	01.04.2009	120		25.000,00
						• 38.600,00

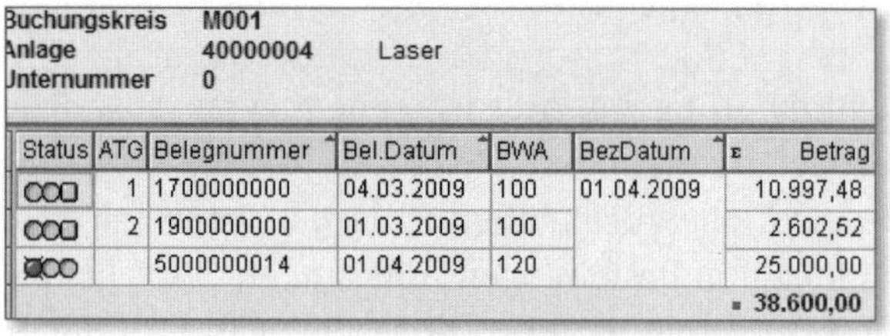

Abbildung 7.12 Übersicht der Einzelposten einer AiB

Sie sehen in den ersten beiden Buchungszeilen, dass die AiB mit insgesamt 13.600,00 EUR entlastet wurde. 1.869,57 EUR davon wurden auf die Kostenstelle P9000 umgebucht. Das Konto 214000 in Zeile 3 wurde dabei automatisch mithilfe der Kontenfindung der Anlagenbuchhaltung ermittelt. Der restliche Betrag in Höhe von 11.730,43 EUR wurde auf eine aktive Anlage verbucht. Damit erklärt sich auch die Aufteilung der Abgänge von der AiB: Sie entsprechen nicht den zugegangenen Einzelposten, wie Sie sie in Abbildung 7.12 gesehen haben, sondern sind gruppiert nach Empfänger, also bei uns aktive Anlagen und Kostenstelle.

Bu	Pos	BS	Konto	Bezeichnung	Betrag	Währg	Kostenstelle	Profitcenter	Segment
M001	1	75	32000	000040000004 0000	1.869,57-	EUR		M1400	M_BELT
	2	75	32000	000040000004 0000	11.730,43-	EUR		M1400	M_BELT
	3	40	214000	AiB-Abr. in Kosten	1.869,57	EUR	P9000	M9999	MANF
	4	70	11000	000020000006 0000	2.602,52	EUR		M1400	M_BELT
	5	70	11000	000020000007 0000	9.127,91	EUR		M1400	M_BELT

Abbildung 7.13 Beleg zur AiB-Abrechnung

> **Exkurs: Kontenfindung der Anlagenbuchhaltung**
>
> Selbstverständlich zeichnet sich die Verbindung von Anlagen- und Hauptbuchhaltung durch eine hohe Integration und Automatisierung aus. Zu diesem Zweck muss eine Kontenfindung eingerichtet werden, die für jeden Vorgang der Anlagenbuchhaltung ein Sachkonto ermittelt. Zum Einstellen der Kontenfindung gibt es mehrere Transaktionen, die zentrale Transaktion ist dabei AO90. Über sie können alle Einstellungen vorgenommen werden. Die Kontenfindung selbst ist abhängig von Bewertungs- und Kontenplan sowie Bewertungsbereich und wird den jeweiligen Anlagenklassen zugeordnet.
>
> Hinterlegt werden müssen neben den Konten für die *Anschaffungs- und Herstellkosten* (AHK) auch z. B. Konten für die Abschreibungen sowie Mehr- oder Mindererlöse bei Verkauf.

Die Abrechnung einer AiB sollte beendet sein, bevor der Abschreibungslauf gestartet wird, da sich mit der Abrechnung Werte auf aktiven Anlagen ändern können.

7.4.2 Abschreibungslauf

Neben dem Ende der Abrechnung sollte auch der Buchungsstopp in der Kreditorenbuchhaltung erfolgt sein, sodass aus Sicht der Anlagenbuchhaltung keine Veränderungen mehr an den *Anschaffungs- und Herstellkosten* (AHK) einer Anlage erfolgen. Lediglich durch Rückmeldung von Arbeitszeiten oder Materialverbräuchen bei eigengefertigten Anlagen können nun noch zusätzliche AHK produzieren.

Rückmeldung und Verbuchung interner Aufwände sollten aber schon vor Abrechnung einer AiB beendet sein.

AfA-Schlüssel

Mit dem periodischen *Abschreibungslauf* erfolgt die gesetzlich vorgegebene Reduzierung von AHKs um die *Absetzung für Abnutzung* (AfA). In der Regel starten wir den AfA-Lauf monatlich. Er ist in SAP vollständig automatisiert. Um dies zu erreichen, ist natürlich wieder etwas Customizing notwendig. Im Wesentlichen handelt es sich dabei um die Regeln zur Berechnung einer AfA. Die Regeln werden in sogenannte *AfA-Schlüssel* zusammengefasst. Jede aktive Anlage erhält für jeden ihrer Bewertungsbereiche einen AfA-Schlüssel.

Funktion des AfA-Laufs

Im Abschreibungslauf wird dann berechnet, wie viel Abschreibung aktuell gebucht sein müsste und wie viel bereits verbucht ist. Die Differenz wird daraufhin durch den Abschreibungslauf in das Hauptbuch gebucht.

Integration mit CO

Ein wichtiger Punkt bei der Konzeption der Anlagenbuchhaltung ist die Integration mit dem Controlling. Grundsätzlich ist es möglich, die Werte jedes Bewertungsbereichs nach CO überzuleiten. Hier sollten wir uns aber fragen, wofür wir alle Werte benötigen. In manchen Unternehmen gewinnt man mitunter den Eindruck, dass wir uns vom steinzeitlichen Jäger und Sammler nicht weit entfernt zu haben scheinen: Es wird einfach alles nach CO übergeleitet. Wenn wir aber z. B. Abschreibungen nach lokalem Recht und nach IFRS nach CO überleiten, müssen wir später, im Reporting der Gemeinkostenrechnung, wieder daran denken, dass wir einen Teil der Kostenarten – diejenigen nach lokalem Recht oder die nach IFRS – nicht berücksichtigen dürfen. Sonst würden wir zu hohe Abschreibungen berücksichtigen.

Wenn wir im neuen Hauptbuch die parallele Rechnungslegung über parallele Ledger abbilden, so können wir ohnehin nur noch den führenden Bewertungsbereich nach CO überleiten, da die anderen Ledger im Hauptbuch keine Integration mit CO haben.

Führender Bereich = internationale Rechnungslegung

Inzwischen hat sich in der SAP-Welt durchgesetzt, dass im führenden Bewertungsbereich nicht mehr lokales, sondern internationales Recht abgebildet wird. Denn gerade in großen Unternehmen arbeitet man im Tagesgeschäft nach internationalen Regeln. Lokales Recht interessiert dann nur noch für die gesetzlichen bzw. steuerlichen Jahresabschlüsse. Damit haben wir im führenden Bereich in der Regel den Wertansatz, der auch für das Controlling relevant ist, und es reicht völlig aus, wenn wir nur dessen Werte nach CO überleiten.

Wenn wir uns entschieden haben, welche Rechnungslegung wir nach CO überleiten, ist die zweite Frage nun aber die: Auf welche CO-Objekte kontieren wir eine AfA? Möglich ist vieles, sinnvoll nicht unbedingt alles. Man sollte meinen, dass kein Unterschied darin besteht, ob man auf Kostenstelle oder Innenauftrag kontiert. Weit gefehlt! Insbesondere die Einführung des neuen Hauptbuchs und die Aktivierung des Belegsplits verschärfen die Spielregeln an dieser Stelle deutlich. Schuld daran ist das Vorgehen des SAP-Standards bei der Ableitung von Profit-Centern. SAP kann hier zwar die Logik erklären, aber nicht jede erklärte Logik ist auch wirklich gut. Hier einige Gedanken, die Sie spätestens bei der Einführung des neuen Hauptbuchs berücksichtigen sollten:

Erlaubte CO-Objekte

- Vermeiden Sie es, innerhalb einer aktiven Anlage mehr als eine CO-Kontierung zu pflegen.
- Wenn Sie AHK- und/oder Wertberichtigungskonten als Kostenarten (Typ 90) angelegt haben, testen Sie nicht nur die Bewegungen, sondern auch die Kontierungsableitungen bei einer AfA. Dies ist der entscheidende Punkt.
- Sorgen Sie dafür, dass alle CO-Objekte – Kostenstellen, Aufträge, PSP-Elemente –, die in Anlagen hinterlegt sind, auch eine saubere Profit-Center-Zuordnung besitzen.

Ein Beispiel: Wir haben in unseren Anlagen immer eine Kostenstelle hinterlegt. In Anlage 20000005 ist zusätzlich für AfA ein Innenauftrag hinterlegt. Der AfA-Lauf erkennt die beiden Kontierungen, wie wir in Abbildung 7.14 sehen.

Beispiel: Mehrere CO-Kontierungen im Anlagenstamm

Kostenst.	Kst.auftr.	Bezeichnung	∑ Gepl. Betrag	∑ Geb. Betr.	∑ zu buchen
P4000	100301	Normalabschreibung	2.415,68–	260,68–	8,00–
		Normalabschreibung	2.415,68–	260,68–	8,00–
Bewertungsbereich 20			2.415,68–	260,68–	8,00–

Abbildung 7.14 AfA-Lauf mit Kostenstelle und Innenauftrag

Jetzt kommen zwei Verhaltensweisen des SAP-Standards zum Zuge:

- Wenn sowohl eine Kostenstelle als auch ein Innenauftrag mitgegeben wird, erfolgt die Istbuchung auf den Auftrag (Werttyp 4).
- Die Kostenstelle wird nur statistisch (Werttyp 11) bebucht.

Entsprechend werden auch Profit-Center und Segment aus dem Stammsatz des Innenauftrags entnommen. Dieses Verhalten trifft beim AfA-Lauf zu. Beim Anlagenzugang greift SAP aber nie auf den Innenauftrag zu. Damit werden in unserem Beispiel Profit-Center und Segment aus der Kostenstelle entnommen.

	Kostenstelle	Innenauftrag	Buchungskreis
CO-Kontierung	P4000	100301	M001
Profit-Center	M1400	M5100	–
Segment	M_BELT	M_OH	–
Anlagenzugang	12.078,40 EUR	–	12.078,40 EUR
Buchwert vor AfA-Lauf	12.078,40 EUR	–260,68 EUR	11.817,72 EUR
AfA-Buchung		–8,00 EUR	–8,00 EUR
Buchwert nach AfA-Lauf	12.078,40 EUR	–268,68 EUR	11.809,72 EUR

Tabelle 7.1 Wertverlauf einer Anlage mit Profit-Center und Segment

Wir sehen in Tabelle 7.1 eine Anlage, in der die Kostenstelle P4000 und der Innenauftrag 100301 hinterlegt sind. Wir sehen auch, welche Profit-Center und Segmente mit den CO-Kontierungen verbunden sind.

Der Anlagenzugang in Höhe von 12.078,40 EUR wird auf die Kontierungen der Kostenstelle verbucht. Die AfA-Buchung hingegen wird auf den Innenauftrag kontiert. Wir sehen in der letzten Spalte, dass der Buchwert nach dem Abschreibungslauf auf 11.809,72 EUR gesunken ist. Betrachten wir allerdings die Buchwerte pro Profit-Center oder Segment, stellt sich die Situation anders dar.

Profit-Center und Segment der Kostenstelle zeigen nach wie vor einen Buchwert von 12.078,40 EUR. Ein negativer AHK von –268,68 EUR wird hingegen auf Profit-Center und Segment des Innenauftrags gezeigt.

Sie sehen also, dass mehrere CO-Kontierungen im Anlagenstamm zu falschen Bilanzausweisen auf Ebene von Profit-Center und Segment führen können.

Dies ist aber ein Problem der Stammdatenpflege und Buchungslogik in CO und nicht das des Abschreibungslaufs. Gehen wir daher zur nächsten periodischen Arbeit in der Anlagenbuchhaltung über, zum periodischen Bestandsbucher.

7.4.3 Periodische Bestandsbuchung

In früheren SAP-Releases konnte nur der führende Bewertungsbereich aufgrund von Anlagebewegungen, also Zu- und Abgänge oder Umbuchung, sofort Buchungen im Hauptbuch auslösen. Für alle anderen Bewertungsbereiche musste die *periodische Bestandsbuchung* gestartet werden. Dies nehmen wir über die Transaktion ASKB oder im Anwendungsmenü über RECHNUNGSWESEN • FINANZWESEN • ANLAGEN • PERIODISCHE ARBEITEN • BESTANDSBUCHUNG vor. Diese Funktion untersucht, welche Bewegungen es auf Anlagen seit dem letzten Echtlauf der Transaktion gab. Diese Veränderungen werden dann in die Hauptbuchhaltung übertragen. Hierzu wird die Kontenfindung der Anlagenbuchhaltung genutzt.

Auch wenn es aktuell möglich wäre, auch für nicht führende Bewertungsbereiche die sofortige Verbuchung im Moment der Anlagenbewegungen einzurichten, gibt es hierzu keine Notwendigkeit, sodass auch heute noch in vielen Unternehmen die periodische Bestandsbuchung genutzt wird. Die Online-Verbuchung bietet aber den großen Vorteil, dass mit BAdI `ACC_DOCUMENT` in die Verbuchung eingegriffen werden kann.

> **Periodische Bestandsbuchung am Geschäftsjahresende** [+]
>
> Es ist wichtig, dass die periodische Bestandsbuchung zum Geschäftsjahresende nochmals gestartet wird, nachdem alle Bewegungen in der Anlagenbuchhaltung verbucht sind. Nur so lässt das SAP-System einen vollständigen Jahresabschluss in der Anlagenbuchhaltung zu.

7.4.4 Inventur der Anlagenbuchhaltung

In Abschnitt 7.3, »Inventur«, haben wir die Möglichkeiten der Inventur in der Materialwirtschaft kennengelernt. Leider ist die systemseitige Unterstützung für das Anlagevermögen weit geringer. SAP stellt zwar im Anlagenstamm Felder zur Verfügung, in denen wir die Inventurrelevanz und das Datum der letzten Inventur hinterlegen können. Es gibt aber keine Standardmittel zum automatischen Befüllen dieser Felder. Wir sind hier also auf Eigenentwicklungen bzw. auf Microsoft Excel angewiesen.

7.4.5 Technische Arbeiten

Abstimmung Anlagen- und Hauptbuchhaltung

Um zu überprüfen, ob alle Bestandsbuchungen korrekt in das Hauptbuch überführt sind, gibt es einen Report zur *Abstimmung* von Anlagenbuchhaltung und Hauptbuch. Dabei handelt es sich um eine Aktivität, die leider in vielen Fachabteilungen nicht nur zu kurz kommt, sondern nicht einmal bekannt ist.

Die Abstimmung können wir mithilfe der Transaktion ABST2 durchführen. In der Anwendung finden wir die Funktion unter RECHNUNGSWESEN • FINANZWESEN • ANLAGEN • PERIODISCHE ANLAGEN • JAHRESABSCHLUSS • ABSTIMMUNG KONTEN.

Mithilfe dieser Funktion werden die Summen pro Bestands- und Wertberichtigungskonto in der Anlagenbuchhaltung (Tabelle ANLC) mit den Kontensalden im Hauptbuch abgestimmt. Der Vergleich ist auf den Ebenen Buchungskreis, Sachkonto und Geschäftsbereich möglich. Wichtig ist hier natürlich, dass keine manuellen Buchungen auf den Konten der Anlagenkontenfindung, insbesondere den AHK- und den Wertberichtigungskonten, stattfinden. Falls es sachliche Gründe für Anpassungen der Anlagenwerte im Hauptbuch gibt, sollten diese über Korrekturkonten erfolgen.

SAP schlägt vor, diesen Report vor jedem Jahresabschluss zu starten. Diese Empfehlung sollte erweitert werden: Die Abstimmung sollte im Rahmen jedes Monatsabschlusses erfolgen. Wenn in der Abstimmung Differenzen festgestellt werden, müssen wir dann nur den Buchungsstoff eines Monats überprüfen. Starten wir die Abstimmung nur jährlich, muss im Falle einer Differenz ein größeres Belegvolumen untersucht werden. Ferner ist zu berücksichtigen, dass in vielen Unternehmen quartalsweise oder halbjährlich Finanzzahlen an Interessenten außerhalb des Unternehmens wie z. B. Banken berichtet werden. Dann wäre es problematisch, wenn wir etwa im Dezember wegen einer Abweichung Korrekturen im Februar vornehmen würden: Wir würden bereits gemeldete Zahlen verändern.

> **Überprüfen des ordnungsgemäßen Abschlusses von Jobs** [+]
>
> Mithilfe der Transaktion ARAL (Anwendungslog) kann überprüft werden, ob alle im Rahmen der periodischen Tätigkeiten gestarteten Jobs ordnungsgemäß beendet wurden.

Eine rein technische Notwendigkeit ist der *Geschäftsjahreswechsel* in der Anlagenbuchhaltung. Die Transaktion AJRW (Jahreswechsel) können wir als Saldovortrag der Anlagenbuchhaltung verstehen: Die aufgelaufenen Werte werden kumuliert in das neue Geschäftsjahr übertragen. Zusätzlich hat der Jahreswechsel noch eine weitere Funktion: Erst nach Start der Transaktion können Anlagenbewegungen in das neue Jahr gebucht werden. Der Geschäftsjahreswechsel sollte daher bereits am Ende des vorherigen Jahres gestartet werden, wobei dies technisch nur in der letzten Periode möglich ist.

Geschäftsjahreswechsel

Sie finden die Funktion unter dem Menüpfad RECHNUNGSWESEN • FINANZWESEN • ANLAGEN • PERIODISCHE ANLAGEN • JAHRESWECHSEL.

Zum Geschäftsjahresende muss in der Anlagenbuchhaltung noch eine weitere Aktion durchgeführt werden: der *Jahresabschluss* mit der Transaktion AJAB. Damit wird das alte Geschäftsjahr für Anlagenbewegungen gesperrt. Um sicherzustellen, dass der Abschluss korrekt erfolgt ist, prüft das SAP-System mit dem Lauf des Jahresabschlusses, ob die Abschreibungen korrekt berechnet und verbucht wurden.

Jahresabschluss

Sie finden die Funktion im Anwendungsmenü unter RECHNUNGSWESEN • FINANZWESEN • ANLAGEN • PERIODISCHE ANLAGEN • JAHRESABSCHLUSS • DURCHFÜHREN.

Wenn wir nun das alte Geschäftsjahr komplett abgeschlossen haben, können wir das finale Reporting der Anlagenbuchhaltung erstellen. Der wichtigste Bericht ist dabei sicherlich das Anlagengitter.

7.4.6 Erstellung des Anlagengitters

Das *Anlagengitter* können Sie unter dem Menüpfad RECHNUNGSWESEN • FINANZWESEN • ANLAGEN • INFOSYSTEM • ERLÄUTERUNGEN ZUR BILANZ • INTERNATIONAL • ANLAGENGITTER aufrufen.

Ein Anlagengitter zeigt die Entwicklung des Anlagevermögens über einen definierten Zeitraum (in der Regel über ein Geschäftsjahr). Das Layout des Gitters wird vor allem durch die sogenannte *Gitterversion* bestimmt, da hier die Spalten definiert werden. Im Standard wird bereits eine Reihe von Gitterversionen zur Verfügung gestellt, Sie können aber auch eigene Versionen erstellen. Hierzu müssen Sie im Einführungsleitfaden unter FINANZWESEN (NEU) • ANLAGENBUCHHALTUNG • INFORMATIONSSYSTEM • ANLAGENGITTER zunächst eine sogenannte *Gittergruppe* definieren, die nur aus einer ID und einer Bezeichnung besteht. Alle Bewegungsarten der Anlagenbuchhaltung haben im Anlagenstamm eine Gittergruppe hinterlegt. Somit müssen Sie beim Aufbau eines neuen Anlagengitters nur noch die gewünschte Gittergruppe in die Spaltenköpfe eintragen und nicht alle Bewegungsarten, die dort gezeigt werden sollen.

Eine Darstellung im Anlagengitter, die im Standard nicht vorhanden ist, in letzter Zeit aber oft nachgefragt wird, ist der gesonderte Ausweis von AiB-Abrechnungen. Diese Anforderung der Fachabteilung können wir nur über ein neues Anlagengitter erfüllen.

7.5 Periodensteuerung

Mit dem Geschäftsjahreswechsel wird festgelegt, in welchem Geschäftsjahr Buchungen in die Anlagenbuchhaltung möglich sind (siehe auch Abschnitt 7.4.5, »Technische Arbeiten«). Für die gesamte Buchhaltung und auch für das Controlling ist darüber hinaus aber auch wichtig, in welche Periode – auch innerhalb eines Geschäftsjahres – gebucht werden darf und welche Perioden zum Buchen gesperrt sind.

[zB] **Für Buchungen gesperrte Periode**

In einer Periode, für die Abschlussarbeiten durchgeführt werden, dürfen beispielsweise keine Rechnungen oder Warenbewegungen mehr erfasst werden. Vor dem Datenabzug nach SAP NetWeaver BW muss eine Periode schließlich vollständig für Buchungen gesperrt werden.

Diesen gesamten Themenkomplex können wir unter dem Begriff *Periodensteuerung* zusammenfassen.

Im SAP-System gibt es mehrere Stellen, an denen wir steuern können, ob eine Periode bebuchbar ist. Eine wichtige Periodensteuerung ist nicht in den Modulen FI oder CO angesiedelt, wird aber bei Problemen regelmäßig an die Modulbetreuer FI/CO gemeldet. Es handelt sich dabei um die Periodenverschiebung für den Materialstamm.

7.5.1 Periodenverschiebung für den Materialstamm

Mithilfe der *Periodenverschiebung* (Transaktion MMPV) für Materialstämme wird definiert, in welche Perioden Materialbewegungen gebucht werden können. Der sogenannte *Periodenverschieber* muss in der Nacht vom Periodenletzten auf den Periodenersten laufen, damit zum Arbeitsbeginn auch Warenbewegungen in der neuen Periode gebucht werden können. Hierfür wird am besten ein Job im Hintergrund eingeplant.

Interessanter als der Lauf des Periodenverschiebers sind dessen Einstellungen und die Auswirkungen auf die Bebuchbarkeit der Materialien. Die Ausprägung wird vorgenommen im Einführungsleitfaden unter LOGISTIK ALLGEMEIN • MATERIALSTAMM • GRUNDEINSTELLUNGEN • BUCHUNGSKREISE FÜR MATERIALWIRTSCHAFT PFLEGEN. Damit gelangen Sie in die folgende Transaktion (siehe Abbildung 7.15).

Einstellung zum Periodenverschieber

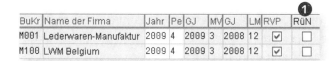

Abbildung 7.15 Einstellung zum MM-Periodenverschieber

Interessant ist hier das Kennzeichen RüN (❶ Rückbuchen nach Periodenwechsel nicht erlaubt). Damit wird definiert, ob wir in unserem Fall mit 4-2009 als aktuelle Periode auch noch Materialbuchungen in Periode 3-2009 erzeugen können. Da wir in der Lederwaren-Manufaktur Mannheim das Kennzeichen RüN nicht gesetzt haben, können wir auch in der Vorperiode noch Materialbewegungen erfassen. Dies erleichtert die Planung der Aufgaben im Rahmen des Monats- und Jahresabschlusses. Allerdings dürfen wir nicht übersehen, dass ein Rückbuchen in eine Vorperiode gegebenenfalls automatische Korrekturbuchungen zur Anpassung des GLD-Preises verursachen kann.

Selbstverständlich ist ein Rückbuchen nur möglich, wenn auch die Periode in FI noch geöffnet ist.

7.5.2 Öffnen und Schließen der Buchungsperioden

Das Öffnen und Schließen der *Buchungsperioden* in FI erfolgt über die Transaktion OB52. Im Anwendungsmenü finden Sie diese unter RECHNUNGSWESEN • FINANZWESEN • HAUPTBUCHHALTUNG • UMFELD •

Buchungsperioden in FI

LFD. EINSTELLUNGEN • BUCHUNGSPERIODEN ÖFFNEN UND SCHLIESSEN. Sie sehen ein Beispiel dafür in Abbildung 7.16.

Var.	K	Von Ko	Bis Konto	Von Per. 1	Jahr	Bis Per. 1	Jahr	Von Per. 2	Jahr	Bis Per. 2	Jahr	BeGr
M001	+			3	2009	4	2009	13	2009	16	2009	
M001	A	1	9999999999	4	2009	4	2009	13	2009	16	2009	
M001	D	1	ZZZZZZZZZZ	4	2009	4	2009	13	2009	16	2009	
M001	K	1	ZZZZZZZZZZ	4	2009	4	2009	13	2009	16	2009	
M001	M	1	9999999999	4	2009	4	2009	13	2009	16	2009	
M001	S	1	9999999999	3	2009	4	2009	13	2009	16	2009	

Abbildung 7.16 Öffnen und Schließen der Buchungsperioden in FI

Varianten Die Buchungsperioden werden nicht pro Buchungskreis gesteuert, sondern in Abhängigkeit von Varianten. Diese Varianten sind wiederum in den Parametern der Buchungskreise hinterlegt. Die gesamte Lederwaren-Manufaktur Mannheim arbeitet mit der Variante M001, d.h., für alle Buchungskreise werden die Perioden gemeinsam geöffnet bzw. geschlossen. Wir können in der Pflegetransaktion die Kontoarten angeben, also z.B. S für Sachkonten oder D für Debitoren. Es gibt aber immer auch einen Eintrag, der in der Spalte K (Kontoart) mit einem Plus-Zeichen maskiert ist. Diesen sehen Sie in Abbildung 7.16 ganz oben. Der Eintrag entscheidet darüber, welche Perioden grundsätzlich noch geöffnet sind, in unserem Fall März und April 2009 und zusätzlich die Sonderperioden 13 bis 16 für das Jahr 2009. Die Einschränkung für die Kontoarten A, D, K und M auf Periode 4 bewirkt für diese Kontoarten aber, dass auch nur die Periode 4 geöffnet ist. Es zählt hier also der Detaileintrag und nicht der maskierte Eintrag.

Berechtigungsgruppe Ganz am Ende der Tabelle sehen Sie auch noch eine Spalte BEGR (Berechtigungsgruppe). Damit können Sie den Zugriff auf Konten und Perioden auf Mitarbeiter oder Mitarbeitergruppen einschränken. Das Feld BERECHTIGUNGSGRUPPE korrespondiert hierfür mit dem Berechtigungsobjekt F_BKPF_BUP, das in der Berechtigungsverwaltung entsprechend berücksichtigt werden muss. Allerdings kann diese Berechtigungsprüfung nur für das erste Zeitintervall eingesetzt werden, nicht für das zweite, in dem in der Regel die Sonderperioden enthalten sind.

Buchungsperioden in CO Natürlich hat das Controlling auch seine eigenen Buchungsperioden. Diese werden über die Transaktion OKP1 oder im Anwendungsmenü z.B. unter RECHNUNGSWESEN • CONTROLLING • KOSTENARTEN-

RECHNUNG • UMFELD • PERIODENSPERRE • ÄNDERN gepflegt. Hier erfolgt die Steuerung nicht über Kostenarten, sondern über CO-Vorgänge. Ein Beispiel dafür sehen Sie in Abbildung 7.17.

Periodensperren				❶		
Vorgang	01	02	03	04	05	06
Abrechnung Ist	✓	✓	✓	☐	✓	✓
Abweichungsermittlung	✓	✓	✓	☐	✓	✓
Anzahlung	✓	✓	✓	✓	✓	✓
CO-Durchbuchung aus FiBu	✓	✓	✓	☐	✓	✓
COPA TOP-DOWN ist.	✓	✓	✓	☐	✓	✓

Abbildung 7.17 Periodensperre in CO

Hier ist für die Periode 4 (❶ in Abbildung 7.17) beispielsweise das Verbuchen von Anzahlungen bereits gesperrt, während wir aber noch Abrechnungen durchführen können und auch Durchbuchungen aus der Finanzbuchhaltung weiterhin erlauben.

7.6 Fremdwährungsbewertung

Heute gibt es kaum noch Unternehmen, die keine Belege in Fremdwährungen buchen. Im Reporting ist es aber meist sinnvoller, wenn wir alle Werte in einer Währung zeigen, sodass die Beträge vergleichbar sind. Dies gilt insbesondere für die Bilanz, die wir in der Hauswährung, also der Währung, die in den Parametern des Buchungskreises hinterlegt ist, zeigen. Grundsätzlich ermöglicht das SAP-System dieses Reporting schon allein dadurch, dass für jeden Beleg, der in Fremdwährung gebucht wird, auch die Beträge in der Hauswährung fortgeschrieben werden. Die Währungsumrechnung wurde jedoch mit dem im Einzelbeleg hinterlegten Wechselkurs vollzogen. Zum Periodenende wollen wir allerdings in der Regel die Posten und Salden in Fremdwährung nach aktuellem Wechselkurs bzw. entsprechend den jeweils angewendeten Rechnungslegungsvorschriften zeigen. Das Werkzeug hierfür ist die sogenannte *Fremdwährungsbewertung*, die wir über die Transaktion FAGL_FC_VAL ausführen.

Das Programm kann für die Bewertung von offenen Posten sowie von Sachkontensalden verwendet werden. Zunächst wird ermittelt, welche Bewertungsdifferenzen zu berücksichtigen sind. Es wird eine Liste ausgegeben, die durch den Anwender überprüft werden kann.

Funktion der Fremdwährungsbewertung

Im Anschluss können wir direkt mit dem Programm auch die notwendigen Buchungen erzeugen. In Abbildung 7.17 sehen Sie ein Buchungsbeispiel.

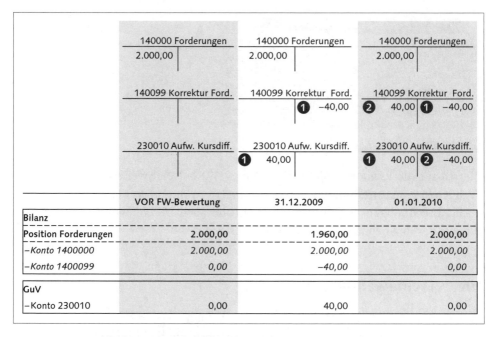

Abbildung 7.18 Beispiel für die Fremdwährungsbewertung

Wir haben in dem Beispiel eine offene Forderung, die ursprünglich mit 2.000,00 EUR (Hauswährung) eingebucht wurde. Zum Bilanzstichtag 31.12.2009 ist die Forderung aber nur noch 1.960,00 EUR wert. Wir müssen also eine Korrektur von 40,00 EUR vornehmen. Unter ❶ finden Sie diese Abwertung um 40,00 EUR, unter ❷ finden Sie das Storno dieser Fremdwährungsbewertung (Stichtag 01.01.2010).

Verwendung eines Korrekturkontos Diese Korrektur wird aber nicht auf dem Debitoren- oder Abstimmkonto vorgenommen, sondern auf einem Korrekturkonto, das in der Bilanz zusammen mit dem Abstimmkonto in einer Position dargestellt wird. Damit ergibt sich, dass wir in der Bilanz als Forderung nur noch 1.960,00 EUR ausweisen, obwohl wir das Konto 1400000 nicht angetastet haben.

Stornieren der Korrekturbuchung Da es sich bei der Fremdwährungsbewertung um eine Stichtagsbewertung handelt, stornieren wir die Korrekturbuchung in der Folgeperiode, in unserem Beispiel zum 01.01.2010, sofort wieder. Damit saldieren das Forderungskorrekturkonto 1400099 und das Aufwandskonto 230010 jeweils wieder zu null. Die Bilanzposition Forderungen weist wieder einen Saldo von 2.000,00 EUR aus.

> **Bewertung zur Bilanzvorbereitung** [+]
>
> In der Vergangenheit gab es auch die Funktion der »Bewertung zur Bilanzvorbereitung«. Damit wurden die Bewertungsdifferenzen im Beleg gespeichert. Der Umgliederungslauf für Forderungen und Verbindlichkeiten (siehe Abschnitt 7.7, »Umgliederung von Forderungen und Verbindlichkeiten«) griff anschließend auf diese Einträge in den Belegen zu und verbuchte die Beträge. Deshalb sollte auch die Umgliederung nach der Fremdwährungsbewertung laufen. Ein Storno der Fremdwährungsbewertung in der Folgeperiode wurde nicht vorgenommen. Diese Vorgehensweise ist bei Verwendung des Belegsplits nicht mehr möglich.

Sowohl das Korrekturkonto als auch das GuV-Konto werden mithilfe einer hinterlegten Kontenfindung ermittelt. Die Einstellungen hierzu nehmen wir im Einführungsleitfaden unter FINANZWESEN (NEU) • HAUPTBUCHHALTUNG (NEU) • PERIODISCHE ARBEITEN • BEWERTEN • FREMDWÄHRUNGSBEWERTUNG vor.

Kontenfindung für das Korrekturkonto

Mit der Einführung des neuen Hauptbuchs wird es wichtig, dass die Kontenfindung in Abhängigkeit eines Bewertungsbereichs eingerichtet wird. Die Rechnungslegung selbst wird über den Bewertungsbereich den Ledgern des Hauptbuchs zugeordnet. Dies nehmen Sie ebenfalls im Einführungsleitfaden unter FINANZWESEN (NEU) • HAUPTBUCHHALTUNG (NEU) • PERIODISCHE ARBEITEN • BEWERTEN vor.

Um die Kontenfindung bewertungsbereichsspezifisch einzurichten, gibt es einen Trick, den man wissen muss. Wenn man diesen Trick nicht kennt, braucht man entweder viel Glück oder viel Zeit, um den richtigen Button zu finden.

Kontenfindung bewertungsbereichsspezifisch einrichten

In Abbildung 7.19 sehen Sie, dass bei der Auswahl des Kontenplans rechts unten ein unscheinbarer Button mit der Bezeichnung BEWERTUNGSBEREICH ÄNDERN ausgewählt werden kann. Wenn Sie auf diesen Button klicken, können Sie im nächsten Popup-Fenster den Bewertungsbereich selektieren. In der Pflegetabelle der Kontenfindung sehen Sie den Bewertungsbereich dann auch zusammen mit dem Kontenplan als Ordnungskriterium.

Abbildung 7.19 Bewertungsbereichsspezifische Kontenfindung

Damit hinterlegen Sie die Konten nun nicht mehr nur in Abhängigkeit vom Kontenplan, sondern zusätzlich auch abhängig vom Bewertungsbereich. Den Bewertungsbereich können Sie mit einer Rechnungslegungsvorschrift verknüpfen. Dies nehmen Sie im Einführungsleitfaden unter FINANZWESEN (NEU) • HAUPTBUCHHALTUNG (NEU) • PERIODISCHE ARBEITEN • BEWERTEN • BEWERTUNGSBEREICH RECHNUNGSLEGUNGSVORSCHRIFT ZUORDNEN vor (siehe Abbildung 7.20).

Zuordnung Bewertungsbereich zu Rechnungsle	
Bewertungsbereich	RechLegVor
0L	01
IA	IAS
LO	LOGA
US	GAAP

Abbildung 7.20 Zuordnung Bewertungsbereich zu Rechnungslegungsvorschrift

Ledger einer Rechnungslegungsvorschrift zuordnen

Indem Sie die Rechnungslegungsvorschriften den Ledgern des neuen Hauptbuchs zuweisen, können Sie die Buchungen der Fremdwährungsbewertung gezielt nur in einzelne Ledger buchen. Die Zuordnung nehmen Sie im Einführungsleitfaden unter FINANZWESEN (NEU) • GRUNDEINSTELLUNGEN FINANZWESEN (NEU) • BÜCHER • PARALLELE RECHNUNGSLEGUNG • RECHNUNGSLEGUNGSVORSCHRIFT LEDGER-GRUPPEN ZUORDNEN vor. Ein Beispiel dafür zeigt Abbildung 7.21.

Bedeutung der Ziel-Ledger-Gruppe

Exakt formuliert wird die Rechnungslegungsvorschrift nicht direkt einem Ledger, sondern einer Ziel-Ledger-Gruppe zugeordnet. Eine Ziel-Ledger-Gruppe ist eine Gruppierung von Ledgern, um diese gemeinsam verarbeiten zu können. In Abbildung 7.21 sehen Sie in der zweiten Zeile die Rechnungslegungsvorschrift GAAP, der die

Ziel-Ledger-Gruppe L7 zugeordnet ist. L7 besteht aus zwei Ledgern: einem für US GAAP und einem für IAS. Wie der erste Eintrag der Abbildung zeigt, müssen wir auch für einzelne Ledger wie das führende Ledger 0L eine Vorschrift anlegen, damit wir sie z. B. in der Kontenfindung der Fremdwährungsbewertung ansprechen können.

Abbildung 7.21 Zuordnung Rechnungslegungsvorschrift zu Ziel-Ledger-Gruppe

Mit dem einfachen und effektiven Werkzeug der Fremdwährungsbewertung von Sachkontensalden und offenen Posten aus Haupt-, Kreditoren- und Debitorenbuchhaltung können wir die korrekte Darstellung aller Bilanzpositionen sicherstellen. Dem gleichen Zweck dient die im Folgenden beschriebene Funktion.

7.7 Umgliederung von Forderungen und Verbindlichkeiten

Sowohl nach lokalen als auch nach internationalen Rechnungslegungen gibt es Vorschriften, wie Forderungen und Verbindlichkeiten in der Bilanz darzustellen sind. Dies führt zu einem weiteren Arbeitsschritt, der mindestens zum Jahresabschluss durchzuführen ist: der *Umgliederung von Forderungen und Verbindlichkeiten*. Dieser Arbeitsschritt, den wir über einen einzigen Report in SAP durchführen können, beinhaltet folgende Teilaufgaben:

1. Umbuchung bestehender offener Posten bei Änderung des Abstimmkontos in Debitoren oder Kreditoren
2. Umbuchung bestehender offener Posten bei Änderung der Partnergesellschaft in Debitoren oder Kreditoren
3. Umbuchung, wenn Kreditoren debitorische Salden bzw. Debitoren kreditorische Salden aufweisen
4. Umgliederung nach Laufzeiten

Schauen wir uns die genannten Punkte kurz genauer an.

Geänderte Abstimmkonten

Es ist auch hier wieder einmal Buchhaltungsphilosophie, ob man es zulässt, dass das *Abstimmkonto* in Kreditoren oder Debitoren geändert werden darf oder nicht. Grund für eine Änderung könnte sein, dass wir uns maßgeblich finanziell an einem Lieferantenunternehmen beteiligen. Bis zur Übernahme war in seinem Lieferantenstamm das Abstimmkonto »VLL Fremde« hinterlegt. Nun müssten wir es ändern auf »VLL verbundene Unternehmen«. Alternativ zu einer Änderung im Lieferantenstamm müssen wir einen neuen Lieferantenstamm mit dem korrekten Abstimmkonto anlegen, eventuell bestehende offene Posten umbuchen und den alten Lieferantenstamm zum Buchen sperren.

Kaum abwenden können wir, wenn ein Lieferant eine größere Gutschrift ausstellt und wir daher in Summe eine Forderung gegen ihn haben. Oder wir müssen eine Gutschrift an einen Kunden ausstellen, sodass wir in Summe eine Verbindlichkeit gegenüber dem Kunden haben. Wir sprechen hier von einem debitorischen Kreditor bzw. einem kreditorischen Debitor.

Debitorische Kreditoren/ kreditorische Debitoren

Einen *debitorischen Kreditor* dürfen wir in der Bilanz nicht mehr unter den Verbindlichkeiten im Passiva ausweisen. Der Saldo muss nun bei den Forderungen im Aktiva gezeigt werden. Bei den *kreditorischen Debitoren* gilt dies seitenverkehrt. Zum Periodenabschluss müssen daher Korrekturbuchungen durchgeführt werden. Sowohl bei Ermittlung des betroffenen Buchungsstoffs als auch bei der Buchung selbst unterstützt das SAP-System durch eine automatisierte Verarbeitung.

Umgliederung nach Laufzeit

Schließlich müssen wir die Forderungen und Verbindlichkeiten noch nach Laufzeit gliedern. In der Regel werden sie nach folgenden Laufzeiten gegliedert:

- Forderungen und Verbindlichkeiten mit Laufzeit kleiner oder gleich einem Jahr
- Forderungen und Verbindlichkeiten ein bis fünf Jahre
- Forderungen und Verbindlichkeiten mit Laufzeit größer fünf Jahre

Bei den Buchungen bewegen wir uns dabei komplett in der Hauptbuchhaltung, die Nebenbuchhaltungen bleiben davon unberührt. Da die Abstimmkonten selbst aber nur aus den Nebenbuchhaltungen bebucht werden, legen wir zu allen Abstimmkonten Korrekturkonten an. In der Bilanz weisen wir dann Abstimmkonto und Korrekturkonto in einer Bilanzposition aus, sodass der Gesamtsaldo der Bilanzposition korrekt vermindert oder erhöht wird. Da es sich hier auch ausschließlich um Korrekturbuchungen für die Bilanzerstellung handelt, werden alle Buchungen zum Bilanzstichtag, also z. B. zum 31.12., durchgeführt und zu Beginn der Folgeperiode, z. B. zum 01.01., wieder storniert. Beide Buchungen, die Korrektur und der Storno, werden sofort durch das Umgliederungsprogramm vorgenommen.

Das Customizing für die Funktionen finden Sie im Einführungsleitfaden unter FINANZWESEN (NEU) • HAUPTBUCHHALTUNG (NEU) • PERIODISCHE ARBEITEN • UMGLIEDERN • UMBUCHEN UND RASTERN DER FORDERUNGEN UND VERBINDLICHKEITEN.

In der Anwendung finden Sie die Funktion dann direkt über die Eingabe der Transaktion FAGLF101 oder im Anwendungsmenü unter RECHNUNGSWESEN • FINANZWESEN • DEBITOREN/KREDITOREN • PERIODISCHE ARBEITEN • ABSCHLUSS • UMGLIEDERN • RASTERUNG/UMGLIEDERUNG (NEU).

In der Debitorenbuchhaltung gibt es schließlich noch ein wenig erfreuliches Thema: die Wertberichtigung auf Forderungen.

7.8 Wertberichtigung auf Forderungen

In Kapitel 5, »Vertriebsprozess«, haben wir bereits erfahren, dass es leider immer wieder Kunden gibt, die ihren Zahlungsverpflichtungen nicht nachkommen. Wir müssen also damit rechnen, dass ein gewisser Prozentsatz unserer Forderungen nicht bezahlt wird. Um dies abzubilden, gibt es die sogenannte *Pauschalwertberichtigung*.

Die Pauschalwertberichtigung kann sowohl manuell als auch systemunterstützt gebucht werden. Für die automatisierte Variante müssen Sie eine Kontenfindung im Einführungsleitfaden unter FINANZWESEN (NEU) • DEBITOREN- UND KREDITORENBUCHHALTUNG • GESCHÄFTSVORFÄLLE • ABSCHLUSS • BEWERTEN • DIVERSE BEWERTUNGEN pflegen. Häufig werden die Buchungen aber manuell durchgeführt, sodass wir an dieser Stelle nicht weiter auf das automatische Verfahren eingehen.

Pauschalwertberichtigung

Es gibt aber zudem noch die *Einzelwertberichtigung*. Diese kann ausschließlich manuell gebucht werden und ist immer dann fällig, wenn

Einzelwertberichtigung

wir in einem ganz individuellen Fall Kenntnisse darüber erlangen, dass wir zu einer Forderung keinen oder nur noch einen verringerten Zahlungseingang erwarten dürfen. Im täglichen Sprachgebrauch wird hierfür auch der Begriff *Abschreibung einer Forderung* verwendet.

7.9 Saldovortrag

Am Jahresende müssen wir für das Hauptbuch und die Nebenbücher jeweils den *Saldovortrag* starten. Damit werden für Bilanzkonten die Endsalden des alten Geschäftsjahres als Anfangssaldo in die Periode 0 des Folgejahres übernommen. Die Periode 0 kann nicht manuell bebucht werden. Sie wird ausschließlich durch den Saldovortrag befüllt. Die Salden von GuV-Konten werden auf die Ergebnisvortragskonten übergeleitet.

Saldovortrag im Hauptbuch

Im Hauptbuch nutzen wir für den Saldovortrag die Transaktion FAGLGVTR, die wir im Anwendungsmenü auch unter RECHNUNGSWESEN • FINANZWESEN • HAUPTBUCHHALTUNG • PERIODISCHE ARBEITEN • ABSCHLUSS • VORTRAGEN • SALDOVORTRAG (NEU) finden.

Bilanz- und GuV-Konten

Für den Vortrag der Bilanzkonten ist kein Customizing notwendig. Für die GuV-Konten müssen wir aber eine kleine Kontenfindung einrichten. Die Einstellung nehmen wir im Einführungsleitfaden unter FINANZWESEN (NEU) • HAUPTBUCHHALTUNG (NEU) • STAMMDATEN • SACHKONTEN • VORARBEITEN • ERGEBNISVORTRAGSKONTO FESTLEGEN vor. Hier müssen wir eine einstellige ID hinterlegen und dahinter ein *Ergebnisvortragskonto* angeben. Die Ergebnisvortragskonten sind Bilanzkonten, auf denen der Jahresüberschuss/-fehlbetrag dargestellt wird. Das SAP-System erzeugt beim Saldovortrag aber keine echte Buchung. Vielmehr handelt es sich um einen technischen Vortrag von Salden. Entsprechend finden wir auf den Ergebnisvortragskonten nur die Buchung der Gewinnverwendung oder vielleicht auch noch manuelle Buchungen aus einer Migration. Die Funktion des Saldovortrags kann keine Buchung erzeugen.

[+] **Ergebnisvortragskonten bei der Darstellung einer parallelen Rechnungslegung über parallele Konten**

Wenn Sie zur Darstellung einer parallelen Rechnungslegung mit der Methode der parallelen Konten arbeiten, müssen Sie mindestens drei Ergebnisvortragskonten anlegen:

eines pro Rechnungslegung und eines für gemeinsam genutzte Konten wie Telekommunikations- oder Stromkosten (siehe hierzu auch das Mickey-Mouse-Modell in Abschnitt 3.3, »Internationale Anforderungen«).

Auch für die Kontokorrentbuchhaltungen muss ein Saldovortrag durchgeführt werden. Hierfür verwenden wir die Transaktion F.07. Diese finden wir im Anwendungsmenü unter RECHNUNGSWESEN • FINANZWESEN • DEBITOREN/KREDITOREN • PERIODISCHE ARBEITEN • ABSCHLUSS • VORTRAGEN • SALDOVORTRAG.

Saldovortrag Nebenbuchhaltungen

Den Saldovortrag starten wir in der Regel im Laufe der letzten Buchungsperiode bzw. sobald wir in das neue Geschäftsjahr buchen wollen. Eigentlich sollte ab dem ersten Start jede Änderung, die sich im alten Geschäftsjahr noch ergibt, automatisch in den Saldovortrag aufgenommen werden, sodass dieser immer aktuell ist. In der Praxis zeigt sich aber immer wieder, dass einzelne Buchungen nicht nachträglich in den Saldovortrag aufgenommen werden. Daher sollten wir die Vorträge auch zu Beginn des neuen Geschäftsjahres nochmals starten. Im Anschluss daran kommt es nicht mehr zu Differenzen.

Wiederholtes Starten

7.10 Manuelle Buchungen

Vor allem im Rahmen des Abschlusses sind in der Hauptbuchhaltung manuelle Buchungen durchzuführen. Hierbei müssen Sie unterschiedlichste Buchungen vornehmen, wie z. B. das Einbuchen von Rückstellungen, nachgelagert zum Jahresabschluss die Gewinnverwendung und natürlich auch Abgrenzungen.

Mit *Abgrenzungsbuchungen* verlagern Sie die Erfolgswirksamkeit von Buchungen in die Buchungsperiode bzw. in das Geschäftsjahr, in das sie sachlich gehören. Eine Übersicht von Geschäftsvorfällen, die abgegrenzt werden müssen, sehen Sie in Tabelle 7.2.

Bedeutung von Abgrenzungsbuchungen

Alle vier Geschäftsvorfälle haben gemeinsam, dass eine Zahlung für einen Sachverhalt erfolgt, der geschäftsjahresübergreifend ist. Wenn die Zahlung im Folgejahr erfolgt, müssen wir eine sonstige Forderung bzw. Verbindlichkeit einbuchen. Falls die Zahlung bereits im aktuellen Geschäftsjahr erfolgt, müssen wir eine aktive bzw. passive Rechnungsabgrenzung vornehmen. Aus Tabelle 7.2 ergeben sich folgende Abgrenzungen (siehe Tabelle 7.3).

Sachverhalt	Betrag	Zahlung	Laufzeit	Verteilung auf Geschäftsjahre	
				2009	2010
Mieteinnahme 1	12.000,00 EUR	01.12.2009	12/2009 – 11/2010	1.000,00 EUR	11.000,00 EUR
Mieteinnahme 2	9.000,00 EUR	31.01.2010	12/2009 – 02/2010	3.000,00 EUR	6.000,00 EUR
Mietausgaben	24.000,00 EUR	01.02.2009	02/2009 – 01/2010	22.000,00 EUR	2.000,00 EUR
Versicherungsbeitrag	15.000,00 EUR	31.01.2010	10/2009 – 09/2010	3.750,00 EUR	11.500,00 EUR

Tabelle 7.2 Geschäftsvorfälle für Abgrenzungsbuchungen

Verteilung auf Geschäftsjahre		Notwendige Abgrenzung	Abgrenzungsbetrag
2009	2010		
Einnahme	Ertrag	passive Rechnungsabgrenzung	11.000,00 EUR
Ertrag	Einnahme	sonstige Forderung	3.000,00 EUR
Ausgabe	Aufwand	aktive Rechnungsabgrenzung	2.000,00 EUR
Aufwand	Ausgabe	sonstige Verbindlichkeit	3.750,00 EUR

Tabelle 7.3 Beispiel für Abgrenzungsbeträge

Zum Jahresabschluss 2009 ist eine passive Rechnungsabgrenzung in Höhe von 11.000,00 EUR für die Mieteinnahmen durchzuführen (siehe Tabelle 7.2). Die Zahlung erfolgte im Jahr 2009, die Miete für elf Monate ist aber dem Geschäftsjahr 2010 zuzuordnen. Die zweite Miete wird dagegen erst im Jahr 2010 gezahlt, obwohl eine Miete noch das Geschäftsjahr 2009 betrifft. Hier ist eine sonstige Forderung in Höhe von 3.000,00 EUR einzustellen. Unsere eigene Miete in Höhe von 24.000,00 EUR (siehe Tabelle 7.2) zahlen wir rückwirkend für ein ganzes Jahr. Nach Betrachtung der Laufzeit ergibt sich zum 31.12.2009 eine aktive Rechnungsabgrenzung in Höhe von 2.000,00 EUR. Für den Versicherungsbeitrag, den wir ebenfalls rückwirkend zahlen, ist wiederum eine sonstige Verbindlichkeit von 3.750,00 EUR einzubuchen.

Für die Buchung von Abgrenzungen stellt SAP die *Accrual Engine* zur Verfügung. Dort können Regeln hinterlegt werden, sodass Abgrenzungsbuchungen automatisiert durchgeführt werden können. In der Praxis werden diese Buchungen aber häufig noch manuell gebucht. Berechnung und Nachverfolgung erfolgen dabei in der Regel in Microsoft Excel. Da hierdurch nicht der Wertefluss selbst, sondern nur der Weg der Einbuchung geändert wird, wollen wir darauf nicht weiter eingehen.

Accrual Engine vs. manuelle Buchung

7.11 Umlagen und Verteilungen

Umlagen und *Verteilungen* sind Formen der *Allokation* und in der Gemeinkostenrechnung Standardaktivitäten im Rahmen des Periodenabschlusses. Mit der Integration der Profit-Center-Rechnung in das neue Hauptbuch und der Einführung der Segmentberichterstattung hat sich der Anwendungsbereich für Allokationen um das Hauptbuch erweitert.

Zunächst einmal müssen wir uns darüber im Klaren sein, was der Unterschied zwischen Verteilungen und Umlagen ist. Bei einer *Verteilung* nehmen wir alle Kosten, die z. B. auf einer Kostenstelle aufgelaufen sind, und reichen sie an ein Empfängerobjekt weiter. Dabei werden die Konten bzw. Kostenarten verwendet, mit denen die Werte ursprünglich auf die Kostenstelle gebucht wurden.

Begriffsklärung »Umlage« und »Verteilung«

Umlagen hingegen nehmen z. B. alle relevanten Kosten auf einer Kostenstelle und buchen diese auf einen oder mehrere Empfänger um. Dabei wird aber eine neue Kostenart verwendet. Die Information über die ursprünglichen Kostenarten geht für ein Empfängerobjekt also verloren. Für die Umlage muss in CO eine sekundäre Kostenart, in FI ein gesondertes Sachkonto angelegt werden. Zur Verdeutlichung haben wir beide Formen der Allokation in Abbildung 7.22 dargestellt.

Der Unterschied zwischen Verteilung und Umlage ergibt sich, wie Sie in Abbildung 7.22 erkennen, in den Darstellungsmöglichkeiten beim Empfänger. Bei einer Verteilung sehen Sie die einzelnen Konten bzw. Kostenarten, die schon beim Sender angefallen sind. Im Fall einer Umlage ist für den Empfänger nur noch zu erkennen, dass er mit Kosten belastet wurde. In unserem Beispiel wurden die Kosten

Unterscheidung

des Senders als Marketingaufwand an den Empfänger weitergereicht. In der Gemeinkostenrechnung ist es zudem möglich, durch den Einsatz eines Verrechnungsschemas mehr als eine Umlagekostenart innerhalb einer Umlage zu verwenden. In dem Verrechnungsschema wird für einzelne oder gruppierte Ursprungskostenarten definiert, mit welcher Umlagekostenart diese umzubuchen sind.

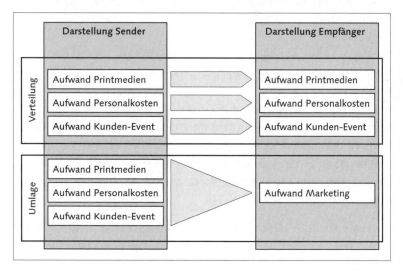

Abbildung 7.22 Verteilung vs. Umlage

Verteilungen und Umlagen unterscheiden sich in Vorbereitung und Durchführung nur dadurch, dass für Umlagen noch eine Umlagekostenart bzw. ein Umlagekonto angegeben werden muss.

Definition eines Zyklus
Um eine Allokation durchzuführen, müssen wir einen sogenannten *Zyklus* anlegen. Dieser bestimmt grundlegende Eigenschaften der Allokation. Im Hauptbuch wird bestimmt, in welcher Ledger-Gruppe die Allokation durchgeführt wird. Wichtig ist hierbei die Entscheidung, ob die Verarbeitung iterativ stattfinden soll. Dies kann notwendig sein, wenn ein Empfängerobjekt gleichzeitig Sender ist, denn dann hat sich das Objekt vielleicht schon selbst entlastet, erhält im Anschluss aber wieder Kosten durch eine weitere Allokationsrunde. Damit müsste sich unser Objekt nochmals entlasten. Problem sind hierbei aber eine zunehmend schlechte Performance und ein deutliches Ansteigen der Verarbeitungszeiten, wenn zu viele iterative Beziehungen bestehen. Es sollte also darauf geachtet werden, dass solche iterativen Verarbeitungsschritte auf ein Minimum reduziert werden.

Ein Zyklus definiert aber nicht im Detail, welche Sender und Empfänger zu berücksichtigen sind. Dies wird erst in den sogenannten *Segmenten* definiert. Ein Zyklus kann immer aus mehreren Segmenten bestehen.

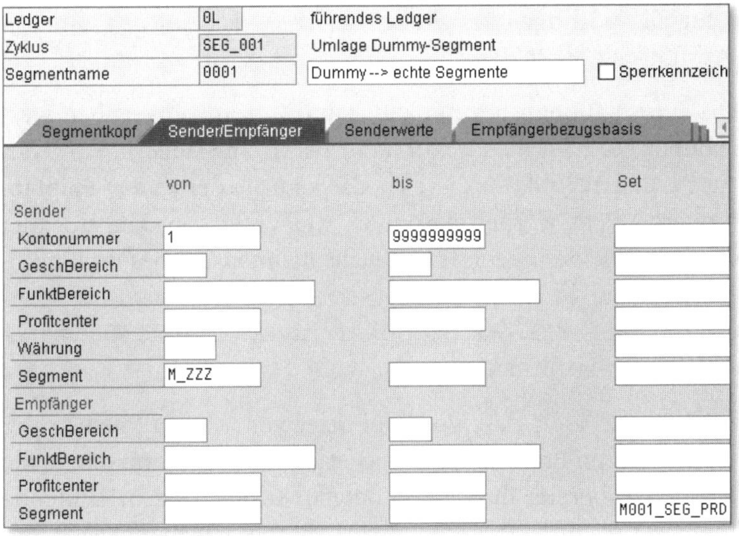

Definition von Segmenten

Ledger	0L	führendes Ledger	
Zyklus	SEG_001	Umlage Dummy-Segment	
Segmentname	0001	Dummy --> echte Segmente	☐ Sperrkennzeich

| Segmentkopf | Sender/Empfänger | Senderwerte | Empfängerbezugsbasis |

	von	bis	Set
Sender			
Kontonummer	1	9999999999	
GeschBereich			
FunktBereich			
Profitcenter			
Währung			
Segment	M_ZZZ		
Empfänger			
GeschBereich			
FunktBereich			
Profitcenter			
Segment			M001_SEG_PRD

Abbildung 7.23 Definition eines Verteilungszyklus – Segmentdefinition

In Abbildung 7.23 sehen Sie, dass wir eine Verteilung vom Segment M_ZZZ, einem Dummy, auf ein Set von Segmenten vornehmen wollen. Darin enthalten sind alle Segmente, die wir im Buchungskreis M001 verwenden. Berücksichtigt werden dabei alle Konten.

Empfänger		
Segment	Faktor pro	100
M_BAGS		22
M_BELT		22
M_OH		34
M_SHOES		22

Abbildung 7.24 Festlegung der prozentualen Verteilung

Wir geben in einem Segment an, wie die Werte des Senders auf die Empfänger zu verteilen sind (siehe Abbildung 7.24). In unserem Fall haben wir uns für eine prozentuale Verteilung entschieden. Alle produktbezogenen Segmente werden mit 22 Prozent der Werte auf dem Dummy-Segment belastet, das Overhead-Segment sogar mit 34 Prozent.

Pflege und Start von Allokationen

Der Einstieg in die Pflege und Ausführung von Zyklen ist abhängig vom Anwendungsbereich. Einen Verteilungszyklus im neuen Hauptbuch erreichen Sie beispielsweise im Anwendungsmenü über RECHNUNGSWESEN • FINANZWESEN • HAUPTBUCH • PERIODISCHE ARBEITEN • ABSCHLUSS • ALLOKATION • IST-VERTEILUNG. Hier finden Sie Transaktionen für alle wichtigen Tätigkeiten wie z. B. das Anlegen, Ändern und Ausführen von Zyklen.

Vererbung von Informationen möglich

Welche Informationen bei Allokationsbuchungen mitgegeben werden, können Sie über die Funktion der Vererbung steuern. Für jedes Feld wie z. B. den Funktionsbereich, das vom Sender an den Empfänger weitergereicht werden soll, muss die Vererbung eingeschaltet werden. Im Falle des neuen Hauptbuchs nehmen Sie dies im Einführungsleitfaden unter FINANZWESEN (NEU) • HAUPTBUCHHALTUNG (NEU) • PERIODISCHE ARBEITEN • ALLOKATION • FELDVERWENDUNG FÜR VERTEILUNG/UMLAGE DEFINIEREN vor.

Allokationen als letzte Abschlussschritte

Zu beachten ist aber, dass vor dem Start von Allokationen in der Regel alle anderen Buchungen bereits erfolgt sein müssen, damit alle Senderobjekte bereits ihre vollständigen Kosten tragen. Laufende Buchungen der alten Periode sowie Abschlussbuchungen in der Buchhaltung müssen also finalisiert sein, die Abrechnung von Kostenträgern muss erfolgt sein, und interne Leistungsverrechnungen müssen in der Regel ebenfalls abgeschlossen sein.

Sonderfall: Umlage nach CO-PA

Etwas anders im Customizing bzw. in der Durchführung ist die Umlage von Kostenstellen nach CO-PA. Hier werden als Empfänger Wertfelder angegeben. Hierzu sind entsprechende Verrechnungs- und Ergebnisschemata zu pflegen. In der Regel werden Sie alle Kosten, die auf Kostenstellen aufgelaufen sind, nach CO-PA abrechnen. Nur so können Sie eine vollständige Deckungsbeitrags- oder EBIT-Berechnung in CO-PA vornehmen. Alternativ zu einer Umlage von Kostenstellen nach CO-PA gibt es auch in der Praxis die Vorgehensweise, zunächst alle Kostenstellen auf Innenaufträge abzurechnen und die Innenaufträge wiederum nach CO-PA abzurechnen. Auch hier gilt das Motto: Viele Wege führen nach Rom.

7.12 Abstimmung

Kommen wir nun zur Abstimmung, genauer zur großen Umsatzprobe, zur Intercompany-Abstimmung, zur Abstimmung von Buchhaltung und Bestandführung und zur Abstimmung von Buchhaltung und Controlling.

7.12.1 Große Umsatzprobe

Die sogenannte *große Umsatzprobe* unterstützt Sie bei der Kontrolle der Funktionsweise Ihres SAP-Systems und beim Aufdecken von Anwendungsfehlern.

Sie finden die Funktion (Transaktion F.03 [Abstimmung]) im Anwendungsmenü der Debitoren- und der Kreditorenbuchhaltung, so z. B. unter RECHNUNGSWESEN • FINANZWESEN • DEBITOREN • PERIODISCHE ARBEITEN • ABSCHLUSS • PRÜFEN/ZÄHLEN • ABSTIMMUNG.

Der Report vergleicht die gebuchten Belege mit den Verkehrszahlen sowie den Indizes. All diese Daten müssen übereinstimmen. Im Falle von Abweichungen gibt es unterschiedliche Ursachen. Die schlimmste davon ist natürlich eine Fehlfunktion des Systems. Häufig entstehen Abweichungen aber beim Auf- oder Abbau der OP-Steuerung von Sachkonten. Die Abweichungen können dann durch ein erneutes Starten der entsprechenden Reports zum Auf-/Abbau der OP-Verwaltung in der Regel problemlos behoben werden. Oft liegt die Ursache auch in einem fehlenden Saldovortrag.

In jedem Fall ist es für eine korrekte Berichterstattung unabdingbar, dass Belege, Verkehrszahlen und Indizes übereinstimmen. Die große Umsatzprobe führt zwar mitunter zu langen Laufzeiten, dennoch sollte sie im Rahmen jedes Periodenabschlusses gestartet werden.

7.12.2 Intercompany-Abstimmung

Die Konsolidierung wird heute in der Regel nicht mehr in einem ERP-System durchgeführt, auch wenn das Konsolidierungsmodul EC-CS immer noch in Unternehmen produktiv ist und von SAP auch weiter unterstützt wird.

Dennoch müssen bei den Einzelgesellschaften einige Vorarbeiten im ERP-System, die sogenannte *Konsolidierungsvorbereitung*, vorgenom-

Abstimmung Forderungen und Verbindlichkeiten

men werden. Ein wichtiger Punkt ist dabei die *Intercompany-Abstimmung*. Hier geht es darum, eine Abstimmung durchzuführen, damit die internen Geschäftsbeziehungen aus Konzernsicht später im Konsolidierungssystem eliminiert werden können. Dies ist im Rahmen des Konsolidierungsprozesses natürlich umso einfacher, wenn die einzelnen Gesellschaften zueinander passende Zahlen liefern.

Nehmen wir als Beispiel wieder die Lederwaren-Manufaktur Mannheim: Unsere belgische Niederlassung nutzt z. B. die deutsche HR-Abteilung als Dienstleister, entsprechend verrechnet Mannheim regelmäßig Kosten an Brüssel weiter. Es entsteht also eine Forderung der Niederlassung Mannheim, der auf belgischer Seite eine Verbindlichkeit gegenübersteht. Nun ist es natürlich wichtig, dass beide Gesellschaften die Forderung und Verbindlichkeit in gleicher Höhe einbuchen. Um dies sicherzustellen, bietet das SAP-System unterschiedliche Werkzeuge. Eines davon ist die Intercompany-Abstimmung, die sogar über unterschiedliche ERP-Systeme hinweg arbeiten kann.

Das Customizing für diese Funktion nehmen Sie im Einführungsleitfaden unter FINANZWESEN (NEU) • HAUPTBUCHHALTUNG (NEU) • PERIODISCHE ARBEITEN • PRÜFEN/ZÄHLEN • SYSTEMÜBERGREIFENDE INTERCOMPANY-ABSTIMMUNG vor. Die Abstimmung starten Sie dann im Anwendungsmenü unter RECHNUNGSWESEN • FINANZWESEN • HAUPTBUCH • PERIODISCHE ARBEITEN • ABSCHLUSS • PRÜFEN/ZÄHLEN • INTERCOMPANY ABSTIMMUNG: OFFENE POSTEN/KONTEN.

Organisatorische Maßnahmen

Wenn wir konzernintern Rechnungen versenden und diese wieder manuell in der Empfängergesellschaft einbuchen, ist es zur Vorbereitung der Intercompany-Abstimmung wichtig, dass wir gerade zum Periodenende den gleichen Stand in beiden Buchhaltungen abbilden. Sie müssen also dafür Sorge tragen, dass eine Rechnung, die noch in der alten Periode erstellt wurde, auch unter der gleichen Periode beim Empfänger eingebucht wird. Hier sind auch organisatorische Regelungen unabdingbar.

Wenn Sender- und Empfängerbuchungskreise im gleichen Kostenrechnungskreis sind, können wir die internen Verrechnungen wie z. B. für HR-Dienstleistungen der Lederwaren-Manufaktur Mannheim auch über Leistungsverrechnungen in CO abbilden. Diese führen dann über die EZI zu Belegen in der Buchhaltung. Hier ist in jedem Fall technisch sichergestellt, dass Forderung und Verbindlichkeit der betroffenen Einzelgesellschaften deckungsgleich sind.

Abstimmung ist aber auch innerhalb eines Buchungskreises ein großes Thema. Im Sinne einer ordnungsgemäßen Buchführung muss sichergestellt sein, dass bei automatisierten Belegflüssen auch alle FI-relevanten Vorgänge z. B. aus der Materialwirtschaft auch in die Buchhaltung übergeleitet werden. Um dies zu überprüfen, stellt uns SAP mehrere Werkzeuge zur Verfügung, von denen wir nachfolgend die wichtigsten betrachten wollen.

7.12.3 Abstimmung von Buchhaltung und Bestandsführung

Bestandskonten, die durch die MM-Kontenfindung bebucht werden, sollten eigentlich nur automatisch aus dem Modul MM bebucht werden. Dass die Bestandswerte laut Bestandsführung und die Kontensalden in FI übereinstimmen, können Sie mit der sogenannten *Bestandswertliste* überprüfen. Diese finden Sie im Anwendungsmenü unter LOGISTIK • MATERIALWIRTSCHAFT • BESTANDSFÜHRUNG • PERIOD. ARBEITEN • BESTANDSLISTE, oder Sie steigen direkt über die Transaktion MB5L ein.

Bestandswertliste

Dieser Report vergleicht den Wert des Lagerbestands mit dem Saldo des Bestandskontos entsprechend der MM-Kontenfindung.

[+]

Regelmäßige Durchführung

Sie sollten diese Funktion regelmäßig – spätestens im Rahmen des Jahresabschlusses – durchführen.

7.12.4 Abstimmung von Buchhaltung und Controlling

In der Regel berichten wir Finanzzahlen sowohl aus dem Modul FI wie auch aus CO. Daher ist es unabdingbar, dass FI und CO übereinstimmen. Es gibt diverse Möglichkeiten, eine Abstimmung durchzuführen.

Für die *Abstimmung* bzw. Abweichungsanalyse zwischen FI und CO-PA stehen beispielsweise die Transaktionen KEAT (Wertefluss aus Fakturaübernahme prüfen) und KEAW (Wertefluss aus Auftrags-/Projektabrechnung prüfen) zur Verfügung.

Abstimmung FI – CO – CO-PA

Die Berichte zur Abstimmung der Gemeinkostenrechnung mit FI finden Sie im Anwendungsmenü unter RECHNUNGSWESEN • CONTROLLING • KOSTENARTENRECHNUNG • INFOSYSTEM • BERICHTE ZUR KOSTEN-/ERLÖSARTENRECHNUNG • ABSTIMMUNG.

Abstimmung FI – CO

Abstimmung FI – EC-PCA

Für die *Abstimmung* von Hauptbuch und klassischer Profit-Center-Rechnung (EC-PCA) steht uns ebenfalls ein sehr gutes Instrument zur Verfügung. Es handelt sich dabei um den sogenannten *Ledger-Vergleich*, in den wir mit dem Transaktionscode GCAC gelangen. Technisch gesehen führen wir damit einen Vergleich der jeweiligen Summentabellen durch.

```
Vergleich der Buchungskreiswährung

Satzart                0
Basis-Ledger           0L     führendes Ledger
Version Basis-Ledger   001
Vergleichs-Ledger      8A     Profit-Center-Rechnung
Version Vergl.Ledger   001
Geschäftsjahr          2009
Von Periode            0
Bis Periode            16
```

BuKr	Konto	Währg	Jahr	Basis-Ledger	Vergl.Led.	Differenz
M001	11000	EUR	2009	188.932,11	188.932,11	0,00
M001	11010	EUR	2009	1.217,68-	1.217,68-	0,00
M001	32000	EUR	2009	110.000,00	110.000,00	0,00
M001	113109	EUR	2009	20.000,00	20.000,00	0,00
M001	113190	EUR	2009	5.991,50	5.991,50	0,00
M001	140000	EUR	2009	4.582,30	4.582,30	0,00
M001	154000	EUR	2009	62.339,46	62.339,46	0,00
M001	160000	EUR	2009	390.462,95-	390.462,95-	0,00

Abbildung 7.25 Ledger-Vergleich zwischen FI und EC-PCA

In Abbildung 7.25 wurde ein Vergleich der gebuchten Werte auf Kontenebene durchgeführt. Es können auch zusätzliche Kriterien wie Funktionsbereich und Profit-Center angegeben werden. Dabei müssen wir nur beachten, dass das abgefragte Merkmal in beiden Ledgern vorhanden ist. Zum Beispiel macht eine Abfrage inklusive Funktionsbereich zwischen klassischem Hauptbuch und UKV-Ledger keinen Sinn, da dieser im klassischen Hauptbuch nicht fortgeschrieben wird.

Nach Beendigung aller Abschlussaktivitäten und Durchführung der wichtigsten Abstimmarbeiten kann die Auswertung der Daten beginnen. Einen Teil des notwendigen Reportings können wir in der Regel im SAP ERP-System erstellen. So kann beispielsweise eine Bilanz zwar auch in einem Business-Intelligence-System (z. B. SAP NetWeaver BW) erstellt werden. Für den »schnellen« Blick auf die Bilanz, z. B. um die Auswirkungen einer manuellen Abschlussbuchung zu kontrollieren, wird aber die Bilanz im ERP-System aufgerufen. Für eine Auswertung in BW müsste man die Buchung zunächst nach BW übertragen. Es gibt aber eine Reihe von Berichten, die in BW einfacher abzubilden sind. Beispielsweise sollte man sich immer für eine Realisierung in BW entscheiden, wenn Daten aus unterschiedlichen Tabellen oder komplexe Berechnungen notwendig sind. Hier möchten wir zunächst das Reporting in SAP ERP betrachten. Die Möglichkeiten mit BW werden in Kapitel 8 »Reporting mit SAP NetWeaver BW« detailliert beschrieben.

7.13 Berichtswesen

Im SAP-System stehen bereits im Standard viele Berichte zur Verfügung. Besonders in der Buchhaltung kann über den Standard in der Regel ein Großteil der Reportinganforderungen der Fachabteilungen erfüllt werden. Die nachfolgenden Abschnitte sollen einen Überblick über die Standardberichte geben.

7.13.1 Berichtswesen der Hauptbuchhaltung

Im neuen Hauptbuch stehen uns im Standard bereits diverse Berichte zur Verfügung. Es werden dabei alle notwendigen Bereiche erfasst:

- **Stammdatenberichte**
  Hierunter fallen z. B. ein Sachkontenverzeichnis und die Änderungshistorie von Sachkonten.
- **Beleg-/Einzelpostenberichte**
  SAP bietet die Möglichkeit, ein Belegjournal zu erstellen, also eine lückenlose Auflistung aller gebuchten Belege. Dies ist in manchen Ländern gesetzlich vorgeschrieben. Außerdem finden wir einen Bericht, der Lücken in der Belegnummernvergabe zeigt. Dieser ist sehr praktisch, wenn eine Betriebs- oder Wirtschaftsprüfung ansteht.
- **Saldenlisten**
  Hier finden wir Summen- und Saldenlisten pro Hauptbuchkonto.
- **Bilanz und GuV/Cashflow**
  SAP bietet uns bereits ausgearbeitete Rechercheberichte für die Cashflow-Berechnung. Da die meisten Unternehmen eine abweichende Berechnungslogik anwenden, müssen wir die Berichte in der Regel selbst aufbauen.

Wichtigster Report ist aber sicherlich die Bilanz und GuV, die wir daher genauer betrachten wollen.

Bilanz und GuV Spätestens zum Geschäftsjahresende – in der Regel aber zum Quartals- oder Periodenende – werden in der Finanzbuchhaltung eine *Bilanz* und eine *Gewinn- und Verlustrechnung* (GuV) erstellt. Wie Bilanz und GuV aufgebaut sein müssen, wird vorwiegend durch die angewendete Rechnungslegung bestimmt. Insbesondere in der Gewinn- und Verlustrechnung gibt es zwei grundsätzlich verschiedene Darstellungsformen: die Darstellung nach *Gesamtkostenverfahren* (GKV) oder *Umsatzkostenverfahren* (UKV).

GKV vs. UKV GKV weist den Aufwand nach Sachpositionen wie Personal- oder Materialaufwand aus und setzt diesen von den Umsatzerlösen und Bestandsveränderungen (un-)fertiger Erzeugnisse ab. Demgegenüber bietet UKV eine Aufschlüsselung des Aufwands nach Funktionsbereichen statt nach Aufwandsarten. Es wird daher nach IFRS als bevorzugte Methode angesehen, während es US-GAAP explizit vorschreibt.

Ein weiterer wichtiger Unterschied zwischen GKV und UKV ergibt sich aus der periodischen Zuordnung von Aufwänden. Den in der Periode realisierten Umsatzerlösen werden nach UKV nur die zur Erzeugung exakt dieser Umsatzerlöse angefallenen Aufwände gegenübergestellt. In der Konsequenz werden nach UKV die Bestandsveränderungen nicht explizit in GuV ausgewiesen. So lässt sich die Performance eines Produkts in einer Periode darstellen. In GKV werden alle Aufwände der Periode ausgewiesen. Falls z. B. ein Produkt fertiggestellt, aber noch nicht verkauft ist, weist man die Kosten in der aktuellen Periode als Bestandsveränderungen aus.

Verdeutlichen wir uns die Unterschiede zwischen Gesamt- und Umsatzkostenverfahren anhand eines Zahlenbeispiels.

[zB] **Gesamt- und Umsatzkostenverfahren in der Lederwaren-Manufaktur Mannheim**

In der abgelaufenen Periode hat unsere Niederlassung in Brüssel zehn Paar Lederschuhe ausgeliefert und damit in Summe 14.000,00 EUR Umsatz erzielt. Acht Paar wurden auch in dieser Periode produziert. Drei weitere Paar wurden produziert, aber noch nicht ausgeliefert, während zwei Paar Schuhe bereits in der Vorperiode produziert, aber jetzt erst vom Kunden abgeholt wurden. Unser Lagerbestand hat sich also um ein Paar Schuhe à 1.400,00 EUR erhöht. Abzüglich entstandener Aufwände für Material, Personal und Abschreibungen ergibt sich damit – nach Gesamtkostenverfahren – ein Betriebsergebnis von 5.600,00 EUR.

Leiten wir nun die Zahlen in das Umsatzkostenverfahren über. Hierzu werden Material- und Personalaufwand sowie Abschreibungen verursachungsgerecht auf die Funktionsbereiche Herstellung, Vertrieb und Verwaltung übergeleitet. Die Bestandserhöhung aus dem Gesamtkostenverfahren wird dem Funktionsbereich Herstellung zugeordnet, da für das zusätzliche Paar Schuhe in der Periode Herstellkosten entstanden sind (siehe Abbildung 7.26).

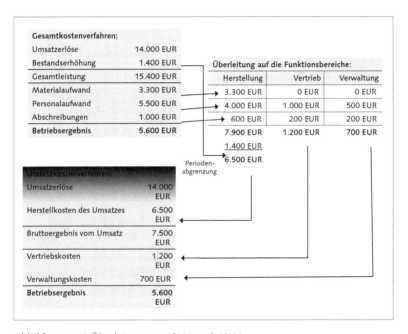

Abbildung 7.26 Überleitung von GKV nach UKV

Die wichtigste Erkenntnis ist: Das Ergebnis kann sich bei einer Überleitung von Gesamt- auf Umsatzkostenverfahren nicht ändern. Jedoch ändert sich die Gliederung der Ergebnisrechnung.

Nach dem Gemeinkostenverfahren werden die anfallenden Aufwände nach ihrer Art gegliedert. Es wird also die Frage beantwortet, welche Aufwände entstanden sind. Nach dem Umsatzkostenverfahren erfolgt die Gliederung nach Funktionen. Damit kann festgestellt werden, an welcher Stelle bzw. für welche Funktion Aufwände entstanden sind.

Abweichende Gliederung

Die nach GKV gezeigten Bestandsveränderungen gehen nach UKV in den Herstellkosten des Umsatzes auf. Es handelt sich um diejenigen Produktionskosten, die zusätzlich (Bestandsminderung) zu berück-

Eliminieren der Bestandsveränderungen

sichtigen sind oder abzuziehen sind (Bestandsmehrung), da den Kosten kein Verkauf, sondern eine Erhöhung des Bestands gegenübersteht.

Material- und Personalaufwand sowie Abschreibungen werden nach GKV explizit ausgewiesen. Bei der Überleitung nach UKV werden diese Posten auf die Herstellkosten des Umsatzes, die Vertriebs- und Verwaltungskosten aufgeteilt. Dabei dürfen für die Herstellkosten des Umsatzes nur die anteiligen Werte angesetzt werden. In den Positionen der Vertriebs- und Verwaltungskosten werden die gesamten Periodenkosten übernommen.

Neues und klassisches Hauptbuch — Mit dem neuen Hauptbuch haben wir erstmals die Möglichkeit, beide GuVs im Hauptbuch abzubilden. Bei Einsatz des klassischen Hauptbuchs mussten wir für die Darstellung nach UKV auf das UKV-Ledger, die Profit-Center-Rechnung oder auf CO-PA zurückgreifen. Grund hierfür war, dass das klassische Hauptbuch den Funktionsbereich nicht abbilden konnte. Den Funktionsbereich als Kontierungselement für UKV haben wir bereits in Kapitel 2, »Konzept der integrierten Werteflüsse«, kennengelernt.

Anlegen einer Bilanzstruktur — Die GuV nach GKV kann dabei zusammen mit der Bilanz erstellt werden. Hierfür muss eine Bilanzstruktur angelegt werden. Dies können wir über die Transaktion OB58 tun. Eine Bilanzstruktur ist immer kontenplanabhängig. Es sind pro Kontenplan beliebig viele Bilanzstrukturen abbildbar. Leider kann eine Bilanzstruktur, die im Hauptbuch über den Report RFBILA00 aufgerufen wird, auch nach Aktivierung des neuen Hauptbuchs keine Funktionsbereiche abbilden. Um also eine GuV nach Umsatzkostenverfahren zu zeigen, müssen wir eigene Berichte definieren. Hierfür stehen uns z. B. Rechercheberichte zur Verfügung.

Berichte nach Profit-Center/Segment — Eigene Berichte müssen wir in der Regel auch definieren, wenn wir unsere Zahlen nach Profit-Centern oder Segmenten darstellen wollen. SAP bietet zwar auch hier Standardberichte, meist wollen wir aber die Besonderheiten unseres Unternehmensreportings in das Berichtswesen einbauen.

7.13.2 Berichtswesen in den Kontokorrenten

Auch für die Debitoren- und Kreditorenbuchhaltungen bietet SAP bereits im Standard eine Reihe von nützlichen Berichten. Auch diese reichen von Stammdatenberichten über Umsatz- und Saldenlisten bis zu Listen der offenen Posten. Interessant ist hier die Möglichkeit, die offenen Posten nach Fälligkeiten zu gliedern.

7.13.3 Berichtswesen im Controlling

Das Berichtswesen im Controlling kann in zwei Bereiche unterteilt werden: in das operative Controlling und in das Managementreporting.

Operatives Controlling

Das operative Controlling findet vorwiegend auf Ebene der Kostenstellen und Aufträge oder auch (bei Einsatz von PS) auf Projekten statt. Ziel hierbei ist – wie die Bezeichnung schon ausdrückt – die Steuerung des operativen Geschäfts. Kostenstellenverantwortliche können Struktur und Verlauf der Kosten analysieren und mit den Planzahlen vergleichen. Zeichnen sich Plan-Ist-Abweichungen ab, muss regelnd eingegriffen werden. Aufgabe des Controllings ist die Bereitstellung der Informationen. Das SAP-System bietet im Standard bereits eine Vielzahl nützlicher Berichte. Diese befinden sich im Anwendungsmenü unter RECHNUNGSWESEN • CONTROLLING • KOSTENSTELLENRECHNUNG • INFOSYSTEM • BERICHTE ZUR KOSTENSTELLENRECHNUNG. Hier finden Sie Berichte zu Istzahlen, Plan-Ist-Vergleichen, aber auch zu Stammdaten oder Tarifen. In Abbildung 7.27 sehen Sie ein Beispiel für den Kostenverlauf über Quartale.

Die Reportingmöglichkeiten zu Innenaufträgen sind mit denen der Kostenstellen vergleichbar.

In der Praxis wird auch die Profit-Center-Rechnung für das Berichtswesen im operativen Controlling eingesetzt. Mit der Integration der Profit-Center-Rechnung in das neue Hauptbuch gestaltet sich dieser Ansatz aber zunehmend schwierig. Grund hierfür ist insbesondere die Darstellung der sekundären Kostenarten. Zwar können wir im neuen Hauptbuch neben der Kontonummer auch die Kostenart darstellen, allerdings werden wir in der Regel nicht alle Vorgänge aus dem Controlling in die Buchhaltung überleiten. Binnenumsätze auf Ebene der Profit-Center werden wir im Hauptbuch sehen, da Vorgänge, die mehrere Profit-Center übergreifend ablaufen, nach FI übergeleitet werden müssen, wenn wir dort die Profit-Center-Rechnung abbilden.

Profit-Center-Rechnung

Kostenstellen: Quartalsvergleich		Stand: 01.06.2009			Seite... 2 / 2
Kostenstelle/Gruppe P9000 ProduktionsGK					
Verantwortlicher Heinrich Schuster					
Geschäftsjahr 2009					

Kostenarten	1. Quartal	2. Quartal	3. Quartal	4. Quartal	Gesamtjahr
400000 Verbr. Rohstoffe 1	8.466,32				8.466,32
409100 Verbr. Rohstoffe KL	10,00				10,00
409101 Verbr. Rohstoffe SI	25,00				25,00
409102 Verbrauch Rohst AA	25,00				25,00
409103 Verbr. Rohstoffe 1	45,00				45,00
409104 Verbr. Rohstoffe 1	10,00				10,00
409105 Verbr. Rohstoffe 1	20,00				20,00
409106 Verbr. Rohstoffe TH	300,00				300,00
409107 Verbr. Rohstoffe MK	25,00				25,00
409108 Verbr. Rohstoffe JH	25,00				25,00
409109 Verbr. Rohstoffe H	125,00				125,00
409110 Verbr. Rohstoffe HK	25,00				25,00
409111 Verbr. Rohstoffe HS	25,00				25,00
410000 Verbr. Handelswaren		135.000,00			135.000,00
415000 Kosten Fremdbezug	500,00				500,00
417000 Bezogene Leistungen		20.000,00			20.000,00
417001 Bezogene Leistungen	44.950,00	1.031,00			45.981,00
470000 Raumkosten	5.000,00				5.000,00
476000 Bueromaterial		100,00			100,00
476900 Sonstige Kosten	439.789,10				439.789,10
890000 Verbr. Halbfabrikat	341,28				341,28
890001 Verschr.Eigen-Mater		4.854,50			4.854,50
892000 Verbr.Fertigerz.	376.369,30				376.369,30
* Belastung	876.076,00	160.985,50			1.037.061,50
** Über-/Unterdeckung	876.076,00	160.985,50			1.037.061,50

Abbildung 7.27 Quartalsvergleich der Istzahlen auf Kostenstelle

Nicht darstellen dagegen können wir Umsätze zwischen CO-Objekten (Kostenstellen, Aufträge etc.), die keinen EZI-Beleg in FI erstellt haben. Profit-Center-Berichte im Hauptbuch sind daher nicht geeignet, tiefere Ebenen widerzuspiegeln. Auch dann nicht, wenn auf den ersten Blick alle notwendigen Angaben vorhanden sind. Mit der Einführung des neuen Hauptbuchs und der dortigen Integration der Profit-Center-Rechnung ist also kritisch zu hinterfragen, welche Ebene wir aktuell analysieren wollen. Entsprechend müssen wir Berichte in der Gemeinkostenrechnung oder dem Hauptbuch wählen.

Managementreporting

CO-PA kann sowohl im operativen Controlling als auch im Managementreporting hilfreich sein. Im Rahmen des operativen Geschäfts sind sicherlich Ergebnisrechnungen für einzelne Produkte, Kunden oder Kundenaufträge interessant.

Darstellung der Deckungsbeiträge Aus Managementsicht können aus CO-PA vor allem Deckungsbeiträge auf aggregierter Ebene dargestellt werden. In immer mehr

Unternehmen ist die Hauptaufgabe von CO-PA heute die Versorgung eines Business Warehouse. Mehr Details dazu finden Sie in Kapitel 8, »Reporting mit SAP NetWeaver BW«.

Insbesondere Berichte nach Profit-Centern und Segmenten sind weitere wichtige Elemente des Managementreportings. Beide Bereiche können aus dem neuen Hauptbuch bedient werden. Obwohl SAP auch hier eine Reihe von Standardberichten anbietet, müssen dennoch in der Regel eigene Berichte kreiert werden. Die Standardberichte finden Sie im Anwendungsmenü unter RECHNUNGSWESEN • FINANZWESEN • HAUPTBUCH • INFOSYSTEM. Die größte Flexibilität bietet Ihnen aber auch hier wieder ein Business Warehouse.

Profit-Center und Segmente

7.14 Zusammenfassung

Wir können feststellen, dass ein SAP ERP-System bereits im Standard viele Möglichkeiten der Berichterstattung bietet. Sind diese nicht ausreichend, können wir uns mit Standardwerkzeugen wie Rechercheberichten oder Report Painter behelfen. Ist auch das nicht zielführend, können wir nur noch eigene Programme entwickeln. Als Alternative dazu können wir in ein BI-/BW-System ausweichen. Jedoch müssen wir aus dem ERP-System zumindest die notwendigen Rohdaten liefern können.

Die Versorgung eines Data Warehouse kann aber erst nach Durchführung der Abschlusstätigkeiten erfolgen. Für einen reibungslosen Ablauf des Periodenabschlusses müssen Finanzbuchhaltung und Controlling Hand in Hand arbeiten. Dies ist mit der Einführung des neuen Hauptbuchs und von EZI noch wichtiger geworden, da nun auch die Vorgänge in CO direkt zurück nach FI gebucht werden.

Der beispielhafte Abschlussplan am Ende dieses Buches (siehe Anhang A) zeigt rund 50 Teilschritte, die Ihnen aber nur als Vorschlag dienen sollen. Es gibt Unternehmen, die wesentlich schlanker aufgestellt sind, genauso aber auch Organisationen, die weit aufwendigere Abschlusspläne aufgebaut haben. Wichtig ist dabei, dass wir das eigene Reporting nicht außer Acht lassen, sondern als Ziel des Periodenabschlusses verstehen. Dies soll heißen: Wer keine Forderungen bzw. Verbindlichkeiten nach Laufzeit aufgegliedert ausweisen muss, der muss auch den entsprechenden Schritt im Abschluss nicht ausführen. Nicht sparen sollten wir aber an den Abstimmarbeiten und der Kontenpflege (WE/RE-Konto!). Je länger Differenzen und Unregelmäßigkeiten unentdeckt bleiben, desto schwieriger werden Ursachenforschung und Bereinigung.

Und auch wenn es operative Berichte wie z. B. die Bilanz oder Kostenstellenberichte gibt, die wir nie vollständig nach BI/BW verlagern dürfen: Wir sollten nicht auf Biegen und Brechen versuchen, noch die letzte Reportinganforderung in SAP ERP zu erfüllen. Vieles geht in SAP NetWeaver BW schneller, leichter und damit kostengünstiger.

Nachdem Sie das Reporting mit SAP ERP bereits kennengelernt haben, haben Sie nun die Möglichkeit, sich näher mit dem Reporting in SAP NetWeaver BW zu befassen. Auch hier stehen natürlich wieder die Werteflüsse in Ihrem Unternehmen im Fokus.

8 Reporting mit SAP NetWeaver BW

Ein SAP ERP-System bietet zahlreiche Möglichkeiten für Auswertungen und Analysen. Zunächst einmal gibt es eine Vielzahl von Standardberichten, die bereits mit dem System ausgeliefert werden. Darüber hinaus können Sie sich mit einer Reihe von SAP-Werkzeugen behelfen, wenn diese Standards nicht ausreichen: *Querys, QuickViews, Report Painter* oder auch Rechercheberichte sowie eigene LIS- oder VIS-Strukturen (LIS = *Logistikinformationssystem*, VIS = *Vertriebsinformationssystem*). Wenn all dies die Reportinganforderungen Ihres Unternehmens nicht abdecken sollte, müssen Sie innerhalb des ERP-Systems mit Eigenentwicklungen arbeiten. Jedoch sind dem Reporting innerhalb des ERP-Systems aufgrund seiner flachen Tabellenstruktur Grenzen gesetzt. Daher können manche Reportinganforderungen nicht oder nur mit sehr hohem Realisierungsaufwand für Eigenentwicklungen erfüllt werden.

Diese Grenzen können am einfachsten mit dem Einsatz eines Data Warehouse oder einer Business-Intelligence-Lösung wie z. B. SAP NetWeaver Business Warehouse überwunden werden.

BW und BI im SAP-Umfeld	[+]
Bis zum R/3-Release 3.5 hieß SAPs Data Warehousing-Produkt SAP BW und wurde mit dem ERP-Release 7.0 in SAP NetWeaver BI umbenannt. Ende 2008, im Zuge des Zukaufs von Business Objects, wurde SAP NetWeaver BI in SAP NetWeaver BW umbenannt.	

In diesem Kapitel wollen wir diese Business-Intelligence-Lösung von SAP genauer betrachten. Welche Vorteile kann der Einsatz von SAP NetWeaver BW im Hinblick auf den integrierten Wertefluss Ihres Unternehmens bieten?

8.1 Grundlagen von Business Intelligence

Informationssysteme in Unternehmen

Bereits in den 90er-Jahren hielten erste Management-Informationssysteme Einzug in den Unternehmen, um die Entscheidungsträger in informationstechnologischer Hinsicht zu unterstützen. Ziel war es damals wie heute, relevante Unternehmensinformationen für das Management nutzbar zu machen.

Durch die stetig verschärften Wettbewerbsbedingungen wird von den Unternehmen heute mehr denn je ein ganzheitlicher Ansatz gefordert, der die Integration von Strategie, Prozessen und Technologien aus oftmals verteilten und inhomogenen Informationsquellen zum Ziel hat. Mit dem ganzheitlichen Ansatz soll erfolgskritisches Wissen über Status, Potenziale und Perspektiven nutzbar gemacht werden.

SAP bietet mit SAP NetWeaver BW eine eigene Data-Warehouse-Lösung an, die von der Extraktion der Daten aus den Quellsystemen über vielfältige Möglichkeiten der Ablage, Aggregation, Transformation und Verknüpfung von Datenbeständen bis hin zu umfangreichen Reportingfunktionalitäten alle für ein umfassendes Berichtswesen notwendigen Komponenten enthält.

Business Intelligence

Für die Begriffe *Business Intelligence* und *Data Warehousing* findet sich eine Vielzahl unterschiedlicher Definitionen. Wir verstehen darunter die Transformation von Daten, die Generierung von Informationen daraus und schließlich den Aufbau von handlungsgerichtetem Wissen – dem eigentlichen Nutzen für ein Unternehmen.

Abbildung 8.1 zeigt den Prozess der Ableitung von handlungsgerichtetem Wissen aus den reinen Datenbeständen der IT-Systeme in schematischer Form: Aus einer Vielzahl von Belegdaten, die zum Teil in die Millionen gehen, werden im ersten Schritt durch geeignete Verdichtungsmechanismen oder durch Filterung relevante Informationen zur Beschreibung der Geschäftssituation (»knowing the business«) abgeleitet. Der Begriff Business Intelligence beschreibt dann auch den weiteren Weg, aus diesen Informationen Handlungsempfehlungen für die Zukunft zu generieren (»improving the business«).

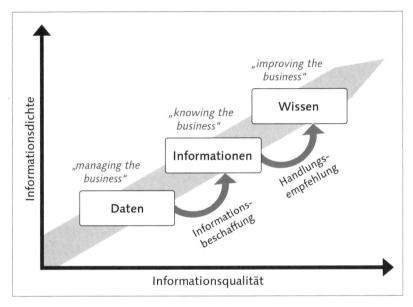

Abbildung 8.1 Informationsgewinnung mit Business Intelligence

> **Begriffsklärung** [+]
>
> Fassen wir die Begriffe kurz zusammen, die im Zusammenhang mit SAP NetWeaver BW benutzt werden:
>
> ▶ **Business Intelligence (BI)**
> Hier handelt es sich um einen integrierten Gesamtansatz, der es durch die Integration von Strategie, Prozessen und Technologien ermöglichen soll, aus verteilten und inhomogenen Unternehmens-, Markt- und Wettbewerberdaten erfolgskritisches Wissen über Status, Potenziale und Perspektiven zu erzeugen und dieses für Entscheidungsträger nutzbar zu machen.
>
> ▶ **SAP NetWeaver BW**
> Dies ist die Data-Warehouse-Lösung von SAP.

In vielen Unternehmen besteht zunächst das Problem einer sehr heterogenen Systemlandschaft. Die relevanten Daten werden in verschiedensten Anwendungen, wenn nicht sogar unterschiedlichen Systemen, vorgehalten. Das macht die Informationsgewinnung und -auswertung kompliziert und zeitaufwendig.

Reporting in SAP ERP

Wir haben in den vorangegangenen Kapiteln bereits verschiedene Prozesse innerhalb eines SAP ERP-Systems kennengelernt. Die Aufbereitung dieser Daten zur Durchführung übergreifender Auswertungen würde das ERP-System erheblich belasten. Dies beeinflusste wiederum die operativen Systemabläufe und die Buchungsperformance negativ. Wenn Interesse an einer konsequenten Archivierung älterer Daten bestehen sollte, verschärfte sich die Situation zusätzlich durch den Bedarf an historischen Daten in den Auswertungen.

BW in die Informationslandschaft integrieren

Die Daten, die in operativen Systemen wie beispielsweise in SAP ERP anfallen, sind zur Durchführung und Steuerung von Geschäftsprozessen notwendig. Mit dem Einsatz einer Business-Intelligence-Lösung verfolgen Unternehmen darüber hinaus ein weiteres Ziel: die analytische Aufbereitung von Rohdaten, um daraus wieder steuerungsrelevante Informationen zu gewinnen. Hierzu ist es erforderlich, die anfallenden Daten zu bereinigen, anzureichern und zu vereinheitlichen. Nur auf Basis solider und aufbereiteter Daten können Entscheidungen getroffen werden, die zu einer korrekten Rückkopplung mit den operativen Prozessen führen (siehe Abbildung 8.2): Nur dieses Lernen aus den Daten macht das Unternehmen letztlich erst handlungs- und wettbewerbsfähig!

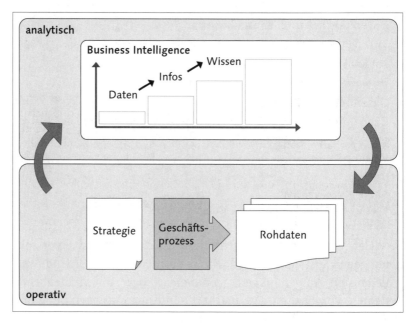

Abbildung 8.2 Integration von BW in die Informationslandschaft

> **Rückschlüsse aus Unternehmensdaten ziehen** [zB]
>
> Beispielsweise könnten wir anhand der aus SAP ERP gewonnenen Daten in SAP NetWeaver BW erkennen, welche Ledervariation bei Handtaschen am meisten verkauft wird. Als Folge würden wir unsere Produktpalette entsprechend anpassen, um höhere Absätze zu erzielen.

Dieser Ansatz wird in der Literatur auch als *Closed-Loop-Prozess* bezeichnet. Er verdeutlicht, dass es im Bereich von Business Intelligence nicht nur um die Modellierung der Daten geht. Ausschlaggebend ist, dass aufgrund gewonnener Informationen Entscheidungen getroffen werden und Aktionen folgen.

SAP bietet mit SAP NetWeaver BW eine integrierte Data-Warehouse-Lösung an, die alle Funktionen der benötigten Data-Warehouse-Prozesse abdeckt. Dabei handelt es sich im Wesentlichen um die folgenden Funktionen:

▸ **Datenbeschaffung**
Neben der Extraktion von Daten aus SAP-Quellsystemen kann eine Vielzahl weiterer Vorsysteme – das können z. B. (relationale) Datenbanken, weitere ERP-Systeme oder Flat Files sein – als Informationsquelle für Reportingprozesse eingebunden werden.

▸ **Datenhaltung und -modellierung**
SAP NetWeaver BW stellt mit der *Data Warehousing Workbench* ein zentrales Verwaltungswerkzeug für alle Funktionen wie Aufbau, Pflege und Betrieb des Data Warehouse zur Verfügung.

▸ **Datenbereitstellungsebene**
Der *SAP Business Explorer* (BEx) unterstützt neben dem auf Microsoft Excel basierenden *BEx Analyzer* auch ein browserbasiertes Webreporting.

Die Datenbeschaffung von Stamm- und Bewegungsdaten in SAP NetWeaver BW geschieht über sogenannte *Extraktoren*, auch *DataSources* genannt, die die Anbindung unterschiedlichster Datenquellen ermöglichen. Es gibt folgende Arten von Datenquellen:

▸ Dateien mit flachen Strukturen
▸ multidimensionale und relationale Datenbanken
▸ SAP ERP-Systeme

Da viele Unternehmen eine heterogene IT-Landschaft aufweisen, müssen Sie meist verschiedene Quellen nutzen, um Ihr BW-System zu befüllen. Die jeweiligen Quellen erfordern aber aufgrund ihrer Strukturen oft unterschiedliche Extraktionsmechanismen. SAP NetWeaver BW ermöglicht die Anbindung aller soeben genannten Datenquellen. Für die Extraktion aus SAP ERP-Quellsystemen stehen bereits vordefinierte Extraktoren zur Verfügung – diese werden wir Ihnen in Abschnitt 8.1.2, »Business Content«, noch genauer vorstellen. Sofern notwendig, können diese bestehenden Extraktoren erweitert bzw. eigene Extraktoren definiert und eingesetzt werden.

Datenhaltung und -modellierung

Die aus Quellsystemen extrahierten Daten werden anschließend in sogenannten *Datenzielen*, auch *Daten-* oder *InfoProvider* genannt, in BW abgelegt. SAP NetWeaver BW stellt uns dabei verschiedene Arten von Datenzielen zur Verfügung, die sich in ihrem Verhalten bei der Auswertung der Daten unterscheiden.

InfoProvider in SAP NetWeaver BW

Bei den reportingfähigen Objekten unterscheiden wir zwei Gruppen:

- **Physische Daten tragende Objekte**
  Objekte, die physische Daten tragen, legen ihre Daten in den Datentabellen des InfoProviders ab. Zu dieser Gruppe zählen *InfoCubes* (multidimensionale *Datenstrukturen*), *DataStore-Objekte* (einfache, relationale Datentabellen) sowie stammdatentragende *InfoObjects* mit Texten und Attributen.

- **Logische Sichten**
  Logische Sichten enthalten selbst keine Daten. Diese sind entweder direkt in den Quellsystem- oder in anderen BI-InfoProvidern abgelegt. Beispiele sind *MultiProvider*, *RemoteCubes*, *InfoSets* und *virtuelle InfoCubes* mit Services.

Transformationen

Datentragende InfoProvider sind in einem Datenfluss über sogenannte *Transformationen* miteinander verbunden. Darunter verstehen wir Regelwerke, die bestimmen, wie die Daten innerhalb von BW aufbereitet werden sollen. Dabei können Sie Kennzahlen berechnen oder die Daten mit weiteren Informationen anreichern. Mit der Möglichkeit, eigene ABAP-Programmierungen einzubinden, sind der Anreicherung und Transformation der Daten nahezu keine Grenzen gesetzt.

Abbildung 8.3 gibt anhand eines beispielhaften Datenflusses einen Überblick über das Zusammenspiel der einzelnen BW-Objekte.

8.1 Grundlagen von Business Intelligence

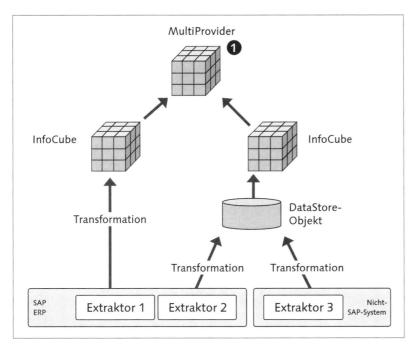

Abbildung 8.3 Beispieldatenfluss in SAP NetWeaver BW

Um wie gezeigt Daten aus drei verschiedenen Informationsquellen in einem Bericht verarbeiten zu können, sind die Datenströme bis hin zur Datensicht des Endanwenders (hier des MultiProviders ❶) auf verschiedenen Wegen zu speichern und zu transformieren bzw. zu aggregieren. Das BW-System bietet hier vielfältige Möglichkeiten.

Beispieldatenfluss in SAP NetWeaver BW [zB]

Um uns den in Abbildung 8.3 dargestellten Ablauf zu verdeutlichen, entwerfen wir folgendes Beispielszenario: Wir bauen das Berichtswesen für einen Konzern auf, in dem es einerseits Unternehmen gibt, die ihre Prozesse vollständig in SAP abbilden, andererseits aber auch Unternehmen, die ihre Daten nur teilweise in SAP abbilden. In diesem Fall benötigen wir z. B. zwei Extraktoren für die Daten aus CO-PA: einen für Unternehmen, die dort alle Zahlen abbilden, und einen zweiten Extraktor für Organisationen, deren Daten in CO-PA nicht vollständig sind und daher noch angereichert werden müssen.

Die Anreicherung erfolgt in dem DataStore-Objekt, das neben den CO-PA-Daten z. B. noch durch einen dritten Extraktor über ein Flat File befüllt wird. Bei jeder der drei Extraktionen findet eine Transformation der Daten statt.

397

> Das kann die Ermittlung von Kennzahlen sein oder auch die Ermittlung von Kundennummern. Die Speicherung der gewonnenen Daten erfolgt in Info-Cubes, die wie bereits erwähnt physische Daten tragende Objekte sind. Aus diesen InfoCubes bedient sich dann der MultiProvider bei der Aufbereitung des Reportings.

Datenbereitstellung
Die Daten werden über sogenannte *Querys* bereitgestellt. Querys sind Abfragen auf den Datenbestand innerhalb der Datenprovider im BW-System, die die Daten dem Anwender anzeigen.

Neben der Wahl der geeigneten Darstellungsform für das Reporting, die wir in Abschnitt 8.1.1, »Business Explorer Suite – Reporting mit SAP NetWeaver BW«, noch detailliert betrachten werden, spielen die Nutzergruppen der Berichte in einem Unternehmen eine zentrale Rolle. Dem Informationsbedarf einzelner Mitarbeiter, Abteilungen oder auch Hierarchiestufen muss bei der Erstellung von Berichten Rechnung getragen werden.

SAP NetWeaver BW bietet eine konsistente Datenbasis, die unternehmensweit zur Erstellung unterschiedlichster Berichte herangezogen werden kann. Gleichzeitig kann man über ein flexibles Berechtigungskonzept zielgruppen- und aufgabengerecht auf diesen konsistenten Datenbestand zugreifen. Die Datenhaltung im System muss also nicht auf eine Nutzergruppe eingeschränkt werden. Diese Einschränkung ist auch bei der Datenpräsentation im eigentlichen Reporting möglich.

Abbildung 8.4 zeigt ein dreischichtiges Nutzergruppenmodell, das zweckmäßig nach strategischen, taktischen und operativen Reportinganforderungen clustert.

Betrachten wir die Pyramide nun etwas genauer:

- **Strategisches Reporting**
  An der Spitze steht das strategische Reporting, das sich an das Topmanagement richtet. Dieses lässt sich folgendermaßen zusammenfassen:
    - 5–10 Key Performance Indicators (KPIs)
    - hohe Aggregation
    - keine Navigation/einfache Bedienbarkeit
    - geringe Aktualität (monatsaktuell)

▶ **Taktisches Reporting**
Eine Ebene darunter befindet sich das taktische Reporting, dessen Nutzergruppe das mittlere Management ist:
- 10–35 KPIs
- mittlere Aggregation, mittlere Navigation
- geringe Aktualität (wochen-, monatsaktuell)

▶ **Operatives Reporting**
Auf niedrigstem Level findet das operative Reporting statt, das sich an die Controller des jeweiligen Unternehmens richtet:
- 25–75 KPIs
- kaum Aggregation, viel Navigation
- hohe Aktualität (tagesaktuell)

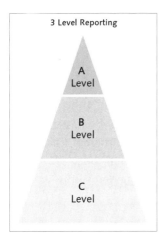

Abbildung 8.4 Nutzergruppen in SAP NetWeaver BW

Bevor die konkreten Reportinganforderungen in Querys umgesetzt werden, sollte diese Clusterung nach Zielgruppen hinsichtlich der Nutzergruppen erfolgt sein.

8.1.1 Business Explorer Suite – Reporting mit SAP NetWeaver BW

Mit der *Business Explorer Suite* (BEx Suite) stellt SAP eine flexible Plattform zur Auswertung betriebswirtschaftlicher Daten bereit. Als Sammlung von Programmen und Plugins bietet die Suite umfangreiche Funktionen für Reporting und Analyse.

BEx Query Designer

Unabhängig davon, ob Sie Ihre Auswertungen in Microsoft Excel oder auch über das Web bereitstellen wollen: Die Basis für jeden Bericht bildet die Selektion der abzufragenden Daten durch eine Query. Diese wird mit Bezug auf einen InfoProvider erstellt. Über eine grafische Oberfläche, den *BEx Query Designer*, lassen sich auch ohne Programmierkenntnisse die Kennzahlen und Merkmale auswählen, die Sie in Ihrem Bericht zur Verfügung stellen möchten.

Der Query Designer bietet uns dabei viele Möglichkeiten bei der Modellierung:

- **Kennzahlen**
  Kennzahlen können über Formeln berechnet werden (wie etwa Deckungsbeiträge in der Ergebnisrechnung).

- **Merkmale**
  Einzelne Merkmale lassen sich bereits in der Querydefinition für den jeweiligen Berichtsempfänger vorselektieren und einschränken. Da sofort die gewünschte Filterung angewendet wird, sparen Sie unter Umständen viel Zeit beim Aufruf.

- **Variablen**
  Die Verwendung von Variablen ermöglicht dem Nutzer des Berichts selbst die Filterung von Merkmalswerten beim Ausführen der Query. Zum Beispiel können Sie beim Aufruf einer Bilanz nur einzelne Konten oder Kontenintervalle angeben, oder Sie setzen einen Filter auf einzelne Kunden im Reporting der Markt- und Ergebnisrechnung.

- **Berechtigungskonzept**
  Das Berechtigungskonzept verhindert automatisch den Zugriff von Unbefugten auf sensible Datenbestände. Ein Bereichscontroller kann so beispielsweise nur die Kostenstellen seiner Organisationseinheit auswerten.

- **Aufreißen, Navigieren, Aggregieren**
  Innerhalb der Query und dem zur Berechtigung passenden Datenbestand kann während der Verwendung aufgerissen, navigiert und aggregiert werden. Diese Möglichkeiten lassen sich bereits bei der Queryerstellung festlegen.

Die Query bietet Ihnen also nicht nur bei der Erstellung, sondern auch bei der Verwendung ein hohes Maß an Flexibilität. Wenn Sie die Query definiert haben, kann diese auf verschiedenen Wegen den Berichtsempfängern zugänglich gemacht werden.

Besonders beliebt bei Controllern ist die Darstellung der Berichte in Microsoft Excel. Eine der ältesten Business-Explorer-Komponenten ist der *BEx Analyzer*, ein vollständig in Microsoft Excel integriertes Werkzeug. Gerade wenn Sie nach Berichtsausführung mit dem Ergebnis flexibel weiterarbeiten und eigene Berechnungen und Analysen durchführen möchten, ist der BEx Analyzer eine geeignete Wahl.

BEx Analyzer

Als Plugin für Microsoft Excel stellt der BEx Analyzer eine zusätzliche Symbolleiste zur Verfügung, über die auf Querys und BW-Daten zugegriffen werden kann (siehe ❶ in Abbildung 8.5).

Wurden in der Query Variablen definiert, öffnet sich beim Start der Query automatisch ein Variablenfenster zur Eingabe der gewünschten Werte (siehe ❷ in Abbildung 8.5).

Ausführen von Querys

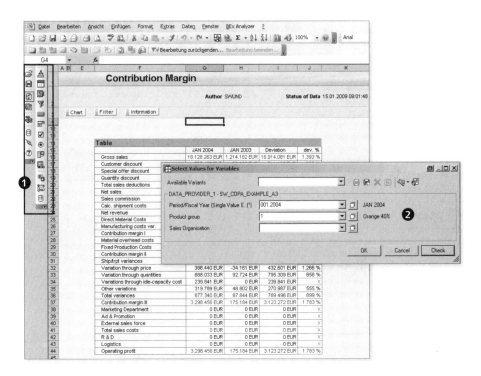

Abbildung 8.5 Bericht im BEx Analyzer

In einem geöffneten Bericht können wir beliebig nach einzelnen Merkmalen aufreißen und filtern. Darüber hinaus stehen alle Microsoft Excel-Funktionalitäten zur Weiterverarbeitung der Berichtsergebnisse zur Verfügung.

Web Application
Wird eine eher repräsentative Darstellung der Informationen gewünscht, bietet sich die Ausgabe der Berichte über den *Webbrowser* an. Dabei greifen Sie wieder auf Ihre bestehenden Querys zurück und stellen diese über ein Portal unternehmensweit online zur Verfügung. Sie sehen in Abbildung 8.6 ein Beispiel für die Darstellung über ein Portal. Um Ihnen einen Blick auf eine grafische Übersicht zu ermöglichen, wurde hier ein Kurvendiagramm ❶ mit einem Säulendiagramm ❷ integriert.

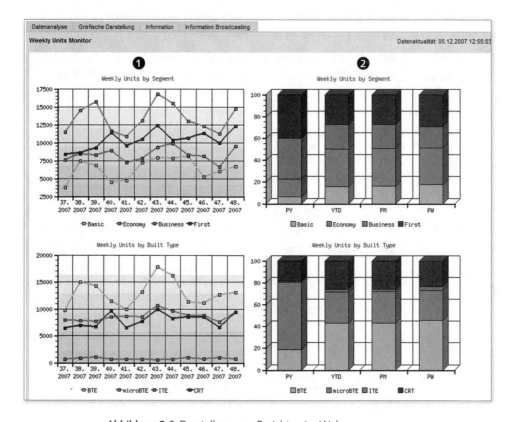

Abbildung 8.6 Darstellung von Berichten im Web

Gestaltungsmöglichkeiten
Während der grafischen Aufbereitung von Berichten im BEx Analyzer Grenzen gesetzt sind, ermöglicht der *BEx Web Application Designer* umfangreiche Gestaltungsmöglichkeiten. So lassen sich bestehende Querys mit dem Web Application Designer gemeinsam mit Grafiken sowie Komponenten zur Selektion und Navigation auf einer HTML-Seite darstellen. Dies ermöglicht nach dem Ausführen der Query mithilfe von Drag & Drop ein flexibles und anwenderfreund-

liches Navigieren innerhalb des Berichts. Über kundeneigene Programmierung können diese Standardfunktionalitäten bei Bedarf noch weiter ausgebaut werden.

Auch beim Aufbau eines hochaggregierten Managementreportings spielt die Darstellung über den Webbrowser eine zentrale Rolle, denn der Web Application Designer kann auch beim Aufbau sogenannter *Management Dashboards* oder *Cockpits* verwendet werden. Durch den Zukauf von Business Objects im Jahr 2008 verfügt SAP außerdem über umfangreiche Möglichkeiten, mit Frontend-Tools aus dem Hause SAP auf der Basis von BW sowohl grafisch ansprechende Reportingumgebungen zu gestalten als auch z. B. formatiertes Reporting mithilfe von Crystal Reports umzusetzen. Crystal Reports, aus dem Portfolio von SAP BusinessObjects stammend, ermöglicht eine pixelgenaue Darstellung und damit auch eine entsprechende Standarddruckausgabe für Formulare o.Ä. Alternativ kann auch auf Werkzeuge von Drittanbietern, die das Reporting auf einer SAP NetWeaver BW-Datenbasis unterstützen, zurückgegriffen werden.

SAP Management Cockpit

Zur Informationsbereitstellung für einen breiten Nutzerkreis bietet sich die Verteilung der Berichte über *Information Broadcasting* an. Dabei werden Informationen aufbereitet und beispielsweise per Mail an den gewünschten Adressatenkreis verteilt.

Information Broadcasting

SAP NetWeaver BW bietet also viele Möglichkeiten, den Informationsbedarf im Unternehmen zu erfüllen. Die Herausforderung in einem Einführungsprojekt besteht aber auch darin, zunächst nur die wirklich wichtigsten Anforderungen umzusetzen. Im nächsten Schritt können weiter gehende Anforderungen der einzelnen Zielgruppen dann bereits auf eigenen praktischen Erfahrungen basierend formuliert und so eine effiziente Umsetzung und Realisierung unter minimaler Budgetbelastung des Projekts gewährleistet werden.

8.1.2 Business Content

Der mit SAP NetWeaver BW verbundene Einführungsaufwand kann durch Verwendung des sogenannten *Business Contents* erheblich reduziert werden. Dabei handelt es sich um vordefinierte Datenextraktoren, Ablagestrukturen und Auswertungsszenarien für die unterschiedlichsten Geschäftsprozesse, die von SAP bereits fertig konfiguriert mit ausgeliefert werden.

Business Content steht sowohl für den Bereich der SAP ERP-Quellsysteme als auch für BW zur Verfügung. Wir betrachten nun beide Bereiche und lernen die notwendigen Schritte zur Aktivierung kennen.

Business Content – SAP ERP

SAP liefert mit dem Business Content für Quellsysteme bereits im Standard eine Vielzahl an DataSources zum Abzug von Daten aus SAP ERP aus. Wesentliches Merkmal von vielen dieser Standard-Extraktoren ist die sogenannte *Deltafähigkeit*. Hierbei ist die DataSource in der Lage, die seit der letzten Datenextraktion geänderten, gelöschten und neu hinzugekommenen Quelldaten mit zu protokollieren und dem BW-System auch nur diese Daten neu zur Verfügung zu stellen. Dadurch wird das Datenvolumen der Extraktion auf das absolut notwendige Minimum begrenzt, und die Extraktionslaufzeiten, die im komplexen Systemverbund oft kritisch für den Gesamtbetrieb und die Betriebskosten sind, werden drastisch verkürzt.

Ein auswertungsbereites Belegvolumen in BW-System, das beispielsweise Belege der letzten zwei Jahre umfasst, kommt bei der täglichen Extraktion mit einem Bruchteil des Datenvolumens aus. Ist die DataSource hingegen nicht deltafähig, müssten in diesem Fall täglich alle Belege der letzten zwei Jahre, die noch geändert werden können, geladen werden, um einen konsistenten Datenbestand zu gewährleisten.

Vor der Verwendung der DataSources müssen diese im ERP-System aktiviert und damit explizit aus dem Business Content übernommen werden (siehe Abbildung 8.7). Dies erfolgt über den Einführungsleitfaden (IMG) der Extraktoren im Quellsystem, der auch über die Transaktion SBIW zu erreichen ist.

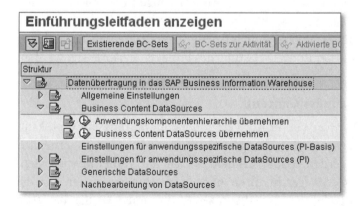

Abbildung 8.7 Einführungsleitfaden – »Business Content DataSources übernehmen«

Vor der eigentlichen Aktivierung der gewünschten Extraktoren muss einmalig die komplette Anwendungskomponentenhierarchie aus dem Content übernommen werden. Diese Hierarchie gliedert die verschiedenen Extraktoren ihrer Zugehörigkeit nach in einem hierarchischen Baum, beispielsweise entsprechend ihrer verschiedenen Anwendungsbereiche wie Finanzwesen, Controlling und Logistik (siehe Abbildung 8.8). In komplexen Umgebungen wird so die Übersichtlichkeit im Betrieb durch die Nutzung von Extraktoren aus den unterschiedlichsten Bereichen dauerhaft verbessert.

Anwendungskomponentenhierarchie

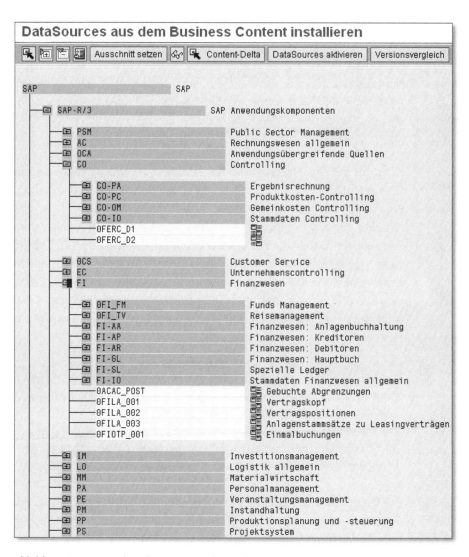

Abbildung 8.8 Anwendungskomponentenhierarchie in SAP ERP

Nach der Aktivierung der Anwendungskomponentenhierarchie im ERP-System muss diese in BW übernommen (repliziert) werden. Alle aktivierten Extraktoren werden damit in BW den verschiedenen Hierarchieebenen zugeordnet und lassen sich so leicht wiederfinden. Kundeneigenen Extraktoren muss eine Hierarchieebene (beispielsweise der entsprechenden Anwendungskomponente) zugewiesen werden, wenn sie angelegt werden.

Anschließend können die gewünschten Extraktoren selektiv aus dem Business Content übernommen und aktiviert werden. Mit der Replikation der Metadaten in BW stehen diese dort zur weiteren Verwendung zur Verfügung.

[+] **Metadaten**

Metadaten sind beschreibende Daten, beispielsweise die Menge der nach BW zu übertragenden Felder, die Festlegung zur Verwendung eines Deltaverfahrens oder die Spezifizierung der Anwendungskomponente.

Business Content – SAP NetWeaver BW

Auch im BW-System selbst bietet das SAP-System Business Content für verschiedene Anwendungsbereiche an. Es handelt sich dabei um eine Vielzahl vorkonfigurierter analytischer Lösungen, die alle Aspekte eines Datenflusses – ab dem Empfang der im Quellsystem extrahierten Daten bis zur Querydefinition – beinhalten. Gerade in stark standardisierten Bereichen wie dem Finanzwesen ermöglicht der Business Content eine schnelle und kostengünstige SAP NetWeaver BW-Einführung. Die vorkonfigurierten Objekte können dabei unverändert übernommen, angepasst oder auch nur als Vorlage für eigene Objekte verwendet werden.

[+] **Business Content von SAP NetWeaver BW**

Unter dem Sammelbegriff *Business Content* werden mit SAP NetWeaver BW verschiedene vorkonfigurierte Objekte ausgeliefert.
Diese umfassen im wesentlichen InfoProvider, Querys, Kennzahlen, Merkmale, Transformationen und Fortschreibungsregeln, Arbeitsmappen, Rollen sowie Web Templates.

Data Warehousing Workbench

Die Übernahme der Business-Content-Objekte in BW erfolgt über die *Data Warehousing Workbench* (DWB) (siehe Abbildung 8.9), die zentrale Arbeitsumgebung in SAP NetWeaver BW.

Grundlagen von Business Intelligence | 8.1

Die Data Warehousing Workbench wurde mit dem Release SAP NetWeaver BW 7.0 umbenannt, in früheren Releases hieß sie *Administrator Workbench*. Sie ist aus dem Menü über BUSINESS INFORMATION WAREHOUSE • MODELLIERUNG • DATA WAREHOUSING WORKBENCH: MODELLIERUNG oder über die Transaktion RSA1 zu erreichen.

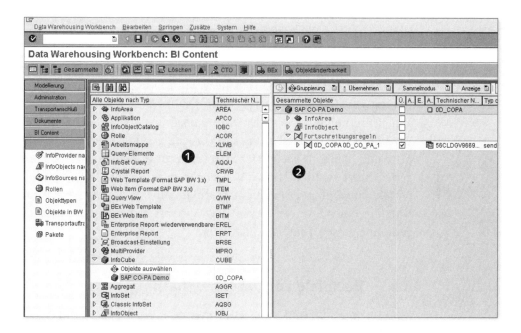

Abbildung 8.9 Data Warehousing Workbench

Abbildung 8.9 zeigt ein Beispiel für die Baumstrukturdarstellung innerhalb der Data Warehousing Workbench. Auf der linken Bildschirmseite stehen Ihnen die verschiedenen BW-Objekte, geordnet nach Objekttypen wie z. B. Querys oder InfoCubes, zur Verfügung ❶. Diese können per Drag & Drop in den rechten Bildschirmbereich übernommen und dort zur Aktivierung gesammelt werden ❷. Die gesammelten Objekte werden dann gemeinsam aktiviert und stehen anschließend zur weiteren Verwendung in BW zur Verfügung.

Anpassen von Business-Content-Objekten [+]
Wenn Sie aus dem Business Content übernommene Objekte angepasst oder erweitert haben, müssen Sie im Falle einer erneuten Aktivierung identischer Objekte prüfen, welche Eigenschaften des veränderten Objekts beibehalten bzw. mit erneuter Aktivierung überschrieben werden sollen.

Kritische Reflexion des Business Contents

Der von SAP ausgelieferte Business Content stellt einen guten Ansatzpunkt für die eigene Modellierung in BW dar, dennoch sollten Sie ihn nicht unreflektiert übernehmen. Neben den konkreten Reportinganforderungen eines Unternehmens spielt auch die Ausgestaltung der Business-Prozesse im zugrunde liegenden SAP ERP-System eine entscheidende Rolle.

Um zusätzliche Projektkosten oder Unzufriedenheit der Nutzer zu vermeiden, ist es wichtig, die an das System gestellten Anforderungen vor Aktivierung zu prüfen und den Einsatz von Business Content für einzelne Bereiche genau abzuwägen. Insbesondere bei der Aufbereitung von Daten in Querys stößt der Business Content aufgrund von Unternehmensspezifika naturgemäß an seine Grenzen. Bei Datenfluss und -modellierung kann er jedoch oft als wertvolles Template und damit als geeigneter Startpunkt für individuelle Anpassungen genutzt werden. Diese Vorgehensweise erspart meist großen Projektaufwand und ist dementsprechend oft ein gutes Argument zur Nutzung eines SAP NetWeaver BW-Systems gegenüber Drittlösungen ohne diesen Template-Charakter.

8.2 Beispiele zur Datenbeschaffung

Im Anschluss an die bisher betrachteten theoretischen Grundlagen widmen wir uns nun der praktischen Ausgestaltung zweier Szenarien in einem SAP NetWeaver BW-System: der Erstellung einer Bilanz und GuV auf Profit-Center-Ebene aus dem neuen Hauptbuch sowie der Ergebnis- und Marktsegmentrechnung (CO-PA). Dabei steht die exemplarische Datenbeschaffung für Bewegungsdaten im Mittelpunkt. Beide Szenarien lassen sich mit überschaubarem Aufwand, auch unter Verwendung von Business Content, leicht in einem BW-System realisieren.

Während bei der Bilanz und GuV die Datenquellen sowie der Datenfluss weitestgehend standardisiert sind, ist die Ausgestaltung der Markt- und Ergebnisrechnung abhängig von den in CO-PA zur Verfügung stehenden Merkmals- und Wertfeldern.

8.2.1 Financial Reporting

In vorangegangenen Kapiteln haben wir uns bereits näher mit der neuen Hauptbuchhaltung im SAP ERP-System beschäftigt. Diese stellt auch die Datenbasis für unseren Datenfluss zur Erstellung einer Bilanz und GuV im Business-Intelligence-System dar.

Für die Datenbeschaffung der Verkehrszahlen aus dem neuen Hauptbuch stellt SAP verschiedene DataSources zur Verfügung. Wir entscheiden uns an dieser Stelle für den Extraktor HAUPTBUCH: SALDEN FÜHRENDES LEDGER (0FI_GL_10) im SAP ERP-Quellsystem. Die gewählte DataSource ist deltafähig und extrahiert ausschließlich aus der Summentabelle des führenden Ledgers, in unserem Fall aus der Tabelle FAGLFLEXT.

Hauptbuch – saldenführendes Ledger

Salden aus beliebigen Ledgern [+]

Die Summentabellen weiterer Ledger aus der neuen Hauptbuchhaltung können ebenfalls in BW extrahiert werden. Für jeden weiteren Ledger muss dazu mit der Transaktion FAGLBW03 in SAP ERP eine eigene DataSource generiert werden.

Benennung der DataSource [+]

Die Benennung der DataSource unterliegt dabei folgenden Namenskonventionen: Name der generierten DataSource ist 3FI_GL_xx_TT, wobei xx für das Ledger-Kürzel steht, TT gibt an, dass es sich um eine Summentabelle (Totals Table) handelt.

Wie in Abschnitt 8.1.2, »Business Content«, bereits beschrieben, aktivieren wir die DataSource HAUPTBUCH: SALDEN FÜHRENDES LEDGER (0FI_GL_10) aus der Anwendungskomponentenhierarchie und replizieren diese anschließend in BW (siehe Abbildung 8.10).

DataSource aktivieren

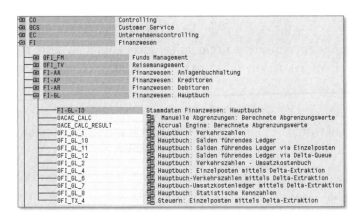

Abbildung 8.10 Aktivierung der DataSource »0FI_GL_10«

Datenfluss in BW aufbauen

Als nächsten Schritt bauen Sie Ihren Datenfluss in BW auf. Auch hierbei greifen Sie auf den Business Content von BW zurück. Dieser enthält neben den InfoObjects und Datenzielen auch Übertragungs- und Fortschreibungsregeln sowie Querydefinitionen. Letztere können entweder unverändert oder als Template-Basis für eigene Berichte und Auswertungen verwendet werden. Abbildung 8.11 stellt die einzelnen Objekte im Datenfluss unseres Beispielszenarios dar.

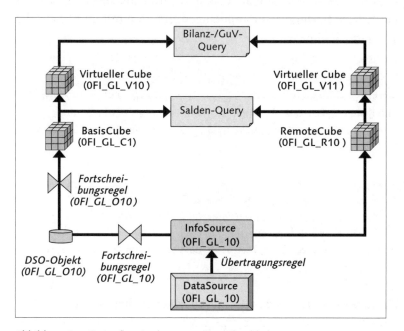

Abbildung 8.11 Datenfluss in der neuen Hauptbuchhaltung

Die Aktivierung des Business Contents von BW geschieht in der Data Warehousing Workbench, wie es bereits in Abschnitt 8.1.2, »Business Content«, beschrieben wurde. Hier können die in Abbildung 8.11 aufgeführten Objekte einzeln oder auch komplett, also als gesamter Datenfluss, aus dem Business Content aktiviert und übernommen werden.

Die detaillierte Beschreibung der einzelnen Objekte und deren Eigenschaften würde den Umfang dieses Kapitels sprengen. Wir konzentrieren uns deshalb auf einige wichtige Aspekte.

After-Image-Deltaverfahren

Das *DataStore-Objekt* (DSO) HAUPTBUCH (NEU): VERKEHRSZAHLEN (0FI_GL_10) wird aufgrund des Deltaverfahrens unserer DataSource benötigt. Dies ermöglicht es uns, immer nur die Änderungen aus dem SAP ERP-System abzuziehen, die seit dem letzten Abzug geändert wurden oder neu hinzugekommen sind. Im DataStore-Objekt wird hierzu das Delta zur Summe von bereits früher extrahierten Datensätzen berechnet und in den InfoCube HAUPTBUCH (NEU): VERKEHRSZAHLEN (0FI_GL_10) fortgeschrieben.

Basis für das Reporting zur Darstellung der Bilanz oder GuV sowie der Profit-Center-Rechnung bildet ein sogenannter *virtueller Cube* mit dem Service HAUPTBUCH (NEU): BILANZ UND GUV (0FIGL_V10). Diese Art eines Datenproviders stellt, wie in Abschnitt 8.1, »Grundlagen von Business Intelligence«, beschrieben, lediglich eine logische Sicht auf die Daten dar und ist nicht so oft in Datenflüssen zu finden – für eine korrekte Darstellung der Bilanz ist ein derartiger virtueller Cube jedoch unverzichtbar. Mithilfe sogenannter *Services* (einzelner Funktionsbausteine mit ABAP-Coding) wird zur Darstellung einer Bilanz- und GuV-Struktur zum einen das Ergebnis berechnet, zum anderen werden saldenabhängig zugeordnete Konten (Saldowechselpositionen) korrekt in der Bilanzstruktur ausgewiesen.

Virtueller Cube mit Service

Speziell für das Financial Reporting bietet das SAP-System auch die Verwendung eines *RemoteCubes* an (siehe rechte Seite des Datenflusses in Abbildung 8.11). Damit ist es nicht notwendig, Bewegungsdaten in BW zu laden und dort abzulegen, denn die erforderlichen Daten werden direkt aus dem Quellsystem gelesen und stehen somit in Echtzeit für das Reporting zur Verfügung. Ein Reporting über RemoteCubes hat allerdings auch Nachteile. Abhängig von der gewählten Selektion kann es gerade beim Lesen großer Datenmengen zu einer erheblichen Last im Quellsystem kommen, mit der auch die Performance im Quellsystem bei der Durchführung operativer Prozesse beeinträchtigt wird.

Remote-Szenario

Nach Aktivierung aller am Datenfluss beteiligten Objekte sind die Voraussetzungen geschaffen, um Daten aus dem ERP-Quellsystem in BW zu laden und uns somit dem Erstellen von Querys zuzuwenden.

Es sind verschiedene Berichte in den einzelnen Ebenen unserer Datenbasis möglich. Querys zur Anzeige der Kontensalden geben einen Überblick über die Verkehrszahlen der einzelnen Konten. Ein derartiger Bericht lässt sich beispielsweise nach verschiedenen Merkmalen wie Profit-Center, Funktionsbereich, Sachkonto oder Perioden aufreißen und filtern.

Salden Sachkonten

Bilanz und GuV

Als Basis für Bilanz- und GuV-Berichte werden ebenfalls die Sachkontensalden herangezogen und über einen virtuellen Cube entsprechend ihrer Position in der Bilanz-/GuV-Struktur zugeordnet und ausgegeben.

[+]

Bilanz-/GuV-Struktur

Die Strukturen zur Darstellung einer Bilanz oder GuV müssen nicht extra in BW angelegt werden. Bereits im ERP-System angelegte Bilanzstrukturen können in BW extrahiert werden und stehen damit in den Berichten zur Verfügung.

Mit der Erstellung von Bilanzen über mehrere Merkmale können beispielsweise auch Bilanzen für einzelne Profit-Center erstellt werden. Sie sind ebenfalls flexibel in der Gestaltung der Berichtsspalten, um z. B. verschiedene Berichtszeiträume übersichtlich nebeneinander darstellen zu können (siehe Abbildung 8.12). Die Berechnung der Abweichung als absoluter Wert oder in Prozent ermöglicht einen schnellen Überblick über die aktuelle Situation.

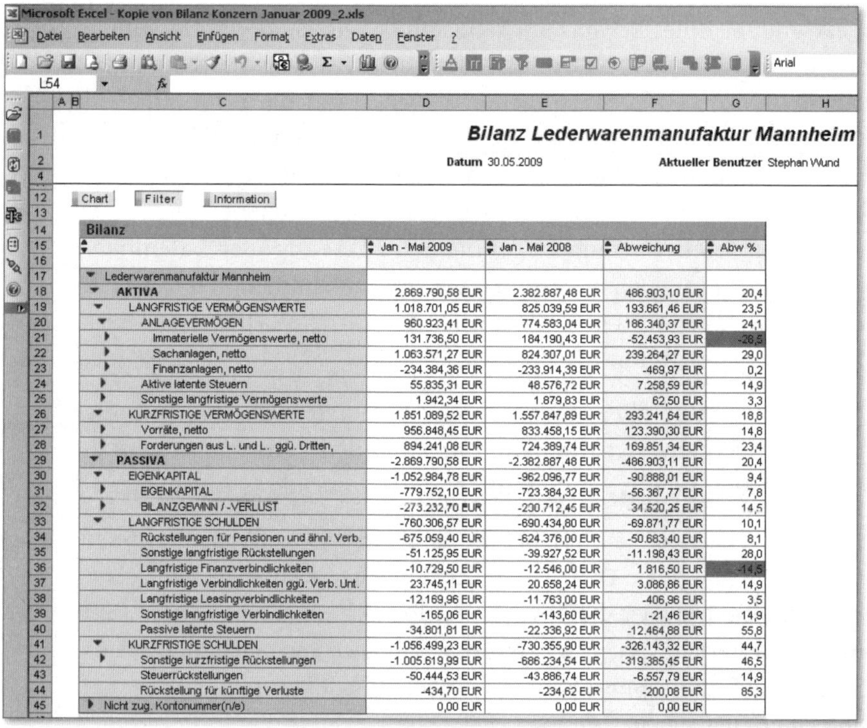

Bilanz

	Jan - Mai 2009	Jan - Mai 2008	Abweichung	Abw %
Lederwarenmanufaktur Mannheim				
AKTIVA	2.869.790,58 EUR	2.382.887,48 EUR	486.903,10 EUR	20,4
LANGFRISTIGE VERMÖGENSWERTE	1.018.701,05 EUR	825.039,59 EUR	193.661,46 EUR	23,5
ANLAGEVERMÖGEN	960.923,41 EUR	774.583,04 EUR	186.340,37 EUR	24,1
Immaterielle Vermögenswerte, netto	131.736,50 EUR	184.190,43 EUR	-52.453,93 EUR	-28,5
Sachanlagen, netto	1.063.571,27 EUR	824.307,01 EUR	239.264,27 EUR	29,0
Finanzanlagen, netto	-234.384,36 EUR	-233.914,39 EUR	-469,97 EUR	0,2
Aktive latente Steuern	55.835,31 EUR	48.576,72 EUR	7.258,59 EUR	14,9
Sonstige langfristige Vermögenswerte	1.942,34 EUR	1.879,83 EUR	62,50 EUR	3,3
KURZFRISTIGE VERMÖGENSWERTE	1.851.089,52 EUR	1.557.847,89 EUR	293.241,64 EUR	18,8
Vorräte, netto	956.848,45 EUR	833.458,15 EUR	123.390,30 EUR	14,8
Forderungen aus L. und L. ggü. Dritten,	894.241,08 EUR	724.389,74 EUR	169.851,34 EUR	23,4
PASSIVA	-2.869.790,58 EUR	-2.382.887,48 EUR	-486.903,11 EUR	20,4
EIGENKAPITAL	-1.052.984,78 EUR	-962.096,77 EUR	-90.888,01 EUR	9,4
EIGENKAPITAL	-779.752,10 EUR	-723.384,32 EUR	-56.367,77 EUR	7,8
BILANZGEWINN / -VERLUST	-273.232,70 EUR	-230.712,45 EUR	31.520,25 EUR	14,5
LANGFRISTIGE SCHULDEN	-760.306,57 EUR	-690.434,80 EUR	-69.871,77 EUR	10,1
Rückstellungen für Pensionen und ähnl. Verb.	-675.059,40 EUR	-624.376,00 EUR	-50.683,40 EUR	8,1
Sonstige langfristige Rückstellungen	-51.125,95 EUR	-39.927,52 EUR	-11.198,43 EUR	28,0
Langfristige Finanzverbindlichkeiten	-10.729,50 EUR	-12.546,00 EUR	1.816,50 EUR	-14,5
Langfristige Verbindlichkeiten ggü. Verb. Unt.	23.745,11 EUR	20.658,24 EUR	3.086,86 EUR	14,9
Langfristige Leasingverbindlichkeiten	-12.169,96 EUR	-11.763,00 EUR	-406,96 EUR	3,5
Sonstige langfristige Verbindlichkeiten	-165,06 EUR	-143,60 EUR	-21,46 EUR	14,9
Passive latente Steuern	-34.801,81 EUR	-22.336,92 EUR	-12.464,88 EUR	55,8
KURZFRISTIGE SCHULDEN	-1.056.499,23 EUR	-730.355,90 EUR	-326.143,32 EUR	44,7
Sonstige kurzfristige Rückstellungen	-1.005.619,99 EUR	-686.234,54 EUR	-319.385,45 EUR	46,5
Steuerrückstellungen	-50.444,53 EUR	-43.886,74 EUR	-6.557,79 EUR	14,9
Rückstellung für künftige Verluste	-434,70 EUR	-234,62 EUR	-200,08 EUR	85,3
Nicht zug. Kontonummer(n/e)	0,00 EUR	0,00 EUR	0,00 EUR	

Abbildung 8.12 Bilanzbericht in Microsoft Excel mit dem BEx Analyzer

8.2.2 Markt- und Ergebnisrechnung

Die Markt- und Ergebnisrechnung stellt einen weiteren wichtigen Bestandteil im Controlling moderner Unternehmen dar. Zur Beurteilung des Anteils verschiedener Produkte, Kunden oder Profit-Center am Unternehmensergebnis bieten sich Auswertungen in BW mit seinen optimierten multidimensionalen Datenstrukturen an.

Wie bereits in Abschnitt 3.5, »CO-PA als zentrales Reportinginstrument«, diskutiert, werden die Strukturen in CO-PA kundenspezifisch definiert. Damit müssen wir zur Extraktion der CO-PA-Bewegungsdaten in BW auch eine eigene anwendungsspezifische DataSource generieren.

Kundeneigene DataSources

Über den Einführungsleitfaden (Transaktion SBIW) im ERP-System navigieren Sie über den Menüpunkt ERGEBNIS- UND MARKTSEGMENTRECHNUNG zu der Funktion BEWEGUNGSDATEN-DATASOURCE ANLEGEN (siehe ❶ in Abbildung 8.13).

Abbildung 8.13 Einführungsleitfaden – »Bewegungsdaten-DataSource anlegen«

Im folgenden Selektionsbild werden die Basiseinstellungen für die anzulegende DataSource vorgenommen. Der Name der CO-PA-DataSource wird vom System generiert und sollte nicht verändert werden. Er setzt sich aus dem Mandanten des ERP-Systems (%CL, in unserem Fall 800) und dem Namen des *Ergebnisbereichs* (%ERK, in unserem

Fall LWAG) zusammen – damit ergibt sich nach Generierung der DataSource der Name 1_CO_PA800LWAG (siehe Abbildung 8.15).

Wählen Sie die Funktion ANLEGEN und unseren Ergebnisbereich LWAG aus. Die Einstellung KALKULATORISCH oder BUCHHALTERISCH in Bezug auf den Ergebnisbereich ist abhängig von der Ausprägung von CO-PA im ERP-System – in unserem Fall handelt es sich um einen kalkulatorischen Ergebnisbereich (siehe Abbildung 8.14).

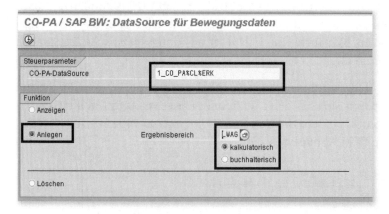

Abbildung 8.14 Selektionsbild zur Anlage einer CO-PA-DataSource

Im nächsten Schritt findet im Dialogbild CO-PA/SAP BW: DATASOURCE FÜR BEWEGUNGSDATEN die Selektion der Felder in unserer DataSource statt. Hier können Sie die zu übernehmenden Merkmale und Wertfelder auswählen, die dann anschließend über den Extraktor an BW geliefert werden.

[+] **Auswahl von Merkmalen und Wertfeldern**

Welche Merkmale aus der Objekttabelle oder den Einzelposten extrahiert werden sollen, kann bei der Anlage der DataSource frei gewählt werden. Merkmale, die für eine korrekte Extraktion zwingend erforderlich sind, werden vom System bereits selektiert und können nicht eliminiert werden. Bei der Übernahme kann auf errechnete Kennzahlen aus dem Rechenschema verzichtet werden. Deren Werte sind bereits in den Wertfeldern mit enthalten.

Um ein möglichst feingranulares und maximal aussagefähiges Reporting in BW zu ermöglichen, selektieren wir alle zur Verfügung stehenden Merkmalsfelder, für die Kennzahlen sind alle Wertfelder von Interesse (siehe Abbildung 8.15).

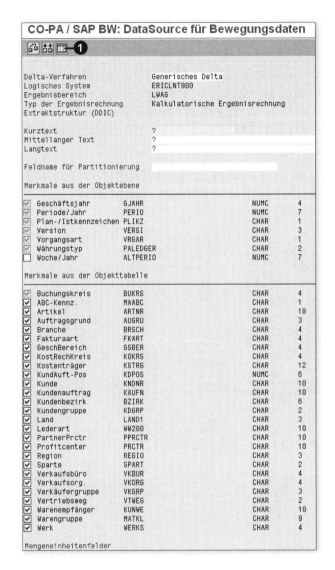

Abbildung 8.15 Auswahl der Merkmals- und Wertfelder

Mit einem Klick auf den Button INFOKATALOG im oberen Bildschirmbereich wird die Anlage der DataSource fortgesetzt ❶.

Im abschließenden Dialogbild können für die generierte DataSource noch Selektionsfelder eingerichtet und bei Bedarf auch Felder ausgeblendet werden. Über den Button SICHERN wird die Anlage der DataSource abgeschlossen. Damit steht sie in einer aktiven Version im ERP-System zur Verfügung und kann in BW repliziert werden.

8 | Reporting mit SAP NetWeaver BW

Aufgrund der bereits angesprochenen kundeneigenen Ausgestaltung der Ergebnisrechnung im ERP-System existiert auch kein vordefinierter Datenfluss im Business Content von BW, wie wir ihn im Finanzreporting (siehe Abschnitt 8.2.1, »Financial Reporting«) kennengelernt haben. Für einzelne Merkmale wie etwa Kunde, Auftrag oder Kostenart kann auf die entsprechenden Standardobjekte in BW zurückgegriffen werden. Die Struktur der Datenziele sowie der Datenflüsse zwischen ihnen ist individuell zu gestalten.

Abbildung 8.16 gibt einen Überblick über den möglichen Datenfluss in BW, angefangen bei der Datenextraktion aus SAP ERP.

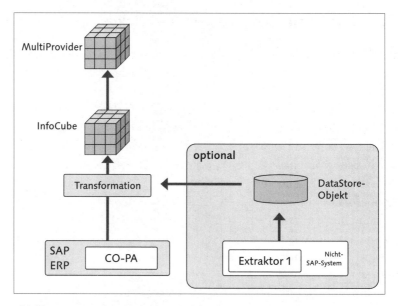

Abbildung 8.16 Beispieldatenfluss in der Ergebnisrechnung

Zusatzinformationen in BW

Je nach Ausgestaltung von CO-PA im ERP-System kann es notwendig werden, zusätzliche Informationen wie etwa eine Konzernkalkulation in BW zu laden und diese zur Anreicherung der CO-PA-Daten zu verwenden. Diese Zusatzinformationen können z. B. über Flat Files oder andere Quellsysteme in das BW-System gelangen.

Deckungsbeitragsschema

Gerade die Datenbasis der Ergebnisrechnung eröffnet uns vielfältige Möglichkeiten zur Ausgestaltung der Berichte. Zur Darstellung des Deckungsbeitragsschemas können in der Querydefinition beliebige Berechnungen zur Ermittlung der einzelnen Deckungsbeiträge durchgeführt werden. Zusätzliche Informationen, in Abbildung 8.16

als optional gekennzeichnet, die nicht im ERP-System verfügbar sind, können ebenfalls in die Berechnung miteinbezogen werden.

Weiterhin unterstützt die Markt- und Ergebnisrechnung viele Aufgaben im Vertriebscontrolling. Den betriebswirtschaftlichen Fragestellungen einzelner Entscheidungsträger wie Vertriebsleiter, Produktmanager oder Key-Account-Manager kann mit aufgabenspezifischen Berichten Rechnung getragen werden. Mit der unabhängigen Definition der Reportingoberfläche spielt BW hier viele seiner Vorteile gegenüber einem Reporting im ERP-System aus.

Aufgabenspezifische Berichte

8.3 Zusammenfassung und Ausblick

Eine SAP ERP-Implementierung, die sich nahe am Standard bewegt, liefert durchaus auch im Berichtswesen alle notwendigen Auswertungen, die ein Unternehmen im normalen Tagesgeschäft benötigt. Aufgrund von individuellen Besonderheiten, die die meisten erfolgreichen Unternehmen aufweisen, können jedoch die Erweiterung und Flexibilisierung des Reportings mithilfe einer Business-Intelligence-Lösung durchaus sinnvoll sein. Durch die zunehmende Dynamisierung der Märkte und des Wettbewerbs ist man heute mehr denn je darauf angewiesen, schnell auf Änderungen des Unternehmensumfelds zu reagieren und Handlungsempfehlungen für die Zukunft abzuleiten. Da es die Auswertungsmöglichkeiten und die Transparenz von Informationen im Unternehmen stark verbessert, stellt SAP NetWeaver BW als Erweiterung der ERP-Reportingbasis eine sinnvolle Investition dar.

Wie bereits angedeutet, hat SAP im Jahr 2008 insbesondere im BW-Umfeld einen großen Schritt in Richtung Erweiterung und Flexibilisierung der zur Verfügung stehenden Werkzeuge gemacht. Der Zukauf von Business Objects hat dafür gesorgt, dass verschiedene Frontend-Tools für die Aufbereitung und Präsentation von Daten im Reporting in das SAP-Portfolio Einzug gehalten haben. Hier sind neben dem formatierten Reporting mit Crystal Reports vor allem Web-Frontends wie Xcelsius zu nennen.

Im Bereich der Planungsanwendungen hat eine weitere Akquisition dafür gesorgt, dass die BW-Komponente *BI-integrierte Planung* (Integrated Planning) SAP-interne Konkurrenz bekommen hat: Mit OutlookSoft hat man hier ein Werkzeug zur strategischen und taktischen Finanzplanung hinzugewonnen, das mittel- bis langfristig die bereits bestehenden Planungsapplikationen ersetzen soll.

Gleichwohl ist es erklärte Strategie von SAP, die heutigen BI-/BW-Komponenten hinsichtlich Datenextraktion, Datenmodellierung, Datenhaltung, Datenfluss und Stammdatenintegration auch zukünftig als Enterprise Data Warehouse-Plattform beizubehalten. Bei der Einbindung der bereits genannten neuen Produkte ist sicherlich auch noch einiges an Entwicklungsaufwand erforderlich, um eine vollständige Integration in diese BI-Plattform zu gewährleisten.

Die bestehende Architektur und die Möglichkeiten, die vorhandenen Tools integriert zu nutzen, sind deshalb noch ein wenig eingeschränkt, weshalb die Akzeptanz am Markt in der Anfangszeit auch nicht unbedingt den hohen Erwartungen der SAP AG gerecht wurde. Zudem ist der Einsatz der neu akquirierten Werkzeuge mit zusätzlichen Lizenzkosten verbunden. Dennoch werden die vielfältigen Möglichkeiten, die die neuen Softwareprodukte bieten, sicher Zug um Zug in größerem Umfang genutzt werden und zur weiteren Transparenzsteigerung von Informationen in Unternehmen beitragen.

Kein Schritt kostet so viel Überwindung wie der erste in eine andere Richtung. Dieses Kapitel gibt Ihnen die Gelegenheit, die wichtigsten Schritte bei der Werteflussoptimierung durch Einführung des neuen Hauptbuchs zu beobachten und nachzuvollziehen.

9 Werteflussoptimierung durch Einführung des neuen Hauptbuchs – ein Praxisbeispiel

Bereits in der Einleitung dieses Buches wurde beschrieben, warum in existierenden SAP-Systemen Werteflüsse unterbrochen sind: Bei der Einführung des Systems hat man sich gegen einen Big Bang entschieden, zusätzliche Module wurden nachträglich eingeführt, Prozesse wurden geändert und das System dabei kurzfristig und nur punktuell angepasst. Diese Umstände lassen sich mit dem Begriff »historisch gewachsen« gut zusammenfassen. Eine Chance zur Überarbeitung und Neugestaltung der Werteflüsse im System bietet die Migration zum neuen Hauptbuch.

In diesem Kapitel wird Ihnen ein Projekt vorgestellt, das zunächst »nur« die Migration zum neuen Hauptbuch zum Ziel hatte. Es hat sich jedoch schon zu Beginn des Projekts herausgestellt, dass dies nicht ohne Redesign der Werteflüsse möglich ist. Durch diese Erkenntnis wurde der Umfang des Projekts deutlich erweitert.

Wir werden nun die wichtigsten Schritte und Entscheidungen im Projektverlauf beschreiben – vom Projektauftrag bis zur Rückschau auf das Projekt.

9.1 Projektauftrag

Bei unserem Kunden handelt es sich um einen großen, international tätigen IT-Dienstleister. Das Geschäft des Kunden umfasst zum einen

Ausgangssituation

den Ein- und Verkauf von Hardware, darüber hinaus aber auch Beratungsleistungen und Outsourcing im IT-Bereich. Der Schwerpunkt der Tätigkeit liegt in Europa.

Vorbereitender technischer Releasewechsel

Bereits seit mehreren Jahren bildet der Kunde seine eigenen Prozesse in einem SAP-System ab. Zuletzt erfolgte ein Releasewechsel von Release SAP R/3 4.6C nach SAP ERP. Der Kunde hatte sich dabei für einen sogenannten *technischen Releasewechsel* entschieden. Das bedeutet, man konzentrierte sich darauf, die bestehenden Prozesse und deren Abbildung möglichst unverändert in das neue Release zu übernehmen. Neue Funktionen wurden nicht implementiert. Das ist ein häufig angewendetes Vorgehen, um den Projektaufwand gering zu halten.

Da für Geschäftsjahre, die am oder nach dem 01.01.2009 beginnen, nach europäischem Recht eine umfassende Segmentberichterstattung – sowohl für die Bilanz als auch für die Gewinn- und Verlustrechnung – zu erstellen ist, wurde ein Wechsel zum neuen Hauptbuch zum 01.01.2009 angestrebt. Die parallele Rechnungslegung – lokales Recht sowie IAS – wurde bereits vor Jahren mithilfe der sogenannten *Kontenlösung* (siehe Abschnitt 3.3, »Internationale Anforderungen«) abgebildet. Darüber hinaus war das Standard-UKV-Ledger 0F aktiv. Die Profit-Center-Rechnung diente sowohl zur Darstellung von Sparten als auch zur Darstellung der Aufbauorganisation. Entgegen der Empfehlung von SAP wurde hier also eine Matrixorganisation abgebildet. Dieser Umstand sollte durch die Nutzung des neuen Kontierungsobjekts *Segment* behoben werden. Die Aufbauorganisation sollte in die Segmentberichterstattung überführt werden, woraufhin die Profit-Center-Rechnung nur noch Sparten zeigte. Die Sparten sind weitgehend abhängig von Produkten und Kunden.

9.1.1 Vorüberlegungen

Profit-Center-Rechnung

Eine der ersten Entscheidungen, die im Projekt getroffen werden musste, war, ob die Profit-Center-Rechnung weiterhin in dem Modul EC-PCA abgebildet oder auch in das neue Hauptbuch überführt werden sollte. Durch diese Entscheidung wurde der Projektauftrag maßgeblich beeinflusst. Tabelle 9.1 zeigt einige Argumente für beide Ausprägungen.

	Pro	Contra
Profit-Center-Rechnung in EC-PCA	▶ vollständiges Reporting über sekundäre Kostenarten auf Ebene der Profit-Center ▶ lokale Buchungen in EC-PCA ▶ leichtere Abbildung von Umorganisationen	▶ keine Belegaufteilung ▶ gesonderte Datenspeicherung und damit Gefahr der Abweichung von EC-PCA und FI
Profit-Center-Rechnung im neuen Hauptbuch	▶ Bilanz auf Ebene der Profit-Center durch Nutzung der Belegaufteilung ▶ keine Differenzen durch Nutzung eines gemeinsamen Datenbestands	▶ Verlust des Reportings sekundärer Kostenarten auf Ebene der Profit-Center ▶ reine Profit-Center-Buchungen müssen in der Hauptbuchhaltung erfolgen

Tabelle 9.1 Für und Wider der Integration der Profit-Center-Rechnung ins neue Hauptbuch

Auf die Problematik von Umorganisationen in Zusammenhang mit dem neuen Hauptbuch wurde bereits in Abschnitt 3.2, »Entitätenmodell«, eingegangen. Dies ist in vielen und gerade großen Unternehmen ein weitreichendes Problem.

Im beschriebenen Projekt wurde dennoch der Vorteil der gemeinsamen Datenbasis für FI und CO als gewichtiger bewertet als die in Tabelle 9.1 beschriebenen Nachteile. Dies galt umso mehr, da das Konzernreporting bisher auf drei Datenquellen aufgebaut war:

1. Daten der Buchhaltung für legales Reporting
2. Profit-Center-Rechnung für internes Reporting
3. CO-PA für internes Reporting

Mit der Integration der Profit-Center-Rechnung im neuen Hauptbuch konnte die Datenbeschaffung auf zwei Quellen reduziert werden: auf das neue Hauptbuch und auf CO-PA. Da zu Projektstart im Unternehmen ca. 5.000 Profit-Center aktiv verwendet wurden, war die Diskussion um das zu erwartende Datenvolumen die letzte Hürde, die zu nehmen war.

Berechnung des Datenvolumens Aufgrund der immer noch begrenzten Erfahrungen mit dem neuen Hauptbuch kann auch SAP keine verlässlichen Angaben dazu machen, bis zu welchen Datenmengen das neue Hauptbuch performant eingesetzt werden kann. Sicher ist nur, dass neben der Anzahl der Einzelbelege die erzeugten Zeilen in der Summentabelle des neuen Hauptbuchs (im Standard FAGLFLEXT) entscheidend sind.

Summentabelle Die Stellung der Summentabelle wird auch deutlich, wenn Sie die Tabellenstruktur eines neuen Hauptbuchs am Beispiel einer Verbuchung betrachten.

In Abbildung 9.1 sehen Sie einen Auszug der Tabellen, die beim Buchen eines Belegs in FI fortgeschrieben werden. Es wird eine Kreditorenrechnung eingebucht, die Buchung erfolgt auf zwei Aufwandskonten mit unterschiedlichen Profit-Center- und Segmentkontierungen. Die Kreditorenposition trägt in diesem Fall zunächst weder ein Profit-Center noch ein Segment, da es sich bei der Verbindlichkeit um eine Bilanzposition handelt. Somit steht keine CO-Kontierung zur Verfügung, aus der Profit-Center und Segment abgeleitet werden könnten.

Gehen wir davon aus, dass die Belegaufteilung für Profit-Center aktiviert ist. Damit wird in der Hauptbuchsicht die Kreditorenposition geteilt. Es entstehen zwei Verbindlichkeitspositionen (siehe ❶ in Abbildung 9.1). Aufteilung und Kontierung erfolgen entsprechend den Aufwandspositionen.

Tabelle »FAGLFLEXA« Wie in der klassischen Hauptbuchhaltung werden die Daten aus dem Beleg in den Tabellen BKPF ❷ (Belegkopf für Buchhaltung) und BSEG ❸ (Belegsegment Buchhaltung) gespeichert. Die hier abgelegten Daten zeigen die Erfassungssicht des Belegs. So wird für die Kreditorenposition in unserem Fall kein Profit-Center oder Segment fortgeschrieben.

Zusätzlich werden nun die Tabellen des neuen Hauptbuchs fortgeschrieben. Die Hauptbuchsicht auf die Belegpositionen wird im Standard in der Tabelle FAGLFLEXA ❹ (Hauptbuch: Ist-Einzelposten) erfasst. In der Abbildung sehen Sie, dass hier zwei Verbindlichkeitspositionen gezeigt werden, die bereits durch die Belegaufteilung verarbeitet wurden. An dieser Stelle wird nun bewusst der Begriff *Ver-*

bindlichkeitsposition und nicht mehr *Kreditorenposition* verwendet, da die Kreditoreninformation an dieser Stelle nicht mehr enthalten ist.

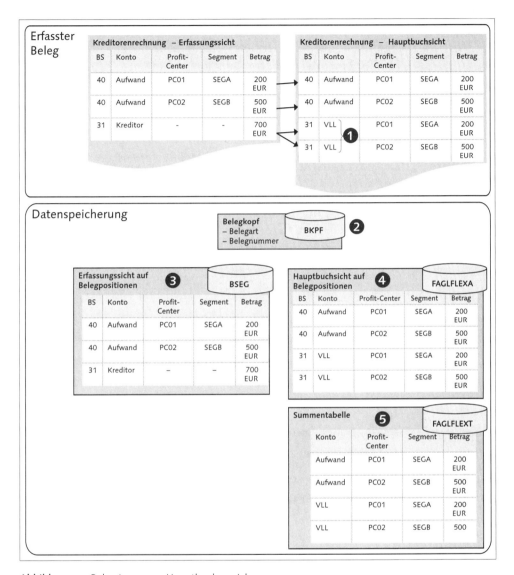

Abbildung 9.1 Beleg im neuen Hauptbuch speichern

Das Berichtswesen beruht aus Performancegründen in der Regel auf einer anderen Tabelle, und zwar auf der FAGLFLEXT ❺ (Hauptbuch: Summen). Hier werden alle Daten fortgeschrieben, die für die Darstellung der aktivierten Szenarien (siehe Abschnitt 7.1.1, »Aktivierung der unterschiedlichen Szenarien«) benötigt werden. Dadurch

Tabelle »FAGLFLEXT«

gehen »unwichtige« Informationen wie der Buchungsschlüssel in der Summentabelle verloren. Wenn Sie sich gegen die Fortschreibung des Profit-Centers im neuen Hauptbuch entscheiden, werden Sie das Profit-Center hier auch nicht gefüllt vorfinden. Es wird pro Kombination an benötigten Feldern eine eigene Zeile fortgeschrieben. Weist ein Beleg eine Merkmalskombination auf, die bereits in der Tabelle FAGLFLEXT vorhanden ist, werden die Werte zu den bestehenden Summen hinzuaddiert. Damit ergibt sich, dass die Tabelle FAGLFLEXT umso mehr Einträge hat, je mehr Merkmalskombinationen – und somit Zeilen – es gibt.

Merkmalspositionen

Die Anzahl an Merkmalspositionen können Sie über zwei Wege reduzieren:

- **Darstellung möglichst weniger Merkmale**
  Die darzustellenden Merkmale reduzieren Sie z. B., indem Sie die Profit-Center-Rechnung nicht im Hauptbuch abbilden, sondern in der klassischen Profit-Center-Rechnung (EC-PCA) belassen. Allerdings können Sie daraufhin nicht mehr die Belegaufteilung für das Profit-Center aktivieren.
  Die korrekte Darstellung von Verbindlichkeiten auf Profit-Center-Ebene im Moment der Buchung ist also nur möglich, wenn Sie das Profit-Center in FI fortschreiben.

- **Reduzierung der Merkmalsausprägungen**
  Die Merkmalsausprägungen reduzieren Sie, indem Sie beispielsweise die Anzahl der Profit-Center reduzieren.
  Dies wurde im Projekt erzielt, indem die funktionale Sicht in das Feld SEGMENT ausgelagert wurde.

Berechnung des erwarteten Datenvolumens

Um zu simulieren, wie viele Einträge in der Summentabelle im individuellen Fall zu erwarten sind, stellt SAP den Report RGUIST01 zur Verfügung, den Sie z. B. über Transaktion SA38 aufrufen können. Die Basis der Berechnung können Sie selbst bestimmen. In unserem Fall haben wir uns für die Tabellen der Profit-Center-Rechnung entschieden. Die Ergebnisse haben gezeigt, dass die Zahl der Profit-Center reduziert werden muss.

Regeln zur Ableitung der Profit-Center

Durch die Auslagerung der funktionalen Sicht in das Feld SEGMENT konnten die Profit-Center um den Faktor zehn reduziert werden. Dies konnte allerdings nur erreicht werden, indem die Segmente zusätzlich nicht im SAP-Standard aus dem Profit-Center, sondern über eigene Regeln abgeleitet wurden.

9.1.2 Tatsächlicher Projektumfang

Einer Darstellung der Profit-Center im neuen Hauptbuch stand somit nichts mehr im Weg, und der Projektumfang stellte sich wie folgt dar:

- Einführung des neuen Hauptbuchs für ca. zehn Buchungskreise aus drei Ländern
- Bereinigung von Profit-Centern und Funktionsbereichen um die funktionale Sicht
- Integration der UKV-Darstellung im neuen Hauptbuch und Abschaffung des UKV-Ledgers
- Überführung der Profit-Center-Rechnung von EC-PCA in das neue Hauptbuch
- Einführung des Belegsplits für die Kontierungen Profit-Center und Segment
- Eigenentwicklung der Segmentableitung

Das Projekt hatte also einen sehr umfangreichen Arbeitsauftrag, der nur durch eine exakte Planung und Einhaltung der Projektphasen einzuhalten war.

9.2 Projektplan

Das neue Hauptbuch kann immer nur zu Beginn eines Geschäftsjahres aktiviert werden. Damit ist der Endtermin eines Projekts zur Migration in das neue Hauptbuch in der Regel rasch definiert, und die Planung des Projektverlaufs muss in Form einer Rückwärtsterminierung erfolgen. Beim Kunden des vorliegenden Falls entspricht das Geschäftsjahr dem Kalenderjahr. Die Produktivsetzung kann also nur zum 01.01. erfolgen. Da das Projekt im zweiten Halbjahr des vorhergehenden Jahres initiiert wurde, ergab sich somit eine Gesamtlaufzeit von ca. 15 Monaten.

Zeitlicher Umfang und Endtermin

Nach der Migration in das neue Hauptbuch sind Buchungen in vorhergehende Geschäftsjahre nicht mehr möglich. Bevor die produktive Migration startet, muss demzufolge für alle betroffenen Buchungskreise das Testat des Wirtschaftsprüfers für das Vorjahr vorliegen.

Bei Migrationen in das neue Hauptbuch ist daher zwischen dem Migrationsdatum und dem Aktivierungsdatum zu unterscheiden.

Migrations- und Aktivierungsdatum

9 | Praxisbeispiel zur Werteflussoptimierung

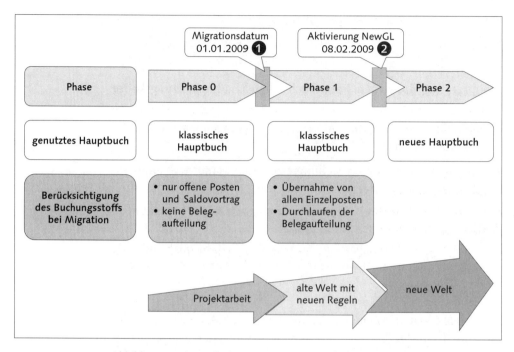

Abbildung 9.2 Auswirkung von Migrations- und Aktivierungsdatum

Sie sehen in Abbildung 9.2, dass der 01.01.2009 als Migrationsdatum definiert ist ❶. Das heißt, mit diesem Stichtag findet die Migration vom klassischen in das neue Hauptbuch statt. Die Wirtschaftsprüfungsgesellschaft konnte zusichern, dass am 04.02.2009 die Testate für alle Buchungskreise des Mandanten vorliegen. Damit konnte mit der Migration am 06.02.2009 begonnen werden. Die Aktivierung des neuen Hauptbuchs erfolgte zwei Tage später (also am 08.02.2009 ❷), während derer das Produktivsystem exklusiv für die Migration reserviert war. Es waren alle Benutzer außer die Berater, die IT-Mitarbeiter und die Key User gesperrt.

Bedeutung des Migrationsdatums

Das Migrationsdatum beeinflusst zunächst das Systemverhalten bei allen Buchungen in FI und CO. Bis zum Migrationsdatum werden Buchungen ausschließlich im klassischen Hauptbuch fortgeschrieben. Über eine vom SAP-System zur Verfügung gestellte Validierung ist es möglich, schon bei der Verbuchung zu prüfen, ob Belege aus Sicht der Belegaufteilung im neuen Hauptbuch regelkonform sind. In unserem Fall musste es immer möglich sein, ein Segment abzuleiten. Die Validierung kann über das *Migration Cockpit* von SAP aktiviert werden. Im vorliegenden Projekt wurde für alle Belege, deren

Buchungsdatum vor dem 01.01.2009 lag, und die nicht regelkonform waren, ein Protokoll fortgeschrieben. Ab Buchungsdatum 01.01.2009 wurde eine Fehlermeldung erzeugt. Das heißt zusammengefasst: Obwohl das neue Hauptbuch noch nicht aktiv war, wurden keine Belege mehr zugelassen, die im neuen Hauptbuch nicht mehr hätten verbucht werden können. Damit konnte eine hohe Datenqualität und somit eine möglichst problemlose Migration sichergestellt werden.

Das Migrationsdatum beeinflusst aber auch, wie der Buchungsstoff in der Migration verarbeitet wird. Aus dem Buchungsstoff der sogenannten *Phase 0* (Zeitraum vor Migrationsdatum) werden für OP-geführte Konten nur Posten übernommen, die zum 31.12.2008 offen sind. Für alle nicht OP-geführten Konten wird lediglich der Saldovortrag übernommen. Es erfolgt damit nur die Übernahme von Bilanzwerten. Die GuV wird nicht in das neue Hauptbuch übernommen! Da bei der Migration kein Systemwechsel stattfindet, kann auch im Anschluss noch auf alte Belege zugegriffen werden.

Umfang der Migration

Jedoch ist das Reporting auf Geschäftsdaten aus Phase 0 in der Hauptbuchhaltung nur eingeschränkt möglich. So liest z. B. der Standardreport für die Bilanz (Report RFBILA00) nach Aktivierung des neuen Hauptbuchs nur noch Daten aus den Tabellen des neuen Hauptbuchs. Im beschriebenen Projekt war also ein Aufruf der Bilanz 2009 mit dem Vergleichszeitraum 2008 (vor Migrationsdatum) nicht mehr möglich.

Damit ist es zunächst nicht möglich, beispielsweise eine Bilanz und GuV zum 31.03.2009 aus dem neuen Hauptbuch zu erstellen und dabei die Vergleichswerte aus 2008 gegenüberzustellen. Erst der Buchungsstoff aus Phase 1 (nach Migrations-, aber vor Aktivierungsdatum) wird vollständig übernommen. Das heißt, für das Geschäftsjahr 2009 ist für den Kunden ein uneingeschränktes Reporting in der Hauptbuchhaltung möglich. Da für die technische Übernahme der Einzelbelege des aktuellen Geschäftsjahres lange Laufzeiten zu erwarten sind, ist es wichtig, dass die Phase 1 möglichst kurz ist.

9.2.1 Projektverlauf

Zusammen mit dem Kunden wurde folgender Projektverlauf verabschiedet:

9 | Praxisbeispiel zur Werteflussoptimierung

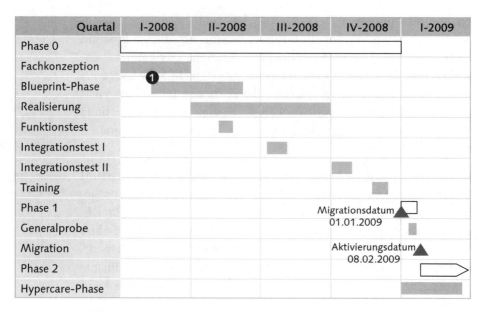

Abbildung 9.3 Projektplan

Überschneidungen der Phasen
: Wenn Sie sich den Projektplan in Abbildung 9.3 anschauen, fallen Ihnen vermutlich die Überschneidungen der einzelnen Phasen auf. Die Erstellung des technischen Konzepts in der Blueprint-Phase hat bereits vor Fertigstellung des Fachkonzepts begonnen ❶. Auch die Realisierung wurde vor der Finalisierung des technischen Konzepts gestartet. Der Grund hierfür liegt in der komplexen Thematik. Viele Probleme konnten erst in interdisziplinären Workshops unter Beteiligung von Controlling, Buchhaltung, IT und Beratern geklärt werden.

Lange Hypercare-Phase
: Auch die Hypercare-Phase (oder *After-Go-Live-Support*), also die intensivere Betreuung durch den IT-Bereich unmittelbar nach dem Produktivstart, hält bei der Migration in das neue Hauptbuch vergleichsweise lange an und beginnt vor allem mit dem Migrationsdatum und nicht erst mit der Aktivierung des neuen Hauptbuchs. Dies ist notwendig, da in Phase 1 bereits nach den Regeln der Belegaufteilung gebucht werden muss. In dieser Phase entstehen vor allem Probleme in der Verbuchung. Nach der Migration ändert sich in der Buchungslogik nichts mehr. Nun liegt der Schwerpunkt im Support in der Erklärung des Zahlenwerks, das sich aus der Migration ergibt.

Insbesondere die Unterscheidung von Erfassungs- und Hauptbuchsicht fällt den Anwendern mitunter schwer und führt daher zu vielen Nachfragen.

9.2.2 Testphasen

Die Testphasen selbst waren in drei Teilphasen gegliedert:

- Test der Phase 1 (Zeitraum Migrationsdatum bis Migration)
- Test der technischen Migration
- Test der Phase 2 (nach Migration, mit aktiviertem neuem Hauptbuch)

Organisation der Testphasen

Beim Test der Phase 1 wurde schwerpunktmäßig überprüft, ob alle notwendigen Prozesse noch gebucht werden konnten. Da zu diesem Zeitpunkt das neue Hauptbuch noch nicht aktiv war, interessierte die Segmentableitung noch nicht. Diese Testphase wurde jeweils mit einer Woche Umfang terminiert.

Test der Phase 1

Nach dem Test der Phase 1 wurde in weiteren fünf Arbeitstagen die technische Migration durchgeführt. Hierbei wurde zum einen das Migration Cockpit selbst getestet, aber auch die Kontierungsableitung während der Migration. Da wir hier andere Ableitungen verwendeten als im laufenden Betrieb, musste das Zahlenwerk auf Ebene von Profit-Centern und Segmenten im Detail abgestimmt werden. Zunächst erfolgte aber nur eine Abstimmung auf Ebene der Buchungskreise durch einen Vergleich von altem und neuem Hauptbuch. Summarisch konnte dies durch die Transaktion GCAC (Ledger-Vergleich) erfolgen (siehe Abschnitt 7.12.4, »Abstimmung von Buchhaltung und Controlling«). Diese Abstimmung wurde von den Beratern und dem IT-Bereich durchgeführt. Damit konnte sichergestellt werden, dass alle relevanten Daten vollständig migriert wurden. Im nächsten Schritt galt es, in einer Detailabstimmung zu prüfen, ob die Kontierungen korrekt abgeleitet waren und beispielsweise die Summen auf Profit-Center-Ebene im neuen Hauptbuch mit denen des Moduls EC-PCA übereinstimmten.

Test der technischen Migration

Die Detailabstimmung war deutlich schwieriger und vor allem zeitaufwendiger als die rein technische Überprüfung durch die Transaktion GCAC und hat daher bis zu zwei Wochen angedauert. Erschwert wurde die Abstimmung vor allem durch die Neuableitung von Funktionsbereich, Profit-Center und Segment für Belege des aktuellen Geschäftsjahres. Im Standard des Migration Cockpits ist dies nicht möglich. Wenn ein Beleg bereits eine der genannten Kontierungen erhält, wird diese aus der Erfassungssicht in die Hauptbuchsicht übernommen.

Detailabstimmung durch die Fachabteilungen

Mithilfe einer Modifikation konnten bereits abgeleitete Kontierungen aber überschrieben werden. Indem z. B. die aktuell gültigen statt die historischen Zuordnungen von Kostenstellen- und Auftragsstammdaten verwendet wurden, konnten Zuordnungsänderungen zum Geschäftsjahresbeginn bereinigt werden. Nachteil dieser Vorgehensweise ist, dass Erfassungs- und Hauptbuchsicht der Belege aus Phase 1 unterschiedliche Kontierungen tragen, wie Abbildung 9.4 zeigt.

\multicolumn{5}{l}{Erfassungssicht–Belegposition, erfasst am 20.01.2009}
BS	Konto	Kostenstelle	Profit-Center	Betrag
40	Aufwand	47000	PC01	200 EUR

Zum 01.01.2009 wird die Kostenstelle 47000 dem Profit-Center PC20 zugeordnet.

\multicolumn{5}{l}{Hauptbuchsicht – Belegposition migriert}
BS	Konto	Kostenstelle	Profit-Center	Betrag
40	Aufwand	47000	PC20	200 EUR

Abbildung 9.4 Manipulation der Kontierung in der Migration

Sie sehen hier, dass eine Belegposition am 20.01.2009, also in Phase 1, eingebucht wurde. Über die Kontierung auf die Kostenstelle 47000 wurde bei der Verbuchung das Profit-Center PC01 abgeleitet. Da alle Belege aus Phase 1 vollständig migriert werden, wird auch diese Position durch das Migration Cockpit verarbeitet. Gehen wir davon aus, dass die Kostenstelle 47000 nach dem 20.01. – also nach Verbuchung dieser Position –, aber vor der Migration dem Profit-Center PC20 zugeordnet wurde. Im Standard leitet das Migration Cockpit das Profit-Center nicht neu ab. Durch eine Modifikation im Coding kann diese Neuableitung aber aktiviert werden. Wenn wir bei der Neuableitung nun nicht danach fragen, welches Profit-Center der Kostenstelle am 20.01.2009 bei der Belegverbuchung hinterlegt war, sondern das aktuell zugeordnete Profit-Center ableiten, erzeugen wir eine Abweichung zwischen Erfassungssicht und Hauptbuchsicht.

Grund hierfür ist, dass bei der Migration lediglich die Hauptbuchsicht erzeugt wird. Die Erfassungssicht wird nicht verändert. Da wesentliche Teile des Reportings, wie vor allem die Bilanz, die Hauptbuchsicht zeigen, haben wir durch die abweichende Profit-Center-Ableitung in der Migration quasi eine Reorganisation auf Ebene der Profit-Center durchgeführt – eine Funktion die bis auf Weiteres im SAP-Standard nicht zur Verfügung steht. Nachteil dieser Vorgehensweise: Bei der Abstimmung der Migration auf Profit-Center-Ebene muss man diesen Wechsel des Profit-Centers von PC01 nach PC20 berücksichtigen. Wenn man derartige Wechsel in größerem Umfang durchführt, ist eine Abstimmung der Migration auf Ebene des Profit-Centers kaum mehr möglich.

Dieser Umstand hat auch im vorliegenden Projekt dazu geführt, dass ein Abgleich mit der klassischen Profit-Center-Rechnung nicht mehr direkt, sondern nur noch mithilfe von zum Teil sehr aufwendigen Überleitungsrechnungen möglich war. Gleiches galt für den Funktionsbereich und damit für die Abstimmung des UKV-Ledgers.

Als letzte Phase der Tests wurde schließlich das Systemverhalten bei aktiviertem neuem Hauptbuch überprüft. Zwei Schwerpunkte waren dabei die Eingangsschnittstellen (Ein- und Ausgangsrechnungen aus Non-SAP-Systemen, HR sowie Leistungsverrechnungen aus Vorsystemen nach CO) und der Monatsabschluss.

Test der Phase 2

Bei den Schnittstellen mussten in ca. 50 Prozent der Fälle keine Anpassungen vorgenommen werden. Bei ca. einem Drittel der Schnittstellen kam es zu unerwünschten Effekten in der Belegverbuchung, die aber durch eigene Belegarten und ein entsprechendes Customizing der Belegaufteilung eliminiert werden konnten. Die restlichen Schnittstellen erforderten schließlich Anpassungen in den Schnittstellen selbst oder sogar in den Vorsystemen.

Der Aktivitätenplan für den Monatsabschluss musste aus drei Gründen angepasst werden:

- Die Echtzeitintegration wurde aktiviert. Somit entfiel der monatliche Lauf des Abstimmledgers.
- Die Profit-Center-Rechnung ist nun im Hauptbuch integriert. Das heißt, lokale Anpassungsbuchungen in der Profit-Center-Rechnung und ohne Beeinflussung des Hauptbuchs waren nicht mehr möglich.

▶ Im Hauptbuch wurde eine Umlage auf Ebene der Segmente eingeführt. Diese durfte aber erst nach Abschluss aller Vorgänge in CO erfolgen, da die Echtzeitintegration gegebenenfalls wieder neue Belege in FI gebucht hätte.

Der Kunde hatte bereits seit zwei Jahren einen Fast-Close-Prozess etabliert, da er bereits am zweiten Arbeitstag nach Monatsende die Zahlen an die Konzernzentrale liefern muss. Aus diesem Grund war es unabdingbar, dass bereits der erste Monatsabschluss nach Produktivsetzung des neuen Hauptbuchs reibungslos und vor allem ohne Verzögerungen ablaufen konnte. Es wurden daher im letzten Integrationstest alle Abschlussaktivitäten, angefangen bei manuellen Abgrenzungen über die Anlagenbuchhaltung bis hin zum Controlling und zur maschinellen Meldung der Zahlen an den Konzern, intensiv getestet.

9.3 Neugestaltung der Werteflüsse

Durch die Einführung der Segmentkontierung und die Reduzierung der Profit-Center mussten die Kontierungsableitungen aus vielen Prozessen heraus überprüft werden. Durch die Entkoppelung von Profit-Center und Segment musste für alle Prozesse die Ableitung des Segments bestimmt werden. Dies hat zwar zu einem enormen Anstieg des Aufwands für alle Projektbeteiligten geführt, ermöglichte aber die bereits beschriebene deutliche Reduzierung der Profit-Center. Auch wenn es nicht explizit Teil des Projektauftrags war, kristallisierte sich heraus, dass eine Reihe von Werteflüssen neu gestaltet werden musste.

9.3.1 Konzept zur Ableitung des Segments

Eigenes Feld für das Segment

Im SAP-Standard wird das Segment aus den Stammsätzen der Profit-Center abgeleitet. SAP stellt zu diesem Zweck das neue Feld SEGMENT zur Verfügung. Im Projekt hat man sich gegen die Nutzung dieses Feldes entschieden. Um das Segment für die funktionale Betrachtung des Unternehmens zu nutzen, wurden stattdessen alle Kunden- und Innenaufträge sowie Kostenstellen und PSP-Elemente um ein eigenes Feld erweitert, in dem das Segment eingetragen wurde. Unter Ausnutzung der vom SAP-System zur Verfügung gestellten BAdIs wird das Segment aus diesen Kontierungsobjekten gelesen. Für Vorgänge, in denen kein CO-Objekt im Zugriff ist, wie etwa beim Einbuchen des elektronischen Kontoauszugs (Buchung Bankkonto an Bankverrechnungskonto), mussten andere Lösungen entwickelt werden.

Aus diesem Grund wurden kundeneigene Tabellen definiert, in denen fixe Segmente hinterlegt werden konnten. Zur Findung des korrekten Segments werden z. B. der Buchungskreis, die Belegart und das Sachkonto abgefragt. Die Tabellen werden dabei in einer definierten Reihenfolge durchlaufen, zunächst werden Spezialfälle überprüft, dann allgemeine Vorgänge. Die Vorgehensweise erinnert also an die Konditionstechnik der Erlöskontenfindung, die wir in Abschnitt 5.7.3, »Darstellung der Umsatzerlöse«, kennengelernt haben. Als Beispiele wurden folgende Zuordnungen getroffen:

Kundeneigene Tabellen

- *Technische Verrechnungskonten*, die per Definition immer den Saldo null ausweisen (z. B. Splitkonto für Belege aus HR-Schnittstelle mit mehr als 999 Zeilen), werden einem Dummy-Segment zugeordnet. Dieses Segment wird regelmäßig dahingehend überprüft, ob es den Saldo null ausweist.

- Eine Reihe von *Belegarten*, bei denen aufgrund des Geschäftsvorfalls ein Segment zugeordnet werden kann, wird über eine Z-Tabelle direkt mit einem Segment versorgt. Dies sind beispielsweise Anlagenverkäufe, die zunächst gegen ein Verrechnungskonto gebucht werden. Die korrekte Segmentkontierung erfolgt dann bei der Buchung Verrechnungskonto gegen Anlage.

- Alle *Eigenkapitalkonten* und *Bankkonten* sind per Definition dem Bereich Overhead (Verwaltung) zugeordnet. Dies erfolgt durch eine direkte Verbindung Sachkonto zu Segment in einer Z-Tabelle.

Zahlungseingänge können im ersten Schritt durch die Belegaufteilung leider nicht verursachungsgerecht aufgeteilt werden. Grund hierfür ist der Belegfluss, der hier entsteht.

Zunächst einmal finden wir im System eine Faktura an einen Kunden vor. Die Forderung, also der offene Posten auf dem Kundenkonto, kann durch die Belegaufteilung entsprechend den Gegenkontierungen verursachungsgerecht mit einem Segment versorgt werden.

Bei der Verbuchung des elektronischen Kontoauszugs entsteht der Beleg BANK AN BANKVERRECHNUNGSKONTO. Zu diesem Zeitpunkt wird noch kein Bezug zu dem offenen Posten hergestellt, sodass nur ein Default-Segment eingesetzt werden kann. Erst beim Ausgleich der

Default-Segmentierung bei Zahlungseingang

offenen Posten auf Bankverrechnungs- und Debitorenkonto kann die Segmentkontierung aus der Faktura vom Debitorenkonto auf das Bankverrechnungskonto übertragen werden. Der Ausgleich der beiden offenen Posten auf dem Bankverrechnungskonto führt zu einem Segmentwechsel, der auf einem Segmentverrechnungskonto verbucht wird (siehe Abbildung 9.5). Ausgangsposition ist hier eine offene Debitorenrechnung im Wert von 2.000,00 EUR. Sie sehen hier einerseits einen Zahlungseingang durch den elektronischen Kontoauszug (2.000,00 EUR ❶) und andererseits den Ausgleich des offenen Postens auf dem Debitorenkonto (2.000,00 EUR ❷).

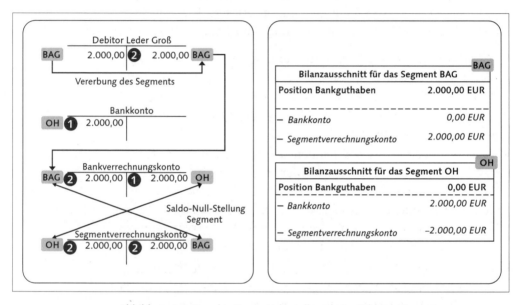

Abbildung 9.5 Korrekte Segmentdarstellung beim Zahlungseingang

Das Bankkonto selbst bleibt von diesen Vorgängen unberührt. Wenn wir aber für den Ausgleich auf dem Bankverrechnungskonto ein eigenes Segmentverrechnungskonto verwenden und dieses in der Bilanzstruktur bei den Bankkonten ausweisen, erzielen wir wenigstens summarisch für die Bilanzposition einen korrekten Segmentausweis.

Ableitungsverfahren Im Laufe des Projekts entstand ein komplexes Ableitungsverfahren, das aber zu einer Segmentberichterstattung in Bilanzqualität geführt hat. Hierzu mussten jedoch alle Unternehmensprozesse dahingehend untersucht werden, welche Kontierungen für die Ableitung des Segments zur Verfügung stehen.

9.3.2 Werteflüsse im Beschaffungsprozess

Die Beschaffungsprozesse des Kunden erwiesen sich bereits als sehr stringent, sodass Bestellung, Wareneingang und Rechnungsprüfung nicht weiter berücksichtigt werden mussten. Lediglich innerhalb der Kreditorenbuchhaltung musste die Verwendung der vorhandenen Belegarten überprüft und deutlich geändert werden. Begründet durch die Belegaufteilung war es nämlich nicht mehr möglich, für Rechnungs- und Gutschriftseingänge, Zahlungsvorgänge und die Kontenpflege immer die gleichen Belegarten einzusetzen.

Überprüfung der Belegarten

Um die Verwendung der vielen Belegarten festzulegen, wurde eine Übersicht erstellt. Abbildung 9.6 zeigt einen Ausschnitt daraus.

Belegarten Stand 30.04.2008

Bel. Art	Koart	BA	P	Ges. übgr.	Negativ-buchg.	A	D	K	M	S	Bezeichnung	Bemerkung	Vorgang
AA	ADKMS	AA				X	X	X	X	X	Anlagebuchhaltung		0000
AB	ADKMS			X		X	X	X	X	X	Buchhaltungsbeleg		1010
AN	AKMS	AN				X		X	X	X	Anlagenbuchung netto		0000
AP	AS					X				X	AV period. Buchungen		0000
AS	AKS					X		X		X	Statistische AfA	sperren	
CF	ADKS					X	X	X		X	Abstimmung FIBU<->CO	Abstimmledger KALC	0000
CO	AS			X		X				X	Abrechnung	???	0000
D3	DS			X			X			X	debit. Verrechnung	KBR3	1000
DZ	DS			X			X			X	Deb.Zahlung masch.	Lastschrift	1000
DÜ	DS	DÜ					X			X	Debitoren Übernahme	BK Migration Debitoren	0000
KA	AKMS	KA				X		X	X	X	Kreditorenbeleg allg	Kreditor an Kreditor	0300
KF	AKMS	KA				X		X	X	X	Kred.Anzahl.anford.	Merkposten	0300
KZ	AKMS		X	X		X		X	X	X	Kreditoren Zahlung	Zahlung	1000
KÜ	KS	KÜ						X		X	Kreditoren Übernahme	Migration Kreditoren	0000
PR	MS								X	X	Preisänderung	Umbewertung Preisänderung	0000
PS	MS								X	X	Preissenkung		
RA	AKMS	RA				X		X	X	X	Gutschrift Ntr. Abr.		
RB	DKS						X	X		X	Reisek. Bewirtung	Sperren	0300

Abbildung 9.6 Zuordnung der Belegarten zu Vorgängen der Belegaufteilung

Hier sehen Sie, dass für jede Belegart notiert ist, welche Kontenarten damit bebucht werden dürfen und welcher Vorgang der Belegaufteilung hinterlegt ist.

In einem System, das seit mehr als zehn Jahren produktiv verwendet wird, findet sich dabei auch eine Reihe von Belegarten, die gesperrt werden können (hier z. B. AS und RB) oder bei denen nicht mehr geklärt werden kann, für welche Geschäftsvorfälle sie vorgesehen sind (hier z. B. Belegart CO).

9.3.3 Werteflüsse im Verkaufsprozess

Im Verkaufsprozess hatte die Einführung des neuen Hauptbuchs und damit insbesondere die Segmentableitung weit größere Auswirkungen. Insbesondere mussten strengere Regeln für die Kontierung eingeführt werden. Im vorliegenden Fall war es nicht unüblich, dass in bestehenden Kundenaufträgen das hinterlegte Profit-Center geändert wurde. Ziel dieser Änderungen war eine Zuordnungsänderung des Kundenauftrags innerhalb der Organisation.

[zB] **Ursachen für Fehlkontierungen**

Beispielsweise wurde ein Auftrag dem Key-Account-Management zugeordnet statt wie bisher dem lokalen Vertrieb. Oder beim Anlegen des Kundenauftrags war das korrekte Profit-Center nicht bekannt, und daher wurde ein Dummy hinterlegt.
Dadurch wurden offene Werteflüsse unterbrochen und letztlich falsch dargestellt.

Probleme der Dummy-Kontierung

Vor Einführung des neuen Hauptbuchs war dieses Verhalten aus Sicht des Controllings ungünstig. Gerade das Hinterlegen von Dummy-Kontierungen führte im Abschluss immer wieder zu Problemen. Abrechnungs- und Umlagezyklen erzeugten Fehler oder führten zu falschen Ergebnissen und mussten daher storniert und wiederholt werden. In Zeiten von Fast Close und Abschlussplänen, die auf Stundenbasis geplant sind, führt dies im besten Fall zu langen Arbeitstagen im Controlling, im schlimmsten Fall zu Verzögerungen bei der Meldung der Zahlen.

Mit Einführung der Bilanzierung auf Ebene des Segments wurden Dummy-Kontierungen unterbunden. Auch gibt es nun nicht mehr die Möglichkeit, Profit-Center und Segment im Kundenauftrag nachträglich zu ändern. Nur so war es möglich, eine hohe Qualität der Segmentbilanz zu gewährleisten. Dafür wurde in Kauf genommen, dass die Arbeitsvorgänge im Vertrieb neu gestaltet werden mussten. Zur Vermeidung von Dummy-Kontierungen wurden deswegen die Kostenarten gelöscht, die bisher bei den Warenausgangsbuchungen im Verkaufsvorgang bebucht wurden. Wie in Abschnitt 5.4, »Warenausgang«, beschrieben, steht zu diesem Zeitpunkt kein CO-Objekt zur Verfügung, allerdings können Profit-Center und Segment aus dem Kundenauftrag abgeleitet werden.

Auch in diesem Projekt wurde eine Frage gestellt, die bereits in Kapitel 5, »Vertriebsprozess«, erwähnt wurde: Darf ein Kundenauftrag mehr als ein Segment enthalten? Die Frage wurde nicht in allen beteiligten Ländern gleich beantwortet. Im umsatzstärksten Land konnte die Frage mit »Nein« beantwortet werden, da auch der Vertrieb entsprechend der funktionalen Reportingsicht in Teams unterteilt ist. In den anderen Ländern sind die Organisationen so klein, dass es nicht möglich war, ausschließlich mit segmentreinen Kundenaufträgen zu arbeiten. Da nicht die Kundenaufträge, sondern die damit verknüpften Innenaufträge als Kostenträger dienten, mussten hier die Innenaufträge auf Positionsebene zugeordnet werden. Über die Innenaufträge konnte dann eindeutig ein Segment abgeleitet werden.

Mehr als ein Segment pro Kundenauftrag?

In den Tests hat sich gezeigt, dass gerade im Verkaufsprozess die Ableitung von Segmenten über ein BAdI schwierig war. Im produktiven Betrieb haben sich die strikteren Kontierungsregeln nochmals als Herausforderung für das Change Management des Projekts herauskristallisiert. Als Gegenmaßnahme wurden u. a. weitere Informationsveranstaltungen eingeplant, um Funktionsweise und Benefit des Projekts noch weiter in die Breite zu tragen.

Change Management

9.3.4 Werteflüsse in Finanzbuchhaltung und Controlling

Grundsätzlich haben sich die Werteflüsse in der Finanzbuchhaltung und im Controlling nicht geändert. Jedoch wurden auch hier die Buchungsregeln erweitert und verschärft. Um die Mitarbeiter in den betroffenen Bereichen zu unterstützen, entstand ein umfangreiches *Kontierungshandbuch*. Dieses hat insbesondere die Logik der Belegaufteilung erklärt und die daraus entstehenden Regeln dargestellt. Auch hier wurde z. B. die Steuerung der Belegarten, wie sie Abbildung 9.6 zeigt, dargestellt.

Kontierungshandbuch

Durch die Echtzeitintegration (EZI) wurden alle Vorgänge im Controlling mit Ausnahme der Überleitungen nach CO-PA in die Hauptbuchhaltung übernommen. Umlagen oder Verteilungen auf Ebene der Profit-Center sind zwar auch im neuen Hauptbuch möglich (siehe hierzu Abschnitt 7.11, »Umlagen und Verteilungen«), wurden in diesem Fall aber unterbunden, um Abweichungen zwischen Hauptbuch und Gemeinkostenrechnung zu vermeiden. Es wurde umso mehr Wert darauf gelegt, dass sich alle Kontierungsobjekte der Gemeinkostenrechnung (Kostenstellen, Innenaufträge, PSP-Elemente) am

Echtzeitintegration

Monatsende vollständig gegen CO-PA entlasteten. Nur so konnte sichergestellt werden, dass Hauptbuchhaltung und CO-PA einen identischen EBIT ausweisen.

Abschlussplan Nicht zuletzt wegen EZI musste auch der Abschlussplan überarbeitet werden. So können aus dem Hauptbuch so lange keine Zahlen gemeldet werden, solange im Controlling noch Allokationen oder Leistungsverrechnungen stattfinden, da diese Auswirkungen auf die Segmentbilanz haben könnten. Die direkte Durchbuchung von EZI hat auch zur Folge, dass die Buchungsperioden in FI deutlich länger offen bleiben müssen (siehe Abschnitt 7.5.2, »Öffnen und Schließen der Buchungsperioden«). Ein wichtiger Erfolgsmoment im Projekt war daher der erste Monatsabschluss nach der produktiven Migration. Zur Erleichterung aller Beteiligten verlief der Abschluss ohne größere Probleme.

9.4 Rückschau auf das Projekt

Ehrgeiziger Zeitplan Rückwirkend betrachtet, war die Projektlaufzeit von 13 Monaten bis zur produktiven Migration angesichts des umfassenden Projektauftrags mehr als ehrgeizig. Die intensiven Testphasen haben jeweils zu einem tieferen Verständnis der Funktionsweise des neuen Hauptbuchs im Allgemeinen und der Belegaufteilung im Besonderen geführt. Entsprechend wurden auch in allen Tests Veränderungen an der Belegaufteilung und an der Segmentableitung vorgenommen.

Generalprobe Die Generalprobe wurde Ende Januar 2009 in einer aktuellen Kopie des Produktivsystems durchgeführt. Die Migration konnte nun erstmals ausschließlich mit Einzelbelegen der Phase 1 durchgeführt werden, die bereits den Regeln des neuen Hauptbuchs entsprachen. Damit war dies der erste voll aussagekräftige Test, der zudem problemlos verlief.

Im produktiven System fielen erwartungsgemäß die meisten Fehler zum Geschäftsjahreswechsel an, da mit dem neuen Geschäftsjahr nach den strengeren Regeln des neuen Hauptbuchs gebucht werden musste. Es wurden falsche Belegarten oder ungültige Kombinationen von Belegart und Konten verwendet. Zum Zeitpunkt der Migration im Februar hatte sich die Organisation bereits an die neuen Buchungs- und Kontierungsregeln gewöhnt, und es kam bereits zu diesem Zeitpunkt nur noch vereinzelt zu Fehlermeldungen. Ein erneuter einmaliger Anstieg war nur noch zum Monatsabschluss zu verzeichnen.

Die Neudefinition der Kontierungsableitungen für Profit-Center und Segment war aufwendig in Konzeption und Realisierung, hat aber zu einem tieferen Verständnis von Prozessen und System geführt. Auch wenn dadurch kein direkter monetärer Effekt zu erkennen ist, war auch dies ein wichtiger Erfolg des Projekts.

9.5 Zusammenfassung

Zusammenfassend bleibt festzustellen, dass die Werteflüsse des Kunden zu Projektbeginn so waren wie in vielen Unternehmen, die SAP einsetzen: historisch gewachsen, nicht dokumentiert und vor allem nicht stringent. Häufige Umorganisationen auf Ebene der Profit-Center waren ein deutliches Zeichen dafür, dass automatische Profit-Center-Ableitungen, die bereits in weiten Bereichen wie nahezu im gesamten Verkaufsprozess auf User Exits basierten, nicht durchgängig waren. Entsprechend schlecht war die Qualität des Reportings. Die Zahlen in Hauptbuch, Profit-Center-Rechnung und CO-PA wiesen regelmäßig Differenzen auf. Die Einführung des neuen Hauptbuchs wurde als Chance genutzt, die bestehenden Werteflüsse zu hinterfragen und zweifelhafte Lösungen konsequent abzulösen. Auf diese Weise wurden neue Werteflüsse aufgebaut mit dem Ziel, die Qualität des Reportings deutlich zu heben. Der Arbeitsaufwand zur Klärung von Differenzen zum Periodenende reduzierte sich daraufhin deutlich.

Anhang

A Beispiel für einen Abschlussplan 443

B Transaktionen und Menüpfade 449

C Die Autorin 469

A Beispiel für einen Abschlussplan

Gegen Ende von Abschnitt 7.1.2, »Einfluss der Echtzeitintegration von CO nach FI«, wurde erwähnt, dass die Zusammenarbeit von Buchhaltung und Controlling während des Abschlussprozesses oftmals nicht so reibungslos funktioniert, wie sie es sollte. Ein wichtiges Werkzeug für eine enge Zusammenarbeit ist ein gemeinsamer *Abschlussplan*, den die folgende Tabelle beispielhaft darstellt.

Abschlussplan zum Ausdrucken	[+]
Um besser mit diesem Beispielablauf arbeiten zu können, haben Sie auch die Möglichkeit, die Dateien unter *www.galileo-press.de* herunterzuladen. Den Code, den Sie benötigen, um zum Zusatzangebot dieses Buches zu gelangen, finden Sie auf der ersten Seite im Buch (blaue Umschlagseite).	

Nr.	Tag/ Ultimo	Aktivität	Verantwortliche (SAP-) Abteilung	Kapitel/ Abschnitt in diesem Buch
010	U-10	Übernahme der HR-Daten	GL	7.2
020	U-10	FI-AA: Geschäftsjahreswechsel	AA	7.4.5
030	U-2	Meldung zu notwendigen Rückstellungen (z. B. Drohverluste)	CO	
040	U-1	Inventur	MM	7.3
050	U	Einbuchen der letzten Wareneingänge	MM	4.6
060	U	letzter kreditorischer Zahllauf	BL	4.9.2
070	U	gegebenenfalls Anpassung von Umlagen und Leistungsverrechnungen	CO	
080	U	Abrechnung von Anlagen im Bau	AA	7.4.1
090	U	letzter Fakturalauf im Vertrieb	SD	5.7
100	U	Saldovortrag in Haupt- und Nebenbüchern	GL, AR, AP	7.9

A | Beispiel für einen Abschlussplan

Nr.	Tag/Ultimo	Aktivität	Verantwortliche (SAP-) Abteilung	Kapitel/Abschnitt in diesem Buch
110	U	Öffnen der neuen Buchungsperiode	GL	7.5.2
120	U+1v	Periodenverschieber in MM	IT	7.5.1
130	U+1v	Einbuchen der letzten Rechnungseingänge	AP	4.7
140	U+1v	Überprüfung der Überleitung von Fakturen nach FI/CO	SD	5.7.5
150	U+1v	Schließen der Kreditorenbuchhaltung	GL	7.5.2
160	U+1v	Schließen der Debitorenbuchhaltung	GL	7.5.2
170	U+1n	Fremdwährungsbewertung	GL	7.6
180	U+1n	Umgliederung Forderungen bzw. Verbindlichkeiten	GL	7.7
190	U+1n	Verzinsung von Salden und offenen Posten	GL	
200	U+1n	Einbuchen und Verarbeiten der letzten elektronischen Kontoauszüge	BL	5.6.6
210	U+1n	Abstimmung Bestandsführung und Bestandskonten	GL	7.12.3
220	U+1n	Abschreibungslauf in Anlagenbuchhaltung	AA	7.4.2
230	U+1n	periodische Bestandsbuchung für nicht führende Bewertungsbereiche	AA	7.4.3
240	U+1n	Abstimmung Anlagenbuchhaltung/Hauptbuchhaltung	AA	7.4.5
250	U+1n	Wertberichtigung Forderungen	GL	7.8
260	U+2v	Verbuchung aller Rückstellungen	GL	7.10
270	U+2v	manuelle Abgrenzungen	GL	7.10
280	U+2v	WE/RE-Kontenpflege	GL	4.8
290	U+2v	WE/RE-Umgliederung	GL	4.8
300	U+2n	Intercompany-Abstimmung	GL	7.12.2

Nr.	Tag/ Ultimo	Aktivität	Verantwortliche (SAP-) Abteilung	Kapitel/ Abschnitt in diesem Buch
310	U+2n	Große Umsatzprobe	GL	7.12.1
320	U+2	Start der Dauerbuchungen	GL	4.9.1
330	U+2	Start der Leistungsverrechnungen und Umlagen in CO	CO	7.11
340	U+2	Bezuschlagung von Aufträgen	CO	6.4.2
350	U+2	WIP-Ermittlung von Aufträgen	CO	6.4.2
360	U+2	Auftragsabrechnung	CO	6.4.2
370	U+3	FI-AA: Jahresabschluss	AA	7.4.5
380	U+3v	Abrechnung Gemeinkostenrechnung nach CO-PA	CO	3.5.2
390	U+3v	Umlage/Verteilung im neuen Hauptbuch	GL	7.11
400	U+3v	Schließen der Buchungsperioden in CO	CO	7.5.2
410	U+3v	Schließen der Buchungsperioden in FI	GL	7.5.2
420	U+3n	Abstimmung FI – CO	GL/CO	7.12.4
430	U+3n	Abstimmung FI – CO-PA	GL/CO	7.12.4
440	U+3n	Erstellung eines Anlagengitters	AA	7.4.6
450	U+3n	Reporting: Bilanz und GuV nach Gesamtkostenverfahren	GL	7.13.1
460	U+3n	Reporting: GuV nach Umsatzkostenverfahren	GL	7.13.1
470	U+3n	Reporting in der Gemeinkostenrechnung	CO	7.13.3
480	U+3n	Reporting nach Profit-Centern und Segmenten	GL/CO	7.13.1
490	U+3n	Umsatzsteuervoranmeldung und Buchung der Zahllast	GL	
500	U+3n	Datenabzug nach SAP NetWeaver BW	IT	8

Nr.	Tag/Ultimo	Aktivität	Verantwortliche (SAP-) Abteilung	Kapitel/Abschnitt in diesem Buch
510	U+4n	Zusammenfassende Meldung der EU	GL	
520	U+4n	Meldung zur Außenwirtschaftsverordnung	GL	

Spalte »Tag/Ultimo«

Problem der Planung auf Kalenderbasis

In den Monatsabschlussprozess sind in der Regel mehrere Personen und Teams involviert. Daher reicht es nicht aus, Aufgaben und Verantwortlichkeiten festzulegen. Es muss darüber hinaus auch definiert werden, wann die einzelnen Aufgaben durchzuführen sind. Wenn die Perioden den Kalendermonaten entsprechen, kann man für die Terminierung Kalendertage verwenden. Dann müsste z. B. am Monatsersten der Periodenverschieber in MM gestartet werden (Zeile 120) und am vierten Tag des Monats die zusammenfassende Meldung (Zeile 510) erfolgen.

Diese Vorgehensweise ist aber problematisch, sobald die Abschlusstage auf Wochenenden oder Feiertage fallen. Bei einer Entkopplung der Buchungsperioden von den Kalendermonaten (z. B. 4-4-5-Variante) ist eine Terminierung entlang der Kalendertage ohnehin nicht mehr sinnvoll.

Entkopplung durch Ultimo-Bezug

Abschlusspläne werden daher in der Regel mit Bezug auf das *Periodenultimo* aufgestellt. Unter Ultimo – kurz U – verstehen wir den letzten Arbeitstag einer Periode. Von diesem Tag aus werden die Abschlussaktivitäten in Arbeitstagen – nicht in Kalendertagen – in die alte bzw. neue Periode hinein geplant. Daraus ergibt sich, dass wir den Periodenverschieber in MM nicht auf den Monatsersten, sondern auf U+1 terminieren, die zusammenfassende Meldung muss dann am Tag U+4 erfolgen.

Detailplanung

Eine Planung auf Tagesbasis ist in der Regel aber noch nicht ausreichend und detailliert genug. Als Mindestmaß sollte auf Ebene halber Tage gearbeitet werden. Wir erkennen dies im Abschlussplan durch die Zusätze »v« (für vormittags) und »n« (für nachmittags).

Besonders in großen Unternehmen wird der Plan auf Stundenbasis erstellt.

Erläuterung der SAP-Module

AA Asset Accounting, Anlagenbuchhaltung

SD Sales and Distribution, Vertrieb

CO Controlling

GL General Ledger, Hauptbuchhaltung

AR Account Receivable, Debitorenbuchhaltung

AP Account Payable, Kreditorenbuchhaltung

BL Bank Ledger, Bankbuchhaltung

B Transaktionen und Menüpfade

An vielen Stellen des Buches wurden Transaktionscodes und Menüpfade genannt. Hier finden Sie nun eine zusammenfassende Übersicht über diese Funktionen. Die Auflistung ist thematisch gegliedert und jeweils in Anwendung und Customizing unterteilt. Alle Customizing-Einstellungen – mit Ausnahme des Bereichs SAP NetWeaver BW – finden Sie über den Einführungsleitfaden, den Sie im Anwendungsmenü über WERKZEUGE • CUSTOMIZING • IMG • PROJEKTBEARBEITUNG (Transaktion SPRO) erreichen.

> **Transaktionen und Menüpfade zum Ausdrucken** [+]
> Auch diesen Teil des Buches können Sie unter *www.galileo-press.de* kostenfrei herunterladen.

B.1 Controlling

B.1.1 Anwendung

Gemeinkostenrechnung

Kostenarten anlegen primär/anlegen sekundär/ändern/anzeigen (KA01/KA06/KA02/KA03)
Rechnungswesen • Controlling • Kostenartenrechnung • Stammdaten • Kostenart • Einzelbearbeitung • Anlegen primär/Anlegen sekundär/Ändern/Anzeigen

Kostenartengruppe anlegen/ändern/anzeigen (KAH1/KAH2/KAH3)
Rechnungswesen • Controlling • Kostenartenrechnung • Stammdaten • Kostenartengruppe • Anlegen/Ändern/Anzeigen

Kostenstellen anlegen/ändern/anzeigen (KS01/KS02/KS03)
Rechnungswesen • Controlling • Kostenstellenrechnung • Stammdaten • Kostenart • Einzelbearbeitung • Anlegen/Ändern/Anzeigen

Leistungsarten anlegen/ändern/anzeigen (KL01/KL02/KL03)
Rechnungswesen • Controlling • Kostenstellenrechnung • Stammdaten • Leistungsart • Einzelbearbeitung • Anlegen/Ändern/Anzeigen

Leistungserbringung/Tarife ändern/anzeigen (KP26/KP27)
Rechnungswesen • Controlling • Kostenstellenrechnung • Planung • Leistungserbringung/Tarife • Ändern/Anzeigen

Verteilung durchführen (KSV5)
Rechnungswesen • Controlling • Kostenstellenrechnung • Periodenabschluss • Einzelfunktionen • Verrechnungen • Verteilung

Umlage durchführen (KSU5)
Rechnungswesen • Controlling • Kostenstellenrechnung • Periodenabschluss • Einzelfunktionen • Verrechnungen • Umlage

Innenauftrag anlegen/ändern/anzeigen (KO04)
Rechnungswesen • Controlling • Innenaufträge • Stammdaten • Order Management

Abstimmledger starten (KALC)
Rechnungswesen • Controlling • Kostenartenrechnung • Istbuchungen • Abstimmung mit Fibu

Perioden öffnen/schließen (OKP1)
Rechnungswesen • Controlling • Kostenartenrechnung • Umfeld • Periodensperre • Ändern

Einstieg Berichtswesen Kostenstellenrechnung
Rechnungswesen • Controlling • Kostenstellenrechnung • Infosystem • Berichte zur Kostenstellenrechnung

Produktkostenrechnung

Arbeitsvorrat für Kalkulationslauf erzeugen/bearbeiten (CKMATSEL/CKMATCON)
Rechnungswesen • Controlling • Produktkosten-Controlling • Produktkostenplanung • Materialkalkulation • Kalkulationslauf • Selektionsvorrat • Erzeugen/Bearbeiten

Kalkulationslauf ausführen (CK40N)
Rechnungswesen • Controlling • Produktkosten-Controlling • Produktkostenplanung • Materialkalkulation • Kalkulationslauf • Kalkulationslauf bearbeiten

Einzelkalkulation mit Mengengerüst anlegen/anzeigen (CK11N/CK13N)
Rechnungswesen • Controlling • Produktkosten-Controlling • Produktkostenplanung • Materialkalkulation • Kalkulation mit Mengengerüst • Anlegen/Anzeigen

Preisfortschreibung der Produktkostenrechnung (CK24)
Rechnungswesen • Controlling • Produktkosten-Controlling • Produktkostenplanung • Materialkalkulation • Preisfortschreibung

Muster- und Simulationskalkulation anlegen/ändern/anzeigen/ neu bewerten (KKE1/KKE2/KKE3/KKEB)
Rechnungswesen • Controlling • Produktkosten-Controlling • Produktkostenplanung • Simulations- und Musterkalkulation • Musterkalkulation anlegen/ändern/anzeigen/neu bewerten

Vorkalkulation Produktkostensammler (MF30)
Rechnungswesen • Controlling • Produktkosten-Controlling • Kostenträgerrechnung • Periodisches Produkt-Controlling • Planung • Vorkalkulation Produktkostensammler

Periodenabschluss für Produktkostensammler
Rechnungswesen • Controlling • Produktkosten-Controlling • Kostenträgerrechnung • Periodisches Produkt-Controlling • Periodenabschluss

Periodenabschluss für Produktionsaufträge
Rechnungswesen • Controlling • Produktkosten-Controlling • Kostenträgerrechnung • Auftragsbezogenes Produkt-Controlling • Periodenabschluss

Bezuschlagung von Produktionsaufträgen (KGI2)
Rechnungswesen • Controlling • Produktkosten-Controlling • Kostenträgerrechnung • Auftragsbezogenes Produkt-Controlling • Periodenabschluss • Einzelfunktionen • Zuschläge • Einzelverarbeitung

Bezuschlagung von Kundenaufträgen (VA44)
Logistik • Vertrieb • Verkauf • Kundenauftrags-Controlling • Periodenabschluss • Einzelfunktionen • Zuschläge

Ware in Arbeit ermitteln/anzeigen (KKAX/KKAY)
Rechnungswesen • Controlling • Produktkosten-Controlling • Kostenträgerrechnung • Auftragsbezogenes Produkt-Controlling • Perioden-

abschluss • Einzelfunktionen • Ware in Arbeit • Einzelverarbeitung • Ermitteln/Anzeigen

Abweichungsermittlung (KKS2)
Rechnungswesen • Controlling • Produktkosten-Controlling • Kostenträgerrechnung • Auftragsbezogenes Produkt-Controlling • Periodenabschluss • Einzelfunktionen • Abweichungen • Einzelverarbeitung

Ist-Abrechnung Auftrag (KO88)
Rechnungswesen • Controlling • Produktkosten-Controlling • Kostenträgerrechnung • Auftragsbezogenes Produkt-Controlling • Periodenabschluss • Einzelfunktionen • Abrechnung • Einzelverarbeitung

CO-PA

Wertefluss aus Fakturaübernahme prüfen (KEAT)
Rechnungswesen • Controlling • Ergebnis- und Marktsegmentrechnung • Werkzeuge • Analyse Werteflüsse • Wertefluss aus Fakturaübernahme prüfen

Wertefluss aus Auftrags-/Projektabrechnung prüfen (KEAW)
Rechnungswesen • Controlling • Ergebnis- und Marktsegmentrechnung • Werkzeuge • Analyse Werteflüsse • Wertefluss aus Auftrags-/Projektabrechnung prüfen

B.1.2 Customizing

Organisationsstruktur und Stammdaten

Pflege des Kostenrechnungskreises (OKKP)
Controlling • Controlling Allgemein • Organisation • Kostenrechnungskreis pflegen

Auftragsarten pflegen (KOT2_OPA)
Controlling • Innenaufträge • Auftragsstammdaten • Auftragsarten definieren

Verfügbarkeitskontrolle auf Innenaufträge (KOAO)
Controlling • Innenaufträge • Budgetierung und Verfügbarkeitskontrolle

Kostenstellenarten definieren
Controlling • Kostenstellenrechnung • Stammdaten • Kostenstellen • Kostenstellenarten definieren

Kontierungsableitungen

Automatische Kontierungsfindung ändern/Fixkontierung hinterlegen (OKB9)
Controlling • Kostenstellenrechnung • Istbuchungen • Manuelle Istbuchungen • Automatische Kontierungsfindung bearbeiten

Kostenstellenfindung (aus SD) ändern (OVF3)
Vertrieb • Grundfunktionen • Kontierung/Kalkulation • Kostenstellen zuordnen

Profit-Center-Ableitung in Kundenaufträgen (0KEM)
Finanzwesen (neu) • Hauptbuchhaltung (neu) • Werkzeuge • Validierung/Substitutionen • Substitutionen von Profitcentern in Kundenaufträgen

Produktkostenrechnung

Produktkostensammler bearbeiten (KKF6N)
Rechnungswesen • Controlling • Produktkosten-Controlling • Kostenträgerrechnung • Periodisches Produkt-Controlling • Stammdaten • Produktkostensammler • Bearbeiten

Grundeinstellungen zur Produktkostenrechnung vornehmen
Controlling • Produktkosten-Controlling • Produktkostenplanung • Materialkalkulation mit Mengengerüst • Kalkulationsvariante definieren bzw. Kalkulationsvariante: Bestandteile

Abgrenzungsversion definieren (OKG9)
Controlling • Produktkosten-Controlling • Kostenträgerrechnung • Auftragsbezogenes Produkt-Controlling • Periodenabschluss • Ware in Arbeit • Abgrenzungsversionen definieren

Version im Controlling pflegen
Controlling • Controlling Allgemein • Organisation • Versionen pflegen

Abgrenzungsschlüssel definieren (OKG1)
Controlling • Produktkosten-Controlling • Kostenträgerrechnung • Auftragsbezogenes Produkt-Controlling • Periodenabschluss • Ware in Arbeit • Abgrenzungsschlüssel definieren

Zeilenidentifikationen der Ergebnis- und WIP-Ermittlung
Controlling • Produktkosten-Controlling • Kostenträgerrechnung •

Auftragsbezogenes Produkt-Controlling • Periodenabschluss • Ware in Arbeit • Zeilenidentifikationen definieren

Zuordnung Kostenarten für WIP- und Ergebnisermittlung (OKGB)
Controlling • Produktkosten-Controlling • Kostenträgerrechnung • Auftragsbezogenes Produkt-Controlling • Periodenabschluss • Ware in Arbeit • Zuordnung definieren

Fortschreibung WIP- und Ergebnisermittlung (OKGA)
Controlling • Produktkosten-Controlling • Kostenträgerrechnung • Auftragsbezogenes Produkt-Controlling • Periodenabschluss • Ware in Arbeit • Fortschreibung definieren

Buchungsregeln Abgrenzungsdaten pflegen (OKG8)
Controlling • Produktkosten-Controlling • Kostenträgerrechnung • Auftragsbezogenes Produkt-Controlling • Periodenabschluss • Ware in Arbeit • Buchungsregeln für Abrechnung der Ware in Arbeit definieren

Abrechnungsprofil ändern (OKO7)
Controlling • Innenaufträge • Istbuchungen • Abrechnung • Abrechnungsprofile pflegen

Vorschlagswert für Produktkostensammler pflegen
Controlling • Produktkosten-Controlling • Kostenträgerrechnung • Periodisches Produkt-Controlling • Produktkostensammler • Kostenrechnungsrelevante Vorschlagswerte je Auftragsart/Werk pflegen

Auftragsartabhängige Parameter definieren (Produktionsaufträge für Produktkostensammler vorbereiten) (OPL8)
Produktion • Fertigungssteuerung • Stammdaten • Auftrag • Auftragsartabhängige Parameter definieren

Definieren eines Elementeschemas (OKTZ)
Controlling • Produktkosten-Controlling • Produktkostenplanung • Grundeinstellungen für die Materialkalkulation • Elementeschema definieren

CO-PA

Ergebnisbereich bearbeiten (KEA0)
Controlling • Ergebnis- und Marktsegmentrechnung • Strukturen • Ergebnisbereich definieren

Merkmale bearbeiten (KEA5)
Controlling • Ergebnis- und Marktsegmentrechnung • Strukturen • Merkmale pflegen

Wertfelder bearbeiten (KEA6)
Controlling • Ergebnis- und Marktsegmentrechnung • Strukturen • Wertfelder pflegen

Merkmalsableitung definieren (KEDR)
Controlling • Ergebnis- und Marktsegmentrechnung • Stammdaten • Merkmalsableitung definieren

Kundenauftragseingänge/Fakturen übernehmen – Wertfelder übernehmen (KE4I)
Controlling • Ergebnis- und Marktsegmentrechnung • Werteflüsse im Ist • Kundenauftragseingänge/Fakturen übernehmen • Wertfelder übernehmen

Ergebnisschema für Abrechnung definieren (KEI1)
Controlling • Ergebnis- und Marktsegmentrechnung • Werteflüsse im Ist • Aufträge/Projekte abrechnen • Ergebnisschema für Abrechnung definieren

Produktionsabweichungen abrechnen (KEI1)
Controlling • Ergebnis- und Marktsegmentrechnung • Werteflüsse im Ist • Produktionsabweichungen abrechnen • Ergebnisschema für Abweichungsabrechnung definieren

B.2 Finanzwesen

B.2.1 Anwendung

Stammdaten

Sachkonto anlegen/ändern/anzeigen (FS00)
Rechnungswesen • Finanzwesen • Hauptbuch • Stammdaten • Sachkonten • Einzelbearbeitung • zentral

Buchungen

Sachkontenbeleg erfassen (FB50)
Rechnungswesen • Finanzwesen • Hauptbuch • Buchung • Sachkontenbeleg erfassen

Kreditorenrechnung erfassen (FB60)
Rechnungswesen • Finanzwesen • Kreditoren • Buchung • Rechnung

Buchungsbeleg (Erfassungssicht) ändern/anzeigen (FB02/FB03)
Rechnungswesen • Finanzwesen • Hauptbuch • Beleg • Ändern/Anzeigen

Konten ausgleichen (F.13)
Rechnungswesen • Finanzwesen • Hauptbuch • Periodische Arbeiten • Maschinell ausgleichen • Ohne Vorgabe der Ausgleichswährung

Periodische Arbeiten

Zahllauf (F110)
Rechnungswesen • Finanzwesen • Kreditoren • Periodische Arbeiten • Zahlen

Dauerbuchungen ausführen (F.14)
Rechnungswesen • Finanzwesen • Hauptbuch • Periodische Arbeiten • Dauerbuchungen • Ausführen

Periodenabschluss

WE/RE-Kontenpflege (MR11)
Logistik • Materialwirtschaft • Logistik-Rechnungsprüfung • WE/RE-Kontenpflege • WE/RE-Verrechnungskonto pflegen

Hauptbuch: WE/RE-Verrechnung (F.19)
Rechnungswesen • Finanzwesen • Hauptbuch • Periodische Arbeiten • Abschluss • Umgliedern • WE/RE-Verrechnung

Buchungsperioden öffnen/schließen (OB52)
Rechnungswesen • Finanzwesen • Hauptbuchhaltung • Umfeld • Lfd. Einstellungen • Buchungsperioden öffnen und schließen

Fremdwährungsbewertung (FAGL_FC_VAL)
Rechnungswesen • Finanzwesen • Hauptbuch • Periodische Arbeiten • Abschluss • Bewerten • Fremdwährungsbewertung (neu)

Umgliederung Forderungen/Verbindlichkeiten (FAGLF101)
Rechnungswesen • Finanzwesen • Debitoren/Kreditoren • Periodische Arbeiten • Abschluss • Umgliedern • Rasterung/Umgliederung (neu)

Saldovortrag (Hauptbuch) durchführen (FAGLGVTR)
Rechnungswesen • Finanzwesen • Hauptbuchhaltung • Periodische Arbeiten • Abschluss • Vortragen • Saldovortrag (neu)

Saldovortrag (Kontokorrent) durchführen (F.07)
Rechnungswesen • Finanzwesen • Debitoren/Kreditoren • Periodische Arbeiten • Abschluss • Vortragen • Saldovortrag

Ist-Verteilung im Hauptbuch pflegen und durchführen
Rechnungswesen • Finanzwesen • Hauptbuch • Periodische Arbeiten • Abschluss • Allokation • Ist-Verteilung

Große Umsatzprobe (neu) (FAGLF03)
Rechnungswesen • Finanzwesen • Debitoren • Periodische Arbeiten • Abschluss • Prüfen/Zählen • Abstimmung

Intercompany-Abstimmung: offene Posten/Konten
Rechnungswesen • Finanzwesen • Hauptbuch • Periodische Arbeiten • Abschluss • Prüfen/Zählen • Intercompany Abstimmung: offene Posten/Konten

Abstimmung FI – MM (MB5L)
Logistik • Materialwirtschaft • Bestandsführung • Periodische Arbeiten • Bestandsliste

Abstimmung FI – CO
Rechnungswesen • Controlling • Kostenartenrechnung • Infosystem • Berichte zur Kosten-/Erlösartenrechnung • Abstimmung

Bilanz/GUV-Struktur pflegen (OB58)

Ledger-Vergleich (GCAC)

Einstieg in das Berichtswesen des neuen Hauptbuchs
Rechnungswesen • Finanzwesen • Hauptbuch • Infosystem

Anlagenbuchhaltung

Anlage anlegen/ändern/anzeigen (AS01/AS02/AS03)
Rechnungswesen • Finanzwesen • Anlagen • Anlage • Anlegen/Ändern/Anzeigen • Anlage

Anlage im Bau aufteilen/abrechnen (AIAB/AIBU)
Rechnungswesen • Finanzwesen • Anlagen • Buchung • Aktivierung AiB • Aufteilen

Abschreibungslauf durchführen (AFAB)
Rechnungswesen • Finanzwesen • Anlagen • Periodische Arbeiten • Abschreibungslauf • Durchführen

Periodische Bestandsbuchung durchführen (ASKB)
Rechnungswesen • Finanzwesen • Anlagen • Periodische Arbeiten • Bestandsbuchung

Anwendungs-Log anzeigen (ARAL)
Rechnungswesen • Finanzwesen • Anlagen • Infosystem • Werkzeuge • Anwendungs-Log

Abstimmung FI-AA und Hauptbuch (ABST2)
Rechnungswesen • Finanzwesen • Anlagen • Periodische Arbeiten • Jahresabschluss • Abstimmung Konten

Jahreswechsel FI-AA durchführen (AJRW)
Rechnungswesen • Finanzwesen • Anlagen • Periodische Arbeiten • Jahreswechsel

Jahresabschluss FI-AA durchführen (AJAB)
Rechnungswesen • Finanzwesen • Anlagen • Periodische Arbeiten • Jahresabschluss • Durchführen

Erstellen Anlagengitter (S_ALR_87011990)
Rechnungswesen • Finanzwesen • Anlagen • Infosystem • Erläuterungen zur Bilanz • International • Anlagengitter

B.2.2 Customizing

Geschäftsvorfälle

Automatische Kontierungsfindung ändern/Fixkontierung hinterlegen (OKB9)
Controlling • Kostenstellenrechnung • Istbuchungen • Manuelle Istbuchungen • Automatische Kontierungsfindung bearbeiten

Profit-Center-Ableitung in Kundenaufträgen (0KEM)
Finanzwesen (neu) • Hauptbuchhaltung (neu) • Werkzeuge • Validierung/Substitutionen • Substitutionen von Profitcentern in Kundenaufträgen

Anzeige MM-Belegnummer in FI-Einzelpostenanzeige
Finanzwesen (neu) • Debitoren- und Kreditorenbuchhaltung • Kredi-

torenkonten • Einzelposten • Anzeigen Einzelposten • Zusätzliche Felder für die Einzelpostenanzeige definieren

Kontenfindung für WE/RE-Verrechnung (OBYP)
Finanzwesen (neu) • Hauptbuchhaltung (neu) • Periodische Arbeiten • Umgliedern • Korrekturkonten für WE/RE-Verrechnung hinterlegen

Regeln für den Ausgleich von Konten definieren
Finanzwesen (neu) • Hauptbuchhaltung (neu) • Geschäftsvorfälle • Ausgleich offener Posten • Maschinelles Ausgleichen vorbereiten

Customizing der Umsatzsteuer
Finanzwesen (neu) • Grundeinstellung Finanzwesen (neu) • Umsatzsteuer

Umsatzsteuerkennzeichen definieren (FTXP)
Finanzwesen (neu) • Grundeinstellung Finanzwesen (neu) • Umsatzsteuer • Berechnung • Umsatzsteuerkennzeichen definieren

Steuerkennzeichenauswahl für Vorgänge (OBZT)
Finanzwesen (neu) • Debitoren- und Kreditorenbuchhaltung • Geschäftsvorfälle • Rechnungseingang/Gutschriftseingang • Rechnungseingang/Gutschriftseingang Enjoy • Steuerkennzeichen pro Vorgang definieren

Varianten für Echtzeitintegration definieren
Finanzwesen (neu) • Grundeinstellungen Finanzwesen (neu) • Bücher • Echtzeitintegration des Controlling mit dem Finanzwesen • Varianten für Echtzeitintegration definieren

Kontenfindung der Echtzeitintegration definieren
Finanzwesen (neu) • Grundeinstellungen Finanzwesen (neu) • Bücher • Echtzeitintegration des Controlling mit dem Finanzwesen • Kontenfindung zur Echtzeitintegration

Kontenfindung der HR-Schnittstelle
Personalabrechnung • Abrechnung (Land) • Buchung ins Rechnungswesen • Aktivitäten im RW-System • Zuordnung der Konten

Periodische Arbeiten
Customizing des Zahlprogramms
Finanzwesen (neu) • Debitoren- und Kreditorenbuchhaltung • Geschäftsvorfälle • Zahlungsausgang

Toleranzen für Debitoren und Mitarbeiter festlegen
Finanzwesen (neu) • Debitoren- und Kreditorenbuchhaltung • Geschäftsvorfälle • Zahlungseingang • Zahlungseingang manuell • Toleranzgruppen für Mitarbeiter definieren bzw. Toleranzen definieren (Debitoren)

Benutzern Toleranzgruppen zuordnen
Finanzwesen (neu) • Debitoren- und Kreditorenbuchhaltung • Geschäftsvorfälle • Zahlungseingang • Zahlungseingang manuell • Benutzer/Toleranzgruppen zuordnen

Konten für Über-/Unterzahlung hinterlegen (OBXL)
Finanzwesen (neu) • Debitoren- und Kreditorenbuchhaltung • Geschäftsvorfälle • Zahlungseingang • Grundeinstellungen Zahlungseingang • Konten für Über-/Unterzahlung hinterlegen

Periodenabschluss
Customizing der Fremdwährungsbewertung
Finanzwesen (neu) • Hauptbuchhaltung (neu) • Periodische Arbeiten • Bewerten • Fremdwährungsbewertung

Rechnungslegungsvorschrift zuordnen
Finanzwesen (neu) • Hauptbuchhaltung (neu) • Periodische Arbeiten • Bewerten • Bewertungsbereich Rechnungslegungsvorschrift zuordnen

Rechnungslegungsvorschrift Ledger-Gruppen zuordnen
Finanzwesen (neu) • Grundeinstellungen Finanzwesen (neu) • Bücher • Parallele Rechnungslegung • Rechnungslegungsvorschrift Ledger-Gruppen zuordnen

Umbuchen und Rastern der Forderungen und Verbindlichkeiten
Finanzwesen (neu) • Hauptbuchhaltung (neu) • Periodische Arbeiten • Umgliedern • Umbuchen und Rastern der Forderungen und Verbindlichkeiten

Pauschalwertberichtigung pflegen
Finanzwesen (neu) • Debitoren- und Kreditorenbuchhaltung • Geschäftsvorfälle • Abschluss • Bewerten • Diverse Bewertungen

Ergebnisvortragskonto festlegen (OB53)
Finanzwesen (neu) • Hauptbuchhaltung (neu) • Stammdaten • Sachkonten • Vorarbeiten • Ergebnisvortragskonto festlegen

Feldverwendung für Verteilung/Umlage definieren (GCA6/GCA1)
Finanzwesen (neu) • Hauptbuchhaltung (neu) • Periodische Arbeiten • Allokation • Feldverwendung für Verteilung/Umlage definieren

Intercompany-Abstimmung pflegen
Finanzwesen (neu) • Hauptbuchhaltung (neu) • Periodische Arbeiten • Prüfen/Zählen • Systemübergreifende Intercompany-Abstimmung

Bilanz-/GuV-Strukturen definieren (OB58)
Finanzwesen (neu) • Hauptbuchhaltung (neu) • Stammdaten • Sachkonten • Bilanz-/GuV-Strukturen definieren

Kontenfindung der Anlagenbuchhaltung pflegen (AO90)
Finanzwesen (neu) • Anlagenbuchhaltung • Anlagenbuchhaltung (lean implementation) • Organisationsstrukturen • Hauptbuchkonten zuordnen

Customizing Anlagengitter
Finanzwesen (neu) • Anlagenbuchhaltung • Informationssystem • Anlagengitter

B.3 Materialwirtschaft

B.3.1 Anwendung

Rechnungsprüfung

Eingangsrechnung erfassen (MIRO)
Logistik • Materialwirtschaft • Logistik-Rechnungsprüfung • Belegerfassung • Eingangsrechnung hinzufügen

Aktivierung der Anzeige FI-Belegnummer in Transaktion MIRO (SU3)
System • Benutzervorgaben • Eigene Daten

Gesperrte Rechnungen freigeben (MRBR)
Logistik • Materialwirtschaft • Logistik-Rechnungsprüfung • Weiterverarbeitung • Gesperrte Rechnungen freigeben

WE/RE-Verrechnung
WE/RE-Kontenpflege (MR11)
Logistik • Materialwirtschaft • Logistik-Rechnungsprüfung • WE/RE-Kontenpflege • WE/RE-Verrechnungskonto pflegen

Hauptbuch: WE/RE-Verrechnung (F.19)
Rechnungswesen • Finanzwesen • Hauptbuch • Periodische Arbeiten • Abschluss • Umgliedern • WE/RE-Verrechnung

Geschäftsvorfälle
Inventur durchführen
Logistik • Materialwirtschaft • Inventur

Periodenverschiebung Materialstamm (MMPV)
Logistik • Materialwirtschaft • Materialstamm • Sonstiges • Periode verschieben

B.3.2 Customizing

Bestellvorgang
Einkaufsbelegarten definieren
Materialwirtschaft • Einkauf • Bestellung • Belegarten definieren

Kontierungstyp ändern (OME9)
Materialwirtschaft • Einkauf • Kontierung • Kontierungstypen pflegen

MM-Kontenfindung
Kontenfindungsassistent (OMWW)
Materialwirtschaft • Bewertung und Kontierung • Kontenfindung • Kontenfindungsassistent

Bewertungsebene festlegen (OX14)
Unternehmensstruktur • Definition • Logistik allgemein • Bewertungsebene festlegen

Bewertungsmodifikationskonstante aktiveren (OMWM)
Materialwirtschaft • Bewertung und Kontierung • Kontenfindung • Kontenfindung ohne Assistent • Bewertungssteuerung festlegen

Bewertungskreise gruppieren (OMWD)
Materialwirtschaft • Bewertung und Kontierung • Kontenfindung • Kontenfindung ohne Assistent • Bewertungskreise gruppieren

Bewertungsklassen festlegen (OMSK)
Materialwirtschaft • Bewertung und Kontierung • Kontenfindung • Kontenfindung ohne Assistent • Bewertungsklassen festlegen

MM-IM Kontomodifikation zur Bewegungsart (OMWN)
Materialwirtschaft • Bewertung und Kontierung • Kontenfindung • Kontenfindung ohne Assistent • Kontomodifikation für Bewegungsarten festlegen

Automatische Buchungen einstellen (OMWB)
Materialwirtschaft • Bewertung und Kontierung • Kontenfindung • Kontenfindung ohne Assistent • Automatische Buchungen einstellen

Materialart pflegen
Logistik allgemein • Materialstamm • Grundeinstellungen • Materialarten • Eigenschaften der Materialarten festlegen

Bedarfsklassen (OVZG)
Vertrieb • Grundfunktionen • Verfügbarkeitsprüfung und Bedarfsübergabe • Bedarfsübergabe • Bedarfsklassen definieren

Geschäftsvorfälle

Bewegungsarten pflegen (OMJJ)
Materialwirtschaft • Bestandsführung und Inventur • Bewegungsarten • Bewegungsarten kopieren/ändern

Einstellungen zur logistischen Rechnungsprüfung
Materialwirtschaft • Logistik-Rechnungsprüfung

Einstellung zu ungeplanten Bezugsnebenkosten
Materialwirtschaft • Logistik-Rechnungsprüfung • Eingangsrechnung • Buchen von ungeplanten Nebenkosten

Direktes Buchen auf Sach- und Materialkonto aktivieren
Materialwirtschaft • Logistik-Rechnungsprüfung • Eingangsrechnung • Direktes Buchen auf Sach- und Materialkonten erlauben

Toleranzgrenzen festlegen (OMR6)
Materialwirtschaft • Logistik-Rechnungsprüfung • Rechnungssperre • Toleranzgrenzen festlegen

Verhalten Periodenverschiebung definieren (OMSY)
Logistik Allgemein • Materialstamm • Grundeinstellungen • Buchungskreise für Materialwirtschaft pflegen

B.4 Produktion

B.4.1 Anwendung

Stammdaten

Materialstückliste anlegen/ändern/anzeigen (CS01/CS02/CS03)
Logistik • Produktion • Stammdaten • Stücklisten • Stückliste • Materialstückliste • Anlegen/Ändern/Anzeigen

Stücklistenauflösung Baukasten mehrstufig (CS11)
Logistik • Produktion • Stammdaten • Stücklisten • Auswertungen • Stücklistenauflösung • Materialstückliste • Baukasten mehrstufig

Arbeitsplatz anlegen/ändern/anzeigen (CR01/CR02/CR03)
Logistik • Produktion • Stammdaten • Arbeitsplätze • Arbeitsplatz • Anlegen/Ändern/Anzeigen

Arbeitspläne anlegen/ändern/anzeigen (CA01/CA02/CA03)
Logistik • Produktion • Stammdaten • Arbeitspläne • Arbeitspläne • Normalarbeitsplan • Anlegen/Ändern/Anzeigen

Produktionsvorgang

Fertigungsauftrag anlegen (CO01)
Logistik • Produktion • Fertigungssteuerung • Auftrag • Anlegen • Mit Material

Fertigungsauftrag ändern/anzeigen (CO02/CO03)
Logistik • Produktion • Fertigungssteuerung • Auftrag • Ändern/Anzeigen

B.4.2 Customizing

Auftragsartabhängige Parameter definieren (Produktionsaufträge für Produktkostensammler vorbereiten) (OPL8)
Produktion • Fertigungssteuerung • Stammdaten • Auftrag • Auftragsartabhängige Parameter definieren

B.5 Vertrieb

B.5.1 Anwendung

Geschäftsvorfälle

Kundenauftrag anlegen/ändern/anzeigen (VA01/VA02/VA03)
Logistik • Vertrieb • Verkauf • Auftrag • Anlegen/Ändern/Anzeigen

Faktura anlegen/ändern/anzeigen (VF01/VF02/VF03)
Logistik • Vertrieb • Fakturierung • Faktura • Anlegen/Ändern/Anzeigen

Gesperrte Fakturen bearbeiten (VFX3)
Logistik • Vertrieb • Fakturierung • Faktura • Gesperrte Fakturen

Periodenabschluss

Bezuschlagung von Kundenaufträgen (VA44)
Logistik • Vertrieb • Verkauf • Kundenauftrags-Controlling • Periodenabschluss • Einzelfunktionen • Zuschläge

B.5.2 Customizing

Geschäftsvorfälle

Bedarfsklassen (OVZG)
Vertrieb • Grundfunktionen • Verfügbarkeitsprüfung und Bedarfsübergabe • Bedarfsübergabe • Bedarfsklassen definieren

Positionstypen definieren
Vertrieb • Verkauf • Verkaufsbelege • Verkaufsbelegposition • Positionstypen definieren

Profit-Center-Ableitung in Kundenaufträgen (0KEM)
Finanzwesen (neu) • Hauptbuchhaltung (neu) • Werkzeuge • Validierung/Substitutionen • Substitutionen von Profitcentern in Kundenaufträgen

Schemaermittlung (OVKK)
Vertrieb • Grundfunktionen • Preisfindung • Steuerung der Preisfindung • Kalkulationsschemata definieren und zuordnen • Kalkulationsschemaermittlung festlegen

Kalkulationsschema definieren (V/08)
Vertrieb • Grundfunktionen • Preisfindung • Steuerung der Preisfindung • Kalkulationsschemata definieren und zuordnen

Konditionsarten definieren
Vertrieb • Grundfunktionen • Preisfindung • Steuerung der Preisfindung • Konditionsarten definieren

Fakturaarten definieren (VOFA)
Vertrieb • Fakturierung • Fakturen • Fakturaarten definieren

Schnittstelle SD - FI

Abweichende Abstimmkonten ermitteln
Vertrieb • Grundfunktionen • Kontierung/Kalkulation • Abstimmkonten-/Mitbuchkontenfindung

Customizing der Erlösrealisierung
Vertrieb • Grundfunktionen • Kontierung/Kalkulation • Erlösrealisierung

Kontierungsgruppe Material/Debitor pflegen
Vertrieb • Grundfunktionen • Kontierung/Kalkulation • Erlöskontenfindung • Kontierungsrelevante Stammdaten prüfen

Abhängigkeiten der Erlöskontenfindung definieren
Vertrieb • Grundfunktionen • Kontierung/Kalkulation • Erlöskontenfindung • Abhängigkeiten der Erlöskontenfindung definieren

B.6 SAP NetWeaver BW – Customizing in SAP ERP

Den Einführungsleitfaden für Datenübertragung in das SAP NetWeaver Business Warehouse (SAP NetWeaver BW) erreichen Sie über die Transaktion SBIW.

Data Warehousing Workbench: Modellierung (RSA1)
Business Information Warehouse • Modellierung • Data Warehousing Workbench: Modellierung

Bewegungsdaten-DataSource anlegen (KEB0)
Einstellungen für anwendungsspezifische DataSources (PI) • Ergebnis- und Marktsegmentrechnung • Bewegungsdaten-DataSource anlegen

B.7 Sonstiges

Nachrichtensteuerung ändern (OBA5)
Controlling • Controlling Allgemein • Nachrichtensteuerung ändern

Buchungsvariante für HR-Schnittstelle einrichten
Personalabrechnung • Abrechnung (Land) • Buchung ins Rechnungswesen • Aktivitäten im HR-System • Buchungsvarianten erstellen

C Die Autorin

Andrea Hölzlwimmer kann auf mehr als zehn Jahre Berufserfahrung in Industrie und Beratung zurückblicken. Dabei hat sie sich für einen ungewöhnlichen Werdegang entschieden: Nach Ausbildung und betriebswirtschaftlichem Studium war sie zunächst bei einem namhaften internationalen Konsumgüterhersteller beschäftigt. Schwerpunkte ihrer Arbeit waren zu diesem Zeitpunkt internationale SAP-Einführungen, der Aufbau von Financial Shared Service Centern, aber auch die europaweite Betreuung von Anwendern im Bereich des externen Rechnungswesens.

Mit dem Einstieg in die Beratung hat sie ihr Themenspektrum um das Controlling erweitert. In vielen nationalen und internationalen Projekten, sowohl in Konzernen wie auch im Mittelstand, hat sich der integrierte Wertefluss zu ihrem Steckenpferd entwickelt. Der Reiz liegt für sie in der Verbindung von fachlicher, prozessorientierter Beratung und technischem Lösungs-Know-how, und das auch noch modulübergreifend.

Derzeit ist sie als Managerin bei J&M Management Consulting beschäftigt. Gemeinsam mit J&M steht sie in den Projekten für einen pragmatischen, werteflussorientierten Ansatz, mit der Absicht, durch innovative Ideen neue Wege zu beschreiten.

An der Entstehung dieses Buches haben folgende Kollegen aus dem Bereich Financials bei J&M Management Consulting maßgeblichen Anteil:

Jörg Daniels ist als Consultant im Bereich Financials tätig. Nach einer Ausbildung zum Bankkaufmann hat er Volkswirtschaft an der Universität Bonn studiert und im Rechnungswesen gearbeitet. Er leitete mehrere Jahre das Rechnungswesen einer namhaften deutschen Wissenschaftsorganisation. Sein Beratungsschwerpunkt liegt im Bereich Financials.

Thorsten Fülling ist Manager im Bereich Business Strategy. Im Fokus seiner Arbeit stehen die Organisations- und Prozessberatung im Rahmen von Business-Transformations-Projekten und das Corporate Performance Management. Während seiner langjährigen Beratertätigkeit hat er die Anforderungen, die sich aus der Integration von Supply Chain und Value Flow ergeben, detailliert kennengelernt.

Volkhard Korth hat schon während des Studiums der Wirtschaftsinformatik und der Business Administration Management und IT miteinander verbunden. Als Senior Consultant beschäftigt, liegt sein Projektschwerpunkt neben der Einführung des neuen Hauptbuchs in der erfolgreichen Durchführung von SAP-Projekten im Bereich Financials.

Als Dipl.-Wirtsch.-Ing. weiß **Christoph Streuber** um die Bedeutung von Werteflüssen im Unternehmen und versteht Aspekte der Produktion und der Finanzwirtschaft miteinander zu verknüpfen. Zu seinen Beratungsschwerpunkten zählt neben dem neuen Hauptbuch auch die Produktkostenkalkulation. Er ist als Consultant tätig.

Antonia Wilms ist heute als Corporate Controller bei einem großen deutschen Handelsunternehmen tätig. Ihr Weg dorthin führte die Diplom-Betriebswirtin zunächst in die Beratung, wo ihr Schwerpunkt bereits im Controlling lag. Antonia Wilms beschäftigt sich insbesondere mit der Abbildung von Produktionsprozessen im Controlling und der Gestaltung des Reportings zur optimalen Unterstützung des Managements.

Nach einem Studium der Wirtschaftsinformatik in Karlsruhe hat **Stephan Wund** über viele Jahre Projekte im Bereich Business Intelligence erfolgreich durchgeführt. Seine Themenschwerpunkte sind das Finanzwesen und das Controlling. Er versteht SAP ERP und Business Warehouse als zwei eng verknüpfte Plattformen für die Darstellung und Steuerung von Unternehmensprozessen. Er ist als Senior Consultant tätig.

Danke

Ein Buch zu schreiben ist kein leichtes Unterfangen. Es beinhaltet Höhen und Tiefen. Doch nach getaner Arbeit sind alle Mühen und Anstrengungen schnell vergessen. Nicht selten kam mir der Vergleich in den Sinn, ein Buch zu schreiben ist, wie ein Kind zur Welt zu bringen: Zu Beginn der »Schwangerschaft« ist man euphorisch, die letzten Wochen sind vor allem anstrengend, und man sehnt das Ende herbei. Aber wenn das Baby dann geboren ist, überwiegt die Freude. Umso größer wird die Freude, wenn das Engagement und der Fleiß von allen Helfern und Unterstützern zur Genüge gewürdigt werden.

In diesem Sinne will ich all jenen danken, die das Buchprojekt mit Rat und Tat unterstützt haben. Mein Dank gilt insbesondere den Co-Autoren und vielen anderen Kollegen bei J&M, die moralische Stütze und/oder fachlicher Anker waren.

- Danke an all diejenigen, die fachliche Fragen beantwortet und Probe gelesen haben oder als Ghostwriter aufgetreten sind.
- Danke an das Team von Galileo Press für ein stets offenes Ohr und viele gute Tipps.
- Und Danke auch an all jene, die in den letzten Monaten viel zu kurz gekommen sind.

Der größte Dank gilt jedoch Ihnen, liebe Leserinnen und Leser. Ich hoffe, Sie haben in diesem Buch die Informationen erhalten, die Sie gesucht haben. Scheuen Sie sich nicht, mit mir in Kontakt zu treten, wenn Sie Fragen haben oder falls Ihnen, angeregt durch das Buch, neue, weiterführende Ideen gekommen sind. Auch wenn rund 480 Seiten viel Platz bieten, sind sie doch nicht umfangreich genug, um alle Aspekte und Details behandeln zu können. Bitte lassen Sie mich deshalb wissen, was Ihnen gefallen hat und was nicht so gut gelungen ist.

Trotz der Unterstützung, die mir von vielen Seiten zuteilwurde, bin ich für die verbliebenen Fehler verantwortlich. Unter *http://www.sap-press.de/2036* haben Sie die Möglichkeit, inhaltliche Updates und Zusatzcontents abzurufen sowie dieses Buch online zu durchsuchen.

Ich freue mich auf Ihr Feedback unter *ValueFlow@jnm.com*! Natürlich finden Sie mich auch bei XING.

Andrea Hölzlwimmer

Index

A

Abgrenzung 373
   Planerlöse 328
   Schlüssel 75, 298
   Version 298
Ableitungsmöglichkeit 174
Ableitungsregel 83
Ableitungsverfahren 434
Abrechnung 309, 331
   Profil 75, 309, 354
   Steuerung 312
   Vorschrift 75
Abrechnungsart
   GES 320
   PER 320
Abschlag 181, 182
Abschluss
   vorgezogener 59
Abschlussplan 347, 438, 443
Abschreibungslauf 355, 356
Absetzung für Abnutzung (AfA) 356
Abstimmkonto 94, 211, 370
   änderbares 213, 379
   debitorisches 213
   kreditorisches 94
Abstimmledger 337
Abstimmung 379
   Buchhaltung und Bestandsführung 381
   FI – CO 381
   FI – EC-PCA 382
   FI – FI-AA 360
abweichende Belegart 158
abweichende Belegnummer 158
Abweichungsermittlung 306, 308
Abweichungskategorie 86
Abweichungsschlüssel 306
Abweichungsvariante 307
Accrual Engine 375
Ad-hoc-Kalkulation 275
AfA-Lauf
   Funktion 356
AfA-Schlüssel 356
After-Image-Deltaverfahren 410

Akontozahlung 230
aktive Anlage 101
Aktivierungsdatum 426
Aktivität
   primäre 31
   sekundäre 31
aktuelle Kalkulation 266
Allokation 375
   Pflegen 378
Anforderung
   internationale 54
Anlage 101
   aktive 101
Anlage im Bau (AiB) 101, 352
   Abrechnen 352
   Aufteilungsregel 353
Anlagenbuchhaltung
   Funktion 352
   Kontenfindung 355
Anlagengitter 361
Anlagenzugang 136
Anlegen
   Bilanzstruktur 386
Anschaffungs- und Herstellkosten (AHK) 355
Anzahlung 214
Application Link Enabling (ALE) 349
Arbeitsplan → Planungsrezept
Arbeitsplatz → Ressource
Arbeitsvorrat 276
Auflösungssteuerung 271
Aufteilungsregel (AiB-Abrechnung) 353
Auftragsart
   Obligofortschreibung 104
auftragsbezogene Kostenträgerrechnung 290
auftragsneutrale Produktkostenplanung 289
auftragsneutraler Vorgang 275
Auftragsstatus 324
Auftragsstücklistenkalkulation 329
Aufwand/Ertrag aus Konsignationsmaterialverbrauch (AKO) 126

Index

Aufwand/Ertrag aus Umbuchung (AUM) 126
Ausführungsprozess 34
Ausgleich
  Beleg 154
  maschineller 153
Auslieferung 171
Auswählen
  Merkmal 414
  Wertfeld 414
Auswertungs- und Analysemöglichkeit 391
automatische Freigabe 150
automatisches Transportwesen 113

B

BAdI
  ACC_DOCUMENT 359
  FAGL_COFI_ACCIT_MOD 340
  FAGL_COFI_LNITEM_SEL 339
  FAGL_DERIVE_SEGMENT 175
Bankenfindung 160
Baukasten 256
Bedarfsart 75
Bedarfsklasse 73, 241
  Ableitung 75
  Customizing 76
Beleg-/Einzelpostenbericht 383
Belegart 219
  abweichende 158
Belegaufteilung 60, 61
Belegfluss 27
  SD 192
Belegnummer
  abweichende 158
Belegnummernvergabe 143
Belegverdichtung 340
Bemessungsgrundlage 200
Benchmarking 33
Berechnung
  Basis 269
  Basis bestimmen 269
  Datenvolumen 424
  Motiv 87
Berechtigungsgruppe 364
Berichtswesen 383, 386
Beschaffung 34
Beschaffungsprozess 89

Bestandsbuchung (BSX) 126
  periodische 359
Bestandsveränderung (BSV) 126
Bestandsveränderungskonto 193
Bestandswertliste 381
Bestellanforderung (BANF) 97
Bestellentwicklung 137
Bestellstatus 137
Bestellung 96, 97, 136
Besteuerung 194
Best-Practice-Analyse 33
Bewegungsart 121, 123
Bewegungskennzeichen 122
bewerteter Wareneingang 136
Bewertung
  getrennte 115
Bewertungsebene 111, 131
Bewertungsklasse 69, 116, 131
  Anlegen 118
  Customizing 117
  Zuordnen 118
Bewertungskreis 112
  Gruppieren 113
Bewertungsmodifikationskonstante (BMK) 113
  Zuordnen 114
Bewertungssicht 267
Bewertungsvariante 267, 279, 307
Bewertungsverfahren 72
BEx Analyzer 401
BEx Query Designer 400
BEx Suite 399
BEx Web Application Designer 402
Bezugsnebenkosten 145
  ungeplante 130
Bezugsnebenkosten-Rückstellung (RUE) 129
Bezugsquelle 97
Bezuschlagung 294
Bilanz 49, 384
Bilanz und GuV/Cashflow 383
Bilanzstruktur 412
  Anlegen 386
Bilanzvorbereitung 367
Bonus 185
Bruttorabatt 182
Bruttoschema 186
  Entsteuerung 187
  SAP-Standard 186

Buchungskreis 45
    paralleler 55
    übergreifende Vorgänge 48, 344
Buchungskreisverrechnungskonto 345
Buchungsperiode 363
    Öffnen 363
    Schließen 363
Buchungsregel 225
Buchungstechnik 217
Budget 91, 103
    Überwachung 103
Business Content 403, 407
    SAP ERP 404
    SAP NetWeaver BW 406
Business Intelligence 392
Business Process Reengineering 33
Business-Content-Objekt 407

C

Change Management 437
Closed-Loop-Prozess 395
Controlling
    operatives 387
Controllingansatz 38
Controllingphilosophie 38
CO-PA 76, 77
    buchhalterisches 77
    kalkulatorisches 77, 79
    Wertfeld 85
Crystal Reports 403
Cube
    virtueller 411
Customizing 222

D

Data Warehousing Workbench 406
DataSource 395
    Aktivieren 409
    Berechnen 409
    kundeneigene 413
DataStore-Objekt 396, 397
Datenbereitstellungsebene 395
Datenbeschaffung 395
Datenhaltung 395, 396
Datenmodellierung 395, 396
Datenstruktur 396

Datenvolumen 422
    Berechnen 424
Dauerbuchung 158
dauerhafte Zahlsperre 163
Debitorenbuchhaltung 207
    Rechnung verbuchen 220
Debitorenkonto 208
    Abstimmkonto 211
    allgemeiner Teil 208
    Buchungskreisdaten 210
    Vertriebsdaten 209
debitorischer Kreditor 370
Deckungsbeitragsrechnung 85
Deckungsbeitragsschema 416
Definieren
    Entlastung 270
    Leistungsart 261
    Segment 377
    Verrechnungsschema 310
    Verteilungszyklus 376
    Vorgabewertschlüssel 258
    Zeilen-Identifikation 303
Deltafähigkeit 404
Deltaverfahren 410
doppelte Rechnung 95
doppelter CO-PA-Satz 176
Dummy-Kontierung 436

E

Earnings Before Interests and Taxes (EBIT) 61, 207
Easy Cost Planning 275
Echtzeitintegration (EZI) 59, 336, 437
    Kontenfindung 341, 343
    Konto 342
    Variante festlegen 338
eigenes Kontierungsobjekt 51
Einfuhrumsatzsteuer 198
Einkaufsdaten 96
Einkaufsinfosatz 99
Einstellung
    laufende 160
Einzelbeleg
    Überleiten 59
Einzelkalkulation 283
Einzelwertberichtigung 371
elektronischer Kontoauszug 222
    Buchungsregel 225

elektronischer Kontoauszug (Forts.)
  externer Vorgangscode 224
  Kontensymbol 226
  Nummernlogik der Bankkonten 227
  Vorgangstyp 224
Element
  kalkulatorisches 177
  preisbildendes 177, 181
Elementeschema 263
  Customizing 264
Engineer-to-Order 254
  Controllinganansatz 38
Enjoy-Transaktion 166
Entitätenmodell 43
Entlastung definieren 270
Entscheidung
  strategische 251
Entsteuerung 187
Ergebnisbereich 50, 80
  Fehlermeldung 82
Ergebnisermittlung 331
Ergebnisschema 84, 311
Ergebnisvortragskonto 372
  parallele Rechnungslegung 372
Erlös 245
  kostenmindernder 245
Erlöskontenfindung 234
  Fehleranalyse 246
  Konditionstechnik 238
  Kontenfindungsart 240
  Kontenfindungsschema 242
  Kontierungsgruppe Debitor 235
  Kontierungsgruppe Material 236
  Neuaufbau 246
  Vorbereitung 234
Erlösminderung 232
Erlösplanung 328
Erlösrealisierung 232
  Methode 233
  Zeitpunkt 232
  Zeitpunkt der Leistungserbringung 232
Ertrag/Aufwand aus Umbewertung (UMB) 130
erweiterte Steuerung 301
Erwerb
  innergemeinschaftlicher 198
europäisches Steuerschema 165
externer Vorgangscode 224

Extraktor 395
  Hauptbuch – saldenführendes Ledger 409

F

Faktura 172
Fast Close 58
fehlende Integration 157
Feldsteuerung 134
Fertigungstypologie 292
Fertigungsverfahren 254
Filiale 210
First In – First Out (FIFO) 72
Fixkontierung 126, 191
Forderung 207
Fortschreiben
  Materialpreis 274
Freigabe
  automatische 150
Fremdwährungsbewertung 365
  Funktion 365
Funktionsbereich 46
  Überschreiben 47
Funktionsbereichsableitung 47

G

Gegenbuchung zur Bestandsbuchung (GBB) 127
Gemeinkostenrechnung 244, 294
Gesamtabrechnung (GES) 320
Gesamtkostenverfahren 384
Geschäftsanbahnung 171
Geschäftsbereich 46, 335
Geschäftsjahreswechsel 361
Geschäftsprozesskategorie 33
Geschäftsvorfall
  regelmäßiger 214
  spezieller 186
Gesellschaft 45
Gestaltungsebene 36
getrennte Bewertung 115
Gewinn-und Verlustrechnung (GuV-Rechnung) 384
  Aktivierung 353
  Rückführung 353
  Struktur 412
gleitender Durchschnittspreis 69

große Umsatzprobe 379
Gruppieren
   Kostenart 311

H

Handelsgesetzbuch (HGB) 231
Hauptleistung 197
Hausbank 160

I

Implementierungsebene 36
InfoCube 396, 398
Infomeldung
   Anpassen 144
InfoObject 396
InfoProvider 396
Information
   Vererben 378
Information Broadcasting 403
Informationsfluss 27
Informationssystem 392
Inland 198
innergemeinschaftlicher Erwerb 198
Integration 29
   fehlende 42, 157
   FI und CO 42
   in SAP ERP 41
   Informations- und Materialfluss 27
   Interessengruppe 29
   MM und FI/CO 108, 109
   SD und Debitorenbuchhaltung 218
Integrationsgrad 251
integrierter Wertefluss 25
   Definition 26
Intercompany-Abstimmung 379, 380
International Accounting Standards (IAS) 54
International Financial Reporting Standards (IFRS) 54
internationale Rechnungslegung 356
Internationalisierung 54
interne Rechnungsstellung 346
interne Verrechnung 346
Inventur 350
   Anlagenbuchhaltung 359
   genehmigungspflichtige Verfahren 351

Inventur (Forts.)
   permanente 350
   Stichprobeninventur 351
   Stichtagsinventur 350
   verlegte 350
Inventurkalkulation 266
Inventurpreis 71
Istbesteuerung 200

J

Jahresabschluss 361
Job
   Überprüfen 361

K

Kalkulation 73, 287
   Ad-hoc-Kalkulation 275
   aktuelle 266
   Auflösen 287
   Auftragsstücklistenkalkulation 329
   Inventurkalkulation 266
   mit Mengengerüst 274, 275
   mitlaufende 293
   Muster- und Simulationskalkulation 273, 283
   ohne Mengengerüst 274
   Periodenabschluss 294
   Sollkalkulation 266
   Vorkalkulation 293
Kalkulationsart 265
Kalkulationslauf 275, 276
   Anlegen 276
   Arbeitsschritt 277
   Statusverlauf 278
Kalkulationsschema 177, 180, 268
   Preisfindung 177
Kalkulationsvariante 262, 284
Kalkulationsverfahren 273
Kalkulationswert
   Übernehmen 328
kalkulatorisches Element 177, 184
Kategorie 304
Kleindifferenzen Materialwirtschaft (DIF) 128
Kondition
   Zuordnen 84

Konditionsart 178
  Customizing 178
  PR00 178
  RA01 180
Konditionsausschluss 182
Konditionsausschlussverfahren 183
Konditionssatz 179
Konditionstabelle 238
Konditionstechnik 238
Konsolidierung
  Vorbereitung 335, 379
Konten
  neutrale 64
  parallele 55
Kontenfindung 166, 206
  Anlagenbuchhaltung 355
  Einrichten 367
  EZI-Kontenfindung 341, 344
  Korrekturkonto 367
  MM 132
  Neuaufbau 130
  SD 234
  sekundäre Kostenart 340
Kontenfindungsart 240
Kontenfindungsschema 242
Kontengruppe 208
Kontenklassenreferenz
  Definieren 118
Kontenplan 64
  Hierarchie 65
  Konzernkontenplan 65
  Landeskontenplan 67
  operativer 65
  zusätzlicher 65
Kontenschlüssel 242
Kontensteuerung
  WE/RE-Konto 157
Kontensymbol 226
Kontierte Bestellung (KBS) 128
Kontierung 98
  Falschkontierung 100
Kontierungsgruppe 235
  Debitor 235
  Material 236
Kontierungshandbuch 437
Kontierungsobjekt
  klassisches 292
  kundeneigenes 51
Kontierungstyp 74, 101, 240

Kontoklassenreferenz 116
  Zuordnen 118
Kontomodifikation 121, 125
Kontoschlüssel 183
Konzernkontenplan 65
  Einführen 66
Korrekturbuchung
  Stornieren 366
Korrekturkonto
  Kontenfindung 367
  Verwenden 366
Kostenart 60, 61, 86, 261
  Gruppieren 311
  Nummer 62
  primäre 62
  Sachkonto 62
  Typ 62
  Typ 90 63
Kostenartenfindung
  pro Empfängertyp 311
kostenmindernder Erlös 245
Kostenrechnung 295
Kostenrechnungskreis 48
  übergreifender 48
Kostenschichtung 263
Kostenstellenfortschreibung 335
Kostenträger 320
  Hierarchie 291
  Knoten 291
  Rechnung 253, 289, 314, 315
Kreditkontrollbereich 47
Kreditlimitberechnung 215
Kreditorenbuchhaltung 157
Kreditorenstamm 93
  allgemeiner Teil 93
  Buchhaltungssicht 93
kreditorischer Debitor 370
kreditorisches Nebengeschäft 158
Kulanztag 163
Kundenauftrag 173
  Profit-Center-Kontierung 193
Kundenauftragscontrolling 39, 78, 290, 325
Kundenauftragsfertigung → Make-to-Order
Kundenauftragskalkulation 328
kundeneigene DataSource 413
kundeneigene Tabelle 433
Kundenerweiterung 84

Kundenhierarchiezugriff 84
Kuppelprodukt 312
Kursrundungsdifferenz Materialwirtschaft (KDR) 128

L

Lagerabgang
Kontenfindung 193
Lagerfertigung → Make-to-Stock
Landeskontenplan 67
Last In – First Out (LIFO) 72
laufende Einstellung 160
Lease Accounting Engine (LAE) 352
Lebenszyklus 272
Lederwaren-Manufaktur Mannheim 21
Ledger
Bebuchen 57
FI und EC-PCA vergleichen 382
Fortschreibung 334
parallele 58
spezielles 55
UKV-Ledger 47
Legaleinheit 45
Leistung
sonstige 196, 197
Leistungsart 260
Definieren 261
Planen 262
Leistungseinheit 196
Lieferantenauswahl 91
Lieferantenkonsignation 137
Lieferantenmanagement und -controlling 39
Lieferung 196
Ort 197
Listbild 285
logistische Rechnungsprüfung 139
logistische Stammdaten 255
Lohnart 348

M

Mahngebühr 221
Berechnen 221
Mahnwesen 221
Mahnzinsen 221
Make-to-Order 254

Make-to-Stock 254
Controllingansatz 38
Managementreporting 388
Markt- und Ergebnisrechnung 413
maschineller Ausgleich 153
Maskierung 264
Materialart 116, 118, 119
neue 120
Materialfluss 26
Material-Ledger 254, 255
Materialpreis fortschreiben 274
Materialstamm 68
Sicht 68
Mengenfeld 84, 190
Mengenfluss
MM 192
Mengenfortschreibung 119
Merkmal 80
Ableitungsregel 83
Anlegen 80
Auswählen 414
Benennen 80
Fortschreiben 78
Zuordnen 82
Merkmalsposition 424
Merkmalswert
Herleiten 82
Merkposten 215
Mickey-Mouse-Modell 56
Migration zum neuen Hauptbuch 44
Migrationsdatum 425, 426
Migrationsumfang 427
mitlaufende Kalkulation 293, 318, 323, 329
MM-Beleg 110
MM-Kontenfindung 110
Aufbau 111
Simulation 133
Vorgang 121
Muster- und Simulationskalkulation 273
Musterkalkulation 283

N

Nachkalkulation 296
Nebengeschäft 220
debitorisches 220
kreditorisches 158

Nebenkosten darstellen 127
Nebenleistung 197
Nettorabatt 182
Nettoschema 186, 188
Neubewertung 271, 287
neues Hauptbuch
   Kontenfindung 367
Niederstwertprinzip 72

O

Obligo 103, 216
   Abbauen 106
Obligoberechnung 106
Obligofortschreibung
   Ändern 106
   Auftrag 104
   Kostenstelle 105
   Sperren 105
Obligoverwaltung 103
operativer Kontenplan 65
operatives Controlling 387
OP-Steuerung 60
Organisationseinheit
   CO 51
   FI 51
Organisationsstruktur 44, 52
   Ändern 52

P

parallele Buchungskreise 55
parallele Konten 55
parallele Ledger 56
   Migration 58
parallele Rechnungslegung 54
   klassisches Hauptbuch 55
   neues Hauptbuch 56
Partnerbanktyp 161
Partnerrolle 218
Pauschalwertberichtigung 371
Performance Management 38
Periodenabschluss 294, 318, 323, 331
periodenbezogenes Produktcontrolling 314
Periodensteuerung 362
Periodenverschieber
   Einstellen 363
periodische Abrechnung (PER) 320

periodische Bestandsbuchung 359
periodische Kostenträgerrechnung 290
periodischer Verrechnungspreis 71
Personalwesen 347
Pflegen
   Allokation 378
Planen
   Leistungsart 262
Plankalkulation 266
Planung 34
Planungsprozess 34
Planungsrezept 259
Porters Value-Chain-Modell 31
Positionstyp 98, 102, 286
Preis
   Fortschreiben 112
preisbildendes Element 177
   Artikel 181
   Kunde 181
   Vertrieb 181
Preisbildung 176
Preisdifferenzen (PRD) 129
Preiseinheit
   Pflegen 73
Preisfindung
   Anstoßen 188
   Kalkulationsschema 177
Preisfortschreibung 282
Preiskalkulation 176, 238
Preissteuerung 69
primäre Aktivität 31
primäre Kostenart 62
Produktcontrolling
   aufwandsbezogenes 290
   kundenauftragsbezogenes 290
   periodenbezogenes 314
Produktion 34
Produktionsauftrag 291
Produktionscontrolling 39
Produktionskostenplanung 253
Produktionsprozess 251
Produktkostenplanung 272
   Art 272, 273
   auftragsneutrale 289
Produktkostenrechnung 255
   Grundeinstellung 262
   zeitlicher Ablauf 293
Produktkostensammler 291, 315

Index

Profit-Center 49, 173
  Matrixorganisation 173
Profit-Center-Ableitung 49, 173
  Ableitungsregel 424
  aus dem Materialstamm 173
  Substitution 174
Profit-Center-Fortschreibung 335
Profit-Center-Rechnung 420
Profit-Center-Segment-Verknüpfung 50
Profit-Center-Zuordnung
  Ändern 53
Pro-forma-Rechnung 242
Projekt
  Auftrag 419
  Ausgangssituation 419
  Generalprobe 438
  Neugestaltung Werteflüsse 432
  Phasen 428
  Rückschau 438
  Segment 432
  Testphase 429
  Umfang 425
  Verlauf 427
  Vorüberlegung 420
  Werteflüsse Beschaffungsprozess 435
  Werteflüsse FI/CO 437
  Werteflüsse Vertriebsprozess 436
  Zeitplan 425
Projektfertigung → Engineer-to-Order
Provision 185
Provisionsempfänger 185
Prozentsatz
  Festlegen 270
Prozess
  Integrieren 43
Prozessgestaltung 38
Prozesstyp 171
Prüfungsablauf Umsatzsteuer 195
Pufferung
  Deaktivieren 143

Q

Query 398

R

Rechnung
  doppelte 95
Rechnungprüfung
  WE-bezogene 140
Rechnungseingang 92, 99
Rechnungslegung 369
  internationale 356
Rechnungslegungsvorschrift 54
  Zuordnen 368
Rechnungsprüfung 138
  logistische 139
  sachliche 139
  Vorgang 140
Rechnungsstellung 138
  interne 346
Referenzvariante 271
regelmäßiger Geschäftsvorfall 214
Regulierer 219
Reiter
  Bewertung 276
  Buchhaltung 68
  Detail 145
  Gemeinkosten 268
  Grunddaten 258
  Kalkulation 68, 258, 259
  Kalkulation 1 73, 173
  Kalkulation 2 73
  Kopf 317
  Kostenrechnung 316
  Parameter 144
  Rechnung 140
  Steuerung 316, 321
  Steuerungsdaten 201
  Termine 276
  Vertrieb Allg./Werk 73, 173
  Vertrieb VerkOrg 203
  Vertrieb VerkOrg 1 72
  Zahlungsverkehr 229
  Zusatzprotokoll 163
RemoteCube 411
Report
  RGUIST01 424

483

Index

Ressource 258
Rückgabe 34

S

sachbezogene Sichtweise 28
Sachkonto 60, 62
Saldenliste 383
Saldovortrag 372
SAP BusinessObjects 403
SAP ERP
  Werteflussmodell 42
SAP Management Cockpit 403
SAP NetWeaver BW 391
  Zusatzinformation 416
SAP-Hinweis
  213444 218
  69642 160
  77430 160
  81153 160
SAP-System
  Aufbau 42
  historisch gewachsenes 42
  Modul 43
  Organisationselement 45
Schnittstelle 183
SCOR-Modell 32, 90, 170, 253
  Ebenen verknüpfen 35
  erste Ebene 33
  Erweitern 37
  Geschäftsprozesskategorie 34
  Gestaltungsebene 36
  Konfigurationsebene 34
  Produktionsmodell 37
  zweite Ebene 34
Segment 50, 175
  Berichterstattung 231
  Bilanz 58
  Definieren 377
Segmentableitung 175
  BAdI 175
Segmentierung 336
sekundäre Aktivität 31
sekundäre Kostenart 62
Service 411
SHB-Kennzeichen 214
  Anlegen 214
  Anzahlungsforderung 216
  Eigenschaft 215

SHB-Umsatz 216
Sicht 96
Sichtweise
  sachbezogene 28
  wertorientierte 28
Simulations- und Musterkalkulation 283
Simulationskalkulation 283
Sollkalkulation 266
Sollkosten 289
  Berechnen 289
Sonderbestand 123
Sonderhauptbuchvorgang 214
  integriert in SD 218
sonstige Leistung 196
  Ort 197
Speichern
  endgültiges 286
  Zwischenspeichern 286
spezieller Geschäftsvorfall 186
spezielles Ledger 55
Stammdaten
  logistische 255
Stammdatenbericht 383
Stammdatenkonzept
  werteflussorientiertes 60
Standardpreis 129
Steuerart 194
steuerbarer Umsatz 196
Steuerbefreiung 199
Steuerberatung 195
Steuerfindung 202
Steuerkategorie (Kundenstamm) 204
Steuerkategorie (Materialstamm) 203
Steuerkennzeichen 164, 202
  Pflegen 165
Steuerklasse (Materialstamm) 203
Steuerpflicht 200
Steuerrelevanz (Kundenstamm) 204
Steuerrelevanz (Materialstamm) 203
Steuersatz 200
Steuerschema 164
  europäisches 165
Steuerstandort 202
Steuertyp 202
Steuerung
  erweiterte 301
strategische Entscheidung 251
Strukturänderung 52

Stückliste 256, 329
Stücklistenauflösung 257
Substitution 174
Summentabelle 422
   FAGLFLEXT 340
Supply Chain 27
Supply Chain Council (SCC) 32
symbolisches Konto 348
Szenario 334

T

Tabelle
   ANLC 360
   BKPF 422
   BSEG 422
   FAGLFLEXA 422
   FAGLFLEXT 409, 423
   kundeneigene 433
   Summentabelle 422
   T042A 160
   T042D 160
   T156SY 124
Tabellenzugriff 83
Tarif 261
   Pflegen 261
Teilzahlung 230
Terminsteuerung 270, 280
Toleranz 147
Toleranzgrenze 147
Toleranzgruppe 228
Toleranzschlüssel 148
   AN 148
   AP 148
   BD 149
   KW 149
   LA 150
   LD 150
   PP 149
   PS 149
   VP 150
Transaktion
   0KEM 174
   3KEH 49
   ABST2 360
   AJAB 361
   AJRW 361
   AO90 355
   ARAL 361

Transaktion (Forts.)
   ASKB 359
   Ausgleichen 153
   CK11N 283
   CK24 283
   CK40N 276
   CKMATSEL 276
   CO01 316, 321
   CO02 322
   CR01 258
   CS01 256
   CS11 257
   Enjoy-Transaktion 166
   F.03 379
   F.07 373
   F.13 153, 154
   F.19 156
   F110 162
   FAGLBW03 409
   FAGLF101 371
   FAGLGVTR 372
   FB01 167
   FB02 163
   FB50 167
   FB60 167
   FTXP 165
   GCAC 382, 429
   KAH1 86
   KALC 59, 337
   KEA0 82
   KEA5 80
   KEA6 84
   KEAT 381
   KEAW 381
   KEND 52
   KI12 294
   KKAX 305
   KKE1 283
   KKEB 287
   KKF6N 316, 317
   KKS2 308
   KOT2_OPA 104
   MB5L 381
   ME21 70
   MF30 317
   MIGO 122
   MIGO_GI 122
   MIGO_GO 122
   MIGO_GR 122

Transaktion (Forts.)
   MIGO_TR 122
   MIRO 142, 147
   MR11 155
   MRBR 150
   OB52 363
   OB58 386
   OBA5 96
   OBZT 167
   OKB9 126, 146, 191, 229
   OKG1 298
   OKG8 300
   OKGB 304
   OKKP 104
   OKO7 354
   OKP1 364
   OME9 102
   OMWB 133
   OMWN 125
   OV25 238
   OVF3 191
   OVZG 73
   RSA1 407
   SA38 424
   SBIW 404, 413
   V/08 178
   VA03 191
   VA44 331
   VF03 246
   VOFA 219
Transformation 396
Transportwesen
   automatisches 113
Turning Action into Data 37

U

übergreifender Kostenrechnungskreis 48
Übernahme 271
Übernahmesteuerung 271
UKV-Ledger 47
Umbuchung
   manuelle 343
Umgliederung 369
Umlage 375
Umsatz
   steuerbarer 196
Umsatzerlös 231

Umsatzkostenverfahren (UKV) 46, 336, 384
Umsatzprobe
   große 379
Umsatzsteuer 164, 194
   Prüfungsablauf 195
   Zeitpunkt der Entstehung 200
Umsatzsteuer-Identifikationsnummer (USt-IdNr.) 197, 198, 201
Umsatzsteuer-Kennzeichen
   Transportieren 166
unbewerteter Wareneingang 136
ungeplante Bezugsnebenkosten (UPF) 130
   Verbuchen 145
United States Generally Accepted Accounting Principles (US-GAAP) 54
Unterstützungsprozess 35
Ursprung 85
Ursprungsschema 312

V

Verbindlichkeit 94
Verbrauchsbuchung 123
Verbuchung
   automatische 300
   WIP-Verbuchung 300
Verfügbarkeitskontrolle 108
Verfügbarkeitsprüfung
   Toleranz 109
Verkaufsbelegsposition 291
Verrechnung
   interne 346
Verrechnungsschema 310
   Definieren 310
Verteilung 375
Verteilungszyklus
   Definieren 376
Vertrieb 34
virtueller Cube 411
Vorgabewertschlüssel
   Definieren 258
Vorgang 121, 125
   auftragsneutraler 275
   SAP-Standard 125
Vorgangscode
   externer 224

Vorgangsschlüssel 121
Vorgangstyp 224
vorgezogener Abschluss 59
Vorkalkulation 293, 317, 322, 328
Vorsystem 395

W

Ware in Arbeit (WIP) 296
   Customizing 305
   Fortschreiben 302
   Verbuchung 300
Warenausgang
   Bewerten 193
Warenausgangsbuchung 190
   buchhalterischer Wert 191
Wareneingang 91, 98, 136
   bewerteter 136
   unbewerteter 136
Warengruppe 97, 100
WE/RE-Konto 151
WE/RE-Verrechnung (WRX) 130
Webbrowser 402
Werke im Ausland 206
Werkebene 112
Wertefluss 26
   auftragsbezogenes Produktcontrolling 325
   Beginn im Kundenauftrag 171
   integrierter 25
   kundenauftragsbezogenes Produktcontrolling 329
   periodenbezogenes Produktcontrolling 319
   Unterbrechen 64
   Verkaufsprozess 172
Werteflussmodell
   in SAP ERP 42

Wertestring 124
Wertfeld 84, 189
   Anlegen 84
   Auswählen 414
   Befüllen 84
   Zuordnen 87
Wertfortschreibung 119
wertorientierte Sichtweise 28
Wertschöpfung
   Erhöhen 31
Wiederbeschaffungswert 72

Z

Zahllauf 159
Zahlsperre
   Aufheben 150
   dauerhafte 163
Zahlungsart 222
Zahlungsausgang 92
Zahlungsbedingung 211
Zahlungsdifferenz 228
   hohe Abweichung 230
   Kleindifferenz 228
Zahlungseingang 172, 222
Zahlvorschlag 163
Zahlweg 95, 160
Zeilen-Identifikation 303
   Definieren 303
   Zuordnen 304
Zentrale 210
Ziel-Ledger-Gruppe 368
Zugangskennzeichen 124
Zugriffsfolge 179, 239
   KOF1 239
   PR00 179
Zuschlag 181, 182, 294
Zwischensumme 180

www.sap-press.de

Erfolgreiches Customizing des Rechnungswesens in SAP ERP 6.0

Umfassende Darstellung von Upgrade und Neuimplementierung

Mit einem durchgängigen Praxisbeispiel und vielen Tipps und Tricks

Renata Munzel, Martin Munzel

SAP-Finanzwesen – Customizing

Dieses Buch zeigt das Customizing der Finanzbuchhaltung (FI) in SAP ERP Financials (Release 6.0). Es beschreibt nicht nur die einzelnen Transaktionen und ihre Abhängigkeiten, sondern gibt Ihnen außerdem Hilfestellung bei Ihrem Financials-Einführungs- oder Upgrade-Projekt. Es werden alle relevanten Bereiche im Rechnungswesen behandelt: von der Hauptbuchhaltung (alt und neu) bis zur Anlagenbuchhaltung. Wichtige Themen wie Integration und Reporting werden ebenfalls beschrieben. Eine Besonderheit ist die Berücksichtigung von internationalen Roll-out-Szenarien.

557 S., 2009, 69,90 Euro, 115,– CHF
ISBN 978-3-8362-1291-5

>> www.sap-press.de/1927

www.sap-press.de

Forderungsmanagement, Cash & Liquidity Management und Treasury & Risk Management verständlich erklärt

Alle Geschäftsprozesse und Funktionen im Überblick

Anwendung, Konfiguration und Integrationsmöglichkeiten

Jürgen Weiss

Financial Supply Chain Management mit SAP ERP

In diesem Buch lernen Sie Funktionen, Prozesse und Customizing des Financial Supply Chain Managements in SAP ERP 6.0 kennen. Sie erfahren, welche Möglichkeiten Sie für ein effektives Forderungsmanagement nutzen können. Der zweite Teil des Buches beschäftigt sich mit dem Cash- und Liquiditätsmanagement. Des Weiteren erhalten Sie einen Überblick über SAP Treasury and Risk Management.

556 S., 2009, 79,90 Euro, 129,90 CHF
ISBN 978-3-8362-1187-1

>> www.sap-press.de/1769

www.sap-press.de

Lösungswege für Ihre täglichen Controllingfragen

CO-OM, CO-PC und CO-PA verständlich dargestellt

Mit Kapiteln zur BI-integrierten Planung und SAP NetWeaver BI

Aktuell zu SAP ERP 6.0 und SAP NetWeaver BI 7.0

Uwe Brück

Praxishandbuch SAP-Controlling

Wie setze ich CO in produzierenden Unternehmen sinnvoll und praxisnah ein? Was ist für ein effizientes Controlling wirklich notwendig? Die Antwort auf diese Fragen finden Sie in dieser 3., aktualisierten Auflage unseres Bestsellers. Ob Gemeinkosten-, Produktkosten- oder Ergebnisrechnung: Es werden Ihnen sowohl die betriebswirtschaftlichen Grundlagen des Controllings als auch die Funktionsweise von CO systematisch erklärt und durch Praxisbeispiele illustriert.

531 S., 3. Auflage 2009, 59,90 Euro, 99,90 CHF
ISBN 978-3-8362-1190-1

>> www.sap-press.de/1779

www.sap-press.de

Definieren Sie aussagekräftige Kennzahlen für Ihre Vertriebsprozesse in SD

Bilden Sie diese Kennzahlen mit SAP NetWeaver BI 7.0 ab

Lernen Sie, kunden- und materialorientierte Auswertungen zu erstellen

Susanne Hess, Stefanie Lenz, Jochen Scheibler

Vertriebscontrolling mit SAP NetWeaver BI

Dieses Buch kombiniert umfassendes Vertriebswissen mit besten Kenntnissen in SAP NetWeaver Business Intelligence (BI). Sie lernen SAP NetWeaver BI kennen und erfahren, wie Sie die wichtigsten Vertriebskennzahlen betriebswirtschaftlich korrekt ermitteln. Anhand konkreter Beispiele und veranschaulicht durch viele Abbildungen sehen Sie, wie Daten aus dem ERP-System im BI-System modelliert werden. Klar und verständlich wird Ihnen erklärt, wie Sie das Controlling von Vertriebsprozessen passgenau auf Ihr Unternehmen abstimmen.

255 S., 2009, 59,90 Euro, 99,90 CHF
ISBN 978-3-8362-1199-4

>> www.sap-press.de/1792

www.sap-press.de

Reporting-Techniken und -Tools in SAP NetWeaver BI 7.0

Anwendung von BEx Query Designer, BEx Analyzer und BEx Web verständlich erklärt

Mit einem durchgängigen Praxisbeispiel und vielen Tipps und Tricks

Martin Kießwetter, Alex Arrenbrecht, Sascha Kertzel

Praxisworkshop BEx-Reporting

Dieses Buch zeigt kompakt und praxisorientiert, wie man die Reporting-Tools von SAP NetWeaver BI am besten einsetzt. Es richtet sich an alle, die die BEx-Tools operativ nutzen und wissen möchten, wie sie ihre Arbeit optimieren können. Sie lernen, die geeignete Reporting-Anwendung auszuwählen und sowohl zu modellieren als auch umzusetzen. Das Werk basiert auf dem aktuellen Release SAP NetWeaver BI 7.0.

306 S., 2009, 49,90 Euro, 83,90 CHF
ISBN 978-3-8362-1217-5

>> www.sap-press.de/1829

www.sap-press.de

Analyse von Liquiditätsströmen mit einem integrierten Ansatz

Erfolgreiche Ist-Rechnung in SAP ERP

Cashflow-Planung mit SAP NetWeaver BW

2., aktualisierte Auflage zu SAP ERP 6.0 und SAP NetWeaver BW 7.0

Stephan Kerber, Dirk Warntje

Liquiditätsrechnung und -planung mit SAP

Dieses Buch zeigt, wie Sie SAP für Ihre Liquiditätsrechnung und -planung nutzen können. Sie erfahren, wie Sie Liquiditätsströme mit dem SAP Liquidity Planner, der sich aus der SAP Ist-Rechnung (Liquiditätsrechnung) und SAP NetWeaver BI zusammensetzt, ermitteln und planen können. Sie erfahren, wie die Ist-Rechnung in SAP ERP erfolgreich einzuführen ist. Vom Customizing bis hin zu den Prozessen der Liquiditätsanalyse und zu Reporting und Planung wird jeder relevante Bereich behandelt. Diese 2., aktualisierte Auflage basiert auf ERP 6.0 und BI 7.0.

168 S., 2. Auflage 2009, 59,90 Euro, 99,90 CHF
ISBN 978-3-8362-1232-8

\>\> www.sap-press.de/1862

www.sap-press.de

Funktionen und Customizing der Rechnungsprüfung in SAP ERP

Alle Prozessschritte von der Rechnungserfassung bis zur Rechnungssperrung verständlich erklärt

Kontenfindung und Schnittstellen zur Finanzbuchhaltung im Detail

Stefan Bomann, Torsten Hellberg

Rechnungsprüfung mit SAP MM

Dieses Buch ist Ihr umfassender Ratgeber zu Funktionen, Prozessen und Customizing der Rechnungsprüfung in der SAP-Materialwirtschaft. Nach einer Einführung in die Organisationsstrukturen und Stammdaten von MM widmet sich der Hauptteil des Buches den Geschäftsprozessen in der Rechnungsprüfung: von der Rechnungserfassung bis zur Rechnungssperrung. Auch die wichtigsten Customizingschritte werden Ihnen vermittelt. Außerdem zeigen Ihnen die Autoren, was Sie über Schnittstellen zur Finanzbuchhaltung und über das wichtige Thema Kontenfindung wissen müssen.

373 S., 2008, 69,90 Euro, 115,– CHF
ISBN 978-3-8362-1160-4

>> www.sap-press.de/1717

www.sap-press.de

Das Standardwerk für FI-Anwender

Alle Aufgaben im SAP-Finanzwesen verständlich erklärt

Mit vielen Tipps und Hinweisen für die tägliche Arbeit

3., aktualisierte und erweiterte Auflage

Heinz Forsthuber, Jörg Siebert

Praxishandbuch SAP-Finanzwesen

In diesem Buch erhalten Anwender eine kompakte Einführung in die FI-Komponente von SAP ERP Financials. Sie erhalten Einblicke in die Prozesse und Werteflüsse sowie die Integration mit anderen SAP-Anwendungen. Sie werden Schritt für Schritt mit den für Sie wichtigen Funktionen vertraut gemacht; kein Thema Ihres Interesses wird ausgespart, seien es Belege, Kontenberichte, spezielle Buchungen, automatische Verfahren, Abschlussarbeiten oder die Anlagenbuchhaltung. Die 3. Auflage wurde komplett überarbeitet und berücksichtigt alle Neuerungen in SAP ERP 6.0, z.B. das neue Hauptbuch.

623 S., 3. Auflage 2009, 59,90 Euro, 99,90 CHF
ISBN 978-3-8362-1127-7

>> www.sap-press.de/1652

MITMACHEN & GEWINNEN

Sagen Sie uns Ihre Meinung und gewinnen Sie einen von 5 SAP PRESS-Buchgutscheinen, die wir jeden Monat unter allen Einsendern verlosen. Zusätzlich haben Sie mit dieser Karte die Möglichkeit, unseren aktuellen Katalog und/oder Newsletter zu bestellen. Einfach ausfüllen und abschicken. Die Gewinner der Buchgutscheine werden persönlich von uns benachrichtigt. Viel Glück!

SAP PRESS

▶ **Wie lautet der Titel des Buches, das Sie bewerten möchten?**

▶ **Wegen welcher Inhalte haben Sie das Buch gekauft?**

▶ **Haben Sie in diesem Buch die Informationen gefunden, die Sie gesucht haben? Wenn nein, was haben Sie vermisst?**
  ☐ Ja, ich habe die gewünschten Informationen gefunden.
  ☐ Teilweise, ich habe nicht alle Informationen gefunden.
  ☐ Nein, ich habe die gewünschten Informationen nicht gefunden.
  Vermisst habe ich:

▶ **Welche Aussagen treffen am ehesten zu?** (Mehrfachantworten möglich)
  ☐ Ich habe das Buch von vorne nach hinten gelesen.
  ☐ Ich habe nur einzelne Abschnitte gelesen.
  ☐ Ich verwende das Buch als Nachschlagewerk.
  ☐ Ich lese immer mal wieder in dem Buch.

▶ **Wie suchen Sie Informationen in diesem Buch?** (Mehrfachantworten möglich)
  ☐ Inhaltsverzeichnis
  ☐ Marginalien (Stichwörter am Seitenrand)
  ☐ Index/Stichwortverzeichnis
  ☐ Buchscanner (Volltextsuche auf der Galileo-Website)
  ☐ Durchblättern

▶ **Wie beurteilen Sie die Qualität der Fachinformationen nach Schulnoten von 1 (sehr gut) bis 6 (ungenügend)?**
  ☐ 1 ☐ 2 ☐ 3 ☐ 4 ☐ 5 ☐ 6

▶ **Was hat Ihnen an diesem Buch gefallen?**

▶ **Was hat Ihnen nicht gefallen?**

▶ **Würden Sie das Buch weiterempfehlen?**
  ☐ Ja ☐ Nein
  Falls nein, warum nicht?

▶ **Was ist Ihre Haupttätigkeit im Unternehmen?**
  (z.B. Management, Berater, Entwickler, Key-User etc.)

▶ **Welche Berufsbezeichnung steht auf Ihrer Visitenkarte?**

▶ **Haben Sie dieses Buch selbst gekauft?**
  ☐ Ich habe das Buch selbst gekauft.
  ☐ Das Unternehmen hat das Buch gekauft.

KATALOG & NEWSLETTER

www.sap-press.de

▶ Ja, bitte senden Sie mir kostenlos den neuen **Katalog**. Für folgende SAP-Themen interessiere ich mich besonders: (Bitte Entsprechendes ankreuzen)

- ☐ Programmierung
- ☐ Administration
- ☐ IT-Management
- ☐ Business Intelligence
- ☐ Logistik
- ☐ Marketing und Vertrieb
- ☐ Finanzen und Controlling
- ☐ Personalwesen
- ☐ Branchen und Mittelstand
- ☐ Management und Strategie

▶ Ja, ich möchte den SAP PRESS-Newsletter abonnieren. Meine E-Mail-Adresse lautet:

_____

Absender

Firma _____

Abteilung _____

Position _____

Anrede   Frau ☐   Herr ☐

Vorname _____

Name _____

Straße, Nr. _____

PLZ, Ort _____

Telefon _____

E-Mail _____

Datum, Unterschrift _____

Teilnahmebedingungen und Datenschutz:
Die Gewinner werden jeweils am Ende jeden Monats ermittelt und schriftlich benachrichtigt. Mitarbeiter der Galileo Press GmbH und deren Angehörige sind von der Teilnahme ausgeschlossen. Eine Barablösung der Gewinne ist nicht möglich. Der Rechtsweg ist ausgeschlossen. Ihre freiwilligen Angaben dienen dazu, Sie über weitere Titel aus unserem Programm zu informieren. Falls sie diesen Service nicht nutzen wollen, genügt eine E-Mail an **service@galileo-press.de**. Eine Weitergabe Ihrer persönlichen Daten an Dritte erfolgt nicht.

Antwort

SAP PRESS
c/o Galileo Press
Rheinwerkallee 4
53227 Bonn

Bitte freimachen!

SAP PRESS

Hat Ihnen dieses Buch gefallen?
Hat das Buch einen hohen Nutzwert?

Wir informieren Sie gern über alle
Neuerscheinungen von SAP PRESS.
Abonnieren Sie doch einfach unseren
monatlichen Newsletter:

www.sap-press.de